THE TRIUMPH OF CHRISTIANITY: How the Jesus Movement Became the World's Largest Religion. Copyright © 2011 by Rodney Stark, Published by HarperCollins Publishers Inc, United States.

All rights reserved under International and Pan-American Copyright Conventions.

ISBN 978-0-06-200768-1

EPub Edition © OCTOBER 2011 ISBN: 9780062098702

宗教社会学丛书
高师宁　黄剑波 / 主编

社会学家笔下的基督教史

[美] 罗德尼·斯塔克 (Rodney Stark) / 著
张希蓓 译 / 肖云泽 校

The Triumph of Christianity

中国社会科学出版社

图字：01-2014-3619号

图书在版编目（CIP）数据

社会学家笔下的基督教史／（美）罗德尼·斯塔克著；张希蓓译；肖云泽校.
—北京：中国社会科学出版社，2019.4
（宗教社会学丛书／高师宁，黄剑波主编）
书名原文：The Triumph of Christianity: how the jesus movement became the world's largest religion
ISBN 978-7-5203-4240-7

Ⅰ.①社… Ⅱ.①罗…②张…③肖… Ⅲ.①基督教史—研究 Ⅳ.①B979

中国版本图书馆CIP数据核字（2019）第057949号

出 版 人	赵剑英
责任编辑	凌金良
责任校对	李　莉
责任印制	张雪娇

出　　版	中国社会科学出版社
社　　址	北京鼓楼西大街甲158号
邮　　编	100720
网　　址	http://www.csspw.cn
发 行 部	010-84083685
门 市 部	010-84029450
经　　销	新华书店及其他书店
印　　刷	北京君升印刷有限公司
装　　订	廊坊市广阳区广增装订厂
版　　次	2019年4月第1版
印　　次	2019年4月第1次印刷
开　　本	710×1000　1/16
印　　张	33.25
字　　数	560千字
定　　价	138.00元

凡购买中国社会科学出版社图书，如有质量问题请与本社营销中心联系调换
电话：010-84083683
版权所有　侵权必究

简 介

他是一位教师,也是神迹的创造者,他常常在露天集会上布道,其短暂的传道岁月几乎全部在加利利这样一个小而无名的地方度过。受他吸引前来追随他的听众寥寥无几,而其中的大约十二个人成了他的忠实信徒,即使到他被罗马人处死之时,他的追随者或许也不过区区数百人。何以这样一个籍籍无名的犹太教派能够成为世界上最大的宗教?正是这个问题将我们引至此处。

当然,围绕这个问题展开讨论的书籍已经数以千计,为什么还要再写一部?1996年,在《基督教的兴起》一书中我部分地提出了这个议题,当时我采用了一些新的社会科学法则,考虑了一些过去被忽视的可能性,并使用了简单的计算来帮助解释基督教的早期成就——它何以征服罗马。很多杰出的评论家给予这本书的回应远远超出了我最为乐观的预期。尽管如此,但最近几年里我越来越急切地试图对基督教历史做一次范围更加广阔的探询:从基督诞生以前的宗教和社会情形开始,并不止步于4世纪早期君士坦丁的皈依,而是继续走下去,直到今天。

《基督教的兴起》从大约公元40年开始讨论,是为了避免处理"历史上的"耶稣和福音书的权威性等相关问题——我并不认为当时的我对这些问题已经足够了解。我止步于君士坦丁也是出于同样的考虑——我并不打算做有关基督教历史的全景概论。其后对其他著作的写作过程给了我极大地扩展我的知识面和史学能力的机会,所以现在我做好了写作一本更长的关于基督教的书的准备,我的前一本书曾被评价为"生动而还原",我希望它也能如此。

尽管本书开始于基督诞生之前的事件而结束于当前,但它并不是另一本一般意义上的基督教史。很多时代、很多主题和很多杰出人物都被略过了。例如,对于清教徒我只给了一句话,而贵格会连一句都没有提及。我很少会提到东正教会、亨利八世、约翰·加尔文或者依纳爵·罗耀拉（Ignatius Loyola），没有给予神学理事会（theological councils）和公开论战太多注意力，而且完全无视了爆发于5世纪的关于三位一体论的血腥战役。相反地，我选择了绵延千百年的基督教历史当中的一些重要片段和方面，并从新的视角去加以评价。

我所说的新视角指的是什么呢？我的意思是对于旧问题的新答案，以及对众所周知的事件的新理解。这些答案和理解当中的一部分主要建立在其他学者的研究的基础上，他们具有里程碑意义的研究此前往往是遭到忽视的，但是新视角当中的大部分出自我个人，或者至少是部分地出自我个人。尽管我常常就其发展方向和原因对传统观点进行质疑，但我对诸多在数百年时间里对我们有关基督教史的知识有所贡献的伟大学者持有深切敬意。我依靠这数百位学者开展我的讨论，正如我在尾注当中所坦白的那样。

请让我澄清这一点，我的关注点是史学和社会学的，而非神学。尽管，举例来说，我并不是不熟悉保罗的神学，但在本书当中我的基本兴趣不在于保罗的信仰内容，而在于他是谁；不在于保罗曾说过什么，而在于他曾对谁说出它。类似地，我将不会对路德与罗马教廷之间的分歧的正确性作出评价；我的兴趣在于他如何与罗马分道扬镳。

最后，我仍然是为一般读者而写作的，这建立在我的这一信念之上：如果我不能用正常英语来表述它，这一定是因为我没有理解我所在写的东西。

本书的规划

本书分为六个部分。

第一部分:"圣诞前夜"调查了基督教诞生于斯的宗教环境:异教神庙社会的性质,罗马帝国的宗教构成,以及当时盛行于以色列的各种形式的犹太教之间的冲突。

第二部分:"帝国的基督教化"从基督在地上一生中的已知部分的简介开始,然后检视了那些因他而产生的运动的形成。接下来,我们评估了面向犹太人(这远比已经被认识到的更加成功)和外邦人(Gentiles)的布道(古怪的是,这一工作当中有一些最为基本的元素遭到了忽略)。接下来的一章反驳了关于早期教会是由社会最底层成员构成的传统观念。恰恰相反,与大多数新生的宗教运动比较起来,早期的基督教尤其吸引着特权阶层。而后是对日常生活当中的苦难的描绘,这些痛苦经验甚至连希腊罗马城市当中的富人也难以避免。这一章描述了早期基督教对于仁慈的承诺在缓解苦难方面所具有的影响力,以至于基督徒的寿命甚至会比他们的异教徒邻居更长。此外,大多数早期基督徒均为女性。在比较基督徒女性与异教徒女性的情况时,其古怪之处在于罗马帝国的所有女性都没有参与教会聚会。最大的讽刺在于,正是罗马帝国的宗教迫害使得教会更加强盛。最后,一个从40年到350年罗马帝国中的基督徒数量增长的模型表明,可能性最大的当时基督徒数量增长的速度与很多现代宗教运动所达到的增长速度非常相似。

第三部分:基督教欧洲的巩固从君士坦丁皈依的意义开始,表明了它最多是一种具有多重影响的恩赐(blessing),在其以宗教迫害告终之时,它助长了在教会内部对异见者的不容忍态度,同时极大地削弱了教士的虔诚和献身精神。继之而来的是异教的衰亡。与传统观念相反,它没有被来自基督教的迫害所消灭,却在非常缓慢地衰亡。事实上,异教或许从未完全绝迹，人们所预期的北欧国家的皈依甚至直到基督教成为君士坦丁最为钟爱的信仰的一千年之后仍未发生。到 7 世纪之前，基督教在北非和亚洲可能远比在欧洲更加强大也更加成熟。继之而来的是伊斯兰教的猛攻，最终使得基督教自此在亚洲的一些地方消失，并在北非和中东彻底绝迹。但在超过四百年的防御之后，在 11 世纪，基督教欧洲开始反击。首先，穆斯林被从西西里岛和南意大利驱逐，而后，十字军开始着手解放圣地（巴勒斯坦）。关于十字军东征事实上是出于对战利品和殖民地的追逐的言论只是充满恶意的无稽之谈。

第四部分：中世纪的潮流首先检视了这样一种既有观念，即基督教的兴起发生于罗马帝国衰亡之后长达数个世纪的蒙昧之中。首先，最近历史学家的研究表明，不仅不是基督教带来了"黑暗年代"，没有什么东西导致了这一时期的出现，因为它根本不曾存在。相反地，这个时代所取得的进步迅速且引人注目。其次，中世纪虔信的欧洲人的形象被证明出于全然的虚构——甚至很少有人会去教堂。最后，关于西方科学的发展是冲破了教会对其的阻碍的愚蠢说法得到了揭露——事实上，科学仅仅出现在西方正是因为基督教对它的诞生具有决定性的意义。

第五部分：基督教的分裂开始于两个泾渭分明且相互敌对的罗马天主教会的产生，并对比了它们对 12 世纪异端运动的爆发以及随后的血腥镇压的影响。第十八章指出，15 世纪以前欧洲爆发的新宗教运动被视为异端是因为它们失败了。而路德的"异端"被视为宗教改革只是因为它成功地延续了下来。对于路德宗教改革的起源与成就的许多流行的解释在此获得了确证，而另一些已经被辟谣。这一部分的最后一章提出，西班牙宗教裁判所作为一个血腥残酷的机构的流行形象仅仅出自虚构，它主要反映了清教徒（特别是英国人）普遍存在的对于天主教，特别是对天主教西班牙的敌意。在关于西班牙宗教裁判所的完整而详细的档案的基础上完成的出色的新的研究工作表明，宗教裁判所只造成了非常少的死亡事件并且是支持克制和约束的主要力量之一。宗教裁判所在制止追捕巫师的活动中扮演了主要角色，而类似的活动席卷了欧洲其他各地。

第六部分：新的世界和基督教的发展首先展示了美国宗教多元主义的发展，由此，教会之间必须为了获得支持而彼此竞争，否则就面临消亡的命运，这导致了现今美国盛行的高度宗教化。这一章检视了将成功的教派与不成功的那些相互区分开来的特征，并描述了在美国各个宗教"公司"

之间发生的激烈竞争。在这一章的最后我们讨论了美国诸宗教之间令人瞩目的礼仪水平的发展。接下来的一章表明，西方知识分子当中广泛存在的有关宗教必将随着现代化进程的深入而消失的预设（世俗化命题）已经被世界各地持续增加的对于信仰的热情所驳斥——除了在欧洲的某些地区。而后它将欧洲例外论追溯到了镇压性的怠惰的国家教会。最后一章的主题转向了全球范围内布道活动的复兴——在非洲，在拉丁美洲，在亚洲，还有最近在欧洲。这些传教活动所取得的杰出成就解释了为什么基督教的兴起仍在继续，即使它已经是世界上最大的宗教。

结论部分回顾了除基督故事以外的三个最为关键的事件，它们影响了基督教的两千年历史。

目　　录

第一部分　圣诞前夜

第一章　宗教环境 …………………………… (3)
　　异教的神庙社会 ………………………… (3)
　　袄教徒与祭司 …………………………… (4)
　　罗马帝国中的宗教 ……………………… (6)
　　东方信仰 ………………………………… (8)
　　对集会的恐惧 …………………………… (15)
　　镇压酒神崇拜 …………………………… (16)
　　反伊西斯 ………………………………… (18)
　　孤立西布莉 ……………………………… (20)
　　对犹太人的迫害 ………………………… (21)
　　异教"一神论" …………………………… (22)
　　结论 ……………………………………… (24)

第二章　多种形态的犹太教 ………………… (25)
　　希律王 …………………………………… (26)
　　撒玛利亚人（Samaritans）……………… (27)
　　希腊化犹太教 …………………………… (28)
　　犹太多元主义 …………………………… (29)
　　弥赛亚派 ………………………………… (36)
　　结论 ……………………………………… (38)

第二部分　帝国的基督教化

第三章　耶稣与耶稣运动 (41)
 耶稣 (41)
 但福音书可以采信吗？ (46)
 耶稣运动 (50)
 神圣家族 (52)
 耶路撒冷被迫害的教会 (54)
 向世界布道 (58)
 归信 (61)
 结论 (63)

第四章　向犹太人和外邦人传教 (64)
 离散犹太人 (64)
 文化延续性 (67)
 保罗与大离散 (68)
 犹太人的皈依是何时停止的？ (70)
 外邦人的渴望 (73)
 异教文化的延续性 (74)
 结论 (77)

第五章　基督教与特权阶层 (78)
 特权阶层的基督徒 (79)
 基督徒的文化水平 (87)
 特权和宗教发明 (91)
 特权的不足与机会 (93)
 结论 (95)

第六章　苦难与仁慈 (96)
 城市中的苦难 (96)

规模与密度 …………………………………………………… (97)
房屋 …………………………………………………………… (99)
肮脏 …………………………………………………………… (99)
犯罪和混乱 …………………………………………………… (101)
疾病 …………………………………………………………… (102)
基督徒的仁慈 ………………………………………………… (103)
瘟疫与信仰 …………………………………………………… (105)
结论 …………………………………………………………… (109)

第七章　对于女性的吸引 …………………………………… (111)
异教女性和犹太女性 ………………………………………… (112)
基督徒中的女性 ……………………………………………… (114)
教会的领导权 ………………………………………………… (115)
杀婴行为 ……………………………………………………… (117)
婚姻 …………………………………………………………… (117)
离异 …………………………………………………………… (119)
性 ……………………………………………………………… (119)
性别比和繁殖力 ……………………………………………… (120)
次级皈依 ……………………………………………………… (124)
结论 …………………………………………………………… (126)

第八章　迫害与委身 ………………………………………… (127)
片段式的迫害 ………………………………………………… (127)
帝国规模的迫害 ……………………………………………… (130)
德基乌斯(Decius)和瓦莱里安(Valerian)所发动的迫害 …… (131)
"大迫害" ……………………………………………………… (134)
基督徒的坚守 ………………………………………………… (137)
殉道的基础 …………………………………………………… (138)
殉道行为与可信性 …………………………………………… (140)
结论 …………………………………………………………… (141)

第九章　对基督徒的增加的估计 …… (142)
　　古代统计学 …… (143)
　　增长模型 …… (145)
　　基督教发展的地理分布 …… (147)
　　罗马城的基督教化 …… (151)
　　结论 …… (153)

第三部分　巩固基督教欧洲

第十章　君士坦丁好坏参半的护佑 …… (157)
　　君士坦丁 …… (158)
　　建造教堂 …… (160)
　　统一性与一致性 …… (162)
　　多纳图派(Donatist)的论战 …… (163)
　　阿里乌斯派 …… (164)
　　与异教的共存 …… (165)
　　波斯的大屠杀 …… (167)
　　结论 …… (168)

第十一章　异教之死 …… (169)
　　共存 …… (172)
　　尤里安的愚行 …… (174)
　　迫害与坚持 …… (176)
　　异教的减少 …… (179)
　　同化 …… (181)
　　结论 …… (184)

第十二章　伊斯兰教和东方与北非基督教的覆灭 …… (186)
　　穆斯林远征 …… (187)
　　皈依 …… (191)
　　顺民(Dhimmis)与穆斯林的"宽容" …… (193)

剿灭"无信仰者" …………………………………… (195)
　　结论 ……………………………………………… (198)

第十三章　欧洲的回应：以十字军东征为例 …………… (199)
　　挑衅 ……………………………………………… (203)
　　十字军东征的经济影响 …………………………… (206)
　　从军的目的 ………………………………………… (207)
　　十字军王国 ………………………………………… (210)
　　十字军的"战争罪" ………………………………… (214)
　　重新发现十字军东征 ……………………………… (217)
　　结论 ……………………………………………… (220)

第四部分　中世纪的潮流

第十四章　"黑暗时代"和其他传说中的时期 …………… (223)
　　"黑暗时代"的神话 ………………………………… (225)
　　技术的进步 ………………………………………… (227)
　　资本主义的发明 …………………………………… (230)
　　道德的进步 ………………………………………… (233)
　　高等文化的进步 …………………………………… (234)
　　"文艺复兴"的神话 ………………………………… (236)
　　世俗的"启蒙运动"的神话 ………………………… (237)
　　结论 ……………………………………………… (239)

第十五章　民众宗教 ……………………………………… (240)
　　流行的基督教信仰 ………………………………… (241)
　　有缺陷的教士阶层 ………………………………… (246)
　　对乡村的漠视 ……………………………………… (248)
　　不适当的期望 ……………………………………… (250)
　　民众的宗教 ………………………………………… (252)
　　魔法与厄运 ………………………………………… (252)

教会魔法 ………………………………………………… (254)
　　神学与悲剧 ………………………………………………… (256)
　　结论 ………………………………………………………… (258)

第十六章　信仰与科学"革命" ……………………………… (259)
　　科学是什么？ …………………………………………… (261)
　　科学的经院起源 ………………………………………… (262)
　　哥白尼与常规科学 ……………………………………… (263)
　　经院大学 ………………………………………………… (266)
　　经院经验主义 …………………………………………… (267)
　　理性的上帝 ……………………………………………… (269)
　　在伽利略身上发生了什么？ …………………………… (273)
　　永恒正确性和神圣适应性 ……………………………… (276)
　　结论 ……………………………………………………… (279)

第五部分　基督教的分裂

第十七章　两个"教会"和异端的挑战 ……………………… (283)
　　权力的教会 ……………………………………………… (283)
　　权力与腐败 ……………………………………………… (284)
　　虔诚的教会 ……………………………………………… (286)
　　怠惰的垄断 ……………………………………………… (287)
　　虔诚与改革 ……………………………………………… (288)
　　包围 ……………………………………………………… (290)
　　迫害 ……………………………………………………… (292)
　　净化派（Cathars） ……………………………………… (293)
　　瓦勒度派（Waldensians） ……………………………… (295)
　　结论 ……………………………………………………… (296)

第十八章　路德的宗教改革 ………………………………… (298)
　　创立一个"异端" ………………………………………… (299)

解读宗教改革 …………………………………… (303)
　　改革与不满 ……………………………………… (305)
　　小册子与印刷商 ………………………………… (306)
　　教授和学生 ……………………………………… (308)
　　反应灵敏的城市行政 …………………………… (309)
　　王室的自身利益 ………………………………… (311)
　　天主教的改革 …………………………………… (313)
　　结论 ……………………………………………… (314)

第十九章　关于西班牙宗教裁判所的令人震惊的真相 …… (315)
　　创造"黑暗传说" ………………………………… (317)
　　真实的宗教裁判所 ……………………………… (318)
　　死者 ……………………………………………… (319)
　　酷刑 ……………………………………………… (321)
　　巫术 ……………………………………………… (322)
　　异端 ……………………………………………… (327)
　　秘密犹太人（Marranos） ……………………… (327)
　　秘密穆斯林 ……………………………………… (329)
　　路德派（Luteranos） …………………………… (330)
　　性 ………………………………………………… (330)
　　焚书 ……………………………………………… (332)
　　结论 ……………………………………………… (332)

第六部分　新的世界和基督教的发展

第二十章　多元主义和美国的虔诚 ……………… (337)
　　殖民多元主义 …………………………………… (338)
　　被误解的多元主义 ……………………………… (341)
　　成功的宗教"公司" ……………………………… (343)
　　神秘主义美国 …………………………………… (347)
　　多元主义和宗教礼仪 …………………………… (348)

结论 ……………………………………………………… (349)

第二十一章　世俗化：事实与虚构 …………………… (351)
　　　美国例外论 ……………………………………………… (352)
　　　世界的宗教化 …………………………………………… (355)
　　　理解欧洲"例外论" ……………………………………… (356)
　　　基督教化？ ……………………………………………… (357)
　　　怠惰而蓄意阻碍发展的国家教会 ……………………… (358)
　　　"启蒙的"教会 …………………………………………… (360)
　　　虔信的不信者 …………………………………………… (362)
　　　左翼政治 ………………………………………………… (362)
　　　统计学的空谈 …………………………………………… (363)
　　　结论 ……………………………………………………… (364)

第二十二章　全球化 …………………………………… (366)
　　　世界上的信仰 …………………………………………… (367)
　　　名义上的宗教成员 ……………………………………… (368)
　　　积极成员的人数 ………………………………………… (369)
　　　区域变化 ………………………………………………… (370)
　　　基督教非洲 ……………………………………………… (371)
　　　拉丁美洲的多元主义 …………………………………… (374)
　　　拉丁美洲的新教徒 ……………………………………… (375)
　　　天主教的应答 …………………………………………… (378)
　　　基督徒在中国 …………………………………………… (382)
　　　基督教发展的原因 ……………………………………… (385)
　　　信息 ……………………………………………………… (385)
　　　经文 ……………………………………………………… (386)
　　　多元主义 ………………………………………………… (387)
　　　现代性 …………………………………………………… (388)
　　　结论 ……………………………………………………… (389)

结论 ··· （390）

    耶路撒冷会议 ··· （390）

    君士坦丁的归信 ··· （391）

    宗教改革 ··· （392）

    总结 ··· （392）

参考书目 ··· （395）

注释 ··· （453）

索引 ··· （498）

第一部分　圣诞前夜

第一章　宗教环境

在基督诞生之前的地球上，几乎所有地方神灵都被认为是复数的并且是不可信赖的。除了具有一些魔力和或许有永生的天赋之外，神灵们关心着普通人一样关心的问题，有着和普通人一样的弱点。他们进食、饮水、相爱、嫉恨、通奸、欺骗、撒谎，或者是树立一些在道德上"无益于教化的榜样"。① 他们要么介意于人类未能合宜地使他们息怒，要么就是对人类事务没有什么兴趣。西方的犹太教徒和东方的袄教徒拒绝了关于神灵的这些观念，相反地选择了一种具有道德要求的一神论。但除了这两种边缘化的信仰之外，这仍是一个异教的世界。

然而，这一异教的世界远非静止不变。旅行与贸易不仅适用于人类与商业，也同样适用于神灵。作为其结果，罗马帝国的宗教构造极端复杂，它带来了可以理解的竞争，并时常引发激烈的冲突和镇压。

异教的神庙社会

尽管存在多神崇拜，除罗马帝国以外的大部分社会当中并没有发生宗教分化。即使是在神灵拥有了他们个体的神庙的时候，他们也仍然是一个统一的系统的一部分，完全依赖国家的资助，也接受国家的严格管理。因此，异教神庙的最初使命是确保这些神灵能够护佑国家及其统治精英——这常常达到这样的程度，只有享有特权的一小部分人才能够获得进入神庙的许可。一部分神庙确实提供了公众可以进入的区域，但那通常被限制在甚至不可能对神庙中神灵的形象——神像瞥上一眼的位置。

---

① William Foxwell Albright, *From the Stone Age to Christianity: Monotheism and Changing the Global Balance of Power*, Washington, DC: Regnery, 1957, p. 265.

在许多社会当中，在异教神庙中任职的是一个特殊的神职阶层——这要么建立在一种世袭的宗教阶级的基础上，要么招募自精英当中——而这种身份更像是受委托者而非一种成员资格。客户在各种节日或偶尔在追求个人的精神或物质利益的时候来到神庙，但大多数时候神庙的作用类似于食客俱乐部。有些时候，某个人会捐献一头动物作为祭品，在此之后捐献者与他的朋友将会享用一顿肉类大餐（神庙聘请有经验的厨师）。对于很多参与神庙活动的人来说，这些宴会就是其参与的全部。

当然，这些半心半意的神庙活动对于这些人和他们所参与的活动来说是相对偶然的：人们只是前往神庙，他们并不属于神庙。那些敬拜一位特殊的神灵的人并不用这种形式来定义他们自己——没有人自称是宙斯信徒或者朱庇特信徒。事实上，大多数人会对多个神庙和多位神灵进行捐助，这依他们的兴趣和需要而定。不存在一种宗教集会式（congregational）的生活，因为不存在在"具有共同的宗教关注点和归属感的群体定期聚会"的意义上成立的宗教集会。异教的神职人员也不需要（或者是不想）支持宗教集会。他们为信徒所提供的一切服务收取高昂费用，并且，不论如何，一般还会收到国家的丰厚资助。

而神灵们呢？由于所有的他们的缺点的存在，他们非常吸引人，因为他们是如此人性化！与一神论者所描述的遥远的、神秘的、可怖的、要求苛刻的、难以理解的主相比起来①，人们与复数的神灵的相处更加舒适，他们不那么令人畏惧，而是更具人性；不那么苛刻，而是更为宽容——神灵们更容易因为祭品而平息怒火。这些偏好有助于解释从一神论到"偶像崇拜"的常见"滑坡"，后者在古代的以色列和波斯都曾反复发生。在切近的、可触知的、非常"人性"的神灵身上具有某些令人安心并且吸引人心的东西。

袄教徒与祭司(the Magi)

无法确定一神论的第一个主要群体是犹太人还是袄教徒，但很明显他们相互影响，尤其是在犹太精英被囚禁于巴比伦的那段时间，当时袄教正

---

① Denis Baly, *The Geography of the Bible*, New York: Harper & Bros, 1957; Mircea Eliade, *Patterns in Comparative Religion*, New York: New American Library, [1958] 1974.

处于其早期最为活跃的年代。① 现今的大部分历史学家承认，琐罗亚斯德（Zoroaster）于公元前 6 世纪在今天的伊朗东部长大②，在大概十五岁时，他首先成为当地的异教神职人员，大概五年以后他开始了流浪生活，致力于激烈的灵力反馈与探索。而后，在他大约三十岁时，他获得了启示：阿胡拉·马兹达（Ahura Mazda）是唯一的真神。

所有的一神论都需要解释邪恶存在的原因。如果神对一切事——也包括存在邪恶——负责，那么祂就会成为一个全然不可理解的可怖的存在。为了避免这一结论的产生，一神论要么假定神是如此遥远和无所作为，以至于事实上不能够对任何事件负责，要么就会提出一个下等的邪恶生命的存在，一种下级神灵，神出于某些原因允许它为恶——这些原因当中的一部分会包括"自由意志"。犹太教，还有后来的基督教，假定了撒旦的存在，琐罗亚斯德则提出，阿胡拉·马兹达卷入了与下等的安格拉·米安予（Angra Mianyu）——"恶灵"——之间的战争。他还教导说，每一个人都被要求在善与恶之间做出抉择，而这场战争的结果"取决于人类：每个人给予他所选择的那一方的支持都将会永久地增加它的力量；因此，在较长的时间里，人类的行为将会影响局势倒向一边或另一边"。③ 没有更多的关于"自由意志"的有力教义，而它的暗示性已经得到阐明。在坚持他对邪恶的解释的时候，琐罗亚斯德教导说，具有善良意志的灵魂将会升入迷人的天堂，而行恶者将下地狱。

袄教迅速传播，不久后就成为花刺子模（Chorasmia）王国（位于今天的乌兹别克斯坦）的官方宗教。在公元前 6 世纪，当居鲁士大帝（Cyrus the Great）将花剌子模并入他新建立起来的波斯帝国之时，袄教最初曾一度失去其官方地位。但居鲁士的儿子大流士（Darius）皈依了袄教，当他获得王位以后，袄教重新获得了权力。④ 随着时间的流逝，新的波斯国王从前任手中获得了王位，由于新的社会将旧宗教视为帝国的一个构成部分，袄教的影响力开始衰落。基督诞生之前，波斯一度重新变成异教神

---

① 进一步的讨论可参考 Rodney Stark, *Discovering God: A New Look at the Origins of the Great Religions*, San Francisco: HarperOne, 2007a。

② Gherardo Gnoli, *Zoroaster in History*, New York: Bibliotheca Persica, 2000.

③ Ilya Gershevitch, "Zoroaster's Own Contribution", *Journal of Near Eastern Studies* 23, pp. 12 – 28, 1964, p. 14.

④ Ilya Gershevitch, 1964, "Zoroaster's Own Contribution", *Journal of Near Eastern Studies* 23, pp. 12 – 28.

庙社会——只除了祭司（the Magi）。

祭司是一个波斯专业性神职人员的行会（guild），这些神职人员服务于波斯帝国当中所有的异教。他们也是著名的占星家，将这些实践经验教授给希腊人［希腊人用迦勒底（Chaldean）来称呼他们］。在某一时刻，他们开始作为神职人员为袄教工作，而最终他们皈依了袄教。[①] 很多个世纪以来祭司们担任了袄教最初的拥护者与袄教经典的保护者的角色。他们也在古典世界里广为人知，甚至连著名的作家如柏拉图和普林尼也知道他们[②]，这既是因为他们能够解读预兆并预测未来，也是因为他们抵达伯利恒的记述被不断提及。

罗马帝国中的宗教

罗马帝国比希腊、波斯、埃及或者它们同时代的其他异教社会都更为宗教化。"所有的公共行为都开始于宗教仪式，就像元老院的任何一次会议的议事日程都从宗教事务开始。"[③] 离开了适宜的仪式表现，任何有意义的事情都做不成。元老院不能开会，军队不能前进，而决策，无论是大是小，都会因为迹象和预兆不够吉祥而推迟。预言被赋予了非常重要的地位，举例来说，如果在一些公共机构的会议期间出现闪电，"会议将被遣散，甚至之后的选举也会被占卜师团体宣告为无效"。[④]

为了应对"神灵的怒火"，公共仪式的普遍存在和包括节日与假期在内的公共生活安排的不断变更，使得宗教成为了日常生活当中不寻常的突出部分，这不仅对罗马帝国的精英阶层是如此，对普罗大众也是一样。[⑤] 与其他的异教社会对比起来，罗马神庙的大门并未对普通市民关闭，神像也并未隐藏于公众视线之外。每个人都受到欢迎，而他们的捐助也一样被征集。因此，即使是穷人和奴隶也有很多人在修建神庙的时候捐献金

---

① Arthur Darby Nock, 1949, "The Problem of Zoroaster", *American Journal of Archaeology* 53: 272–285.

② Gnoli, Gherardo, "Magi", In *The Encyclopedia of Religion*, edited by Mircea Eliade, New York: Macmillan, 1987.

③ J. H. W. G. Liebeschuetz, *Continuity and Change in Roman Religion*, Oxford: Clarendon, 1979, p. 1.

④ Ibid., p. 3.

⑤ Ibid., p. 8.

钱——这被神庙竖立的捐赠人名单碑所证实。①

在基督诞生之前，罗马帝国被一位暴君所统治，但帝国仍然虔诚地维持着最初的相对自由的宗教市场（marketplace）。尽管在罗马帝国异教具有官方地位，但它的主要支持力量仍然来自自愿捐赠，而这里也仍然存在为数众多的其他信仰，它们不仅存在于整个罗马帝国当中，在罗马城内也有分布。很多这类信仰都是"东方的"信仰，它们从埃及和中东来到罗马。另外，在罗马城和其他主要的罗马帝国城市当中，也存在规模庞大的属于犹太人的飞地。

在罗马，国家没有扶持任何宗教，突出表现在神职人员阶层。甚至在传统的罗马神庙当中，供职的也不是专业性的、全职的神职人员。当然，祭司会在进行节日庆典时出现，或者管理主要的献祭活动，但大部分时候，在罗马神庙当中工作的似乎只有一些管理员，他们没有任何宗教责任或宗教权威。此外，除了非常少的一些作为元老院顾问和司职占卜的祭司之外，几乎所有其他的神祭司都是杰出的公民，仅仅是兼职扮演神职人员的角色。或许这些业余的罗马祭司也会接受关于他们责任的训练，但这与希腊、埃及或者波斯的全职且专业性的祭司相比起来微不足道。② 然而，这并不意味着罗马的神职人员不如其他异教社会当中的全职的神职人员真诚。恰恰相反，一个联系紧密的、世袭的神职精英阶层才最容易受到犬儒主义和无信仰的影响。③ 除此之外，因为罗马的神职人员只是业余的，神职工作并不是他们的本来角色，"罗马神庙并不是权力、影响力和财富的独立中心……它们并没有……附属于自身的神职人员，因此它们也不会为神职人员提供一种权力基础"。④ 所以，罗马神庙的运转成本相对低廉，因为对职业性神职阶层的支持在任何地方都是维持神庙运转的主要支出。

如果说罗马异教在其对于财政独立的需求方面有所不同，那么它们在

---

① MacMullen, Ramsay, *Paganism in the Roman Empire*, New Haven: Yale Univ. Press, 1981, p. 109.
② Mary Beard, "Priesthood in the Roman Republic", In *Pagan Priests*, edited by Mary Beard and John North, 19 – 48, London: Duckworth, 1990, p. 27.
③ Rodney Stark, *Discovering God: A New Look at the Origins of the Great Religions*, San Francisco: HarperOne, 2007a, p. 98.
④ Mary Beard, John North and Simon Price, *Religions of Rome*, 2 vols, Cambridge: Cambridge Univ. Press, 1998, 1: 87.

所供奉的神灵的数量、性格以及专业化程度方面并无不同。事情并不像通常所说，几乎所有的罗马神灵都源自希腊，相反地，它们来自埃及，那里的神灵起源于苏美尔！在神灵迁移的时候，唯一改变的只有它们的名字。①

七位主神的确立早于罗马共和国的建立，其中打头的是朱庇特（也被称为 Jove），他被认为是神灵们最高的父，并最终被等同于宙斯。在共和国建立时，神灵迅速增多。但即使是在官方异教的神庙遍地开花的时候，在罗马城和帝国的其他城市，异教在某种程度上似乎仍然无法提供足够的宗教。新的信仰继续从东方以及埃及不断传入——这也就是通常所说的东方信仰。

东方信仰

东方信仰将公众热情激发到了一个令人瞩目的程度。所有这些都是"异端"信仰，但其中仍存在着某些非常重要的差别。他们并不是简单地为另一位神灵建造另一所神庙——每所神庙都强烈地专注于一位神，然而它们也承认其他神灵的存在。这种强烈的聚焦为异教带来一些新事物：异教集合。

这些新生信仰当中的一种来自希腊，在那儿它是一种奉献于酒神狄俄尼索斯——罗马人称之为巴克斯——的运动。酒神的信徒是热烈的、乐于传教的神秘宗教家，他们激起了罗马议会对他们的严酷迫害，其理由可能是伪造出来的关于他们参与非道德的酗酒行为的指控。

另一种东方信仰敬拜女神西布莉（Cybele）——罗马人称之为玛格娜·玛特（Magna Mater）［伟大母亲（the Great Mother，大地之母？）］，以及一位异常英俊的弗里吉亚牧羊人阿提斯（Attis）（在某些说法当中，他有着超自然的起源）——西布莉爱上了他。不幸的是，这年轻人与一个仙女通奸的事情被西布莉发现，在极端的愤怒当中西布莉使阿提斯发了疯，在狂怒中他阉割了自己，血流不止，最终倒在一棵松树下死去。悲伤的西布莉使阿提斯复活了，而后他成了她的永恒伴侣。阿提斯从未作为主

---

① Rodney Stark, *Discovering God: A New Look at the Origins of the Great Religions*, San Francisco: HarperOne, 2007a.

神而存在，而仅仅作为他的爱人的支持者名单当中的一员。然而，他的自我阉割成为了西布莉崇拜的一个主要特征。一方面，西布莉崇拜当中最为隆重的仪式是"太阳神屠宰公牛"（taurobolium），仪式上公牛在一个木制平台上被屠宰，平台下躺着新加入的教徒，他们随后会被公牛的血浸透——这一切都是在纪念阿提斯的自残。他们相信这些血能够洗去每一个新来者的过去，并赋予他们新生。但或许阿提斯的故事对西布莉崇拜最有影响的方面是，所有的"西布莉崇拜的神职人员都是阉人，狂喜当中的自我阉割是［他们的］入会仪式过程中的一部分"。① 这些西布莉神话和她的神职人员的自我阉割一定是在希腊发展起来的，因为在玛格娜·玛特来到罗马之时，这二者都已经获得了完全的发展。

下一个抵达罗马的东方信仰带来了女神伊西斯（Isis），她最终成为异教试图接近一神教的一次认真尝试的核心。伊西斯最初是埃及的一位自然女神，她主管尼罗河一年一度的泛滥，并在托勒密一世之后的希腊世界当中收获了大量追随者。托勒密一世，这位亚历山大大帝的亲密战友和埃及的第一任希腊统治者，将她提升为救世的女神，"或者更加明确地说，是'整个人类的救世主'"。② 伊西斯同样引发了集会，她的追随者将他们自己分成小群并定期集会，他们并不批判其他的神灵或是神庙，但他们也不会去参与。西方的第一所伊西斯神庙建立于庞贝城，在大约公元前100年。不久之后罗马建立起了她的第一座神庙，随后，这个数字不断上升。

密特拉教（日神崇拜，Mithraism）可以被视为另外一种东方宗教，尽管与长久以来的说法相反，它与波斯宗教中的神灵密特拉（Mitra）并无关系，而是起源于罗马——历史记录中有关其存在的证据突然在大约90年出现。对于密特拉的起源的疑惑一部分来自这一事实，即日神崇拜自我宣称建立于琐罗亚斯德和其波斯源头的智慧之上。但这似乎是一种获得可信性和威望的额外方式③，很像是今天很多现代教派宣称自己可追溯

---

① John Ferguson, *The Religions of the Roman Empire*, Ithaca, NY: Cornell Univ. Press, 1970, p. 27.
② Cyril Bailey, *Phases in the Religion of Ancient Rome*, Berkeley: Univ. of California Press, 1932, p. 258.
③ Mary Beard, John North and Simon Price, 1998, *Religions of Rome*, vols. 2, Cambridge: Cambridge Univ. Press, 1: 280.

到不同的古代族群——比如说德鲁伊。

无论如何，日神崇拜主要是在罗马士兵当中招收其成员的，甚至包括一些高级官员。这是一个秘密教派，它许诺死后的迷人生活，并在其仅有男性的成员群体当中激发深刻的委身。他们是如此严格地遵守着他们有关保守秘密的誓言，以至于今天只有很少的人了解密特拉教的教义、他们的谜团和他们的秘密集会上所发生的事情。人们所知的只有他们在特地为此建造的狭小洞穴当中会面，集会也是小规模的，因此洞穴里只有大约五十个座位。已经有数百个这样的洞穴被发现，而关于这些地点的地图①显示它们坐落于帝国的边境线上，邻近驻军营地和堡垒的遗址。在罗马城没有发现日神崇拜的洞穴。

表 1.1 显示了罗马城中在 100 年左右专门供奉一位主神的已知神庙的数量。伊西斯占据优势明显的首位（11 座），西布莉其次（6 座）。而后是朱庇特和维纳斯，均为四座。福尔图娜三座，而阿波罗和索尔·英维克图斯（Sol Invictus）各有两座。九位其他神灵在罗马各自拥有一座神庙。当然，很多其他神灵在潘提翁神庙当中享有一个位置，而不同神灵的小型神祠在城市当中也十分常见。也有一些神庙供奉的是"神化的"君主。

表 1.1　已知罗马城中专门供奉一位主神的神庙的数量（100 年左右）

神灵	神庙数量
伊西斯	11
西布莉	6
朱庇特	4
维纳斯	4
福尔图娜	3
阿波罗	2
索尔·英维克图斯	2
埃斯库拉皮乌斯	1
塞雷斯	1
狄安娜	1
加奈斯（Janus）	1

---

① Manfred Clauss, *The Roman Cult of Mithras*, New York: Routledge, 2000.

续表

神灵	神庙数量
朱诺	1
利伯（Liber）	1
玛斯	1
尼普顿	1
奎利纳斯	1

资料来源：Beard, Mary, John North, and Simon Price, *Religions of Rome*（罗马宗教，1998），Vol. 1：图1和图2。

重要的问题是，为什么这些东方信仰如此流行？

对于这些新宗教在罗马获得巨大成功的原因，一个世纪以前伟大的比利时历史学家弗兰兹·库曼特（Franz Cumont，1868—1947）给出了一个极富洞察力的分析。① 库曼特提出，东方宗教的成功源于它们"提供了更大的满足"。他认为这些宗教通过三种方式做到了这一点，对此我还将补充另外两种方式。

第一，根据库曼特的说法，"它们更强烈地诉诸感官"，有更高的感情主义的内容，尤其是在其崇拜活动当中。在罗马，传统宗教主要与乏味的市民仪式与定期的宴席相联系。它们希望赢得传统神灵对个人和共同体的保护和庇佑。大多数时候这与牧师主持的公共仪式相连，而很少有超出经文唱诵和献祭之外的内容。因此，传统的罗马异教就把宗教感情主义降到了"宗教生活的边缘"。②

对比而言，新宗教强调庆典、好运、狂喜和激情。音乐在他们的仪式当中起到了领导性的作用——不仅有长笛和号角，还有丰富的群体歌舞。而对于宗教狂喜，一部分群体成员在他们的崇拜仪式当中的行为听上去非常像是现代的五旬节派——人们进入恍惚状态，以未知的语调讲话。正如库曼特所总结的那样，东方"宗教接触到了感性的方方面面，并满足了对于宗教情绪的渴望，而这是崇尚苦行的罗马异教教条所无法解决的"。③

---

① Franz Cumont, *Oriental Religions in Roman Paganism*, New York: Dover, [1906] 1956, p. 30.
② Walter Burkert, *Greek Religion*, Cambridge: Harvard Univ. Press, 1985, p. 109.
③ Franz Cumont, *Oriental Religions in Roman Paganism*, New York: Dover, [1906] 1956, p. 30.

尽管库曼特没有提及这一点，在传统罗马宗教当中所缺乏的主要的感性因素是爱。罗马人认为神灵们可能会向他们提供帮助，但他们不相信神灵爱他们——的确，朱庇特在描述中对人类所在意的那些东西相当不友好。因此，罗马异教徒通常怀有对神灵的恐惧，有时羡慕其中的一部分，而嫉妒他们每一位，但他们不会爱他们。

根据库曼特的分析，东方信仰的第二个优势在于他们对于个体主义以及美德的强调。罗马的传统神灵根本上是"这个国家的神灵"，而不是个人的。① 正如埃及和波斯神庙宗教所做的那样，传统的罗马宗教所追求的"救世"，不是对于个人而言，而是对于城市或者国家来说的。此外，除了要求人类适宜地崇拜他们，罗马神灵似乎并不关心人类行为的道德与否——"违反道德并不被视为是对神灵的冒犯"。② 正如记载的那样，更糟糕的是，这些神灵在个体道德方面树立了坏的榜样。

对比起来，东方宗教并不致力于将公民事务神圣化，而是直接面对个人的精神生活，强调个人道德，提供不同的赎罪方式——根本上，并不是城市被惩罚或是拯救；而是个体得以"洗清灵魂污点……［并］恢复失落的纯净"。③ 很多新宗教的入会仪式当中都建立了赎罪的办法，这些宗教强调净化与洗涤罪孽；不同形式的洗礼也是普遍存在的。此外，正式的忏悔同时被伊西斯和西布莉的信徒所实践，但是这种实践并不存在于传统神庙信仰当中。④ 单纯通过仪式不能实现赎罪；很多新宗教都要求克己和过朴素的生活，有时甚至要忍受肉体的痛苦——这样的行为能够给予个体宽恕的教义以可信性。

第三，库曼特指出，对于一个盛产历史学家和致力于著述的哲学家的社会而言，传统罗马宗教没有文本是相当值得注意的。"他们没有书面的文件来建立他们的信条和教义，或者对他们的仪式或者他们给予追随者的道德训令提供一些解释。"⑤ 相反地，东方信仰是书籍宗教：酒神崇拜、

---

① Raffaele Pettazzoni, *Essays on the History of Religions*, Leiden: Brill, 1954, p. 208.
② J. H. W. G. Liebeschuetz, *Continuity and Change in Roman Religion*, Oxford: Clarendon, 1979, p. 40.
③ Franz Cumont, *Oriental Religions in Roman Paganism*, New York: Dover, ［1906］1956, p. 39.
④ Raffaele Pettazzoni, *Essays on the History of Religions*, Leiden: Brill, 1954, p. 62.
⑤ Mary Beard, John North and Simon Price, *Religions of Rome*, 2 vols., Cambridge: Cambridge Univ. Press, 1998, 1: 284.

西布莉崇拜、伊西斯崇拜（Isiaic）和日神崇拜的宗教都提供了书面文献来"吸引获得教化的心灵"。① 另外，新宗教描述了一种更加理性的神灵的形象——甚至有很多西布莉、伊西斯、巴克斯（酒神）和密特拉（Mithras，日神）的崇拜者"除了他们自己的神灵之外不承认任何其他神明"②，他们如果不宣称他们的神是唯一的神，也会将他们的神灵视为一位更高的神。

正如库曼特所总结的，这些新"宗教同时作用于感官、智识和意识，并因此抓住了完整的人。与过去的信仰相比，它们似乎已经提供了更大的仪式之美、更多的教义之真还有远比过往更高的道德……对于罗马神灵的崇拜是一种公民责任，而对异邦神灵的崇拜则是个人信仰的表达"。③

但库曼特没能认识到仍存在两种其他的因素，它们至少也和他所指出的三项同等重要，或许更加重要：性别和组织。在传统罗马宗教当中，尽管女性可以参与到"大多数［异教的］宗教场合当中……她们几乎没有机会去扮演任何积极的宗教角色"。④ 在很多传统神庙当中存在一些女性神职人员，但仅限于供奉女神的那些。更糟糕的是，女性牧师受到很多严格的限制，不像男牧师可以通行无碍：维斯塔贞女们（Vestal Vrigins）因为越界而遭到了活埋！比较而言，很多东方宗教在根本上为女性提供了宗教机会，在家庭当中也为她们提供了更好的安全保障与更高的地位。

但这不仅是拥有文本和道德关怀的问题，还有歌唱和呓语（speaking in tongues）的问题，或许也不只是在性别角色上更加平等的观点给了新宗教这样的优势。在所有这一切之上是他们通过使人们参与到集会、参与到信徒的积极共同体当中来调动世俗追随者的能力。

罗马异教在共同体方面所能提供的非常有限。大多数罗马人只是非常不规律地造访神庙，次数也并不频繁。但是东方宗教期望它们的追随者每天自己完成崇拜活动，并且以每周或者是更为密集的频率参与集会礼拜。

---

① Franz Cumont, *Oriental Religions in Roman Paganism*, New York: Dover, ［1906］1956, p. 44.

② Mary Beard, John North and Simon Price, *Religions of Rome*, 2 vols, Cambridge: Cambridge Univ. Press, 1998, p. 286.

③ Franz Cumont, *Oriental Religions in Roman Paganism*, New York: Dover, ［1906］1956, pp. 43-44.

④ Mary Beard, John North and Simon Price, *Religions of Rome*, 2 vols, Cambridge: Cambridge Univ. Press, 1998, 1: p. 297.

绝对的频繁性使得这些宗教群体成为它们的信徒生活的核心部分,更不要说这些集会的强度。这里有一些此前并不存在的东西:"至少直到罗马共和国中期,在罗马仍不存在任何特别的宗教群体的迹象:群体,也就是男人或女人在宗教选择的基础上决定聚到一起……[那]这儿不存在自主的宗教群体。"① 另外,罗马神灵只有委托人和节日,而没有成员和定期礼拜。与此相反,东方宗教"提供了一种新的共同体含义……一种更加强大的成员身份类型"。② 正如约翰·诺斯(John North)所说:"在新成员加入时显然对他的委身程度的要求是更高的……[从而]强化了一种个人与神明发生联系的直接经验的意识。新的结构是与宗教生活的强化以及在皈依者的生活中宗教经验所占据的新位置相关联的。"③

因此,新宗教的信徒具有更加清晰的宗教身份。"他们可以用也确实使用了他们的宗教来定义自己,正如用他们的城市或者他们的家庭一样,这是一种几个世纪前还没有被充分理解的方式……很难夸大这一变化的意义。"④ 尽管不像犹太教那样排他,进入酒神崇拜、日神崇拜、伊西斯崇拜和西布莉崇拜的皈依者仍然被期望减少更换神庙的次数并完全地将他们自己奉献于他们各自的神灵。为了支持这种委身,他们接受了一种清晰的宗教身份,这要求并维持了一种紧密相连并且非常活跃的宗教共同体——一种集会,而非追随者群体(clientele)。类似犹太人,东方信仰的信徒使他们的宗教群体成为了他们社会生活的中心。通过这样做,他们不仅强化了委身,也从这种委身之中获得更多的奖赏,正如其他成员为此奖赏他们一样。正是通过分化并为形成积极的互动关系提供机会,并由此形成紧密的社会联系,宗教群体产生了更高水平的成员委身程度和忠诚度。⑤ 但这也是与罗马统治者产生尖锐冲突的基础。

---

① Mary Beard, John North and Simon Price, *Religions of Rome*, 2 vols, Cambridge: Cambridge Univ. Press, 1998, 1: 42.

② Ibid., 1: 287.

③ John North, "Religious Toleration in Republican Rome", *Proceedings of the Cambridge Philological Society* 25: 1979, pp. 85 – 103.

④ John North, "Rome", In *Religions of the Ancient World: A Guide*, edited by Sarah Iles Johnston, 225 – 232, Cambridge: Belknap, 2004, p. 231.

⑤ Rodney Stark and Roger Finke, *Acts of Faith: Explaining the Human Side of Religion*, Berkeley: Univ. of California Press, 2000, Chap. Six。

对集会的恐惧

大多数罗马君主怀疑，几乎每个人都在密谋反对他们。并且的确如此。七十六位继承王位的君主当中，从奥古斯都（Augustus）的执政到君士坦丁的登基，只有十九位君主自然死亡。七个人死于战场，四十二个人死于谋杀，另外的两个死于疑似谋杀，还有六个被迫自尽。因此，君主们恐惧一切正式组织，因为它们为政治阴谋提供了可能性。因此，在公元前5世纪晚期，罗马发布了限制一切私人集会活动的法令。在奥古斯都的统治下，一项"更加广泛的集会法令获得通过，要求所有集会都需要经过议会或者君主的批准"①，而这些许可几乎是无法获准的。② 比如说，在公元2世纪的第一个十年里，在尼科墨迪亚（Nicomedia）城中发生了一次严重火灾之后，小普林尼写信给皇帝图拉真（Trajan）要求获准建立一个志愿救火员的集会。皇帝回了信，拒绝了他的要求，理由是："正是像这样的社团应对已经发生了的政治动乱负责任……如果说人们为了普通的目的进行集会，那么无论我们给它们什么样的名字和理由，不久后它们都将变成一间政治俱乐部。"③

正如已经指出过的，最为显著地把东方信仰与罗马异教区分开来的特征是它们诱发集会的能力。当人们在造访神庙的时候，他们属于一种东方信仰。既然帝国的反对者甚至介入了志愿救火部门，那么每周聚会一次甚至更多次的宗教群体，成员誓言保密并且不接纳外人进入他们的神圣仪式的宗教群体，就更加不可能被忽略。尽管宗教史研究者通常不会指出这一点，但事实上东方信仰常常会遭到充满敌意的迫害。这不包括日神崇拜，当然，因为即使是最为莽撞的君主也不会冒得罪军队的风险——仍然有不少君主被负责保护他们的禁卫军所杀。但酒神崇拜者、伊西斯的信徒和塞比利的信徒（程度相对较轻）当中都有不少帝国镇压的牺牲品，而这都是由于集会制的"罪行"。

---

① Mary Beard, John North and Simon Price, *Religions of Rome*, 2 vols, Cambridge: Cambridge Univ. Press, 1998, 2: p. 275.

② Otto Gierke, *Associations and Law: The classical and Early Christian Stages*, Toronto: Univ. of Toronto Press, [1873] 1977.

③ Pliny, *The Letters of Pliny the Younger*, London: Penguin Classics, 1969, pp. 271-272.

镇压酒神崇拜

今天,"酒神崇拜"一词指的是酗酒无度的人,因为这正是罗马元老院在公元前186年"残暴镇压"① 酒神崇拜教派时声称他们犯下的罪名——尽管这一指控可能是错的。② 不幸的是,这里仅有两个相当不充分的信息来源。第一个来源是李维(Livy),他的报告更像是小说而不是历史:这是关于一个好男孩如何被他邪恶的母亲引入可怕的群体的故事。③ 第二个来源是真实的元老院法令,它谴责了这一群体并规定了它必须遵守的限制条令。以李维的记述为基础,已经有太多的历史学家假定这一群体中发生了各种形式的恶劣事件:活人祭祀、强奸、无限制的性行为、酗酒等。根据李维所说,至少有七千人卷入其中,包括"当然的贵族,既有男人也有女人"。随后,这一群体的男性领导人被捕并被斩首;其他人被迫自尽,"女人们则被交予她们的亲属进行惩罚"。④ 但是,如果这些判决真的获得了执行,以及,如果这些针对这一群体的指控属实,那么由元老院法令所规定的禁令则温和得近乎荒谬。

元老院法令⑤首先禁止了巴克斯神祠(限他们在法令颁布之后的十天之内进行拆除)。然而,这一群体本身并不是非法的,而仅仅是被限制了聚会的规模和功能。元老院命令他们的聚会规模不得多于五人(其中男性不得多于两人),不得持有公用资金,不得宣誓相互义务。此外,他们被禁止进行秘密的庆祝仪式,男性不得成为神职人员。这就是全部!没有

---

① Mary Beard, John North and Simon Price, *Religions of Rome*, 2 vols, Cambridge: Cambridge Univ. Press, 1998, p. 92.

② Mary Beard, John North and Simon Price, *Religions of Rome*, 2 vols, Cambridge: Cambridge Univ. Press, 1998, Vol. 1; Hans-Joseph Klauck, *The Religions Context of Early Christianity*, Minneapolis: Fortress Press, 2003.

③ 相关的摘录参见 Mary Beard, John North and Simon Price, *Religions of Rome*, 2 vols, Cambridge: Cambridge Univ. Press, 1998, 2: 288 – 290 及 Valerie M. Warrior, *Roman Religion: A Sourcebook*, Newburyport, MA: Focus Publishing, 2002, pp. 99 – 105.

④ Keith Hopkins, "Controlling Religion: Rome", In *Religions of the Ancient World: A Guide*, edited by Sarah Iles Johnston, pp. 572 – 575, Cambridge: Belknap, p. 573; Valerie M. Warrior, *Roman Religion: A Sourcebook*, Newburyport, MA: Focus Publishing, 2002.

⑤ Mary Beard, John North and Simon Price, *Religions of Rome*, 2 vols, Cambridge: Cambridge Univ. Press, 1998, 2: pp. 290 – 291.

提及禁止强奸、酗酒、群交或者活人祭祀，这显然证明这些指控仅仅出于虚构，用以帮助至少是某些元老院议员"为［他们的］极具争议的决定……提供合法化依据"。①

同样具有欺骗性的还有关于这个群体的突然出现和起源于罗马的流行设定。酒神崇拜在元老院采取行动以前已经存在了一段相当可观的时间，足以在全意大利范围内培养起追随者。② 此外，酒神教派并非起源于罗马；它是来自希腊的东方舶来品——李利维甚至指责某一匿名希腊神职人员和其教派，认为是他们将这一教派带至罗马。③ 因此，我们无须尝试在李维的记述和元老院的法令之间发现这一群体的起源何在，实际上它所教导和实践的是什么、为什么它具有如此的吸引力，以及元老院所恐惧的究竟是什么，面对所有这一切我们所要做的只是将目光转向希腊宗教史学家们对这一群体所做的大量研究。在这里我们找到了一份关于巴克斯或者狄奥尼索斯之谜的翔实文献，其中包括对很多重要新发现的近期报告。④

这篇文献使我们得以探究两个基础性问题。这场运动究竟是什么样的？为什么它激发了议会方面如此激烈但又有所克制的反应？

特别是，巴克斯（或是狄奥尼索斯）教派向皈依者承诺他们死后将开始极乐生活，享受他们教友的陪伴。一个最近发现的被打造成常春藤叶子形状的金盘告知死者："告诉珀尔塞福涅，巴克斯自己已经使你自由。"⑤ 为了逃离由罗马传统宗教所预见的可怕的死后世界并获得永恒的欢愉，一个普通人只需要皈依和承诺成为酒神的信徒："现在你们已经死了，而现在你们已经出生，获得三倍的赐福，就在这一天。"⑥ 这是一个重要的新生观念，给了每一个人，无论是贫是富，参与其中的根本动机。

---

① John North, "Religious Toleration in Republican Rome", *Proceedings of the Cambridge Philological Society* 25: 85 – 103, 1979, p. 87.

② John North, "Religious Toleration in Republican Rome", *Proceedings of the Cambridge Philological Society* 25: 85 – 103, 1979; Mary Beard, John North and Simon Price, *Religions of Rome*, 2 vols, Cambridge: Cambridge Univ. Press, 1998, 1: 92 – 96; Walter Burkert, *Babylon, Memphis, Persepolis: Eastern Contexts of Greek Culture*, Cambridge: Harvard Univ. Press, 2004.

③ John North, "Religious Toleration in Republican Rome", *Proceedings of the Cambridge Philological Society* 25: 85 – 103, 1979, p. 86.

④ Walter Burkert, *Babylon, Memphis, Persepolis: Eastern Contexts of Greek Culture*, Cambridge: Harvard Univ. Press, 2004, Chap. Four.

⑤ Ibid., p. 77.

⑥ Ibid., p. 80.

如果对迷人的死后生活的许诺只是酒神崇拜唯一的特征，那么罗马议会似乎一定会无视他们——正如它已经持续了许多代的做法一样。但对于吸引皈依者或许最重要的是，酒神教派将它的成员维系在一种非常紧密的集体生活当中。最初在希腊它是一个仅限于女性的群体，随后则产生了分别的男性与女性集体。迁移到意大利之后，集会中的成员开始混合。此外，与在希腊的时候不同，与敬拜其他传统异教神的典型群体也不同的是，酒神崇拜并不是一年集会几次，现在他们至少每周集会一次。为了在不打断他们的正常生活的情况下维持集会，他们把会议安排在晚上，在特别为此所建造的神庙和神祠里。为了成为其中一员，需要经过秘密的入会仪式，并郑重宣誓对信仰的奉献与忠诚。①

这些事实告诉我们，酒神崇拜者们并非寻常的周期性献祭宴席的参与者；他们被紧密地团结在热情的、极其自觉的集会当中。正是这一点使得议员们开始针对他们。无疑地，元老院的恐惧还被某些关于骇人听闻的活动的故事所激发（类似的指控也会规律地指向其他"不寻常的"宗教群体，包括犹太教徒和基督徒），但罗马元老院所真正要镇压的是这一群体的集会制特征——它的规律集会、它的正式组织结构、成员之间的强有力的联系、女性在包含两性的群体当中的突出作用，还有，最为重要的，高水平的成员委身。是这些因素，而非喧闹的狂欢作乐，被元老院认作威胁并"愿以上所有均得摧毁"。②

反伊西斯

伊西斯同样激发了集会。她的追随者将他们自己分成小群并定期聚会；他们并不贬低其他神灵和其他神庙，但他们也不会参与其中。这种特殊性没有逃过官员的注意。在公元前58年，元老院宣布伊西斯非法并命令拆除其祭坛与雕像。③ 十年后他们重申了这一禁令，帝国当中的罗马执

---

① John North, "Religious Toleration in Republican Rome", *Proceedings of the Cambridge Philological Society* 25: 85 – 103, 1979.

② Mary Beard, John North and Simon Price, *Religions of Rome*, 2 vols, Cambridge: Cambridge Univ. Press, 1998, 1: 95.

③ Cyril Bailey, *Phases in the Religion of Ancient Rome*, Berkeley: Univ. of California Press, 1932, p. 186.

政官的回答是以"令人厌恶和无意义的迷信"① 为由毁掉了伊西斯祭坛。而后,伊西斯崇拜被"奥古斯都所激烈镇压"②,提庇留(Tiberius)毁掉了罗马的伊西斯神庙,女神的神像被扔进了台伯河,而其神职人员被钉死在十字架上。③ 的确,罗马皇帝卡里古拉(Caligula)不能被视作容忍的典范,但这位皇帝有着对于外来物的偏好,他第一次允许了敬拜伊西斯的庙宇在马提修斯区(Campus Martius)修建,而直到3世纪早期拉卡西拉(Caracella)当政之时,朱庇特神殿(Capitol)才允许建造了一所伊西斯神庙。④ 即便如此,正如记载的那样,在罗马敬拜伊西斯的神庙仍然比任何其他神灵或女神的庙宇更多。

尽管罗马当局总是试图镇压伊西斯崇拜,但对于这些事件几乎没有任何细节保存下来。有一些迹象表明,对于伊西斯崇拜的攻击据说与这些神庙卷入的非道德的性有关。⑤ 但这是一种针对每一个可能孕育反对派的宗教团体都会提出的典型指控,没有理由相信它是真的。在这件事上也是如此,惹恼罗马人的是它的集会制。库曼特坦白地指出了这一点:"它的秘密社团……可能会轻易地变成煽动者俱乐部和间谍出没的地方。"⑥ 此外,被普布利乌斯·克劳迪乌斯·普尔科(Publius Clodius Pulcher,公元前92年—前52年)所提及的伊西斯"突击队"并没有什么神秘之处,他在公元前58年走上街头,看见了元老院拆毁神庙。"伊西斯教徒的无情压力与顽强抵抗使[议会]……毫无转圜。他们[伊西斯的信徒们]反复重建了他们开展崇拜的地方[无论它们何时被毁]……正如稍晚一些的基督教一样,伊西斯教徒的坚持不懈是被锻炼和强化出来的——这最终因迫害而中止。"⑦

---

① Robert M. Grant, *Gods and the One God*. Philadelphia: Westminster, 1986, p. 34.
② Cyril Bailey, *Phases in the Religion of Ancient Rome*, Berkeley: Univ. of California Press, 1932, p. 186.
③ Josephus, *Jewish Antiquities* 3: 18 (约瑟夫,《犹太古史》3: 18).
④ Cyril Bailey, *Phases in the Religion of Ancient Rome*, Berkeley: Univ. of California Press, 1932, p. 186.
⑤ Franz Cumont, *Oriental Religions in Roman Paganism*, New York: Dover, [1906] 1956, p. 81.
⑥ Ibid., p. 82.
⑦ Robert Turcan, *The Cults of the Roman Empire*, Oxford: Blackwell, 1996, pp. 86 - 87.

孤立西布莉

就像基督教赢得巨大影响力是由于在米尔维安大桥战役当中人们相信是基督教为君士坦丁带来了胜利,西布莉(也被罗马人称为玛格娜·玛特或者伟大母亲)在公元前 204 年由议会发布命令(作为一块陨石的人格化)被引入罗马,是因为一位先知从《西卜林书》推断出她将为罗马在汉尼拔带来胜利,德尔菲神谕也确认了这一点。在她抵达罗马之后的几个月里,预言实现了。不久之后,敬拜西布莉的神庙在帕拉丁的最高点上建造起来,那块陨石被放置在女神的银像上充当其面部,而后她成为受到罗马官方承认的神灵之一,在那里被敬拜了超过五百年。每年的 3 月 27 日,西布莉银像都被一队她的神职人员们运送到台伯河附近的一个附庸国进行沐浴清洗,然后再运回神庙。

罗马人很快认识到有西布莉站在他们一边带来的是一种好坏参半的赐福。西布莉崇拜是一种野蛮的、破坏性的东西。"〔西布莉崇拜的〕狂热传播与无理智盲信和官方宗教的沉静的威严和可观的储备形成了强烈对比。"① 她的神职人员被称为加利(galli),擅长入迷状态下的狂喜。他们不仅在其入会仪式上阉割自己,而后他们还会穿上女装,化妆,烫卷头发,喷上香水,然后表现得像个女人。尽管罗马人并不排斥同性恋,但他们也绝对被这种阴性特质震惊了。然而,他们对于女神的力量绝无疑问——她终结了迦太基的威胁。因此,就得出了要赶在它能够感染人群之前孤立这一宗教的决定,但是他们对于那些代表着她的"野蛮的"仪式的持续持默许态度。一年一度地,西布莉受到所有罗马人的崇敬,而她的"神职人员列队在街上行进,穿着杂色的服装,戴着沉重的首饰,并且敲击铃鼓"。② 在这一年的其他时间里这些神职人员被"与罗马人相互隔绝,他们的教派活动被局限在神庙范围以内"。③ 此外,罗马市民被法律禁止成为西布莉崇拜的神职人员。

---

① Franz Cumont, *Oriental Religions in Roman Paganism*, New York: Dover, [1906] 1956, p. 52.
② Ibid., p. 53.
③ Mary Beard, John North and Simon Price, *Religions of Rome*, 2 vols, Cambridge: Cambridge Univ. Press, 1998, 1: 97.

对犹太人的迫害

反犹太主义是恶毒的,它在古典世界里广泛传播。伟大的罗马哲学家和政治家卢修斯·安泰俄斯·塞尼卡(Lucius Annaeus Seneca)曾公开指责犹太人是一个"受诅咒的种族"①并谴责他们的影响力。受人尊敬的罗马历史学家科尼利厄斯·塔西佗(Cornelius Tacitus)因为他们"轻视神灵"而责备犹太人,并将他们的宗教活动称为"不祥的和令人厌恶的"。不仅如此,据塔西佗说,犹太人"被他们自己的极度的邪恶所固守着",而他们用对另一个人的"顽固的忠诚"寻求的是"不断增长的财富"。"但在世界的其他地方他们面对的是对敌人的厌恶。"②还有,就像其他东方宗教一样,罗马人常常用伪造的非道德借口来为他们对犹太人的镇压辩解:奥维德宣称"犹太教会堂是妓女的聚集地"。③

不论如何,公元前139年犹太人被驱逐出罗马是由于一纸指责他们试图"介绍他们自己的仪式"给罗马人并因此"影响了罗马的道德水平"的法令。④ 而后,19年君主提庇留(Tiberius)命令犹太人和伊西斯的信徒离开罗马。犹太人被要求烧掉他们所有的宗教礼服,而所有处于服役年龄段内的犹太男性都被命令参与在撒丁岛上镇压强盗的斗争,据塔西佗的说法,在那里"如果他们被可致疫病的气候所侵袭,那么也将是非常廉价的损失"。⑤ 此外,根据波莱纳斯·苏维托尼亚斯(Paulinus Suetonius)所说,所有其他的犹太人不仅被从罗马城中驱逐,也被从意大利驱逐出去,"违者处以终生奴役"。⑥ 70年,君主维斯帕西安(Vespasian)在帝国范围内对犹太人课以特别税,因此扣押了每年呈给耶路撒冷圣殿的供奉。根据卡修斯·戴奥(Cassius Dio)所说,95年,君主图密善(Domitian)砍了他的表亲弗拉维厄斯·克莱门斯(Flavius Clemens)和"很多

---

① 引自奥古斯丁《上帝之城》(City of God) 6.11。
② 塔西佗:《历史》5:1—13(犹太人)。
③ Hannes Moehring, "The Persecution of the Jews and Adherents of the Isis Cult at Rome A. D. 19", *Novum Testamentum* 3: 293-304, p. 296.
④ E. Mary Smallwood, *The Jews Under Roman Rule: From Pompey to Diocletian*, Reprint with corrections, Leiben: Brill, 1981, p. 129.
⑤ Tacitus, *Annals*(塔西佗《编年史》)2:85.
⑥ Suetonius, *Tiberius*(苏维托尼亚斯《提庇留》)36.

其他人"的头，因为他们"在生活方式上变成了犹太人"。①

苏维托尼亚斯提出，出于某种对此的特殊兴趣，君主克劳狄（Claudius）于 49 年前后把犹太人驱逐出了罗马城，理由是在"Chrestus"的教唆下发生了暴乱。因为在拼写当中常常用 e 来代替 Christus 当中的 i，这一说法意指与基督相关的暴乱，这也在《使徒行传》中被相关内容所证实，其中提及保罗在哥林多遇到两位被迫离开罗马的基督徒。然而，历史学家们认为，如果罗马城中的所有犹太人都遭到了驱逐，当时这一数字可能达到数万，那么那个时代其他的那么多的作者们多少也应该会提及这件事——但他们并没有。事情看起来更像是被命令离开罗马的是所有参与了暴乱的人，这些暴乱可能是由基督徒试图在当地的犹太聚居区进行传教（正如保罗经常在别处所做的那样）所引发的，但涉入其中的很可能只有几百人。②

毫无疑问，很多罗马人憎恨犹太人是因为后者将他们的神灵们当成需要驱散的幻觉，而将他们的神庙视为渎神，但似乎对于国家的一部分来说最为强烈的反对理由是一种典型的指控——犹太人的主要罪行是他们成了一个强有力的、组织严明的、相对独立的共同体，还有，正像是所有的东方信仰一样，犹太人试图向外传教。这似乎引发了异教神庙的不安，因为对于犹太教或其他东方信仰的皈依意味着对神庙供奉的减少。在一个神庙享有极其丰厚的国家支持的社会里，这或许会被忽略不计，但在罗马，即使是朱庇特神庙也必须靠自愿的供奉来维持。因此，很多被议会在其实施迫害的过程中所引用的关于非道德性关系的传说是由异教神职人员/祭司所炮制和散播的，这一点看起来似乎合情合理。

这一现象很快就会再次出现，当罗马获得了那种从耶路撒冷传入罗马的新宗教的充足资料的时候。

异教"一神论"

或许是受到了在他们当中出现的犹太人和与他们有所来往的祆教的启

---

① Cassius Dio, *Historia Romana*（卡修斯·戴奥《罗马史》）67. 14.
② Harry J. Leon, *The Jews of Ancient Rome*, Peabody, MA: Hendrickson Publishers, ［1960］1995, pp. 23 – 27.

发，很多希腊和罗马的哲学家开始考虑一神论观点，而不少异教群体试图在多神教有限的预设之内尽可能地将他们的其中一位神灵转变为接近一神论的存在。这一方向上最为广泛的努力是围绕女神伊西斯展开的。

在伊西斯来到西方以后，她很快卸下了她在埃及时那个负责尼罗河的涨落的责任。相反地，她开始作为最高的女神受到尊崇，她是天后，星辰之母，并常常作为救世的女神被提起。普鲁塔克（Plutarch）解释说，"伊西斯在本质上是阴性的法则，她是所有创造行为的接受者，因此她被柏拉图称为'护士'和'一切的接纳者'"，被普通人称为"有万种名称的女神"。①

有很多现存的碑文和手稿赞美伊西斯②，比如这些：

> 是伊西斯"分离了天与地，为星辰指明航线，为日月判定了位置"。
>
> 伊西斯是"唯一的永恒统治者"，"所有人都应称我为最高的女神，天上诸神之中最伟大者"，"没有事能够离开我而存在"。
>
> 伊西斯是"世界的统治者……最伟大的神灵……天国事务与无限的统治者……是一切永恒的统治者"。

但是无论伊西斯多么频繁地作为"那唯一的活着的真神"③被人提及，她仍然无法摆脱异教的限制。她或许会被认作最高的神，但并非唯一的神，因为仍然存在容纳了其他神灵的万神殿，其中也包括她的儿子荷鲁斯（Horus）。这是在异教的语境下不能否认的事情。此外，与犹太教明显的史实性质相比，她的传说是完全存在于另一个世界当中的。这也就是说，伊西斯的"生平"完全发生于某个不可见的神界当中。正是在这样一个世界里，在她母亲努特（Nut，天空女神）的子宫当中，伊西斯和她的孪生兄弟俄赛里斯（Osiris）发生了性关系。也是在这个不可见的世界当中，俄赛里斯被他邪恶的兄弟赛斯（Seth）所谋杀，他的身体被砍成十四块扔进了宇宙。为了复活俄赛里斯，伊西斯在下界搜寻这些碎块——她

---

① Cyril Bailey, *Phases in the Religion of Ancient Rome*, Berkeley: Univ. of California Press, 1932, p. 258.

② Robert M. Grant, *Gods and the One God*. Philadelphia: Westminster, 1986, p. 103.

③ R. E. Witt, *Isis in the Ancient World*, Baltimore: Johns Hopkins Univ. Press, 1997, p. 129.

找到了所有的，只除了他的阴茎。如此等等。正如西里尔·贝利（Cyril Bailey, 1871—1957）所说："一边是这些传说中的形象，非历史，仅仅是故事里的木偶……［而］在［犹太教的］那边则是真实存在的历史人物。"① 上帝被相信是在犹太凡人面前现身，而圣经讲述了一个真实的人发生在地球上的故事。

结　　论

在耶稣诞生之前，对于罗马西部而言犹太教是唯一一个可接触范围内充分发育了的一神教。众所周知，犹太人在罗马的基督教化的准备过程中扮演了关键性角色。但东方宗教同样参与了这一准备过程，但很少被提及：早期基督教在帝国当中的传播轨迹紧密跟随着西布莉和伊西斯神庙的传播轨迹。② 同样地，对于东方宗教和犹太人的迫害，也成了后来罗马试图摧毁基督教的活动的一部分。

---

① Cyril Bailey, *Phases in the Religion of Ancient Rome*, Berkeley: Univ. of California Press, 1932, p. 271.

② Rodney Stark, *Cities of God*, San Francisco: Harper San Francisco, 2006.

第二章　多种形态的犹太教

尽管犹太教是罗马帝国当中唯一一种发育成熟的一神教，在巴勒斯坦仍然存在多种宗教类别和宗教冲突，这与罗马的情况相同，尽管在巴勒斯坦每个人都宣称自己是犹太人。自称犹太教徒的撒玛利亚人遭到其他犹太族群的排斥，所有这些人都以轻蔑态度——有时甚至是血腥暴力——来对待撒玛利亚人。亚历山大大帝征服巴勒斯坦以后，居住在由希腊人建立的希腊化的城市里的犹太人也同样陷于与其他犹太人的严重冲突当中。就像对其他的犹太族群一样，有一些人要求对律法的严格遵从，而其他人对此则持非常松懈的态度。有一些人向罗马统治者妥协了，另一些人则图谋反叛，还有另外一些人急切地期待着弥赛亚的到来，期盼他恢复犹太人的独立与权力。

在圣诞前夜，有大概900万犹太人生活在罗马帝国当中（罗马帝国总人口约为6000万），其中的大约90%生活在巴勒斯坦以西的较大的罗马城市当中。此外，巴勒斯坦以东有至少数百万犹太人居住；在巴比伦还有一个规模庞大的犹太人社区。这些社区构成了离散的犹太人族群，并在基督教的传播当中扮演了非常重要的角色。不过，基督教的故事开始于巴勒斯坦。

让我们将圣诞前夜定位于公元前6年，① 那时候希律王（King Herod）的残暴统治已经行将结束。两年以后他的死加速了犹太狂热分子发起的流血起义的爆发。与之相应地，罗马人在十字架上钉死了数以千计的犹太人，并将犹太地置于一位罗马长官的统治之下——这一位置最终由本丢·彼拉多（Pontius Pilate）所占据。

---

① 如果我们承认希律的统治一直持续到耶稣诞生之后，那么这一日期不会晚于公元前4年，关于耶稣诞生年份的全面讨论可参考 John Thorley, "When Was Jesus Born?" *Greece & Rome*, second series, 28: 81–89 和 Solomon Zeitlin, "The Dates of the Birth and the Crucifixion of Jesus", *Jewish Quarterly Review* 55, pp. 1–22。

希律王

史料中对于希律王（前73—前4年）的典型称谓是"大希律帝"（Herod the Great），这仅仅因为大部分关于这一时代的历史都出自罗马人之手。罗马人铭记了他主持修建的巨大的建筑工程和他为罗马做出的忠诚贡献。犹太人的历史则记载了他的残暴，他的恶行，他对罗马的卑躬屈膝，还有他对于圣殿的亵渎——即使他也使圣殿得以重建。

希律并非生来就是犹太人。他的母亲是一位阿拉伯酋长的女儿，而他的父亲安提帕特（Antipater）是一名以东人——居住在今天的约旦的异教徒。安提帕特是个极富天赋的投机分子，他在继位斗争当中正确地选择了汉斯莫尼安王子（Hasmonian Prince）并成功地与一位汉斯莫妮安公主结了婚，保住了自己在宫廷当中的职位。然后，他在与庞培的内战中支持尤利西斯·凯撒，表现出了卓越的政治判断力。因为支持凯撒，安提帕特获得了将他25岁的长子希律封为加利利地区长官的任命。在上任不久后希律就镇压了一次由希西家（Hezekiah，也写作 Ezekias）所领导的起义，并将他和他数量庞大的追随者处死。"将法律操纵于股掌之间的做法给他造成了和耶路撒冷犹太理事会之间的重大麻烦"①，而与信教的犹太人之间的冲突持续了他的一生。

在凯撒被谋杀之后，刺杀他的布鲁特斯（Brutus）和卡修斯（Cassius）控制了东部地区并从当地统治者手中征收财富。希律最初遵从了要求，但最终逃到了罗马，在那里他某种程度上获得了马可·安东尼（Mark Antony）和第二任三巨头（the Second Triumvirate）的青睐，他们让罗马后三巨头元老院选举他为"犹太国王"。依靠这种支持，公元前37年希律获得了犹太地的王座。为了保护他对于王座的宣言，他离弃了自己的妻子和儿子并和自己十几岁的侄女结了婚。

希律自称犹太人，但很多犹太人并不这么认为。为了从更多的传统犹太人处获得支持，希律对耶路撒冷圣殿进行了规模极其宏大的重建。而后，这一成就被妥协为在圣殿的主要入口处放置一尊巨大的金鹰雕像。这作为一种偶像崇拜式的罗马象征物，遭到了法利赛派领导人的强烈谴责，

---

① Robert M. Grant, *The Jews in the Roman World*, New York: Scribner, p. 64.

一些年轻的狂热分子在夜晚潜入打碎了它，为此他们遭到了逮捕并按照希律王的命令被烧死。

作为国王，希律王是通过任命大祭司（high priest）而获得权力的。为了对可能的对手保持警惕，他的第一次选拔是任命了一位"来自巴比伦尼亚的无名犹太人"。① 这激怒了他的岳母，最终，希律王撤销了这一任命并将这一职位授予了他岳母17岁的儿子亚利多布（Aristobulus）。不久后，希律王在耶利哥（Jericho）安排了一次洗浴派对，趁机淹死了亚利多布。随后，为了战胜愤怒的反对派，希律王开始将撒都该派（Sadducees，世袭的祭司阶层）任命为大祭司，其中的每一任只在任很短的一段时间，而在离任后他们仍然保有其特权。这帮助建立起了一个富有影响力的宗教支持者的基础。但在日益增长的宗教敌意面前他们对他的护卫作用十分微弱，而这种宗教上的敌意部分地源于他糟糕的家庭生活。

在其执政期间，希律王前后娶了十任妻子，并且不仅剥夺了之前婚姻生下的孩子们的继承权，还至少谋杀了其中三个。在其执政末期他对涌现出的越来越多的有关弥赛亚产生的希望和预言开始感到惊恐，任何被他怀疑是弥赛亚的人都被处死。当他开始怀疑他现任妻子与一个期待弥赛亚的团体有所关联时，他也同样杀掉了她。② 《马太福音》2：16 阐述了这一点，为了消灭耶稣，希律王命令将伯利恒所有两岁以下的孩子统统处死。无论这是否真实发生过，这种做法的确完全符合他的性格。

无论如何，希律王既是一个暴君，也是一个多疑的异教徒，而他的长期执政激化了很多犹太宗教群体之间的冲突，并导致了对罗马的更大敌意。

撒玛利亚人（Samaritans）

撒玛利亚位于犹太地南部和加利利北部之间的地区。在将近两个世纪里，撒玛利亚城是以色列首都，其统治阶层居住于城市周边。后来，公元前597年亚述人到达这一地区，抓走了数以千计的地位重要的撒玛利亚犹太人，这些人后来被带到巴比伦作为俘虏。很显然，那时候亚述人也把一

---

① Robert M. Grant, *The Jews in the Roman World*, New York: Scribner, p. 69.
② Ibid., pp. 80–81.

部分他们自己的人安置到了撒玛利亚地区。随后，这些定居下来的人受到了以色列祭司的教化，从此将他们自己视为犹太人——正如所有在侵略前就留在撒玛利亚的犹太人一样。然而，当那些被掳到巴比伦的犹太人的后裔回到巴勒斯坦，他们拒绝承认"撒玛利亚人"是犹太人，并且不允许他们参与圣殿的重建工作。因此，撒玛利亚人在纳布卢斯（Nabulus）修建了自己的圣殿，位置选在基利兹山（Mount Gerizim）脚下。

苦难在公元前 128 年再度升级，当时的哈斯莫（Hasmonean）王约翰·赫坎努斯（John Hyrcanus）下令毁掉了撒玛利亚人的圣殿。紧跟着的是一系列漫长的报复与反报复行动。"这种仇恨如此严重，以至于被称作撒玛利亚人成了一种严重的侮辱……一些犹太教祭司宣称，吃撒玛利亚人的面包等同于吃猪肉，而与一个撒玛利亚人结婚无异于与野兽同寝。"[1] 因此才有了耶稣寓言里的尖刻讽刺语"好的撒玛利亚人"（《路加福音》10：30—37）。

希腊化犹太教

撒玛利亚人并不是唯一一个被认为处于可接受范围之外的犹太教教派。几乎同样激烈的还有对希腊化犹太人的攻击，这个族群生活在巴勒斯坦地区一些通行希腊语的城市里。他们被指控取悦异教神灵以及无视律法（Law）。此外，希腊化犹太人自认为在文化上高人一等，他们目中无人、公开歧视更为传统的犹太人，还被认为在彻底消灭犹太教的活动中参与了共谋，这一切导致了马加比的起义。

犹太教的希腊化开始于亚历山大大帝对中东地区的征服，是巴勒斯坦落到托勒密（希腊）埃及的控制之下的结果。这于不久后导致巴勒斯坦地区建立起了 29 个希腊城市——其中的一部分在加利利，最大的两个在提比里亚（Tiberias）和赛弗里斯（Sepphoris），后者距离拿撒勒（Nazareth）仅四英里远。[2] 在公元前 2 世纪早期，耶路撒冷被如此彻底地转变

---

[1] Craig A. Evans, "The Misplaced Jesus: Interpreting Jesus in a Judaic Context", In *The Missing Jesus: Rabbinic Judaism and the New Testament*, edited by Bruce Chilton, Craig Evans and Jacob Neusner, 11-39, Leiden: Brill, 2002b, p.2.

[2] Richard A. Batey, *Jesus and the Forgotten City*, Grand Rapids: Baker Book House, 1991.

成了一座希腊城市,以至于它被称为"在耶路撒冷的安提阿"。①

随后,希腊化的犹太人在安提阿古四世伊彼凡尼(Antiochus IV Epiphanes,前215—前164年)的支持下获得了对大祭司职修控制权。伊彼凡尼是塞琉古(Seleucid)帝国——亚历山大大帝所征服土地的一部分,也包括巴勒斯坦——的统治者。安提阿古王掌握了任命大祭司的权力。当针对谁将成为下一任大祭司的冲突爆发于希腊化宗派之间时,安提阿古王开始了对犹太教的清洗。他"对任何给其子实行割礼或者遵守安息日规定的犹太人处以死刑,当局甚至强迫犹太人参与异教仪式以及吃禁忌的食物,特别是猪肉,圣殿也遭到玷污并被改成了奥林匹亚宙斯的神庙"。② 丝毫不令人惊讶,这些举措导致了马加比的流血起义,当时传统犹太人在巴勒斯坦的多个希腊城市当中展开了屠杀,并强迫希腊化的社区遵循其传统——举例来说,希腊化犹太人的儿子被"强制性地执行割礼"。③

马加比统治持续到公元前63年,直到庞培征服了耶路撒冷并将巴勒斯坦置于罗马统治之下才告终结,从此,希腊的影响自发地重新焕发了生机,这如果不是在纯粹的宗教意义上,那么至少是压倒性地在政治的意义上:"希腊的影响在希律王时期达到巅峰……他在耶路撒冷城内和周边地区建立了一所希腊剧院,一所圆形竞技场和赛马场"④,这与其重建圣殿同期。

尽管在谁是正统犹太人的问题上,诸多争论极为激烈,但与在公认的犹太人共同体内部就怎样做犹太人的问题所发生的争论相比较起来,在某种程度上它们仍然相形见绌。

犹太多元主义

正如罗马人和犹太人所共同表明的那样,宗教多元主义在任何社会中

---

① Louis H. Feldman, "Judaism, History of, Ⅲ, Hellenic Judaism", In *Encyclopaedia Britannica*, Chicago: Univ. of Chicago Press, 1981, p. 310.
② Menahem Stern, "The Period of the Second Temple", In *A History of the Jewish People*, edited by Haim Hillel Ben-Sasson, 185 – 303, Cambridge: Harvard Univ. Press, 1976, p. 204.
③ Louis H. Feldman, "Judaism, History of, Ⅲ, Hellenic Judaism", In *Encyclopaedia Britannica*, Chicago: Univ. of Chicago Press, 1981, p. 310.
④ Ibid..

都是一种自然形态（尽管过去它并非一种普遍形态）。也就是说，如果国家允许宗教多样化，将会出现强大的分布广泛的多种宗教群体。即使国家压制除得到官方的资助的宗教机构之外的其他所有宗教，就像希腊、埃及和波斯的传统异教神庙社会那样，未经许可（unauchorized）的宗教群体仍将潜伏于边缘地带并暗中延续。这是随着存在于任何社会当中的个人宗教口味的不同而产生的。这些分化了的口味构成了一系列潜在的市场商机，从那些殊少宗教兴趣的人群一直到具有强烈宗教关注的那些人。这种口味的变化即使是在原始社会也能够观察得到。① 没有一个单一的宗教群体能够满足这一光谱当中的所有宗教方面的市场机遇，正如没有哪个宗教群体能够同时既是此世的又是彼世的，或者既是宽松的又是严格的。这决定了宗教单一论只能存在于这种程度上，即其强迫程度能够将异议群体压制在一个小而行动谨慎的规模，无论何时，一旦强迫制度发生动摇，竞争性的宗教群体就会立即出现。

由于从前的垄断性宗教不可避免地是相对宽松和怠惰的，同时也是相对此世的，他们的反面当中的大部分会来自持有更为强烈的信仰的人群——来自教派（sects），这是高强度的宗教群体的名称。垄断性宗教会妥协到与它们的社会环境达成和解的程度，甚至在它们起初被那些承诺持有严格信仰的人建立起来的时候也一样。垄断性宗教转向宽松的其中一个原因是宗教强度难以在代际之间实现有效转移。不可避免地，许多教派成员的子女比他们的父母更偏爱较低强度的信仰。② 只要教派当中的领导位置被限制在这些作出符合初始标准（orginal standards）的承诺的人的范围内，教派就能够保持一种相对较高的强度水平。但是，当这些位置成为世袭的，并且当他们仍然因此获得极高奖赏（因此那些不那么"宗教"的人也很少会因转行而选择离职）的时候，该机构将会迅速被那些偏好较低强度的人所主导。

这一过程长久以来被视作教派的转变，意指使成功的教派变成更为温和的宗教群体的社会过程。③ 转变也会因俗世事务当中宗教领袖的介入而

---

① Rodney Stark, *Sociology*, 10th ed., Belmont, CA: Wadsworth, 2007b.

② Rodney Stark and William Sims Bainbridge, *The Future of Religion*, Berkeley: Univ. of California Press, 1985, 第七章。

③ 关于这一理论的最近的说明，参考 Rodney Stark and Roger Finke, *Acts of Faith: Explaining the Human Side of Religion*, Berkeley: Univ. of California Press, 2000。

被加速，无论这种介入是政治上的还是经济上的。最后，如果这样一个宗教机构缺少镇压周围的竞争性意念的能力，那么它很快就会被教派运动所包围，后者由试图获得更高强度的信仰的那些人所组成。这就是在犹太人从巴比伦流放地回归不久后发生在以色列的事情。

在犹太领导者从其流放地回归之后，犹太教实现了对律法的严格遵守和对多神论零容忍态度的要求。但这一新的正统的权威集中于耶路撒冷，并被置于一个专业的、世袭的祭司阶层掌控之中，与此同时，圣殿获得了重建。所有犹太人口都被强制征收普遍的什一税，以此支持圣殿并供养世袭的祭司阶层。① 或许更加重要的是，圣殿变成了占据主导地位的财政机构，担任了货币兑换和国家金库的角色，甚至相当于一家投资银行——"资本的储蓄所，比如属于寡妇和孤儿的钱财，或者为其财产处于通常的不安全状态下而感到恐惧的富人的钱财"。②

不久后祭司阶层就变成了"耶路撒冷的犹太人里最为富有的阶层和最强的政治力量"③，由于以色列是一个被外来者所统治的省份，所以，大祭司不仅是"宗教领袖，也是这个国家的政治领袖"。④ 祭司阶层的成员身份是严格世袭的，甚至连大祭司的具体职务也往往是由父亲传给儿子——并且祭司们也倾向于和其他祭司的女儿结婚。毫不令人惊讶的是，祭司要求并且享受来自公众的高度尊敬。尽管很多祭司并不住在耶路撒冷，他们只在排到轮值的时候到那儿去为圣殿服务，或是为了"逾越节，五旬节和住棚节（Tabernacles）三大节庆"前来。⑤ 因此，官方意义上的犹太教是一种中央集权的圣殿宗教，而对任何其他地方的有组织的仪式的遵循都是被禁止的。集权化也表现在这一事实上，即什一税被集中于耶路撒冷，再由此分到各处。

一方面，这样一个富有的、相当世俗化的祭司阶层控制着由国家资助

---

① Mary E. Stevens, *Temples, Tithes, and Taxes: The Temple and Economic Life of Ancient Israel*, Peabody, MA: Hendrickson, 2006, pp. 93–96.

② Menahem Stern, "The Period of the Second Temple", In *A History of the Jewish People*, edited by Haim Hillel Ben-Sasson, 185–303, Cambridge: Harvard Univ. Press, 1976, p. 194.

③ Louis H. Feldman, "Judaism, History of, Ⅲ, Hellenic Judaism", In *Encyclopaedia Britannica*, Chicago: Univ. of Chicago Press, 1981, p. 310.

④ Menahem Stern, "The Period of the Second Temple", In *A History of the Jewish People*, edited by Haim Hillel Ben-Sasson, 185–303, Cambridge: Harvard Univ. Press, 1976, p. 192.

⑤ Ibid., p. 194.

的圣殿，而另一方面，"外来的"政治统治者并不想对宗教的统一性提出强制要求，这种联合促成了犹太人各种宗教群体的兴起（《塔木德》记录了24个教派）。① 不幸的是，对于大多数教派我们所知的只有它们的名字，有些甚至连名字也没有。因为这些充满争议的犹太人群体极少留下书面文字的记载，而余下所知的大部分文献则由外来者撰写，其中有大多数是十分不友好的。②

最为重要的消息来源是一世纪的犹太冒险家和历史学家约瑟夫（Josephus，大约37—100），至少他自称曾以成员身份在三个占据领导位置的犹太群体中生活过：撒都该派（Sadducees）、法利赛派（Pharisees）和艾赛尼派（Essenes）。③ 这三个教派当中的成员各自使自己与其他犹太人保持距离，可能它们相加起来的总数不会超过两千人，而犹太人总人口约为100万。④ 但它们在宗教生活中发挥着决定性的影响，因为这三个教派横跨了宗教口味的强度上从非常低到非常高的整个光谱。这三个教派最初都由富人和特权阶级构成。⑤

撒都该派代表了"官方"圣殿犹太教并主要从贵族当中获得支持——最初来源于世袭的祭司家族。⑥ 尽管和最有权势的法利赛派有所冲突，撒都该派仍然保持了他们在圣殿当中作为祭司的垄断地位（正是一位属于撒都该派的高阶神职人员审判了耶稣）。⑦ 另外，对所有这些圣殿的祭司阶层而言，他们的神学典型地是相当世俗的。举例来说，他们既否认灵魂永存，也否认肉体复活，而是教导说上帝的奖赏只会在此生获得。或许他们最具争议的观点是断言"只有被写在摩西五经当中的律法才可被视为应获履行，而那些未被写下的［那些仅仅是'口述的'传统］将

---

① Jere Cohen, *From the Maccabees to the Mishna*, Philadelphia: Westminster, 1987; Dieter Georgi, "The Early Church: Internal Migration of New Religion", *Harvard Theological Review* 88: 35 - 68, 1995.

② Albert I. Baumgarten, *The Flourishing of Jewish Sects in the Maccabean Era*, Leiden: Brill, 1997.

③ Josephus, *Jewish Antiquities*（约瑟夫《犹太古史》）。

④ Albert I. Baumgarten, *The Flourishing of Jewish Sects in the Maccabean Era*, Leiden: Brill, 1997, pp. 42 - 43.

⑤ Ibid., pp. 47 - 48.

⑥ Ellis Rivkin, "Sadducees", In *The Encyclopedia of Religion*, edited by Mircea Eliade, New York: Macmillan, 1987a, p. 563.

⑦ Ibid., p. 564.

不会得到遵守"。①

法利赛派相信灵魂不灭，好人将会复活，并且相信恶人将遭遇"永恒的折磨"的谴责。② 在他们的观念里，"好人"意味着遵从律法的人，无论这律法是书面上的还是口头上的。法利赛派可能起源于某个教派运动，而诞生于恢复后的神庙宗教日益增长的世俗化和适应性当中。即使事实的确如此，那么它们也已经迅速地变成了一种相对低强度的运动，成为了"主流"的对立派，代表了犹太人宗教谱系当中数量庞大但地位较低的部分——根据约瑟夫的说法，有"大量人站在他们一边"。③ 为了保持他们的温和立场，法利赛派"怀着对国家的尊敬制订了世俗领域与神圣领域的教条"。结果是，当第一位罗马执政官为了确定对犹太人的税率而开展普查时，"法利赛派劝说人们合作，因为罗马人并没有干预宗教领域"④，法利赛派因此参与了耶稣（Jesus's counsel）对于"向凯撒纳贡"的劝导。

或许法利赛派最重要的贡献是以色列犹太会堂的建立。"犹太会堂"一词同时指的是被当地信徒用于礼拜的建筑和为了做礼拜而聚集于此的人群。犹太会堂已经不可避免地存在于巴比伦，但当它们在以色列被建造起来的时候，它们才向集权化的圣殿犹太殿提出了直接挑战。法利赛派坚持犹太会堂可以"在无论当地有没有足够的男性来组成祈祷班（法定人数）的条件下成立"，这一数字被规定为十。⑤ 最初这一行动遭到撒都该派的反对，但很多人支持他们，法利赛派获得了胜利，而在圣殿又一次被毁以后——这一次是被罗马人，在70年——会堂成为了犹太人宗教生活当中的首要机构。

艾赛尼派是盛行于以色列的激烈的、强调苦行的教派运动当中的典型。约瑟夫记载说，艾赛尼派被指责为沉溺于"如同邪恶一样的狂喜"中，拒斥婚姻，并且信奉禁欲，而他们的虔诚"非常令人惊诧"。⑥ 不少作者暗示库姆兰会社（the community at Qumran）是艾赛尼派，死海古卷

---

① Ellis Rivkin, "Sadducees", In *The Encyclopedia of Religion*, edited by Mircea Eliade, New York: Macmillan, 1987a, p. 563.

② Ibid., p. 269.

③ *Antiquities of the Jews* 13.10.7（《犹太古史》）。

④ 两句都引用自 Ellis Rivkin, "Essenes", In *The Encyclopedia of Religion*, edited by Mircea Eliade, New York: Macmillan, 1987b, p. 271.

⑤ Jere Cohen, *From the Maccabees to the Mishna*, Philadelphia: Westminster, 1987, p. 210.

⑥ Josephus, *Jewish War* 2.8.2-5（约瑟夫《犹太战争》）。

可能就出自他们的藏书室当中。① 艾赛尼派的约翰是参与反对罗马人的大起义（66—74）的犹太将军中的一个，而约瑟夫证明，反叛的艾赛尼派遭到了罗马人的折磨。在大起义以后，"艾赛尼派就从历史舞台上消失了"，② 但仍有其他高强度的群体来填补他们的位置。③

对于很多犹太人来说，民族主义和宗教虔诚是不可分割的。他们解释说这是因为犹太人是被上帝所选中的人，他们不是"异邦"统治的对象，包括那些由外来者比如罗马人加冕的犹太国王，而一个虔诚的犹太人将会用暴力抵抗所有这些不义之举。尽管正如以利亚所例证的那样，这些观念在古犹太人的历史当中已经相当显著，但它们变得更加强烈和有组织性是在对抗希律王的行动当中，并在公元前4年希律王死后的无王时期达到高潮。因此，在那段时期里爆发了虔诚犹太人的叛乱，他们被称为奋锐党（Zealots）——第四哲学的拥护者，这种观点认为以色列只应由上帝统治。④

或许第一位奋锐党人是加利利的犹大。然而，他发动叛乱的地点并不是在加利利，而是在公元6年的耶路撒冷。叛乱主要反对的是罗马当局为了征税目的而进行的财产调查。奋锐党人拒绝向地上的任何触犯了第一诫命的统治者缴纳任何税款。此外，罗马皇帝对神的僭越也在大部分犹太人当中激起了愤怒的反对声浪，他们认为支持这样的"僭君"是亵渎神明。犹大的叛乱遭到了罗马当局的残酷镇压，约瑟夫提及，罗马统治者在十字架上钉死了两千人。⑤ 不过，它所表达的精神和见解得以持续——犹大的两个儿子继续了他们父亲的活动，他们在46年也被犹太地总督处死。当然，奋锐党人在66—73年的大起义当中扮演了领导角色。这是一场犹太人与罗马之间的血腥战争，最终以耶路撒冷的完全毁灭而告终。

---

① Ellis Rivkin, "Essenes", In *The Encyclopedia of Religion*, edited by Mircea Eliade, New York: Macmillan, 1987b, p. 163.

② Lawrence H. Schiffman, "Essenes", In *The Encyclopedia of Religion*, edited by Mircea Eliade, New York: Macmillan, 1987, p. 164.

③ Albert I. Baumgarten, *The Flourishing of Jewish Sects in the Maccabean Era*, Leiden: Brill, 1997.

④ Albert I. Baumgarten, *The Flourishing of Jewish Sects in the Maccabean Era*, Leiden: Brill, 1997; Morton Smith, "Zealots and Sicarii: Their Origins and Relation", *Harvard Theological Review* 64: 1-19.

⑤ Josephus, *Jewish Antiquities* 17.10.10. （约瑟夫《犹太古史》）。

最为极端的奋锐党人被称为西卡里人（Sicarii），因为他们在自己外衣下藏匿名为西卡（sicae）的短刀，并用它杀死那些不那么反对罗马统治的犹太人——首当其冲的是撒都该派的祭司贵族。① 约瑟夫记载说，西卡里人"在光天化日之下进行谋杀……他们混迹在人群之中，特别是在节日期间……［他们将会］偷偷摸摸地把短刀戳进他们对手的身体。然后，在受害者倒下时，谋杀者便轻易地混入愤怒的人群……第一个被割断喉咙的是大祭司约拿单（Jonathan the High Priest），在他以后，很多人在白日里被杀"。② 值得注意的是，西卡里人被认为"可能是一个教师群体，无论是成员还是其领导层"。③ 这与他们的平民主义相一致——当他们"在66年进入耶路撒冷，他们烧掉了包含着债务记录的档案"。④ 无论如何，他们这种不顾后果的谋杀促进了大起义的爆发，最后，在73年，有大约一千名西卡里人（包括妻子和孩子们）在梅萨达（Masada）殉道。

约瑟夫还提到他16岁起和一位闲游的圣人班努斯（Bannus）一起在荒野里度过了三年。除了班努斯以灌木和植物为食并定期洗冷水浴"以保持他的纯洁"⑤ 之外，关于他世人几乎一无所知，但那片荒野上挤满了这样的禁欲的犹太人。他们当中最为著名的当然是施洗者约翰——但在圣诞前夜，他还只是个婴儿。一部分人，像班努斯一样，是这片荒野里的常住居民，但大部分犹太人（男女均有）只是到此进行一个短期的静修，通常以40天为期，用以纪念摩西在西奈（Sinai）度过的时光。⑥

然而，在这一切构成的多元主义之中，有数量可观的犹太人接纳了这一观念：以色列的未来将因弥赛亚的如期而至而得到保证。

---

① Richard A. Horsley and John S. Hanson, *Bandits, Prophets, and Messiahs: Popular Movements in the Time of Jesus*, Minneapolis: Winston, 1985, p. 205.

② 引自 Richard A. Horsley and John S. Hanson, *Bandits, Prophets, and Messiahs: Popular Movements in the Time of Jesus*, Minneapolis: Winston, 1985, p. 200。

③ Richard A. Horsley and John S. Hanson, *Bandits, Prophets, and Messiahs: Popular Movements in the Time of Jesus*, Minneapolis: Winston, 1985, p. 202.

④ Richard Bauckham, "James and the Jerusalem Community", In *Jewish Believers in Jesus: The Early Centuries*, edited by Oskar Skarsaune and Reidar Hvalik, 55 – 95, Peabody, MA: Hendrickson, 2007b, p. 62.

⑤ *The Life of Falvius Josephus* 2.

⑥ Henri Daniel-Rops, *Daily Life in Palestine at the Time of Christ*, London: Phoenix, 1962, p. 397.

弥赛亚派

"弥赛亚"这个词可以追溯到亚兰语当中的 mesbiah,意为"主的受膏者"(在希腊语中写作 christos)。① 数个世纪以来古代犹太思想当中一个持续的主题——特别是在被强大的敌人围攻的时候——是上帝将会派遣一位弥赛亚前来统治一个"完满幸福"的时代,"[在其中]以色列的全部荣光将得到恢复,[而]上帝的公正将会统治世界"。② 对此所有人都深信不疑。但在此之前,正如雅各布·纽斯纳(Jacob Neusner)所指出的那样,犹太教"没有为弥赛亚提出任何精致的教义"。③ 的确,在库姆兰所发现的卷轴的犹太作者甚至预测将有两位弥赛亚:"受膏的祭司和受膏的国王。"④

因此,犹太人对弥赛亚的预测是"大量混乱的、相互交织甚至是相互矛盾的概念"。⑤ 一些人认为他将带来世俗中的一段持续的统治,有的人说将是 60 年,另一些人则说是一千年,还有一些人则宣称它将会融入永恒变成天堂。事实上,弥赛亚的降临时常与时间的终结联系起来,到那时"死去的义人将获复活,而恶人将受惩罚——过去和现在"。⑥ 一部分人期待一位沉静而有灵性的弥赛亚,他将以奇迹的方式实现其使命。但大部分人更期待一位凶狠的、所向披靡的战士弥赛亚,他将摧毁所有的异教国度。伪经《所罗门诗篇》当中曾经祈祷上帝会派遣弥赛亚来"从外邦人手中净化耶路撒冷……击碎罪人的骄傲,如同击碎陶罐……用他口所出的话摧毁非法的列国"。⑦ "在其他伪经中甚至还有更为野蛮的篇章:他们

---

① Henri Daniel-Rops, *Daily Life in Palestine at the Time of Christ*, London: Phoenix, 1962, p. 424.

② Ibid., p. 425.

③ Jacob Neusner, *First Century Judaism in Crisis*, Nashville: Abingdon, 1975, ix.

④ Howard Clark Kee, "Christology in Mark's Gospel", In *Judaisms and Their Messiahs at the Turn of the Christian Era*, edited by Jacob Neuser, William Scott Green, and Ernest S. Fredrichs, 187 – 208, Cambridge: Cambridge Univ. Press, 1987, p. 190.

⑤ Henri Daniel-Rops, *Daily Life in Palestine at the Time of Christ*, London: Phoenix, 1962, p. 425.

⑥ Jonathan A. Goldstein, "How the Authors of 1 and 2 Maccabees Treated the 'Messianic' Promises", In *Judaisms and Their Messiahs at the Turn of the Christian Era*, edited by Jacob Neuser, William Scott Green, and Ernest S. Fredrichs, 187 – 208, Cambridge: Cambridge Univ. Press, 1987, p. 69.

⑦ John J. Collins, "Pre-Christian Jewish Messianism: An Overview", In *The Messiah in Early Judaism and Christianity*, edited by Magnus Zetterholm, 1 – 20, Minneapolis: Fortress, p. 12.

强调弥赛亚王的好战性格以及居住于异教国家废墟之上的特征,粉碎的头颅,堆积的尸体,利箭刺入敌人的心脏……被羞辱的以色列等待着一位复仇者,或者任何意义上的解放者,他将带领这个民族回归到它在世界当中的本来位置。"①

随着奋锐党人的崛起和他们针对罗马帝国的反复起义,许多领导者被认为是弥赛亚的可能人选——其中的一些人作出了这样的宣告,另一些人则没有。这似乎是一个更为合理的发展,考虑到犹太人驱除罗马人的决心和他们并没有足够的军事力量能够实现这一点的事实。正如约瑟夫所解释过的那样,"比所有其他事更能煽动他们发动战争的是某种模糊的神谕,就像在他们的圣经当中所找到的那样,它能够达成这样的影响,即到那个时候某个出自这个国度的人将会成为世界的主宰"。②

尽管对于期望中的弥赛亚仍有许多反对意见,大多数犹太人似乎已经假设他的降临将会带来一个地上的王国。基督故事与关于地上统治的预测在本质上的分道扬镳是一个关键点,这通常为犹太人拒斥耶稣基督提供了理由。③ 最近的研究表明,事实上犹太预言关注的是一位受难的而非征服性质的弥赛亚。④ 甚至可能存在这样的预言,弥赛亚将会死去并在三日后复活。这一复活预言是基于对一块新近发现的石碑的解读,该石碑有三英尺高,上面覆满了以墨水书写的文字,现在它被称为"加百列启示"。⑤ 学者们将它的书写时间确定在公元前 1 世纪或 1 世纪。⑥ 如果是前者,那么它可能是被耶稣所实现的预言,如果是后者,那么它很有可能是受到了基督故事的启发。

---

① Henri Daniel-Rops, *Daily Life in Palestine at the Time of Christ*, London: Phoenix, 1962, pp. 427 – 428.

② 引自 John J. Collins, "Pre-Christian Jewish Messianism: An Overview", In *The Messiah in Early Judaism and Christianity*, edited by Magnus Zetterholm, 1 – 20, Minneapolis: Fortress, p. 19。

③ 对此出色的现代总结可参见 David Klinghoffer, *Why the Jews Rejected Jesus*, New York: Doubleday, 2005。

④ Israel Knohl, *The Messiah Before Jews*, Berkeley: Univ. of California Press, 2000; Israel Knohl, "The Messiah Son of Joseph", *Biblical Archaeology Review* 34 (September/October): 58 – 62, 78, 2008.

⑤ Ada Yardini, "A New Dead Sea Scroll in Stone", *Biblical Archaeology Review* 34 (January/February): 60 – 61. 它以第一人称写就,第 77 行中说"我是加百列"。

⑥ Ibid. .

结　论

　　耶稣是在犹太世界当中出生、成长、建立其教派并最终被钉上十字架的。这是一个一神论者为了圣经的意义而献身的社会。除了保持着数量可观的学者和教师之外，这也是一个盛产先知与恐怖分子的世界。因此，位于帝国边缘的犹太人的小社会比任何其他省份带给了罗马帝国的麻烦都要更多。甚至或许可以这样说，尽管在70年它曾经被提图斯夷为平地，但最终，是耶路撒冷征服了罗马。

第二部分　帝国的基督教化

第三章 耶稣与耶稣运动

世界上最大的宗教被称为基督教，而非耶和华教，因为与其他所有一切相较，基督故事才是基督教的核心。因此，基督徒总是希望对耶稣在地上生活的那段时间里的经历了解得尽可能详细。所以，在转向由耶稣所诱发的那些运动的早期状况之前，合适的做法是首先对关于作为人的耶稣的那些已知的东西进行了解。

耶　稣

不幸的是，那个时代的世俗历史学家很少会注意到耶稣。在约瑟夫大约写于公元92年的著作里，他仅仅提及了耶稣一次，或者也可能是两次。第一次提及是在讲述大祭司阿纳努斯（Ananus）怎样使雅各（James），"那个被称为基督的耶稣的兄弟"，被石头砸死。① 第二次则在五句话之内总结了基督故事，包括被钉死在十字架上和后来的复活，但那一页很有可能是被后来的传抄者插进去的。② 即使认为这两次提及都是真的，也没有证据能够表明约瑟夫有关于基督教传播的独立消息来源，比如罗马历史记载或者回忆录。类似的还有塔西佗的记载（可能写于117年）："基督（Christus）……在提庇留统治时期，在我们的一位检察官本丢·彼拉多手中遭受了极刑。"③ 古代作者其他提及耶稣的著作成书均相对较晚，并且同样没有证据证明有独立的史学传统存在。④

---

① Josephus, *Jewish Antiquities* 20.9.1。（约瑟夫《犹太古史》）
② Ibid., 18.3.3.
③ Tacitus, *Annals* 15.44.3（塔西佗《编年史》）。
④ Craig A. Evans, *Fabricating Jesus: How Modern Scholars Distort the Gospels*, Downers Grove, IL: InterVarsity, 2006.

因此，寻找历史上的耶稣的那些人大部分转向了推论——结合他成长和试图建立他自己的教派的时间和地点，假设耶稣一定会是怎样的。记住"一定会是"是学者词汇表里最为可疑的短语之一，通常它应当被翻译成"我们真的不知道，不过或许是这样"。

在耶稣的问题上，目前正在进行的最多的工作是阐释加利利生活的一般情形然后将之应用于耶稣：比如说，加利利的大多数人是文盲，所以耶稣也"一定会是"文盲。[1] 这种方法的缺陷是明显的，对于大多数人可能为真的事情不能告诉我们有关任何特定的具体个人的确定情况。在加利利有一些人是有阅读能力的。耶稣是其中之一吗？假设他不是的话，这将会与福音书中的大量证据相冲突，在那些记载当中耶稣常常进行阅读。[2] 类似的问题也出现在学者们根据他是犹太人的事实推断耶稣"一定会是"怎样的时候。这一结果会因作者假设耶稣是哪一种犹太人而产生显著的不同，[3] 而相当有可能的是他还可以不像其中的任何一种！

最后，我们对于耶稣的知识实际上可以归结为福音书，除此之外别无其他。马太、马可、路加、约翰，他们的写作方式被希腊罗马的传记所继承。[4] 不像现代的传记，这种文学体裁通常关注的是一个人生活的某个主要方面，从而可能在事实上忽略其他传记应该涉及的东西。对于福音书来说这一点千真万确。他们很少提及耶稣在被约翰施洗之前的生活，而每一篇福音书几乎都专注于与他传道生涯相关的内容。实际上，每一篇福音书当中一半或者更多的篇幅所关注的都是他生命的最后一个星期。[5] 无论如

---

[1] Pieter F. Craffert and Pieter J. J. Botha, "Why Jesus Could Walk on the Sea but He Could Not Read and Write", *Neotestamentica* 39: 5–35, 2005; John Dominic Crossan, *Jesus: A Revolutionary Biography*, San Francisco: Harper San Francisco, 1994; Robert Funk, *Honest to Jesus*, San Francisco: Harper San Francisco, 1996.

[2] Harry Y. Gamble, *Books and Readers in the Early Church: A History of Early Christian Texts*, New Haven: Yale Univ. Press, 1995.

[3] 在结论上所表现出的极端差异参见：Geza Vermes, *Jesus the Jew: A Historian's Reading of the Gospel*, 2nd ed, New York: Macmillan, 1983; Geza Vermes, *Jesus and the World of Judaism*, Philadelphia: Fortress, 1984; Maurice Casey, *From Jewish Prophet to Gentile God: The Origins and Development of New Testament Christology*, Louisville: Westminster John Knox, 1991.

[4] Richard A. Burridge and Graham Stanton, *What are the Gospels? A Comparison with Graeco-Roman Biography*, 2nd ed, Grand Rapids: Eerdmans, 2004.

[5] Ben Witherington III, *The Jesus Quest: The Third Search for the Jew of Nazareth*, Downers Grove, IL: InterVarsity, 1997, pp. 90–91.

何，我们对他的出现一无所知，对他本人的性格也并不知道得更多，不过，他显然对通行的社会分层没有任何尊重，并相当愿意与背负污名的外邦人来往，比如撒玛利亚人、酒馆老板、"堕落的"女人、乞丐，以及形形色色的流浪者。我们还知道他并非某些现代作者所描述的那样是个温柔平和的和平主义者，那些现代的作家把他们的所有精力都用于强调耶稣有关"转过另一边脸"的告诫。他们从不提及，"你们不要想，我来是叫地上太平；我来并不是叫地上太平，乃是叫地上动刀兵"。(《马太福音》10：34) 抛开所有这些言辞不谈，温柔平和的形象与据说"含着怒气环视他们"(《马可福音》3：5) 的耶稣也是不能共存的，后者常常出言讥刺法利赛人，并且将货币兑换商赶出了圣殿。

因此，对于作为人的耶稣我们所真正知晓的是什么？首先，他的家人称他为约书亚 (Joshua)——耶稣是这个名字的希腊形式。他可能出生于公元前 6 年 (最晚不会晚于公元前 4 年)，希律王统治的末期。他在拿撒勒村长大，母亲名为玛利亚，玛利亚的丈夫约瑟可能是个木匠，尽管他也有可能是今天所说的承包商。①

耶稣也是木匠吗？一般来说人们会这样假设，因为在《马可福音》6：2-3，当耶稣开始在犹太会堂中讲道时，"众人听见，就甚希奇，说：'这人从哪里有这些事呢？……这不是那木匠吗？不是马利亚的儿子吗？'"然而，《马太福音》13：55 当中没有称呼耶稣为木匠。在那里，人们是这样说的，"这不是那木匠的儿子吗？"因此，认为耶稣是个木匠的看法仅仅根据的是《马可福音》里的一句，而这似乎与《马太福音》当中的句子并不一致。在福音书当中，没有其他的语句提及耶稣是个木匠或者其他任何关于他的教育程度的情况。然而，在整部福音书当中，耶稣都被描绘成一位拉比或是教师——这是两个同义的概念，指的是接受过律法训练的人。值得指出的是，在普遍的犹太人生活当中，"学习律法的学生总是有个维持生计的营生"。② 只有在这种意义上假设耶稣拉比是一位木匠才是引人注目的。或者，正如格扎·维尔姆斯 (Geza Vermes) 宣称说："塔尔穆迪科 (Talmudic) 提出亚兰语中意指木

---

① James R. Edwards, *Is Jesus Only Savior*? Grand Rapids：Eerdmans, 2005, p.29.
② Arthur Darby Nock, *St. Paul*, New York：Harper & Bros, 1938, p.21.

匠或手艺人（nagger）的名词代表着'学者'或者'饱学之士'。"① 这两种可能性似乎都远比耶稣在锯木头当中度过其早年生活要更与耶稣对于律法的知识相符。所以，耶稣拉比曾向谁学习？他从哪里得到这一切？暗示因为他是上帝的儿子所以他不需要学习的做法是不适当的。作为人的耶稣需要受教育。

  一些人已经提出，他是施洗者约翰②的学生；事实上他们甚至可能是表兄弟（《路加福音》1 和 2）。但约翰是否具有担任拉比教师的资质这一点仍不能确定。耶稣似乎更像是师从某位当地的拉比，而他在加利利之外籍籍无名，因此，与著名的教授了保罗的迦玛列不同，没有关于他的记载留存下来并为福音书的作者们所知。但一位木匠的儿子何以可能成为拉比学员？这表明他的家庭富裕到足以支持他。举例来说，他们能够支付得起每年为庆祝逾越节前往耶路撒冷的路费（《路加福音》2：41），这是大多数家庭都做不到的事情。实际上，这与耶稣的兄弟雅各——后来他成为了教会的领导者——的情况是类似的，他也同样接受了作为拉比的训练——考虑到他在耶路撒冷的一些法利赛人中间享有的较高地位，在他被斩首时，这些法利赛人发起了一场抗议性质的动乱。③ 但即使我们假设耶稣的家庭不能或者确实没有在他学习成为拉比的阶段支持他，也并不存在问题，这是犹太文化当中的一个核心部分，具有杰出智力的年轻人被招募为拉比学员，无论他的出身背景如何——毕竟，著名的拉比阿齐瓦（Akiva，大约50—135 年）最初只是个羊倌。或许有关十二岁的耶稣震惊了圣殿当中的长老的故事正意在表达他的天分得到了怎样的赏识和鼓励。

  当然，所有这一切都只是推测。我们能够确知的是耶稣被信徒和许多其他的人称为拉比④，并且"在犹太环境下，一位被弟子所环绕的和其他的拉比以及抄书员一起讨论圣经和犹太法典的拉比没有读写能力，这让人

---

  ① Geza Vermes, *Jesus the Jew*: *A Historian's Reading of the Gospel*, Philadelphia: Fortress, 1981, p. 21.

  ② 对此的总结参见 Jacques Baldet, *Jesus the Rabbi Prephet*, Rochester, VT: Inner Traditions, 2003。

  ③ Jeffrey J. Bütz, *The Brother of Jesus and the Lost Teaching of Christianity*, Rochester, VT: Inner Traditions, 2005, pp. 53 – 54; John Dominic Crossan, *Jesus*: *A Revolutionary Biography*, San Francisco: Harper San Francisco, 1994, p. 135.

  ④ Craig A. Evans, "Context, Family and Formation", In *The Cambridge Companion to Jesus*, edited by Markus Bockmuel, 11 – 24, Cambridge: Cambridge Univ. Press, 2001, p. 19.

很难相信"。① 不幸的是，对于耶稣的教育情况我们所知的仅此而已。

　　耶稣有兄弟姐妹，但不曾结婚。在大约三十岁他接受了施洗者约翰的施洗，并承受了使命。这与关于人类耶稣的教义完全相符，可能发生在他第一次意识到自己的神子身份和自己的使命的时候。根据福音书的记载，而后耶稣前往旷野，并在四十天后返回加利利，开始了他的传道生涯（started his ministry），如果根据《马太福音》、《马可福音》和《路加福音》，他的传道时间大约只持续了一年，但如果根据《约翰福音》，则这段时期持续了至少两年，很可能是三年。他通常使用亚兰语布道，但会在听众构成相对复杂的时候改用希伯来语。② 一些学者相信他也会说希腊语，③ 因为拿撒勒与赛弗里斯（Sepphoris）相距只有5英里，后者当时是加利利的省会，通行希腊语。④ 然而，福音书当中没有线索表明耶稣在其传道期间⑤曾经造访过赛弗里斯，或者加利利的另一个使用希腊语的城市提比里亚（Tiberias），他似乎更喜欢村庄和乡下。

　　即便如此，对于耶稣及其门徒⑥的无家可归的游历的强调也似乎在地理上显得过于无知。尽管《约翰福音》当中提及，耶稣在犹太地和耶路撒冷生活了很长时间，但甚至连约翰也同意他绝大部分时间是在加利利，而其他三篇福音当中则暗示他几乎在加利利度过了所有时光，常常在加利利海边布道。⑦ 尽管加利利是"巴勒斯坦最为富有、人口也最为稠密……的地区"⑧，但它是如此之小，在其最远的端点上从东到西只需要轻松地步行两天时间，而从北到南只需要步行一天。具体来说，从拿撒勒到迦百农（Capernaum）距离不会超过25英里，后者是耶稣传道期间的事迹主

---

① Craig A. Evans, "Context, Family and Formation", In *The Cambridge Companion to Jesus*, edited by Markus Bockmuel, 11–24, Cambridge: Cambridge Univ. Press, 2001, p. 19.

② Claude Tresmontant, *The Hebrew Christ: Language in the Age of the Gospels*, Chicago: Franciscan Herald, 1989.

③ Ben Witherington III, *The Jesus Quest: The Third Search for the Jew of Nazareth*, Downers Grove, IL: InterVarsity, 1997, pp. 26–27.

④ Richard A. Batey, *Jesus and the Forgotten City*, Grand Rapids: Baker Book House, 1991.

⑤ Craig A. Evans, "The Misplaced Jesus: Interpreting Jesus in a Judaic Context", In *The Missing Jesus: Rabbinic Judaism and the New Testament*, edited by Bruce Chilton, Craig Evans and Jacob Neusner, 11–39, Leiden: Brill, 2002b, p. 23.

⑥ John Dominic Crossan, *The Historical Jesus: The Life of a Mediterranean Jewish Peasant*, San Francisco: HarperCollins, 1991.

⑦ E. P. Sanders, *The Historical Figure of Jesus*, London: Penguin Books, 1995, p. 12.

⑧ W. H. C. Frend, *The Rise of Christianity*, Philadelphia: Fortress, 1984, p. 57.

要的发生地点（根据《马太福音》9：1，这是"他自己的城市"）。从迦百农向北大约两英里是哥拉逊（Chorazin），沿着加利利海岸从迦百农到伯赛大（Bethsaida）距离不到五英里，后者是西门·彼得和安德烈的家乡。所谓"海"当然也只是一片由约旦河滋养而出的湖泊，"在其最宽的地方"只有"十三英里长，八英里宽"。① 在南边，从拿撒勒到迦南（Cana）只有大约七英里，而拿因（Nein）甚至更近。在福音书中所记载的仅有的"长途"旅行是从迦百农到推罗地区（Tyre，大约三十英里）的旅程，以及一次或数次往返于耶路撒冷，从拿撒勒出发需要经过大概七十英里路程。因此，耶稣在记载当中曾经造访过的地方中甚至没有哪一个"从拿撒勒或迦百农出发需要一整天的路程……并且不时返回位于任何一地的家都是相当可行的"。② 事实上，彼得在迦百农有一所房屋③，而或许耶稣也有（《马可福音》2：1—2）。无论如何，正如 E. P. 桑德斯（E. P. Sanders）所指出的："在四处布道之后，耶稣将会回归［到迦百农］。"④

作为总结：根据四篇福音书的记载，耶稣是一位年轻的教师和奇迹的创造者，在其短暂的传道过程中他在加利利度过了绝大部分时间。我们对他的出现一无所知，对于他受洗于约翰之前的生活也所知甚少。他似乎并不真的是个木匠，而我们或许可以假设他曾接受过作为拉比的训练，但我们并不知道是谁教导了他，在哪儿，以及在什么时候。我们知道他遭到了强烈的反对并最终因本丢·彼拉多的命令而被钉死在十字架上。我们知道他的门徒作证说他从死里复活。我们再也不知道任何其他事，当然，只除了这一点，是他的教导和他的榜样改变了这个世界。

但福音书可以采信吗？

在很多个世纪里曾有长久而富有进攻性的活动致力于尽可能多地质疑福音书中"历史的"内容。一些学者将福音书驳斥为"不比毫无可信性的

---

① E. P. Sanders, *The Historical Figure of Jesus*, London: Penguin Books, 1995, p. 102.
② Ben Witherington III, *The Jesus Quest: The Third Search for the Jew of Nazareth*, Downers Grove, IL: InterVarsity, 1997, pp. 90–91.
③ E. P. Sanders, *The Historical Figure of Jesus*, London: Penguin Books, 1995, p. 98.
④ Ibid., p. 98.

后世附会的基督徒传说所能告诉我们的东西更多"。① 这种努力的代表人物之一是汉斯·康策尔曼（Hans Conzelmann，1915—1989），比如说，他宣称《新约·使徒行传》从头到尾都属编造。② 保罗的传道之旅从未发生！保罗的沉船遗骸纯属幻想！③ 在驳斥《使徒行传》当中关于保罗之旅和沉船的记载时，康策尔曼以及其他人提出，《使徒行传》给那条船安排了一条"不可置信"的路线，而其他的路线则违反常识，从而"证明"这些记载纯属虚构。尽管他们对于很多深奥的科目可能具有渊博的知识，但这些历史学家对航海一无所知。对于他们来说，地中海就像一个室内游泳池，而一个人，很自然地，应当直接航向他的目的地，不需要对于洋流或者在风中不可能以直线航行的事实加以任何注意。当随后《使徒行传》当中的记载显示出它完全符合于气象方面和航海方面的情况和原则时，④ 他们的回应是勉勉强强地承认了《使徒行传》中记载的精确性，但宣称它并没有发生在保罗身上；相反，因为它在航海细节上的正确性，《使徒行传》当中的记载"一定会是"取自另一个未知的、但未被圣经记载的来源！⑤

就像上面的例子一样，那些对于新约的历史可信性进行的不屈不挠的学术攻击的主要结果是使攻击者们沮丧万分，因为圣经一次又一次地经受住了挑战。一方面，新约提供了非常精确的地理记载，不仅仅对以色列，⑥ 还有整个罗马帝国。地点都在它们被认为所在的地方。被记载的旅程时间与涉及的距离相一致。地形得到了精确的描述，甚至能够拓展到微小的细节诸如水井、溪流、泉水、峡谷、悬崖、城门等这些东西的位置。⑦

---

① Craig C. Hill, "The Jerusalem Church", In *Jewish Christianity Reconsidered*, edited by Matt Jackson-McCabe, 39 – 56, Minneapolis: Fortress, 2007, p. 45.

② Hans Conzelmann, *Acts of the Apostles: A Commentary on the Acts of the Apostles*, Minneapolis: Augsburg Fortress, 1987.

③ W. Ward Gasque, *A History of the Interpretation of the Acts of the Apostles*, Eugene, OR: Wipf and Stock, 2000, p. 249; R. P. C. Hanson, *The Acts*, Oxford: Clarendon, 1968.

④ R. P. C. Hanson, *The Acts*, Oxford: Clarendon, 1968; Nicolle Hirschfeld, "The Ship of Saint Paul: Historical Background", *Biblical Archaeologist* 53 (March): 25 – 30, 1990; Jefferson White, *Evidence and Paul's Journeys*, Hilliard, OH: Parsagard, 2001.

⑤ Jefferson White, *Evidence and Paul's Journeys*, Hilliard, OH: Parsagard, 2001.

⑥ Denis Baly, *The Geography of the Bible*, New York: Harper & Bros, 1957.

⑦ Denis Baly, *The Geography of the Bible*, New York: Harper & Bros, 1957; Frederick Fyvie Bruce, *The New Testament Documents: Are They Reliable?* 6th ed., Grand Rapids: Eerdmans, 1981.

新约对一批人物的身份的证明和性格的描绘经常获得其他渠道来源消息的确认，无论他们著名与否。在评论路加所写下的文章时，著名学者弗雷德里克·菲维·布鲁斯（Frederick Fyvie Bruce，1910—1990）指出，关于路加的精确性的一个令人印象深刻的例子"是他对于所有那些在他著作中提及的名人的合适的头衔确实相当熟悉。这绝不是件容易的事"。① 事实上，路加使用"政治寡头"（politarchs）概念来界定帖撒罗尼迦（Thessalonica）的军官和治安官。如果没搞错的话，这一概念仅应用于这座城市当中，因为它从未在其他任何古代文献当中出现过。结果确实如此，而路加的说法"完全被（帖撒罗尼迦城中的）碑文所证实"。② 已经被报道出来的类似的例子还有很多。

就更为具体的身份证明而言，1905年发现于德尔菲（Delphi）的一块碑披露了哲学家塞尼卡的兄弟加里奥在51年7月到52年8月实际上是亚该亚（Achaia）的地方总督，这也是《使徒行传》18：12—17说保罗在哥林多（Corinth）被带到他面前的时间。③《使徒行传》19：22将以拉都（Erastus）描绘为在哥林多为保罗提供帮助的人之一，而《罗马书》16：23进一步将他描述为"这个城市的司库"。④ 这些身份界定被那些（错误地）确信早期基督徒招募于社会最底层的学者们认为是不太可能的。但在1929年，考古学家发掘了哥林多一条1世纪的街道，其中出土了一块刻有铭文的石头，上面写着："以拉都，检察官和市务官，出资完成了这条人行道的铺设。"在市务官的职责当中包括监管城市的财政事宜。⑤ 正如可能预期的那样，有许多人尝试对这一发现作出其他解释，比如说，贾斯汀·J.梅吉特（Justin. J. Meggitt）就假设可能存在两个以拉都。⑥

---

① Frederick Fyvie Bruce, *The New Testament Documents: Are They Reliable?* 6th ed., Grand Rapids: Eerdmans, 1981, p. 82.
② Henry J. Cadbury, *The Book of Acts in History*, London: Adam & Charles Black, 1955, p. 41.
③ James R. Edwards, *Is Jesus Only Savior?* Grand Rapids: Eerdmans, 2005, pp. 40-43.
④ Frederick Fyvie Bruce, *The Epistle of Paul to the Romans*, Grand Rapids: Eerdmans, 1982; Henry J. Cadbury, *The Book of Acts in History*, London: Adam & Charles Black, 1955; Colin J. Hemer, *The Book of Acts in the Setting of Hellenistic History*, Winona Lake, IN: Eisenbrauns, 1990; Jefferson White, *Evidence and Paul's Journeys*, Hilliard, OH: Parsagard, 2001.
⑤ Justin J. Meggitt, *Paul, Poverty and Survival*, Edinburgh: T&T Clark, 1998
⑥ James R. Edwards, *Is Jesus Only Savior?* Grand Rapids: Eerdmans, 2005, p. 42.

一个最近发现的尸骨罐将该亚法（Caiaphas）描述为在公会谴责耶稣的时候主持公会的大祭司，就像福音书和约瑟夫所坚持的那样。1961 年在凯撒利亚·马里蒂玛（Caesarea Maritima）发现的一块碑将本丢·彼拉多描述为犹太地执政官，就在新约将他置于这一职位的同一时间。此外，犹太历史学家约瑟夫和犹太哲学家腓罗的著作都将彼拉多描述为一个铁石心肠的人，这也与圣经的描述一致。最后一个例子是《使徒行传》18：2 讲述了保罗在哥林多遇到了亚居拉（Aquila）和他的妻子百基拉（Priscilla），这对夫妻新近从罗马来到哥林多，因为皇帝克劳迪亚斯（Claudius）下令驱逐所有犹太人。这与罗马的历史记载完全一致，那个时候犹太人因为他们和基督之间爆发的冲突而被禁止进入罗马城，这已经在第一章当中阐述过。

在以上所有这些和很多其他的关于精确性的具体例子之上的是更为一般化的方面，来自哈佛的伟大学者亨利·J. 卡德伯里（Henry J. Cadbury, 1883—1974）有力地指出了这一点。在提及《使徒行传》时他写道："在其内部它总是给出能够证明自身精确性的证据，它们精妙地紧扣其主题，同时包含丰富的信息。它的故事从不苍白无力，而是满载着变化与实质内容。"① 然而，即使新约对于地点和它的时代当中的人物有着适当的认识，在地理学、地形学还有罗马史和犹太史方面它相当可信，当然这并不意味着它在描述耶稣生活时也同样精确。但这的确意味着康策尔曼和其他"批判的"学者将福音书贬低为仅仅是非历史的虚构的努力，只是他们自己的一厢情愿。

就对于耶稣传道期间的记载来说，至少保罗的信件和早期福音书是在曾听过耶稣布道、见过耶稣的那些基督徒——包括他自己的家庭成员——还活着的时候就已经写下的。耶稣的那些在他被钉上十字架时只有二十几岁的信徒们，在《马可福音》开始传播之际也不过六十岁。这并不是说福音书是在它们开始传播的不久之前迅速地写完的，而是在很多年里不断修改并以片段的形式传播的。事实上，一些早期的教会神父记载说，圣彼得在《马可福音》的成书过程中扮演了重要角色。② 此外，福音书作者主要依赖于口述的传统观点现在看起来似乎不太像是真的。

---

① Henry J. Cadbury, *The Book of Acts in History*, London: Adam & Charles Black, 1955, p. 3.
② Eusebius, *Ecclesiastical History*（优西比乌《基督教会史》，8.2 - 4）。

因为使徒当中的一部分人有读写能力，他们定期聆听耶稣的布道而不作任何笔记，这可信吗？的确，索尔·利伯曼（Saul Lieberman，1898—1983）提出，当时一种"作为拉比的门徒的一般训练"就是写下他们导师教授的内容。① 事实上，艾赛尼人就在蜡板文献上写下了他们义师（Teacher of Righteousness）的讲话。② 为什么基督徒们不会这样做？我同意克劳德·特瑞斯蒙坦德（Claude Tresmontant，1927—1997）的看法：相信他们不会这样做，这是一种"纯粹的荒谬"。③ 这个问题将会在第五章中进行充分讨论。在这里，一个显而易见的结论是福音书是对于基督故事的相当可靠的记述，因为它被原始目击者所相信和讲述——这些人现在被称为耶稣运动的成员。

耶稣运动

在为耶稣受难守灵的那个夜晚，可能已有大概数百名犹太人曾见到过耶稣，听过他的布道，并相信他是上帝的儿子。④ 这些信徒当中的一部分被组织起来传播"福音"（glad tidings），从而形成了所谓的耶稣运动。⑤ 主要的群体在耶路撒冷，同时可能有很多个附属群体在加利利范围内活动。⑥ 在那一年当中，一个小型集会已经在大马士革聚集起来，在罗马可能还存在着另外一个。⑦

在20世纪的大部分时间里人们普遍认为对于耶稣运动而言最令人印象深刻的事情就是我们几乎对它一无所知——约翰·多米尼克·克罗森

---

① Saul Lieberman, *Hellenism in Jewish Palestine*, 2nd ed., New York: Jewish Theological Seminary of America, 1962, p. 203.

② Paul Barnett, *The Birth of Christianity: The First Twenty Years*, Grant Rapids: Eerdmans, 2005, p. 114.

③ Claude Tresmontant, *The Hebrew Christ: Language in the Age of the Gospels*, Chicago: Franciscan Herald, 1989, p. 4.

④ Larry W. Hurtado, *Lord Jesus Christ: Devotion to Jesus in Earliest Christianity*, Grand Rapids: Eerdmans, 2003.

⑤ Ekkhard W. Stegemann and Wolfgang Stegemann, *The Jesus Movement*, Minneapolis: Fortress, 1999.

⑥ 《使徒行传》9：31。

⑦ Paul Barnett, *The Birth of Christianity: The First Twenty Years*, Grant Rapids: Eerdmans, 2005, p. 31.

（John Dominic Crossan）称这一时期（在33—70年）为"失落的年代"，"空白的年代"。① 这一观点被一些人所支持，它相信《使徒行传》和其他的新约篇章是不可相信的幻想，是出于神学目的、而非史学目的而被撰写的。② 因此，除了圣经中这些篇章的作者之外，耶稣运动的那些活动几乎被人完全地忽略了。如果这些篇章不被采信，那么耶稣运动就不再有任何历史。

然而，由于圣经中的历史材料重新获得了可信性，这也就再一次变得显而易见，尽管我们对于基督教早期的历史所知的远比我们想要知道的少（有一些事——比如基督教在东方的壮大——对此我们仍然所知极少），一些关于耶稣运动早期的公布出来的信息已经被保存下来。这些信息使得我们能够瞥见耶路撒冷早期基督教的一些细节——它的领导者，它的崇拜活动，还有直接针对它的未曾停止过的迫害。

或许我们所能知晓的部分是投入到东方的布道工作。耶稣运动最初的那些超出巴勒斯坦范围的活动可能主要地是针对东方如叙利亚和波斯，这也与保罗皈依之后在这一地区作为传教士度过了超过十年时间的事实相吻合。这反映了我们对此的忽视，我们不知道保罗在那些年里取得了什么成果，我们甚至不知道他实际上去了哪些地方。的确，关于曾有积极的传教活动的结论是从2世纪基督教在这一地区令人印象深刻的扩张推测出来的，因为几乎没有任何关于这一成功如何实现，或者由谁实现的记载留存下来。

另一方面，感谢福音书的记载，关于保罗如何在西方开展他的布道工作，有令人印象深刻且信息丰富的细节得以保存。不幸的是，我们对于早期基督教在罗马帝国范围内的迅速传播仍然所知甚少，因为保罗并未参与其中，而我们对于从耶稣受难到保罗抵达西方之间的大约二十年里所发生的事件几乎一无所知。举例来说，我们可能永远不会知道基督教是怎样抵达罗马的。著名的亚瑟·达比·诺克（Arthur Darby Nock，1902—1963）指出，我们对于最早的会众群体在西方的形成过程一无所知，包括在罗马的那个，因为它们是"个人迁移"的结果，③ 而不是有组织的教会的迁

---

① John Dominic Crossan, *The Birth of Christianity: Discovering What Happened in the Years Immediately After the Execution of Jesus*, San Francisco: Harper San Francisco, 1998, p. ix.
② Ibid., p. 470.
③ Arthur Darby Nock, *St. Paul*, New York: Harper & Bros, 1938, p. 90.

移。我们所能确知的只有罗马人在 49 年因为"基督"(Chrestus)暴乱而将他们驱逐出城时仍将基督徒等同于犹太人，而根据苏维托尼乌斯（Suetonius）的说法，那些骚乱是一个长期的过程。① 我们也知道在危机之后基督徒可能停止了参与犹太会堂活动的尝试，而选择退回到了家庭教会当中。当时保罗写给罗马人的信中（大约在 57 年）提及"在罗马至少有七所家庭教会"②，包括一个在亚居拉和百基拉的家中进行的聚会，这是在他们旅居哥林多以后。

或许早期的耶稣运动最受忽视的方面是耶稣家人在其中扮演的重要角色，其中蕴含着远比人们所期望的更为重要的信息。

神圣家族

所有宗教先知和创始人面临的最为根本的问题在于其可信性——如何使其他人相信他们的话。所以，成功的宗教发明家绝非与世隔绝的独行者，而会是某个首要群体里受到普遍尊敬的成员，这是出于非常简单的原因：让那些爱你和信任你的人相信你远比让陌生人相信你容易得多。因此，与《马可福音》6：4 当中那位在他自己的国家和自己的亲属当中没有任何声誉的先知相反，最为著名的宗教发明家起步于说服他们的直系亲属和亲密朋友。③ 摩西从他的妻子和岳父开始，然后是他的兄弟姐妹。琐罗亚斯德首先改变的是他的妻子以及他妻子的叔叔。穆罕默德获得的第一个信徒是他的妻子，然后是她的表兄弟，再然后是他的养子、四个女儿，以及各种各样的家臣。

同理也适用于耶稣，尽管这与传统的布道相反，但这完全符合保罗和很多其他早期教会神父的评论。《马太福音》13：55—56 和《马可福音》6：3 以及 15：40—47 中记载说，耶稣有四个兄弟（根据《马可福音》，分别名叫雅各、约西、犹大、西门）和未知具体数字的姐妹——她们当中的一个名叫撒罗米（《马可福音》15：40；16：1）。保罗在《哥林多前书》

---

① Reidar Hvalvik, "Jewish Believers and Jewish Influence in the Roman Church Until the Early Second Century", In *Jewish Believers in Jesus: The Early Centuries*, edited by Oskar Skarsaune and Reidar Hvalik, 179 - 216, Peabody, MA: Hendrickson, 2007, pp. 182 - 183.

② Ibid., p. 191.

③ Rodney Stark, *Exploring the Religious Life*, Baltimore: The Johns Hopkins Univ. Press, 2004.

9：5这样问道："难道我们没有权柄娶信主的姊妹为妻，带着一同往来，仿佛其余的使徒和主的弟兄，并矶法一样吗？"这里清晰地表明，耶稣的兄弟至少在某些时候与他一起旅行。这也被《使徒行传》1：14所证实，在耶稣受难不久之前使徒们曾经在耶路撒冷会面，"所有这些人达成了一个共识，将他们自己投入到祈祷当中去，和……马利亚，耶稣的母亲，还有他的兄弟们一起"。应当指出，在《使徒行传》和福音书关于耶稣传道生涯的记载都没有提及约瑟。可以假设约瑟在他和马利亚在圣殿发现十二岁的耶稣（《路加福音》2：41—46）之后不久就去世了，时间在耶稣开始其传道生涯之前。或许作为约瑟的替代者，耶稣的叔叔克罗巴（Clopas）和他的妻子玛丽①也是门徒，尽管两个人都不属于十二门徒的范围。②

他的亲人不仅是时常与耶稣同行，他们如同门徒一样得到记载，在早期教会当中十分知名并且活跃。③ 事实上，根据亚历山大港的克莱门特（Clement of Alexandria，大约160—215）的记载，在基督升天（the Ascension）之后，并没有门徒宣称对教会行使领导权，而是遵从主之兄弟、"义人雅各"的指令。④ 在雅各被公会处以石刑之后，耶稣的表兄弟、克罗巴的儿子西缅（Simeon）接任了耶路撒冷的领导职位。耶稣的两个侄孙佐克（Zoker）和雅各（James）"也是该世纪末巴勒斯坦犹太人基督徒团体的领导者"。⑤ 总的来说，早期耶稣运动在一定程度上是个家族事业。

至于《马可福音》3：33当中耶稣对他的家庭作出的著名否认，早期教会神父特土良（Tertullian）将其作为一种误解进行了驳斥。他们就告诉他说："看哪，你母亲和你弟兄在外边找你。"耶稣回答说："谁是我的母亲？谁是我的弟兄？"就四面观看那周围坐着的人，说："看哪！我的母亲，我的弟兄。凡遵行神旨意的人，就是我的弟兄姐妹和母亲了。"（《马

---

① Richard Bauckham, *Gospel Women*: *Studies of the Named Women in the Gospels*, Grand Rapids：Eerdmans, 2002.
② Richard Bauckham, *Jesus and the Eyewitnesses*: *The Gospels as Eyewitness Testimony*, Grand Rapids：Eerdmans, 2006, p. 130.
③ 对此的出色总结可参见 Richard Bauckham, *Jude and the Relatives of Jesus in the Early Church*, Edinburgh：T&T Clark, 1990。
④ 引自优西比乌《基督教会史》2.1。
⑤ Richard Bauckham, "James and the Jerusalem Coomunity", In *Jewish Believers in Jesus*：*The Early Centuries*, edited by Oskar Skarsaune and Reidar Hvalik, 55–95, Peabody, MA：Hendrickson, 2007b.

可福音》3：32—35）特土良解释说，耶稣使用这种策略意在强调因信仰而来的亲切感，而非否认其家庭。① 除此之外，奥利金（Origen，大约185—251）将这种观点作为比喻来反驳，提出"除了在他自己的国家和在他亲属当中以外，先知也并非没有声誉"。如果从文本和一般的意义上看，奥利金指出，"这并不是历史性的真实"，并为此引证了旧约，当中的多位先知都在他们当地的社区当中享有盛名。"但是"，他接下去说，"比喻性地去理解，这绝对是真的，因为我们必须将犹太地认为是他们的国家，而……以色列则是他们的宗族"。② 而后他指出了如果让他们的"国家"真的给先知以荣誉，以色列历史将会有多么不同。

尽管耶稣的家族在早期教会当中地位突出，但由于传统不断发展，后来的马利亚不仅在生下耶稣时是个处女，而且她终身未曾出嫁，因此关于耶稣家人的记忆不久后就消失了。2世纪出现了关于马利亚永久童贞性的教义，③ 耶稣的兄弟姐妹最初被改成了他的表兄弟姐妹，最终被一起忽略了。但无论是否是血亲，作为基督徒的"神圣家族"在早期教会的发展当中扮演了非常重要的角色，这种影响最初是在耶路撒冷，后来可能主要发生于东方。

耶路撒冷被迫害的教会

耶稣的第一代信徒将他们自己描述为"拿撒勒人"（Nazarenes）④，但所有人都将耶路撒冷的会众视为"母亲教会。"⑤ 适当地考虑到这一点，即由于圣殿的位置所在，耶路撒冷仍然是犹太教权威的中心，而所有的拿撒勒人都仍然自认为是虔诚的犹太人并继续遵守着律法。其中的领导者参与圣殿中每天的祈祷活动，随后在外院主持传播福音的会议。这是与其他犹太人之间的冲突的一个长期的源头，保罗和其他传教士常常诱发这种冲突，因为他们在离散犹太人的会堂里仍然继续传播基督教的信息。因为这种行为，保罗遭到了八次严重殴打，还有一次被石头击中。（《哥林多后

---

① Tertulian, *Against Marcion*（特土良《反对马西翁》）4.19.
② Origen, *Commentary on Matthew*（俄利根《对马太福音的评论》）10.18.
③ Luigi Gambero, *Mary and the Fathers of the Church*, San Francisco：Ignatius, 1991.
④ Richard Bauckham, "James and the Jerusalem Coomunity", In *Jewish Believers in Jesus：The Early Centuries*, edited by Oskar Skarsaune and Reidar Hvalik, 55–95, Peabody, MA：Hendrickson, 2007b, p.58.
⑤ Philip Schaff, *History of the Christian Church*, Vol.1, New York：Scribner, 1910, p.247.

书》11：24—25）

在一般成员的观点看来，耶稣运动的生活是以聚集在私人的家中为中心的，"围绕着家常饭菜"。① 这或许是"最后的晚餐"的一个方面，并且，当然地，这使得每个人都能够参与到神圣的共同生活当中来。这个群体进行布道的一个关键组成部分是保存和传播耶稣的教导和行动，因此似乎"福音书传统的第一版文字汇总产生于耶路撒冷"。② 这也有助于解释为什么福音书有时同时反映着对犹太人的恐惧和对抗；它最初的作者们受到了巴勒斯坦地区耶稣运动四面楚歌的情形的直接影响。③

有数量庞大的文字记载提及了罗马的宗教迫害，但关于犹太人对于早期教会的迫害的记述则只有寥寥数行，无论是在巴勒斯坦还是在离散犹太人当中。在为数不多的涉及这一事件的研究当中，一部分人反驳了这种观点，认为所谓犹太人迫害基督徒纯属幻想和编造的产物。④ 根据詹姆斯·埃弗瑞特·西弗（James Everett Seaver）的说法："教会神父以及其他无数人所提及的犹太人普遍、固执和恶意的对于基督教的厌恶在历史上并不存在。"⑤ 另一些人指控说犹太人迫害早期基督徒的观点为基督教的反犹倾向提供了进一步的证据。⑥ 其他的一些人狡辩说，这些冲突是"犹太人内部的"，因此不能被描述为犹太人对基督徒的不公对待。⑦ 但更多的作者仅仅是简单地忽视了这整件事。这可能是一种政治伎俩（politique），

---

① Richard Bauckham, "James and the Jerusalem Coomunity", In *Jewish Believers in Jesus: The Early Centuries*, edited by Oskar Skarsaune and Reidar Hvalik, 55 – 95, Peabody, MA: Hendrickson, 2007b, p. 61.

② Ibid., p. 65.

③ Larry W. Hurtado, "Pre – 70 Jewish Opposition to Christ-Devotion", *Journal of Theological Studies* 50: 35 – 58, 1999.

④ James Parkes, *The Conflict of the Church and the Synagogue*, New York: Atheneum, [1934] 1969; James Everett Seaver, *Persecution of the Jews in the Roman Empire (300 – 428)*, Lawrence: Univ. of Kansas Press, 1952; Arthur L. Williams, *Adversus Judaeos*, Cambridge: Cambridge Univ. Press, 1935.

⑤ James Everett Seaver, *Persecution of the Jews in the Roman Empire (300 – 428)*, Lawrence: Univ. of Kansas Press, 1952, p. 7.

⑥ Paul Jones, "From Intra-Jewish Polemics to Persecution: The Christian Formation of the Jew as Religious Other", *Encounter* (Spring), 2006; Herbert Musurillo, *The Acts of the Christian Martyrs*, Oxford: Oxford Univ. Press, 1972.

⑦ Paul Jones, "From Intra-Jewish Polemics to Persecution: The Christian Formation of the Jew as Religious Other", *Encounter* (Spring), 2006; Claudia Setzer, *Jewish Responses to Early Christians: History and Polemic, 30 – 150CE*, Minneapolis: Fortress, 1994.

但这是不负责任的。

　　这些非常早期的迫害不仅发生了，而且它们对于信仰存续而言甚至可能是比罗马人的迫害更加严重的威胁，要考虑到这些事件发生时基督徒的数量是多么有限。甚至到 1 世纪末期基督徒也只有大概七千人（见第九章），而具体到 1 世纪四五十年代的耶路撒冷，那里的基督徒总数可能不会超过几百人。由于势单力薄，再加上他们宣称说一个因渎神罪名而被钉上十字架的人是应许的弥赛亚，对他们的迫害是不可避免的。① 而这几乎立刻就发生了。

　　主持了对耶稣的审判的该亚法直到 37 年之前都仍然担任着大祭司职位，他对耶稣运动的敌意就和他对该运动的创始人的敌意如出一辙。结果是在 34 年或 35 年，这一运动的著名成员之一司提反（Stephen）被公会因反对摩西和上帝而判处渎神罪并以石刑处死。根据《使徒行传》8：1 的记载，保罗（扫罗）提出并赞成置司提反于死地的决议。当时保罗是一个法利赛派成员，并且是反对基督教的极端主义者。因此，"从［司提反被石刑处死的］这日起，耶路撒冷的教会大遭逼迫。除了使徒以外，门徒都分散在犹太和撒马利亚各处……扫罗却残害教会，进各人的家，拉着男女下在监里"（《使徒行传》8：1—3）。在他皈依很久之后，保罗在他写给加拉太人的书信中供认："你们听见我从前在犹太教中所行的事，怎样极力逼迫、残害神的教会。"（《加拉太书》1：13）而《使徒行传》22：4—5 当中引用了保罗的话："我也曾逼迫奉这道的人［基督徒］直到死地，无论男女都锁拿下监。这是大祭司和众长老都可以给我作见证的。"

　　我们不知道这场迫害的具体范围，也不知道耶稣运动用了多少时间才得以恢复。我们所知的只是保罗的皈依对于改善耶路撒冷基督徒的处境毫无作用。尽管留存下来的记载所关注的是那些重要的死刑，但仍有许多散落的线索表明针对犹太基督徒的敌意从未中断，只不过是由于罗马人试图防止社会发生混乱，他们才没有被彻底摧毁。② 需要指出的是，当时的那

---

　　① Arland J. Hultgren, "Paul's Pre-Christian Persecution of the Church: Their Purpose, Locale, and Nature", *Journal of Biblical Literature* 95: 97 – 111, 1976.

　　② Ernst Bammel, "Jewish Activity Against Christians in Palestine According to Acts", In *The Book of Acts in Its Palestinian Setting*, edited by Richard Bauckham, 357 – 364, Grand Rapids: Eerdmans, 1995; Paul McKechnie, *The First Christian Centuries: Perspectives on the Early Church*, Downers Grove, IL: Inter Varsity, 2001.

些激烈冲突和暴力事件发生在多元主义犹太教的所有分支当中（见第二章）。西卡里人潜伏在人群聚集之处，他们甚至会谋杀那些他们认为不够狂热的大祭司。假设基督徒会是例外的做法是愚蠢的。

下一个殉道的是雅各（James），西庇太（Zebedee）的儿子，也是耶稣最早的门徒之一。44年，希律·亚基帕王下令处死了他，这可能是由于大祭司的要求。这次死刑是一次范围更为广泛的迫害行动的一部分——"希律王下手苦害教会中几个人"（《使徒行传》12：1）。彼得也在那一次被捕，他随后逃脱并逃离了［可能逃去了安提阿古（Antioch）］，直到国王死后方才返回耶路撒冷。

大约在56年，保罗最后一次造访了耶路撒冷。作为向外邦人传教的传教士，他不要求皈依者遵守律法的名声家喻户晓，并且招致了广泛的憎恨，这种憎恶不仅来自大多数犹太人，甚至似乎也包括大部分在耶路撒冷的犹太基督徒。因此：

> 从亚西亚来的犹太人，看见保罗在殿里，就怂恿了众人动手拿他，喊叫说："以色列人来帮助！这就是在各处教训众人，糟践我们百姓和律法并这地方的。他又带着希腊人进殿，污秽了这圣地。"……合城都震动，百姓一齐跑来，拿住保罗，拉他出殿……他们正想要杀他，有人报信给营里的千夫长，千夫长立时带着兵丁和几个百夫长跑下去，到他们那里。他们见了千夫长和兵丁，就止住不打保罗。（《使徒行传》21：27—28.30—32）

那位千夫长用铁链绑了保罗，并把他带回营楼去。最后，当然地，保罗被送往罗马接受审判——这是所有罗马公民的权利，保罗仍是罗马公民——而他最终在那儿被处以死刑，这很可能是出于尼禄（Nero）的命令。

最后，62年大祭司阿纳努斯将耶稣的兄弟、当时教会的领导人雅各（他有时被描述为第一位教皇）传召到公会面前，当时罗马检察官刚刚死去，而其替代者还没有抵达。在没有任何罗马人参与的情况下，阿纳努斯宣判雅各有罪并把他从高塔上推了下去——他没有被摔死，所以最终被石头和木棍活活打死。尽管有一些著名的法利赛派激烈地反对处死雅各，如同约瑟夫①所记录的那样，不仅是雅各，还有当时被定罪随即被石刑处死的"某些其他人"。再一次地，我们并不知道迫害的具体范围，尽管优西比乌（Eusebius）宣称："对于其他那些使徒而言，有无数的危害他们生命的阴谋被提出，而他们被禁止进入犹太地。"② 在大起义开始的60年代末期，没有人知道在那个奋锐党人清洗耶路撒冷和其他城市的恐怖统治时期里耶稣运动的命运，但根据优西比乌的记载，③ 那时大部分耶稣运动成员可能迁徙到了约旦河以东的低加波利的佩拉地区。④

我们知道起义过程漫长而血腥，在70年罗马执政官提图斯摧毁了耶路撒冷，将圣殿中的宝藏运到了罗马，并禁止除罗马士兵之外的任何人出入这座城市的废墟。无论这些事件对耶稣运动造成了怎样的影响，在第二次起义（132—135）期间都仍有定居在耶路撒冷的基督徒遭到巴尔·科赫巴的迫害。⑤

向世界布道

从他在大约35年的皈依之后，保罗花了很多年时间在东方进行布道，而其成果仍属未知。我们在此不会涉及其中的细节。从其发展的最初岁月开始，耶稣运动就将其首要的精力投入到了东方，正如东方基督教的迅速发展与传播所显示的那样，其发展范围一度从叙利亚一直延伸到中国。但即使它持续了几个世纪，当亚细亚教会灭亡之际，基督教发展史上这令人印象深刻的一章的大部分信息也随之消失了。最近，已经有了一些唤回这一失落的时代的积极努力。⑥ 然而，这些记载开始于2世纪末和3世纪，因为没有太多关于更早时期的传说保存下来。

---

① 约瑟夫《犹太古史》20.9.1。
② 优西比乌《基督教会史》3.5.2。
③ 同上。
④ 布兰登（1951）有关向佩拉地区的撤退纯属虚构的论断并无说服力，相关可参考 Ray A. Pritz, *Nazarene Jewish Christianity*, Jerusalem: Magnes, 1988。
⑤ Richard Bauckham, "James and the Jerusalem Coomunity", In *Jewish Believers in Jesus: The Early Centuries*, edited by Oskar Skarsaune and Reidar Hvalik, 55 – 95, Peabody, MA: Hendrickson, 2007b, p. 79.
⑥ Aziz S. Atiya, *History of Eastern Christianity*, Notre Dame: Univ. of Ntre Dame Press, 1968; Philip Jenkins, *The Lost History of Christianity*, San Francisco: HarperOne, 2008; Samuel Hugh Moffett, *A History of Christianity in Asia: Beginnings to* 1500, San Francisco: Harper San Francisco, 1992.

我们对于保罗在西方的传教活动了解得远比任何其他人的类似活动更多，因为在他传道之旅的其中两次里，陪在他身边的是一位能干的历史学家，此后他们一起在罗马度过了两年时间，当时保罗被软禁在家中。路加是一位皈依基督的外邦人，除了写作了《使徒行传》以外，他也写下了以他名字命名的福音书。事实上，大多数圣经研究者相信《路加福音》与《使徒行传》是同一部完整作品——都是献给提阿非罗（Theophilus）的作品（《路加福音》1：3；《使徒行传》1：1），此人可能是一位罗马官员。① 由于他在《使徒行传》的开头提及了他的福音书，我们因此知道《路加福音》成书较早——大约是在60年或61年。《使徒行传》的写作时间一定在它之后不久，因为它没有涉及保罗的再次被捕以及遭到处死，这大约发生于66年。

尽管保罗因他的传道之旅而享有盛名，但事实上他是相当安于室内工作的。他在西方积极的传教工作大约开始于47年，以他在耶路撒冷的被捕告终，那是在56年（在他被软禁于该撒利亚和罗马之后）。在那九年时间里，有超过两年投入到了以弗所（Ephesus），三年在哥林多，还有至少一年是在安提阿。余下的大约三年时间则用于他的三次意在布道的远行。

保罗的旅程非常著名，即使其中仍有一些模糊之处，比如说什么事件发生于何时何地。相同的问题也发生在"耶路撒冷议会"上，保罗在那里获得了许可，能够劝说人们皈依基督而不要求他们遵守律法或是行割礼。这在耶路撒冷并没有获得犹太基督徒团体的一致承认，他们似乎分裂成了支持这一决议的希腊化犹太人［当然，保罗自己就是一名来自大数（Tarsus）的希腊化犹太人］和更为传统的派系——即使最为传统的雅各选择了站在保罗一边。尽管这一将基督徒从适应犹太民族习惯的要求当中解放出来的决定诱发了一些激烈的争议，但它对于基督教的最终成功至关重要。所有这些事都是如此著名，以至于无须再加赘述，但保罗的具体传教过程则仍然罕为人知。

起初保罗和巴拿巴（Barnabas）可能只是步行前往一个城镇，身后跟随着一些信徒，在犹太会堂当中开始布道。如果事情真的是这样，那么保罗不久后就完全理解了这一切，拒绝前往任何缺乏事先安排和作出支持的

---

① 路加称他为"最为杰出的提阿非罗"，这强烈地暗示了他是一位罗马的高级官员。有些人相信这样的题词表明在写作期间是他资助了路加。

承诺的地方。典型地，他会通过主持"在名人的资助下私下组织起来的会议"开始他对一个新的社区的造访，"……他们提供给他……由他们的侍从构成的听众"。① 保罗从不独自旅行，甚至在只有少数支持者跟随的情况下也不会上路。恰恰相反，他通常是在大约四十个信徒所构成的随员的陪伴下出发，这足以构成一个基本的"会众"团体。② 这使得主持一场可靠的崇拜仪式成为可能，并且能够欢迎新来者同时与之建立联系。

在保罗的随从当中无疑地有着一些抄写员，就像那个时代通常的情况一样，当时的书籍必须由人工手写而成，也用同样的办法得以传抄，一次一本。早期教会大多数高产的神父身边都有数量庞大的工作人员负责写下并传抄他们所说的话。③ 我们甚至知晓其中保罗的一位抄写员的名字，因为他在《罗马书》（16：22）的末尾署上了自己的名字。在保罗个人欢迎词的长长的名单之后，他写道："我这代笔写信的德丢，在主里面问你们安。"在抵达之后，保罗将会"聚集所有居住于此的基督徒"，④ 使他们参与他的"外来"会众群体，然后使用他们的社会关系作为进一步招募教徒的基础。最后，一旦会众群体形成并有了受到充分训练的领导者，保罗就离开，但会通过信使和信件保持紧密联络，也有些时候会做回访。正如赫尔穆特·凯斯特（Helmut Koester）所总结的那样："因此，保罗的传教工作不应被认为是一个孤独传教士的谦卑工作。相反地，它是一种经过了周密计划的、大规模的组织行为。"⑤

实际上，仍然不能确定保罗是否在早期基督会众群体的建立过程当中起到了任何直接的影响作用。正如已经提到过的那样，在保罗所到访的许

---

① Abraham J. Malherbe, *Social Aspects of Early Christianity*, 2nd ed., Eugene, OR: Wipf and Stock, 2003, p. 47; 也可参见 E. A. Judge, *The Social Pattern of Christian Groups in the First Century*, London: Tyndale, 1960; E. A. Judge, "The Early Christians as a Scholastic Community", *Journal of Religious History* 1: 125 – 141, 1960。

② E. A. Judge, *The Social Pattern of Christian Groups in the First Century*, London: Tyndale, 1960; E. A. Judge, "The Early Christians as a Scholastic Community", *Journal of Religious History* 1: 125 – 141, 1960, p. 134; Abraham J. Malherbe, *Social Aspects of Early Christianity*, 2nd ed., Eugene, OR: Wipf and Stock, 2003, p. 47.

③ Ramsay MacMullen, *Christianity & Paganism in the Fourth to Eighth Centuries*, New Haven: Yale Univ. Press, 1997, p. 5.

④ Helmut Koester, *Introduction to the New Testament*, Vol. 2, *History and Literature of Early Christianity*, Philadelphia: Fortress, 1982b, p. 110.

⑤ Ibid..

多城市,当地基督徒本身已经有了自己的集会,而诸如保罗所做的传道访问对于使个人皈依一种新的宗教运动并没有太多影响,因为皈依的转变过程并不发生在此处。

归　信

许多年以来我们一直假设宗教转换是教义吸引力的结果——人们接受一种新的信仰是因为他们发现它的教导具有特殊的吸引力,特别是如果那些教导似乎能够解决那些困扰他们的问题和不满的时候。令人惊讶的是,当社会学家们①排除障碍走出屋子去观察皈依如何发生的时候,他们发现教义对于最初决定皈依的过程来说只具有较为次要的意义。当然,必须给那些罕有的由神秘体验所导致的归信,比如保罗在前往大马士革的路上所经历的那些,留下空间。但抛开这些特例不谈,归信首先涉及的是将一个人的宗教行为与他的亲戚朋友紧密联系在一起,而非遇到了具有吸引力的教义。一般来说:当他们与群体内成员的社会联系胜于与群体外的可能会反对归信的成员时,人们将会倾向于归信这个宗教群体,而这往往发生于归信者了解到该群体的具体信仰之前。

当然,我们可以很容易地想象,过于奇特的教义会妨碍大多数人参与其中。同时,那些成功的信仰所持有的教义往往具有广泛的吸引力。在这一意义上,教义将会促进或阻碍潜在信徒的皈依,但在其最为一般的情况下,皈依首先是一种遵从行动。但相应地,拒绝皈依也是一样。最终的情况是,社会联系的力量使个人接近或远离某个群体。目前为止,这一法则已经经过了数十个对皈依行为的观察研究的检验,所有的研究都证实社会网络是导致皈依过程发生的基础机制。② 为了使某人皈依某个教派,你必须是或者成为他们亲密和信任的朋友。因此,当一个人皈依一种新的宗教,紧接着他们通常就会试图向他们的亲戚朋友传教,其结果是皈依现象

---

① John Lofland and Rodney Stark, "Becoming a World-Saver: A Theory of Conversion to a Deviant Perspective", *American Sociological Review* 30: 862–875, 1965.

② Willem Kox, Wim Meeus and Harm't Hart, "Religious Conversion of Adolescents: Testing the Lofland and Stark Model of Religious Conversion", *Sociological Analysis* 52: 227–240, 1991; David Smilde, "A Qualitative Comparative Analysis of Conversion to Venezuelan Evangelicalism: How Networks Matter", *American Journal of Sociology* 111: 757–796, 2005; Rodney Stark and Roger Finke, *Acts of Faith: Explaining the Human Side of Religion*, Berkeley: Univ. of California Press, 2000.

倾向于通过社会网络推进。

很显然,这就是为什么当各种各样的基督徒会众群体在西方出现的时候,我们无从知晓它们的起源的原因。大多数情况下,教会是在普通人接纳它并进而与他们的家人朋友分享这些信念的时候得以扩张的,而信仰也是以同样的方式从一个社区被带到另一个社区——或许大多数是通过周期性往来的旅者(比如商人)而实现的。这一过程没有留下多少痕迹——我们只有很偶然的机会能够得知——当它发生在我们熟悉的人物当中时,比如百基拉和亚居拉(《使徒行传》18:2)。早期教会也没有留下太多物理痕迹。考古学家能够发掘到1世纪时期的犹太会堂遗址,但所有教堂建筑都要更晚;那段时期所有的基督徒会众群体都只有很小的规模,正如保罗的书信中所显示的,大部分聚会发生在私人的家中。①

说教义在皈依过程中只发挥着相当次要的作用,这并不是要暗示教义始终居于次要地位。一旦进入某个宗教群体,人们就会被教授教义的重要含义,而大多数皈依者很快就会产生对教义的强烈依恋——正如他们的朋友一样。

考虑到皈依的实际发生情况,保罗的造访更像是传播福音的活动,就像是葛培理(Billy Graham)的传道运动(crusade),而非一个传教士对某个社区的造访。葛培理没有创建教堂,通常也不致力于使不信教的人群皈依教会。他所做的是通过强化当地教会的成员委身程度,极大地提高当地教会的参与程度,而这常常会帮助他们吸收新成员。保罗的造访也是如此。当他在雅典和路司得(Lystra)对不信主的人宣讲,在最好的情况下也仍然收效微薄,但当他更多地对皈依者或正在转变过程中的皈依者宣讲时,正如他通常所做的那样,他唤醒的是这些信徒更深程度的委身和理解。

认识到保罗的传教活动中的这些方面不会在任何角度损害他的形象。他所做的不仅是强化了许多会众群体,其中的很多人最初是他的侍从,后来则转变成了资质优秀的传教士。但总体而言,是保罗对于基督教神学的贡献使他成为伟人。

---

① Wayne Meeks, *The First Urban Christians*, New Haven: Yale Univ. Press, 1983, p. 75.

结　　论

尽管如此，我们仍然对 1 世纪的耶稣运动所知甚少。我们知道耶稣的家人在耶路撒冷教会当中扮演了领导角色——很明显保罗承认耶稣的兄弟雅各的权威地位，直到 62 年雅各遭到谋杀之前，是他领导着教会。作为对第一次犹太人大起义的应对，或是作为其一部分，基督教领导者在 60 年代末的某些时刻离开了耶路撒冷，可能移居到了佩拉。在那一时间点上，他们的历史终结了——尽管可以合理地假设他们在东方迅速而令人印象深刻的基督教化的过程中发挥了积极作用。至于基督教在西方的传播，通常认为我们是了解其发生过程的，这种信心建立于《使徒行传》和保罗的书信的基础上。但较为细致的检视表明这里的故事仍然缺乏细节。这可能是因为宗教运动的扩散并不是由戏剧化的事件和善于说服别人的布道者完成的，而是通过那些普通的信徒，他们改变了他们那些同样无名的朋友、亲属和邻居。

第四章　向犹太人和外邦人传教

因为保罗获得了向外邦人传教而不必同时把他们变成犹太人的许可，也因为拥有大量成员的犹太人共同体存续至今，很长时间里针对犹太人进行的传教一直被认为是失败的。但这与大量证据不相符合，包括保罗的布道工作首先针对的是离散犹太人。当然，无论早期转变犹太人的努力成功与否，最终基督教的命运依赖于对外邦人的布道工作的成功。奇怪的是，这些努力的重要方面几乎没有得到注意。信仰异教的外邦人是如何接受并回应这一犹太色彩浓重的新生宗教的？为什么他们会认为它是熟悉且有吸引力的？这些是在此我们将要讨论的题目。

离散犹太人

公元前597年，以色列落入巴比伦王尼布甲尼撒二世（Nebuchadnezzar）之手。为了安定他所征服的地区，尼布甲尼撒二世将大约八千到一万名高级官员、军队将官、祭司以及上流阶层的其他成员带回了巴比伦作为人质。然而，尼布甲尼撒二世并没有强加给他们奴隶待遇，而是竭尽所能地"同化［流亡者］，使他们在他们的新家扎下根来"。① 因此，以色列人不久之后就"任职于宫廷当中并获得了很高地位"。② 的确，很多流亡者不久之后就被同化了。他们给他们的孩子取了巴比伦式的名字③并且

---

① Yehazkel Kaufmann, *The Babylonian Captivity and Deutero-Isaiah*, New York: Union of American Hebrew Congregations, 1970, p. 7.
② Ibid., p. 9.
③ Hayim Tadmor, "The Period of the First Temple", In *A History of the Jewish People*, edited by Haim Hillel Ben-Sasson, 91 – 182, Cambridge: Harvard Univ. Press, 1976, pp. 163 – 164.

不再教他们讲希伯来语。①

在犹太人被带到巴比伦的七十年之后，波斯帝国的开国皇帝居鲁士大帝（Cyrus the Great）征服了巴比伦，并允许所有流亡者返回故土。大多数以色列流亡者后裔甚至没有走！留下的人当中有一些仍然是虔诚的犹太人，只是已经习惯了巴比伦的生活以至于没有任何返回以色列的意愿。②但留下的人里有很多人对于他们的犹太血统已经毫无热情，甚至已经完全不再是犹太人了。③

在基督教的时代开始之际，很多离散犹太人正如他们未曾返回的巴比伦流亡同胞一样。他们在远离以色列的地方生活的时间已经比那些流亡者更长，而与外邦人的通婚也非常普遍。④此外，他们所读，所写，所说，所思，以及用以祈祷的，无一不是希腊语。就从罗马一处犹太人地下墓地所发现的碑文来看，只有不到2%的犹太人使用的是希伯来语或阿拉姆语，74%使用的是希腊语，其余则是拉丁文。⑤离散犹太人大部分有自己的希腊或罗马名字，他们当中的很多人"在使用那些来自希腊神灵的名字，比如阿波罗尼亚斯（Apollonius）、赫拉克勒迪亚斯（Heracleides）和狄奥尼索斯（Dionysus），或是那些来源于埃及神灵的名字——荷鲁斯（Horus）这个名字在离散犹太人当中格外流行——甚至不曾有过犹豫"。⑥早至公元前3世纪，离散犹太人的会堂当中举行的宗教仪式就已经采用了希腊语，没有多少离散犹太人懂得希伯来语，这就使将妥拉律法（Torah）译成希腊语成为势在必行之事——此即《七十士译本》。在此过程中，不仅希腊词汇，连同希腊化的观念也一同进入了经文当中。举例来说，《出埃及记》22：28提出"不可毁谤神"。卡尔文·勒策尔（Calvin Roetzel）

---

① Yehazkel Kaufmann, *The Babylonian Captivity and Deutero-Isaiah*, New York: Union of American Hebrew Congregations, 1970, p. 14.

② 这一群体由当地的犹太人共同体构成，他们最终造出了著名的巴比伦犹太法典。

③ Hayim Tadmor, "The Period of the First Temple", In *A History of the Jewish People*, edited by Haim Hillel Ben-Sasson, 91 - 182, Cambridge: Harvard Univ. Press, 1976, p. 168.

④ Victor Tcherikover, *Hellenistic Civilization and the Jews*, Peabody, MA: Hendrickson, [1959] 1999, p. 353.

⑤ Jack Finegan, *The Archeology of the New Testament*, Rev. ed., Princeton: Princeton Univ. Press, 1992, pp. 325 - 326.

⑥ Victor Tcherikover, *Hellenistic Civilization and the Jews*, Peabody, MA: Hendrickson, [1959] 1999, p. 346.

将之理解为与异教徒相互适应的姿态。① 这与这一事实十分相符,埃及埃利潘蒂尼岛上的犹太神龛上供奉的不仅有雅巍②,还有两位据说是雅巍配偶的女神——战争女神阿娜斯(Anath)和太阳女神爱瑟姆(Eshem)。③

除了异教的影响之外,希腊哲学同样深刻地影响了离散犹太人的宗教观念。当时最受尊崇也最有影响力的犹太领导人和作家,亚历山大港的斐洛(Philo of Alexandria,大约前 20—50 年)使用了与柏拉图相似的方式来描述上帝,这是一种在耶路撒冷将会遭到谴责的叙述方式:"宇宙中完美的纯净清白的心灵,超验的美德,超验的知识,超验的善与美本身。"④ 斐洛也非常关注在理性解释的基础上维护律法。对他来说仅有上帝禁止犹太人吃被捕获的飞禽和肉食动物的肉是不够的。上帝这样做的原因在于要强调和平的美德。《圣经》中所有不能被斐洛理性化的部分,都被他单独算作寓言。因此斐洛是"通过希腊哲学的滤镜"来理解律法。作为其结果,妥拉律法当中的大部分清晰的宗教意义和历史意义都"在斐洛试图阐明宇宙的和谐与理性时在那些精神的与道德的观点当中迷失了"。⑤ 斐洛的观点并不孤独;他是当时离散犹太人当中最为著名的领导人。因此,在大离散中具有影响力的犹太人里,上帝的形象从具有权威的耶和华转变成了相对遥远、抽象也较不严格的绝对存在。

在社会上,大部分离散犹太人认为,生活在希腊人当中也接受了希腊文化,却仍然保持"在精神上封闭于犹太人区当中而自认为是被'野蛮人'包围"的状态是一件丢脸的事。⑥ 因此,很多人不再全然遵守律法,特别是关于禁止与外邦人一起进食的规定。应当指出的是,当面对类似的情形时,中国的犹太人团体慢慢被儒家所吸纳。类似地,在 19 世纪末 20 世纪初很多加诸他们身上的限制被撤销的时候,欧洲犹

---

① Calvin J. Roetzel, *The World Shaped by the New Testament*, Atlanta: John Knox, 1985, p. 52.
② 译注:Yahweh,上帝的犹太教称谓。
③ Robert M. Grant, *Gods and the One God*, Philadelphia: Westminster, 1986, pp. 45, 104.
④ John A. Corrigan, Carlos M. N. Eire, Frederick M. Denny and Martin S. Jaffee, *Readings in Judaism, Christianity, and Islam*, Upper Saddle, NJ: Prentice-Hall, 1998, p. 88.
⑤ W. H. C. Frend, *The Rise of Christianity*, Philadelphia: Fortress, 1984, p. 35.
⑥ Victor Tcherikover, "The Ideology of the Letter of Aristeas", *Harvard Theological Review* 51: 59–85, 1958, p. 81.

太人皈依基督教的概率非常高。① 对于离散中的犹太人来说，尽管一部分人接受了异教，大多数人仍然不认为异教是一种真正的替代品——甚至已经有大部分希腊哲学家驳斥了这一点。因此，似乎很多离散犹太人盼望的是"一种妥协和融合，能够允许犹太人仍做犹太人"，从而使他们仍然能够宣称完全融入了"希腊的主流社会"。② 一神论有其深刻的犹太根基，但如果没有犹太律法，一神论应当会有更为广泛的吸引力。

文化延续性

尽管社会网络在皈依过程中扮演了关键性角色，但教义也同样重要，只是并非以通常假设的方式发挥作用。教义当中重要的并不是文本所许诺给人们的东西，而是围绕着他们的宗教文化，代表了时间、精力和情感的投资。这意味着，任何宗教都要求其信徒掌握许多文化要素：知晓许多仪式或祈祷活动当中所要求的语句和行为；熟悉一些特定的教义、故事、音乐、符号以及历史。随着时间的推移，人们日益依赖其宗教文化（"没有站立在树顶的天使对我来说就不是圣诞节"）。作为一个社会科学概念，一个人的宗教资本是由其对于某种特殊宗教文化的掌握程度和依赖程度构成的。③

随后，在其他条件保持不变的情况下，人们将会试图保持其宗教资本。这一命题包含许多重含义。一方面，人们倾向于不改变其宗教信仰，而宗教资本越大，改变信仰的意愿就越小。这已经得到了大量研究文献的支持，研究表明，皈依者当中的绝大多数来自对任何其他宗教原本的委身程度非常低的人群当中。在美国，最有可能皈依新宗教的人群是由那些来

---

① Rodney Stark, *One True God: Historical Consequences of Monotheism*, Princeton: Princeton Univ. Press, 2001, Chap. Four.

② Victor Tcherikover, "The Ideology of the Letter of Aristeas", *Harvard Theological Review* 51: 59–85, 1958, p. 81.

③ Rodney Stark, "How New Religions Succeed: A Theoretical Model", In David Bromley and Phillip E. Hammond, eds., *The Future of New Religious Movements*, 11–29, Macon: Mercer Univ. Press, 1987; Rodney Stark, "So Far, So Good: A Brief Assessment of Mormon Membership Projections", *Review of Religious Research* 38: 175–78, 1996; Rodney Stark and Roger Finke, *Acts of Faith: Explaining the Human Side of Religion*, Berkeley: Univ. of California Press, 2000.

自非宗教或无宗教家庭的人士构成的。① 此外，当人们面对一个可能保持更多宗教资本的选项时，他们会更容易改变信仰。这解释了在基督教文化当中，相对于印度教，为什么人们更容易改信摩门教。就做一名摩门教徒而言，具有基督教背景的人不需要放弃他或她的任何宗教资本（包括圣诞树的装饰），只需增加更多。对比起来，为了成为印度教徒，基督徒必须放弃他们的所有宗教资本，从头开始。

对于新生的宗教群体，这就变成了文化延续性法则。在其他条件不变的情况下，新生宗教与其皈依者原生宗教文化的持续性越高，越容易获得发展。

对于所有那些涉足异教的离散犹太人来说，一直以来这一群体都很少真正改信异教。改宗的人需要经历大量的宗教方面的再教育，并放弃他们属于犹太人的宗教资本。事实上，这些改信异教的犹太人似乎本身只具有非常少的犹太教资本，可能是被至多只是名义上信仰犹太教的父母养大的。

对比异教，基督教给了离散犹太人在事实上保持他们所有的宗教资本的机会，他们只需要增加一些宗教资本，因为基督教保留了完整的旧约传统。尽管它使得遵守一部分犹太律法变得不再必要，但基督教没有增加新的需要被掌握的律法。此外，基督徒会众群体当中的礼拜仪式与犹太会堂当中的极其类似，并且，在其早年，基督教礼拜仪式也同样是使用希腊语完成的，所以一个希腊化的犹太人将会感到如同在自己家里一样自如。最后，基督教一直在谨慎地强调它有关得救的核心观念是如何实现了正统犹太教的弥赛亚许诺。

保罗与大离散

在其最初的情形当中，导致基督教的传教工作指向大离散当中的希腊化犹太人的并非文化延续性，而是社会网络。对于从耶路撒冷出发的传教

---

① Miguel C. Leatham, "Rethinking Religious Decision-Making in Peasant Millenarianism: The Case of Nueva Jerusalem", *Journal of Contemporary Religion* 12: 295 – 309, 1997; Rodney Stark, "Why Religious Movements Succeed or Fail: A Revised General Model", *Journal of Contemporary Religion*, 11: 133 – 146, 1996; Rodney Stark and Roger Finke, *Acts of Faith: Explaining the Human Side of Religion*, Berkeley: Univ. of California Press, 2000.

士而言，首要的迫切问题是，他们应当去往哪里？谁会接纳他们？答案似乎是显而易见的，就是整个希腊—罗马世界里相对富裕的社区当中传教士有所联系的那些：那些他们有亲戚（即使关系非常远），或者朋友的朋友的地方。的确，至少在 70 年圣殿被毁之前，离散犹太人社区已经习惯了来自耶路撒冷的讲道者（religious teacher）的拜访。所以这就是最早的基督教传教士所去往的地方，而保罗跟从了他们的脚步。

尽管关于保罗在获得向外邦人传教而不必强迫他们变成犹太人的许可方面所取得的突破已经有了很多研究，对于他后来的有关犹太基督徒不需要再遵守律法的宣言的影响的研究仍然远远不够（《加拉太书》3：15—29）。① 对于外邦人这并无影响，但对于希腊化的犹太人来说具有显著的吸引力，他们被承诺能够不受律法的社会限制的约束。至于所有强调保罗的传教工作主要针对外邦人的观点，事实上几乎他的所有工作都集中在离散犹太人群体内部。当然，除了路加以外，他的大部分追随者都是犹太人。他在犹太人当中广受欢迎，在犹太家庭和犹太会堂当中布道，而大多数在他信件当中提及的似乎也都是犹太人。此外，如果保罗真的把他的精力都投入到了异教徒身上，为什么他还会不断遭到当地犹太人的严重袭击？② 如果他进入了异教徒的圈子，那么他只会被离散犹太人的领导者忽略掉。

这提出了这样一种可能，尽管一直被强调面向外邦人的传教工作，但实际上保罗的精力更多地投入到了犹太皈依者身上。诚然，保罗对于律法的拒斥在基督教与正统犹太教之间制造了一道更深的裂痕。但就实际问题而言，虔诚的正统犹太人无论如何都不会改信基督教，因此巴勒斯坦从来不是有价值的传教区域。相反地，正如诺克（Nock）所解释的那样，希腊化的犹太人"已经失去了他们传统的虔诚……［他们］有可能接受新的信仰"。③

此外，W. H. C. 弗伦德（W. H. C. Frend，1916—2005）指出，保罗借外邦人教会所指向的人群可能仅限于吸引那些"敬畏上帝者"，这些外邦人已经在定期前往犹太会堂，甚至帮助建造了它并一直支持它，但他们

---

① 对此出色的讨论可参见 Donald A. Hagner, "Paul as a Jewish Believer-According to His Letters", In *Jewish Believers in Jesus: The Early Centuries*, edited by Oskar Skarsaune and Reidar Hvalik, 96–120, Peobody, MA: Hendrickson, 2007。

② 《哥林多后书》11：24–25。

③ Arthur Darby Nock, *St. Paul*, New York: Harper & Bros, 1938, p. 121.

从未成为犹太教的完全皈依者，因为他们不愿全盘接受律法。弗伦德写道："当保罗在哥林多宣布从今以后他将去往外邦人中间，他的进程只到提多·犹士都的家中为止，那是一位'敬拜上帝者'，家住犹太会堂隔壁（《使徒行传》18：7）。将这一举动视为向'敬畏上帝者'的布道之后，保罗的活动和他所取得的成就就易于理解了。"① 当然，这距离在真正的异教徒——之前与犹太教没有任何联系的人——当中建立教会，还是非常远。但能够承认敬畏上帝者完全可以算作基督徒，这一点使得保罗获得了在招募教徒方面的巨大优势，并迅速地扩大了非犹太裔的基督徒的数量。

犹太人的皈依是何时停止的？

几乎所有人都相信，对于犹太人的传教工作不久后就宣告失败。一些人认为对犹太人的皈依来说不可逾越的障碍是在 66—74 年的犹太人大起义当中建立起来的，当时许多离散犹太人支持了叛乱，而基督徒并没有这样做。另一些人则认为大规模的犹太人的皈依一直持续到 132—135 年的巴尔—科赫巴（Bar-Kokhba）起义，那时候教会与犹太会堂之间发生了进一步的分裂。但总之，从那时开始，犹太人的皈依似乎走到了一个终点。这种情况也是可能的，但这一结论与数量可观的证据与推论相悖。

针对这一观点的第一个反驳理由是，尽管早期面向希腊化犹太人的传教工作以失败告终，但它所依托的导致了它前期成功的基础环境——他们与犹太文化和对律法的坚持之间较弱的认同关系——并没有改变。

更为重要的是，有充足的证据表明基督教仍然在持续地受到犹太人的影响。需要考虑到，除了《路加福音》和《使徒行传》两篇之外，圣经新约是由犹太人写成的。另外，如马克安主义一样的很多早期异端运动和被认为是诺斯替教派（Gnostic）主要经典的那些文献，都鲜明地表现出反犹倾向。这些攻击，以及与这些攻击一起被拒斥为异端的这些教派，都支持了这一推论，即在教会内部仍有较强的犹太人的影响持续存在。当我们转向稍晚的时期之时，如何理解所有那些迟至 5 世纪的由不同的基督教领导者所表达出来的对于犹太化的关注？历史学家们同意，在那个时代有大量的基督徒表现出了与犹太文化之间的密切联系，这一现象可以被描述

---

① W. H. C. Frend, *The Rise of Christianity*, Philadelphia: Fortress, 1984, p. 100.

为"对于犹太教的普遍迷恋"①,这似乎不是一种延迟的吸引力,不像是在犹太人的皈依真正停止几个世纪以后发生的现象。另一方面,很显然一个人会期待在基督徒群体当中找到一些成员与犹太血统有较近的关联,他们仍然与非基督徒的犹太人之间保持着亲缘或者社会联系,并且他们也因此在其基督教当中保留着清晰的犹太人色彩。此外,这也与君士坦丁在4世纪早期的命令相一致:"犹太人不允许攻击其社区当中皈依基督教者",② 该法令还重申了罗马有关限制基督徒与犹太人通婚的禁令,类似的法令晚至388年仍有颁布。③ 政府很少会干预和禁止那些当时并没有发生的事件。

因此,问题可能不在于基督教的犹太化,而是在很多地方仍有大量犹太基督教会存在。而如果真是这样,那么就没有理由假设犹太基督徒失去了从他们与希腊化的家人和朋友当中吸收新的皈依者的能力。因此,与其将这些证据视为一种突然爆发的犹太化现象的反映,将之理解为犹太人的皈依从未中止似乎是更为合理的。当约翰·克里索斯托(John Chrysostom,349—407)反对基督徒频繁前往犹太会堂的时候,他是面对着能够分辨他所说是否属实的听众发表他评论的,所以我们可以假设这就是当时现实中所发生的事情。对于克里索斯托的争论最为合理的理解是它意在将仍然相互渗透着的基督教会与犹太会堂相互区分开来——而这已经是5世纪初了!

但或许关于对犹太人的传教工作的"失败"最为基础的假设是当基督教淹没了罗马之时,仍有相当数量的离散犹太人积极地维持着犹太会堂的活动,因此,犹太人一定是拒绝了基督徒传教的努力。但这忽视了当时离散犹太人有数百万之多,远远超出了在大量人皈依基督教的同时仍能维持犹太会堂的运转所需要的人数。如果第九章当中的预测接近事实,那么250年前后大约只有100万名基督徒,这意味着如果没有任何外邦人的皈依,那么就需要离散犹太人口当中的至少九分之一甚至是五

---

① Wayne Meeks and Robert I. Wilken, *Jews and Christians in Antioch in the First Four Centuries of the Common Era*, Missoula, MT: Scholars Press, 1978, p.31.

② Bill Leadbetter, "Constantine", In *The Early Christian World*, Vol.2, edited by Philip E. Esler, 1069 – 1087, London: Routledge, 2000, p.1077.

③ Leonard Victor Rutgers, "Archaeological Evidence for the Interaction of Jews and Non-Jews in Late Antiquity", *American Journal of Archaeology* 96: 101 – 118, 1992, p.115.

分之一皈依基督教才能满足这一总数。不过，当然，属于外邦人的皈依者数量不少。

人口数据进一步支持了这一假设，存在大量犹太皈依者。正如已经指出过的那样，离散犹太人构成了罗马帝国人口当中的至少 10%，可能多至 15%。中世纪的历史学家们估计犹太人在 10 世纪前后只占拉丁欧洲人口的 1%。① 即使其中一部分数字的减少是由于伊斯兰教征服了原生犹太人口生活的地区，但是，这一数字仍然表明了这一千年当中欧洲地区的离散犹太人数字的明显减少，而这是与较高的皈依比率相一致的。事实上，一项最近的研究表明直到大约 7 世纪犹太人的皈依比率仍然维持在一个较高的水平。② 强大的犹太会堂的延续并不能反驳这一命题，实际上，由于排除了所有那些对宗教较为冷漠的、希腊化的犹太人，改信基督教这一选项将会促成越来越正统的、具有较高委身程度的犹太共同体，理论上它正是因维持对基督教化的强烈抵抗而形成。

最后，意大利境内（特别是在罗马和韦诺萨）的一系列考古发现表明："犹太教徒和基督徒的葬地反映出了这样一个共同体的存在，在其中犹太人和基督徒相互依赖、关系密切，直到三四世纪他们对于相互之间界限的标记都是模糊的。"③ 类似地，对加利利海岸上迦百农的发掘工作表明："一处犹太会堂和一处犹太基督徒的家庭教会位于街道的对面位置……由此地层与结构观之，这两个群体显然直到 7 世纪之前都和谐地生活在一起。"④

值得指出的还有奥利金曾提及在 3 世纪上半叶的某一天曾与犹太人一起参与一次"仲裁员"面前的神学辩论。⑤ 这似乎与犹太会堂和基督教会已经早早分道扬镳的假设不符。同样与此不相符合的证据还有，迟至 4 世

---

① Salo Wittmayer Baron, *A Social and Religious History of the Jews*, Vols. 1 and 2, New York: Columbia Univ. Press, 1952; Kenneth R. Stow, *Alienated Minority: The Jews of Medieval Latin Europe*, Cambridge: Harvard Univ. Press, 1992.

② Maristella Botticini and Zvi Eckstein, "From Farmers to Merchants, Voluntary Conversions and the Diaspora: A Human Capital Interpretation of Jewish History", *Carlo Alberto Notebooks* 2, pp. 1 – 36, 2006.

③ Eric M. Meyers, "Early Judaism and Christianity in the Light of Archaeology", *Biblical Archaeologist* 51: 69 – 79, 1988, pp. 73 – 74.

④ Ibid., p. 76.

⑤ Johannes Weiss, *Earliest Christianity: A History of the Period A. D. 30 – 150*, Vol. 2, New York: Harper Torchbooks, [1937] 1959.

纪基督教神学家们仍在"为理解艰深的圣经诗篇而向拉比们请教"。①

由于所有这些原因,针对犹太人的传教活动似乎远比预设的持续得更久,结果也更加成功。

外邦人的渴望

离散社区是由从巴勒斯坦移民的犹太人所建立的。但无论是持续不断的移民潮还是其后代都无法产生出 1 世纪前期生活在这些城市聚居区当中的数以百万计的犹太人。相反地,正如阿道夫·冯·哈纳克(Adolf von Harnack)所指出的:"单纯使用犹太家庭的繁殖力来解释大离散当中犹太人的庞大总数是绝对不可能的,我们必须假设……有大量的异教徒……集中地皈依了耶和华。"② 因此,约瑟夫可能是对的,当他宣称"一直以来,他们[犹太人]都在吸引大量的希腊人改信他们的宗教,使他们变成自己社区当中的事实上的成员"。③ 通过使用"事实上"一词,约瑟夫承认了有为数众多的异教徒接受了犹太一神教,但仍然游离于犹太人生活的边缘地带,因为他们不愿全然接受犹太人的民族习惯——不仅是成年割礼,还有律法当中的很多其他方面。④ 正如已经指出过的那样,这些"事实上的"犹太人被称为"敬畏上帝者"。

但通过改信犹太教或通过成为一名"敬畏上帝者",希腊罗马人表现出了一种对于一神论的渴望,这并不罕见。这也同样是在基督教之前的东方宗教能够取得席卷罗马帝国的惊人成功的基础。事实上,在一项较早的研究里我曾发现了证明东方宗教承担了基督教卓有成效的领路人角色的统计学证据。举例来说,在十七个至少有一座伊西斯神庙的罗马主要城市当中,有十一个到 100 年有了基督教会众群体。在十四个不存在伊西斯神庙

---

① Leonard Victor Rutgers, "Archaeological Evidence for the Interaction of Jews and Non-Jews in Late Antiquity", *American Journal of Archaeology* 96: 101 – 118, 1992, p. 118.

② Adolf von Harnack, *The Expansion of Christianity in the First Three Centuries*, Vol. 1, New York: Putnam's Sons, 1904, 1: 10 – 11.

③ 约瑟夫:《犹太战争》7.44。

④ Joyce Reynolds and Robert Tannenbaum, *Jews and God-Fearers at Aphrodisias*, Cambridge: Cambridge Univ. Press, 1987; Magnus Zetterholm, "The Covenant for Gentiles? Covenantal Nomism and the Incident at Antioch", In *The Ancient Synagogue from Its Origins until 200 CE*, edited by Birger Olsson and Magnus Zetterholm, 168 – 188, Stockholm: Amlqvist & Wiksell, 2003.

的类似城市中,到 100 年只有两个有基督教会众群体,而其中的七个城市直到 180 年仍然没有基督徒会众。① 类似的还有,在十个拥有塞比利神庙的城市当中,在 100 年有八个有了基督教会众群体,而在二十一个没有类似神庙的城市里,只有五个发展出了早期基督徒会众。② 回忆一下第一章,尽管伊西斯、塞比利和其他类似信仰的信徒承认其他神灵的存在,但他们认为自己的神是某位至高神,并形成了排他性的委身。而这里的关键点在于,所有这些信仰关于主神的概念都是同一的:爱,可信赖,并且是全能的。

的确,教义在吸引皈依者的过程当中并不发挥首要作用,但我们不能忘记是教义决定了"皈依"(conversion)这个概念是否能应用于宗教取向。在多神教盛行的地区,人们增加敬拜的神灵或者是简单地将他们的资助在不同的神灵之间来回转换,而皈依意味着对一位特定的神形成排他性的委身。也就是说,皈依暗示了一神教(或者某种接近于一神教的信仰)并因此依托教义而存在。事实上,一神教在产生强有力的、具有竞争性的成员组织方面的能力为他们为了建立在教义上的信仰而行动做好了准备——以更为伟大的价值和与一位具有最大的视野、能力、美德和可靠性的神灵之间的信用交换为基础,这与小神的常常非善意的意图形成鲜明对比。正是这一对比诱发了早期东方信仰的成功,而同样的方式导致了至高的女神,比如伊西斯,将她的位置让给了唯一的真主。一神论的盛行是因为它塑造了一位值得为之而死的神——事实上,是一位承诺永生的神。而这也就是为什么基督教得以在异教徒中获得巨大胜利,而即使是在绝对的基督教世界当中,犹太教也依然得以存续的原因。③ 实际上,如果犹太教没有和犹太民族特性之间的紧密联系,它可能远在耶稣诞生以前就在异教徒世界当中被彻底消灭了。

异教文化的延续性

一种经常用以攻击整个基督故事的激烈反对意见是,从根本上说它就

---

① Rodney Stark, *Cities of God*, San Francisco: Harper San Francisco, 2006, 表 4.7.
② Ibid., Chap. Five.
③ 有关这些事件的更多记述参见 Rodney Stark, *One True God: Historical Consequences of Monotheism*, Princeton: Princeton Univ. Press, 2001.

是异教。耶稣受难是要达成什么目标？很显然一位奇迹的主能够轻易地为所有那些相信他的人提供普遍的仁慈，因此应当没有任何作出"血的祭祀"的必要。尽管这种献祭在异教徒看来可能是合理的，然而在我们更加开化的时代里它听上去仍然相当虚假。

但这就是整个关键。耶稣受难所要传达给希腊—罗马异教徒的信息是："基督为了你们的罪而死！"忘记那一百甚至一千头牛的供奉吧！基督教的"神爱世人，甚至将他的独生子赐给他们，叫一切信他的，不至灭亡，反得永生"（《约翰福音》3：16），这一信息被强有力并且意味深长地告知给一个视献祭，特别是血的献祭为敬神的基本方式的文明——一部分东方宗教用被献祭的动物的血来"洗清"初信者的罪。

同样的理解也被应用于基督故事的其他方面，它经常被指责为具有异教的本源。圣母马利亚的概念听上去非常像是据说被异教神灵所受孕的那些女性，宙斯据说"是超过一百个由人类女性所诞下的孩子的父亲，这些女性时常是处女，虽然并不总是这样"。① 使用赫西俄德（Hesiod，大约前700年？）的称呼的话，这些半神包括帕尔修斯（Perseus）和狄奥尼索斯，还有特洛伊城的海伦。以类似的方式，戏剧化的符号和征兆被期待会在任何重要人物的降生时刻出现，这通常指的是未来神灵的降临。据说在亚历山大大帝和凯撒奥古斯都降生之时，都曾伴随着许多奇观和预兆。因为一些妇人所生之人将会在血腥的死亡之后升入神格是一种普遍的信念——弗雷泽在《金枝》当中详细叙述了很多这样的"神话"。

但宣称和异教神话之间的相似性削弱了基督教的说法完全忽视了这些特征在异教世界当中所发挥的作用！他们将之作为基督神性不可动摇的证据——基督故事具有所有传统英雄的元素，关于一个人怎样成为神。② 早期教父完全理解这一点。在向一位罗马执政官讲述基督故事时，特土良（大约160—？）表明他"接受了这个故事——它与你们自己的传说很相似"。③ 而正如早期教父所意识到的一样，这些相似性可以被理解为神圣适应性（divine accommodation）的例证。

关于神圣适应性的教义提出，上帝与人类的交流总是受限于人类当时

---

① Gregory J. Riley, *One Jesus*, *Many Christs*, San Francisco: Harper San Francisco, 1997, p. 39.
② Ibid. .
③ 特土良：《辩护》21：15。

的理解能力。正如尼撒的圣格里高利（St. Gregory of Nyssa）在 4 世纪所记述的那样，上帝是"如此地远远高于我们的本性，因此无法以任何方式被感知"，所以他在事实上是在以对婴儿说话的方式对我们说话，从而"给予那些以我们的人性所能够接受的东西"。① 因此，如果基督故事似乎浸透了异教传统，这可以被理解为是上帝在希腊—罗马人有限的理解能力之内最有效率的沟通方式。这些是对于异教徒来说最容易辨认的基督神性的"证据"。西里尔·贝利（Cyril Bailey，1871—1957）很好地表达了这一观点：在基督教产生之时，"人们的注意力投在一个确定的方向，并以一些确定的概念来表达他们的宗教热情和信仰，基督教使用他们能够理解的语言，并将它的神学和宗教仪式置于一种那一代人看来自然而然的形式当中……福音书［不会］赢得它的发展前景，如果它不曾找到重复当时的宗教探索甚至是那个时代宗教信仰的方法的话"。②

此外，基督故事当中的"异教元素"将希腊—罗马异教和基督教之间的文化延续性最大化了。异教皈依者能够保留他们关于神灵和神迹的许多熟悉的概念，而接受更强层次的委身、更易于理解的道德、关于得救的更无法抗拒的许诺。但与改信犹太教的皈依者不同，成为基督徒的这些人不需要完全放弃神灵概念里更可理解的、更熟悉、更"人性"的那些方面而接纳那位遥远的、难以理解的、令人生畏的雅巍（Yahweh）。恰恰相反，基督徒可以同时拥有这两种方式！事实上，犹太人和穆斯林常常认为基督教并非一神论，因为它承认耶稣本身也是神灵。即使如此，是基督使得基督教相对于犹太教或伊斯兰教而言具有了更加亲和、更加令人安心、也更加易于理解的性格。基督被认为是一个善解人意的、宽容仁慈的人，这不仅因为他的死使得所有人都有可能得救，还因为他仍在继续担当着调解人的角色。此外，雅巍、耶和华和阿拉是不可见也不可描述的，基督似乎是可被描述的——想想这一点对基督教艺术产生的巨大影响。③ 正是因为耶稣是如此人性化的神，基督徒很少会重新改信多神教。但这当然导致了与犹太教之间的无可挽回的分裂。

---

① Stephen D. Benin, *The Footprints of God: Divine Accommodation in Jewish and Christian Thought*, Albany: State Univ. of New York Press, 1993.
② Cyril Bailey, *Phases in the Religion of Ancient Rome*, Berkeley: Univ. of California Press, 1932, pp. 270 - 271.
③ Jaroslav Pelikan, *Whose Bible Is It?* New York: Viking, 2005.

结　　论

基督教最初所取得的成功似乎主要是建立在离散犹太人的皈依之上的。我们对于罗马的基督徒的最初知识来自历史记载中犹太社区里因"Chrestus"而产生的混乱。保罗被派往大马士革去惩治那些承认基督的犹太人。在保罗的布道工作之前，很多其他的基督徒会众群体大部分都是犹太人组成的，因为皈依的异教徒必须同时成为犹太人。无疑地，外邦人开始加入皈依者的行列是在保罗传播关于新政策的言论的时候："敬畏上帝者"很可能迅速地集体从犹太会堂转向了基督教堂。但因为保罗的努力持续地集中在离散的犹太人群体内部，犹太基督徒一定仍然在教会占据主导地位。这也与我之前的研究一致，当时我发现拥有大量离散犹太人的希腊—罗马城市当中发展出基督徒会众群体的速度快于其他城市。所有的九个存在离散犹太人社区的较大的希腊—罗马城市都在 1 世纪末期有了基督徒会众群体，而同一时间没有离散犹太人的情形类似的二十二个大的希腊—罗马城市当中只有四个有了基督教堂；直到 180 年，其中仍有三分之一的城市没有建立基督教堂。①

最后，当然地，基督教的兴起是通过向外邦人传教而实现的。基督故事里的很多方面使它对异教徒来说熟悉而可信，而这极大地促进了基督教的传播：东方之星，处女所诞，东方三博士的拜访，神迹，以耶稣受难完成的血祭，复活以及升天。

---

① Rodney Stark, *Cities of God*, San Francisco: Harper San Francisco, 2006, 表 5.8.

第五章　基督教与特权阶层

传统观点认为基督教是从古代世界当中最为穷苦和最为悲惨的群体当中吸收其最初的支持者的。从很早的时候起，一些禁欲的基督徒就宣称贫穷是"初始"教会的主要美德之一，到19世纪，这种观点被激进左派所确认。卡尔·马克思的合作者弗里德里希·恩格斯（Friedrich Engels，1820—1895）因此提出："在早期基督教的历史里，有些值得注意的与现代工人运动相同之点。基督教和后者一样，在其产生时也是被压迫者的运动：它最初是奴隶和被释放的奴隶、穷人和无权者、被罗马征服或驱散的人们的宗教。"①（译文引自恩格斯《论早期基督教的历史》，马恩全集第22卷）从这一预设出发，马克思著作的德语编辑卡尔·考茨基（Karl Kautsky，1854—1938）提出了这样一种观点，耶稣可能是最早的社会主义者之一，而早期基督教可以被概括为达到了真正的共产主义。②

尽管很多圣经研究者批判了考茨基的观点，但现存的所有神学派别都在基督教生发于社会底层的苦难和反抗当中这一观点上保持了共识，正如耶鲁大学的埃尔文·古迪纳夫（Erwin Goodenough，1893—1965）在其得到广泛采用的教科书当中所总结的那样："基督教在罗马人眼中的不受欢迎可以从一个更加明显的现象当中得到验证：其皈依者当中的绝大多数来自社会最底层。然后，就像现在一样，统治阶级对这样一种仆人和奴隶组成的相互联系紧密的秘密社团感到忧心忡忡。"③

德国社会学家厄恩斯特·特勒尔奇（Ernst Troeltsch，1865—1923）

---

① Friedrich Engels, "On the History of Early Christianity", Reprinted in Karl Marx and Friedrich Engels, *On Religion*, pp. 316 - 359, Altanta: Scholars Press, [1873] 1964.
② Karl Kautsky, *Foundations of Christianity*, New York: Russell & Russell, [1908] 1953.
③ Erwin R. Goodenough, *The Church in the Roman Empire*, New York: Cooper Square, [1931] 1970, p. 37.

进一步发展了这种观点，他宣称所有的宗教运动都是"底层人民"的活动。① 特勒尔奇的观点获得了由清教神学家转变而来的美国社会学家 H. 理查德·尼布尔（H. Richard Niebuhr, 1894—1962）的共鸣，他在一本极富影响力的书中写道，一个新的宗教运动往往是"某个被排斥的少数族群的产物，崛起于穷人的宗教起义当中"。② 而后，最为流行的关于人们开始一种新的宗教运动的解释可以被称为剥夺理论，它提出，当试图解决其现实苦难的实际行动遭到失败或者明显不可能成功的时候，人们就会采取超自然的解决方式。③

就最近的发展来看，很显然剥夺理论并不适合于大多数——如果不是全部的话——有详细记载的新宗教运动的情况，无论是公元前 6 世纪的佛教④还是 21 世纪的新纪元运动。⑤ 与盛行的社会学成见相反，宗教运动典型地是由特权阶层所发起的。这种现象的详细过程之后将在这一章里得到检视。首先将要进行的是对于早期基督教是一次底层人民的运动的观点的详细反驳，我将代之以这样一种认识，即从一开始基督教就对特权阶层的人士具有尤其明显的吸引力——耶稣自己可能就来自富人阶层，或者至少是来自一个相对富足的家庭。

特权阶层的基督徒

对于第一批基督徒的社会阶层的所有讨论似乎都将立足于保罗"无法反驳的"文本证据，当他提及他的跟随者们时说："弟兄们哪，可见你们蒙召的，按着肉体有智慧的不多，有能力的不多，有尊贵的也不多。" 89（《哥林多前书》1：26）

---

① Ernst Troeltsch, *The Social Teachings of the Christian Churches*, Vols. 1, New York: Macmillan, [1912] 1931, 1: 331.

② H. Richard Niebuhr, *The Social Sources of Denominationalism*, New York: Herny Holt, 1929, p. 19

③ Charles Y. Glock, "The Role of Deprivation in the Origin and Evolution of Religious Groups", In *Religion and Social Conflict*, edited by Robert Lee and Martin E. Marty, 24 – 26, New York: Oxford Univ. Press, 1964; Rodney Stark and William Sims Bainbridge, *A Theory of Religion*, Bern: Peter Lang, 1987.

④ Rodney Stark, *Discovering God: A New Look at the Origins of the Great Religions*, San Francisco: HarperOne, 2007a.

⑤ Rodney Stark, *What Americans Really Believe*, Waco: Baylor Univ. Press, 2008.

令人惊奇的是长久以来的学者没有一个人注意到这篇文字当中非常明显的寓意。最后，1960 年澳大利亚学者 E. A. 贾奇（E. A. Judge）①通过指出保罗并没有说"没有一个有能力，没有一个尊贵"开始了他的辉煌学术生涯。相反地，保罗说的是有能力的或有尊贵的"不多"，这意味着有些人的确如此！考虑到罗马帝国当中有尊贵出身的人数是多么地少，早期基督教的小规模群体当中有任何贵族都足以令人惊讶。这提出了这样一种可能性，像其他很多宗教运动一样，基督教同样是一种开始于特权阶层的运动。事实上，远在贾奇指出那显而易见的问题之前，很多著名历史学家已经表达过这种观点。极富影响力的德国历史学家阿道夫·冯·哈纳克（Adolf von Harnack，1851—1930）谈及过基督教对于上流阶层女性的特殊吸引力，②而著名的苏格兰古典学者 W. M. 拉姆齐（W. M. Ramsay，1851—1939）宣称基督教"起初在受教育人群当中比未受教育的人群当中传播得更快；没有什么地方比它在……皇室和宫廷当中的吸引力更强了"。③然而，除了极少数的专业人士之外，这些异议对于传统上早期基督教主要从社会较低阶层当中吸纳信徒的观点并没有造成多少影响。所以，让我们更多地把目光集中到耶稣、耶稣的门徒保罗以及早期基督徒的可能的社会地位上。

很多圣经学者曾被《哥林多后书》8：9 的内容所困扰，在其中保罗写道："你们知道我们主耶稣的恩典：他本来富足，却为你们成了贫穷，叫你们因他的贫穷，可以成为富足。"这是真的吗？耶稣曾经是个富人吗？一些人已经用这篇文字来"证明"保罗对于耶稣的生活一无所知④——显然这是一种荒谬的观点。大多数其他人从形而上学的意义上来理解它——认为这指的是精神上的富有。但这种理解与这一事实之间存在极大的冲突，要知道这篇文字发生在保罗要求哥林多人为耶路撒冷

---

① E. A. Judge, *The Social Pattern of Christian Groups in the First Century*, London: Tyndale, 1960; E. A. Judge, "The Early Christians as a Scholastic Community", *Journal of Religious History* 1: 125 – 141, 1960.

② Adolf von Harnack, *The Expansion of Christianity in the First Three Centuries*, Vol. 2, New York: Putnam's Sons, 1905, p. 227.

③ W. M. Ramsay, *The Church in the Roman Empire Before A. D. 170*, New York: Putnam Sons, 1893.

④ 对此的总结可见 George Wesley Buchanan, "Jesus and the Upper Class", *Novum Testamentum* 7: 195 – 209, 1964.

的穷人——而非信徒——捐献财物的时候。他还引用了马其顿人的例子作为奉献钱财的榜样，并保证上帝的祝福将会更多地加于慷慨的给予者身上。在这里引用耶稣的事例强烈地暗示着保罗所指的耶稣所放弃的财富不是精神上的，而是物质上的。当我们详细地检视耶稣的生平经历以及耶稣在其讲道时所偏爱使用的那些例子，会发现大概保罗很清楚他自己在说些什么。

如同我们在第三章当中所提到的，耶稣可能并不是一位木匠，除非这只是为了遵守犹太拉比总是学习一门用以谋生的手艺的传统，因为耶稣看上去非常像是一位接受过良好教育的拉比。这意味着他的父母"在社区当中享有较高地位"并且足够富裕到"在迦百农和拿撒勒都有财产"。①他们还能每年在逾越节期间前往耶路撒冷（《路加福音》2：41），这是大多数家庭所无法负担的。②

此外，从耶稣在福音书当中所使用过的大量的比喻和象征来看，其中只有三次③曾提及过"建筑"或者"建造"，而这些话语太过模糊以至于难以从中表明他的木工知识。很显然一个人不需要成为木匠才能了解建筑最好建在石头上而不是流沙上面（《路加福音》6：46—49）。另一方面，耶稣不断地使用涉及财富的例子：土地所有权，投资，借贷，拥有仆人和佃户，继承权等诸如此类。正如已经被指出过的那样，"关于天才的寓言体现了对于银行业务的熟悉程度"。④这些措辞上的倾向可能并不能反映出耶稣是特权阶级的儿子，但它们显然暗示了来自特权阶层的听众。正如深受尊敬的乔治·韦斯利·布坎南（George Wesley Buchanan）所指出过的那样，许多关于耶稣的画像和寓言"对于那些没有足够的财富去娱乐宾客、雇佣仆人、慷慨捐赠等的受众来说是毫无意义的。这些受众至少大部分应当是富人……对比本身成长于上流阶层条件当中的布道者而言，[一个]出身于较低社会阶层的布道者更不易在上流阶层当中找到他最专

---

① W. H. C. Frend, *The Rise of Christianity*, Philadelphia: Fortress, 1984, p. 57.
② Jeffrey J. Bütz, *The Brother of Jesus and the Lost Teaching of Christianity*, Rochester, VT: Inner Traditions, 2005, p. 53.
③ George Wesley Buchanan, "Jesus and the Upper Class", *Novum Testamentum* 7: 195–209, 1964, p. 203.
④ Gerd Theisen and Annette Merz, *The Historical Jesus: A Comprehensive Guide*, Minneapolis: Fortress, 1998, p. 166.

注的听众"。① 而事实上，福音书当中充满了相关线索，不仅耶稣面向的听众来自上流阶层，他同时也倾向于从这些人当中吸收他的信徒。

考虑一下十二位使徒或者说门徒的情况。一种广泛采纳的假设认为他们所有人都有着非常低微的出身和成就。但这是真的吗？我们对于他们当中的一些人除了名字之外几乎一无所知。但福音书所讲述的其他人与他们的谦卑形象殊不相符。举例来说，当雅各和约翰放弃他们的捕鱼船前去追随耶稣，"他们就把父亲西庇太和雇工人留在船上"（《马可福音》1：20）。他们雇有工人，这并不令人惊讶，捕鱼是利润相当高的工作，并且需要后续的一系列投资。因此，根据《路加福音》5：10，彼得（西门）和安德烈是雅各和约翰的合作者，可以假设他们也是相当富足的。事实上，彼得很可能拥有两处房产，其一在伯赛大，另一处在迦百农。马可的母亲在耶路撒冷有一处房产，地方足够大到容纳一所家庭教会（《使徒行传》12：12）。此外，安德烈之前还有余暇去做施洗者约翰的门徒。后来的马太（利未）是一位收税官，收税官遭到旁人的敌视，但他们享有权力并且十分富有。

在福音书所提到的与耶稣相关的人当中，很多人被描述为富人甚至上流阶层人士。撒该（Zacchaeus）是主收税官并且非常富有。他因请到耶稣作为他的宾客而感到荣耀（《路加福音》19：1—10）。犹太会堂的管理者睚鲁（Jairus）为了他的女儿而向耶稣寻求帮助（《路加福音》8：40—56）。亚利马太的约瑟是早期的皈依者之一，非常富有（《马太福音》27：57）。希律·亚斯帕王（Herod Antipas）的管家、四分之一加利利的王苦撒（Chuza）的妻子约亚拿（Joanna）也是一位早期皈依者，她慷慨地支持了耶稣和他的门徒（《路加福音》8：3）。另一位为耶稣提供财政帮助的富有的妇人是苏撒拿（Susanna，《路加福音》8：3）。

在《马太福音》26：6—11中，我们了解到当耶稣在一位法利赛人领导者的家中坐席吃晚饭（见《路加福音》7：36），"有一个女人拿着一玉瓶极贵的香膏来，趁耶稣坐席的时候，浇在他的头上"（7节）。当他的门徒因为"这香膏可以卖许多钱，周济穷人"（9节）而感到愤愤不平时，耶稣回答他们说："为什么难为这女人呢？她在我身上做的是一件美事。因为常有穷人和你们同在，只是你们不常有我。"（10—11节）。应当

---

① George Wesley Buchanan, "Jesus and the Upper Class", *Novum Testamentum* 7: 195-209, 1964, p. 205.

指出的是，那香膏的价值大约等于当时普通工人一年的工钱。①

再一次引用布坎南的话："耶稣的大部分布道直接针对的是他所熟悉的经济上的上流阶层……［它们］支持了这一可能性，耶稣可能也成长于社会上流阶层当中。"②

很多人将会反对这一观点，因为耶稣常常暗示财富是得救的障碍，因此一个人应当把他的财富给予穷人。但与其将之理解为一个"穷人"对于富人的抱怨，说这是某个已经占据这一位置的人的声明"做我已经做过的事"至少看上去更加合理。

现在我们转向保罗和耶稣受难之后的那一代基督徒。抛开那些持续的、激进的坚持保罗是一个自命不凡的小人物，一个制帐篷者的言论不谈③，很显然，正如 A. D. 诺克（A. D. Nock）所指出的，保罗来自一个"富有和稳定"的家庭。④ 他生来就具有罗马公民的身份，而这在当时的东方还是一种并不常见并且意味深长的身份标记。不仅是他，他的父亲也是一名法利赛人（《使徒行传》23：6）。为了跟随著名的拉比迦玛列（Gamaliel）学习，保罗离开了他在希腊城市大数（Tarsus）的家前往耶路撒冷，并很快变得极其出众，以至于被派去惩罚那些皈依基督教的犹太人。他学着成为一名制帐篷者是为了遵守历史悠久的传统，每一位拉比都要学习一门"他能够赖以生存的"营生。⑤ 实际上，保罗后来偶尔还在继续干这一行当似乎是出于某种程度上的兴趣。正如 C. H. 多德（C. H. Dodd, 1884—1973）所指出的："生而为体力劳动者的人不会自觉地讲出'用我自己的双手劳作'的话。"⑥ 此外，保罗并没有向普罗大众布道，而是针对"那些如他一样，能够读写希腊文并熟知他们的七十士译本的人；而他试图理解关于上帝的目的的谜团，因为能理解这样的概念的人相对较少……他轻易地游走于地方社会的上流阶层之间"。⑦

---

① Paul Trebilco, *The Early Chistians in Ephesus from Paul to Ignatius*, Grand Rapids: Eerdmans, 2004, p. 406.
② George Wesley Buchanan, "Jesus and the Upper Class", *Novum Testamentum* 7: 195 – 209, 1964, p. 209.
③ Justin J. Meggitt, Paul, *Poverty and Survival*, Edinburgh: T&T Clark, 1998, pp. 75 – 97.
④ Arthur Darby Nock, *St. Paul*, New York: Harper & Bros, 1938, p. 21.
⑤ Ibid..
⑥ Ibid., pp. 21 – 22.
⑦ W. H. C. Frend, *The Rise of Christianity*, Philadelphia: Fortress, 1984, p. 93.

无须为此惊讶，因为保罗吸引了大批来自特权阶层的跟随者，尤其是妇女。根据吉莉安·克罗克（Gillian Cloke）所指出的："已经清楚的是帝国的富人和商人阶级的妇女在基督教运动的早期传播过程当中的位置已经得到了充分证明……［早期基督教］在这些有能力资助使徒和他们的继承者的阶级当中有很强吸引力。"① 这些人当中的一个名叫莉迪亚，是一位穿紫色衣服的富商，她受洗于保罗——和她的家人和仆从一起——也是她后来在她的家中组织了腓立比的会众群体。她曾多次向保罗提供资金，以支持他在帖撒罗尼迦（Thessalonica）的传教工作（《腓立比书》4：16）。在一种相当可观的程度上，"基督教是一种地方上的资助人资助他们的社会受抚养人的运动"。② 实际上，当保罗抵达一个新的城市，他通常会住在一位富人家里并从那里开始他的传教活动。③ E. A. 贾奇将资助了保罗也在完全不令人惊讶地资助其他所有人的四十个人描述为"属灵之人，是具有良好教养的社会精英阶层的成员"。④ 哥林多市的司库以拉都帮助过保罗并且可能是他的资助人之一。另一位是该犹（Gaius），他也有"一所足够大到不仅能安置保罗，还足以容纳整个哥林多的基督徒群体在此聚会的房子……同样情况的还有基里斯布（Crispus）"，他不仅"在犹太社区当中具有极高威望"，并且可能还是"相当富裕的"。⑤ 此外，《路加福音》和《使徒行传》都曾提及过的提阿非罗（Theophilus）最有可能的身份是一位罗马官员⑥，他有可能资助过保罗——可能是在他长期被软禁在罗马的期间内。

　　保罗与特权阶层的联系的较为标志性的证据来自贾奇的计算，新约当中记载过的与保罗发生联络的 91 个人当中，有三分之一暗示了罗马公民

---

① Gillian Cloke, "Women, Worship and Mission", In Philip F. Esler, *The Early Christian World*, 1: 422 – 451, London: Routledge, 2000, p. 427.

② E. A. Judge, "The Early Christians as a Scholastic Community", *Journal of Religious History* 1: 125 – 141, 1960, p. 8.

③ Abraham J. Malherbe, *Social Aspects of Early Christianity*, 2nd ed., Eugene, OR: Wipf and Stock, 2003; E. A. Judge, *The Social Pattern of Christian Groups in the First Century*, London: Tyndale, 1960; E. A. Judge, "The Early Christians as a Scholastic Community", *Journal of Religious History* 1: 125 – 141, 1960.

④ E. A. Judge, *The Social Pattern of Christian Groups in the First Century*, London: Tyndale, 1960, p. 130.

⑤ Wayne Meeks, *The First Urban Christians*, New Haven: Yale Univ. Press, 1983, p. 57.

⑥ Joel B. Green, *The Gospel of Luke*, Grand Rapids: Eerdmans, 1997, p. 44.

身份的名字。贾奇将之称为"令人惊异的极高比例，比（根据碑文记载得出的）对照组当中的数据高出十倍"。① 如果这还不够，那么在保罗的书信当中也给出了相关证据，当时已经有数量可观的基督徒供职于宫廷当中。保罗在他给腓立比人的书信结尾写道："众圣徒都问你们安。在凯撒家里的人特特地问你们安。"（《腓立比书》4：22）而在他给罗马人的书信当中（16：10—11）保罗"问亚利多布家里的人安"，又"问拿其数家……的人安"。哈纳克和与同样受尊敬的 J. B. 莱特福特（J. B. Lightfoot，1828—1889）都曾将拿其数描述为皇帝克劳狄的私人秘书，而亚利多布则是皇帝的密友。②

最后，我们要提到的是《提摩太前书》。保罗是否真的写过这些书信对于在此我们要讨论的问题而言并不是非常重要。所有人都同意，这些文字写于保罗传道之后不久，并且当时提摩太将精力投入到了以弗所的教会当中。因此具有指导意义的是这篇书信提供了非常多的关于如何向富人布道的建议："你要嘱咐那些今世富足的人，不要自高。"（《提摩太前书》6：17）提摩太还被建议告诉他的富人听众不必遣散家产，而是要"行善，在好事上富足"（18 节）。此外，《提摩太前书》2：9 建议："愿女人廉耻、自守，以正派衣裳为妆饰，不以编发、黄金、珍珠和贵价的衣裳为妆饰。"除非在以弗所的会众群体当中有数量可观的富人存在，否则这建议看上去无疑是愚蠢的。

早期基督教是否也在吸引下等阶层的皈依者？当然。即使有富有的家庭受洗，大部分信徒仍然是仆从和奴隶，当然那些社会地位较低的人会找到他们自己进入教会的方式。重点在于早期基督教大量地吸收了特权阶层人士——而不是它仅仅吸收这些人——，或者甚至是大部分早期基督徒都相对富裕。这与戈尔德·泰森（Gerd Theissen）对哥林多会众群体的重构完全一致：它包括很多来自较低阶层的人，同时也包括数量可观的，或许人数更少一些的，来自城市上流阶层的成员。③

在大约 110 年，安提阿的主教伊格纳修被罗马人逮捕，并随后在十个

---

① E. A. Judge, *Social Distinctives of the Christians of the First Century*, Peabody, MA: Hendrickson, 2008, pp. 142 – 143.

② Adolf von Harnack, *The Expansion of Christianity in the First Three Centuries*, Vol. 2, New York: Putnam's Sons, 1905, pp. 195 – 197.

③ Gerd Theissen, *The Social Setting of Pauline Christianity*, Philadelphia: Fortress, 1982.

罗马士兵的陪同下开始了一次漫长而缓慢的步行前往罗马的旅程。在路上他写下了一系列著名的致不同会众群体的书信。在那些被致意和提及的人当中有一些具有很高社会地位的人士，包括一位检察官的妻子，还有爱丽丝（Alice），一位治安官的妻子。但对于基督徒的较高的社会地位最明确的启示来自伊格纳修写给在罗马的会众群体的书信当中。伊格纳修在竞技场中已经下定决心去死——当时他已经被宣判死刑——而他最大的恐惧是善良的罗马基督徒会插手此事而使他获得赦免。所以他写道："我恐怕正是你们的爱会使我行差踏错……［让我］向所有人强调这一点，我心甘情愿为上帝而死，希望你们不要干预。我恳求你们，不要对我表现出任何不合时宜的善意。让我去做野兽口中之食吧。"①

重点在于，伊格纳修预先设定了罗马会众群体当中的一些成员可以使他获得赦免，而这意味着相当可观的、相当高的级别上的影响力。有充分理由相信伊格纳修对情形有很清晰的了解。现在很多历史学家承认，元老院阶层被塔西佗记载为在57年因实践"外国迷信"而遭到起诉的一名女性，宝丽雅·格里希那（Pomponia Graecina），实际上是一名基督徒。她并非孤例。著名的意大利历史学家玛尔塔·索尔蒂（Marta Sordi）指出："我们从可靠来源得知，在1世纪后半叶［罗马］贵族当中已经有基督徒存在（阿奇里乌斯·格拉布里奥和克里斯蒂安·弗拉维亚斯）（Acilius Glabrio and the Christian Flavians），而有可能在1世纪上半叶也是如此，在保罗抵达罗马之前。"②

112年，小普林尼为他的建议迫害基督徒的政策向皇帝图拉真上书。他告诉皇帝"这种卑劣的邪教"的传播已经使"来自不同年龄段和不同阶层的许多人"卷入其中。③

在2世纪末，特土良宣称基督徒已经在罗马的各个阶层当中出现，包括宫廷和元老院。④ 十五年以后，特土良在一封写给斯卡普拉（Scapula）的信中提及很多"来自最高层的男女"已知是基督徒。⑤ 与此同时，贵族

---

① 伊格纳修：《致罗马人》。
② Marta Sordi, *The Christians and the Roman Empire*, Norman, OK: Univ. of Oklahoma Press, 1986, p. 28.
③ 《小普林尼信件》10：96。
④ 特土良：《致歉》37：4。
⑤ 特土良：《致斯卡普拉》4：1-4；5.1-3。

女性佩蓓图（Perpetua）在迦太基殉道；埃德蒙·李·勃兰特（Edmond Le Blant）指出，有大量的殉道者相当富有。① 根据哈纳克的记载，在科莫德斯（Commodus）在位期间（180—192），"在罗马尤其是有很多富人和他们的家庭和仆从一起皈依了该宗教"。②

再谈谈更为系统的证据，在3世纪末的罗马元老院阶层当中的样本当中，有10%的人可以被清晰地界定为基督徒——这至少是帝国基督徒平均比例的两倍。③ 一项对同一时期的弗里吉亚墓碑的研究发现了十四位具有基督徒身份的城市议员和另外一位基督徒市议员的儿子。城市议员一定是非常富有的，因为议员办公室负有市政责任，而这要求为了城市公益事业花费相当可观的个人资产。④

而后，非常清晰地，保罗在他暗示尽管没有太多基督徒有权力或者高贵地位的时候讲出了真相，有一些人正是这样！事实上，当与普遍人口相比较的时候，甚至可以说许多人正是这样。然后，显然地，早期基督徒并不是命运悲惨的失败者群体。这一直以来都应当是显而易见的，这不仅来自于福音书，还来自这样一个问题：一个不识字的无知之人组成的群体为什么要，以及怎么会写出如此复杂的书面文本，在那个时代，这只有犹太人的作品可堪匹敌，许多东方信仰只有非常简单的经文，而主流的希腊—罗马异教一无所有。

基督徒的文化水平

所有其他"学术上的"对于福音书和早期教会的可信性的攻击，和认为耶稣没有读写能力、保罗的希腊语"相当俚俗"以及福音书是被以一种粗野的、拙劣的方式写成的观点，都发端于19世纪末20世纪初的德国学者们。其中最为引人注目的是阿道夫·德耶斯曼（Adolf Deissmann，1866—1937），他的观点立足于这一预设之上，即基督教是"疲乏而身负

---

① Edmond Le Blant, "La Richesse et la Christianisme à l'age des Persécutions", *Revue Archéologique* 39: 220-230, 1880.

② Adolf von Harnack, *The Expansion of Christianity in the First Three Centuries*, Vol.2, New York: Putnam's Sons, 1905, p.180.

③ Michele Renee Salzman, *The Making of a Christian Aristocracy: Social and Religious Change in the Western Roman Empire*, Cambridge: Harvard Univ. Press, 2002, 表4.3.

④ Paul McKechine, "Christian City Councillors in Third Century Phyrgia", 待出版。

重担者,无权无地位者,无助者——正如耶稣自己所使用的称谓,穷人、底层人和愚人的运动"。① 建立在这一基础上,德耶斯曼使用 Kleinliteratur(低等的、小的文学)这一概念以使基督徒写下的文字与那些由受过良好教育的古代作者写下的 Hochliteratur(高等文学)相区别。根据德耶斯曼的观点,早期基督教文学所使用的"只有在罗马帝国时期那些思维简单的、未受教育的乡民所习惯于使用的希腊语"。② 而保罗的书信显示了"基督教在其最初充满创造力的阶段与下等人有着最为密切的联系,而与掌握了权力和文化的数量有限的上流阶层没有有效的联络"。③ 正如德耶斯曼的同事马丁·德比利厄斯(Martin Debelius,1883—1947)所总结的那样,早期基督教"没有给艺术方法和文学化倾向以及优雅的写作留下任何空间……[基督徒是一群]没有文化的人,[他们]……既没有写作书籍的能力,也没有类似的兴趣"。④ 不幸的是,20世纪大多数甚至是非常虔诚的基督徒学者都接受了这种观点。⑤

但是,正如当时的德国学术界对于早期基督徒的所有其他的攻击一样,这也不过是一些傲慢而无意义的空话。保罗写的是信件,不是剧本或者史诗。如果他(或者其他任何人)的信件文字极其精致,这才是古怪的事——应当假设,即使是詹姆斯·乔伊斯(James Joyce)所写的信件也会比他的小说《芬尼根守灵夜》的文学性低得多。而对于保罗的希腊文,目前已经得到承认的是,这是一种"犹太化的希腊文",更像是七十士译本(希伯来圣经的希腊文译本)当中所使用的那些,而没有人会否认保罗是个犹太人,不是个雅典人。诺克反驳了德耶斯曼的观点,提出"保罗所书写的不是乡下人的希腊文或是士兵的希腊文,他所写下的东西属于一个将七十士译本铭刻在自己血液里的人"。⑥ 至于说福音书缺乏文学价值,它的写作风格很像是那些伟大的希腊科学著作(比如托勒密的天文学)——主要意在传达信息的著作,并因此而呈现为一种"直率的、实

---

① Adolf Deismann, *Light from the Ancient East*, London: Hodder and Stoughton, 1927, p. 466.
② Ibid., p. 62.
③ Ibid., p. 247.
④ Martin Dibelius, *From Tradition to Gospel*, London: Nicholson and Watson, 1934, p. 1; p. 9.
⑤ 例子可参见 Kenneth Scott Latourette, *A History of the Expansion of Christianity*, Vol. 1, New York: Harper & Bros, 1937, p. 75.
⑥ Arthur Darby Nock, "The Vocabulary of the New Testament", *Journal of Biblical Literature* 52: 131–139, 1933, p. 138.

事求是的散文形式"。① 福音书的作者不是在描写幻想或是艺术,他们有信息需要传达,而他们所采用的书写风格遵循了"当时的专业散文"的风格。②

当学者们最终抛弃德国人关于基督徒是一群无知者和文盲的观点的时候,越来越多的人意识到基督教写作和文本的历史事实上反映了一个受教育水平不同寻常的作者和读者群体的存在。"来自特权阶层的基督会众"的题目的最早支持者之一是杰出的耶鲁教授亚伯拉罕·J. 马勒布(Abraham J. Marherbe)。在分析了早期教会作家的语言和写作风格之后,他得出结论:他们面向的是有文化的、受过教育的受众。③ 事实上,他们还能写给谁看呢?德耶斯曼似乎忘了,那个年代里的穷人、底层人和愚人是没有阅读能力的。④

从马勒布的著作出版以来,已经出现了很多关于早期基督徒的写作与文化水平的后续研究。⑤ 所有这些学者都强调基督教的犹太起源,这不仅使得早期基督徒可能共有那种古代犹太人所拥有的高得不同寻常的文化水平,而且可能促使基督徒将经文视为他们宗教生活当中的必需品。

很显然,早期基督徒赋予犹太经典以极大的意义。正如哈利·Y. 甘布尔(Harry Y. Gamble)所解释的那样:"基督教运动在其发展初期最为急迫的任务之一是通过显示它与犹太教经文的一致性来支持教徒的皈依……[因此他们]必须发展关于经文的见解。"⑥ 甘布尔认为,最后它们被结印成"证据经文(proof texts)的文集……这是从犹太教经文当中

---

① Harry Y. Gamble, *Books and Readers in the Early Church: A History of Early Christian Texts*, New Haven: Yale Univ. Press, 1995, p. 33.
② Ibid., p. 34.
③ Abraham J. Malherbe, *Social Aspects of Early Christianity*, 2nd ed., Eugene, OR: Wipf and Stock, 2003.
④ Harris, 1989.
⑤ Richard Bauckham, *Jesus and the Eyewitnesses: The Gospels as Eyewitness Testimony*, Grand Rapids: Eerdmans, 2006; Harry Y. Gamble, *Books and Readers in the Early Church: A History of Early Christian Texts*, New Haven: Yale Univ. Press, 1995; Birger Gerdardsson, *The Reliability of the Gospel Tradition*, Peabody, MA: Hendrickson, 2001; Alan Millard, *Reading and Writing in the Time of Jesus*, New York: New York Univ. Press, 2000; Graham N. Stanton, *Jesus and the Gospel*, Cambridge: Cambridge Univ. Press, 2004.
⑥ Harry Y. Gamble, *Books and Readers in the Early Church: A History of Early Christian Texts*, New Haven: Yale Univ. Press, 1995, p. 23.

摘录出来的"。① 证据经文的文集在库姆兰会社一份残存的卷轴当中被发现，而这似乎确定了基督徒也在做类似的工作。这些文集的存在被这样的事实所进一步印证，即早期基督徒的文章当中出现了许多引用自犹太教经文的语汇，从七十士译本当中的词语到马所礼经文（Masoretic texts）中的内容；因此他们一定是从另外的来源复制而来。正如甘布尔所指出的："至少存在这样一种难以证实的强烈可能性，即收集文本证据在早期教会当中是一种流行的做法，可以预测这在最初的已经失传了的基督教文本当中也是存在的。"②

阿兰·米勒德（Alan Millard）同意甘布尔的看法，从其发展初期开始基督教就是一种书面上的宗教："这指的不是传道者在耶稣生前就开始创作福音书，而是指他们的一些，可能是相当多的信息材料是从那个时代起就以书面形式保存下来的，尤其是对于耶稣的讲道和他的活动的记录。"③ 格雷厄姆·N. 斯坦顿（Graham N. Stanton）认为基督徒在一到两代人之后才开始将事情写下来的观点是令人难以置信的："那种流传甚广的认为耶稣的信徒是文盲或者有意摒弃在记载和传播耶稣传统的过程中使用笔记和纸笔的观点是应当被放弃的。"④ 理查德·宝克汉姆（Richard Bauckham）清晰地检视了当时使用笔记本的细节，他提出"这种笔记本在古代世界当中获得了相当广泛的使用（《提摩太后书》4：13 提到了保罗在其旅程当中携带的羊皮纸笔记本）。这似乎比早期基督徒不使用笔记本看起来更为可能"。⑤

因此，各方面证据有力地支持了这一点：福音书是一种从其发展之初就以书面形式记载下来的信仰的最终产物。几乎可以确定至少一部分耶稣的话是在它们被说出的当时就已经得到了记录。似乎更为确定的是，包括保罗在内的早期传道者拥有并常常提及书面材料——远多于简单的假设——这有助于解释福音书的版本变动和其间的差异。而就福音书而言，

---

① Harry Y. Gamble, *Books and Readers in the Early Church: A History of Early Christian Texts*, New Haven: Yale Univ. Press, 1995, p. 25.

② Ibid., p. 27.

③ Alan Millard, *Reading and Writing in the Time of Jesus*, New York: New York Univ. Press, 2000, pp. 223-224.

④ Graham N. Stanton, *Jesus and the Gospel*, Cambridge: Cambridge Univ. Press, 2004, p. 189.

⑤ Richard Bauckham, *Jesus and the Eyewitnesses: The Gospels as Eyewitness Testimony*, Grand Rapids: Eerdmans, 2006, p. 288.

需要阅读它们的不仅是新兴的牧师阶层，还有普通的基督徒们！

最后我们所要讨论的是长久以来流传着的说法：耶稣是不识字的。这种侮辱性的断言公然无视了耶稣在整部福音书当中表现出的对犹太教圣经的极端熟悉①以及与之相关的可以确定的可能性——耶稣是一位经受过良好训练的拉比。这种观点也忽视了如《路加福音》4：16—17 当中所提出的声明："耶稣来到拿撒勒，就是他长大的地方。在安息日，照他平常的规矩进了会堂，站起来要念圣经。有人把先知以赛亚的书交给他，他就打开，找到一处写着说……"此外，还有耶稣以这样一个修辞学问题开始他的布道的频率："你们没有读到过吗？"② 当然，我们的所有证据都仅仅来自福音书，但这也正是关于耶稣我们所能知晓的所有事。

这似乎是无法避免的，所有宗教发明都首先是特权阶层的产物，而早期基督教并不是规则中的例外。这一认知已经导致了弥漫于许多研究早期教会的当代历史学家群体当中的规模可观的焦虑情绪。他们近乎难以置信地追问，为什么特权阶层的人们会倾向于形成并接受一种新的宗教运动？这已经导致了对于许多社会科学概念的困惑和严厉诘问，比如地位的不一致性和认知的不协调性。③ 但是，导致特权阶层转向宗教的原因既不复杂也不费解。

特权和宗教发明

首先考虑一下这样的背景：佛陀本是一位王子，他最初的六十位追随者当中有五十五人是贵族，而剩下的五个人可能也是贵族（只不过我们不知道他们的身份背景）。④ 另一个重要例子，琐罗亚斯德最初的多年传道努力仅收获了两个信徒，但当他说服了邻近一个王国的国王、王后乃至

---

① Craig A. Evans, "Context, Family and Formation", In *The Cambridge Companion to Jesus*, edited by Markus Bockmuel, 11 – 24, Cambridge: Cambridge Univ. Press, 2001.

② Ibid..

③ John G. Gager, *Kingdom and Community: The Social World of Early Christianity*, Englewood Cliffs, NJ: Prentice-Hall, 1975; Wayne Meeks, *The First Urban Christians*, New Haven: Yale Univ. Press, 1983; Gerd Theissen, *Sociology of Early Palestinian Christianity*, Philadelphia: Fortress, 1978; Gerd Theissen, *The Social Setting of Pauline Christianity*, Philadelphia: Fortress, 1982.

④ Robert C. Lester, "Buddhism: The Path to Nirvana", In *Religious Traditions of the World*, edited by H. Byron Earhart, 849 – 971, San Francisco: Harper San Francisco, 1993, p. 867.

整个王室以后，他完成了一项成功的宗教运动。早期的道士和儒生是从中国的精英阶层吸收而来的，而理所当然地，摩西也是一位王子。或者也可以考虑一下出现在古希腊的两个小型教派：俄耳浦斯学派（the Orphics）和毕达哥拉斯学派（the Pythagoreans）。根据柏拉图的说法，这两项运动都立足于上流阶层：它们的神职人员"敲开富人的门……并递给他们一包书籍"。①

同样地，大部分基督教教派，如果不是全部的话，并非起于中下阶层当中。除了一些再浸礼派运动可能是例外之外，几个世纪当中发生的较大的基督教宗教运动显然都以具有相当可观的财富和权力的人群为基础：贵族，圣职者，富裕的城市居民。② 举例来说，净化派（Cathars）信徒当中有极高比例成员拥有贵族出身③，早年的瓦勒度派（Waldensians）也是如此④。路德的宗教改革受到的并不是穷人的支持，而是王子、商人、学者和大学生们的支持（见第十八章），在1562年法国的第一次宗教战争爆发之际，据估计大约有一半的法国贵族加入了加尔文派⑤，但没有几个农民或者城市里的穷人这么做。⑥ 事实上，在482位中世纪禁欲的罗马天主教圣徒当中，四分之三的人来自贵族阶层——其中的22%来自皇室。⑦

很多社会学家仍然将卫理公会描述为一场古典无产阶级运动⑧，这似乎无视了约翰·卫斯理和他的同伴们并不是作为寻求更为舒适的信仰的下等阶层异议者而背离英格兰教会并创立卫理公会的。他们自己就是年轻的

---

① 引自 Walter Burkert, *Greek Religion*, Cambridge: Harvard Univ. Press, 1985, p. 297。

② Michael Costen, *The Cathars and the Albigensian Crusade*, Manchester, UK: Manchester Univ. Press, 1997; Malcolm Lambert, *Medieval Heresy: Popular Movement from the Gregorian Reform to the Reformation*, 2nd ed., Oxford: Basil Blackwell, 1992; Malcolm Lambert, *The Cathars*, Oxford: Blackwell, 1998; Jeffrey Burton Russell, *Dissent and Reform in the Early Middle Ages*, Berkeley: Univ. of California Press, 1965; Rodney Stark, *For the Glory of God: How Monotheism Led to Reformations, Science, Witch-Hunts, and the End of Slavery*, Princeton: Princeton Univ. Press, 2003.

③ Michael Costen, *The Cathars and the Albigensian Crusade*, Manchester, UK: Manchester Univ. Press, 1997, p. 70.

④ Malcolm Lambert, *Medieval Heresy: Popular Movement from the Gregorian Reform to the Reformation*, 2nd ed., Oxford: Basil Blackwell, 1992.

⑤ James D. Tracy, *Europe's Reformations, 1450 - 1650*, Lanham, MD: Rowman & Littlefield, 1999.

⑥ Emmanuel LeRoy Ladurie, *The Peasants of Languedoc*, Urbana: Univ. of Illinois Press, 1974.

⑦ Rodney Stark, *Exploring the Religious Life*, Baltimore: The Johns Hopkins Univ. Press, 2004.

⑧ H. Richard Niebuhr, *The Social Sources of Denominationalism*, New York: Henry Holt, 1929.

特权阶层成员，这些年轻人从他们在牛津的时候起开始表明他们对于一种更加严格的信仰的偏爱。出于同样的原因，旧约当中的先知们全部属于"拥有土地的贵族"①，而与大多数社会学家的意见相反，艾赛尼派作为犹太教的教派之一，其大部分成员也是贵族。② 几乎所有兴盛繁荣的宗教运动都吸引了很多下层支持者——当然，就像卫理公会所做的那样。但正如卫理公会教徒一样，这些运动发源于特权阶层人士的宗教关怀，而非下层人的不满。

而后，很显然地，根据历史事实，正确的结论是宗教运动并非"穷人的起义"，而是特权阶层人士的精神冒险。但，这又是为什么？

特权的不足与机会

如果不曾伴随着财富而生——更别说生而为特权阶层——的话，大多数学者和绝大部分普通人对于处身社会金字塔的顶端的情形共有一种并无根据的错觉。尽管谚语当中所通行的修辞上的丰富掩盖了财富和地位的意义，大多数人并不真的是这个意思，而他们的认知在很大程度上被嫉妒和蔓延的物质主义所扭曲。哦，生来就姓洛克菲勒（Rockefeller）！劳伦斯·洛克菲勒在各种各样的新纪元群体（New Age groups）的创立和资助方面起到了非常积极的作用，伊莎兰似乎就对此迷惑不解。③ 但事实是，财富和权力并不能满足人的所有愿望。亚伯拉罕·马斯洛（Abraham Maslow，1908—1970）详细地论述过自我实现需求，④ 而诺贝尔奖获得者、经济学家罗伯特·威廉·福格尔（Robert William Fogel）将之与特权阶层联系到了一起："纵观历史……免除了为满足其物质需求而工作的需要之后，[富人] 寻求的是自我实现。"⑤

---

① Bernard Lang, *Monotheism and the Prophetic Majority*, Sheffield, UK: Almond, 1983.

② Albert I. Baumgarten, *The Flourishing of Jewish Sects in the Maccabean Era*, Leidan: Brill, 1997.

③ Jeffery J. Kripal, *Esalen: America and the Religion of No Religion*, Chicago: Univ. of Chicago Press, 2007.

④ Abraham Maslow, *The Farther Reaches of Human Nature*, New York: Penguin Compass, 1971.

⑤ Robert William Fogel, *The Fourth Great Awakening and the Future of Egalitarianism*, Chicago: Univ. of Chicago Press, 2000, p. 2.

早年，自我实现的方式主要表现为精神旅程；因此特权阶层表现出了令人印象深刻的创立或参与宗教运动的倾向。现代社会当中这种追求往往使得特权阶层倾向于左翼政治运动，比如 19 世纪晚期英国费边社会的参与者们，以及 20 世纪 60 年代支持美国种族运动的特权阶层的子女。① 然而，在以上两个例子当中，对很多人而言这些世俗的、物质主义者的追求被证明仍然是不足以满足需求的，因此有大量的成员从中退出并转向宗教运动。很多 60 年代的激进分子参与了严格的宗教团体，② 而许多费边主义者变成了唯心论者。③ 实际上，袭击西方的穆斯林恐怖分子当中有很大比例具有相当高的特权阶级背景。这反映了当世俗的乌托邦不可避免地走向失败时④，精神的得救也无法达到。佛陀未能在居于宫殿之中那些年月找到令人满意的目标和意义，而这些他最终在一棵菩提树下找到了。

显然地，必须在剥夺理论的最初形态上予以基本的扩展与延伸。人们不仅会因他们物质上的愿望受挫而接受超自然的解决方式，而且还会为他们受挫的存在主义或者道德上的愿望而追求或建立超自然的解决方案——特权阶级尤其容易进入这一情境，因为他们的注意力并不会被暂时的物质需求所转移。⑤

同样必须认识到的是特权阶级所处的位置使他们得以表达他们精神追求上的不满和愿望，而这是穷人所做不到的：他们拥有可见性、影响力、经验和方法。先知耶利米和以西结都生于富人之家，因此神职阶层在最初选择了相信他们。在创立瓦勒度派的时候，瓦尔多（Waldo）是里昂的一位富商，他资助了福音书的法文翻译工作，而且拥有管理一项吸引了许多

---

① Doug McAdam, *Freedom Summer*, New York: Oxford Univ. Press, 1988; Darren E. Sherkat and T. Jean Blocker, "The Political Development of Sixies Activists", *Social Forces* 72: 821 – 842, 1994.

② Stephen A. Kent, *From Slogans to Mantras: Social Protest and Religious Conversion in the Late Viet Nam War Era*, Syracuse, NY: Syracuse Univ. Press, 2001.

③ Logie Barrow, "Socialism in Eternity", *History Workshop* 9: 37 – 69, 1980; Norman MacKenzie and Jeanne MacKenzie, *The Fabians*, New York: Simon & Schuster, 1977; Geoffrey K. Nelson, *Spiritualism and Society*, New York: Schocken, 1969.

④ Rodney Stark and William Sims Bainbridge, *Religion, Deviance, and Social Control*, New York: Routledge, 1996, Chap. Nine.

⑤ Rodney Stark, *For the Glory of God: How Monotheism Led to Reformations, Science, Witch-Hunts, and the End of Slavery*, Princeton: Princeton Univ. Press, 2003; Rodney Stark, *Exploring the Religious Life*, Baltimore: The Johns Hopkins Univ. Press, 2004, Chap. Three; Rodney Stark and Roger Finke, *Acts of Faith: Explaining the Human Side of Religion*, Berkeley: Univ. of California Press, 2000.

其他富有的信徒的禁欲运动所需的经验。约翰·威克里夫（John Wycliff）足不出户地在他牛津的房子里开始了罗拉德教派的运动，因为他可以就这样出版圣经的英文译版并建议教会追求"使徒的贫穷"。商人和贵族成员从这里开始了他们的事业。① 扬·胡斯（Jan Hus）是波西米亚王后的私人牧师，这使他能够面对面地从贵族当中吸纳信徒。马丁·路德是一位教授，由于在教会事务上表现杰出而被派往罗马，去对奥古斯丁派代理主教的行为提出异议。乌尔里奇·茨温利（Ulrich Zwingli）的父母为他买下了一个教区。约翰·加尔文在努瓦永度过的青年时代里，他享受着地方贵族的资助，而在巴黎读书时他从一些教会职位上获得收入。② 巴黎大学不仅将加尔文培养成了神学家，也锻炼了他的修辞技巧，使其得以在日内瓦获得政治权柄，自那开始他在欧洲的许多地区开展了宗教活动。无论看上去有多么超凡脱俗，为了获得成功，宗教运动必须有效地处理复杂的世俗事务。

最后，成长于特权阶层往往会产生这样一种信念，这个人具有更高的智慧去改变这个世界，并且有权利——或许甚至是有义务——去这么做。

结 论

在卡尔·马克思写下"宗教是被压迫生灵的叹息……是人民的鸦片"③ 的时候，他只不过是表述了一种当时的人所持有的普遍观点。但或许他更想说的是，"宗教常常是心怀不满的下等阶级的鸦片，因物质主义而感到绝望的富有者的叹息"。当然，考虑到他的残酷无情的智慧和个人的物质主义，马克思绝不会这样去设想这件事。太多的社会科学研究者也是一样。幸运的是，大多数研究新约的历史学家已不再相信早期基督徒是奴隶和被压迫者的联合体。如果真是这样，基督教的兴起就只能指望神迹的出现了。

---

① A. G. Dickens, *The German Nation and Martin Luther*, New York: Harper & Row, 1991, p. 128.

② Rodney Stark, *Discovering God: A New Look at the Origins of the Great Religions*, San Francisco: HarperOne, 2007; Rodney Stark, *For the Glory of God: How Monotheism Led to Reformations, Science, Witch-Hunts, and the End of Slavery*, Princeton: Princeton Univ. Press, 2003.

③ Karl Marx, "Contribution to the Critique of Hegel's Philosophy of Right", In Karl Marx and Friedrich Engels, *On Religion*, 41-58, New York: Schocken Books, [1844] 1964, p. 42.

第六章　苦难与仁慈

即使开创新的宗教的通常总是富人，这一点也是显然的，即无论贫富，人们皈依基督教通常是为了满足普遍存在的、抚慰生命中的苦难的需求——不仅是贫穷，还有疾病、所爱之人的死亡和所有一切人类可能遭遇的不幸和失望。当然，核心的信念在于，通过许诺接下来，当"有许多在前的，将要在后；在后的，将要在前"（《马太福音》19：30）的时候，我们都将获得充分的补偿，基督教信仰为那些生活当中的苦难提供了一剂止痛药。无神论者会嘲笑宗教信仰的这一面，认为就像"天上的饼"。①

这一点几乎总是遭到忽视，基督教的饼常常已经被放在桌子上！它使生活在此时此地变得更好。这不仅是在心理层面，正如引人入胜的关于来生的信仰通常所能做的那样，而且是在具体的、世俗利益的角度。考虑一下，一项对于古代墓碑的研究②发现了这样的事实，早期基督徒比他们的异教徒邻居更为长寿！这表明了基督徒享受着更高的生活质量。他们的确是这样，这是出于他们对于一项特殊的、在古代相当不同寻常的美德的委身："仁慈的品质"，正如鲍西亚在《威尼斯商人》当中所说的那样，这在早期基督教的发展当中发挥了主要作用。

城市中的苦难

耶稣传道的时间主要在加利利的乡下度过，但他的门徒很快将耶稣运动转变成了一种城市中的活动。③ 不仅教会被设在了耶路撒冷，而且最初

---

①　这个词是由瑞典—美国世界产业工人协会组织者乔伊·希尔（Joe Hill, Joel Hagglund）在他1911年的歌"传道者与奴隶"当中提出的。

②　A. R. Burn, "Hic breve vivitur", *Past and Present* 4：2－31, 1953.

③　Wayne Meeks, *The First Urban Christians*, New Haven：Yale Univ. Press, 1983.

的会众群体也聚集于大城市当中。① 当然,以今天的标准来看当时的"大城市"也仅具有非常有限的规模。但即使如此,它们也远比今日世界当中情形最糟的城市更加拥挤、肮脏、犯罪横行、疾病肆虐——更令人痛苦不堪。

规模与密度

古代史长期被原始资料当中数量众多的极其夸张的声称所困扰。② 1万人左右的军队往往会被说成10万人甚至是100万人。③ 类似的夸张手法也扭曲了城市规模。比如说,约瑟夫记载说在1世纪加利利地区有超过204个村庄,而其中最小的也有1.5万人口。④ 事实上,加利利地区最大的城市赛弗里斯(Sepphoris)当中的居民可能都不到5万人,而大多数村庄当中的人口可能不会超过100人。考虑一下这一点,可能只有在从罗马军队中逃出来的难民蜂拥而至的时候耶路撒冷的人口才超过了2.5万人,而甚至在那之后当地人口也不像是有四五万人之多,尽管古人宣称说在70年耶路撒冷陷落于提图斯之手时,有超过100万犹太人死于大屠杀当中。⑤

古代城市只有非常少的人口!当保罗造访之际,哥林多居民大概有5万人,帖撒罗尼迦有3.5人,而雅典大概有7.5万人。即使是罗马城,当时全世界最大的城市(中国的洛阳位居第二),大概也只有45万人口⑥,即使很多历史学家仍然倾向于将这个数字夸大到100万。⑦ 但尽管人口有

---

① Adolf von Harnack, *The Expansion of Christianity in the First Three Centuries*, Vol. 2, New York: Putnam's Sons, 1905; Rodney Stark, *Cities of God*, San Francisco: Harper San Francisco, 2006.

② Tertius Chandler, Gerald Fox 和 Josiah Cox Russell 为重建历史人口数据所做的工作未能得到充分的讨论,而我们甚至很少意识到这一点。

③ Rodney Stark, *God's Battalions: The Case for the Crusades*, San Francisco: HarperOne, 2009.

④ 约瑟夫,《犹太战争》3.2; Magen Broshi, *Bread, Wine, Walls and Scrolls*, Sheffield, UK: Sheffield Academic Press, 2001, p.110; Eckhard J. Schnabel, *Early Christian Mission*, 2 vols, Downers Grove, IL: InterVarsity, 2004, p.182.

⑤ Magen Broshi, *Bread, Wine, Walls and Scrolls*, Sheffield, UK: Sheffield Academic Press, 2001, p.110.

⑥ Tertius Chandler, *Four Thousand Years of Urban Growth: An Historical Census*, Lewiston, NY: Edward Mellon, 1987, p.463.

⑦ 参见 Thomas W. Africa, "Urban Violence in Imperial Rome", *Journal of Interdisciplinary History* 2: 3–21, 1971, 4n9。

限，古代城市当中的状况是令人难以置信的拥挤，因为它们拥有的土地是如此有限。罗马可能容纳了最大的人口密度。约翰·斯坦博（John Stambaugh）① 估计每亩地上大约容纳了 302 人（对比一下，在今天的加尔各答这个数字是 122，而在曼哈顿则是 100）。我估计安提阿的人口密度大约在每亩 195 人。② 当时的大部分其他"主要"城市的人口密度与安提阿接近。为了获得一些关于这种人口密度的直观感受，请想象你自己生活在盛夏游人如织的海滩上。

为了能让所有人都挤进去，必须将所有建筑都集中在一起，并且把它们建造得高于安全限度。即使如此，大部分街道也仍然是过于狭窄了，以至于我们可以将它们仅仅看作人行道，尽管罗马法规定所有街道至少要有 9.5 英尺宽，许多街道远比这一要求狭窄。③ 事实上，罗马城中最著名的街道，比如 Via Appia 和 Via Latina，只有 15—12 英尺宽！安提阿的主干道在古代世界当中因其宽广而著称——它也只有 30 英尺宽④（现代居民区当中的街道一般在 40 英尺宽）。在古代城市当中的大部分地区，街道是如此狭窄，以至于如果人们趴在自家窗檐儿，甚至可以和住在街对面的邻居谈话而不需要提高音量。这样的拥挤状况，联系到除了极少数神庙和宫殿之外所有东西都是由木头建造而成的（上面抹了灰泥），而所有的取暖和烹饪都以敞口的火盆来完成，这一切解释了为什么"对于火灾的担忧弥漫于富人和穷人之间"。⑤

类似的还有对于房屋坍塌的担忧。在罗马，建造高度在 65 英尺以上的房屋是违法的，然而，房屋坍塌事故时时刻刻都在发生。罗马"持续不断地被建筑崩塌或为了避免崩塌而推倒它的噪声所充满；而 insula [房屋] 的住户则生活在对于屋子可能在自己头顶坍塌持续不断的恐惧里"。⑥ 房屋坍塌是因为它们被建造得过于轻率⑦，而不适宜居住的高层

---

① John E. Stambaugh, *The Ancient Roman City*, Baltimore: Johns Hopkins Press, 1998.
② Rodney Stark, 1996, p. 150.
③ Jerome Carcopino, *Daily Life in Ancient Rome*, New Haven: Yale Univ. Press, 1940, pp. 45 – 46.
④ M. I. Finley, *Atlas of Classical Archaeology*, New York: McGraw-Hill, 1977.
⑤ Jerome Carcopino, *Daily Life in Ancient Rome*, New Haven: Yale Univ. Press, 1940, p. 33.
⑥ Ibid., pp. 31 – 32.
⑦ Thomas W. Africa, "Urban Violence in Imperial Rome", *Journal of Interdisciplinary History* 2: 3 – 21, 1971, p. 4.

(屋子里是没有电梯的)住着穷人,他们将空间利用得如此精细,以至于上层的楼板会比下层变得更重,从而超出了大梁和地基所能承受的限度。

房　　屋

挤在一起的不仅是建筑;在它们的内部人们挤在狭小的斗室当中。① 私有的房屋是非常罕见的,在罗马,"每二十六个街区才有一所私有房屋"。② 屋里既没有火炉也没有壁炉。正如已经指出过的那样,烹饪是在柴火或者炭火盆上完成的,这也是室内的唯一热源;因为缺少烟囱(这要在几个世纪以后才会被发明出来),冬天屋子里总是烟雾弥漫。因为窗户只能通过"挂布料或毛皮"来"关上",③ 居室当中都有良好的通风条件以避免窒息。当然,通风条件极大地增加了火势蔓延的危险。考虑到这些居住条件,人们更愿意到公共场合去消磨时间,而普通人的"家","可能只是一个用于睡觉和存放财产的地方"。④

肮　　脏

肥皂还没有被发明出来。因为水是靠陶罐从公共的泉水当中运到家里的,没有多少水能用来擦洗地板或者是浣洗衣物。同样地,也没有多余的水能用来洗澡——尽管很多人可以去公共浴室。但即使在浴室,水也是相当脏的,因为无论城市水源是通过引水渠供给还是来自城内水井,所有的大型希腊—罗马城市都必须在贮水池里储存水源备用。而"未经处理的水源……当其变成死水的时候,就会造成水藻和其他有机体的滋生,使得水源散发出异味、味道变差,过一段时间以后,就不再能够饮用了"。⑤ 无怪乎普林尼(23—79)建议,"所有的水最好都煮沸

---

① John E. Stambaugh, *The Ancient Roman City*, Baltimore: Johns Hopkins Press, 1998, p. 178.
② Jerome Carcopino, *Daily Life in Ancient Rome*, New Haven: Yale Univ. Press, 1940, p. 23.
③ Ibid., p. 36.
④ James E. Packer, "Housing and Population in Imperial Ostia and Rome", *Journal of Roman Studies* 57: 80 - 95, 1967, p. 87.
⑤ K. D. White, *Greek and Roman Technology*, London: Thames and Hudson, 1984, p. 168.

以后使用"。①

有一件事是确定无疑的：当人口密度较高时，卫生方面的亟待解决的问题就会增多。尽管有地下排水系统将水从罗马的主要公共浴室中带走，经过相邻的公厕并最终排出城市之外（它们在不经任何处理的情况下被倾泻到台伯河当中，导致河水散发出几英里外都能闻到的异味）。但没有多少人会在每次有生理需要的时候都选择公厕。直到现代的所有城市里，人们仍然在使用便壶和蹲坑厕所——由于开放空间的缺乏，大多数希腊—罗马城市都完全依赖便壶。② 当然便壶是需要被清空的，而通常来讲，唯一的选择就是把便壶里的东西倒进街边露天的沟渠当中，这些沟渠充当着下水道。在夜晚，便壶的东西经常直接从高层的窗户里倒出来。正如伟大的法国历史学家杰罗姆·卡库皮诺（Jerome Carcopino，1881—1970）所描述的那样：

> 其他发现他们的楼梯过于陡峭而去往粪坑的路又过于漫长的穷鬼，为了省去他们自己更进一步的麻烦，会从高处把他们便壶里的东西直接倒在街上。对于突然被这种不受欢迎的"礼物"所阻断的行人来说，这是多么糟糕的一件事！会被秽物弄到身上，甚至可能会受伤，正如在尤文纳尔的讽刺故事当中一样，他没有重新对未知袭击者提出指控的余地；罗马法典当中的很多篇幅表明，罗马法学家并未轻视对于这一罪行的认定。③

考虑到有限的水源和卫生手段，以及人口和牲畜令人难以置信的密度（虽然街道狭窄，但上面不断地移动着马、驴、牛还有羊群，它们被赶去屠宰，所有这些都构成了混乱的一部分），这绝对是一种肮脏到令人印象深刻的环境。居住单元烟雾弥漫，光线暗淡，通常潮湿不堪，并且永远是肮脏的。汗液、大小便和腐烂物的气味弥漫得到处都是。在室外，则是泥泞，开放的下水道、粪便和拥挤的人群。实际上，人类尸体——成年人的，还有婴儿的——有时也会被扔进开放的下水道里。④ 即使是在能够提

---

① K. D. White, *Greek and Roman Technology*, London: Thames and Hudson, 1984, p. 168.
② John E. Stambaugh, *The Ancient Roman City*, Baltimore: Johns Hopkins Press, 1998.
③ Jerome Carcopino, *Daily Life in Ancient Rome*, New Haven: Yale Univ. Press, 1940, p. 42.
④ John E. Stambaugh, *The Ancient Roman City*, Baltimore: Johns Hopkins Press, 1998.

供充分的空间和个人清洁措施的最富有的人家，富人也无法阻止无处不在的秽物的恶臭进入他们的居室——无怪乎所有人都如此地偏爱熏香。更糟的是，蚊子、苍蝇，还有其他昆虫在死水和污物之上飞舞——就像臭气一样，昆虫也到处都是。

犯罪和混乱

所有的关于现代城市缺乏共同体、充斥着外来者和陌生人的担忧都忘记了在古代的城市当中这种情形甚至更加严重。若非如此，那么古代城市将会迅速地变为荒芜的废墟。正是这些持续不断并且数量庞大的新来者的涌入补偿了古代城市当中极高的死亡率。① 因此，古代城市当中有相当比例的居民是新近搬来的外来者，而希腊—罗马城市因此成为陌生人的聚居地。在任何一处这种情况盛行的地方，都会有犯罪行为的蔓延，因为人们主要依靠的是通过他们和其他人之间的联系形成的道德律令。结果是，希腊—罗马城市当中所滋生的犯罪行为远比现代城市当中最糟的情况更坏。卡库皮诺这样描述罗马：

> 夜幕如同阴影一样降临在这座城市的头上，这意味着巨大的、无处不在的残酷和危险。所有人都逃回自己的家中，将自己关在屋里，然后堵住入口。商店沉陷于死寂之中，为确保安全而设的铁链拉在门板之后……如果富人不得不离家外出，他们会由手持火把的奴隶陪同，后者负责帮助照明并沿路提供保护……朱文纳尔（Juvenal）叹息着：要违背自己意愿出门去赴宴就是将你自己暴露在对于不谨慎的责备之下……[我们]只需要翻翻罗马法典[就能了解当时]在城市里蔓延的[犯罪的猖狂程度]。②

更加具体地说，"罗马的大多数罪犯遵循着传统的目标，而城市被入室抢劫者、扒手、小偷和抢劫犯所袭扰"。③ 同样地，也存在极高程度的

---

① E. A. Wrigley, *Population and History*, New York: McGraw-Hill, 1969.
② Jerome Carcopino, *Daily Life in Ancient Rome*, New Haven: Yale Univ. Press, 1940, p. 47.
③ Thomas W. Africa, "Urban Violence in Imperial Rome", *Journal of Interdisciplinary History* 2: 3–21, 1971, p. 5.

人际间暴力①——甚至有可以雇用的专业杀手。②

除了犯罪,外来人口持续涌入希腊—罗马城市还导致了大量混乱,包括暴乱——一部分是种族冲突,一部分是政治纠纷。③ 暴乱不仅造成人员死亡和大量财产被毁(常常导致火灾),而且政治暴乱还会激起统治精英群体当中的极端焦虑情绪,秘密警察因此不断增加,产生告密者的巨大网络。而后,"没有阶级能够逃离他们的追捕,无分贵贱……他们〔也〕负有实施政治刺杀的使命"。④ 所有这些都加剧了日常生活当中的苦难。

疾　病

疾病是肮脏、昆虫和拥挤的永恒伴侣。因此,人们在夏季的死亡率远高于冬季,因为严寒减弱了肮脏和昆虫的影响。⑤ 即便如此,疾病和肉体上的痛苦有可能仍然在日常生活当中占据主导地位。最近一项对于古耶路撒冷化粪池当中腐烂的人类粪便的残余物的分析发现了大量绦虫和鞭虫的卵,这表明几乎所有人都患有这些疾病。⑥ 尽管感染一两种这些寄生虫并不会致命,但这两种寄生虫都会导致贫血症,并使患者抵抗力下降。考虑到他们的生活环境和缺乏医疗的情况,希腊—罗马城市当中的大部分人口必须忍受慢性病的折磨,这会使得他们感到痛苦并造成一定程度的残疾,而其中的许多人不久以后就死去了。与现代城市相比,当时的疾病在很大程度上是可见的:"肿胀的眼睛,皮疹和断肢在描述城市景象的材料当中被反复提及。"⑦ 罗格·巴格诺尔(Roger Bagnall)记述说,在照相技术和指纹盖印的办法发明出来以前,书面文件为确定群体的身份提供了描述性

---

① Andrew W. Lintott, *Violence in Republican Rome*, Oxford: Oxford Univ. Press, 1968.
② Cassisu Dio,《罗马史》67.11。
③ Thomas W. Africa, "Urban Violence in Imperial Rome", *Journal of Interdisciplinary History* 2: 3 - 21, 1971.
④ William G. Sinnigen, "The Roman Secret Service", *Classical Journal* 57: 65 - 72, 1961, p. 68.
⑤ Brent Shaw, "Seasons of Death: Aspects of Mortality in Imperial Rome", *Journal of Roman Studies* 86: 100 - 138, 1996, p. 114.
⑥ Jane Cahill, Karl Reinhard, David Tarler and Peter Warnock, "Scientists Examine Remains of Ancient Bathroom", *Biblical Archaeology Review* 17 (May-June): 64 - 69, 1991, p. 69.
⑦ John E. Stambaugh, *The Ancient Roman City*, Baltimore: Johns Hopkins Press, 1998, p. 137.

信息，而这往往依赖于"他们易于识别的外形毁损，大部分是伤疤"。①巴格诺尔引用了一份4世纪的羊皮卷，其中罗列了许多欠债者，所有这些人都有伤疤。②最后，女性尤其容易受到健康问题的影响，这是由于分娩和广泛存在的以不卫生和粗暴的方式进行流产的缘故，这一点我们将会在第七章中讨论。

基督徒的仁慈

在古代城市这所有的悲惨、苦难、疾病和其他无以名之的痛苦之中，基督教提供了仁慈和安全的岛屿。

首先，基督徒有义务减轻渴望和痛苦。这首先是从耶稣开始的："因为我饿了，你们给我吃；渴了，你们给我喝；我作客旅，你们留我住；我赤身露体，你们给我穿；我病了，你们看顾我；我在监里，你们来看我……我实在告诉你们：这些事你们既做在我这弟兄中一个最小的身上，就是做在我身上了。"(《马太福音》25：35—36，40)

《雅各书》2：15－17表达了相似的观点："若是弟兄或是姐妹，赤身露体，又缺了日用的饮食，你们中间有人对他们说，'平平安安地去吧！愿你们穿得暖吃得饱'，却不给他们身体所需用的，这有什么益处呢？这样，信心若没有行为就是死的。"

相较而言，在异教世界当中，特别是在哲学家当中，仁慈被认为是一种性格上的缺陷，而怜悯则被视为一种病态的情绪：因为仁慈涉及提供一种不适当的帮助或者依赖，而这并不公正。正如 E. A. 贾奇所解释的那样，古典哲学家认为，"仁慈实际上是无法被理智所完全控制的"，而人们必须学着去"抑制这种冲动"；对于"不值得的仁慈的呼唤"必须"不做应答"。贾奇继续论述说："怜悯是一种性格上的缺陷，对于有智慧的人来说这是不值得的，只有对于还没有长大的那些人来说，这才是情有可原的。"③

---

① Roger Bagnall, *Egypt in Late Antiquity*, Princeton: Univ. of Princeton Press, 1993, p. 187.
② Ibid., p. 185.
③ E. A. Judge, "The Quest for Mercy in Late Antiquity", In *God Who Is Rich in Mercy: Essays Presented to D. B. Knox*, edited by P. T. O'Brien and D. G. Peterson, 107 – 121, Sydney: Macquarie Univ. Press, 1986, p. 107.

就是在这样一种道德环境下,基督教将仁慈推崇成为一种基本的美德——仁慈的神要求人们也去践行仁慈宽和。更进一步来说,这种思路的必然推论就会变成神爱世人。除非他们爱其他的那些人,否则基督徒不能取悦上帝,这与异教的信念甚至是更加不能相容的。但真正革命性的原则是,基督教之爱与慈善必须扩展到家族联系以外,甚至会扩展到其他信仰,它是面向所有需要它的人的。正如 3 世纪迦太基遭到迫害的主教居普良(Cyprian)所解释的那样:"仅仅以适当的爱之注意力来爱护我们自己的兄弟姐妹,这没有什么值得一说的……因此善事是为所有人而做的,而不是仅仅为了信徒。"①

这不仅是说说而已。在 251 年,罗马主教在写给安提阿主教的一封信当中提及,罗马会众群体资助着 1.5 万名寡妇和处境困窘的人。② 这也并非特例。在大约 98 年,安提阿主教伊格纳修建议士每拿主教波利卡普(Polycarp),要确保向寡妇提供特殊的支持。③ 如同著名的保罗·约翰森(Paul Johnson)所说的那样:"基督徒……在帝国当中为那些缺乏社会服务的地区保持了一种水平较低的社会福利状态。"④ 特土良(Tertullian,155—222)解释了这种福利系统的运作方式:

> 没有任何种类的上帝的东西被买卖。尽管我们有自己的金库,但那并不是由流通的货币构成的,这么干就好像一种宗教被标了价一样。每个月有一天时间,如果他愿意的话,每个人都会捐献出很少的一点钱财;但这只是在他自愿并且有能力负担的情况下,因为这里不存在任何强迫,一切都是自愿的。可以说,这些馈赠会成为虔敬的储备资金,因为它们不会被自此取走用于操办宴席,或是狂欢纵饮,或是大吃大喝,而是用于周济和埋葬穷人,用于满足赤贫家庭儿女的需要,或是房屋坍圮的老人的需求;而如果这发生在矿井当中、被放逐的孤岛上或是监狱当中的某人身上,那么仅仅因为他们对于上帝的教

---

① 引自 Adolf van Harnack, *The Expansion of Christianity in the First Three Centuries*, Vol. 1, New York: Putnam's Sons, 1904, pp. 172 – 173。

② 优西比乌:《教会史》6:43。

③ William R. Schoedel, "Ignatius and the Reception of the Gospel of Matthew in Antioch", In *Social History of the Matthean Community: Cross Disciplinary Approaches*, edited by David L. Balch, 129 – 177, Minneapolis: Fortress, 1991, p. 148.

④ Paul Johnson, *A History of Christianity*, New York: Atheneum, 1976, p. 75.

会事业的忠诚，他们就将成为教义呵护的对象。①

这些慈善活动之所以成为可能，单纯是因为基督教产生了会众群体（congregations），这是真正的信徒共同体，他们在他们的宗教联系当中建立了自己的生活。而在所有其他问题之上，正是这一点使得基督徒免予遭到古代世界当中各种各样的剥夺。即使他们是新来者，他们也不会是陌生人，而是基督的兄弟和姐妹。当灾难降临时，有人会关心——实际上，是有人负有清晰的责任来关心！所有的会众群体都有执事，他们的首要任务是支持病患、弱者、穷人和残疾人。正如使徒宪典（Apostolic Constitutions）当中所概括的那样，执事"是善事的执行人，在白天或夜晚执行一种普遍的监督，既不可蔑视穷人，也不可奉承富人；他们必须确定处于不幸当中的人的名单，并确保他们不会被排除在教会资金的分享范围以外；同时要求小康之家拿出资财来行善"。②

没有什么事件比其对于袭击帝国的两次大瘟疫的应对更好地说明基督徒生活中所享受的巨大益处了。

瘟疫与信仰

165 年，在马可·奥勒留（Marcus Aurelius）统治时期，一次毁灭性的传染病席卷了罗马帝国。一些医学史学者怀疑这是西方第一次出现天花。③ 无论实际病症是什么，它都是致命的——正如很多传染病在袭击此前从未暴露在该特定病毒之下的人群时所发生的一样。在传染病流行的前十五年里，死于疫病者可能达到总人口数的四分之一或三分之一。④ 在疫病的高峰时期，城市当中的死亡率是如此之高，以至于马可·奥勒留（之后他也一样死于疫病）提及，尸体需要用大篷车和四轮马车才能运出

---

① 特土良：《护教学》第 39 章。

② Adolf van Harnack, *The Expansion of Christianity in the First Three Centuries*, Vol. 1, New York: Putnam's Sons, 1904, p. 161.

③ Hans Zinsser, *Rats, Lice and History*, New York: Bantam, [1934] 1960.

④ J. F. Gilliam, "The Plague Under Marcus Aurelius", *American Journal of Philology* 82: 225 – 251, 1961; William H. McNeill, *Plagues and Peoples*, Garden City, NY: Doubleday, 1976; Josiah Cox Russell, *Late Ancient and Medieval Population*, Philadelphia: American Philosophical Society, 1958.

城外。① 一个世纪以后，第二次大型瘟疫降临。希腊—罗马世界再一次为之战栗，因为在各个层面，家人、朋友、邻居等，都出现了大量的死亡。

没有人知道如何治疗疫病。大多数人甚至不去尝试。在第一次疫病流行期间，著名的古代医生盖伦（Galen）逃离罗马去了他在乡下的房屋，在那里他一直住到疫情平息。但对于那些无路可逃的人，典型的应对措施是试图避免与感染者的任何接触，因为当时对于疫病的传染性已经有所认识。因此，当他们的症状第一次显露的时候，感染者们往往被扔到街上，他们死在那里，尸横遍野。在第二次瘟疫流行期一封写给牧师的书信当中，主教迪奥尼修斯（Dionysius）描述了亚历山大港的情形："在第一次瘟疫开始的时候，他们［异教徒］将病人驱逐出来，就这样从他们的至亲身边逃离，在病人还活着的时候就把他们扔到街上，将无人掩埋的尸体视作污秽，希望以此来避免致命疾病的传播和感染；但他们做了一切能做的，却仍然发现难以逃脱瘟疫。"②

以这种方式遗弃所爱之人，这一定使得大多数人感到极其痛苦和悲伤。但除此之外他们还能怎么做呢？祈祷者是怎么做的呢？哦，如果一个人前往神庙进行祈祷，他会发现神职人员并没有在那儿祈求神灵的帮助，相反地，所有这些人都已经逃离了城市。他们这样做是因为没有人相信神灵会关心人类的事务。神灵们被认为某些时候可以被"贿赂"从而给予希望，但对于一位仁慈和富有同情心的神的观念则是全然陌生的。正如修昔底德（Thucydides）对于第一次袭击雅典的瘟疫的描述那样：

> 信徒们在神庙当中的作为，对神谕的讨论以及类似举措，这一切都无济于事；事实上，最后人们完全被他们所遭受的痛苦所压倒，以至于根本没有多余的精力投入到这些事上……他们在无人照料的境地下死去；实际上在很多房屋里，屋中人在无人注意的情况下悄然离世……死者的尸体相互枕藉，随处可见奄奄一息的病人在街上蹒跚而行，或是因为干渴而成群地聚集在泉水边。神庙当中到处都是尸体，他们死在神庙当中。由于灾难是如此无法抵抗，不知道接下来自己身上会发生什么的人们对于一切宗教律令和法律规定都视而不见……无

---

① Hans Zinsser, *Rats, Lice and History*, New York: Bantam, [1934] 1960, p. 135.
② 优西比乌：《教会史》7.22。

论是对神的恐惧还是人制定的法律都不再具有约束效力。至于神灵，无论是否崇拜它们，事情看起来都是一样的，当人们看到好运和厄运无差别地降临到人们身上的时候。①

类似地，古典哲学家们对此除了责备命运以外也没有任何有用的建议。正如加拿大历史学家查尔斯·诺里斯·科克伦（Charles Norris Cochrane，1889—1945）所说："当致命的瘟疫在帝国肆虐之时……智者们仅仅在模棱两可地咕哝着更为成熟的世界当中道德的败坏。"②

但基督徒表明他们找到了答案，而最重要的是，他们采取了适当的行动。谈及问题的答案，基督徒相信死亡并非终结，而生命是一段接受检验的时光。迦太基主教居普良正是这样对他的追随者解释的，有德者在第二次大瘟疫当中无所畏惧。

> 在这看似可怖和致命的瘟疫和灾难当中，寻找属于每个人的正义并检视人类的心灵是多么适合，又是多么必要；病人是否得到了妥当的照料，亲属是否如他们所应做的那样去负责地爱护他们的亲眷，主人是否对他们染病的奴隶展现出同情，医生是否不离弃染病者……尽管死亡对任何其他事都毫无益处，但它对于基督徒和上帝的仆人有进益之功，当我们学着不去恐惧死亡的时候，我们已经开始愉快地寻求殉道之路。这是我们的尝试性的锻炼，而非死亡；它们给心灵以刚毅之荣耀；通过蔑视死亡，它们准备了王冠……我们的弟兄们因主的召唤而自这土地上挣脱出来获得自由，不应为此感到悲伤，因为我们知道他们并未消逝，而只是先走一步；在启程之时他们引领着道路；正如旅人惯于漂泊，他们不应得到悲悼……而异教徒由此而来的对我们的指责是不公平也不公正的，追根究底我们是在为那些我们说仍然活着的人们而感到悲伤。③

就他们所采取的实际行动来说，基督徒践行义务去照料病人，而非遗

---

① 修昔底德：《伯罗奔尼撒战争》2.47，2.51，2.52。
② Charles Norris Cochrane, *Christianity and Classical Culture*, Oxford: Oxford Univ. Press, [1940] 1957, p. 155.
③ 居普良：《死亡》15 – 20。

弃他们，因此拯救了无数性命！

在第二次大瘟疫结束以前，亚历山大主教迪奥尼修斯给他的信众写了一封信，其中赞美了那些照顾病患的人，特别是那些投入了他们整个生命去做这件事的人：

> 我们的大部分弟兄表现出了无限的爱与忠诚，从未放纵他们自己，而纯粹在为了别人考虑。他们不顾危险地照料病患，参与到他们所有的日常需求当中，并在基督当中帮助他们，让他们在宁静中安然离世；对于那些被其他人感染上疫病的人，他们凭借他们自己的病痛，愉快地接纳了他们邻居的病痛。很多人，在照料和治疗他人的过程里，将他们的死亡转嫁到了自己身上，自己反而送了命……我们的弟兄当中最好的那些以这种方式失去了他们的生命，在这种形式的死亡当中，许多长老、执事和普通教徒赢得了高度的褒扬，完全的虔诚和强烈的信仰的结果在各种意义上似乎都与殉道一般无二。①

我们应当相信这位主教吗？当然，考虑到他是在写信给他的当地信众，而他们对于这件事具有独立的认知。但是它在实际上使得局势有了什么改变呢？它极大地减低了死亡率！

正如威廉·H. 麦克尼尔（William H. McNeill）在其知名著作《瘟疫与人群》当中所指出的，在当时疫病流行的情况下，甚至是"相当初级的照料也能够极大地降低死亡率。举例来说，简单的食物和饮水的供应就能使暂时因过分虚弱而无法自己应付病痛的人们有机会恢复健康，而非在痛苦当中死去"。② 说基督徒的照顾能够减少高达三分之二的死亡率，这看上去是完全合理的！实际上，大多数患病的基督徒都活了下来，这并没逃过人们的眼睛，而是极大地增加了基督教"奇迹发生"的可信性。而事实上，这种奇迹常常也包括他们信奉异教的邻居和亲属。这当然促成了一些人的皈依，特别是对那些经由照料而恢复健康的人。此外，当基督徒照料着某些异教徒的时候，由于异教徒的人数是如此之多，很显然他们无

---

① 迪奥尼修斯：《节日信件》，见于优西比乌《教会史》7.22。
② William H. McNeill, *Plagues and Peoples*, Garden City, NY: Doubleday, 1976, p. 108.

法照顾大多数。而基督徒总是会得到照顾的，这一数字甚至可能接近全部。因此基督徒，作为一个群体，能够享有高得多的存活率，而单就这些背景而言，作为两次瘟疫的结果，基督徒在人口当中所占比例将会大幅上升。

在疫病流行期间所不断发生的事仅仅是基督徒日常生活的一种强化。因为他们的共同体的仁慈和自我帮助的特性，基督徒享有更长的寿命和更好的生活。这是显然的，并且也一定会显示出极强的吸引力。事实上，基督徒的仁慈的影响是如此显而易见，乃至于在4世纪当皇帝尤里安（Julian）试图恢复异教的时候，他劝说异教的神职人员与基督教的慈善机构进行竞争。在一封写给迦拉太地区大祭司的信件中，尤里安呼吁向穷人分发粮食和酒，并指出"不敬神的加利利人［基督徒］除了养活他们自己之外还在支持我们，而这是耻辱的，应当让我们的穷人期望我们的帮助"。① 但尤里安的提议几乎没有收到回应，因为对于异教神职人员来说没有任何教义和过去的经验要求建立这种制度。这并不是说罗马人对于慈善事业一无所知，但对他们来说这并不建立在对神的敬拜之上。因为异教神灵只要求祭品，而对此外的人类行为殊少兴趣，一位异教的神职人员不会向教徒宣讲，缺乏慈善精神将会妨碍他们的得救。根本没有得救的概念！神灵们不提供任何逃离死亡的办法。当我们比较基督徒和异教徒在死亡阴影下的不同反应时，我们需要铭记这一点。基督徒相信生命长存。而异教徒最多会相信某种并不美好的地下世界的存在。因此，对于盖伦来说，在第一次大瘟疫时期留在罗马城中去治疗感染者，这需要比基督教执事和普通教徒们大得多的勇气。这就是信仰的力量。

结　　论

一些人会拒绝在基督徒皈依过程当中对真实可触的、世俗的利益的影响进行强调，认为这错误地低估了基督教兴起过程中宗教动机的作用。这种拒斥忽视了这一点：这些世俗利益在最完全的意义上是宗教的。"我实

---

① Joseph Cullen Ayer Jr., *A Source Book for Ancient Church History*, New York: Scribner, [1913] 1941, pp. 332-333.

在告诉你们:这些事你们既做在我这弟兄中一个最小的身上,就是做在我身上了。"(《马太福音》25:40)正是通过对基督的效法,基督徒才得以享有更长的寿命和更为舒适的生活。

第七章　对于女性的吸引

由于耶稣、十二使徒、保罗以及耶路撒冷早期教会的杰出领导人全部都是男性，这导致这样一种印象流行开来，似乎早期基督教从本质上来说是男人的事情。其实并非如此，从最初开始女性就占据着主导地位。

在致罗马人的使徒书信当中，保罗以对十五位女性和十八位男性的个人问候开头，这些人是罗马会众群体当中的出色成员。① 如果我们假设当时存在足够的性别偏见，使得男性比女性更容易获得领导地位，那么这里非常接近的性别比例就暗示着一个包含过多女性的罗马会众群体。实际上，保罗的皈依者当中"我们听到最多的是女性"，而她们当中的许多人是"杰出的女性"。② 因此，出色的剑桥教会历史学家亨利·查德威克（Henry Chadwick，1920—2008）指出："基督教似乎在女性当中取得了成功。它是通过贵族的妻子们才得以在第一时间向社会的上流阶层实现渗透。"③ 在此他重复了著名的阿道夫·冯·哈纳克（Adolf von Harnack，1851—1930）的论断："基督徒的布道尤其抓住了女性……基督徒当中女性的比例，特别是在上流阶层当中，远高于男性。"④ 这一点最近得到了证实，在一份生活于283年到423年之间的罗马议员阶层人士的样本当中，50%的男性和85%的女性是基督徒。⑤

---

① Adolf von Harnack, *The Expansion of Christianity in the First Three Centuries*, Vol. 2, New York: Putnam's Sons, 1905, p. 220.
② W. H. C. Frend, *The Rise of Christianity*, Philadelphia: Fortress, 1984, p. 99.
③ Henry Chadwick, *The Early Church*, Harmondsworth, Middlesex: Penguin Books, 1967, p. 56.
④ Adolf von Harnack, *The Expansion of Christianity in the First Three Centuries*, Vol. 2, New York: Putnam's Sons, 1905, p. 227.
⑤ Michele Rence Salzman, *The Making of a Christian Aristocracy: Social and Religious Change in the Western Roman Empire*, Cambridge: Harvard Univ. Press, 2002. 这一发现促使作者提出了一份冗长但看起来可信度并不高的论证，认为女性并不比男性更倾向于支持基督教。

问题仍然存在：为什么？答案包括两个部分。首先，除非他们明确禁止或者至少是不鼓励女性的加入，否则与男性相比起来，宗教运动总是吸引更多的女性。事实上，全世界范围内的数据都表明女性比男性更为宗教化，无论是在信仰还是参与程度的角度来说。① 最近，一项关于为什么会是这样的辩论已经展开②——不过这些在此并无意义。更为重要的是答案的第二部分，它表明了基督教对于女性有远远超出一般的性别差异水平的吸引力。女性尤其被基督教所吸引，因为与其他选择相比它会提供给她们更好的生活。在对这件事的细节进行检视之后，本章还将讨论女性基督徒的情况是怎样对基督教的发展产生了重要影响的。

异教女性和犹太女性

在古代，没有哪个群体当中实现了男女平等，但在希腊—罗马世界当中，女性所遭遇的不平等仍有程度上的本质区别。早期基督徒共同体当中的女性生活得远比异教当中的女性甚至是犹太女性更好。

很难概括在古代西方的异教当中女性的境况，因为在希腊人和罗马人之间存在着明显区别。希腊女性生活在半隔绝状态下，上流阶层这种情况更多一些，但所有的希腊女性都被限定活动范围；在贵族家庭当中，女性不允许进入前面的房间。罗马女性没有被隔离，但她们并没有因此而较少受到男性支配，这些支配以很多其他的方式完成。无论在希腊还是罗马，女性对于她们在何时嫁给何人这件事都没有任何决定权。典型地，她们会在年纪很小的时候——常常是在青春期之前——嫁给一位远比自己年长的男性。她们的丈夫可以在免受惩罚的情况下与她们离婚，但妻子只能在她

---

① Rodney Stark, *Exploring the Religious Life*, Baltimore: The Johns Hopkins Univ. Press, 2004.

② Eric Liu, "Risk Preference and Religiosity in the Chinese Context", 待出版; Alan S. Miller, "Going to Hell in Asia: The Relationship Between Risk and Religion in a Cross - cultural Setting", *Review of Religious Research* 42: 5 - 18, 2000; Alan S. Miller and Rodney Stark, "Gender and Religiousness: Can the Socialization Explanation Be Saved?", *American Journal of Sociology* 107: 1399 - 1423, 2002; Louise M. Roth and Jeffrey C. Kroll, "Risky Business: Assessing Risk Preference Explanations for Gender Differences in Religiosity", *American Sociological Review* 72: 205 - 20, 2007; Rodney Stark, "Physiology and Faith: Addressing the 'Universal' Gender Difference in Religiousness", *Journal for the Scientific Study of Religion* 41: 495 - 507, 2002; Rodney Stark, *Exploring the Religious Life*, Baltimore: The Johns Hopkins Univ. Press, 2004; Paul D. Sullins, "Gender and Religion: Deconstructing Universality, Constructing Complexity", *American Journal of Sociology* 112: 838 - 880, 2006.

的某位男性亲属出面为她要求离婚的时候才能够实现这一目的。然而,一名希腊妻子的父亲或兄弟可以在违背她意愿的情况下强迫她离婚! 在希腊和罗马,丈夫都对处死不想要的婴儿或强迫妻子堕胎享有绝对的权力,但在罗马,丈夫不允许杀害其妻子。罗马的妻子们有非常有限的财产权;而希腊女性完全没有。希腊和罗马的女性都并非婚姻契约的当事人。在罗马,很多贵族女性会学习读写,而希腊女性则没有这个机会。① 这些差异可能在这件事当中发挥了某些影响,即基督教在希腊发展得比在罗马城市当中更快(见第九章)。最后,只有一小部分敬拜女神的神庙允许罗马或是希腊女性在宗教生活当中承担某些重要角色。

不同犹太女性的情况存在较多差异,不仅在离散的和在巴勒斯坦的情况相差甚远,而且在离散犹太人当中的不同社区——甚至是同一个社区之内——也有较大差别。在某些离散犹太人社区,很多女性处于半隔绝状态。根据大离散当中最为权威的犹太发言者亚历山大的斐洛所说:"女性最好适应室内的生活,绝不会在室外迷失,在家里,中门应当作为少女们的活动界限,而外门则是妇人们的活动界限……然后,一个女人不应是一个好管闲事之人,不应在对于自己家务的关注之外胡乱过问他事,而应当追求一种隐居的生活。"② 没有证据表明巴勒斯坦也存在隔绝女性的情况,而很显然地,大离散当中也有很多犹太女性并未遭到隔绝。然而,无论在哪儿,犹太女孩都会在非常小的时候嫁给由她们父亲选定的人,尽管在很多情况下她们可以要求留在家中,直到青春期。按照《申命记》22:13—21 当中所言,被发现并非处女的新娘将在她们父亲的门前被石头砸死,但这样的事情非常少见。另一方面,犹太妻子很容易地、并且经常地被她们的丈夫所离弃,但妻子除非在非常不寻常的情况下,比如丈夫是阳痿患者或麻风病人,否则不能提出离婚。犹太女性没有继承权,除非没有任何男性继承者存在。她们"没有担任证人的资格,对于〔她们〕所报

---

① Mary R. Lefkowitz and Maureen B. Fant, *Women's Life in Greece and Rome: A Source Book in Translation*, 3rd ed., Baltimore: Johns Hopkins Univ. Press, 2005; Carolyn Osiek and Margaret Y. Macdonald, *A Woman's Place: House Churches in Earliest Christianity*, Minneapolis: Fortress, 2006; Sarah B. Pomeroy, *Godness, Whores, Wives, and Slaves: Women in Classical Antiquity*, New York: Schocken Books, 1975; Jo‑Ann Shelton, *As the Romans Did*, Oxford: Oxford Univ. Press, 1988.

② Robin Scroggs, "Paul and the Eschatological Woman", *Journal of the American Academy of Religion* 40: 283 – 303, 1972, p.290.

告的任何事不要期待能够被采信"。① 正如巴比伦塔木德（大约90年）当中所引用的以利以谢（Eliezer）拉比的话那样："烧掉妥拉也胜于将它教授给女子。"事实上，塔木德的其他篇章里还曾建议："任何人与女人说太多话都会导致邪恶降临到他身上。"②

即使如此，《出埃及记》20：12要求："当孝敬父母"，而《利未记》19：3甚至翻转了这一律令："你们各人都当孝敬你们的母亲和父亲。"此外，犹太女性据说"有获得性的欢愉的权利"。③ 遵从拉比阿兹姆的教诲，"男人应当教授他的女儿以律法知识"④，有些犹太女性获得了良好的教育，并且，在一部分离散中的犹太社区（在祖先抵达巴勒斯坦之前），女性在犹太会堂当中担任着领导职务，包括"长老""会堂领导人""会堂之母""主持官"，这已经由在士每拿和其他地方所发现的碑文所证实。⑤ 然而，在会堂当中男性与女性的座席是分开的，而女性不允许向会众宣读妥拉。一般来说，犹太女性的待遇比异教徒女性要好一些，但在自由度和影响力上都逊于基督徒女性。

基督徒中的女性

基督教作家长期以来一直强调耶稣"对于女性的态度是革命性的……对他来说，两性是平等的"。⑥ 很多女权主义评论家已经驳斥了这种耶稣对于不同性别一视同仁的言论和行为，认为它们对于早期基督徒社区当中的性别状况的现实毫无影响，性别歧视仍然猖獗。⑦ 但最近，客观

---

① W. H. C. Frend, *The Rise of Christianity*, Philadelphia: Fortress, 1984, p. 67.
② 引自 Susan Groag Bell, *Women: From the Greecks to the French Revolution*, Palo Alto, CA: Stanford Univ. Press, 1973, p. 72。
③ Witherington, 1990, p. 5.
④ Ibid., p. 7.
⑤ Bernadette Brooten, *Women Leaders in the Ancient Synagogue*, Chico, CA: Scholars, 1982; Ross Sherpard Kraemer, *Her Share of the Blessing: Women's Religions among Pagans, Jews, and Christians in the Greco-Roman World*, Oxford: Oxford Univ. Press, 1992.
⑥ W. H. C. Frend, *The Rise of Christianity*, Philadelphia: Fortress, 1984, p. 67.
⑦ 对此的出色总结可见 Susanne Heine, *Women and Early Christianity*, Minneapolis: Augsburg, 1988。从女性主义视角进行的对于基督徒比异教徒拥有更大的性别平等性的精彩分析，见 Jo Ann McNamara, "Sexual Equality and the Cult of Virginity in Early Christian Thought", *Feminist Studies* 3: 145–158, 1976。

证据证实早期的女性基督徒的确享有远比她们信仰异教或犹太教的女性同胞更多的平等。一项以 3733 个案例为基础的、对于罗马城地下的基督徒墓地的研究表明，女性基督徒享有长篇碑文作为纪念的概率与男性基督徒几乎一样高。这种"在两性之间纪念形式方面的接近平等是基督徒的独特之处，从而能够将他们与城市当中的非基督徒人口进行区分"。① 这一点不仅在成人当中成立，对于孩童也一样，因为基督徒们失去女儿的悲恸与失去儿子的悲悼一样强烈，与罗马的其他宗教群体对比起来，这尤其显得不同寻常。②

当然，有压倒性的证据表明在最初的那些日子里，女性基督徒在教会经常担任领导角色，并且也在婚姻当中享有多得多的安全保障和平等待遇。

教会的领导权

我们对于女性在早期教会当中所承担的角色的认知长久以来被这句据说出自保罗的声明所扭曲："妇女在会中要闭口不言，因为不准她们说话。"(《哥林多前书》14：34）对这些言论的驳斥具有确定无疑的背景支持，因为它们与保罗在其他所有地方必须谈及的关于女性的言论不相符合：他是"新约当中女性解放和平等的唯一确定和自始至终的代言人"。③ 罗宾·司考格（Robin Sroggs）提出了一个很有价值的推测，关于女性应当保持沉默的声明是被保罗二世和主教们的书信的作者插入进去的——这些书信被错误地归为保罗的言论。④ 劳伦斯·伊安纳科恩（Laurence Iannaccone）则提出了非常有趣的意见，他认为这句关于女性的声明是哥林

---

① Brent Shaw, "Seasons of Death: Aspects of Mortality in Imperial Rome", *Journal of Roman Studies* 86：100 – 138，1996，p. 107；也见 Brent Shaw, "The Cultural Meaning of Death: Age and Gender in the Roman Family", In *The Family in Italy from Antiquity to the Present*, edited by D. I. Kertzer and R. P. Sallers, 66 – 90, New Haven: Yale Univ. Press, 1991.

② Brent Shaw, "Seasons of Death: Aspects of Mortality in Imperial Rome", *Journal of Roman Studies* 86：100 – 138，1996，p. 110.

③ Robin Scroggs, "Paul and the Eschatological Woman", *Journal of the American Academy of Religion* 40：283 – 303，1972，p. 283.

④ Robin Scroggs, "Paul and the Eschatological Woman", *Journal of the American Academy of Religion* 40：283 – 303，1972；Robin Scroggs, 1974.

多教会当中反对保罗的某些成员提出的，但二者之间的区分某种程度上被丢弃了。① 不论如何，考虑到保罗对于女性在教会领导层当中地位的支持、鼓励和提倡，这些言论很明显是荒谬的。

在《罗马书》16：1—2 当中，保罗向罗马会众群体介绍并举荐了"我们的姊妹非比"，她是"坚革哩教会中的女执事。请你们为主接待她，合乎圣徒的体统。她在何事上要你们帮助，你们就帮助她，因她素来帮助许多人，也帮助了我"。执事是早期教会当中的重要领导者，负有具体筹措和分派资金的责任。很显然，保罗对于由女性担负这一职责没有感到任何诧异。这并非孤例，也并不限于第一代基督徒。在 112 年，小普林尼在一封致罗马皇帝图拉真的信当中指出，他已经拷问了两个年轻的女性基督徒，她们"被称为女执事"②，而奥利金（Origen, 185—254）则在给保罗写给罗马人的书信的评论中写道："这些文字以使徒的权威性教导人们……正如我们已经说过的那样，教会中有很多女性执事，而女性……的执事地位应当得到承认。"③ 迟至 451 年，卡尔西顿议会决定以后的女性执事必须在四十岁以上，并且应当是未婚女子。④

杰出的历史学家们现在同意了这种看法，女性在早期基督教当中占据了荣誉和权威性地位。因此，彼得·布朗（Peter Brown）指出，在这方面基督徒不仅与异教徒不同，与犹太教徒也存在差异："基督教教士……迈出了将他们自己与巴勒斯坦的拉比们相互区别的一步……他们欢迎女性资助者，甚至提供给女性相应的职位，使她们能够成为合作者。"⑤ 如同韦恩·米克斯（Wayne Meeks）所总结的："女性……作为传教士和老师，是保罗的同僚。无论是从她们在更大的社会范围内的地位，还是从他们在基督徒共同体当中的参与程度的角度来说，都有相当数量的女性打破了传统上对于女性角色的期待。"⑥

---

① Laurence R. Iannaccone, "Let the Women Be Slient", *Sunstone* 7 (May – June): 38 – 45, 1982.

② 《小普林尼通信》10.96。

③ 引自 Roger Gryson, *The Ministry of Women in the Early Church*, Collegeville, MN: The Liturgical Press, 1976, p. 134。

④ Everette Ferguson, "Deacaness", In *The Encyclopedia of Early Christianity*, edited by Everette Ferguson, New York: Garland, 1990.

⑤ Peter Brown, *The Body and Society*, New York: Columbia Univ. Press, 1988, pp. 144 – 145.

⑥ Wayne Meeks, *The First Urban Christians*, New Haven: Yale Univ. Press, 1983, p. 71.

杀婴行为

基督徒女性相较于她们的异教徒姊妹所获得的较高待遇从出生时就已开始。在罗马帝国，对于不想要的婴儿的遗弃"非常普遍"，① 而女孩被遗弃的可能性远高于男孩。需要指出的是，这是完全合理合法的、由孩子父亲作出的决定，正如那封著名的、丈夫写给怀孕的妻子的充满爱意的书信当中所言："如果——祝你好运！——你生下孩子，那么如果是男孩，让他活下来，如果是女孩，就丢掉她。你告诉过阿芙罗迪斯（Aphrodisias），'不要忘记我'，我怎么能忘记你呢？我因此恳求你不要感到担忧。"② 即使在大的家族当中，"也很少会有超过一个的女儿被抚养成人"。③ 一项根据碑文所做的研究重现了六百个家庭的情况，而后发现，其中只有六户人家抚养了超过一个女儿。④

遵循着他们的犹太传统，基督徒将遗弃婴儿谴责为谋杀行为。⑤ 正如殉教者犹斯定（Justin Martyr, 100—165）所说："我们被教导，即使是抛弃新生儿的行为也是邪恶的……［因为］那样我们将会变成谋杀者。"⑥ 所以，基督教（和犹太教）当中有大量的女婴存活下来。

婚　姻

谈及婚姻，基督徒的优势持续地发挥着作用。异教徒中的女孩子在非常小的时候出嫁，通常会嫁给比她们年长得多的男性，而她们自己在这件事上很少会有什么选择权。统计数据和文本证据都支持这一论断。就后者而言，罗马少女在年纪很小的时候、常常是在青春期来临之前就已结婚，沉默对此提供了最有力的证词。剑桥历史学家肯思·霍普金斯（Kenth

---

① William V. Harris, "Child Exposure in the Roman Empire", *Journal of Roman Studies* 84: 1-22, 1994, p.1.

② 引自 Mary R. Lefkowitz and Maureen B. Fant, 1992。

③ Jack Lindsay, *The Ancient World: Manners and Morals*, New York: Putnam's Son, 1968, p.168.

④ Jack Lindsay, *The Ancient World: Manners and Morals*, New York: Putnam's Son, 1968.

⑤ Michael J. Gorman, *Abortion and the Early Church*, Downers Grove, IL: InterVarsity, 1982.

⑥ *First Apology*.

Hopkins, 1934—2004）发现，推测很多著名的罗马女性曾经是娃娃新娘，这是完全可行的：奥克塔维娅（Octavia，罗马皇帝克劳狄的女儿）十一岁出嫁，尼禄的母亲阿格丽品娜（Agrippina）出嫁是在十二岁。著名的修辞学家昆体良（Quintilian）一定是和一个十二岁的女孩结了婚，因为我们知道她在十三岁时给他生了一个儿子。历史学家塔西佗娶了一个十三岁的少女，等等。但这些例子当中完全没有提及这些女性的生平，这看上去相当耐人寻味。在这种沉默之外，历史学家普鲁塔克（Plutarch，46—120）记载说，罗马人"让他们的少女在十二岁时结婚，甚至更小"。[①] 历史学家迪奥·卡修斯（Dio Cassius，155—229）也赞同这一判断："当满十二岁时，女孩们就被认为是达到了婚配年龄。"[②]

一项建立在罗马人墓地碑文基础上的对于结婚年龄的出色研究发现，他们能够借此将基督徒和异教徒女性区分开来。数据显示出了非常明显的差异。20%的异教徒女性在结婚时年龄在十二岁以下（其中4%的女性结婚时只有十岁）。作为对比，只有7%的基督徒女性在十三岁以前结婚。一半异教徒女性在十五岁以前出嫁，这一数字在基督徒女性当中为20%——而接近一半的基督徒女性（48%）直到十八岁或更晚还未出嫁。[③] 只凭这些数据不能确定事件情况，因为这些结果仅仅建立在对几百名女性的分析之上。但考虑到它完全支持了大量的"文学"证据，似乎可以确定罗马异教徒少女出嫁年龄非常小，并且远比基督徒少女出嫁更早。

必须指出的是，涉及娃娃新娘的婚姻并非仅仅名义上的婚姻。它们通常会立刻进入事实婚姻阶段，即使当时女孩子甚至还没有进入青春期。有一些妻子在失去处女身份的时候甚至只有七岁！[④] 这些事实使得普鲁塔克谴责罗马的婚姻习俗残酷不仁，认为"被强迫的少女们的厌恶和恐惧是违反自然的"。[⑤] 没有多少基督徒少女会遭遇类似的命运。大部分女性是

---

① 引自 Keith Hopkins, "The Age of Roman Girls at Marriage", *Population Studies* 18: 309 - 327, 1965, p. 314。

② 《罗马史》。

③ Keith Hopkins, "The Age of Roman Girls at Marriage", *Population Studies* 18: 309 - 327, 1965.

④ Gillian Clark, "Roman Women", *Greece & Rome*, second series, 28: 193 - 212, 1981, p. 200.

⑤ 引自 Keith Hopkins, "The Age of Roman Girls at Marriage", *Population Studies* 18: 309 - 327, 1965, p. 314。

在她们的心理和生理都达到成熟阶段的时候才会结婚；而其中的大部分人在选择配偶的时候拥有发言权，并且享有更为安全的婚姻。

离　　异

基督徒在离婚当中的位置是由耶稣规定的："我告诉你们：凡休妻另娶的，若不是为淫乱的缘故，就是犯奸淫了。"（《马太福音》19：9）这是对于过往传统的根本突破。一项对于古巴比伦婚约缔结的各种形式的调查发现，婚约通常包含离婚相关条款，具体处理补偿款项和财产分割事宜，而离婚原因只需要丈夫的一时心血来潮即可。① 犹太律法特别规定，妻子在离婚后即获自由，"可以去做任何你所情愿的犹太男人的妻子"。② 但早期基督教会对于由耶稣设立的准则许下了坚定不移的承诺，而这很快就发展成了不允许在离婚之后再婚。③ 此外，尽管像所有人一样，基督徒赞美女性的贞洁，但与所有人不同的是，他们拒绝通过使用双重标准给予男性在性方面的通行证。正如亨利·查德威克所解释的那样，基督徒"认为丈夫的不忠并不比妻子的不洁对于忠诚和信任的危害小"。④

性

对于离婚和双重标准的拒斥往往会被作为基督徒对于性的厌恶以及对于喜好独身生活的强烈偏见的副产品而加以否定。这一点常常通过引用保罗的话来获得说明："与其欲火攻心，倒不如嫁娶为妙"（《哥林多前书》7：9钦定本），这被认为是对于性欲冲动的极不情愿的态度。但事实上，保罗对于婚内的性完全持支持立场，这在以上我们引用过的同一篇经文当中是非常明显的："丈夫当用合宜之分待妻子，妻子待丈夫也要如此。妻子没有权柄主张自己的身子，乃在丈夫；丈夫也没有权柄主张自己的身子，乃在妻子。夫妻不可彼此亏负，除非两相情愿，暂时分房，为要专心

---

① M. J. Geller, "Early Christianity and the Dead Sea Scrolls", *Bulletin of the School of Oriental and African Studies*, University of London 57：82 – 86, 1994, p. 83.
② Ibid. .
③ 这通常通过规定某段婚姻无效从而不须离婚而获得规避。
④ Henry Chadwick, *The Early Church*, Harmondsworth, Middlesex：Penguin Books, 1967, p. 59.

祷告方可；以后仍要同房，免得撒旦趁着你们情不自禁引诱你们。"（《哥林多前书》7：3-5）

事实上，虔诚的基督徒当中的已婚夫妇可能比异教徒夫妻平均拥有更多的性，因为基督徒新娘在出嫁时更为成熟，也因为丈夫出轨的可能性更低。

性别比和繁殖力

罗马男性如此经常地与幼女结婚的原因之一是他们的处女情结。但更为重要的原因是女性人口的短缺。① 一个无法持续地安置大量女性新生儿的社会，也不可能以一种扭曲的性别比继续发展，特别是在加上所有古代社会当中新生儿死亡率极高这一因素以后。因此，历史学家迪奥·卡修斯在2世纪的著作当中提及了罗马女性的极端缺乏。在一篇重要的文章当中，吉莉安·克拉克（Gillian Clark）指出，在罗马人当中，未婚女性是如此罕见，以至于"我们没有听说过老处女……甚至没有指代老处女的单独名词"。② 作为女性极端短缺的进一步佐证，对于她们来说多次成婚是非常普遍的事，这不仅是在某一任丈夫去世之后，也包括被丈夫抛弃之后。事实上，国家警官会处罚五十岁以下而不肯再婚的妇女，所以"第二次和第三次婚姻变得非常普遍"③，这尤其是因为大部分女性所嫁的人远比她们自己年长。西塞罗（Cicero）的女儿图里娅（Tullia）"是相当典型的例子……十六岁出嫁……二十二岁守寡，二十三岁再婚，二十八岁离婚，二十九岁再婚，三十三岁再次离婚——在三十四岁生育不久之后便即去世"。④ 另外一位女性据说在五年之内结婚八次。⑤ 很显然，对于适婚男性来说这通常是程度可观的补充。

---

① P. A. Brunt, *Italian Manpower*, 225 B. C. – A. D. 14, Oxford: Oxford Univ. Press, 1971, pp. 137 – 138；也见 William V. Harris, "The Theoretical Possibility of Extensive Infanticide in the Graeco-Roman World", *Classical Quarterly*, new series, 32: 114 – 116, 1982.

② Gillian Clark, "Roman Women", *Greece & Rome*, second series, 28: 193 – 212, 1981, p. 195.

③ J. P. V. D. Balsdon, *Roman Women: Their History and Habits*, New York: John Day, 1963, p. 173.

④ Gillian Clark, "Roman Women", *Greece & Rome*, second series, 28: 193 – 212, 1981, p. 195.

⑤ J. P. V. D. Balsdon, *Roman Women: Their History and Habits*, New York: John Day, 1963, p. 173.

最为接近的对于罗马性别比的估计是131名男性对应100名女性，而在意大利的其他地区、小亚细亚和北非，这个比例上升到140名男性对应100名女性。① 对比起来，发展壮大当中的基督徒社区中的性别比例并未像其他地方一样因为杀害女婴的行为而遭到人为扭曲，在这种相反的性别差异的基础上，他们的女性甚至多于男性。

这可能导致了异教徒和基督徒之间在繁殖力方面的重要差别，即使假设各自群体当中女性的平均生育个数是一样的。如果在罗马异教徒当中女性占据了43%的人口（假设性别比为131:100），而如果每个女性生育四个孩子，那么每100个异教徒将产生172个婴儿，这是在不考虑杀婴行为或婴儿的自然死亡的情况下。但如果假设基督徒人口当中女性构成了人口的55%（这有可能还是较为保守的估计），那么每100个基督徒将会产生220个婴儿——这就产生了48个婴儿的差距。即使在其他所有条件都相同的情况下，这些差别也会导致总人口当中基督徒比例的每年大幅增长。

但存在无可置疑的理由促使我们相信古代历史学家、哲学家、议员和皇帝的证词：其他所有条件都有所不同。异教徒女性的繁殖力是如此之低，以至于导致其人口不断下降，因此帝国不得不同意将"外邦人"承认为空房产的住客，并允许其参军。② 罗马人繁殖力低的首要原因是男性不想负担家庭并且为自己的行为负责：很多人为了避免生育下一代，选择与妓女性交，而不是自己的妻子，③ 或是转向肛交。④ 很多人让自己的妻子采用各种各样的方式进行避孕，而这些手段远比直到最近人们仍然想当然地认为的那样更有效率；⑤ 并且还有很多婴儿遭到遗弃。⑥

---

① Josiah Cox Russell, *Late Ancient and Medieval Population*, Philadelphia: American Philosophical Society, 1958.

② P. A. Brunt, *Italian Manpower, 225 B.C. – A.D. 14*, Oxford: Oxford Univ. Press, 1971; Arthur E. R. Boak, *Manpower Shortage and the Fall of the Roman Empire in the West*, Ann Arbor: Univ. of Michigan Press, 1955.

③ Sarah B. Pomeroy, *Goddesses, Whores, Wives, and Slaves: Women in Classical Antiquity*, New York: Schocken Books, 1975.

④ A. T. Sandison, "Sexual Behavior in Ancient Societies", In *Diseases in Antiquity*, edited by Don Brothwell and A. T. Sandison, 734 – 755, Springfield, IL: Charles C. Thomas, 1967, p. 744.

⑤ John M. Riddle, *Contraception and Abortion from the Ancient World to the Renaissance*, Cambridge: Harvard Univ. Press, 1994.

⑥ William V. Harris, "Child Exposure in the Roman Empire", *Journal of Roman Studies* 84: 1 – 22, 1994.

异教男性也经常强迫他们的妻子堕胎——这增加了女性的死亡率并且常常导致不孕。① 来看看 1 世纪罗马的著名医学作家奥拉斯·柯内留斯·希尔苏斯（Aulas Cornelius Celsus）提供给外科医生的说明书。在警告堕胎"需要极端的谨慎和洁净，而且冒着巨大的风险"之后，他建议外科医生首先用长针或者长钉杀死胎儿，然后用他"涂满油的手"探入阴道进入子宫（当时没有任何麻醉手段）。如果胎儿处于枕前位，那么医生应当使用光滑的钩子并使其固定在"一只眼睛或耳朵或嘴里，甚至有时是钩住前额，然后进行拉扯直到拔出胎儿"。如果胎儿处于臀位或是横位，那么希尔苏斯建议使用刀片在子宫内将胎儿切开，这样它就可以被一块一块地取出。在这之后，希尔苏斯指导医生们将妇人的大腿绑在一起，用"油浸湿的羊毛，沾上醋和玫瑰油"覆盖在其阴部。②

考虑到这是在肥皂发明以前的时代里所推荐使用的技术，没有任何避免感染的措施，这一点应当是无疑问的，即堕胎导致了大量女性死亡，也有大量幸存者因此不孕。所以，为什么他们要这么做？可能主要是因为，做出堕胎决定的通常是一个男人，而非怀孕的女性。这不值得惊讶，赋予丈夫遗弃婴儿的权力的文化通常也会允许他们命令女性堕胎。罗马法的确建议丈夫们不要在没有合理原因的情况下命令他们的妻子堕胎，但对此并无惩罚措施。此外，古典哲学的主流意见完全支持堕胎。在《理想国》③ 当中，柏拉图强制所有超过四十岁的怀孕女性堕胎（为了限制人口增长），而在其《政治学》当中，亚里士多德同意了这种意见，"必须对后代的繁衍加以限制，而如果任何［怀孕的］人违反了这些规则，那么就需要实行堕胎"。④

对比而言，与其犹太起源相一致，早期基督教会谴责堕胎。《十二使徒遗训》（一份基督教早期文本，可能写于 1 世纪）的第二章规定："你们不应通过堕胎谋杀一个孩子，或是在他们出生之时杀死他们。"

柏拉图和亚里士多德都将他们对于堕胎的态度与人口过度增长的威胁相互联系起来，但这种情况在基督教早期发展阶段的罗马帝国当中并不存

---

① Michael J. Gorman, *Abortion and the Early Church*, Downers Grove, IL: InterVarsity, 1982; John M. Riddle, *Contraception and Abortion from the Ancient World to the Renaissance*, Cambridge: Harvard Univ. Press, 1994.
② Aulas Cornelius Celsus, *De medicina* 7.29.
③ 柏拉图:《理想国》5.9。
④ 亚里士多德:《政治学》7.14.10。

在。罗马受到不断减少的人口的威胁,而相应地,产生了很多对于增加繁殖力的关注。在公元前59年,尤利西斯·凯撒通过了一项法案,给拥有三个或更多孩子的父亲以土地(他自己只有一个婚内的孩子,但有很多私生子,其中一个是克里奥帕特拉所生)。西塞罗提出独身主义是非法的,但元老院没有支持他。在9年,奥古斯都通过法律,给那些有三个或更多孩子的父亲以政治倾斜,并对无子的夫妻、超过二十岁仍未出嫁的女性和超过二十五岁仍未娶妻的男性处以政治上和财政上的惩罚。大部分继任者延续了这些政策,图拉真甚至对孩子的抚养提供了大量资助。① 但这一切都无济于事。在基督教时代开始之际,希腊—罗马人的繁殖力已经低至无法维持人口的程度②,以至于到3世纪西方的罗马城镇的数量和人口数量都出现了明显的下降。③

最近,布鲁斯·福瑞尔(Bruce Frier)对罗马人繁殖力较低的看法进行了驳斥,断言在现代之前"没有一般意义上的人口"曾因繁殖力而受到制约。④ 这与数量可观的考古学证据相悖,将大量的"人力"缺口视为无稽之谈,并最终忽视了事情的关键。或许更加令人印象深刻的是随着大量的关于这些问题,即为什么强有力的数据分析模型,如科尔—特拉塞尔模型(Coale-Trussell models)和冈珀茨相关繁殖力模型(Gompertz relational fertility model)应当得到采用的讨论的开展,福瑞尔随后在172名"于前3个世纪"生活在埃及乡下的女性样本的基础上应用了这些复杂的数据处理技术。他发现,她们的繁殖力是相当高的,并自信地将这一发现推广到了"整个罗马世界"。

即使事实果真如此,即使罗马女性的确生育了为数众多的孩子,罗马帝国范围内的女性人口紧缺这一事实似乎仍然足以造成明显的人口减少。而这最为确实地给了基督徒以重要优势,这不仅表现在繁殖力上,也表现

---

① Beryl ed Rawson, *The Family in Ancient Rome*, Ithaca, NY: Cornell Univ. Press, 1986.

② Arthur E. R. Boak, *Manpower Shortage and the Fall of the Roman Empire in the West*, Ann Arbor: Univ. of Michigan Press, 1955; A. M. Devine, "The Low Birth-Rate of Ancient Rome: A Possible Contributing Factor", *Rheinisches Museum* 128: 3-4, 313-317, 1985; Tim G. Parkin, *Demography and Roman Society*, Baltimore Johns Hopkins Univ. Press, 1992.

③ R. G. Collingwood and J. A. L. Myres, *Roman Britain and the English Settlements*, 2nd ed., London: Macmillan, 1937.

④ Bruce W. Frier, "Natural Fertility and Family Limitation in Roman Marriage", *Classical Philology* 89: 318-333, 1994.

在这一点：通过婚姻实现的皈依发生比率相当之高。

次级皈依

正如在第四章当中已经解释过的那样，皈依主要通过社会网络传播。大多数人选择皈依一种新宗教是因为他们的亲戚或朋友已经这么做了——当他们与身在某些宗教群体当中的人的社会联系比他们和宗教群体之外的人的社会联系更加重要的时候。理所当然，这种社会联系之一就是婚姻。一些人的皈依是在他们的配偶首先这样做了之后，或者是当他们与某个已经属于这个宗教群体的人结婚以后。然而，婚姻关系的特殊的亲密性导致了初级皈依和次级皈依之间的差异。经历了初级皈依的人在他自己宗教身份的转变过程当中担任了相对积极的角色。尽管他们的决定受到身边已经属于组织的亲友的鼓励和影响，但最终他的决定是在相对自由的情况下自主做出的。次级皈依则可能包括在皈依过程中受到强大压力并存在相当程度的不情愿，因此这种皈依过程并不那么自由。次级皈依在今天的拉丁美洲非常普遍：妻子们参与一个新教的五旬节派会众群体，最终通过种种努力，大部分人成功地使她们的丈夫也加入其中。这些男性就是次级皈依者。一旦他们成为五旬节派教会当中的积极分子，其中的很多人对于他们的新信仰有着相当高程度的委身，但即使如此，这一事实仍然存在：如果他们的妻子没有首先加入教派并带上他们一起，那么他们将永远不会皈依。①

丈夫们的次级皈依在早期基督教会当中也是非常常见的。主要的原因在于当时混合婚姻的普遍存在，因为在一个异教新娘数量普遍严重不足的世界当中，基督徒女性的数量有相当多的剩余。很多女性基督徒不得不嫁给异教徒或者保持单身，而对于很多异教当中的男性也是一样，要么娶一位基督徒新娘，要么继续做个单身汉。

彼得和保罗都支持异教通婚。彼得建议丈夫尚未皈依基督的那些女性："你们作妻子的要顺服自己的丈夫。这样，若有不信从道理的丈夫，他们虽然不听道，也可以因妻子的品行被感化过来。这正是因看见你们有贞洁的品行和敬畏的心。"（《彼得前书》3：1—2）保罗则这样说："妻

---

① David Martin, *Tongues of Fire: The Explosion of Protestantism in Latin America*, Oxford: Basil Blackwell, 1990.

子有不信的丈夫，丈夫也情愿和她同住，她就不要离弃丈夫。因为不信的丈夫就因着妻子成了圣洁，不信的妻子也因着丈夫成了圣洁。"（《哥林多前书》7：13—14）尽管正如哈纳克所说，保罗是同时向信仰基督的丈夫和妻子宣讲，但"丈夫是基督徒……而妻子是异教徒的情况通常是不常见的"。① 而尽管这些篇章所讨论的都是在配偶皈依之前缔结的婚姻，仍有充足的证据表明，"基督徒与异教徒之间的婚姻是非常普遍的……教会起初并不反对这种事，因为它有它的好处：它可能使其他人加入教会"。②

实际上，即使配偶不肯皈依基督，也还有孩子！甚至是那些坚持不肯皈依的男人似乎通常也会同意让孩子在信仰当中成长。在第五章当中曾经提及过的早期贵族皈依者宝丽雅·格里希那（Pomponia Graecina）的例子极具代表性。尚不能确定她的丈夫普劳提乌斯（Plautius，曾任罗马帝国在不列颠地区的首任行政官）是否曾经成为基督徒，尽管他小心地避免她卷入流言蜚语当中，但无疑地，她的孩子们是作为基督徒长大的。根据玛尔塔·索尔蒂的记述，"2世纪［她的家族］已经是现实当中的基督徒［她家族中的一位成员葬于圣卡利斯图斯（St. Callistus）公墓］"。③

如果教会曾经试图反对混合婚姻，它将面临着双方面的风险，要么大量女性为了结婚宁愿放弃信仰，要么累积大量未婚无子的女性基督徒，而这对于教会的人口增长毫无益处。此外，其中的每一个人似乎都很有信心，次级皈依的结果会是转向基督教，而非改信异教。这种信心似乎是建立在充足的证据基础上的，因为基督徒即便面对殉道也不肯动摇。这也与现代人所发现的证据相一致，就混合婚姻的结果而言，通常是配偶转向某种较为激进的宗教群体。举例来说，耶和华见证会的女性教徒往往会与教外人士结婚，但结果很少会是她们放弃自己的信仰，而通常会以配偶的皈依告终。④ 实际上，由于美国的异教通婚是如此之多，安德烈·格瑞雷（Andrew Greeley）已经总结出了这样一种规律：在混合婚姻情况下，通常

---

① Adolf von Harnack, *The Expansion of Christianity in the First Three Centuries*, Vol. 2, New York: Putnam's Sons, 1905, p. 234.

② Michael Walsh, *The Triumph of the Meek: Why Early Christianity Succeeded*, San Francisco: Harper and Row, 1986, p. 216.

③ Marta Sordi, *The Christians and the Roman Empire*, Norman, OK: Univ. of Oklahoma Press, 1986, p. 27.

④ Tim B. Heaton, "Religious Group Characteristics, Endogamy, and Interfaith Marriages", *Sociological Analysis* 51: 363–376, 1990.

是宗教要求较低的一方通过接受宗教要求较高的一方的信仰而成为次级皈依者。① 同样的规律在子代的宗教选择当中甚至获得了更为充分的发挥——他们将会在父母当中宗教要求更高的一方的信仰当中成长。

单纯通过更高的繁殖力来模拟基督教的发展过程需要极其复杂的计算，但这种模拟的结果是显而易见的：在其他所有条件都保持相同的情况下，最终，不可避免地，基督教将会成为主流宗教。

结　　论

基督教的兴起依赖于女性。与这种信仰对于女性的特别吸引力相应，早期基督教会吸引了远比男性多得多的女性皈依者，而这是在一个缺少女性的世界当中实现的。拥有更多的女性人口这一点给了早期教会巨大便利，因为它带来了基督徒不成比例的高繁殖力，以及数量可观的次级皈依者。

---

① Andrew J. Greeley, "Religious Intermarriage in a Denominational Society", *American Sociological Review* 75：949 – 952，1970.

第八章　迫害与委身

在64年的夏天，罗马皇帝尼禄有时会用把基督徒活活烧死的方式来给他的花园提供夜间照明，那些人的身上被裹满蜡，而后经由直肠被刑柱钉死在高处。尼禄还把基督徒扔进角斗场让野兽咬死，甚至还在十字架上钉死了一些。根据罗马历史学家塔西佗的观点，尼禄做这些残暴之举意在逃脱因那场烧毁了一部分罗马城的大火而受到的指责："尼禄集中了罪行并将最为剧烈的刑罚加诸因他们令人憎恶的行为而引致了大众仇恨的阶级，这就是基督徒。"① 受害者当中可能包括使徒彼得和他的妻子，② 还有使徒保罗。

本章将从对主要的迫害简要描述开始，并解释它们为何发生。而后需要思考的是为什么如此之多的基督徒清醒地、自愿地接受了残酷的殉道命运，而不是否认其信仰。最后，关注点集中到这一问题，罗马人的迫害为什么以及怎样促进了基督教的兴起，而不是摧毁教会或者甚至阻碍它的发展——因为殉道者的坚毅不屈震惊了很多态度摇摆的基督徒和异教徒，也给他们留下了深刻印象。

片段式的迫害

尼禄对于基督徒的迫害持续了很多年，有可能已经扩展到了帝国的其他地域。③ 最后它可能导致了接近一千人的死亡，④ 尽管玛尔塔·索尔蒂

---

① 塔西佗：《编年史》15.44。
② 根据亚历山大港的克莱门，*Stromata* 7.11。
③ Harold Mattingly, *Christianity in the Roman Empire*, New York: Norton, 1967, pp. 31–36.
④ W. H. C. Frend, *The Rise of Christianity*, Philadelphia: Fortress, 1984, p. 109.

认为只有"几百"①受害者,这种估测似乎与当时基督徒非常有限的总人数更为符合(见第九章)。无论如何,这都是罗马人针对基督徒的片段式攻击的第一幕,而后类似的迫害在多个地区持续发生——"在64—250年之间,只有孤立的、地区性的迫害"。②

在尼禄的暴行之后,人们相信皇帝图密善(Domitian,81—96年在位)杀害了大量基督徒,包括他自己家族当中的很多成员。在皇帝图拉真(98—117年在位)的统治下,基督教被认为是非法的,而我们已经知道至少有一些行省长官采取了迫害基督徒的举措。因此,在112年,卑斯尼亚(Bithynia)的行政官小普林尼在写给图拉真的信中说:

> 同时,对于那些作为基督徒而被控告到我这儿来的人,我的办法是这样:我在狱中审讯他们是否为基督徒;即使他们承认,我仍再三地问他们,同时以刑罚手段来加以恐吓。如果他们仍然坚持,我即下令对他们执行死刑。因为,无论他们的信仰的性质如何,我确信抗命不顺与执拗顽固应受惩罚……现在我已经开始处理这一问题,正如常常发生的那样,这些罪名变得流行起来……在起诉当中受到和将要受到牵连的人包括一切年龄、阶层和性别,而这似乎仍将持续下去。③

皇帝答复说,普林尼已经做出了正确的决定,但基督徒"不必加以调查;如果他们被告发并且告发得到确证时,他们就必须受到惩罚",但匿名的指控应当被忽略不计。④

很显然,当普林尼写信给图拉真的时候,针对基督徒的检举已经不限于他们触犯了不允许非法集会的法律。相反地,普林尼将此视为理所当然,即存在一项具体法律,或者至少是一项皇帝发布的政策,将基督徒身份本身视为死罪——而图拉真认可了这一点。很清楚,这个规矩一直持续到大约206年仍在发挥效用,直到被加列努斯(Gallianus)废除为止,但

---

① Marta Sordi, *The Christians and the Roman Empire*, Norman, OK: Univ. of Oklahoma Press, 1986, p. 31.

② de Ste. Croix, "Why Were the Early Christians Persecuted?" *Past and Present* 26: 6 – 38, 1963, p. 7.

③ 《小普林尼通信》10.96。译文参照司马英《图拉真与小普林尼关于基督教问题的通信》,有修改。——译者注

④ 《小普林尼通信》10.97(图拉真致普林尼)。

我们不知道它的第一次公布是在什么时候。我们知道大约在 95 年它已经开始实行，当图密善对基督徒发动袭击的时候。著名的哈罗德·马丁利（Harold Mattingly，1884—1964）认为，对于基督教的禁令可能开始于尼禄，而后得到了保留，因为"罗马人当中的名流持续地将基督教说成一种可怕的邪教，对于它的执意维护无疑是应被处死的"。① 同样广受尊敬的 G. E. M. de Ste. Croix（1910—2000）同意他的观点，但他提出，实际上从未有过针对基督徒的法律，这仅仅是尼禄统治时期留下的惯例，后来被赋予了如同一项专门法规一样的重要性。②

哲学家皇帝马可·奥勒留（Marcus Aurelius，161—180 年在位）的一些倾慕者否认他曾直接涉入过针对基督徒的迫害行动。③ 实际上，在经过省级官员的商讨之后，他本人直接宣布过针对基督徒的死刑。当然，应当指出的是，在他当政的时期，一场毁灭性的瘟疫席卷了整个罗马帝国，成千上万的人死于瘟疫（见第六章）。为了寻找一个解释，皇帝同意了那些支持这种观点的人：瘟疫是由神灵降下的，或者至少是被他们所容忍的，这是因为他们遭到了冒犯或者是忽视。对于属于一个因拒绝向神灵献祭而臭名昭著的群体的人来说，这是一段极其糟糕的时间。

因此，在 177 年，里昂爆发了一次手段惨烈的迫害。一些历史学家认为这可能部分地被官员所支持，他们试图减少为竞技场选择牺牲品的成本。④ 无论如何，当地爆发了暴徒对于基督徒的袭击，许多人被打，而后在地方官的面前被拖拽倒地。因为许多被控告的人是罗马公民，因此得以免除被送到竞技场里让野兽杀死的命运，这是当地官员写给马可·奥勒留的请求指引的信中所言。他回复说，那些坚持他们的基督信仰的人将被处死——罗马公民应当被斩首，而其他人则送进竞技场面对野兽。⑤ 因此，这些"里昂殉道者"死去了，包括著名的年轻女性波朗迪娜（Blandina）。最初她"被吊在刑柱上，作为野兽的食物"。当那些野兽放过了她，她被解下来，随即经受了"所有的折磨，一次又一次"。然后，"在遭到鞭打

---

① Harold Mattingly, *Christianity in the Roman Empire*, New York: Norton, 1967, p. 39.
② G. E. M. de Ste. Croix, "Why Were the Early Christians Persecuted?", *Past and Present* 26: 6 - 38, 1963.
③ 引自 Paul Keresztes, "Marcus Aurelius a Persecutor?" *Harvard Theological Review* 61: 321 - 41, 1968。
④ Ibid. .
⑤ Ibid. .

之后……在遭受煎锅烫之后，她最后被扔进了一个篮子，丢给了公牛……然后她也牺牲了，甚至是异教徒们也承认，他们从未见过一个女人能够忍受这么多这么残酷的对待"。①

202 年，一位二十二岁的迦太基贵族女性和一个尚在襁褓中的婴儿成为罗马皇帝谢普提米乌斯·塞维鲁（Septimus Severus，192—211 年在位）所颁布的一道法令的受害者。法令规定将处死任何基督教或犹太教的新的皈依者。与另外四个人一起，佩蓓图被丢进竞技场并遭到鞭打，而后遭到野兽的袭击。之后，因为她仍然活着，又被刀剑所杀。

比起 248 年在亚历山大所爆发的反基督徒的血腥暴乱，这些都只能算是幕间插曲。在之前的很多个世纪里，暴乱已经导致了相当多犹太人的死亡，而这至少已经是该城历史上的第三次暴乱，其间异教的暴徒们"抢劫、放火、毁弃属于基督徒的财产，在街上横冲直撞"。② 这似乎持续了"多次，无论什么时候基督徒出现在公共场合，无论白天黑夜，他们都有可能被抓捕、折磨直到死亡"。③ 很显然，罗马官员没有采取任何措施来防止混乱。

最后，舞台被让给了全国范围内发生的迫害。

帝国规模的迫害

历史学家过于频繁地忽视异教徒的虔诚，误读了他们以日常形式呈现的信仰，认为他们对宗教持冷淡态度。但在古代世界当中罗马远比其他社会更为宗教化，而大量的罗马人，特别是那些政治精英们，虔诚地相信着是神灵使得罗马成为它当时所成为的庞大帝国。在这种情况下，基督教对于神灵是一种明显的触犯，因为教会否认神灵的存在并将对于它们的崇拜视为渎神。假设罗马人会冒着招致神灵不悦的风险容忍基督教，这只能是个别性的。在帝国的全盛时期，这并不是什么要紧的事（除了灾难时期如瘟疫盛行时），但当罗马帝国开始经历最后的衰落时期——经济衰退，政治动荡，军事不利——这就变成了任何一位清醒的君主都不能忽视的事

---

① 优西比乌：《教会史》5.1.41-56。
② W. H. C. Frend, *The Rise of Christianity*, Philadelphia: Fortress, 1984, p. 318.
③ Stewart Irvin Oost, "The Alexandrian Seditions Under Philip and Gallienus", *Classical Philology* 56: 1-20, 1961, p. 4.

情。即使如此，当第一次主要的、全国范围的罗马对于基督教的迫害在3世纪中叶爆发时，其最初的诉求并不是单纯的对基督教的不容忍，而是一种被清晰认知到的对异教的虔诚信仰的普遍表达的需要。

德基乌斯（Decius）和瓦莱里安（Valerian）所发动的迫害

249年，在战争中击败了前任菲利普（菲利普死于那次战争）之后，盖尤斯·梅修斯·德基乌斯借由其军队拥立即位为罗马皇帝，议会认可了他对于王位的声明。可能再难找到比此时更不适宜占据王位的时机了。① 入侵者在整个欧洲边境发动袭击，而不再由公民士兵控制的军队正变得越来越昂贵和低效。② 罗马军队在武器和装甲方面从未有过优势，但由于训练和在战争当中的纪律性方面的巨大优势而经常获胜。③ 在"异邦人"军队的招募当中，这种长处已经在很大程度上消失了。此外，经济也在垮台。贸易已经崩溃，而基本商品的价格居高不下且上涨迅速。④ 税收负担也在猛增。⑤ 哪里错了？怎样才能修正它？

德基乌斯得出了这样的结论，所有罗马的问题都有其宗教上的根源。他的推断是这样的：许多个世纪以来神灵都微笑着面对罗马，保护着这个广阔而所向披靡的国度，但在某些新宗教到来之后，旧有的神灵遭到了相当程度的忽视，而其结果就是他们反过来也忽视了罗马。问题的解决方案是显而易见的：为那些曾经使得罗马强盛的神灵进行宗教复兴，使其重新获得尊荣！

推行宗教复兴的方式同样是显而易见的：上演规模空前的对于虔诚信

---

① George Thomas Oborn, "Why did Decius and Volarian Proscribe Christianity?", *Church History* 2: 67–77, 1933.

② Arthur Ferrill, *The Fall of the Roman Empire: The Military Explanation*, London: Thames and Hudson, 1986; A. H. M. Jones, *Constantine and the Conversion of Europe*, London: Hodder & Stoughton, 1948; Edward N. Luttwak, *The Grand Strategy of the Roman Empire*, Baltimore: Johns Hopkins Univ. Press, 1976; Ramsay MacMullen, *Soldier and Civilian in the Later Roman Empire*, Cambridge: Harvard Univ. Press, 1963.

③ A. H. M. Jones, *Constantine and the Conversion of Europe*, London: Hodder & Stoughton, 1948, pp. 23–24.

④ Michael Rostovtzeff, *The Social and Economic History of the Roman Empire*, Oxford: Clarendon Press, 1926.

⑤ Frank Frost Abbott, *The Common People of Ancient Rome*, New York: Chautauqua, 1911.

仰的展示。所以公布的著名法令要求"所有的帝国居民向神灵献祭，品尝所祭献的肉，并发誓他们会一直献祭"①——或者为之前的忽略神灵而忏悔并许诺未来的顺服。除了寻求神灵的帮助以外，德基乌斯还希望通过唤回传统神灵来重建爱国主义和公民意识的复兴所需的宗教基础，以劝服人们更加心甘情愿地缴纳税款并支持这个国家。

德基乌斯并未满足于向议会传达信息甚至是向相应的地方长官发布法令。他令人瞩目地打破了传统的做法，向帝国的所有人民直接宣布了他的法令。他也没有满足于仅仅表达他的意愿，而是要求地方行政官对于每个人以及每户家庭给出相应证明，证明他们已经完成了所要求的献祭。需要注意的是，德基乌斯并没有要求人们祈祷，或是斋戒，或是忏悔，或是参与崇拜神灵的集会。为了与罗马宗教的传统概念保持一致，他对于宗教复兴的观念并非其他，而正是一场快速的、非情感性的仪式——正如这一点一样明显，当有人阅读这些妥协并参与献祭的证明书的时候，会发现它包含从罗马时期的埃及延续下来的许多特征。②

> 致献祭活动的主管人，寄自泽拉德菲那村（the village of Theadelphia）的奥勒利乌斯·阿卡斯（Aurelius Akis）和他的孩子唉翁（Aion）以及艾拉斯（Heras）。这是我们日常进行的献祭活动，而如今你们共同出席，根据颁布的法令，我们已经献祭、已经呈献了祭酒，也已经品尝了祭品，现在我们请求你们对此予以证明。
>
> ［以下］
>
> 我们，奥勒利乌斯·塞利纳斯（Aurelius Serenus）和奥勒利乌斯·赫玛斯（Aurelius Hermas），见证了你们的献祭。
>
> ［签名及日期］

尽管对于基督教的禁令仍有效力，但德基乌斯最初似乎并没有想要迫害基督徒。他没有没收教会的财产，也没有禁止礼拜活动，他甚至允许基督徒在狱中等待审判的期间内进行他们的宗教仪式。他只是"没有理解

---

① J. B. Rives, "The Decree of Decius and the Religion of Rome", *Journal of Roman Studies* 89: 135–154, 1999, p.137.

② Arthur E. R. Boak and William G. Sinnigen, *A History of Rome to A. D.* 565, 5th ed., New York: Macmillan, 1965, p.415.

为什么基督徒不能在进行常规献祭的同时以他们自己的方式崇拜他们的神"。① 仅仅是当基督徒拒绝了这一"简单"的要求，而且还是在公众面前如此高声地宣扬它的时候，迫害才开始了。就这一点来说，德基乌斯可能是仇恨基督徒的。在处死费边教皇（Pope Febian）之后，据记载德基乌斯曾说："我宁愿收到某个威胁王位的人的消息，也不想再听说罗马出现了第二个主教。"②

应当指出的是，很显然犹太人并没有遭到迫害，尽管他们肯定也没有遵守法令。罗马人相信一个人永远负有荣耀其祖先所属的宗教的义务，因此犹太人在违反其祖先信仰的行动当中往往被授予豁免权。但罗马人对于所有放弃了自己祖先信仰的人持轻蔑态度，当然，所有的基督徒已经这样做了，并且拒绝顺从这一同时冒犯双方的法令。所以，悲剧开始了。

显而易见，罗马检察官最初的注意力集中在教会的领导者身上。③ 罗马和安提阿的主教们几乎同时遭到了折磨和处死。耶路撒冷和安提阿的主教死于狱中。试图抓捕亚历山大的迪奥尼修斯和迦太基的居普良的尝试失败了，两个人都转入了地下活动。但一些普通基督徒也遭到了逮捕，包括全然无害的老妇，比如亚历山大的艾波罗妮亚（Apolonia），在被活活烧死之前她被人敲落了所有牙齿。④

但就这些官员和异教旁观者的所有暴行而言，迫害是一项不计成败都要进行下去的工作，这可能部分地是因为德基乌斯不久之后就不得不领导军队前去拦截哥特人的入侵。在最后的战役当中，德基乌斯被杀，他的军队也化为乌有。他的继任者瓦莱里安继续了迫害行为，并再一次地瞄准了基督教中的精英阶层。帝国贵族当中的一些成员被指认为基督徒，而后被缚以铁链送去做苦役。教皇西斯科特被发现在罗马城下的一处墓地当中等待死去，更多的主教被直接处死——迦太基的居普良被发现了踪迹而后殉

---

① J. B. Rives, "The Decree of Decius and the Religion of Rome", *Journal of Roman Studies* 89: 135 – 154, 1999, p. 142.
② 引自 W. H. C. Frend, *Martyrdom and Persecution in the Early Church*, Oxford: Basil Blackwell, 1965, p. 405。
③ J. B. Rives, "The Decree of Decius and the Religion of Rome", *Journal of Roman Studies* 89: 135 – 154, 1999, p. 141.
④ 优西比乌:《教会史》6.41.7。

道。① 但基督徒当中没有任何一位受害者的下场比瓦莱里安本人更加悲惨，他领军向西到了艾德萨，输掉了战役，然后做了波斯人的囚犯，他们长期羞辱他、折磨他，并且在他死后，用稻草填充了他的尸体，摆在神庙里当作战利品。

在瓦莱里安死后，曾与他一起担任共治君主的他的儿子加列努斯（Gallienus）继承了王位。历史学家并不认为加列努斯是一位励精图治的君主（像许多君主一样，他最终被军队所谋杀），但他因取消了所有反基督教政策而得以在历史上占据一席之地。令人惊异的是，研究早期教会的现代历史学家对此行为的大量记载当中，没有一字一句对他这么做的原因给出解释。很显然，没有几个人知道他的妻子，皇后萨隆尼亚（Salonia），是个基督徒！② 无论如何，在加列努斯在位的这段时间的长期包容氛围当中，基督教会获得了迅速发展，许多基督徒获得了很高的社会地位。在那个时期，优西比乌（Eusebius）写道："要以一种适宜的方式描述这种荣誉和自由的程度和性质，这超出了我们的能力，它使得［教会］得以与所有人和谐相处。"③ 而后，在"大约296年，一场从军队和行政系统当中清洗基督徒的行动开始了——这是关于未来的极其不祥的预兆，303年，大迫害爆发了"。④

"大迫害"

历史学家们（包括我自己在内）长期以来谴责戴克里先（Diocletian），认为他发动了"大迫害"。这在某种程度上可能是没有根据的。戴克里先的妻子和女儿都是基督徒。⑤ 此外，戴克里先还允许基督徒在他的宫殿对面修了一所很大的新教堂［戴克里先住在尼科墨迪亚（Nicomedia）］。最后，在他在位的前二十年里，他并未作出任何惊扰"加列努斯的平静"的事情。

---

① 优西比乌：《教会史》7.12。

② Harold Mattingly, *Christianity in the Roman Empire*, New York: Norton, 1967, p.54. 当时铸造的钱币证实了这一点。

③ 优西比乌：《教会史》8.1。

④ Harold Mattingly, *Christianity in the Roman Empire*, New York: Norton, 1967, p.56.

⑤ Timothy D. Barnes, *Constantine and Eusebius*, Cambridge: Harvard Univ. Press, 1981, p.19; Harold Mattingly, *Christianity in the Roman Empire*, New York: Norton, 1967, p.56.

证据似乎是决定性的，最后一次流血迫害主要是由伽列里乌斯在攫取权力以后所发动的，他于305年继位。伽列里乌斯是"一个狂热的异教徒"，而戴克里先"怕他"。① 无论如何，戴克里先的确屈服了，他要求基督徒为降临在罗马帝国的疫病负责。事实上，这是一个帝国倾颓速度更快的时代，他所面临的危险比德基乌斯所面临的更大。异邦侵略者已经夺走了大片土地。在内政上，迈克尔·罗斯托夫泽夫（Michael Rostovtzeff, 1870—1952）对此提出了精辟总结：

> 仇恨和嫉妒蔓延各处：农夫仇恨地主和官员，城市无产阶级仇恨城市资产阶级，而军队受到所有人的仇视……工作漫无组织，生产力不断下降，商业毁于海路和陆路的不安全，工业无法繁荣，因为工业产品的市场不断萎缩，而民众的购买力不断下降，农业则遭遇严重危机……物价不断上涨，货币价值则以一种空前的速率下跌……国家与纳税人之间的关系或多或少地建立在有组织抢劫的基础上：强迫工作，强迫运输，强迫借贷就是当时的秩序。行政机构腐败而道德败坏……最为糟糕的混乱因此弥漫在整个被毁坏的帝国。②

应当采取些什么措施？像德基乌斯一样，戴克里先认定罗马的得救与否系于神灵之手。受到德基乌斯所颁布的关于复兴宗教的指示的启发，他也宣布了要求普遍献祭的法令。当然地，基督徒拒绝了。所以，在303年2月23日，帝国士兵进驻了宫殿对面的教堂，抢夺祭台上的杯盘和烛台，焚烧所有圣经，最后毁掉了整个建筑。③ 而后颁布了一项法令，这可能是伽列里乌斯假托戴克里先的名义发布的，因为当时戴克里先已经"由于严重的精神崩溃"而无力胜任，而这"无疑是因这些行动打击了他身边如此之多的人所带来的压力导致的"。④ 法令禁止一切基督徒集会，命令接管或拆毁所有的教堂，要求烧毁一切基督教文献，禁止基督徒在公务系

---

① Timothy D. Barnes, *Constantine and Eusebius*, Cambridge: Harvard Univ. Press, 1981, p. 19.

② Michael Rostovtzeff, *The Social and Economic History of the Roman Empire*, Oxford: Clarendon Press, 1926, pp. 453 - 454.

③ W. H. C. Frend, *Martyrdom and Persecution in the Early Church*, Oxford: Basil Blackwell, [1965] 1981, p. 491.

④ Harold Mattingly, *Christianity in the Roman Empire*, New York: Norton, 1967, p. 57.

统当中就职,也不允许他们出现在宫廷之中,同时还禁止任何人释放信奉基督的奴隶。然而,即使戴克里先没有提出这个法令,最终他的确"亲自主持了大量审讯和折磨"。① 在一位罗马贵族成员彼得的案子里,他被发现是一名基督徒,戴克里先"让人扒光了他的衣服,把他吊起来鞭打"。而后在他的伤口上倒了盐和醋,彼得被活着"慢慢烤死"。②

就总数来说,大约有三千位领导者和杰出成员被处死,另有数千人被判为奴或被送去矿井做苦役。③ 即使如此,针对基督徒的法令在许多城市仍然被视若不见,并且,更令人印象深刻的是,基督徒的人数仍在迅速增长!事实上,当时基督徒人口的庞大数量可能造成了这样的现实,没有多少人支持迫害。没有民众参与,没有告密者的风潮出现。基督教已经变得"受人尊敬"。④

311年在他的病床上,伽列里乌斯废除了他曾颁布过的所有针对基督徒的法令。他抱怨说,迫害反正也是无效率的,但他也命令基督徒为他恢复健康而祈祷。迫害由此停止。

由于罗马的迫害所导致的基督徒死亡总人数至今仍然未知。弗雷德(Frend)认为在所有反基督教的迫害活动当中被杀的总数只有"数百人,而非数千人"的观点无疑是错误的。⑤ 优西比乌的著作《巴勒斯坦殉道者》即使在当时也不是估计死亡人数的可靠基础,因为它首要地是一篇优西比乌写给他死去的朋友的纪念文字。当地传说,亚历山大港在303—311年之间殉难的基督徒人数达到660人。⑥ 无论具体总数是多少,显然死难者人数并不足以影响到基督教徒人数的快速增长。250年,德基乌斯的迫害行动开始之际,基督徒可能已经在各大主要城市占到人口总数的20%,而在"大迫害"开始时候的303年,整个帝国当中已经有至少10%的人口变成了基督徒,而大城市当中基督徒可能已经占了大多数。这意味着,如果要毁掉教会,那么就需要一次规模庞大的血洗。

---

① Timothy D. Barnes, *Constantine and Eusebius*, Cambridge: Harvard Univ. Press, 1981, p. 24.
② Ibid..
③ Michael Grant, *The History of Rome*, New York: Faber and Faber, 1978, p. 308.
④ Timothy D. Barnes, *Constantine and Eusebius*, Cambridge: Harvard Univ. Press, 1981, p. 31.
⑤ W. H. C. Frend, *Martyrdom and Persecution in the Early Church*, Oxford: Basil Blackwell, 1965, p. 413.
⑥ Timothy D. Barnes, *Constantine and Eusebius*, Cambridge: Harvard Univ. Press, 1981, p. 201.

基督徒的坚守

从其诞生初期开始直到现在,对于迫害的记载始终集中在殉道者们的事迹上,集中于那些在残酷的折磨当中显露出了坚持自己基督教信仰的非凡勇气的人身上。这些殉道者在这里同样占据了核心位置。但首先,承认有非常多的基督徒在面对这种严酷考验的时候否认或放弃了他们的信仰,这似乎是适当的做法。① 正如优西比乌所指出的:"一些人的确崩溃于极度的忧虑之下,并被他们自己的恐惧情绪所摧毁,由此放弃了,退让了。"② 基督教可能很难有什么其他的发展。因此,在德基乌斯的迫害当中,很多基督徒进行了他们所被要求的献祭,而另外一些人则行贿以换取他们已经进行了献祭的证明书。在大迫害当中,更多的人做了同样的事情。

在教会领导人眼中,这两种行为是一样的,它们都将个体置于基督徒共同体之外。但即使他们缺乏保持坚定所需的勇气,绝大多数人仍然希望重新回到这个精神国度,希望能够得到重新承认。这通过"司法上的严厉和仁慈的混合"得以实现,"……在严格苦修所见证下的忏悔之后,宽恕成为基本原则"。③

无论如何,首要的注意力必须集中在那些至今犹如基督徒们指引灯塔一样,表现出了惊人坚忍的基督徒们身上。然而,考虑到有关于这些暴行的片段迄今为止所包括的内容已经无法再提供什么更多殉道者的事例,依靠目前的材料似乎已经足以指出,只有很少的人被斩首——这被认为是相对人道的刑罚,而其他人所经历的惊人折磨已经到了难以相信有任何人能够经受的程度——尤其是其中的绝大多数完全可以获得逃离这些的机会。但一次又一次地,他们全都忍受了下来。事实上,教父们被迫频繁地出言禁止自愿的殉道行为,这是为了阻止狂热的教徒将他们自己暴露给当局。即使如此,存留下来的文件仍然表明了"一个惊人庞大的自愿殉道者群

---

① G. E. M. de Ste. Croix, "Why Were the Early Christians Persecuted?", *Past and Present* 26: 6 – 38, 1963; W. H. C. Frend, *The Rise of Christianity*, Philadelphia: Fortress, 1984; Harold Mattingly, *Christianity in the Roman Empire*, New York: Norton, 1967.

② 优西比乌:《巴勒斯坦殉道者》1。

③ Harold Mattingly, *Christianity in the Roman Empire*, New York: Norton, 1967, p.45.

体"的存在。①

殉道的基础

许多个世纪以来,基督教殉道者因其信仰和勇气而饱受推崇。而后的社会科学家们向我们保证说,普通人不可能做到那样的事情,这些殉道者具有精神疾病,而他们出于勇气所作出的壮举是由于受虐心理——对于痛苦的迷恋。因此,他们忍受"这种极度痛苦的折磨"的能力,"只能用一种病理上强烈和狂热的精神状态的不断增强所导致的结果来解释……这种受虐狂现象是早期殉道行为最为令人印象深刻的特征"。② 而后,一项由素有名望的芝加哥大学神学院所做的研究做出了非常出色的评论:"这种对于殉道的成见,影响因素之一是它涉及某种对于痛苦的不正常的享受心态。这种现象被称为'受虐心理'……很显然,为了殉道经验而自愿地放弃自我,当这涉及最为剧烈的折磨时,这种行为就变成了受虐倾向表现的表面证据。"③ 另一些心理学家和精神科医师对于殉道行为提出了不同的解释,包括自我催眠和感觉超负荷,④ 但他们当中的所有人,如果不是将其视为彻底的精神疾病的话,都仍然将自愿的殉道行为视作非理性状态的证据。在这么做的时候,他们没有意识到与殉道行为相联系的还有规模可观的奖赏存在,当他们所谈及的那些因素并不能为绝大多数基督徒提供忍受折磨的足够驱动力的时候,这些似乎才是那些基督徒这样做的初始动机所在。

在基督教兴起的初期,发展出了一种"圣徒崇拜",而这为殉道行为提供了惊人的奖赏——其中并非所有奖赏都要迟至死后才可获得。殉道者获得非凡的声名和荣誉,他们往往早在被处刑之前就已经被奉为要人,不必说,在经历考验之前也是如此。考虑一下安提阿的主教伊格纳修的情况。在大约110年,他遭到逮捕并被判在罗马竞技场当中处死。而后,他

---

① G. E. M. de Ste. Croix, "Why Were the Early Christians Persecuted?" *Past and Present* 26: 6–38, 1963, p. 22.

② Lyford P. Edwards, *The Transformation of Early Christianity from an Eschatological to a Social Movement*, Menasha, WI: George Banta, 1919, p. 21.

③ Donald W. Riddle, *The Martyrs: A Study in Social Control*, Chicago: Univ. of Chicago Press, 1931, p. 64.

④ Patricia McBroom, "Martyrs May Not Feel Pain", *Science News* 89: 505–506, 1966.

开始了在十个罗马士兵的陪同下前往罗马的漫长而悠闲的旅程。在路上，当地的基督徒赶来见他，称赞他为"征服一切的英雄"，① 送给他食物和礼品，并对他对于妥协的坚定拒绝表达了他们的敬慕。因此，正如第六章当中所指出过的，他唯一真正害怕的是罗马城中有影响力的基督徒会为他安排赦免。所以，正如他写在请求他们不要插手干预的信件当中所言："请让我遭受葬身野兽之口的命运，这是我接近上帝的方式。"②

除了焦急地想要去见上帝之外，伊格纳修也同样预料到了此生的荣耀，因为殉道者们会被铭记，他们忍耐折磨的事迹将会被生者不断讲述并加以纪念。想想士每拿主教波利卡普的例子，他大约在156年被烧死。后来，他烧焦的骨殖被当地的基督徒取回埋葬，此后的每年里他们聚集在他埋骨之所，"以巨大的快乐和喜悦来纪念他的殉难日"。③ 事实上，我们之所以能够知晓这么多早期基督教殉道者的名字，完全是因为他们的故事被后世人详尽地记录了下来。

最后，当然，殉道者们通常会公开遭受巨大痛苦，而这对于满足他们为其信仰做出持续贡献的愿望极其有利。尤金·维纳（Eugene）和阿妮塔·维纳（Anita Weiner）为殉道者的"奖赏"作出了引人注目的描绘：

> 所有的工作都是为了确保这个群体能够目击到殉道事件的整个过程。基督徒同伴前往牢中探望被捕者并带给他们食物和衣服，以使牢房变得可以忍受，这种现象并非罕见。甚至有为了使即将到来的对于信仰的考验更加戏剧化而举办的仪式。这些有支持作用的工作在最为难以忍受的情形下提供了安慰和帮助，并且隐晦地向即将殉道的人传递了消息，"你所说所做的一切将被看见并记录"。简而言之，这在仪式和祭典上将是非常重要的，并将被流传下去。

> 所有的殉道者都在台上。有一些人陷于悔恨并放弃了信仰，但那些承受住了压力的人获得了永生的保障，至少也会在活下来的人的记忆当中永生不死。使殉道行为与众不同的不仅是对于来世奖赏的许

---

① William R. Schoedel, "Ignatius and the Reception of the Gospel of Matthew in Antioch", In *Social History of the Matthean Community: Cross Disciplinary Approaches*, edited by David L. Balch, 129 – 177, Minneapolis: Fortress, 1991, p. 135.
② 伊格纳修：《致罗马人的书信》。
③ Anne Fremantle, *The Age of Belief*, New York: Mentor, 1954, p. 191.

诺，还有被这个世界铭记的保证。殉道者在死前就会看到他或者她已经在生者的记忆当中和教会的礼拜仪式里占据了一席之地。①

需要注意的是，很多基督徒通过参与集会或者是去探望即将殉道的人的行动，已经将自己的身份表露得如此明显，而当局似乎有意忽视他们。这不仅是在遵守通常的不去搜寻基督徒的政策——正如图拉真告知普林尼的那样——也是在遵循罗马人从上到下地迫害基督教会的主要策略。罗马人认为，主教和教士们是教会当中最为活跃的分子，如果他们被摧毁了，广大的普通教众也就会随之逐渐散去。这对于神庙宗教来说无疑是成立的，或许对于东方信仰来说也成立，但对于基督教来说这是一种误解，在基督教当中，每一位主教、牧师、执事的身后都有一队人准备着并且能够代替他们。事实上，基督教会是一种独立的社会范畴，其中的较高地位是由在群体中有地位的人所担任的，而与他们在外的社会地位无关——一个独立的世界，在其中市政高级官员和奴隶可以互相称呼"兄弟"。而在基督教的地位范畴当中，没有什么比"圣洁的殉道者"地位更高了。

殉道行为与可信性

现在让我们把注意力从殉道者转向他们的观众们。可信度是任何宗教都需要面对的基础问题。最终，所有的宗教都要求信仰的践行——使支持者们愿意相信一个超自然的、无法被直接观察到的国度的存在。因此，很多宗教采用了那些曾有过个体体验的人的证词，用以表明超自然力量的存在。典型地，这些人所提出的对于超自然的帮助的请求得到了答复：这包括某人奇迹般地活了下来，从伤势或疾病当中恢复，有时候甚至是赢得了某次战役。以这种方式，人们向其他人提供了他们的信仰"发挥作用"的证据，并由此证明它的基本许诺一定也是真的。

这些证据和证词看上去并不可信，然而这恰恰是殉道行为所天然固有的特性。凡人怎么可能在被扒了皮又撒上盐以后仍然保持蔑视的姿态？人怎么能在被叉到火上慢慢烤死的时候仍然坚持其信仰？这样的表现几乎让

---

① Eugene Weiner and Anita Weiner, *The Martyr's Conviction: A Sociological Analysis*, Atlanta: Scholars' Press, 1990, pp. 80–81.

人认为他们受到超自然的力量支持,或他们就是超自然力量。而这也是他们通常带给目击者的印象。信仰基督的旁观者能够"看见"上帝之手悬于殉道者头顶。许多异教徒也为之惊异:著名医生盖伦描述基督徒说,"他们对于死亡的蔑视……每一天都在对我们明白显露"。① 对于殉道行为的记载频繁地提及异教徒从所看到的,或者甚至是所参与的对于殉道者的折磨当中增加了对这一信仰的尊敬。异教旁观者很清楚地知道他们不可能为了他们的宗教忍受这样的痛苦。为什么这么多的基督徒能够做到?他们是否错过了关于这个陌生的新宗教的什么事情?这些不安和疑问往往会为新的皈依开启道路。

结　论

引用优西比乌在其《巴勒斯坦殉道者》当中的介绍文字可能是适宜的②——这是他对于大迫害当中遭受折磨的那些人的记录。"这些上帝的圣洁殉道者……将可怖的死亡看得比转瞬即逝的生命更为宝贵,从而赢得了所有胜利的美德的花环……而这些殉道者的灵魂值得被在天国纪念,进入先知们的行列,这是值得珍视的。"

因此,罗马当局被击败了。

---

① 引自 Stephen Benko, *Pagan Rome and the Early Christians*, Bloomington: Univ. of Indiana Press, 1984, p.141。
② 优西比乌 [大约325], 1927。

第九章　对基督徒的增加的估计

许多个世纪以来，很多历史学家认为，要获得4世纪时所达到的人数规模，基督教必须以一种令人难以置信的速度高速发展。权威的德国历史学家阿道夫·冯·哈纳克（Adolf von Harnack, 1851—1930）同意圣奥古斯丁（St. Augustine, 354—430）的看法："基督教一定是以神迹的方式完成了自我发展，除了其他神迹之外，其中最大的神迹是这一宗教程度非凡的扩张。"① 这有可能是真的吗？

在几乎所有关于基督教发展的讨论里，哈纳克都没有提供任何具体数字，也没有试图计算为了实现这一"神迹"所需要的实际的增长率。如果他这样做了，他就会发现其实并不需要什么神迹，虽然对于不熟悉这种计算形式的人来说，指数增长曲线似乎有如神迹一般。

无论如何，在此暂时停下来，建立一个关于基督教在罗马帝国当中发展的合理统计模型应当是合适的。不可能将这样一个模型扩展到基督教在东方的发展上去，因为关于东方的数据太少，研究无法持续，但需要铭记的是，在各个方面而言，东方基督徒的人数可能一直远远多于西方，直到穆斯林入侵以后这种情况才告终结（见第十二章）。罗马帝国基督教发展模型的可靠性经过了多种方式的检验，而后基督教发展的地理分布也得到了检视：它是怎样扩散到整个罗马帝国的？当地理分布与增长模型相互关联起来以后，估计一段时间内罗马城中基督徒人口的大致规模也就成为可能，也由此，我们得以对基督徒作为一支强大的政治力量的出现进行充分认识。

---

① Adolf von Harnack, *The Expansion of Christianity in the First Three Centuries*, Vol. 2, New York: Putnam's Sons, 1905, p. 466n.

古代统计学

书写古代史或中世纪历史的一个主要的障碍是缺乏可靠的统计数字。不仅很少有信息来源能够提供数字，那些给出的仅有的数字也往往是荒谬不经的。比如说，约瑟夫（Jesophus, 37—100）说在 70 年罗马人征服耶路撒冷的时候，城中有 110 万居民被杀，另外的 9.7 万人被俘为奴。[①] 实际上，耶路撒冷人口可能甚至从未达到过 4 万，而就目前所知，其中的很多人已经逃离。更令人迷惑的是，古代文献当中还有一部分数字有可能是精确的：就其所记载的有 960 名犹太奋锐党人——包括男人、女人和孩子在内——死在梅察达而言，约瑟夫有可能是对的。[②]

导致古代统计数字如此罕见且难以采信的一个原因是，尽管"[官员]实际上对统计数字很感兴趣……但书写历史的文人……对此不感兴趣"。[③] 第二个原因是，直到现代，作家们在使用数字的时候仍然不是为了表达它们字面上的意思，而是为了使用它们来表明"多"或"少"——举例来说，查特斯的富尔彻（Fulcher of Chartes, 1059—1127）无疑很明白，在第一次十字军东征时期不可能有 600 万法国骑士参战（这个数字比当时法国的总人口还多）。

无从得知究竟有多少人实际见过耶稣或曾聆听过他的布道。尽管一位杰出的学者曾宣称，耶路撒冷的每一个人在耶稣传道期间都曾被他传播过福音，或者是有超过 80 万犹太人曾接受过他的传道，[④] 总数不可能多于这个数字，因为耶稣的传道时光几乎完全在加利利地区的一个小村庄及其附近度过，加利利本身就是一个很小的省。当然，问题不在于多少人听过布道，甚至也不在于多少人听说过耶稣，而在于有多少人将他承认为基督。幸运的是，我们的确拥有一份相对可信的对于基督徒人数的报告，时间是在基督受难之后不久。《使徒行传》1：15 说："那时，有许多人聚会，约有一百二十名，彼得就在弟兄中间站起来。"

这一总数与大部分新生宗教运动在其发展早期的情况是一致的，因为

---

① 约瑟夫：《犹太战争》6.9.3。
② 约瑟夫：《犹太战争》7.9.1。
③ Robert M. Grant, *Early Christianity and Society: Seven Studies*, London: Collins, 1977, p.9.
④ David B. Barrett, *World Christian Encyclopedia*, Oxford: Oxford Univ. Press, 1982, p.23.

皈依基本上是一种面对面的过程，只能通过社会网络慢慢赢得契机。突然的、大量的皈依是不会简简单单就发生的。的确，在一代人以后，很多社会科学家相信大量皈依者的出现是一个事实——他们提及"集体歇斯底里""群集本能""群众心理""集体疯狂"等诸如此类的概念。但没有人能够举出这种现象的哪怕一个可信的例子。因此，社会科学家们甚至已经把这些观点降低到了无用概念的垃圾桶的层次。① 因此，《使徒行传》2：41 记载，彼得在一次公开讲道当中所作出的声明——在那一天"大约3000 个灵魂"受洗并归于基督徒共同体之中——就必须被认为是过度夸张了。即使的确有如此之多的人主动加入（这种可能性非常之小），其产生的首要结果也应当是3000 名湿淋淋的犹太人和异教徒——更多的人仅仅是想要成为真正的基督徒，而不是听完一场布道之后在河水当中快速地浸湿自己。忽略这一关于集体洗礼的记载，而仅仅采信《使徒行传》1：15 的说法，这与霍华德·克拉克·基（Howard Clark Kee）的估计是一致的："在非犹太城市当中，参与耶稣运动的第一代人只有几十个，或者最多稍多一点。"② 我认为，在40 年，罗马帝国当中的基督徒总人数在一千左右。

无论可信与否，新约当中没有提供其他相关数据。可以推测，直到2 世纪末期基督徒总人数的增长速度仍很缓慢，因为新约当中没有提及其他的教堂建筑。③ "罗马城内最早的教堂的修建可追溯到3 世纪中期。"④ 恰好相反，基督徒的聚会仍然在其中一个人的家中举行："一个城市当中可能有许多集会地点，但所有的会众群体所拥有的空间都并不大。"⑤ 因此，著名的罗伯特·威尔肯（Robert Wilken）指出，在大约150 年，"基督徒群体可能存在于罗马帝国内的四十到五十个城市当中。其中的大多数规模非常小，有些只有几十人，另一些则可能包括几百人。帝国范围内基督徒

---

① Ralph H. Turner and Lewis M. Killian, *Collective Behavior*, 3rd ed. Englewood Cliffs, NJ: Prentice-Hall, 1987.

② Howard Clark Kee, *What Can We Knew About Jesus*? Cambridge: Cambridge Univ. Press, 1990, p. 6.

③ Robert M. Grant, *Early Christianity and Society: Seven Studies*, London: Collins, 1977, p. 146.

④ Eckhard J. Schnabel, *Early Christian Mission*, 2 vols, Downers Grove, IL: InterVarsity, 2004, p. 815.

⑤ Robin Lane Fox, *Pagans and Christians*, New York: Knopf, 1987, p. 269.

总人数可能不到 5 万"。①

一个世纪之后,基督徒人数可能已经占到了帝国总人口的 2%,或者说大约略多于 100 万人,这是罗伯特·莱恩·福克斯(Robert Lane Fox)的估计。② 很多历史学家都作出了非常近似的估计,到 300 年,基督徒的人口规模大约为 600 万。③ 到 350 年,基督徒已经占了大多数——如果以公开角度说的话——至少在名义上是基督徒的人口可能已经超过了 3000 万。这些不同阶段的估计数据呈现在表 9.1 当中。

增长模型

建立一个适应于各个阶段的基督徒增长的简易模型是可能的吗?当然。以 40 年基督徒共 1000 人作为起点,而假设基督徒的增长率为 3.4%/年,我们能够得到一个预期的增长模型,它能够基本精确地符合每个阶段的情况,正如表 9.1 当中可见的那样。

表 9.1　罗马帝国当中基督徒人数的增长(预期年增长率为 3.4%)

年份	基督徒人数	阶段标志	占总人口比例的估计*
40	1000	—	—
50	1397	—	—
100	7434	—	—
150	39560	(-50000)	0.07
180	107863	—	0.18
200	210516	—	0.35
250	1120246	(100 0000)	1.9

---

① Robert L. Wilken, *The Christians as the Romans Saw Them*, New Haven: Yale Univ. Press, 1984, p.31.
② Robin Lane Fox, *Pagans and Christians*, New York: Knopf, 1987, p.317.
③ Erwin R. Goodenough, *The Church in the Roman Empire*, New York: Cooper Square, [1931] 1970; Michael Grant, *The History of Rome*, New York: Faber and Faber, 1978; Ramsay MacMullen, *Christianizing the Roman Empire*, New Haven: Yale Univ. Press, 1984. 吉本认为当时基督徒人数只有大约 300 万(Edward Gibbon, *The History of the Decline and Fall of the Roman Empire*, 3 vols., London: Allen Lane: Penguin, [1776-1788] 1994, 第一卷第十五章)。

续表

年份	基督徒人数	阶段标志	占总人口比例的估计*
300	5961290	（6000000）	9.9
312	8904032	—	14.8
350	31722489	（+30000000）	52.9

* 以帝国总人口稳定在 6000 万为基础

难以想象，不同来源的史学估测能够和这个模型之间达到如此高的契合程度。当然，如果能够实际观测的话，实际的基督徒人口增长曲线可能会表现出一定波动，有些年份会略低于 3.4%，而另一些年份会高于这个速率。但总体上的非凡契合表明，任何一次教徒的背离一定都是规模相当小而且持续时间很短的。要记得这是增长率，而非皈依比例，它是由皈依和生育所构成的，减去了死亡和叛教的情况。

这一模型表明，基督徒的增长过程中并不需要任何奇迹发生。相反地，许多现代宗教，比如耶和华见证人（Jehovah's Witnesses）和摩门教，都有类似的详细记录，曾在数十年当中保持着 3.4%/年甚至更高的增长速率。① 至于认为在 40 年基督徒人数远超千人的反对意见，② 如果当时基督徒人数更多，那么其所需的增长率将会大幅降低，只需 2.65% 的年增长率即可在 350 年达到超过 3000 万人的水平。但这样产生出的模型极大地偏离了中间的阶段性数值，使其看起来相对不可信。无论如何，基督教有足够时间以传统的通过社会网络进行的传教方式完成其发展过程。

除了满足阶段值以外，以 3.4% 增长率为基础的模型同时也与多个其他案例当中的实际数据高度吻合，这为其可信性提供了保证。举例来说，这一模型与罗格·S. 巴格诺尔（Roger S. Bagnall）就 239—315 年间基督徒在总人口当中的占比的估计非常一致，后者是根据对古埃及文献当中提

---

① Rodney Stark and Lawrence R. Iannaccone, "Why the Jehovah's Witnesses Grow So Rapidly: A Theoretical Application", *Journal of Contemporary Religion* 12: 133 – 157, 1997; Rodney Stark, 1996.

② Paul McKechnie, *The First Christian Centuries: Perspectives on the Early Church*, Downers Grove, IL: InterVarsity, 2001, p. 57.

及的基督徒名字的百分比的分析做出的。① 第二个对比的根据更为有力。卡洛斯·R. 加尔沃—索布因荷（Carlos R. Galvao - Sobrinho）② 已经公布了出现在罗马城墓碑上基督徒墓志铭的数量，它们被分解为以二十五年为间隔的组。③ 使用罗马数据的时间序列分析和对于罗马帝国当中基督徒人口的预测从 200 年开始，至 375 年结束，最终得出了与我们的模型紧密匹配到惊人程度的结果。正如图表 9.1 当中画出的 Z 值所示，两条曲线几乎完全相同，并产生了几乎完美的 0.996 的相关系数。

当然，应当指出，曲线不可能保持永远的上升态势，它很快就可能因潜在皈依者的减少而下降。另外，使所有人皈依基督是不可能的，在这个案例当中，罗马帝国的大部分居民从未皈依过基督。很多犹太人也没有。有组织的异教信仰延续了很多个世纪，而乡村地区数以百万计的人仅仅是将耶稣加进了他们所崇拜的万神殿，再无其他（见第十五章）。结果是，完整的增长曲线将会接近 S 形，它典型地出现在将统计学应用于不同现象在人群当中的扩散的时候。

基督教发展的地理分布

尽管耶稣的布道是在加利利地区的村庄和山坡上进行的，在耶稣受难之后的二十年内，早期基督教已经完全变成了一项城市当中的运动。保罗的传教之行将他带到了各大主要城市，比如安提阿、哥林多，还有雅典，他同时也偶尔拜访较小的社区，比如以哥念（Iconium）和老底嘉（Laodicea），但从未有资料提及他曾在乡野间布道。实际上，此时距离基督徒们为了使乡下的农夫皈依基督付出巨大努力还有好几百年时间。当然，那个时候很多乡村当中的人已经通过在城市当中逗留过的那些变成基督徒的朋友或邻居被基督教化了。然而，在起初的几个世纪里，认识到基督徒增长曲线极大地依赖于城市，这一点是非常重要的，这是为了将基督徒共同体

---

① （r = 0.86）Roger S. Bagnall, "Religious Conversion and Onomastic Change in Early Byzantine Egypt", *Bulletin of the American Society of Papyrologists* 19：105 - 124, 1982; Roger S. Bagnall, "Conversion and Onomastics: A Reply", *Zeitschrift für Papyrologies und Epigraphik* 69：243 - 250, 1987.

② 我对 Galvao - Sobrinho 教授向我慷慨提供他的第一手数据表示深切感谢。

③ Carlos R. Galvao - Sobrinho, "Funerary Epigraphy and the Spread of Christianity in the West", *Athenaeum* 83：431 - 466, 1995.

的可见性和地方影响力最大化。这两个因素都通过基督教严格的团体性质而得到加强——无论他们的具体人数是多少，他们总是周期性地聚会并协调他们在城市生活当中的参与程度。

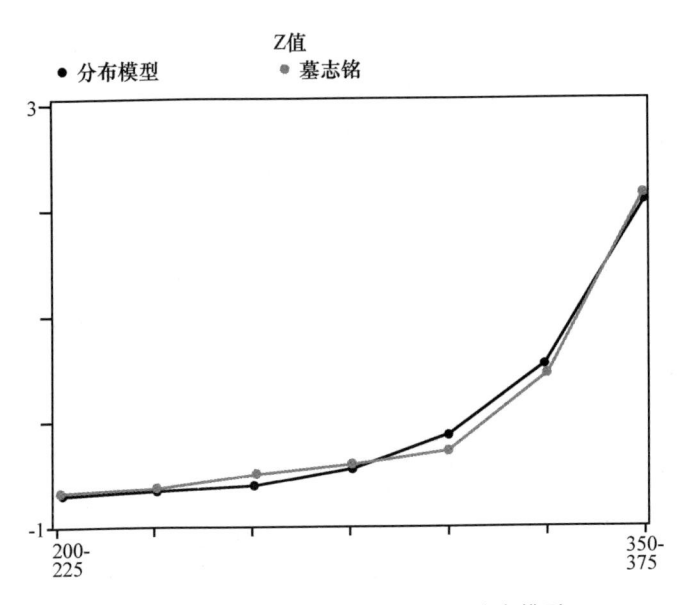

图9.1 罗马基督徒墓志铭和成员分布模型

基督教增长模型适用于整个罗马帝国，但即使是在各个城市当中，基督教也并不是以相同的速度扩张的。34 年以前在大马士革曾有一个基督徒群体，因为保罗就是在前往迫害他们的路上有了他在路边发生的皈依体验。但直到2世纪，迦太基仍然没有任何基督教会众群体，米兰或者卡普阿直到3世纪也没有。这些差异反映了基督教是从耶路撒冷辐射到周边地区的，而它的传播很大程度上受到某地与耶路撒冷之间距离远近的影响。唯一的例外是罗马，当地出现基督徒的时间大约与大马士革同期（见第四章）。

正如已经指出过的那样，我们对于基督教后来在东方的传播细节所知甚少。幸运的是，冯·哈纳克在追踪基督教活动抵达西方的足迹方面投入了巨大精力，他逐省逐市地收集了帝国范围内所有的有关基督徒活动的证据。哈纳克准备了两个表格，其中一个包括所有到1世纪末期之前有基督徒社区存在的地区；另一个则是180 年有基督徒社区存在的地区——所有

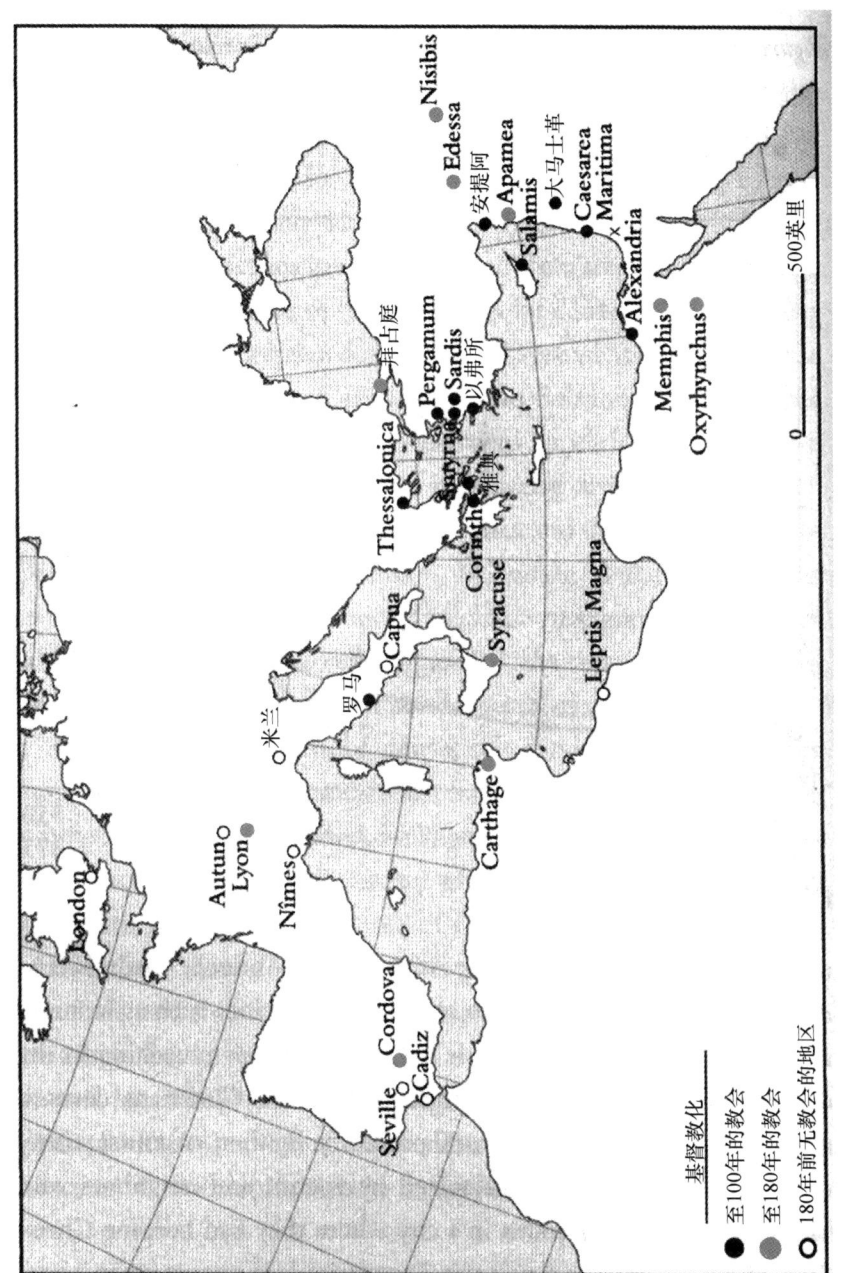

第九章 对基督徒的增加的估计 149

图9.2 基督教化

的资料都被详细地记录了下来。冯·哈纳克的工作至今仍然无可超越，而所有的标示基督教传播情况的地图集都建立在他的工作的基础上。正如通常所期望的那样，他的表格对于较大的城市而言已经相当完备，而对于比较小的地方则不可避免地相对漫不经心一些。因此，地图9.1只标注了罗马帝国版图内到100年人口达到或超过3万的三十一个城市①（70年遭到罗马人摧毁以后，耶路撒冷在那个时候几乎已经不存在了）。城市的以下特征影响了它们第一次产生出基督徒会众群体的时间。

很显然地，距离耶路撒冷（地图上的X标志）越近的城市，产生基督徒会众群体的时间就越早，明显早于那些距离更远的城市。在距离耶路撒冷一千英里以内的十七个城市当中，有十二个（71%）在100年时已经有了教会，到180年，全部十七个城市都有了自己的教会，而在另外十四个距耶路撒冷超过一千英里的城市当中，在100年只有一个城市（7%）产生了教会，直到180年仍有八个城市没有教会的存在（gamma = 0.950）。

港口城市容易成为首先产生基督徒群体的地区。这是因为当时乘船穿过地中海比陆路上的行程要快，在这种意义上，港口城市远比内陆城市更接近耶路撒冷。因此，在十四个港口城市当中，在100年有九个（64%）已经有了基督徒会众群体，到180年，仍然没有会众群体的只剩下两个城市。在十七个非港口城市当中，100年时只有四个城市（24%）中出现了基督徒会众群体，而到180年仍有六个城市没有会众群体（gamma = 0.598）。

正如第七章当中所指出过的那样，基督徒在希腊城市当中增长得比在罗马城市更快，这或许部分地是因为希腊女性能够从皈依基督当中获得比罗马女性更多的优势。在十九个希腊城市当中，十二个（63%）在100年时有了基督徒会众群体，而到180年，这一范围扩大到所有城市，而在十二个非希腊城市当中，只有一个城市（8%）当时有会众群体存在，到180年，仍有八个城市（67%）完全没有基督教会众群体（gamma = 0.928）。当然，希腊城市离耶路撒冷也更近，但即使在统计当中控制这一因素，希腊化的影响仍然非常强。

正如第四章当中所说，如果城市当中有供奉伊西斯或西布莉的神庙，

---

① 具体的细节见 Rodney Stark, *Cities of God*, San Francisco: Harper San Francisco, 2006.

那么当地也会更早地产生基督教会众群体，因为东方信仰似乎已经为基督教铺平了道路。第四章当中也曾指出过，基督教在拥有大量离散犹太人社区的城市也会更快地建立当地的会众群体。

最后，城市越大，建立基督徒会众群体的速度也就越快。在八个较大的城市当中，100年有六个（75%）建立了会众群体，在180年以前，会众群体出现在全部八个城市当中。在其他二十三个较小的城市当中，100年时只有七个（30%）产生了会众群体，到180年，仍有八个城市（35%）没有基督教会众群体的存在。

罗马城的基督教化

城市当中基督教的发展最好的例子就是罗马城，长时间以来它是最大的罗马城市，也是最早产生基督教会众群体的地方。通过采用一些补充假设，对于不同时期罗马城中基督徒的数量作出粗略估计是可能的，其结果显示在表9.2当中。需要记得，当时罗马帝国人口当中绝大多数住在乡下——最为乐观的估计是，当时帝国的六千万人口当中，只有大概450万人（7.5%）住在人口达到或超过1000人的聚居地当中。① 考虑到罗马城人口估计在45万人左右，② 这意味着十分之一的城市人口居住在罗马城，这也与这一事实相一致，罗马大多数主要城市当中的居民甚至不到5万人。所有的历史学家都同意，在其诞生初期几乎所有的基督徒都是市民。根据表格当中所呈现的计算结果，假设直到200年仍然有90%的基督徒是城市居民。到250年，大约75%的基督徒是城市居民，该计算结果假设到300年时城市中的基督徒占总基督徒人口的一半左右。罗马城中的基督徒人口是根据表9.1当中基督徒占总人口的可能比例，加上这些假设条件之后计算出来的。为了避免留下精确性方面的错误印象，这些结果已经经过了四舍五入，同时也应当理解，这些数据仅仅是为了起到说明作用而提供的，它们远不能与总体增长曲线的可信度相比。

---

① Patrick Nolan and Gerhard Lenski, *Human Societies*, 10ᵗʰ ed., Boulder: Paradigm, 2006, p.155.

② Rodney Stark, *Cities of God*, San Francisco: Harper San Francisco, 2006.

表 9.2　　　　　　　　罗马城当中基督徒人数的估计

年份	数量	阶段标志	在罗马城估计人口中所占比例
100	700	<1000	0.15
150	3600	—	0.8
200	19000	20000	4.2
250	78000	—	17.3
300	298000	—	66.2

历史资料只对罗马城中的基督徒人数给出了两个估计数字，它们在表 9.2 当中被用作了阶段标志。L. 威廉·康特里曼（L. William Countryman）认为，罗马城当中的基督徒在 1 世纪末期"不会大幅少于 1000 人"，① 这与表格中 700 人的估计完全一致。罗伯特·M. 格兰特（Robert M. Grant）提出，200 年罗马城当中的基督徒大约有 2 万人，② 这也与预测当中 1.9 万人的数字非常接近。更重要的是，即使表 9.2 当中的估计数字减去 50%，到 300 年基督徒人数在罗马城的巨大增长仍然是不可避免的。

在大约 200 年，早期教会神父特土良夸口说，"几乎所有城市居民都是基督徒"。③ 这肯定是故意夸张，但仅仅在那时大约一个世纪的时间里它才能算是夸张，因为到 300 年，基督徒已经在罗马城中占到了大多数，并且可能在很多其他城市当中也是如此。但即使是在 200 年，基督教在罗马也不仅是另一种无关紧要的教派！与异教不同，罗马城中的 1.9 万名基督徒是有着严密组织的。他们属于相对较小的、联系紧密的会众群体，甚至可能有自己的社区。基督徒可以很容易地被所面对的地方事务所动员起来，而这极大地放大了他们的人数。因此，基督徒共同体的效率和规模很可能是 250 年和一个半世纪以后的两次针对他们的迫害发生的影响因素之一。同时也应当记得，大迫害主要发生在东方——戴克里先的首都是尼科墨迪亚（今天的伊兹米特，在土耳其西北部）——而在罗马城已经成为多数的基督徒们并没遭遇多少。

---

① L. William Countryman, *The Rich Christian in the Church of the Early Empire: Contradictions and Accommodations*, New York: Edwin Mellen, 1980, p. 169.
② Robert M. Grant, *Early Christianity and Society: Seven Studies*, London: Collins, 1977, p. 7.
③ 特土良:《答辩》37.8。

结　论

　　本章的基础目标是在基督徒增长的问题上提供必要的原则——为了以合理和可能的计算代替无根据的谣传和假设。这当然不是"证明"了基督教以 3.4%/年的速率增长，但以这个速度为基础得到的增长曲线看上去非常合理，因为它完全与这件事上我们所能掌握的可信数据相契合，并且与已知的测量方法，比如罗马城中基督徒墓碑不断增加的百分比，达成了高度一致。同时这一增长率也是相当可能的，一些可以获得精确数据的当代宗教运动曾经达到或是超过这个增长速度。

　　这些对于前三个世纪当中基督徒人口的估计给这一时期的历史带来了必要的准则。如果没有其他影响因素的话，它形成了这样一种认知，即基督教会在如此之长的时间里是如此弱小。因此，举例来说，福音书当中所表达的对于"犹太人"的担忧和敌意应该被理解为一个总数不超过 3000 人（70 年）的群体的情绪，而他们有理由恐惧一个有数百万人的族群——有太多评论弄反了当时的相对规模对比。

　　相反地，3 世纪到 4 世纪早期的罗马政治史过于经常地倾向于忽略当时已经非常庞大并且仍在快速增长的基督徒共同体，特别是在主要城市当中——当时它们一方面引发了统治阶级的焦虑，另一方面也提供了一种有力政治支持的潜在来源。因此，尽管已经有大量文献谈到了教会从君士坦丁的偏爱当中获取了多少利益，却没有多少人提及数以百万计的基督徒的支持是怎样使得君士坦丁获益的，他们巩固了他的权力，同时也终结了数十年来变乱不断的统治状态。

第三部分　巩固基督教欧洲

第十章　君士坦丁好坏参半的护佑

弗拉维·瓦莱里乌斯·奥勒里乌斯·君士坦丁——通常被称为君士坦丁一世——是从306年直到337年他死亡为止这段时间内的罗马帝国皇帝。东正教会将君士坦丁视为一位圣徒,但罗马天主教会不这么认为。尽管这反映了双方对其评价的根本性差异,但无论东方还是西方的天主教会长久以来都尊敬这位皇帝对于基督教的安全、繁荣和权力的贡献,而两种传统下的作家都频繁地称他为"君士坦丁大帝"。

然而在之后,那些怀疑精神更强的世纪里,许多历史学家开始重申皇帝叛教者尤里安(Julian the Apostate,361—363年在位)在他试图重建异教的不切实际且昙花一现的努力过程中针对君士坦丁的攻击:尤里安指责君士坦丁是不诚恳和自我放纵的暴君。因此,一代又一代的学者否认了君士坦丁皈依的真实性,将他对于基督教的支持斥为见利忘义(cynical),并谴责他试图强行统一教会。典型的批评者是雅各布·伯克哈特(Jacob Burckhardt,1818—1897),他写道:"试图理解君士坦丁的宗教观念并建构关于宗教信念变化的一种存在于假设当中的图景,这种努力是无用的。一个持续不断地受到野心和对权力的贪欲驱使的天才的心中不会为虔诚留下任何空间;这样的一个人必然是非宗教的,即使他将自己描绘为站在教会共同体的立场上……[所有的]他的精力,无论是精神上还是肉体上,都被投入了支配一切这一伟大目标之上。"① 而后,伯克哈特将君士坦丁归结为"一个精于计算的政客,他精明地利用了一切可以利用的物质资源和精神力量,都是为了保持他自己的地位并维持他的统治"。②

---

① Jacob Burckhardt, *The Age of Constantine the Great*, New York: Pantheon Books, [1880] 1949, p. 281.

② Ibid., p. 292.

本章从探讨这一问题的原因开始，即为什么近年来的历史学家们对于君士坦丁的皈依以及他对于基督教的委身转向了一种更为正面的态度。而后，我将对君士坦丁供给教会的利益作出评估——他在整个帝国范围内大量地建设教堂，同时授予教士们以各种特权和权力。之后将讨论君士坦丁强加给教会的教义一统，这开创了一种压制异见的传统。重要的是，尽管他在基督教内引导了宗教方面的不宽容性，却赞扬异教的宽容。最后，君士坦丁对基督教的支持在波斯被理解成了这种意义：在与罗马帝国开战的时候，所有的当地基督徒都是潜在的叛国者，因此引发了长达数十年的血腥迫害。

君士坦丁

在怀疑论盛行的时代过去之后，这一点重新获得了广泛承认：君士坦丁的确曾为了他在米尔维安大桥与他的王位竞争者马克森提乌斯（Maxentius）之间的战役请求过基督教上帝的帮助。同样获得承认的还有，他随后的皈依是真实的，① 而非后世太多的历史学家曾在太长的时间里所宣称的那样是出于伪装。如果君士坦丁将洗礼推迟到他临死前不久，这并非他此前缺乏虔诚的证据，而只是一种非常流行的做法，甚至连圣安波罗修（St. Ambrose）也曾这样做。这种推迟的目的在于，因为洗礼将洗去一切在先的罪，当死亡触手可及的时刻，在死前已经没有多少时间可供积聚新的需要长期赎罪的行为。但如果君士坦丁的虔诚获得了重新的承认，那么历史学家们仍旧对此缺乏必要的好奇心，为什么君士坦丁会首先向基督教的上帝发出请求，而不是面向朱庇特或者其他的传统罗马神灵。

君士坦丁这样做的其中一个原因在于，当时所有人都已经知道基督教的存在，因为它当时可能已经是罗马城中以及其他主要城市当中大多数居民的信仰。很少人会忽略，当基督徒增长的指数曲线加速之时，发生了数以千计的皈依。但或许最为重要的是，君士坦丁的母亲海伦娜（Helena），这位与他非常亲密同时也分享着他的家庭的人，是一位基督徒——可能甚

---

① H. A. Drake, *Constantine and the Bishops: The Politics of Intolerance*, Baltimore: Johns Hopkins, 2000; Hans A. Pohlsander, *The Emperor Constantine*, 2nd ed., London: Routledge, 1996.

至长期以来一直是基督徒。没有几个历史学家愿意承认 T. G. 艾略特（T. G. Elliott）①的观点，即她实际上是将君士坦丁作为基督徒抚养成人的，也没有谁承认优西比乌的看法，认为是君士坦丁使得海伦娜改信了基督。② 没有人知道海伦娜是从什么时候起成为基督徒的，但这一定发生在她的儿子赢得大桥战役之前，因为在君士坦丁家族王室还在特里尔的时候，她就已经将她的屋子捐赠给了主教以供教会使用。很长时间里这一馈赠一直遭到学者们的否认，但最近的考古学研究已经证明了这是真的。③ 此外，考虑到海伦娜在她的儿子当政的时期那些令人印象深刻的基督徒活动，当君士坦丁决定让他的战士在他们的盾牌上打上"Chi - Rho"标记的时候（这是象征基督的字母组合），必须假设他已经对基督教非常熟悉。而后他轻易地取得了大胜。

同样引发联想的还有在战争开始以前，当君士坦丁的军队抵达的时候，罗马的人民"变得焦躁不安且充满敌意"，这使得马克森提乌斯非常恐惧背叛行为。④ 如果第九章当中的计算是基本接近事实的，那么当时罗马城中的基督徒的"焦躁不安"可能正是他们对于君士坦丁的支持的一种表达；他们或许知道他的母亲是一位基督徒，并且他们确定无疑地知道是他终结了大迫害并归还了他控制范围内基督徒损失的财物。⑤ 或许更加令人惊异的是，君士坦丁似乎是第一位意识到基督徒能够提供强而有力的政治支持的人。

所有这些都与这份记载相吻合，当君士坦丁在得胜之后进入罗马城之时，人群涌上街道来欢迎他，"带着几乎完全出自真诚的喜悦"，这不仅是因为他的凯旋，也是因为他是"作为一名基督徒"进入罗马的。⑥ 此外，君士坦丁拒绝通过进入朱庇特神庙供奉预期中的祭品给异教神灵的做法无疑鼓舞了城中的基督徒们。

考虑到君士坦丁后来亲身涉入了基督教事务，很显然他"真诚地相

---

① T. G. Elliott, *The Christianity of Constantine the Great*, Scranton: Univ. of Scranton Press, 1996.

② 优西比乌：《君士坦丁的生活》。

③ Hans A. Pohlsander, *The Emperor Constantine*, 2nd ed, London: Routledge, 1996, pp. 19 - 20.

④ Ibid., p. 21.

⑤ Ibid..

⑥ Timothy D. Barnes, *Constantine and Eusebius*, Cambridge: Harvard Univ. Press, 1981, p. 44.

信上帝赋予了他一项特殊的使命"。① 他对这种信念的深信不疑和发挥过度完整地表现在他的葬礼当中——所有一切都是由君士坦丁本人预先写好的剧本。当他的健康状况日益恶化之际，君士坦丁下令建造了一个规模非凡的圣祠，用以"使所有人对于救主的使徒的记忆永远存续"。② 在其中，他为十二位使徒分别建造了十二座纪念碑，中央预留出的一块空地用于放置他自己的棺材。因此，他的葬礼是这样进行的，他的遗体被置于中央，棺材的两侧各有六座使徒的纪念碑——象征着他自己作为第十三位使徒的自我定位。③

或许有关君士坦丁需要记住的最重要的两件事是，他是所有罗马皇帝当中权力最大的一个，而他完成他对于基督教的"义务"，既是因为这是上帝的旨意，也是由于这对于保持其个人的公众注意力和领导力而言是必需的。

建造教堂

有关君士坦丁"建造"教堂的观点必须从字面上理解，因为他立刻启动了一项在整个帝国版图内修建基督教堂的庞大工程。当君士坦丁大权在握之际，还没有多少基督教堂存在，并且其中的大多数都是"被改变了用途的私人建筑"，其中的一些仍然还是公共住宅。④ 在米尔维安桥战役结束后的两个星期以内，君士坦丁将一栋位于罗马城外的皇家别墅捐赠给了教会，并开始将它改造成为宏伟的礼堂，这就是后来的圣拉特兰教堂。不久以后，以帝国皇宫为蓝本的壮丽的教堂就在整个罗马城当中被建造起来——包括圣彼得大教堂⑤（始建于君士坦丁时期，16 世纪时重建）。根据传统说法，君士坦丁将圣彼得大教堂建在了它借以命名的圣徒的埋骨之处。尽管这种说法，理所当然地，在更为"开化"的时代遭到

---

① Timothy D. Barnes, *Constantine and Eusebius*, Cambridge: Harvard Univ. Press, 1981, p. 275.
② 优西比乌：《君士坦丁的生活》4. 60。
③ Charles M. Odahl, *Constantine and the Christian Empire*, London: Routledge, 2004.
④ Bill Leadbetter, "Constantine", In *The Early Christian World*, Vol. 2, edited by Philip E. Esler, 1069 - 1087, London: Routledge, 2000, p. 1077.
⑤ 尽管通常被称为圣彼得大教堂，但实际上它是长方形的基督教堂（basilica），而不是大教堂（cathedral），因为它不是某位主教的驻地。

了驳斥，但它已经被证明的确是真的。①

当君士坦丁在博斯普鲁斯海峡边拜占庭城的旧址上建设他的新都城的时候，他同时也在建造大型教堂方面获得了丰硕的成果。但没有什么地方比圣地集中了更多的建设工程，他的母亲海伦娜曾经探访过耶路撒冷。在大约326年，海伦娜以八十高龄再一次踏上了前往耶路撒冷的朝圣之旅，在那里她为了确定重要的神圣地点的位置而询问了当地关心他们的传统居民。她由此了解到，人们相信耶稣被葬于一座维纳斯神庙之下，那是罗马皇帝哈德良（Hadrian）于130年建造的。随后启动了最早的考古任务之一，这被教会历史学家优西比乌（Eusebius，大约263—339）在他的《君士坦丁的生活》一书中详细地记录了下来。②

优西比乌首先指出，显然哈德良的工程师们"决定使墓穴从人们的视线当中消失……在花费了大量人力将土地挖开以后，他们掩盖了整块地面；而后增高了整个地面，在用石头铺平以后，他们用一个大土堆完全抹去了这神圣洞窟存在的痕迹"。在这一切的上面，罗马人建造了"一个供奉着无生命的偶像的黑暗神龛"。

优西比乌接下来谈道："君士坦丁下令将那块地方清理出来……在他发布这个命令以后，这些掩饰性的建筑马上被拆除了……画像和魔鬼和其他所有的东西，一概被推翻，被彻底摧毁……一层又一层的土层被剥开……而后，突然地，与所有的期望全然相反，我们的救主复活的神圣而庄严的遗迹就变得可以看见了，这是最神圣不过的洞穴。"发掘者们所发现的似乎是一个在岩石当中切割出来的墓穴，这也符合新约当中的描述。

君士坦丁的回应是在这个地点之上建造圣墓大教堂（the great Church of the Holy Sepulcher），而时任该撒利亚主教的优西比乌出席了它的献祭仪式。君士坦丁还在伯利恒和橄榄山上建造了教堂。作为对所有这些的回应，前往耶路撒冷朝圣的活动很快在帝国范围内流行起来，而海伦娜则在东正教会和罗马教会当中都被视为圣徒。

君士坦丁的建筑工程不限于罗马城、君士坦丁堡和圣地。在意大利，他还在奥斯蒂亚、阿比努（Albinum）、卡普阿和那不勒斯建造了大教堂，

---

① John Evangelist Walsh, *The Bones of Saint Peter*, London: Victor Gollancz, 1982.
② 优西比乌：《君士坦丁的生活》3：26—28。

他同时还在锡尔塔（在非洲）、特里尔、安提阿和尼科墨迪亚建造了教堂。①

除了建造这么多壮丽的教堂之外，君士坦丁还捐赠了"数量巨大的财产"给教会。② 由此，"大量的土地和财产被赠予教会……[还有]雪崩似的贵金属"。③ 举例来说，君士坦丁准许罗马城当中的所有教堂从不同的地产中租借土地，这相当于"每年超过四百磅金子"。④ 最终，他给予教会的礼物是如此之多，以至于是它们"为此后数个世纪当中教会代代相传的财富打下了基础"。⑤

但君士坦丁的主要贡献在于将教士阶层擢升到了财富、权力和地位的高层。需要记得的是，与流行观点恰好相反，君士坦丁没有将基督教定为帝国的官方宗教。"他所做的是使基督教获得了最多的恩惠，接受了帝国资助下几乎无限的资源。"⑥ 法律上的特权和权柄被授予了教士们。主教法院获得了正式地位。教士免于纳税和承担公民义务。而主教们"如今成了与最富有的那些议员一样的显贵人物……[并且被]期望承担法官、行政长官和国家公仆的角色"。⑦ 因此，出现了一个突然的浪潮，出身贵族家庭的人涌入神职人员阶层，这将教会变成了一个更为世俗的机构，同时极大地削弱了它的活跃性，正如我们在第十七章中将会看到的那样。一旦基督教成为某地的主导宗教，这样的变化就会发生。但君士坦丁使这种转变发生得极其迅速，达到了引人注目的程度。

统一性与一致性

从其诞生初期开始，基督教就以其神学论争而著称，其中具有重要意

---

① Robert M. Grant, *Augustus to Constantine: The Rise and Triumph of Christianity in the Roman World*, San Francisco: Harper San Francisco, [1970] 1990, p. 246.

② Bill Leadbetter, "Constantine", In *The Early Christian World*, Vol. 2, edited by Philip E. Esler, 1069 – 1087, London: Routledge, 2000, p. 1078.

③ Eamon Duffy, *Saints and Sinners: A History of Popes*, New Haven: Yale Univ. Press, 1997, p. 18.

④ W. H. C. Frend, *The Rise of Christianity*, Philadelphia: Fortress, 1984, p. 487.

⑤ Ibid..

⑥ Richard Fletcher, *The Barbarian Conversion: From Paganism to Christianity*, New York: Henry Holt, 1997, p. 19.

⑦ Eamon Duffy, *Saints and Sinners: A History of Popes*, New Haven: Yale Univ. Press, 1997, p. 27.

义的一些争论足以引起分裂运动。举例来说,在大约144年,在因为试图摈除教中的所有犹太色彩而被驱逐出教会以后,马西昂(Marcion)成功地领导了一支持异议的教派,该教派之后存在了大约三百年。几乎在同一时间,孟比努(Montanus)创立了传统基督教的一支极端禁欲的分支。它在东方取得了相当可观的发展,并且似乎直到8世纪仍未灭绝。另一支类似的运动是摩尼教(Manichacism),它由"先知"摩尼(Mani)于3世纪中期创立,一个令人印象深刻的特征是,它同时被传统基督教会和波斯的祆教国家教会视为异端。除了这三支主要的分裂教派以外,还有大量规模较小的"诺斯替"群体,例如瓦伦庭派(Valentinians)。尽管这些教派在基督教的发展过程中都遭到拒斥,但他们同时也免予遭到迫害的命运——或许除了罗马官员把他们和传统基督徒搞混的时候(尽管诺斯替派从来不会拒绝向神灵敬献规定的祭品)。

或许早期教会没有迫害过异端仅仅是因为它没有能力这么做。如果是这样的话,那么君士坦丁用他坚持不懈的在教会内部实现统一的努力为教会提供了这种能力。正如优西比乌所说:"对于上帝的教会他会给予特殊的注意。当一些人在不同的地方彼此之间产生分歧时,他就如同一位上帝任命的大主教一样,会召集上帝的牧师们召开会议。他一直乐于出席并参与他们的议程……这样,对于他发现能够通过辩论劝服并采纳一种相对冷静和调和的态度的人,他通常会热情地加以赞扬,显示出他是多么崇尚普遍一致的同意,但顽固不化者则是他所拒绝的。"① 的确,对这些人来说,迫害迫在眉睫。这一切开始于君士坦丁在米尔维安大桥取得大胜的六个月之后。

多纳图派(Donatist)的论战

在其统治开始之时,君士坦丁曾假设"存在一个基督徒的联合体"。② 发生在北非的事件很快挑战了这一假设。处于争议之中的是教士的地位,包括主教们,这些人做了叛教者,背弃了信仰并且在大迫害当中与罗马官

---

① 优西比乌:《君士坦丁的生活》1:44.1—3。
② Robert M. Grant, *Augustus to Constantine: The Rise and Triumph of Christianity in the Roman World*, San Francisco: Harper San Francisco, [1970] 1990, p. 236.

员合作——许多人交出了他们的圣经抄本,眼见它们被焚毁,还有一些人甚至将其他基督徒出卖给了压迫者。北非主教当中的主流群体认为这些人已经被教会开除,因此这些教士所主持的所有圣事也就变得无效了。这里的核心问题是新的主教们的授职仪式。这一宗派的领导者是迦太基主教多纳图斯(Donatus, 315—355),因此这一群体得名多纳图派。他们的反对阵营是教会领导者,包括叛教者,这些人认为就任何罪来说以苦行赎罪都是可行的,并且因此,在经历了所规定的苦行之后,叛教者们不但得到了宽恕,而且恢复了主持圣餐的资格,并因此也重获了就任官职的资格。

为了平息这种争论,君士坦丁在阿尔勒(Arles)召集了一次会议。当时在君士坦丁统治之下的只有西方,所以只有西方的主教参与了这次会议——也包括三位来自不列颠的主教。除了通过了包括禁止角斗比赛的命令在内的许多措施以外,主教们还驱逐了多纳图斯。这一决议在非洲被无视了,在那里多纳图派仍然主导着形势。所以,在317年,君士坦丁出兵迦太基以强制执行会议的裁决。但多纳图派坚守了阵地,到321年,君士坦丁退了兵。最终是作为希波(Hippo)主教的圣奥古斯丁促成了罗马军队对多纳图派的镇压。即使如此,他们仍然在更为遥远的社区当中一直持续存在到7世纪。

多纳图派的案例最为重要的影响是,它标志着教会第一次动用了镇压性的国家权力。君士坦丁就反对迫害基督徒所发表的声明如今只适用于一些基督徒。这一事件也承认了国家是教会政策的合法主宰者。君士坦丁希望在教会内部平息争论并保持教会的统一,但是,就像他不能容许对他政治统治的任何不顺从行为一样,他也非常希望毁掉那些反对他决定尊奉的宗教人物的人。新的教会与国家之间的关系所带来的所有这些负面的影响,在与阿里乌斯派(Arianism)的战争当中都得到了极大的强化。

阿里乌斯派

一场神学争论长期以来一直在教会知识分子当中发酵,特别是在北非和东方。是否耶稣与上帝一样,也是永存的呢?或者,因为是上帝创造了耶稣,所以有一段时间里耶稣是不存在的?传统上神子是永存的。但持异议者大量存在,其中的很多人是曾跟随安提阿的卢西恩(Lucian of Antioch, 240—312)学习过的主教。卢西恩是一位著名神学家,在大迫害的末期殉道而死。最后,亚历山大港的一位牧师阿里乌斯(Arius, 250—336)成为了这一相信耶稣是被造物的群体的精神领袖。当这一问题成为教会内部的主要争论题目,持有这种教义理解的人就被称为阿里乌斯派。最后,双方的冲突变得如此激烈(某种程度上是被对在迫害期间曾经支持过的牧师和主教的敌意所点燃的),以至于君士坦丁插手进行了干预。

325年,皇帝在尼西亚(邻近君士坦丁堡)召集了一次会议。由于君士坦丁的迫切要求,会议接纳了一项正式信条,或者说正统信仰的声明。这一信条被称为《尼西亚信经》,至今在很多基督教堂当中仍然被不断重复,而它明确地批驳了阿里乌斯教,即使是以某种程度上相对费解的形式。此外,阿里乌斯和他的许多支持者们遭到斥责并被驱逐,而阿里乌斯著作的所有抄本都被下令焚毁。336年,在君士坦丁的许可之下,教会官员决定重新在圣餐仪式当中承认阿里乌斯,但他死在了前往君士坦丁堡的路上(一些人相信他是被毒杀的)。

因此,这一定位得到了承认,不应存在任何异议,在同一时期只存在唯一的基督教。这是一个法律的,而非社会学的地位——在后者的意义上,宗教事务从未达成过完全的一致,而异议以各种方式内在于宗教的不同趣味当中,这种情况在任何人群的成员之间都存在(见第二章)。因此,是君士坦丁的介入确立了未来对于基督徒当中的异见者的严重迫害。

与异教的共存

尽管君士坦丁在镇压所有持有异议的基督徒方面发挥了核心作用,但在其执政期间,他对于异教的容忍令人印象深刻。君士坦丁既没有立法禁止异教的存在,也没有宽恕对非基督徒的迫害。事实上,尽管君士坦丁资助了基督教会并给教会以正式地位,但他也继续了对于异教神庙的资助。① 谈到关于他鼓励基督徒身份的暴徒捣毁异教神庙的指控,这个说法起源于早期基督教历史学家优西比乌,他用这种说法来显示"整座腐朽的异教大厦"是如何作为上帝计划的一部分而被迅速摧毁,"很像是优西

---

① Johannes Geffcken, *The Last Days of Greco - Roman Paganism*, Amsterdam: North - Holland, [1920] 1978, p. 120.

比乌记载了他所知的所有拆除神庙的细节",然而他只提供了四个例证①,而且其中似乎只有一个是合法的。另外的三个涉及的是阿芙洛狄忒的神庙,它以作为宗教仪式的卖淫活动为特征。

甚至比他对于异教神庙的容忍更加重要的是,君士坦丁仍然继续任命异教徒担任最高的职位,包括执政官和行政长官(见第十一章)。此外,异教哲学家也在他的宫廷当中担任着重要角色,② 而太阳神的画像仍然出现在他的硬币上。实际上,"君士坦丁的最为凶暴的言辞"并不是针对异教徒的,而是针对基督徒异见者的:多纳图派、阿里乌斯派、瓦伦庭派、马西昂派以及"诺斯替"教派。③ 部分地因为这些原因,从吉本(Gibbon)时代开始,主流历史学家们就已经将君士坦丁的皈依斥为完全没有真诚可言的政治诡计。但是,近年来大部分的历史学家们④都已经承认君士坦丁的皈依是真诚的,而将他任期内持续存在的异教元素作为他力求宗教和谐的例证。具有关键性意义的是君士坦丁在他战胜李锡尼(Licinius),重新统一了帝国之后不久发布的两项布告,二者都强调了和平的多元主义。

值得注意的是《给巴勒斯坦人的布告》措辞中的多元主义。在那篇布告当中,君士坦丁反复地提及上帝,但从未谈及基督,他使用了"基督徒和异教徒等群体通用的措辞,〔这〕与他试图寻找某种共同特征作为其宗教政策的标志相互吻合"。⑤ 但是,完全表达了君士坦丁寻求和解的承诺,同时也表达了他对于强制皈依的拒绝的是《给东部省份的布告》。其中他以一篇祈祷文开头,祈求"最伟大的上帝":为了"这个世界和所有人的共同利益,我盼望你的子民都能免予冲突,保有和平与自由"。他接下来又说:"使那些错误地欢欣雀跃着的人与信者一同分享和平与宁

---

① 均引自 Scott Bradbury, "Constantine and the Problem of Anti – Pagan Legislation in the Fourth Century", *Classical Philology* 89:120 – 139. 1994, p. 123。

② H. A. Drake, *Constantine and the Bishops: The Politics of Intolerance*, Baltimore: Johns Hopkins, 2000, p. 247.

③ H. A. Drake, "Lambs into Lions: Explaining Early Christian Intolerance", *Past and Present* 153:3 – 36, 1996, p. 29.

④ Peter Brown, *Authority and the Sacred: Aspects of the Christianization of the Roman World*, Cambridge: Cambridge Univ. Press, 1995; H. A. Drake, *Constantine and the Bishops: The Politics of Intolerance*, Baltimore: Johns Hopkins, 2000.

⑤ H. A. Drake, *Constantine and the Bishops: The Politics of Intolerance*, Baltimore: Johns Hopkins, 2000.

静……使不再有人扰乱他人，让每一个人握紧其灵魂之所愿，让他充分地利用它。"他继续说："每一个人都接受的主张是，不要伤害其他人……自愿地为了不朽而进行的竞争是一回事，用惩罚来强制推行则是另一回事。"最后，君士坦丁谴责说："对于邪恶的错误的暴力反对……过度地深埋在一些人的灵魂当中，而这将破坏我们的普遍得救。"①

因此，无论是在行动上还是言语上，君士坦丁都支持宗教多元主义，尽管他自己明确地信仰基督。实际上，在君士坦丁当政期间，"基督教主教和异教显贵人物的友谊"是相当著名的，而"异教和基督教观点的和平融合"的许多例子"可能……被认为是［君士坦丁的］寻求共识和多元主义的政策的成功的证据"。②

波斯的大屠杀

迄今为止，焦点一直集中在罗马帝国以内君士坦丁在面对基督教和异教时所担任的角色上——这是一个已经收获了丰富的学术探讨的题目。但很少有人注意到他在波斯发动的针对基督徒的规模空前的大屠杀当中所扮演的角色。很奇怪地，尽管死于这些屠杀的人数可能远远超过死于罗马迫害期间的总人数，但它们对于基督教历史的影响几乎被完全地忽略了。大不列颠百科全书只在波斯统治者沙普尔二世（Shāpūr Ⅱ）的传记当中用一句话提及波斯屠杀，在伊朗史当中则用了两句。在其权威著作《早期教会的殉道与迫害》（*Martyrdom and Persecution in the Early Church*）当中，W. H. C. 弗雷德（W. H. C. Frend）完全没有提及波斯殉道者。约翰·福克斯（John Fox，1517—1587）在他的《殉道者之书》（*Book of Martyrs*）当中用半页篇幅描述了"波斯对于基督徒的迫害"，但对于这件事所涉及的细节不置一词，仅仅是一封据推测可能是君士坦丁寄给波斯国王的信就已经足以占据那半页纸当中的大部分篇幅。那封信力劝波斯国王支持他的基督徒子民。如果这封信是真的，那么君士坦丁写下这封信就是一个非常古怪的举动，因为罗马与波斯已经在长达几百年的时间里互为死敌。无论

---

① H. A. Drake, *Constantine and the Bishops: The Politics of Intolerance*, Baltimore: Johns Hopkins, 2000, pp. 244 – 287.

② Ibid., p. 247.

如何，君士坦丁对于基督教的支持是导致波斯人屠杀基督徒的首要因素。事情的确这样发生了。

沙普尔二世自其诞生的309年起就被宣布为波斯国王，在经过了一段摄政时期之后，他大权独揽，直到379年去世为止。在君士坦丁去世的337年，沙普尔的军队越过了底格里斯河，试图重新从罗马人手中夺回亚美尼亚和美索不达米亚。沙普尔很清楚君士坦丁给予基督教的特殊地位，并因此恐惧波斯基督徒会在与罗马的战争当中成为未来的叛国者。这种恐惧被袄教祭司所利用，他们向沙普尔密告"没有什么秘密"是基督教主教们不能泄露给罗马人的。①

结果是，国王向基督徒征收了双倍的税，但这并未导致他所预期的背叛浪潮的出现。因此，在344年的耶稣受难节，沙普尔在苏萨城外将五位主教和一百位基督教牧师斩首，大屠杀开始了。② 之后的数十年里，"基督徒被追捕和通缉，从帝国的这一头到另一头"。③ 屠杀在沙普尔去世之后不久才告终止，其间有成千上万的基督徒被杀——有一种估计认为有三万五千人殉难，④ 另一种估计则是"有190000名波斯基督徒死亡"。⑤ 然而，仍有大量的波斯基督徒幸存下来，信仰很快完成了主要方面的自我重建。

结　　论

一个富有、强大、不容异议的基督教会的创建是君士坦丁的皈依所留下的主要遗产。这远比他仍然作为一个反对宗教迫害的异教徒而允许基督教多样性蓬勃发展要更好。

---

① Samuel Hugh Moffett, *A History of Christianity in Asia: Beginnings to 1500*, San Francisco: Harper San Francisco, 1992, p. 140.

② Robert L. Montgomery, *The Lopsided Spread of Christianity*, Westport, CT: Praeger, 2002, p. 44.

③ Samuel Hugh Moffett, *A History of Christianity in Asia: Beginnings to 1500*, San Francisco: Harper San Francisco, 1992, p. 140.

④ David Bundy, "Early Asian and East African Christianities", Vol. 2 of *The Cambridge History of Christianity*, edited by Augustine Casiday and Frederick W. Norris, 118 - 148, Cambridge: Cambridge Univ. Press, 2007, p. 132.

⑤ Samuel Hugh Moffett, *A History of Christianity in Asia: Beginnings to 1500*, San Francisco: Harper San Francisco, 1992, p. 145.

第十一章　异教之死

最近，赞赏古代异教并表示希望它们能够经受住基督教崛起的冲击的做法变成了一种流行趋势。乔纳森·基尔希（Jonathan Kirsch）在他最近的新书《神与诸神之战》（*God Against the Gods*）当中整理了一个关于宗教在排除异己的过程中所发生过的那些骇人听闻的片段的简明目录，而后，他对皇帝尤里安没能撤销君士坦丁对基督教的宣扬并在罗马帝国恢复异教表示了遗憾："这使人思考他［尤里安］距离将尊重与容忍的精神带回罗马政府——并因此带回到西方文明的根基当中——还有多远，甚至更为诱人思索的是，如果他成功了，那么如今我们蒙昧的世界可能会有怎样的不同。"① 类似地，在其对于希腊文化的研究（曾获奖）当中，格伦·鲍尔索克（Glen Bowersock）写道："多神论就其定义来看是宽容和协调的。"② 拉姆齐·麦克穆勒（Ramsay MacMullen）则宣称，异教"只不过是一块吸饱了宽容和传统的海绵"。③

这种宗教史观点发端于"启蒙运动"时期的爱德华·吉本（Edward Gibbon，1737—1784），他宣称基督教的胜利是由"排除异己的热情"所完成的。④ 异教徒无法抵御武装起来的基督徒的袭击，因为他们，以吉本经常被人引用的措辞来说，是被浸染了"古代的温和精神"。⑤ 如果有人用异教对于基督徒的迫害来反驳这种观点，那么伏尔泰（Voltaire，1684—

---

① Jonathan Kirsch, *God Against the Gods*, New York: Viking, 2004, p. 18.
② Glen W. Bowersock, *Hellenism in Late Antiquity*, Ann Arbor: Univ. of Michigan Press, 1990, p. 6.
③ Ramsay MacMullen, *Christianity & Paganism in the Fourth to Eighth Centuries*, New Haven: Yale Univ. Press, 1997, p. 2.
④ Edward Gibbon, *The History of the Decline and Fall of the Roman Empire*, 3 vols, London: Allen Lane: Penguin, [1776 – 1788] 1994, 1: 15. 447.
⑤ Ibid., 1: 2. 57.

1778）已经揭露了这一点，对于基督徒的迫害从未达到那样大的规模，①而吉本认同了他的观点，指控基督教的"四五世纪的作家"夸大了迫害的规模，因为他们"认为罗马行政官具有与他们自己在反对异端的时候一样充斥心胸的那些无处安放又无法熄灭的狂热情绪"。吉本认为，实际上罗马行政官们"如同具有良好习惯……［并］尊重正义法则的人那样行事"。②没有迹象显示，曾有基督徒为了给尼禄的花园提供照明而被烧死在刑柱上。

甚至是许多世代的基督徒作家——这可以一直追溯到优西比乌（275—339）——也骄傲地宣称，一旦获得了国家权力的支持，教会立即粉碎了所有异教神庙并镇压了所有反对者。甚至直到最近也没有主流历史学家拒绝吉本的结论，他认为罗马的基督教化是因为"罗马皇帝不可抵抗的权力"③，这与罗马天主教会的镇压性相一致。正如杰出的历史学家彼得·布朗（Peter Brown）所总结的那样："从吉本和伯克哈特直到今天，人们总是假设一旦遭遇基督教绝不动摇的排除异己的行为，异教的消亡是不可避免的；在对它的镇压当中基督徒皇帝的干涉是决定性的。"④

但这不是真的！

正如彼得·布朗接下来所说的那样：庞大、有活力的异教共同体"在许多代当中继续享受着相对而言较为宁静……的生活"。真正发生过的事情是它们缓慢地"从历史当中消失"了。⑤

上一代很多杰出的历史学家⑥不仅重新确认了异教迫害基督徒的事实，而且很大程度上限定和弱化了基督徒压迫异教徒的陈述。就这一问题，产生了很多新的对于君士坦丁统治的政治影响方面的兴趣［特别是在 H. A. 德拉克（H. A. Drake）的标志性研究之后］。因此，我们现在得知，在君士坦丁当政期间曾经存在一段基督徒与异教徒之间相对宽容和平静的时期。当然，基督徒在那个时期增长很快，但并没有诉诸强制性的手

---

① In Toleration and Other Essays.

② Edward Gibbon, *The History of the Decline and Fall of the Roman Empire*, 3 vols, London: Allen Lane: Penguin, [1776 - 1788] 1994, 1: 16. 539.

③ Ibid., 1: 20. 750.

④ Peter Brown, "Christianization and Religious Conflict", *Cambridge Ancient History* 13: 632 - 664, 1998, p. 633.

⑤ Ibid., p. 641.

⑥ 包括 Peter Brown, Jean Delumeau, H. A. Drake 和 Ramsay MacMullen。

段。随后进入了叛教者尤里安执政的时代。一项对于皇帝尤里安所采取的反基督手段的研究显示了它是如何完全地重新燃起了基督徒对于再一次迫害的恐惧,并由此使得早期教会当中最为崇尚武力的那些人获得了权力。即使如此,这部分基督徒在后尤里安时代试图解决与异教徒之间"旧怨"的努力也只造成了零星和分散的强制和报复行为——远非普遍,也不严重,甚至不像通常认为的那样有效率。没有由国家支持的针对异教徒的强制行动。考虑一下《查士丁尼(529—534年在位)法典》当中的条款:"我们尤其命令那些真正的基督徒,或者据说是真正的基督徒的那些人,他们不应滥用任何宗教权威,而胆敢对平静生活、没有引发骚乱或违背法律意图的犹太人或异教徒采取任何暴力攻击。"① 正如这一条款所暗示的那样,当时有一些基督徒对异教徒发起攻击行动,但完整的记录显示,同一时期信仰异教的暴徒同样也会不时地攻击基督徒。更令人惊异的是,这两种攻击发生概率似乎都很低。②

因此,抛开流行的历史学观点不谈,异教并未在短期内被一笔勾销。相反地,它消失得非常缓慢。雅典学园直到529年仍未关闭,而"即使是在最为基督化的埃迪萨(Eddessa)……异教徒的有组织的共同体在6世纪末仍在向宙斯—哈达德敬献祭品"。③ 639年,在早期穆斯林军队威胁卡雷(哈兰)的时候,异教徒在这个城市里的人数仍然远远多于基督徒,而被派出与阿拉伯人谈判的所有人都是异教徒。④ 实际上,在希腊和远东直到10世纪仍然有很多活跃的异教徒和用于供奉神灵的神庙存在。⑤ 此外,在一段相当可观的时间内,在罗马帝国的很多地区,包括一些主要城市在内,盛行的宗教观念和行动当中就有异教和基督教的引人注目的混合体。最后,异教在欧洲从未完全绝迹,而是遭到了基督教的同化。比如

---

① 引自 Peter Brown, "Christianization and Religious Conflict", *Cambridge Ancient History* 13: 632 – 664, 1998, p. 641。

② Peter Brown, "Christianization and Religious Conflict", *Cambridge Ancient History* 13: 632 – 664, 1998; Ramsay MacMullen, *Christianity & Paganism in the Fourth to Eighth Centuries*, New Haven: Yale Univ. Press, 1997.

③ K. W. Harl, "Sacrifice and Pagan Belief in Fifth – and Sixth – Century Byzantium", *Past and Present* 128: 7 – 27, 1990, p. 14.

④ Ramsay MacMullen, *Christianity & Paganism in the Fourth to Eighth Centuries*, New Haven: Yale Univ. Press, 1997, p. 28.

⑤ Frank R. Trombley, "Paganism in the Greek World at the End of Antiquity: The Case of Rural Anatolia and Greece", *Harvard Theological Review* 78: 327 – 352, 1985.

说，人们仍然在纪念许多异教的节日，同时，很多异教的神灵仍在基督教的外衣之下徘徊。尽管中世纪的教会在扑灭不同的基督教异端——例如净化派（Cathars）方面不遗余力，但它似乎完全忽视了异教的存在。

现在让我们来看看细节。

共　存

为基督教带来胜利的并不是君士坦丁。在他获得王位的时候，基督徒已经形成了指数增长的浪潮。① 更为可能的说法是，基督教在君士坦丁的获胜当中扮演了关键性角色，为他提供了大量具有良好组织的城市支持力量。尽管历史学家们长期以来一直记载异教徒公开地激烈反对君士坦丁对于基督教的支持，但近年来一批最为杰出的学者如今认可了这一观点，即没有证据能够证实这些抗议的存在，② 他们同时提出，这些最有可能直接涉入其中的异教徒甚至将皇帝对于基督教会的偏爱视为一种"可以忍受的邪恶"。③

他们或许的确如此，其缘故正如我们在之前的章节当中所重新梳理过的那样，君士坦丁对于异教是非常宽容的。他不仅没有压制神庙的发展，而且还在继续任命异教徒担任高位（见表11.1），同时反复表明对于宗教宽容的支持。这一政策通过"他的继任者在大约五十年里拒绝采取任何实质性的反对异教活动的措施"而得以持续。④ 一种混合了基督教和异教元素的公共文化出现了，考虑到传统说法当中所记载的持续不断的镇压，这种混合相当令人注目。一个著名的新的例子是，354年为了一位罗马贵族所准备的日历。⑤

---

① Rodney Stark, *Cities of God*, San Francisco: Harper San Francisco, 2006, Chap. Three.

② 如今即使是君士坦丁迅速摧毁了异教这一传统观点的最坚定的支持者也已经承认，并没有证明异教的抗议切实存在的证据："基督教的反对者［只能］猜测而无法说明。"（Arnaldo Momigliano, ed., *The Conflict Between Paganism and Christianity in the Fourth Century*, Oxford: Clarendon Press, 1963, p.94）

③ Winkelman, 引自 H. A. Drake, *Constantine and the Bishops: The Politics of Intolerance*, Baltimore: Johns Hopkins, 2000, p.246.

④ H. A. Drake, *Constantine and the Bishops: The Politics of Intolerance*, Baltimore: Johns Hopkins, 2000, p.249.

⑤ Michele Renee Salzman, *On Roman Time: The Codex - Calendar of 354*, Berkeley: Univ. of California, 1990.

这一日历出自一位杰出的艺术家之手，他后来接受了大马士革教皇的委托，许多类似的日历很有可能就此流传开来。由于使用的是天主教历法，所以它上面标注出了所有的教会节日并纪念所有重要教皇的忌日。但它也包括插图，这由"罗马公众所崇拜的与每个月相关的仪式的象征"构成。对于这份日历的详细检查确认了基督教和异教的元素并非不相协调，而是——正如彼得·布朗所说，"形成了一个和谐的整体；它们在慢慢向对方靠近"。①

　　实际上，一种基督教化了的异教在5世纪相当盛行，或许在之后也仍有受众。440—450年之间，拉文纳（Ravenna）的一位主教在回应城中"大多数天主教贵族们"都在参与异教仪式的时候对此表达了他对于"年内的新生儿被过时的亵渎神圣之物所祝福"的惊愕和沮丧，在其中这些贵族打扮得像是"罗马神灵"并且在赛马场的大量观众面前展示自己。② 以类似的方式，甚至圣奥古斯丁也无法使他希波（Hippo）的会众确信，诸如庄稼丰收或者身体健康这样的事情实际上是不会由唯一的真神外包给异教神灵的，③ 因为希波的基督徒仍然认为进行异教的仪式是合理且有价值的。在欧洲的很多地区，作为魔法存在的异教一直持续到现代。④

　　不幸的是，君士坦丁治下的这段宽容时期遭到了早期基督教作家们的歪曲，尤其是优西比乌，他希望表现皇帝本人是被选定的工具，为了执行上帝想要迅速消灭异教的所有痕迹的意愿而行动，同时唯一的真正信仰作为教会的胜利被建立起来。这可能是争论当中的一种很有影响力的观点，但它是伪造的历史，同时，最糟糕的是，正如我们已经看到的那样，它可能会被那些急于将教会置于最坏境地的人抓住。实际上，重新开始宗教迫害的并不是君士坦丁或者他的直接继任者，而是最后一任异教徒皇帝——乔纳森·基尔希希望他能够胜出的那一个。

---

① 均引自 Peter Brown, *Authority and the Sacred: Aspects of the Christianization of the Roman World*, Cambridge: Cambridge Univ. Press, 1995, p. 12。

② Peter Brown, *Authority and the Sacred: Aspects of the Christianization of the Roman World*, Cambridge: Cambridge Univ. Press, 1995, p. 15。

③ Ibid., p. 18.

④ 相关总结见 Rodney Stark, *Exploring the Religious Life*, Baltimore: The Johns Hopkins Univ. Press, 2004, 第三章。

尤里安的愚行

弗拉维乌斯·克劳迪乌斯·尤里安（Flavius Claudius Julianus），现在被称为叛教者尤里安，他作为皇帝当政只有非常短的一段时间，然而却是灾难性的。尽管如此，他仍然成了反宗教的知识分子心目中实际上的圣徒。爱德华·吉本抱怨说①，尤里安的许多美德都被他的基督教敌人们"无法和解的敌意"所"遮蔽"，这些人因为他"对于雅典和罗马神灵的虔诚而真挚的依恋"而鄙视他。②两个世纪以后，戈尔·维达尔（Gore Vidal）将尤里安的生平写成了一本英雄小说，通篇的核心主题是当尤里安试图恢复异教活力的时候，他是以一种宽容的精神在做这一切。真相与此迥然不同。

尤里安在表面上是作为基督徒被养大的，但他的一些著名教师是异教徒，而他们使他浸染了希腊古典文化。③在他们的指导下，尤里安成为了一个刻板④、禁欲而狂热⑤的异教徒，他起初进入了一些神秘的教派，包括厄琉息斯秘仪（Eleusinian mysteries）⑥，可能还有日神崇拜（Mithraism）。⑦尤里安谨慎地"在公开崇拜异教神灵的时候将自己扮成一名基督徒"，⑧直到他获得王位。一旦做了皇帝，尤里安立刻公开表露了他对于那些他斥为"加利利人"的"傲慢的牧师"的轻蔑，根据吉本的表述，他"既不理解也不相信他们的宗教"⑨，并且同时着手，试图恢复异教作为国家支持的主导宗教的地位。

---

① Glen W. Bowersock, *Julian the Apostate*, Cambridge: Harvard Univ. Press, 1978, p. 18.

② Edward Gibbon, *The History of the Decline and Fall of the Roman Empire*, 3 vols, London: Allen Lane: Penguin, [1776-1788] 1994, 2: 23.864.

③ David B. Levenson, "Julian", In *Encyclopedia of Early Christianity*, edited by Everett Ferguson, 510-11, New York: Garland, 1990, p. 510.

④ Glen W. Bowersock, *Julian the Apostate*, Cambridge: Harvard Univ. Press, 1978, pp. 79-91.

⑤ Ibid., p. 16.

⑥ Johannes Geffcken, *The Last Days of Greco-Roman Paganism*, Amsterdam: North-Holland, [1920] 1978, p. 139.

⑦ David B. Levenson, "Julian", In *Encyclopedia of Early Christianity*, edited by Everett Ferguson, 510-511, New York: Garland, 1990, p. 510.

⑧ Glen W. Bowersock, *Julian the Apostate*, Cambridge: Harvard Univ. Press, 1978, p. 18.

⑨ Edward Gibbon, *The History of the Decline and Fall of the Roman Empire*, 3 vols, London: Allen Lane: Penguin, [1776-1788] 1994, 2: 23.866-867.

由于不想制造新的殉道者，尤里安并没有像尼禄或戴克里先那样发动对于基督徒的血腥迫害，但他容忍了对于很多主教的折磨，流放了另一些，并无视了"在其当政期间内发生于叙利亚中部和南部的大量的集中死刑"。① 因此，当"圣洁的处女［赫利奥波利斯 Heliopolis］被活活撕裂而将遗体扔给猪"② 的时候，官方并未给出任何回应。当得知统治着当地的一位异教徒长官鼓励亚历山大港的异教徒折磨当地的基督教主教，将其活活撕裂并在之后将"许多基督徒"钉死在十字架上的时候，尤里安主要的关注点在于将死去的主教的藏书据为己有。③

　　在一个 H. A. 德拉克（H. A. Dlake）曾经比喻为"一个学生向老师表示轻蔑"④ 的姿态里，尤里安恢复了广为流传的血祭仪式，有时候一次会用到一百头牛。这是一种因基督教的影响而早已被宣布为非法的活动。此外，尤里安中止了国家对于教会的资助并转而资助神庙。他用异教徒换掉了身居高位的基督徒（见表 11.1）。一项比现代读者所认为的更加重要的举措是，尤里安禁止基督徒教授古典文化。这意味着上流社会的父母必须在这二者之间做出选择，是将他们的子女送到异教徒那里接受指导，还是放弃他们习得"语言、仪式、在古典文化熏陶［或者是教育］当中无意识地学会的无数密码符号"的机会，"［没有这些，］基督教的孩子们将无法在古典时代的精英文化当中参与竞争，而尤里安清楚地知道这一点"。⑤

　　但是，正如德拉克所指出的，"尽管在任时间短暂"，在所有这些"［尤里安］所能施加的伤害"当中，最为严重的是这重新激起了基督徒对另一个残酷迫害的时代即将到来的深切焦虑。"当时的基督徒……完全无法确定未来不会有下一个尤里安，他们有理由害怕更糟的还未到来。"⑥ 因此，对于那些反对多元主义的基督徒来说，"尤里安的存在是因祸得

---

① Pierre Chuvin, *A Chronicle of the Last Pagans*, Cambridge: Harvard Univ. Press, 1990, p. 44.

② Johannes Geffcken, *The Last Days of Greco - Roman Paganism*, Amsterdam: North - Holland, ［1920］1978, p. 144.

③ Polymnia Athanassiadi, "Persecution and Response in Late Paganism: The Evidence of Damascius", *Journal of Hellenic Studies* 113：1 - 29, 1993, p. 13.

④ H. A. Drake, *Constantine and the Bishops: The Politics of Intolerance*, Baltimore: Johns Hopkins, 2000, p. 434.

⑤ Ibid., p. 435.

⑥ H. A. Drake, *Constantine and the Bishops: The Politics of Intolerance*, Baltimore: Johns Hopkins, 2000, p. 434.

福"。正如德拉克所总结的那样:"尤里安的行为的结果是,它激化了基督徒与异教徒之间的关系,摧毁了此前传统文化所提供的中间立场,同时为激进分子们对于再次发生的迫害的恐惧提供了凭证。"① 尤里安的朋友和仰慕者利阿比乌斯(Liabius)认同这一点,尤里安"拒绝使用武力,但恐惧的威胁仍然悬于[基督徒头顶],因为他们预期会被刺瞎或斩首:大屠杀当中血流成河,他们认为新的统治者将会设计出新的酷刑,火烧、刀砍、溺水、活埋、殴打(hacking)和斩断肢体都有如儿戏。他的前辈们已经这样做了,而他们预期他的手段会更加残酷"。②

迫害与坚持

尽管即位十八个月以后就在一次针对波斯人的愚蠢行动当中战死,但尤里安的名字仍然在一代人以后仍使基督徒们感到恐惧。③ 然而,他的继任者并非异教徒。尽管最得他偏爱的普洛柯比乌斯(Procopius)试图攫取王位,并在365年于君士坦丁堡自称皇帝,但他被军队所遗弃,随后以叛乱罪名被处死。因此,是约维安(Jovian)成功地继承了王位。约维安是一位基督徒,他撤销了一些尤里安所采取的反基督的措施,但他在位也仅有一年时间,随后,瓦伦提尼安(Valentinian)在西方称帝,而他的兄弟瓦林斯(Valens)统治了东方。尽管瓦伦提尼安是一位虔诚的基督徒,但他也相当宽容④,继续任命许多异教徒担当高位。瓦伦斯是更加狂热的亚洲基督徒,他有时会迫害非亚洲的基督徒,但他也任命了许多异教徒。

不过,受到尤里安为异教所采取的行动的启发,教会制定了禁止一些特定的异教活动的法令。在391—392年公布的三项法令当中,狄奥多西一世(Theodosius I)禁止了公开和私下的向神献祭的活动,不仅包括血

---

① H. A. Drake, *Constantine and the Bishops: The Politics of Intolerance*, Baltimore: Johns Hopkins, 2000, p. 436.

② Oratio xviii, 引自 H. A. Drake, "Lambs into Lions: Explaining Early Christian Intolerance", *Past and Present* 153: 3 – 36, 1996, p. 34.

③ Robert L. Wilken, *The Christians as the Romans Saw Them*, New Haven: Yale Univ. Press, 1984, p. 128.

④ Herbert Bloch, "The Pagan Revival in the West at the End of the Fourth Century", In *The Conflict Between Paganism and Christianity in the Fourth Century*, edited by Arnaldo Momigliano, 193 – 218, Oxford: Clarendon, 1963, p. 195.

祭，也包括"类似的异教祈祷活动，比如在祭台上喷洒香水，在树上悬挂圣带（sacred fillets）或者修建泥炭祭台"。① 然而，这些禁令遭到了普遍的忽视，接下来的两任皇帝，阿卡迪乌斯（Arcadius）和查士丁尼不得不重申了禁令。异教徒某种程度上遵守了禁令，不再公开进行大量的动物屠宰，但对于异教的信仰仍然是公开而且广泛的。②

重要的是认识到异教并不仅仅是一系列迷信活动和仅仅令人半信半疑的神话——或者，正如拉克坦提斯（Lactantius）所说的那样，"并不比随手进行的崇拜更多"。③ 在过去的研究当中我在理解异教深度的方面犯了和早期教会历史学家们一样的错误。的确，4世纪末期和5世纪的异教徒常常被描绘为类似"怀旧的文物收藏者"。但是，事实上他们所信仰的是一种相当活跃的宗教，它"期望信徒确信世界上充满了神明，而适当的祭品能够将人带往与神明的亲密交谈当中"。④ 尽管罗马帝国迅速而广泛的基督教化显示出异教徒是很容易被他们的朋友和亲属带领而皈依的，但打击异教的法律禁令的失败表明，对于尊奉神灵的信念来说，强行镇压的阻碍作用并不比针对信奉唯一真神的信仰所实行的镇压来得更大。此外，皇帝所采取的使用军队实际镇压异教的行为也远比长期以来所宣称的效果要更难以持续，也更为无力。一直到进入5世纪以后，公开自称异教徒的人仍然会被任命为执政官和高级行政长官，更多的刻意模糊自己宗教倾向的人也是一样——这是基督徒没有任何理由会做的事情（见表11.1）。迟至6世纪，神庙在帝国的许多地方仍然开放，⑤ 而其中的很多一直存留到10世纪。⑥

在后尤里安时代，异教的公开坚守所反映的并不是皇帝的宽容，而是皇帝的实用主义。皇帝们常常抱怨说他们反对异教的法令被无视了。一封皇帝的书信当中抱怨，"省长们为了私人利益置皇帝的命令于不顾，而他

---

① K. W. Harl, "Sacrifice and Pagan Belief in Fifth - and Sixth - Century Byzantium", *Past and Present* 128: 7 - 27, 1990, p. 7.

② Ibid..

③ Lactantius, *Divine Institutes* 5.23.

④ K. W. Harl, "Sacrifice and Pagan Belief in Fifth - and Sixth - Century Byzantium", *Past and Present* 128: 7 - 27, 1990, p. 27.

⑤ Ibid., p. 14.

⑥ Ramsay MacMullen, *Christianity & Paganism in the Fourth to Eighth Centuries*, New Haven: Yale Univ. Press, 1997; Frank R. Trombley, "Paganism in the Greek World at the End of Antiquity: The Case of Rural Anatolia and Greece", *Harvard Theological Review* 78: 327 - 352, 1985.

们公开允许我们[皇帝]所尊奉的[基督]教遭到骚扰,这可能是因为他们自己粗心大意"。① 皇帝霍诺里厄斯(Honorius)指责反对异教的法律没有得到推行是因为"执政官们的懒惰……[和]他们办公室人员的共谋"。② 然而,皇帝们谨慎地没有制裁那些省长,他们为自己的不作为分辩说,推行反对异教的法令将会造成相当程度的公众不满情绪,而这"将严重影响省内的税收"。③ 因此,在 400 年,皇帝阿卡迪乌斯(Arcadius)拒绝了拆毁加沙神庙的提议,并评论说,"我知道这座城市充满了偶像,但它以缴纳税款的形式表现了[它的忠诚]……如果我们突然威吓这些人,他们会逃跑,而我们将失去可观的收入"。④ 罗格·布朗(Roger Brown)认为,容许异教存在尤其为皇帝提供了便利,因为城市将会"使所有人都更加准时地缴纳他们的税款,如果他们需要维持……他们古老的宗教活动"而不被皇帝干预的话。⑤

甚至更为可疑的是,是否大部分皇帝都期望他们不同的针对基督教和异教的法令得到遵从。举例来说,当被主教们劝说这样做的时候,君士坦丁宣布了角斗非法。但当一些翁布里亚人的城镇祈求他允许用一次包括角斗在内的节庆来纪念皇帝的时候,君士坦丁又准许了他们的要求。类似地,君士坦丁极快地发布了关闭所有异教神庙的法令,但实际上,与此同时,他还建议罗马行政长官照顾和维持城中的神庙。在随后对罗马城的访问当中,君士坦丁造访了这些神庙并表达了自己对它们的尊重。⑥ 事实上,直到 5 世纪,"在罗马帝国所有的社会阶层的人口当中都仍有很大一部分未曾受到[基督教]的影响"。"他们不知悔改地[保持着]多神论,在他们年代当中的宗教常识当中,正如此前的那些世纪里一样,多神

---

① 引自 Scott Bradbury, "Constantine and the Problem of Anti - Pagan Legislation in the Fourth Century", *Classical Philology* 89:120 - 139. 1994, p. 133。

② Peter Brown, *Power and Persuasion in Late Antiquity:Towards a Christian Empire*, Madison, WI: Univ. of Wisconsin Press, 1992, p. 23。

③ Scott Bradbury, "Constantine and the Problem of Anti - Pagan Legislation in the Fourth Century", *Classical Philology* 89:120 - 139. 1994, p. 133。

④ 引自 Peter Brown, *Authority and the Sacred:Aspects of the Christianization of the Roman World*, Cambridge:Cambridge Univ. Press, 1995, p. 42。

⑤ Peter Brown, *Authority and the Sacred:Aspects of the Christianization of the Roman World*, Cambridge:Cambridge Univ. Press, 1995, p. 42。

⑥ Scott Bradbury, "Constantine and the Problem of Anti - Pagan Legislation in the Fourth Century", *Classical Philology* 89:120 - 139. 1994, pp. 135 - 136。

论使得他们预设了一种充满灵力的世界图景,看不见的存在——无数的神明和他们天上的随从在四周围沙沙作响。"①

当然,最终异教神庙的确关闭了,而基督教在很多个世纪里成了唯一的合法宗教,尽管大多数农夫和城市下等阶层中的成员似乎从未被完全地基督教化。即使如此,某种程度上欧洲的确是被基督教化了,这并非突然发生的事,也没有伴随大量的流血事件,后者主要局限于基督徒之间的冲突,有时这种冲突甚至会导致针对不同的异端运动的军事行动。②

异教的减少

吉本将"异教的最终毁灭"确定在狄奥多西当政时期(379—395),并指出"这可能是对于所有古老而普遍的迷信活动的唯一一次彻底消灭;因此这或许是值得思索的,作为人类心灵史上一次奇特的事件"。当然,这种灭绝的发生是因为"罗马城服从了福音书的统治"。③但考虑到吉本所记载的大量其他细节,事情并非如此。只需要考虑一件事:根据吉本的叙述,皇帝狄奥多西灭绝了异教,但他如同任命基督徒一样任命了许多公开的异教徒担任行政官和地方长官,正如表11.1当中所展示的那样。

表11.1 被任命为行政官和地方长官者的宗教联系(317—455年)

统治时期	基督徒	异教徒	未知	数量
君士坦丁(317—337)*	56%	18%	26%	55
君士坦提乌斯和君士坦斯(337—350)*	26%	46%	28%	43
君士坦提乌斯(351—361)*	63%	22%	15%	27
尤里安(361—363)**	18%	82%	0%	17
瓦伦提尼安(364—375)**	31%	38%	31%	32
瓦林斯(364—378)**	39%	25%	36%	36

---

① Peter Brown, "Christianization and Religious Conflict", *Cambridge Ancient History* 13: 632 - 664, 1998, p. 632.
② Ibid., p. 642.
③ Edward Gibbon, *The History of the Decline and Fall of the Roman Empire*, 3 vols, London: Allen Lane: Penguin, [1776 - 1788] 1994, 3: 28. 71, 77.

续表

统治时期	基督徒	异教徒	未知	数量
格拉提安（375—383）	50%	11%	39%	44
瓦伦提尼安二世（383—392）＊＊	32%	32%	36%	19
狄奥多西（379—395）	27%	19%	54%	83
阿卡迪乌斯和荷诺里（395—423）＊＊	34%	12%	54%	161
狄奥多西二世和瓦伦提安三世（408—455）＊＊	48%	4%	48%	157

＊计算自 Barnes《统计学与罗马贵族的皈依》，1995。

＊＊计算自 von Haebling（1978，Barnes），1995。

这个表格在本章的前面部分已经被引用过多次，但这里有必要考察一下它的细节。最初的编码是由拉本·冯·哈伊和林（Raban von Haehling）在 1978 年完成的。随后，T. D. 巴恩斯通过减去一些同一个人被任命多次造成的重复计算，修正了冯·哈伊和林在君士坦提乌斯当政期间的数据。尽管巴恩斯的数字无疑更加精确，但它们并没有形成基础性的重新解释，因此没有理由不去使用哈伊和林在尤里安时期及之后的那些原始发现。

通读表格，能够发现似乎存在三种主要模式。第一，除了君士坦丁当政时期和那些被君士坦提乌斯所任命的人所形成的更大的区域以外，已知是基督徒的人一直不占主流，而这也是 5 世纪上半叶的情况。第二，尤里安的确歧视基督徒，尽管不是完全地。第三，如果可以假设那些宗教倾向未知的人不太可能是基督徒，那么异教影响力和能力的消退的确是非常慢的。

已经有许多人提出，异教在上流阶层和受教育群体当中的影响力比在较低阶层的人群当中维持得更久。① 但这很大程度上是从上流阶层当中有许多已知是异教徒的人士和基督教首先吸引的是下等阶层的假设当中推测出来的。然而，现在我们已经认识到，基督教对于上流阶层的吸引力比下

---

① Arthur Auguste Beugnot, *Histoire de la destruction du paganism en Occident*, 2 vols, Paris: Firmin Didot Freres, 1835; Herbert Bloch, "The Pagan Revival in the West at the End of the Fourth Century", In *The Conflict Between Paganism and Christianity in the Fourth Century*, edited by Arnaldo Momigliano, 193-218, Oxford: Clarendon, 1963.

等阶层更大，所以这种推测是站不住脚的。① 恰恰相反，表 11.1 所说明的更有可能是异教是在所有阶层当中逐渐消亡，而正如事实的发展所显示的，上流阶层对于他们的宗教身份变得越来越谨慎，并试图保住他们的位置以及保证获得皇帝恩宠的可能。

而这使得在帝国的基督教化过程当中的一个主要的影响因素进入了视野：机会主义。自君士坦丁时代起，除了尤里安当政时期的一段短暂时间以外，王座一直是由基督徒占据着并且很有可能长期执政。尽管表明身份的异教徒仍然继续被任命到较高职位上去，但他们的前景是在不断下滑的。此外，教会当中许多有权势的并且越来越有利可图的职位也是他们所无法触及的。很容易理解，许多野心勃勃的个人和家族因此选择了皈依。正如罗格·布朗所说："对于基督徒更易获得权力的信心的高涨远比任何帝国法律或者任何神庙的关闭都更有效率地导致了多神教的灭亡。"② 甚至许多异教哲学家也背离了阵营，他们当中的一些人后来成了教会的重要主教。③

同　　化

Pagan 一词起源于拉丁词语 paganus，其初始含义是"乡下人"，或者更为通俗的说法"村里的乡巴佬"。它开始具有宗教含义是因为基督教在城市当中取得胜利以后，大多数异教徒都是乡下人。然而，甚至在城市里，如同我们已经说过的那样，基督教与异教的精致的混合体在几个世纪里也获得了蓬勃发展。至于乡下人，他们当中的大多数从未被完全地基督教化，他们将他们的家族神灵、圣地、仪式和节日移植到了基督教当中。正如麦克穆勒所说："教会的胜利不是一种删除，而是广泛的吸收与同化。"④

异教的同化反映了很多事情。首先，一旦被作为帝国的官方信仰树立

---

① Stark，1996.

② Peter Brown, *Power and Persuasion in Late Antiquity: Towards a Christian Empire*, Madison, WI: Univ. of Wisconsin Press, 1992, p. 136.

③ 对此的总结见 Peter Brown, *Power and Persuasion in Late Antiquity: Towards a Christian Empire*, Madison, WI: Univ. of Wisconsin Press, 1992。

④ Ramsay MacMullen, *Christianity & Paganism in the Fourth to Eighth Centuries*, New Haven: Yale Univ. Press, 1997, p. 159.

起来，基督教领导者很快接受了一种皈依的"滴入论"。① 一个区域的上流阶层承认教会的权威就已经足够了，他们的榜样最终会渗入到不同阶层，直到农夫也成为基督徒为止。但农夫倾向于像他们总是必须在异教内部应对新的神灵的出现一样回应基督教——将新的加入到旧的当中去，而不是去替代它。因此耶稣和许多圣徒只是被加入到了当地的万神殿当中。正如在中世纪冰岛语书籍 Landnánabōk 当中所写的那样，赫尔基（Helgi）和莉安（Lean）"信仰基督，但在航海事务和可怖的自然规律面前祈求索尔的保佑"。②

同化异教的第二个基础是开放的教会策略。在一封由圣毕德尊者所保存的时间标记为 601 年的书信当中③，教皇大格里高利（Gregory the Great）建议即将要被派往不列颠传教的阿伯特·米利图斯（Abbot Millitus），"［我］已经得出这样的结论，那些其中崇拜偶像的神庙不应被记入应予拆毁之列……因为要一次性地从固执的心灵当中清除所有的错误是不可能的"。恰恰相反，教皇建议祭台和圣骨遗迹应当被放置在异教神庙当中，这将把神庙转变为基督教的大殿。同样的策略也被应用于其他异教地区。"分散在全国范围内的数百口具有魔力的泉水成了'圣井'，被与某位圣徒相互联系起来，但它们仍然被用作魔法治疗和为未来占卜。"④亚历山大港城外的一个著名的具有疗愈效果的圣地原本崇拜的是女神伊西斯，在经过一个复杂的转化过程以后它成为了一个基督教的疗愈地点，这是由于有两位殉道者的遗骸被放了进去。同样的同化过程也在大量的圣墓、岩层和其他异教的地点上得到应用。即使这些地点如今已经带上了基督教色彩，但人们仍然为了原始的目的前往这些传统地点，很多人的祈愿仍然是面对旧有神灵的。⑤

传统的庆祝节日的异教方法也很快被教会所吸收，以这种方式，大量的节庆舞蹈、响铃、点燃蜡烛，以及特别是歌唱活动变成了"基督教的"。正如麦克穆勒所指出的："在基督徒当中，歌唱最初是仅限于赞美

---

① Richard Fletcher, *The Barbarian Conversion: From Paganism to Christianity*, New York: Henry Holt, 1997, p. 236.
② Johannes Brondsted, *The Vikings*, Baltimore: Penguin Books, 1965, p. 306.
③ *Ecclesiastical History*（《教会史》），1.30.
④ Keith Thomas, *Religion and the Decline of Magic*, New York: Seribner, 1971, p. 48.
⑤ Ramsay MacMullen, *Christianity & Paganism in the Fourth to Eighth Centuries*, New Haven: Yale Univ. Press, 1997, pp. 123 – 124.

诗的，正如一直以来流传于犹太人当中的风俗一样。然而，4 世纪中期以后，一种完全不同的音乐越来越多地流传开来，这不仅是在私人的聚会上……也在教堂当中……音乐对于神圣场景的侵入显然要归功于旧的教派。"①

早期教会神父也在谨慎地通过将主要的异教节庆进行基督教化来同化它们。奥古斯丁（Augustine，354—430）曾经指出过这一点："［当］希望成为基督徒的异教徒群体因为他们用宴会和痛饮来庆祝他们崇拜物的节日的习惯而无法入教的时候……我们的先辈认为最好是作出让步……并允许他们庆祝其他的宗教节日。"② 五朔节成为圣徒腓力和雅各的节日；仲夏节则是圣约翰的诞生日。③ 复活节是在春分的时候，而它原来的名字可能来源于撒克逊女神伊奥斯特（Eostre，撒克逊黎明女神/春之女神）。④ 万圣节被引入似乎是为了盖住传统的丰收节。同样得到普遍承认的还有，一些影响较小的地方性的圣徒，用来代替了同样影响力有限的地方神祇。

因此，许多受人尊敬的历史学家都坚持"前基督教仪式"和"持续存在的异教心态"⑤ 在欧洲乡村和小城镇当中始终存留，在这些人群当中"异教的古代风习……从未消失"。⑥ "许多前基督教活动意在确保丰收或是平安分娩，或是预测天气以及驱除邪恶，这些活动……直到进入现代仍然没有被放弃。"⑦ 正如 1594 年一次路德宗对威斯巴登（Wiesbaden）区的正式访问的领导者在其报告当中所言："在这些人当中咒语的用途是如此广泛，以至于没有哪个男人或哪个女人在做任何事时所开始、采用、实践和克制的行动……不同时应用着一些特殊的祝福、符

---

① Ramsay MacMullen, *Christianity & Paganism in the Fourth to Eighth Centuries*, New Haven: Yale Univ. Press, 1997, p. 108.

② 引自 Ramsay MacMullen, *Christianity & Paganism in the Fourth to Eighth Centuries*, New Haven: Yale Univ. Press, 1997, p. 115。

③ Keith Thomas, *Religion and the Decline of Magic*, New York: Seribner, 1971, p. 48.

④ Ian N. Wood, "The Northern Frontier: Christianity Face to Face With Paganism", *The Cambridge History of Christianity*, Vol. 3, 230 - 246, Cambridge: Cambridge Univ. Press, 2008, p. 231.

⑤ Jean Delumeau, *Catholicism Between Luther and Voltaire*, London: Burns & Oats, 1977, p. 176.

⑥ Jean Seznec, *The Survival of the Pagan Gods*, Princeton: Princeton Univ. Press, 1972, p. 3.

⑦ Ian N. Wood, "The Northern Frontier: Christianity Face to Face With Paganism", *The Cambridge History of Christianity*, Vol. 3, 230 - 246, Cambridge: Cambridge Univ. Press, 2008, p. 230.

咒、咒语或者其他类似的异教方法。"① 6世纪其他的路德宗的访问记录了同样的情形，并且都强调了只有非常非常少的人曾经去过教堂（见第十五章）。最后，有大量的异教以新纪元或者秘传的唯灵论的现代形式得以徘徊不去。②

结　论

在其数以千计的书信当中，基督教修道士、贝鲁西亚（Pelusium）的伊西多尔在一封写于大约420年的信件中评论道："统治了如此之多的年头，造成了如此之多的痛苦，花费了如此之多的财富，造就了如此之多的战争的异教，已经自地球上消失了。"③ 超过一千五百年以后，杰出的牛津历史学家E. R. 多兹（E. R. Dodds, 1893—1973）认同了这一观点："4世纪异教已经表现得如同一个活死人，它从国家扶植的手收回的那一刻就已开始崩溃。"④

但这并非真相。在4世纪和5世纪早期，异教仍然是相当繁荣的。但为了认清事实，正如彼得·布朗所说的那样，需要处理历史证据的"诱人的碎片"，这些碎片会在"讲述完全不同的故事的证据整体的裂缝当中被偶然瞥见"。这样的错误的故事是"见证了'异教之死'的一段较短的时间（短于一个世纪）……因为一系列基督徒皇帝的传承……在废除……旧的神灵的过程里……扮演了他们由上帝所赋予的角色"。⑤

即使早期教会神父确信他们所信仰的是唯一的真理，而他们因此不能、也未曾将他们自己托付给宗教自由的理想。不过，教会并未利用其官方地位而立刻剿灭异教，皇帝也不曾为了新宗教而做这些。恰恰相反，在

---

① Gerald Strauss, "Success and Failure in the German Reformation", *Past and Present* 67: 30 – 63, 1975, p. 63。

② Rodney Stark, *What Americans Really Believe*, Waco: Baylor Univ. Press, 2008; Rodney Stark, *Exploring the Religious Life*, Baltimore: The Johns Hopkins Univ. Press, 2004.

③ Peter Brown, "Christianization and Religious Conflict", *Cambridge Ancient History* 13: 632 – 664, 1998, p. 634.

④ E. R. Dodds, *Pagan and Christian in an Age of Anxiety*, New York: W. W. Norton, 1965, p. 132.

⑤ Peter Brown, "Christianization and Religious Conflict", *Cambridge Ancient History* 13: 632 – 664, 1998, p. 633.

君士坦丁的皈依之后，异教仍然相对平安无事地延续了许多个世纪，仅仅是缓慢地衰亡下去，同时也成功地在基督教内为它们的传统建立了许多个神龛，并存续于仅被轻微地基督教化了的欧洲大众之间。

第十二章　伊斯兰教和东方与北非基督教的覆灭

基督教起初并不是一场欧洲的宗教运动；早期投入东方的传教活动远比西方要更多。因此，随着他的皈依，保罗将他最初的传教努力投入到了阿拉伯半岛①（《加拉太书》1：17）。随后，当大起义带来了罗马人对以色列的复仇，耶路撒冷教会的领导者们看起来似乎在东方找到了栖身之所。尽管我们对于基督教如何在东方传播所知甚少，但我们知道在东方的传教是非常成功的，不久之后基督教在叙利亚、波斯、阿拉伯半岛的一部分、美索不达米亚、土耳其斯坦、亚美尼亚和印度都成为主流宗教，甚至在中国也建立了相当多的前哨。② 至于北非，这是"西罗马帝国最为基督教化的地区"③，"伟大的早期领导者如特土良、居普良和奥古斯丁"的家乡。④ 到公元 300 年之前，超过一半的基督徒生活在东方和非洲，这似乎是可信的；在 325 年，被邀请参加尼西亚会议的主教们有 55% 来自东方，而这当然并不包括孟他努派、马西翁派、摩尼教派或者其他东方的"异端"基督教派。到 500 年以前，可能有超过三分之二的基督徒来自欧洲以外地区，⑤ 而如果我们能够确定当时的"基督教的一个重心"，它应当

---

① 保罗将"东方"和"阿拉伯"作为可以互换的概念来使用（C. W. Briggs, "the Apostle Paul in Arabia", *Biblical World* 41: 255–259, 1913, p.257）。

② Aziz S. Atiya, *History of Eastern Christianity*, Notre Dame: Univ. of Notre Dame Press, 1968; Philip Jenkins, *The Lost History of Christianity*, San Francisco: HarperOne, 2008.

③ Winrich Lohr, "Western Christianities", In Augustine Casiday and Frederick W. Norris, *The Cambridge History of Christianity*, Vol.2, 9–51, Cambridge: Cambridge Univ. Press, 2007, p.40.

④ Philip Jenkins, *The Next Christendom: The Coming of Global Christianity*, Oxford: Oxford Univ. Press, 2002, p.17.

⑤ 我的计算基于 David B. Barrett, *World Christian Encyclopedia*, Oxford: Oxford Univ. Press, 1982, p.796。

是在"叙利亚而不是意大利"。①

基督教"默认"成为欧洲的主导宗教是在它在亚洲和北非被摧毁的时候。② 这种摧毁开始于7世纪和8世纪早期,当时这片土地遭到了伊斯兰教的蹂躏。东方地区主教的数字(通过会议到场人数计算)从754年的338人下降到896年的110人。③ 然而,在经历了最初穆斯林的征服之后,基督徒在数百年当中始终作为人口的大多数——或许是被镇压的大多数——坚持了下来。而后,14世纪穆斯林残酷而暴烈地开展了种族灭绝和强制皈依的行动。在几个世纪的逐渐下滑以后,东方和北非的基督徒数字在1400年之前猛然下降到了不足总人口的2%。④ 随着1453年君士坦丁堡的陷落,基督教实质上被限制在了欧洲范围以内。以上是本章所要讲述的故事。

穆斯林远征

在570年穆罕默德出生的时候,阿拉伯半岛上有许多基督徒和犹太人的部落以及社区。阿拉伯半岛北部一片广大的地区已经被完全地基督教化了,同时在南部(今天的也门)也有许多基督徒城镇存在。而犹太人,除了在麦加和麦地那的许多大型社区以外,阿拉伯半岛上至少还有六个犹太人城镇。⑤

起初,穆罕默德期望犹太人和基督徒能够承认他是同时满足两种宗教定义的先知。在遭到他们拒绝以后,穆罕默德深感挫败,一旦掌握了充足的办法,他立刻就开始攻击麦加和麦地那的犹太人;最后,他强迫麦地那最后的犹太人氏族中的男性成员挖掘了他们自己的巨大墓穴,于是他们一共六百到九百人被砍了头,而女人和孩子被卖成奴隶。⑥ 之后穆罕默德还

---

① Philip Jenkins, *The Next Christendom: The Coming of Global Christianity*, Oxford: Oxford Univ. Press, 2002, p. 17.
② Philip Jenkins, *The Lost History of Christianity*, San Francisco: HarperOne, 2008, p. 3.
③ Thomas F. X. Noble, "The Christian Church as an Institution", In *The Cambridge History of Christianity*, Vol. 3, 249 – 274, Cambridge: Cambridge Univ. Press, 2008, p. 251.
④ 我的计算基于 David B. Barrett, *World Christian Encyclopedia*, Oxford: Oxford Univ. Press, 1982, p. 796。
⑤ David Nicolle, *Historical Atlas of the Islamic World*, London: Mercury Books, 2005, p. 25.
⑥ M. J. Kister, "The Massacre of the Banu Qurayza: A Re-examination of a Tradition", *Jerusalem Studies of Arabic and Islam* 8: 61 – 96, 1986; Rodinson, 1980.

派出军队侵占犹太城镇。

阿拉伯半岛上的基督徒大部分是聂斯脱利派（Nestorian），这一教派得名于君士坦丁堡大主教聂斯脱利（Nestorius），他于431年被指责为异端，但他的追随者不久后就主宰了东方整个基督教运动。一段时间内，阿拉伯半岛上的基督教运动过于强大以至于无法轻易攻克，所以穆罕默德允许了他们的存在，前提是每年缴纳保护费。然而，哈里发乌玛尔（哈里发意为继承者，而乌玛尔是穆罕默德的第二位继承者）掌握了压倒性的军事力量以后，轻易地从阿拉伯半岛上驱逐了所有非穆斯林人口。

在632年穆罕默德逝世前不久，他的军队已经开始了对拜占庭帝国叙利亚和波斯的攻击。这些军事进攻遵守了穆罕默德告别演说的要求，他在其中说："我命令与所有人进行战斗，直到他们说'这世上除了真主阿拉之外没有神'。"① 这也与《古兰经》9：5完全一致："在哪里发现以物配主者，就在那里杀戮他们，俘虏他们，围攻他们，在各个要隘侦候他们。"以这样的精神，穆斯林军队开始了长达一个世纪的成功的征战。

首先陷落的是叙利亚，时间是在战争开始之后的第三年，即636年。拜占庭军队在叙利亚的溃败是由其雇佣兵的背叛所导致的——有时候在某场具体战役当中他们会倒戈。同时，其他的阿拉伯军队已经前往美索不达米亚的波斯控制地区，也就是今天的伊拉克。不可信赖的阿拉伯军队的问题也同样困扰着波斯人，正如拜占庭一样：在许多关键战役当中，整支的波斯骑兵改投穆斯林方面，导致了波斯人在636年的卡迪西亚战役（al-Qādisyyah）当中惨败。倒戈的骑兵几乎完全由阿拉伯雇佣兵组成。随后，哈里发曼苏尔（al-Mansur）在底格里斯河畔建造了他的都城，其正式的名称为麦地那—萨拉姆（和平之城），但所有人都称它为巴格达（神的城市）。波斯东部，今天的伊朗地区，不久后也陷于穆斯林入侵者之手。

在征服波斯以后，穆斯林军队冒险北征亚美尼亚，同时也向东进发，最后占领了印度河谷（现在的巴基斯坦）。以此为基础，穆斯林经过数个世纪最终扩张到了印度。同时，穆斯林军队也在西进。

首先是圣地，当时是拜占庭帝国叙利亚的最西端点。穆斯林军队分别于636年和638年进入圣地，在经过长期围困以后，耶路撒冷向哈里发乌玛尔投降。在639年，哈里发乌玛尔开始入侵埃及，当时埃及是基督教的

---

① Efraim Karsh, *Islamic Imperialism: A History*, New Haven: Yale Univ. Press, 2007, p. 4.

主要中心，同时也是拜占庭帝国的殖民地。由于主要的埃及城市得到了严密防守，因此阿拉伯人只好采取了对村庄和村镇地区进行屠杀的方式，希望基督教军队会因此而出城开战。这种事时不时就会发生，但在每一次的交战过后，基督徒们都能够以良好的秩序撤回自己的堡垒当中去。此外，由于亚历山大港（基督教世界的第二大城市）和其他几个主要的埃及城市都是沿海港口，很容易从海中获得补给和支持，所以围困是很难起效的。641 年拜占庭帝国任命了新的埃及长官。出于某些至今仍然未知的原因，在他从海路抵达亚历山大港的一个月以后，他被安排会见穆斯林司令官并宣布代表这个城市以及整个埃及向他投降。

但这还不是结局。四年后，一支包括大约三百条船的拜占庭舰队突然抵达了亚历山大港港口，随之登陆的是一支人数众多的军队，它迅速地解决了当地大约一千人的穆斯林守卫军。再一次地，希腊人在这座城市的高墙之后获得了固若金汤的地位，但他们自大而愚蠢的指挥官带着他的军队出城迎战了阿拉伯人，并溃不成军。即使如此，拜占庭军队的人数也足以使它回到亚历山大港并有充足的人手构筑防御工事，他们再一次在攻击之下获得了安全——但这毁于一个官员的背叛，他为阿拉伯人打开了一扇城门。有些记载说他接受了贿赂；另外一些则宣称他是一位科普特基督徒（Coptic Christian），是为了他教中那些被迫害的人而对拜占庭人实行的报复（正统拜占庭人是激进地排除异己的）。无论如何，在冲进城后，穆斯林开始了"屠杀、抢劫、纵火……［直到］半个城都被毁掉"。① 他们还拆毁了城墙，为了的防止这种进城的麻烦重演。

不得不攻占亚历山大港两次的事实使穆斯林深刻认识到了毁掉拜占庭帝国制海权的重要性。求助于仍在运作的埃及造船厂，他们要求建立一支舰队，而后雇用了科普特和希腊的雇佣兵来完成驾驶和航行。649 年，这支新舰队已经足以支持对塞浦路斯（Cyprus）的入侵，西西里岛和罗德岛（Rhodes）不久之后也被抢掠。一个庞大的穆斯林帝国由此统治了大部分中东地区，并且随时可以沿着北非海岸继续扩张。

但就在那时，穆斯林的征战停止了，因为一场残酷的内战在伊斯兰教内部爆发并且持续了多年。争议的焦点是关于谁是穆罕默德真正继承人的

---

① Lieutenant - General Sir John Bagot Glubb, *The Great Arab Conquests*, New York: Barnes and Noble, [1963] 1995, p. 284.

相互冲突的声明，它们分别来自穆罕默德的表弟和女婿阿里（Ali），以及刚刚被谋杀的哈里发奥斯曼（Uthman）的表弟穆阿维叶（Muawiyah）。在发生了大量流血冲突以后，阿里本人也被谋杀，穆阿维叶成了哈里发，并造成了伊斯兰教永远地分裂成了逊尼派和什叶派（后者支持阿里）。直到670年，穆斯林军队才越过了北非海岸线。

正如埃及一样，非洲的整个北部沿岸也已经完全被拜占庭帝国置于统治之下。由于所有主要城市都是港口并且得到了良好守卫，阿拉伯司令官转向了西部沙漠中的路线，在那里建立了一个内陆基地，并在其中建造了一个巨大的清真寺，这后来成了凯鲁万城——现在被认为是第三神圣的穆斯林城市（在麦加和麦地那之后）。① 从这个位于马格里布（阿拉伯人对于北非的称呼）的基地开始，穆斯林军队首先与居住在沙漠中的柏柏尔人展开了战争，后者当中的很多人已经皈依犹太教多年。② 尽管遭到了激烈抵抗，特别是在阿特拉斯山脉地区由极富魅力的犹太女性卡希娜（Kahina）所领导的部落的抵抗，穆斯林最终还是获得了胜利并成功地将柏柏尔人转变成了自己的盟军。③ 同时，一支新的大约四万人的穆斯林军队扫荡了沿海城市，在698年攻克了迦太基。但是，正如在亚历山大港曾经发生过的事情一样，拜占庭军队成功地在迦太基港口登陆并重新夺回了城市。作为回礼，穆斯林集结了一支舰队和另一支军队，其中还包括大量的柏柏尔人，在705年将迦太基"夷为平地并杀掉了城中的大部分居民"。④ 这支由穆斯林所掌控的大型舰队决定了所有剩余的非洲沿海城镇的命运。⑤

如今基督教在非洲的全部地域都已落入穆斯林统治之手，同样的局面还发生在中东和亚洲的基督教地区，只除了今天的土耳其，那儿仍然接受着来自君士坦丁堡的统治。之后，公元711年穆斯林军队从摩洛哥入侵西班牙，很快将基督教的抵抗者们逼进了北部一块很小的区域，在那儿他们

---

① Jamil Abun-Nasr, *A History of the Maghrib*, Cambridge: Cambridge Univ. Press, 1971.
② Michael Brent and Elizabeth Fentress, *The Berbers*, Oxford: Blackwells, 1996.
③ Ibid..
④ Bat Ye'or, *The Decline of Eastern Christianity Under Islam*, Rutherford, NJ: Fairleigh Dickinson Univ. Press, 1996, p. 48.
⑤ Carl Heinrich Becker, "The Expansion of the Saracens—Africa and Europe", In *The Cambridge Medieval History*, ed. J. B. Bury, H. M. Gwatkin, and J. P. Whitney, 2: 366 - 390, Cambridge: Cambridge Univ. Press, 1926, p. 370.

再也没能被驱赶出去。一个世纪以后，西西里岛和南意大利落进了穆斯林军队之手。

皈 依

要被征服的地区真正信仰伊斯兰教而非只是名义上归顺，这花费了非常长的时间。现实是，在被征服的地区，非常少的穆斯林精英长期统治着非穆斯林人口（大部分是基督徒）。这与通行观念全然相反，一般人们会认为在穆斯林的远征之后紧接着就是转向伊斯兰教的群体皈依。

这种迅速的群体皈依的信念部分地来自难以区分"通过协议的皈依"与个人信仰和活动的变化之间的区别。为穆罕默德而拿起武器的部落常常会这么做，这往往建立在一份表示承认穆罕默德的宗教声明的协议的基础上，但这些协议并不具有个人层面的宗教含义——许多部落在先知穆罕默德死后的背叛已经表明了这一点。类似的"通过协议的皈依"在穆斯林征战期间不断发生，柏柏尔人就是非常著名的例子。当遭到北非的穆斯林入侵者袭击的时候，柏柏尔人部落中的一些人是异教徒，一些是犹太人，还有一部分基督徒。但在卡希娜和她的军队战败之后，柏柏尔人签署了一份协议宣布他们成为穆斯林。或许他们当中确实有一部分人这样做了，但即使马歇尔·霍奇森（Marshall Hodgson）曾经写到柏柏尔人是"全体皈依"①，总的来说他们所完成的仍然还是通过协议的皈依，这使得他们能够参与后续的征战行动并分享由此带来的战利品和相应的贡品。在个人信仰层面，柏柏尔人的真正皈依是一个相当缓慢的过程，这耗费了好几个世纪的时间。

有关群体皈依的错误信念的第二个来源是未能认识到受到强迫和出于机会主义的皈依与那些涉及真正的心灵当中变化的过程恰恰相反。穆斯林不断地迫使不信者面临要么皈依要么被处死或者为奴的选择。因此，1292年为马穆鲁克苏丹（Mamlūk）工作的科普特基督徒抄写员们被迫要在皈依与处死之间选择其一。无须太过惊讶，他们选择了皈依，尽管甚至连苏

---

① Marshall G. S. Hodgson, *The Venture of Islam: Conscience and History in a World Civilization*, 3 vols, Chicago: Univ. of Chicago Press, 1974, 1: 308.

丹都知道他们的皈依"不能认真对待"。① 此外，穆斯林社会当中的非穆斯林不得不遭受许多羞辱并面临困苦境地，包括承担高得多的税率。再有，正如很多异教徒接受基督教是为了金钱或者社会层面的利益一样，许多接受伊斯兰教的人也是出于类似的动机。更值得惊讶的不是这导致了这么多的皈依行为，而是仍有这么多人选择保留自己坚定的基督徒或犹太人身份（异教徒通常是完全不会被容忍的）。

除去混淆了实际情况当中不同的皈依种类之外，历史学家们也被这样的假设所误导，即预设一旦某个人群在穆斯林控制区域内，那么就"一定会"出现群体皈依。正如此前我们所指出的，"一定会"是学术词语当中最不可信的表述之一。就这个案例来说，研究皈依现象的社会科学家们应当对于"一定不会"发生群体皈依的情况作出回应，因为如果说群体皈依在任何地点都曾发生过，这是非常值得怀疑的。所有能观察到的皈依事例都显示它是一种个体行为，相对而言是逐步发生的，因为人们是被已经皈依的家人或朋友所形成的社会网络吸引到一种新的信仰当中的。② 就眼下的事例而言，网络模型从它花费了几个世纪将被征服地区的一半人口变成了穆斯林的事实当中获得了可信度。

理查德・W. 布利特（Richard W. Bulliet）③ 已经就被征服的不同地区皈依伊斯兰教的人数给出了详细数据。无论出于什么原因，从最初起，穆斯林就整理出了数量庞大、覆盖广泛的生平资料，它罗列了各个地区的所有有名望的人士，并且随着时间推移不断更新。最终，布利特得以汇总超过 100 万人的数据。这些数据建立在这样一个事实的基础上，即布利特能够通过人名区分出穆斯林与非穆斯林。而后，通过在给定范围内合并资料名单，并将上万人按照出生年份排序，布利特计算了不同地点穆斯林在总人口当中的不同比重，并由此绘制了五个主要区域内的皈依发展曲线。因为只有相对杰出的人士才会被包括在名单以内，所以这一结果相对于普遍情况来说，在皈依的范围和速度上都给出了偏高的估计，这是由于从最初

---

① Donald P. Little, "Coptic Conversion to Islam Under the Mahri Mamluks, 692 – 755/1293 – 1354", *Bulletin of the School of Oriental and African Studies*, University of London 39: 552 – 569, 1976, p. 554.

② John Lofland and Rodney Stark, "Becoming a World – Saver: A Theory of Conversion to a Deviant Perspective", *American Sociological Review* 30: 862 – 875, 1965。

③ Richard W. Bulliet, *Conversion to Islam in the Medieval Period: An Essay in Quantitative History*, Cambridge: Harvard Univ. Press, 1979a.

起精英就在穆斯林人口当中占据一个较高的比例，并且也将继续占据统治地位。因此，布利特设计了一份相当使人信服的程序来将这些数据转化为整个人口的皈依曲线。

表 12.1 显示了在五个主要区域内要将一半的人口转变成为穆斯林所需要的年数。在伊朗，从被穆斯林军队最初征服之日算起，到将一半的伊朗人变成穆斯林，需要 200 年时间。在另外四个地区的时长各有不同，叙利亚要花 252 年，而埃及和北非则要花费 264 年。

表 12.1　　将人口的 50% 转变为穆斯林所预计花费时间

叙利亚	252 年
波斯（伊朗）西部	253 年
波斯（伊朗）东部	200 年
埃及和北非	264 年
西班牙	247 年

资料来源：计算自布利特《中世纪向伊斯兰教的皈依》（1979a）和布利特《皈依伊斯兰教和伊朗穆斯林社会的产生》（1979b）。

谈及为什么这一过程在伊朗推进得更快，这是因为有两个因素使它和其他地区有所不同。最重要的可能是因为，在被穆斯林入侵者攻占的超过一百年的时间里，伊朗人频繁地起义反抗穆斯林统治，并且取得了相当多的胜利，由此接连发生了许多非常血腥的战役和残酷的镇压。这些冲突导致了非穆斯林人口的大量减少。其次，恐惧的情绪必然伴随着这些反抗的失败而蔓延，这很有可能促使一些伊朗人为了安全考虑而选择皈依，而另一部分人则会选择逃离。

无论如何，尽管被强加了难以应付的遭遇，被征服地区的人们仍然仅仅是在缓慢地皈依伊斯兰教。甚至迟至 13 世纪，穆斯林帝国当中阿拉伯半岛（当地不允许非穆斯林居住）以外的人口当中仍有大量的人是基督徒或者犹太人。

顺民(Dhimmis)与穆斯林的"宽容"

关于穆斯林的"宽容"，已经出现了大量的无意义的废话——这种观点认为，与基督教对于犹太人和异端的暴虐相反，伊斯兰教对于它所征服的人民表现出了非凡的宽容，尊重他们，允许他们不受干预地追求自己的信仰。这种宣称可能开始于伏尔泰（Voltaire）、吉本（Gibbon）以及其他的 18 世纪作家，他们以此来将天主教会置于最坏的地位上。穆斯林统治下的生活的真相与此全然不同。

《古兰经》的确禁止出于强迫的皈依。然而，考虑到那些对象人群通常也是"自由选择"了皈依，以此作为被处死或者变成奴隶的代替选项，这一要求已经被削弱到与空洞的教条无异。这一般是留给异教徒的选择题，而基督徒和犹太人也常常会面对它，或者是某种程度上不那么极端的选项。① 原则上，作为"经书中提及的人群"，犹太人与基督徒是应当得到宽容并允许他们信奉自己的宗教的，但这只是在相当有限的情况下——任何穆斯林要改信这两种宗教之一，都只能遭到被处死的命运。不可能修建任何新的基督教堂或是犹太会堂。犹太人和基督徒也被禁止大声祷告或诵读他们自己的经文，甚至连在他们自己的家里、在基督教堂或犹太会堂当中也不行，以免任何穆斯林偶然地听到。再有，如同杰出的伊斯兰教历史学家马歇尔·G. S. 霍奇森（Marshell G. S. Hodgson, 1922—1968）所指出的，从非常早的时候起穆斯林当局就已经经常采取相当激烈的手段来羞辱和惩罚顺民们——拒绝皈依伊斯兰教的犹太人和基督徒。顺民们应当"自觉卑下并了解'他们的位置'……[强制性的法律，比如]基督徒和犹太人不应骑马，而最多骑骡子，或者甚至是当他们身处穆斯林当中时，应当在衣服上佩戴他们宗教的确定标志"，② 这是当时的公开政策。在某些地方，非穆斯林被禁止穿戴与穆斯林相似的服饰，也不允许携带武器。③ 此外，与穆斯林对比起来，非穆斯林始终被课以重税。④

这是穆斯林国家当中犹太人和基督徒所面临的一般情况，但情形往往远比这更坏，正如我们即将要看到的那样。这不是说穆斯林总是比基督徒

---

① Marshall G. S. Hodgson, *The Venture of Islam: Conscience and History in a World Civilization*, 3 vols, Chicago: Univ. of Chicago Press, 1974, Vol. 1.

② Ibid., 1: 268.

③ Robert Payne, *The History of Islam*, New York: Barnes & Noble, [1959] 1995, p. 105.

④ Marshall G. S. Hodgson, *The Venture of Islam: Conscience and History in a World Civilization*, 3 vols, Chicago: Univ. of Chicago Press, 1974; Robert Payne, *The History of Islam*, New York: Barnes & Noble, [1959] 1995.

和犹太人更为暴虐或者更少宽容,因为那是一个暴虐而缺少宽容的时代。这只是说,将穆斯林描绘成为多元文化主义的开明的支持者的行为至少也是无知的。

事实是,很多穆斯林统治者几乎完全依赖顺民来为他们提供识字的官吏。实际上,迟至 11 世纪中期,穆斯林作家 Nasir–I Khrusau 提及"实话说,叙利亚这儿的抄写员,就像在埃及一样,全都是基督徒……[而]医生……是基督徒,这最为寻常"。① 在穆斯林统治下的巴勒斯坦,根据穆萨·吉尔所著的不朽的历史著作所言:"基督徒有着巨大的影响力,占据着当权的地位,这主要是因为他们当中具有天赋的行政官占据了政府职位,尽管穆斯林法律当中禁止雇用基督徒[来担任这些职位]或是那些作为当时知识界一分子的人,因为他们都是杰出的科学家、数学家、医生等。"② 基督徒官员的卓越也得到了阿卜杜勒·哲巴尔(Abd al-Jabbār)的承认,他在大约 995 年写道:"埃及、沙姆(al-Shām)、伊拉克、加孜拉(Jazīra)、法里斯(Fāris)和它们的周边地区的国王,在官场事务、中心行政和财政操作上都依赖着基督徒。"③ 14 世纪在开罗和其他埃及城镇爆发的反对基督徒的多起暴动正是被科普特人的非凡的财富所刺激,他们掌控着苏丹的官僚阶层,并且,尽管遭到了多次清洗,他们总是会回到权力核心中去,因为无法找到穆斯林替代者。④

剿灭"无信仰者"

就像我们对于基督教在东方的传播过程所知甚少一样,东方基督徒的顺民群体最终的覆灭过程也同样缺乏细节。这并不是因十字军东征而被激发的。正如我们将会在第十三章当中看到的那样,当时穆斯林并没有对十字军东征多加注意,而当时针对他们的怒火开始于 12 世纪。很显然,针对顺民的持续攻击开始于 1321 年的开罗,当时穆斯林暴徒们开始捣毁科普特

---

① Peters, 1993, p. 90.

② Moshe Gil, *A History of Palestine*, *634 – 1099*, Cambridge: Cambridge Univ. Press, 1992, p. 470.

③ Ibid..

④ Donald P. Little, "Coptic Conversion to Islam Under the Mahri Mamluks, 692 – 755/1293 – 1354", *Bulletin of the School of Oriental and African Studies*, University of London 39: 552 – 569, 1976.

教堂。这些反基督的暴动"在整个埃及范围内是得到精心策划的"①，直到大量的教堂和修道院毁于一旦。尽管暴徒们最终被马穆鲁克苏丹当局所平定，但小规模的针对基督徒的袭击、纵火、抢劫与谋杀变得长期而普遍。而后，1354年暴徒们再一次"杀气腾腾地流窜，捣毁教堂……在街上袭击基督徒和犹太人，如果他们拒绝口称 shadadatayn（承认阿拉为唯一的真神），则会被扔到篝火当中"。② 不久后，根据马克里兹（Al-Maqrizi, 1364—1442）的记述，在"埃及的所有省份，从南到北，再也没有未被摧毁的教堂留存……因此，伊斯兰教得以在埃及基督徒当中传播"。③

对基督徒的屠杀和对教堂与修道院的捣毁并不限于埃及。在皈依伊斯兰教以后，美索不达米亚、亚美尼亚和叙利亚的蒙古统治者甚至采取了比马穆鲁克苏丹更加严厉的措施。当合赞汗（Ghazan）于1293年获得伊朗的蒙古王位时，为了增加公众支持，他皈依了伊斯兰教（他是作为基督徒出生的，后来成了佛教徒），然后屈服于"强迫他迫害基督徒的公众压力"。④ 根据基督徒长老马尔·亚布拉罕三世（Mar Yaballaha Ⅲ, 1245—1317）的记载，为了实现他强迫所有基督徒和犹太人改作穆斯林的目标，合赞汗颁布了这项法令：

> 教堂应被彻底拆除，而祭台应予推翻，圣餐仪式应当停止，赞美诗的唱诵和向祈祷者的呼声应被废除；基督徒的头领以及犹太人群体的首领，还有这些人当中的大人物，一概处死。⑤

一年之内，合赞汗又改变了心意，试图停止对基督徒的迫害，但那时暴徒们已经失控了，"任何不放弃基督教和否认他的信仰的人都该死"的想法已经深入人心。⑥

---

① Donald P. Little, "Coptic Conversion to Islam Under the Mahri Mamluks, 692-755/1293-1354", *Bulletin of the School of Oriental and African Studies*, University of London 39: 563, 1976.
② Ibid., p. 567.
③ Ibid., p. 568.
④ Lawrence E. Browne, *The Eclipse of Christianity in Asia*, New York: Howard Fertig, [1933] 1967, p. 163.
⑤ 引自 Richard Foltz, *Religions of the Silk Road*, New York: St. Martin's, 2000, p. 129。
⑥ Lawrence E. Browne, *The Eclipse of Christianity in Asia*, New York: Howard Fertig, [1933] 1967, p. 167.

同时，类似的事件也发生在蒙古人统治下的亚美尼亚。在强迫基督徒皈依伊斯兰教的一次尝试当中，教堂礼拜遭到禁止，同时对基督徒课以难以忍受的税率。此外，地方当局被命令抓捕所有基督徒男性，拔掉他们的胡子并在肩上文上一个黑色的标志。由于没有多少基督徒在这样的措施之下屈服，可汗随后命令阉割所有的基督徒男性并剜去他们的一只眼睛——在抗生素发明以前的时代，这导致了许多人的死亡，但的确也迫使很多人皈依了伊斯兰教。①

1310 年，在美索不达米亚发生了"阿比尔的可怖屠杀"。② 情况并不比叙利亚好多少。1317 年 Āmid 城中发生了一起反基督的袭击事件。主教被打死，而后所有的教堂都遭到焚毁，基督徒男性全遭杀戮，一万两千名女性和孩子被卖为奴隶。③ 类似的事件发生在整个东方和北非。④ 而后进入了铁木耳帝国时代。

铁木耳也被称为帖木儿，他 1336 年出生在波斯城市撒马尔罕附近，死于 1405 年在中国的作战当中。尽管他定都于撒马尔罕，但铁木耳每次在那儿只停留短短数天时间，他的整个生涯都是一个游牧的征服者形象。作为一名有着土耳其—蒙古血统的穆斯林，铁木耳主要是因其暴行而被记住的，并获得了"神之鞭"的绰号，这来自克里斯托弗·马洛（Christopher Marlowe）1587 年的伟大戏剧。铁木耳一次又一次地发动了大屠杀——在他前往德里的行军过程中，被屠杀的俘虏可能达到二十万（包括男人、女人和孩子）⑤——甚至用他战利品的头颅搭建了金字塔。当他杀掉数额庞大的穆斯林、印度教徒和佛教徒的时候，他实质上也在东方彻底清除了基督徒和犹太人。仅在格鲁吉亚一地，铁木耳就"毁掉了七百个大型村庄，清除了其中的居民，毁灭了所有的基督教堂"。⑥ 从铁木耳

---

① Lawrence E. Browne, *The Eclipse of Christianity in Asia*, New York: Howard Fertig, [1933] 1967, p. 169.
② Ibid., p. 170.
③ Ibid., p. 171.
④ Philip Jenkins, *The Lost History of Christianity*, San Francisco: HarperOne, 2008.
⑤ Justin Marozzi, *Tamerlane: Sword of Islam, Conqueror of the World*, Cambridge, MA: Da Capo Books, 2004, p. 264.
⑥ Samuel Hugh Moffett, *A History of Christianity in Asia: Beginnings to 1500*, San Francisco: Harper San Francisco, 1992, p. 485.

手中幸存下来的基督徒共同体之后也被他的孙子兀鲁伯（Ulugh Beg）所灭。①

结　　论

到 14 世纪末，在东方和北非只留下了规模极其有限的基督教的遗迹，它们几乎已经被穆斯林的迫害彻底消灭。因此，正如菲利普·詹金斯（Phillip Jenkins）所说，基督教成为一种欧洲宗教是因为欧洲是当时唯一一块"免予毁灭的大陆"。②

---

① Philip Jenkins, *The Lost History of Christianity*, San Francisco: HarperOne, 2008, p. 138.
② Ibid., p. 3.

第十三章　欧洲的回应：以十字军东征为例*

在世贸大楼被穆斯林恐怖分子摧毁所带来的后续余波当中，十字军东征作为构成伊斯兰教的愤怒的基础被频繁提起。他们提出，穆斯林因基督教西方的凌虐而生的苦难可一直上溯到1096年十字军第一次东征出发前往圣地。人们普遍相信十字军东征是残酷的西方殖民史上首个极端血腥的章节，而不是受到虔诚信念或是对于朝圣者和耶路撒冷圣地的安全考虑的驱使。①

更为具体地说，则是：十字军战士的东征不是出于理想主义，而是出于对土地和战利品的追逐；十字军是被"权欲熏心的、试图通过使穆斯林大众皈依而扩展基督教范围的教皇"② 所召集的；而欧洲的骑士是一群残忍对待挡在他们路上所有人的野蛮人，将"伊斯兰先进文明……留在废墟之中"。③ 正如华盛顿的美国大学伊斯兰研究的主席艾哈·艾哈迈德（Akhar Ahmed）曾经表明过的那样，"十字军东征创造了一种陪伴我们直到今日的历史记忆——有关长期以来遭到欧洲侵袭的记忆"。④

在纽约市袭击发生的两个月之后，前总统比尔·克林顿（Bill Clin-

---

*　对此话题的完整讨论见 Rodney Stark, *God's Battalions: The Case for the Crusades*. San Francisco: HarperOne, 2009。

①　Joshua Prawer, *The Crusaders' Kingdom: European Colonialism in the Middle Ages*, New York: Praeger, 1972.

②　Robert B. Ekelund, Robert F. Hebert, Robert Tollison, Gary M. Anderson, and Audrey B. Davidson, *Sacred Trust: The Medieval Church as an Economic Firm*, New York: Oxford Univ. Press, 1996.

③　引自 Thomas F. Madden, "The Real History of the Crusades", *Crisis Magazine*, online edition, April 1, 2002a。

④　Andrew Curry, "The Crusades, the First Holy War", *U. S. News & World Report* (April 8): 36, 2002, p. 36.

ton）在乔治敦大学发表演说时称：就十字军针对伊斯兰教的罪行而言，"我们当中的那些有着不同的欧洲血统的人并非无可指摘"，而后他又总结了一份中世纪时期关于布永的戈弗雷（Godfrey of Bouillon）和他的军队1099年征服耶路撒冷时所发生的所有流血事件的记载。十字军东征的罪行是需要大量赎罪来补救的，这种观念甚至是在伊斯兰教恐怖分子劫机并最终坠毁的事件发生之前就已经相当流行。1999年，《纽约时报》已经正式提出，十字军东征可以类比希特勒的暴行或者是科索沃的种族清洗。① 也是在1999年，为了纪念十字军征服耶路撒冷九百周年，数百位虔诚的新教徒参加了一次"和解步行"，这次活动从德国出发，到圣地（巴勒斯坦）为止。途中，参与者身穿印有阿拉伯文"我道歉"字样的T恤。他们的官方声明解释了基督徒需要道歉的原因：

> 九百年前，我们的先人以耶稣基督之名投入了在中东的战争。由恐惧、贪婪、仇恨所驱使……十字军在你们的人民头上升起了十字旗……在第一次十字军东征的周年纪念之时……我们希望重新踏上十字军士兵的足迹，以此为他们的行为道歉……我们为我们的先人以基督之名犯下的暴行感到深切遗憾。我们拒绝贪婪、仇恨和恐惧，并谴责所有以耶稣基督之名而行的暴力。②

这并非新的指控。西方对于十字军东征的谴责开始于"启蒙时代"，这是一个全然错误的名称，当时的法国与英国知识分子们发明了"黑暗时代"，用于美化他们自己并贬低教会（见第十四章）。伏尔泰（Voltaire，1694—1778）将十字军东征称为"一场持续两百年的愤怒的流行病，被所有的残酷、所有的背叛、所有的放荡和所有的人性蕴含的愚蠢所标记"。③ 在大卫·休谟（David Hume，1711—1776）看来，十字军东征是"任何时代与任何国度当中曾经出现过的人类愚蠢的最为标志性也最为持

---

① 《纽约时报》1999年6月20日，4.15。
② Ontario Consultants（《论宗教宽容》，www.religioustolerance.org/chr_cru1.htm）.
③ 引自 Jean Richard, *The Crusades, c. 1071 – c. 1291*, Cambridge: Cambridge Univ. Press, 1999, p. 475。

久的纪念碑"。① 丹尼斯·狄德罗（Denis Diderot，1713 – 1784）将十字军东征形容为"最深重的黑暗与最大的愚行的时代……将这个世界的一个重要组成部分强行变成一个不幸的弱小国家，只为了切断当地居民的咽喉并夺取多岩石的山峰，这原本不值得为之流一滴血"。② 这些攻击被流行的看法所强化，"清教徒确信十字军东征是天主教会的偏执和残酷的另一次表现"。③ 但有关十字军东征是早期西方帝国主义者使用宗教借口寻找并掠夺土地的概念可能发源于爱德华·吉本（Edward Gibbon，1737—1794），他提出，十字军所真正追求的是"财宝的矿藏，比如金子和钻石，比如大理石与碧玉造就的宫殿，还有芳香的肉桂与乳香树林"。④

到了20世纪，吉本的文章被发展成了相当详细的"唯物主义的"关于十字军东征原因的记载。⑤ 正如汉斯·梅耶（Hans Mayer）所总结的，十字军东征缓解了欧洲"骑士阶层"的严重财政压力。根据梅耶和那些支持他的人的观点，当时"多余的"儿子的数量发生了大幅的、迅速的增长，这是一些没有继承权的贵族家庭成员，而继承人发现甚至连仅仅提供给他们微薄的收入也变得越来越困难。因此，正如梅耶所指出的："十字军承担了一种骑士阶层的安全阀的作用……这个阶层将十字军视为一种解决他们物质问题的途径。"⑥ 事实上，一个美国经济学家群体最近提出，十字军战士希望从朝圣之路上获得财富（简直是将耶路撒冷圣殿与现代游乐园相比），而教皇将这些十字军战士派到东方是为了追求教会的"新的市场"，因为他们预期会从原本的穆斯林人口当中获得大批皈依者。⑦ 高产的作者杰弗里·巴拉克拉夫（Geoffrey Barraclough）写道："我们认

---

① 引自 Jonathan Riley – Smith, *The Crusades: A History*, 2nd ed., London: Continuum, 2005, p. 298。

② 引自 Jean Richard, *The Crusades, c.1071 – c.1291*, Cambridge: Cambridge Univ. Press, 1999, p. 475。

③ Jonathan Riley – Smith, "Islam and the Crusades in History and Imagination, 8 November 1898 – 11 September 2001", *Crusades* 2: 151 – 167, 2003, p. 154.

④ *The Decline and Fall*, 6.58.

⑤ John France, *Victory in the East*, Cambridge: Cambridge Univ. Press, 1997; Hans Eberhard Mayer, *The Crusades*, Oxford: Oxford Univ. Press, 1972.

⑥ Hans Eberhard Mayer, *The Crusades*, Oxford: Oxford Univ. Press, 1972, pp. 22 – 25.

⑦ Robert B. Ekelund, Robert F. Hebert, Robert Tollison, Gary M. Anderson, and Audrey B. Davidson, *Sacred Trust: The Medieval Church as an Economic Firm*, New York: Oxford Univ. Press, 1996. 这是我遇到过的试图通过类比应用经济学原则的最不适当也最无知的著作。

为，十字军东征［在东方建立的骑士定居点］是殖民掠夺的核心。"① 因此，一本著名的大学西方文明教科书告诉学生们"从教皇和欧洲君主的角度来看，十字军东征提供了一种使欧洲摆脱好起争端的年轻贵族的办法……他们由此看到了一个获得领地、财富、地位、可能的封衔，甚至是救赎的机会"，② 这就丝毫也不令人惊讶了。或者说，如同流行作家卡伦·阿姆斯特朗（Karen Armstrong）所揭示的那样，这是"我们的第一块殖民地"。③

因此，这成为一个得到广泛接受的神话，十字军东征期间，扩张主义者、帝国主义的基督教世界残酷对待了、抢夺了、殖民了宽容而和平的伊斯兰教。这些观点已经遭到了当代一批杰出的历史学家的彻底驳斥。④ 他们提出，十字军东征是伊斯兰世界数个世纪以来对西方以血腥殖民为形式的挑衅，以及新的对于基督教朝圣者和神圣处所的突然袭击的结果。尽管十字军东征是应教皇的要求开始的，但它并没有怀抱任何试图使穆斯林皈依基督的希望。十字军也并不是由多余的儿子所组织和领导的，其领导者是大家族的族长们，他们非常清楚地知道东征所需要的花费远远超过了可能获得的微薄的物质奖励。大多数人为了参加东征付出了高昂的个人成本，其中的一些人为了参与甚至把自己搞破了产。比如说，布永的戈弗雷出售了整个凡尔登省，并且为了有足够的资金参与东征而抵押了他的布永省。此外，骑士们在圣地（巴勒斯坦）所建立的持续了两百年的十字军王国并不是靠向当地强征的税款维持起来的，而是向欧洲要求了大量的资助。再有，将现代有关合适的军事行动的概念强加给中世纪战争，这是全然无理性可言的——基督徒与穆斯林所遵循的都是一种完全不同的战争规则。即使如此，十字军也并不像他们所描述的那样残暴和嗜血。最后，说穆斯林心怀对于十字军东征的憎恨长达千年的观点是全无意义的：穆斯林对于十字军东征的敌意直到1900年才表现出来，反映在针对奥斯曼帝国

---

① 引自 Jonathan Riley‐Smith, "Islam and the Crusades in History and Imagination, 8 November 1898－11 September 2001", *Crusades* 2: 151－67, 2003, p. 159。

② Jackson J. Spielvogel, *Western Civilization*, 4th ed, Belmont, CA: Wadsworth, 2000, p. 259.

③ Karen Armstrong, *Holy War: The Crusades and Their Impact on Today's World*, 2nd ed, New York: Random House, [1991] 2001, xii.

④ 其中包括 Alfred J. Andrea, Peter Edbury, Benjamin Z. Kedar, Thomas F. Madden, Edward M. Peters, Jean Richard, Jonathan Riley‐Smith 和 Christopher Tyerman。

解体和中东地区欧洲殖民体系的实质攻击上。

现在我们来看看细节。

挑衅

正如第十二章所描述的那样，穆斯林在穆罕默德在世时就已经开始劫掠基督教地区。在他死后一年，穆斯林的侵略从最东端开始，当时他们的军队进入了叙利亚，后来是东罗马帝国的一个基督教省。穆斯林军队很快赢得了一系列战役，他们在635年攻占了大马士革和许多其他城市，636年，拜占庭军队被迫放弃了叙利亚。接下来，阿拉伯人进入了圣地（巴勒斯坦）：耶路撒冷于638年陷落，该撒利亚马里蒂玛（Caesarea Maritima）于640年陷落。自那开始，穆斯林军队入侵了基督教埃及，攻占了开罗；亚历山大港于642年陷落。庞大的穆斯林帝国如今统治着大部分的中东和北非海岸沿岸地区——当时这是基督教的主要地区。三十年后，帝国的扩张越过了丹吉尔（Tangier）抵达太平洋。714年，西班牙的大部分地区归于治下，不久后，在法兰克人成功地于732年在图尔（Tours，或者普瓦捷Poitiers）击退穆斯林军之前，主要的威胁已经指向法兰西。831年，穆斯林军队入侵西西里岛并统治当地直到1072年，846年他们洗劫了罗马城，在之后的两百年里其统治范围撤回到了意大利南部。因此，在十字军第一次东征期间，基督教世界已经与伊斯兰教进行了超过450年的自卫战争！

这似乎是非常古怪的，那些大力宣扬着欧洲人强加于他们的前殖民帝国的苦难和不公的人却拒绝承认任何穆斯林帝国主义所带来的类似结果。但正如第十二章当中所澄清过的那样，穆斯林是非常残酷并且不容异己的殖民者。因此，十字军东征基本上是防卫行为，而这是建立在西方人长期存在的不满情绪所构成的普遍背景之上的，这种不满情绪对于十字军东征而言是非常具体的刺激，必须纳入考虑范围。这涉及在耶路撒冷发生的对于神圣之地的毁弃和威胁，还有对于基督教朝圣者的谋杀、拷打、奴役、抢劫和经常发生的袭扰。

1009年，在法蒂玛哈里发哈金（Fatimid Caliph al-Hakim）的带领下，穆斯林捣毁了耶路撒冷的圣墓教堂——君士坦丁在据说是耶稣复活前的埋骨之处上面所建造的宏伟教堂。更糟的是，穆斯林还试图捣毁圣墓本身，只留下了乱石之中的一点墓坑的痕迹。当所有基督圣殿当中最为神圣的所在遭到亵渎的消息传到欧洲，这激起了了解消息的精英阶层内部程度可观的愤怒和担忧。但这一危机很快过去了，因为哈金遭到刺杀，而耶路撒冷恢复了一些表面上的宗教宽容，因此大量基督教朝圣者继续涌向耶路撒冷。实际上，朝圣之路所带来的价值可能是数百年内穆斯林控制下的耶路撒冷得以推行极其自由的政策的首要因素。尽管路途遥远，而可以采用的交通方式非常有限，前往耶路撒冷的朝圣者依然令人惊异地普遍。在他著名的论十字军东征的三卷本的第一卷当中，史蒂文·朗西曼爵士（Sir Steven Runciman, 1903—2000）记载说："络绎不绝的旅人涌向西方，有时集群超过上千人，男女老幼都有，做好了……［在旅途中］花费一年甚至更长时间的准备。"① 前往圣地（巴勒斯坦）的一个主要原因是相信即使是最坏的罪行也能在朝圣之旅当中得到洗涤。因此，路上有很多朝圣者来自斯堪的纳维亚——有些人甚至来自冰岛。朗西曼对此解释说，挪威人"崇尚暴力，往往犯有谋杀罪行并往往需要进行赎罪的苦修"。②

但随后，到 11 世纪晚期，事情再次起了变化。新近皈依伊斯兰教的塞尔柱土耳其人成为小亚细亚新的统治者。他们的军队推进到了距君士坦丁堡一百公里以内的地区。或许因为他们是刚刚皈依伊斯兰教，也或者是因为他们仍然是没有被城市生活所污染的半游牧部落的成员，土耳其人毫无节制地排除异己。世上只有唯一的真神名为阿拉，而不是雅巍或耶和华。土耳其人并没有正式禁止基督教的朝圣者，但他们很清楚地表明基督徒们是一些可以被捕猎的猎物。因此，所有位于通往耶路撒冷的路边的安纳托利亚村庄都开始向基督徒旅者征收通行费。更糟的是，有些朝圣者被抓获并卖为奴隶，而其他人则被折磨，这通常只是为了取乐。那些从危险当中幸存的人"回到了西方，他们疲倦不堪，贫困潦倒，讲述着可怕的经历"。③

因圣地（巴勒斯坦）而起的愤怒与焦虑持续增长。理解圣地的形象在虔诚的中世纪基督徒（如果不单纯是信仰基督教的大众）心目中有多么耀眼这一点非常重要。那是基督与其门徒曾经生活的地方，而至今似乎仍然如此，其神圣性达到了几乎可以触知的程度。在罗伯特·佩恩

---

① Sir Steven Runciman, *A History of the Crusades*, 3 Vols, Cambridge: Cambridge Univ. Press, 1951, 1: 49.

② Ibid., 1: 47.

③ Ibid., 1: 79.

(Robert Payne，1911—1983）的描述当中，基督徒在巴勒斯坦"期望以一种具体的形式获得神圣，找到某些能被看到、触摸、亲吻、膜拜甚至是带走的东西。神圣性存在于基督曾经踏过的小路上，在基督曾经看到过的山峰和河谷当中，在基督曾经徘徊过的耶路撒冷的街道上"。① 在耶路撒冷，基督徒甚至可以爬上那座曾负载了神子身躯的十字架树立之上的小山。但现在这一切都不能了。

在这样一种舆论氛围当中，拜占庭帝国皇帝亚历克修斯·科穆宁（Alexius Comnenus）从其战火中的首都写信给弗兰德斯的康特，恳求身在西方的他和他的基督徒同伴前往救援。在信中，皇帝详尽地描述了朝圣者所遭遇的可怕折磨以及教堂、祭台和洗礼池所遭到的恶劣亵渎。如果君士坦丁堡陷于土耳其人之手，不仅会有上千基督徒被杀、被拷打和强奸，并且几个世纪以来辛苦收集的"救主的大多数神圣的遗迹"也将散失。"因此以上帝之名……我们恳求你带着所有基督的虔信的士兵到这座城来……如果你来，你将在天堂发现奖赏，而如果你不来，上帝将会谴责你。"②

当教皇厄本二世（Urban II）读到这封信时，他决定以实际行动做出答复。1095 年 11 月 27 日，他在法国城市克莱蒙（Clermont）召集了大批教士与俗众。站在场地中央的讲台上，被包括穷苦农夫和贵族与教士阶层的人群围绕着，教皇做出了史上最有影响力的演讲之一。拜他浑厚而令人印象深刻的嗓音所赐，很远地方的人都能够听到并理解他说的话。随后，演讲内容的复制本（演讲与抄写都使用法文）在整个欧洲传播开去。③

教皇以对基督徒朝圣者的折磨、强暴和谋杀以及对教堂和神圣地的亵渎的生动描绘开始了他的演讲：

> 许多上帝的教堂遭到了侵犯……他们以污垢和肮脏毁掉了祭台。他们给基督徒行割礼，并把血抹在祭台上或倒进洗礼池里。他们剖开基督徒的肚子，拉出他们的肠子的末端系在刑柱上，用这种方法来杀死他们，并以此为乐。而后，他们鞭打受害者，强迫他们绕着刑柱转

---

① Robert Payne, *The Dream and the Tomb: A History of the Crusades*, New York: Stein & Day, 1984, pp. 18 - 19.
② Ibid., pp. 28 - 29.
③ 这次演说现存的五个主要版本都是不完整的，而它们每一个都有多个英语译本，我在多个版本中进行了摘录。

圈，直到他们的肠子被完全拉出来，人倒地死去……而我又能为对妇女的卑劣的强暴说些什么呢？对此，说出来甚至不如保持沉默的好。

于是教皇提出了第二个议题，就这一问题他已经投入了多年努力：中世纪的长期战争。教皇试图在那些封建贵族之间实现一种"上帝的休战"，他们当中的许多人似乎倾向于挑起战争，甚至是与他们自己的朋友，只为了进行一次精彩的决斗。毕竟，这就是他们从童年起每天被训练要做的事情。这正是他们的机会！"持续并且徒劳地寻找着战争理由的基督徒武士，庆祝吧，因为你们今天终于找到了真正的理由……如果你们被征服了，你们将拥有与耶稣基督死于同地的荣耀，而上帝永不会忘记他从神圣的军队中发现了你们……地狱中的士兵，变成了活着的上帝的士兵！"

现在，"Dieu li volt！"（上帝的旨意！）的喊声开始在人群当中扩散开来，而男人们开始切开斗篷和其他衣物做成十字架，将它们缝在自己的肩上或胸口。每个人都同意，第二年春天进军耶路撒冷。而他们的确这样做了。

我们已经被多次建议，对于在圣地（巴勒斯坦）所发生的事情，不要相信教皇或是皇帝，他们是有可能被误导的。对于发动一场军事上的冒险行动，他们也有可能是为了自己的目的而在说谎。詹姆斯·卡罗尔甚至已经作出了这样的暗示，教皇狡猾地将穆斯林说成是具有威胁的外来者，目的是为了统合欧洲王子们"反对共同的敌人"。① 但正如朗西曼所指出的那样，欧洲人，特别是贵族，对于基督徒朝圣者们所遭遇的残酷对待具有可信的独立消息源——从他们自己得以幸存的亲戚和朋友那里。即使教皇和皇帝是狡猾的鼓动者，也无法改变十字军的初衷，因为这完全依赖于骑士们所相信的东西。

十字军东征的经济影响

不管骑士阶层当时是否真的面临财政压力，他们所做的最后一件事是开始十字军东征，前往圣地（巴勒斯坦）。彼得·艾德巴里（Peter Edbury）

---

① James Carroll, *Constantine's Sword: The Church and the Jews*, Boston: Houghton Mifflin, 2001, p.241.

解释说:"东征是昂贵的,而其开销由十字军战士自己、他们的家族、他们的主人所承担,从 12 世纪末开始,也越来越多地由向西方教会所征收的税款来支付。"① 两百年里甚至有很多位于圣地基督教控制区的十字军的城堡和要塞是通过欧洲输送的资金,而不是依靠地方税款来建造或者维持的。事实上,十字军骑士的大量财富并非来自抢掠,而是来自欧洲的捐赠和遗产。② 总之,"大量的西方白银流入了十字军的驻地"。③ 十字军东征之所以可能,仅仅是因为那并不是一个经济衰退的时代,相反是一个经济增长的时代,这"将更多的资源和金钱送到了西欧统治精英们的手中"。④

此外,参与东征的也不是"多余的"儿子。因为"东征的成本的确是巨大的"⑤,只有上流阶层贵族的家主才能支付得起:是国王、亲王、伯爵、公爵、男爵和英国伯爵们招募和领导了骑士和步兵集团,并支付了其中产生的开销。⑥ 即使如此,他们为了支付所需资金也付出了巨大代价。许多人卖掉了所有或者是大部分的资产,从亲戚那里借来了所有能借的钱,为了参与东征而使自己和家人陷入贫困之中。⑦ 至于在圣地通过抢掠和殖民来弥补其损失,大多数人并没有这种幻想——事实上,一旦战争结束,大多数人根本没有留在东方的计划,除了一支较小的卫戍部队之外,他们的确都返回了家乡。

从军的目的

欧洲骑士们带着缝在胸口的十字架进军东方主要是出于两个原因,其

---

① Peter Edbury, "Warfare in the Latin East", In *Medieval Warfare: A History*, edited by Maurice Keen, 89 – 112, Oxford: Oxford Univ. Press, 1999, p. 95.
② Peter Edbury, "Warfare in the Latin East", In *Medieval Warfare: A History*, edited by Maurice Keen, 89 – 112, Oxford: Oxford Univ. Press, 1999; Piers Paul Read, *The Templars*, New York: St. Martin's Press, 1999.
③ Peter Edbury, "Warfare in the Latin East", In *Medieval Warfare: A History*, edited by Maurice Keen, 89 – 112, Oxford: Oxford Univ. Press, 1999, p. 95.
④ John Gillingham, "An Age of Expansion: c. 1020 – 1204", In *Medieval Warfare: A History*, edited by Maurice Keen, 59 – 88, Oxford: Oxford Univ. Press, 1999, p. 59.
⑤ Thomas F. Madden, *A Concise History of the Crusaders*, Lanham, MD: Rowman & Littlefield, 1999, p. 12.
⑥ Jonathan Riley – Smith, *The First Crusaders, 1095 – 1131*, Cambridge: Cambridge Univ. Press, 1997.
⑦ Ibid. .

一是一般的原因，其二则是与十字军东征有关的具体原因。一般的原因是，他们对于赎罪苦修的可感知的需求。具体原因则是为了解放圣地（巴勒斯坦）。

如同今天一样，中世纪教会保留了许多深重的暴力因素，特别是对于杀人。这带来了弥漫于骑士和他们的告解神父之间的深切忧虑，因为中世纪贵族之间的战争是长期的，而任何得以长久存活的骑士通常都是杀过人的。甚至当死者是没有任何挽救价值的坏蛋的时候，他们的死也仍然被视作罪孽，① 而大多数情况下杀人者对于死者而言并不具有任何道德上的优势——有些时候甚至是相反的。因此，骑士们需要长期地进行赎罪苦修，而他们的告解神父则要求他们践行所有形式的赎罪行动。告解神父有时会要求他们做一次前往著名圣地的朝圣之旅，而对于特别可怕的罪孽，则会是一次前往耶路撒冷的旅程。

正如我们已经指出过的那样，前往耶路撒冷的朝圣之旅在第一次十字军东征之前的很多个世纪里令人惊异地普遍。每年都有数千人踏上旅程，常常是成群结队地。举例来说，1026 年一个七百人的群体从诺曼底启程前往圣地（巴勒斯坦），而路上又有许多其他的西方朝圣者群体加入他们。② 朝圣如此普遍的一个主要原因是欧洲的骑士们既暴力又虔诚。因此，特里尔（Trier）的蒂里伯爵（Count Thierry）在 1059 年谋杀了他的大主教，他的告解神父要求他进行一次朝圣，而他依言前往。③ 或许最为臭名昭著的朝圣者是安琼（Anjou，972—1040）的伯爵福尔克三世（Fulk III），他被要求进行四次前往耶路撒冷的朝圣，第一次是因为他将他穿着婚礼礼服的妻子活活烧死，据说原因是她和一个羊倌私通。如果考虑到所有情况，四次朝圣或许还嫌太少，因为福尔克是个"强盗、杀人犯、抢劫犯、口出恶劣的渎神之词的人，他是一个恶魔般残忍的真正可怕的人物……无论何时他与他的邻居有哪怕是最轻微的意见分歧，他都会冲到他的封地上，毁坏财物、掠夺资产、强奸、杀人；没有什么能够制止他"。④

---

① Jonathan Riley - Smith, *The First Crusaders, 1095 - 1131*, Cambridge: Cambridge Univ. Press, 1997, p. 49.
② Ibid., pp. 29 - 30.
③ Ibid., p. 28.
④ Richard Erdoes, *AD 1000: Living on the Brink of the Apocalypse*, New York: Harper & Row, 1988, p. 26.

然而，在他的告解神父面前，福尔克"回应以极其虔诚的语句"。①

因此要求进行十字军东征的号召并没有要求人们去做什么新奇的事情——无疑，很多骑士早就在考虑着进行一次朝圣。事实上，教皇本人也已经向他们保证参加东征将会洗清他们所有的罪孽，与此同时，他们还将拯救圣地（巴勒斯坦），包括耶稣圣墓，使它们免予在上帝的敌人手中遭受进一步的损坏和亵渎。这是一份既高贵又神圣的使命，而骑士们也正是这样认为的。纽伯兰的勃艮第史蒂芬一世曾经这样形容："想想我有这么多的罪孽和我主耶稣基督的爱、宽容与仁慈，因为当他是富人时他为了我们而变得贫穷，我已经决定以某些方式来回报他，为所有他无偿给予我的东西，尽管我并不值得他如此。所以我决定前往耶路撒冷，在那里上帝现身为人，与人相谈，而我将前往敬拜他曾踏足之地。"②

如果十字军并不是为宗教信仰所驱使，而是由对土地与战利品的欲望所驱使，那么欧洲骑士们将会应答得更早，早到1063年教皇亚历山大二世提出进行东征以将不信的穆斯林赶出西班牙的时候。不同于圣地（巴勒斯坦），摩尔人的西班牙极端富庶，据有大量肥沃的土地，同时又近在咫尺。但那时几乎没有人响应教皇的号召。然而，仅仅是在三十年以后，数以千计的十字军战士为了干旱而贫穷、遥远且只有荒地的巴勒斯坦拔营进发。差别在哪里？因为西班牙不是圣地！基督不曾踏足托莱多的街道，也不是在塞维利亚被钉死在十字架上。

所以最终，1099年6月7日，尽管面临着重重困难，十字军还是抵达了耶路撒冷。最初军队人数可能达到十三万人，而沿途的疾病横生、物资匮乏、意外灾难、逃兵和战斗减员严重地削减了他们的队伍，最后十字军只剩下了大约一万五千人，尽管穆斯林历史学家认为他们的人数在三十万左右。③ 这些抵达耶路撒冷的人处于饥饿当中——从他们吃掉他们的马匹开始已经过去很长时间了。不过，在一次短暂的围困之后，1099年7月15日，人数处于绝对劣势的十字军攻破了城池。因此，在大约460年的穆斯林统治以后，耶路撒冷再次回到了基督徒手中，尽管它在这个过程

---

① Jonathan Riley-Smith, *The First Crusaders, 1095–1131*, Cambridge: Cambridge Univ. Press, 1997, p. 28.

② Ibid., p. 72.

③ Carole Hillenbrand, *The Crusades: Islamic Perspectives*, Edinburgh: Edinburgh Univ. Press, 1999, p. 54.

当中几乎已经被完全毁掉，人口也大量减少。

十字军王国

当耶路撒冷处于他们的控制下，派来驱逐他们的埃及军队也被击退了以后，十字军必须决定如何巩固他们的胜利。他们的方案是建立四个王国——地中海沿岸的四个独立国家（见地图 13.1）。它们是：伊德萨伯国，以其主要的城市而得名；安条克公国，以安提阿城为中心，即现在的土耳其南部；的黎波里伯国，在安条克公国以南，以黎巴嫩沿海的同名城

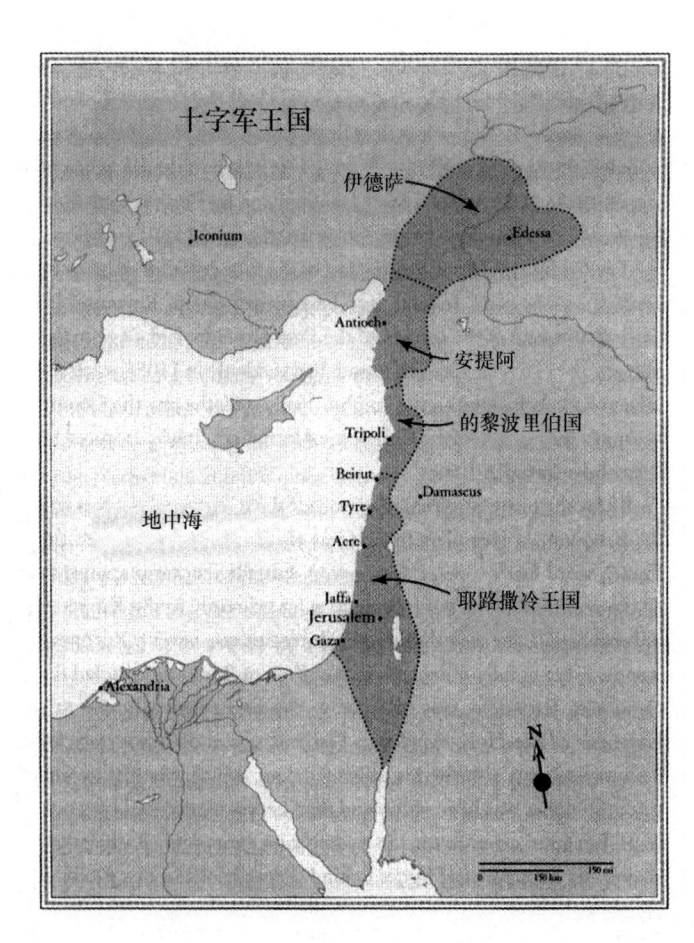

图 13.1

市命名；还有耶路撒冷王国，一块在巴勒斯坦海岸上的飞地，其范围大略可以等同于今天的以色列。①

与其他三个王国不同，伊德萨位于内陆地区。1098 年，当十字军的大部队南下进攻安提阿时，布伦的鲍德温（Baldwin of Boulogne）带领一支人数较少的军队从东方逼近伊德萨，并成功地说服了城市统治者索罗斯（Thoros，一位希腊正教基督徒）收养自己做他的儿子和继承人！当索罗斯被愤怒的臣民刺杀以后，鲍德温即位。伊德萨是第一个十字军国家（建于 1098 年），也是第一个被伊斯兰教夺回的（1149 年）国家。

在长期围城之后十字军攻下了安提阿城，围城期间骑士们所获得的补给特别少，他们不得不吃掉很多战马。几乎与十字军夺下这座城市的同时，一支新的穆斯林军队出现了，并对骑士们展开了围困。尽管遭遇了令人震惊的困难，塔兰托的博西蒙德（Bohemond of Taranto）还是带领他的军队出了城并在某种程度上击败了穆斯林——后来的记载表明，一支由圣徒组成的军队奇迹般地出现并帮助了骑士们。在这场胜利之后，博西蒙德自封为亲王。这片地区的独立状态维持到 1119 年并入耶路撒冷王国为止。1268 年，安提阿陷落于埃及苏丹拜巴尔（Baybars）之手，他的军队杀掉了他们所能找到的所有基督徒（见下）。

的黎波里伯国是四个十字军国家当中最后建立的——在 1102 年。它的建立是在第一次十字军东征的领导者之一、图卢兹伯爵雷蒙德四世（Count Raymond IV of Toulouse）对港口城市的黎波里开展围困之后。当雷蒙德于 1105 年突然逝世，他留下了尚在襁褓中的儿子，作为继承人，所以当骑士们最终攻下这座城市的时候，的黎波里伯国成了耶路撒冷王国的一个藩国。该地于 1289 年被阿拉伯奴隶兵马穆鲁克（Mameluke）攻占。

迄今为止，最重要也最强大的十字军国家是耶路撒冷王国，它也被称为"Outremer"，这是一个法语词，意为"海外"（outre‐mer）。最初这个词被用于指代所有十字军国家，但它首先是指耶路撒冷王国。正如其他

---

① Bernard Hamilton, *The Leper King and His Heirs: Baldwin IV and the Crusader Kingdom of Jerusalem*, Cambridge: Cambridge Univ. Press, 2000; John L. LaMonte, *Feudal Monarchy in the Latin Kingdom of Jerusalem*, 1100 – 1291, Cambridge: Harvard Univ. Press, 1932; Joshua Prawer, *The Crusaders' Kingdom: European Colonialism in the Middle Ages*, New York: Praeger; Jonathan Riley‐Smith, *The Feudal Nobility and the Kingdom of Jerusalem*, 1174 – 1277, New York: Macmillan, 1973; Sir Steven Runciman, *A History of the Crusades*, 3 vols, Cambridge: Cambridge Univ. Press, 1951; Christopher Tyerman, *God's War: A New History of the Crusades*, Cambridge: Belknap, 2006.

几个国家一样，Outremer 从来也不是一块欧洲殖民地，它是完全独立的。领导攻下了耶路撒冷的布永的戈弗雷成为首位统治者，其头衔是圣墓守卫者。戈弗雷被选中不仅是因为他的正直诚实，还因为他的军事天赋，幸亏如此，因为他从接手控制权的时候就遭遇了试图夺回耶路撒冷的埃及军队的攻击。戈弗雷没有将他人数居于劣势的军队隐蔽于城墙之后，他指挥军队出城夜袭，杀掉了大量睡梦中的埃及人并因此击败了他们。

  这次惨败将穆斯林领导者的新的袭击向后推迟了很长时间。穆斯林历史学家伊本·扎菲尔（Ibn Zafir）"含着责备地"描写了这件事："他[埃及高官]已经放弃了将叙利亚海岸线握在穆斯林手中的希望，而在那以后他个人也不曾再同他们作过战。"① 这对于十字军而言是幸运的，因为从他们取得对埃及人的胜利以后，参与第一次十字军东征的几乎所有军队都登上了回乡的船，留下耶路撒冷王国由一支大约只有三百名骑士和两千名步兵组成的很小的军团守卫。② 最后，他们的军队通过两个骑士宗教组织得到了极大增强，其中，"修道士的戒律与搏击技巧在基督教世界当中第一次被联系起来"。③ 医院骑士团最初的建立是为了照料前往圣地途中病倒的基督教朝圣者，最终这一团体保留了它"医疗的"名字，但在大约 1120 年，将它的誓言从贞洁、贫穷和服从扩展到武装保卫巴勒斯坦的基督徒。圣殿骑士团在其建立之初是一个军队宗教组织，那大约是在 1119 年。医院骑士团身穿黑色长袍，左袖上戴有白色十字标志，而圣殿骑士团则穿白袍，身后的斗篷上有红色十字标志。这两个团体严重地相互憎恶，但他们一起为耶路撒冷王国提供了由经过良好训练的士兵所组成的可靠力量，他们在王国的边境上建立并守卫了一条由精心选址的城堡所形成的防卫链。

  然而，王国的存在仍然是危险的，它们被幅员辽阔且人口众多的穆斯林世界所包围。多年以来，无论穆斯林的威胁在何时大肆逼近，新的十字军都会在欧洲集结，新的军队将进入东方以支持十字军王国——而后再次

---

  ① 引自 Carole Hillenbrand, *The Crusades: Islamic Perspectives*, Edinburgh: Edinburgh Univ. Press, 1999, p. 77。

  ② Christopher Tyerman, *God's War: A New History of the Crusades*, Cambridge: Belknap, 2006, p. 178。

  ③ Thomas F. Madden, *A Concise History of the Crusaders*, Lanham, MD: Rowman & Littlefield, 1999, p. 49。

返回故乡。最后，欧洲人失去了他们保卫"圣地（巴勒斯坦）"的热情，而伊斯兰教军队开始蚕食十字军控制地区。直到它最后一个位于阿科（Acre）的堡垒落入庞大的马穆鲁克军队之手为止，耶路撒冷王国持续存在到 1291 年，这似乎是一项令人印象深刻的成就。

正如我们已经指出过的，不仅守卫者，大部分资金也都来自欧洲。① 两个骑士团都在欧洲建造了许多修道院，他们从那里输出的不仅有年轻的新兵，还有持续不断的、大量的现金流。一部分资金是由这些修道院的生产活动所支付的——它们都拥有大量的地产，包括一些城镇和村庄——但大部分资金来自富有的欧洲人的捐赠。在征服耶路撒冷大约七十年以后，自亚洲而来的商路转而经过几个王国的港口。这似乎使得热那亚（Genoa）和比萨（Pisa）——或许还有威尼斯——富裕起来，因为这些城市控制着地中海地区的海上贸易，但这对于王国的一般经济而言并没有造成什么影响，也肯定没有在驱动十字军方面发挥什么作用。② 因此，十字军国家"持续地在人力和财力方面依赖着基督教世界，只要基督教世界保持着足够的支持它们兴趣，它们就能得以维持，而一旦这种兴趣消失，它们也就随之衰弱并最终崩溃了"。③ 由于殖民地通常被定义为被宗主国实行政治管理和经济剥削的地区，十字军王国并非殖民地④——如果不是一个将物质价值置于精神收益之上的地区的话。

不过，十字军并未试图将基督教强加给穆斯林。实际上，"生活在十字军控制下的领土的穆斯林通常会被允许保留他们的财产和生活方式，通常也包括保持他们的信仰"。⑤ 因此，十字军王国当中的穆斯林居民人口常常远超基督徒。13 世纪，一些圣方济各派的修士开始了在穆斯林当中的传教工作，但这些建立在和平劝说上的传教努力相当不成功，最终这一

---

① Christopher Tyerman, *God's War: A New History of the Crusades*, Cambridge: Belknap, 2006, p. 179.

② Jonathan Riley‐Smith, *The First Crusaders, 1095‐1131*, Cambridge: Cambridge Univ. Press, 1997, p. 272.

③ Charles Issawi, "Crusades and Current Crisis in the Near East: A Historical Parallel", *International Affairs* 33: 269‐279, 1957, p. 272.

④ Jonathan Philips, "The Latin East 1098‐1291", In Jonathan Riley‐Smith, editor, *The Oxford Illustrated History of the Crusades*, 112‐140, Oxford: Oxford Univ. Press, 1995, p. 112.

⑤ Thomas F. Madden, "The Real History of the Crusades", *Crisis Magazine*, online edition, April 1, 2002a, p. 3.

计划被放弃了。① 实际上，教会总是反对将十字军东征与教徒的皈依以任何形式相联系，直到在欧洲针对基督教异端而发动的"十字军东征"期间这一问题被真正提出（见第十七章）。②

十字军的"战争罪"

在其讨论十字军东征的影响力巨大的三卷本的最后一段当中，史蒂文·朗西曼爵士为这种"悲剧性的、毁灭性的情景"而感到遗憾。十字军的"高尚目标"被"残酷与贪婪所玷污……被一种盲目而狭隘的唯我独尊所玷污"。③ 随着朗西曼的巨著的流传，越来越多的历史学家接受了这种传统观念，认为十字军东征是野蛮的西方与更为文明也更为开化的东方之间的对抗。由此，那些关于十字军残暴、嗜血、都是宗教狂热分子的证据材料得到了强调。

在耶路撒冷陷落之后发生的屠杀被当作十字军残酷暴行的确切证据，甚至在那个时代，特别是与他们的穆斯林对手相比而言也是这样。在短暂的围城之后，基督教骑士通过猛攻夺取了城池，而据说他们紧接着对城中的所有人开始了血腥得难以置信的大屠杀。不幸的是，这些观点被基督教编年史作者记录了下来，他们"急于描绘一场对于这个城市的仪式性的净化"。④

这真的发生过吗？编年史作者的记载似乎相当牵强——及膝深的血里人无法行走——但很可能一次大屠杀的确发生过。然而，重要的是认识到，以当时的战争标准，屠杀耶路撒冷城中人口可能被认为是正义的，因为这座城市拒绝投降，必须强攻夺取，因此导致了许多军队当中的伤亡。如果耶路撒冷在十字军聚集起来猛攻城墙的时候投降，很可能就不会发生屠杀。但是，由于错误地相信了自己的军事优势，穆斯林坚

---

① Benjamin Z. Kedar, *Crusade and Mission: European Approaches Toward the Muslims*, Princeton: Princeton Univ. Press, 1984.

② Ibid..

③ Sir Steven Runciman, *A History of the Crusades*, 3 vols, Cambridge: Cambridge Univ. Press, 1951, 3: 480.

④ Thomas F. Madden, "The Crusades in the Checkout Aisle", *Crisis Magazine* e-letter, April 12, 2002b; Christopher Tyerman, *God's War: A New History of the Crusades*, Cambridge: Belknap, 2006, xv.

守城池。在这种情况下,司令官(穆斯林和基督徒都是一样)相信他们有义务让士兵烧杀抢掠,以此给其他在未来可能长时间坚守的城市作出范例。因此,穆斯林在类似情况下取得的胜利也会导致同样的大规模屠杀。

如此之多的西方历史学家对于十字军东征所持的令人印象深刻的偏见与穆斯林发动的屠杀只得到了如此之少的注意这一事实表现得同样明显。罗伯特·欧文(Robert Irwin)指出:"在英国,有一种将十字军作为野蛮而偏执的好战者进行贬低的传统,同时则将撒拉逊人作为骑士制度的杰出倡导者加以褒扬。实际上,人们普遍相信骑士制度发源于穆斯林控制下的东方,最好的关于穆斯林骑士制度的例子,当然,正是 12 世纪的阿育布王萨拉丁(Ayyubid Sultab Saladin)。"① 实际上,这并不是最近英国人的发明。从启蒙时代起,萨拉丁就被"古怪地"描述为"相对于盲信的、野蛮的十字军而言一位理性而文明的人物"。② 比如说,1898 年德国恺撒·威廉(Kaiser Wilhelm)造访大马士革,就将一个青铜的月桂花环敬献给了萨拉丁墓前。花环上面刻着:"从一位伟大的皇帝到另一位。"③

已经有很多记述谈及了萨拉丁在 1187 年重新夺回耶路撒冷时没有屠杀基督徒的事迹。英国历史学家芭芭拉·赫顿(Barbara Hutton)在 1869 年撰写的书中宣称,尽管萨拉丁"厌恶基督徒……当他们恳求他并只能任其摆布的时候,他没有残酷地对待他们,也没有进行报复"。④ 但无论是赫顿还是其他现代同情伊斯兰教的西方人都没有提及这一事实,耶路撒冷是萨拉丁通常对他的敌人所实行的屠杀政策的一个例外,而这是穆斯林作者已经承认的事情。事实上,萨拉丁已经提出了屠杀掌控耶路撒冷的骑士的计划,但最终他用安全通行证交换了耶路撒冷不抵抗的投降(与其他很多穆斯林领导者不同,他遵守了诺言)。在大多数其他的例子里,萨拉丁相当没有骑士风度。比如,哈廷战役(the Battle of Hattin)以后,他

---

① Robert Irwin, *Dangerous Knowledge: Orientalism and Its Discontents*, Woodstock and New York: The Overlook Press, 2006, p. 213.

② Christopher Tyerman, *God's War: A New History of the Crusades*, Cambridge: Belknap, 2006, p. 351.

③ Elizabeth Siberry, "Images of the Crusades in the Nineteenth and Twentieth Centuries", In *The Oxford Illustrated History of the Crusades*, edited by Jonathan Riley-Smith, 365-385, Oxford: Oxford Univ. Press, 1995, p. 368.

④ Ibid., p. 115.

亲自参与了对被俘骑士的屠杀，而后回归座位并享受地观看剩下的人被处死。正如萨拉丁的秘书伊玛丁（Imad ed – Din）所讲述的："他［萨拉丁］下令说他们应被斩首，选择了处死他们而非将他们投进监狱。在他身边的是一整列的学者和苏非派（sufis），还有相当数量的虔信者和禁欲苦行者；每个人都恳求，希望可以被允许杀死其中的一个俘虏，因而拔出他们的刀剑，卷起他们的衣袖。萨拉丁面上带着愉悦的神情，坐在他的高台上；不信主的人们显露出了极度的绝望。"① 因此，T.E. 劳伦斯（T. E. Lawrence）在他领导阿拉伯非正规军抵抗土耳其人的一次战斗中，他从萨拉丁的墓前"解放"了恺撒的花环，这一举动似乎是非常适宜的，花环现在归伦敦的帝国战争博物馆所有。

许多西方历史学家不仅忽视了真实的萨拉丁，他们同时也对埃及苏丹拜巴尔（也拼作 Baibars）很少或根本不加注意，尽管他在那段时期的穆斯林历史当中比萨拉丁获得了多得多的纪念。当1266年拜巴尔攻破圣殿骑士团，在采法特（Safad）的堡垒他屠杀了城中的所有居民，尽管在谈判期间他曾许诺宽恕他们的性命。② 同一年的较晚时候，他的军队攻下了大城市安提阿。尽管这座城市在四天以后便投降了，拜巴尔仍然下令将城中的所有居民，包括女人和孩子在内，要么处死要么罚为奴隶。紧跟着的就是"整个十字军东征历史上单次最大规模的屠杀"③——据估计，有 1.7 万名男性被杀，数以万计的女人和孩子成为奴隶。④

因为安提阿的统治者伯爵博西蒙德六世（原文 Count Behemund VI）在灾难降临城市时已经弃城而逃，拜巴尔给他写了一封信，告诉他错过了什么："你将看到你的骑士们在马蹄下跪伏，你的房屋被掠夺者攻破……你将看到你的穆斯林敌人们践踏在你曾主持弥撒的土地上，在祭台上切断修道士、牧师和执事的喉咙，将大主教们迅速处死并将皇室亲王贬为奴隶。你将看到火焰在你的宫殿当中蔓延，你死去的人民在此世之中就被焚

---

① Thomas F. Madden, *A Concise History of the Crusaders*, Lanham, MD: Rowman & Littlefield, 1999, p. 78.
② Ibid., p. 181.
③ Ibid..
④ Joseph Michaud, *The History of the Crusades*, Vol. 3, Cambridge: Cambridge Univ. Press, 1999, p. 18.

烧，在他们遭受地狱之火以前。"①

安提阿的大屠杀在那些对十字军东征心怀歉意的西方历史学家笔下鲜少提及。卡伦·阿姆斯特朗确实记述了这次屠杀，但将其归因于"一种新的伊斯兰教"，认为这是伊斯兰教面对十字军的可怕威胁、出于一种"孤注一掷的求生决心"而做出的反应。阿姆斯特朗也指出，因为拜巴尔是一位艺术资助人，他"不仅是一位毁灭者……[同时也是]一位伟大的建设者"。② 即使如此，阿姆斯特朗对于拜巴尔的评价与穆斯林给他的评价相比也只是一种明褒实贬。一块时间大约在1266年的碑文当中称他为"世界和信仰的顶梁柱，伊斯兰教和穆斯林的苏丹，不信神者和多神论者的杀手，叛教者和异端的驯服者……当时的亚历山大"。③ 许多其他的碑文也将他与亚历山大大帝相提并论。

当然，即使大多数十字军参与战争是出于信仰原因并个人负担着可观的开销，他们当中并没有多少人接受了宗教化的生活方式。他们尽己所能地吃喝，大多数人频繁地触犯戒律，尤其是那些关于杀人、通奸和觊觎别人妻子的戒律。此外，他们并不鄙视战争中的掠夺和抢劫行为，只要他们能够这样做——与东征所需的开销相比较，这种机会并不太多。当然，他们往往是残酷嗜血的——毕竟他们从孩提时期就被训练作战，面对面、刀对刀，而教皇厄本二世也称他们为"地狱的战士"。无疑，作为典型的中世纪武士，十字军战士是非常"不文明的（未启蒙的）"，但令我震惊的是，无视时代背景将日内瓦公约强加到十字军战士头上，同时把他们的伊斯兰对手要么伪装成联合国维和部队，要么定位成不幸的受害者，这种做法甚至比十字军战士更不文明。

重新发现十字军东征

卡伦·阿姆斯特朗让我们相信，十字军东征是"今天在中东地区所

---

① Thomas F. Madden, *A Concise History of the Crusaders*, Lanham, MD: Rowman & Littlefield, 1999, p. 181.

② Karen Armstrong, *Holy War: The Crusades and Their Impact on Today's World*, 2nd ed., New York: Random House, [1991] 2001, p. 448.

③ Carole Hillenbrand, *The Crusades: Islamic Perspectives*, Edinburgh: Edinburgh Univ. Press, 1999, p. 230.

发生的冲突的直接诱因之一。"① 这或许是真的，但这并不是因为穆斯林世界在过去的数百年当中遭受了十字军东征所带来的苦难。乔纳森·莱利—史密斯（Jonathan Riley - Smith）解释说："我们常常读到，穆斯林从他们的中世纪祖先处继承了十字军的暴力所带来的苦难的记忆。没有什么比这更远离真相的了。在 19 世纪末之前，穆斯林并没有表现出太多对于十字军东征的兴趣……而是以一种漠不关心和自鸣得意的态度回想起［它们］。"② 甚至是在东征发生的时代里，穆斯林编年史作者们也没有对十字军东征投以太多注意力，只将其视为由"原始的、未开化的、贫穷的非穆斯林人口"所发动的侵略，"对于他们，穆斯林统治者与学者所知甚少，也并不关心"。③ 此外，大多数阿拉伯人因为遭到他们所仇视的土耳其人的攻击而分散了对十字军东征的注意力，因此也缺少兴趣去了解。④ 实际上，在伊本·扎菲尔于 12 世纪末所写的记载当中，他认为法兰克人占领耶路撒冷王国是一件相对较好的事情，因为这阻止了"土耳其人对埃及领土影响力的扩散"。⑤

穆斯林对于十字军东征的兴趣似乎开始于 19 世纪，当时这个概念本身⑥被翻译法国历史的阿拉伯基督徒引入阿拉伯世界——而正是在 19 世纪的西方，十字军东征第一次回到了流行话题当中。在欧洲和美国，"关于十字军和十字军东征的爱情故事"成为一种流行文学主题，正如沃尔特·斯考特爵士的很多流行小说当中那样。⑦ 这并不令人惊讶，这种发展要求，至少在英美，十字军东征需要被"去天主教化"。⑧ 这部分地通过强调圣殿骑士团和教皇之间的冲突实现了，在其中，前者被描绘为勇敢的反天主教的英雄团体。此外，欧洲皇室冲动与对于十字军东征的浪漫想象

---

① Karen Armstrong, *Holy War: The Crusades and Their Impact on Today's World*, 2nd ed., New York: Random House, [1991] 2001, xiv.

② Jonathan Riley - Smith, "Islam and the Crusades in History and Imagination, 8 November 1898 - 11 September 2001", *Crusades* 2: 151 - 167, 2003, pp. 160 - 161.

③ Edward Peters, "The Firanj are Coming-Again", *Orbis* (Winter): 3 - 17, 2004, p. 6.

④ Carole Hillenbrand, *The Crusades: Islamic Perspectives*, Edinburgh: Edinburgh Univ. Press, 1999, pp. 4 - 5.

⑤ Ibid., p. 45.

⑥ 阿拉伯语中没有用于指"十字军"的词汇。

⑦ Adam Knobler, "Holy Wars, Empires, and the Portability of the Past: The Modern Uses of the Medieval Crusades", *Comparative Studies in Society and History* 48: 293 - 325, 2006, p. 310.

⑧ Ibid..

之间的强烈联系也被建立了起来,"达到了这样一种程度,在第一次世界大战以前,战争活动和战争英雄常常在公众舆论中、在教堂讲坛上、也在英国战争机器的官方宣传当中被称赞为十字军"。①

同时,在东方,奥斯曼帝国已经被完全地描述为一个"欧洲病夫",是一个衰朽的遗迹,无力产出任何国防所需的军队,伊斯兰文化当中普遍的落后性质使其更加突出,这刺激了穆斯林知识分子对西方的"勃然怒火"②,最终导致他们将目光集中到了十字军东征上。

因此,当前穆斯林对十字军东征的记忆与愤怒是一个20世纪的产物,③它部分地受到了"一战后的英法帝国主义和二战后的以色列建国"的刺激。④从具有绝对统治权威的奥斯曼帝国最后一任苏丹,阿卜杜哈米特二世(Abdulhamid II,1876—1909年在位)开始提及欧洲的十字军东征,这促进了第一部讲述十字军东征时期穆斯林历史的书籍的诞生,它出版于1899年。在序言当中,作者赛义德·阿里·哈里里(Sayyid Ali al - Hariri)指出:"今天的欧洲主权国家对于我们的伟大帝国的攻击,与过去年代里的这些人(十字军)的行为在方法上具有极大的相似性。我们最为荣耀的苏丹,阿卜杜哈米特二世,已经正确地指出,欧洲现在开始了一场针对我们的十字军东征。"⑤

这个题目迅速得到了穆斯林民族主义者的注意。"一些人说只有穆斯林统一体才能够抗击这些新的十字军,而十字军东征的威胁变成了当时泛伊斯兰教写作当中的重要主题。"⑥甚至是在面对现代西方时穆斯林居于弱势的语境当中,伊斯兰必胜的信念仍然蓬勃发展,许多人提出,通过十

---

① Adam Knobler, "Holy Wars, Empires, and the Portability of the Past: The Modern Uses of the Medieval Crusades", *Comparative Studies in Society and History* 48: 293 - 325, 2006, p. 310.

② Bernard Lewis, *What Went Wrong? Western Impact and Middle East Response*, Oxford: Oxford Univ. Press, 2002, p. 3.

③ Edward Peters, "The Firanj are Coming-Again", *Orbis* (Winter): 3 - 17, 2004; Jonathan Riley - Smith, "Islam and the Crusades in History and Imagination, 8 November 1898 - 11 September 2001", *Crusades* 2: 151 - 167, 2003.

④ A. J. Andrea, "The Crusades in Perspective: The Crusades in Modern Islamic Perspective", *History Compass* 1: 1 - 4, 2003, p. 2.

⑤ 引自Emmanuel Sivan, Modern Arab Historiography of the Crusades, Tel Aviv: Tel Aviv Univ., Shiloah Center for Middle Eastern and African Studies, 1973, p. 12。

⑥ Adam Knobler, "Holy Wars, Empires, and the Portability of the Past: The Modern Uses of the Medieval Crusades", *Comparative Studies in Society and History* 48: 293 - 325, 2006, p. 320.

字军东征"使得未开化的西方……从吸收［伊斯兰的］文明价值当中获益"。至于十字军对于伊斯兰教的影响,"伊斯兰教怎么能从和一个下等的、落后的文明之间建立的联系当中获益"?①

最后,残忍的、殖民性质的十字军形象被证明有着如此之大的挑起争端的力量,以至于它最终淹没了穆斯林对西方的敌意的意识形态词典当中一切其他声音,——当然,只除了以色列和世界范围内犹太人阴谋论的偏执传闻。

结　　论

十字军东征并不是无缘无故的。它们不是欧洲殖民主义的第一轮运动。它们不是为了占有土地、抢夺财物或使人皈依而发动的。十字军战士不是危害文明的穆斯林的野蛮人。十字军东征也不是基督教历史上的一个污点。不需要为此道歉。

---

① 对多位穆斯林作者的引用来自 Jonathan Riley‐Smith, "Islam and the Crusades in History and Imagination, 8 November 1898 – 11 September 2001", *Crusades* 2: 151 – 67, 2003, p. 162。

第四部分　中世纪的潮流

第十四章 "黑暗时代"和其他传说中的时期

现在让我们回到较早的时期来看看罗马的陷落。许多个世纪以来这已经成为常识，在罗马城陷落以后继之而来的是黑暗时代——数百年中占据支配地位的基督教将一个蒙昧和迷信的时代强加于整个欧洲。在她对中世纪哲学家长久以来广受尊崇的研究当中，安妮·福利曼特尔（Anne Fremantle，1909—2002）写道："这是一个黑暗的、阴沉的片段，数千年时光当中呆滞而肮脏的一部分，楔在金色的希腊那些闪光的日子……和双极并峙的发光体，文艺复兴和宗教改革所散发出来的灿烂星芒之间。"①

意大利人文学者彼德拉克（Petrarch，1304—1374）可能是第一位将"从罗马帝国的陷落到他自己所处年代的这段时期称为'黑暗'时代"的人，② 他本人是一位反基督教的法官，其观点在数个世纪内回荡不绝。伏尔泰（Voltaire，1694—1778）将这段漫长时间描述为"野蛮、迷信［和］蒙昧覆盖了这个世界的面容"。③ 卢梭（Rousseau，1712—1778）则说："欧洲已经再次沦落在最早时代的野蛮当中。这一块地方上的人们……在长达数百年的时间里生活状况比蒙昧更糟。"④ 爱德华·吉本（Edward Gibbon，1737—1794）也声称，罗马城的陷落是"野蛮和宗教的胜利"。⑤ 在更为晚近的时代里，伯特兰·罗素（Bertrand Russell，1872—1970）凭借他的学术权威，在他著名的大学教科书的插图本当中写道："当罗马的

---

① Anne Fremantle, *The Age of Belief*, New York: Mentor, 1954, ix.

② Theodore E. Mommsen, "Petrarch's Conception of the 'Dark Ages'", *Speculum* 17: 226 - 242, 1942, p. 237.

③ *Works* 12.

④ Peter Gay, *The Enlightenment: An Interpretation*, New York: Norton, 1966.

⑤ Edward Gibbon, *The History of the Decline and Fall of the Roman Empire*, 3 vols, London: Allen Lane: Penguin, [1776 - 1788] 1994, p. 71.

中央权力衰败之时,西欧的土地开始沉入一个野蛮时代,其间欧洲经历了一种普遍的文化衰退。这通常被称为黑暗时代……将这几个世纪称为黑暗,这是合宜的,特别是当你将它们与之前和之后的时代进行对比的时候。"①

正如罗素所暗示的那样,黑暗时代盛行的蒙昧似乎是在与文艺复兴的对比当中被夸大了的。作为法语当中意为"重生"的词语,文艺复兴定义了从14世纪末开始的一段时代,这个时代当中欧洲人重新发现了久已忘却的古典知识,因此带来新的光芒,穿破了盛行的智识黑暗。根据公认的历史记载,文艺复兴的发生是由于教会对意大利北方的主要城市,如佛罗伦萨②的控制力变得衰弱,因而允许了古典希腊—罗马文化的复兴。与此同时,新的对知识的褒扬,特别是对没有被神学阻挡的科学知识的褒扬,直接从文艺复兴导向了启蒙运动。同样被称为"理性时代"的启蒙运动被认为开始于16世纪,当时(得到了宗教改革的帮助的)世俗思想者将他们自己从教士阶层的统治当中解放出来,并彻底改革了科学和神学,由此将世界引向了现代社会。再一次地引用伯特兰·罗素的话:"启蒙运动本质上是一次对独立知识分子运动的重新评价,在相当字面的意义上,意在将光芒传播到那些迄今为止仍然黑暗盛行的地方。"③

总结一下:西方历史由四个主要时期组成:(1)古典时代,然后是(2)由教会主导的黑暗时代,随后是(3)文艺复兴—启蒙运动,它们将世界导向了(4)现代。

数百年以来,每一册西方历史教科书都有一种共享的基础组织架构④——"扬扬自得的文艺复兴人文主义的难以动摇的土壤"。⑤尽管许多严肃的历史学家数十年前就已知道这种框架是一个彻头彻尾的骗局。使用"复兴"一词来描述艺术史上的一段具体时期是合适的,其间人们重新注

---

① Bertrand Russell, *Wisdom of the West*, New York: Doubleday, 1959, p. 142.

② Jacob Burckhardt, *The Civilization of the Renaissance in Italy*, New York: Penguin Books, [1885] 1990, p. 19; Rodney Stark, *The Victory of Reason: How Christianity Led to Freedom, Capitalism, and Western Success*, New York: Random House, 2005.

③ Bertrand Russell, *Wisdom of the West*, New York: Doubleday, 1959, p. 232.

④ William J. Bouwsma, "The Renaissance and the Drama of Western History", *American Historical Review* 84: 1 – 15, 1979, p. 4.

⑤ C. Warren Hollister, "The Phases of European History and the Nonexistence of the Middle Ages", *Pacific Historical Review* 61: 1 – 22, 1992, p. 7.

意到了古典风格，并且能够将之与哥特或者巴洛克时期相区分。但将这一概念用于描述黑暗时代之后进步的重生，这是不适当的，因为从未存在过所谓的黑暗时代！

"黑暗时代"的神话

极具讽刺性的是，在西方文明的兴起过程中最为有益的影响因素正是罗马的陷落！正如所有的古代帝国一样，罗马同样苦于统治精英阶层当中长期的政治斗争，但除了这一点和长期的边境战争以及一些令人印象深刻的公共工程以外，几乎没有事件发生——变化，无论是技术上还是文化上，都是如此缓慢以至于几乎无法察觉。这促使杰出的罗马工程师赛克斯塔斯·朱利叶斯·弗朗提努斯（Sextus Julius Frontinus，40—103）指出："已有的发明长久以来已经达到其限度，而我看不到任何进一步发展的希望。"① 恰恰相反，数百年过去了，大多数人仍然以同样的方式生活，"在最基本的维持生计之上只有一条刻痕……比他们的牛活得稍微好一点"。② 当然，帝国人口的半数由奴隶组成，他们实际上就是牛。但甚至大多数自由的罗马公民也活在基本的维持生计的水平线上，这不是因为他们缺乏活得更高生活水平的能力，而是因为掠夺成性的统治精英抽走了每一盎司的"余下的"产品。如果所有在维持生存所需的最小需求之上的产品都被精英所掠夺，就不会有人想要生产更多。因此，尽管精英阶层极为富有，罗马人仍然是非常贫穷的。正如 E. L. 琼斯（E. L. Jones）所指出的："皇帝们积蓄了大量的财富，但其所收到的赋税与其所统治的广阔土地和大量人口相比却是很少的。"③

当罗马帝国的崩溃"将数百万纳税人……从阻碍生产的压迫当中解放出来"，④ 许多新的技术开始出现，并得到了迅速而广泛的应用，其结果是普通人得以生活得更好，同时，在经历了罗马统治下长达几个世

---

① 《华尔街日报》2009 年 12 月 28 日，A15 版。
② Marvin Harris, *Cannibals and Kings*, New York: Vantage, [1977] 1991, p. 235.
③ E. L. Jones, *The European Miracle*, 2nd ed., Cambridge: Cambridge Univ. Press, 1987, pp. xxiii – xxiv.
④ A. R. Bridbury, "The Dark Ages", *The Economic History Review*, 22: 526 – 537, 1969, p. 533.

纪的下降以后，人口也再一次开始增加了。生产阶级不再为了满足罗马贵族们令人震惊的肆无忌惮，或是为了帝国的自负树立壮观的纪念碑，或是为保持罗马为数众多的遭到奴役的殖民地而养活大量军队——而遭到勒索。正相反，人们的汗水和天赋转向了耕种、航海、运送货物、经营商业、建筑教堂、开战、教育甚至是演奏音乐的更好方法上。但由于许多个世纪以后仍有大量的古典希腊—罗马的公共景观作为令人印象深刻的遗迹留存下来，许多知识分子因而悲悼"伟大文明"的失落。许多完全清楚这些宏伟景观的代价是人民苦难的人甚至宁愿将由此而来的奴役单纯作为"为了这样的成就所必须付出的牺牲"而一笔勾销。① 坦白说，太久以来有太多的历史学家如同旅人一样轻信，目瞪口呆地看到了罗马的纪念碑、宫殿和引人注目的花费，而后作出了这些"世界性的"宫殿和"地方性的"社区例如中世纪商镇之间的并非公平的对比。

无论如何，并不存在"沦入"什么"黑暗时代"。相反地，一旦从罗马的束缚当中解放出来，欧洲分裂成了数百个独立的"小国家"。② 在许多这样的社会当中，进步和增长的生产力变得有利可图，而这导向了"人类历史上最具创造性的时代之一"，因为技术的发展和投入使用"达到了已知范围内前所未有的规模"。③ 实际上，正是在"黑暗时代"当中欧洲完成了巨大的技术和知识的飞跃，从而将世界的其他地方甩在身后。④ 历史学家们怎么能如此谎报事实？

部分地，欧洲沦入"黑暗时代"的概念是一个被强烈反对宗教的知识分子们，如伏尔泰和吉本，所编造出来的骗局，他们决定将他们所处的时代宣称为"启蒙"的时代。另外一个考虑因素是这些知识分子大多对文学之外的事情全无兴趣。的确，在罗马陷落以后，受过教育的欧洲人不再像最好的罗马作家那样基本使用优雅的拉丁文写作。对于很多人来说，

---

① Joseph Vogt, *Ancient Slavery and the Ideal of Man*, Oxford: Oxford Univ. Press, 1974, p. 25. 尽管对"大众"更为关注，但弗里德里希·恩格斯对此持有相同观点，见 Finley, 1980, p. 12。

② E. L. Jones, *The European Miracle*, 2nd ed., Cambridge: Cambridge Univ. Press, 1987, p. 106.

③ Jean Gimpel, *The Medieval Machine: The Industrial Revolution of the Middle Ages*, New York: Penguin Books, 1976, pp. viii, 1.

④ Lynn White Jr., "Technology and Invention in the Middle Ages", *Speculum* 15: 141 - 156, 1940, p. 151.

这已经足够将这段时期看作倒退的时代。此外，在这个时代当中只有非常有限的注意力投给了古典思想家，比如柏拉图和亚里士多德，而这也经常被用作普遍蒙昧的证据。

另一个促使"黑暗时代"的神话产生的因素是在这个时代当中不再有大城市产生，如同古罗马和亚历山大港那样，它们当中居住着成千上万的居民。① 这似乎是相当明显的，高等的文化无法在中世纪欧洲的小村镇当中维持——在1000年，巴黎只有两万居民，伦敦的数字并不比这个更多，而罗马的人口则缩减到不到3万。② 但或许对于"黑暗时代"的神话来说最为重要的因素是知识分子无法赞美，甚至是无法注意到真实生活当中的具体细节。因此，农业、军事、机械、交通、制造业和商业当中的革命就变得不值一提了。令人瞩目的道德进步也是如此。举例来说，当罗马陷落之际奴隶制遍及欧洲，而到了"文艺复兴"时期，它已经消失了很长一段时间。但要真正对这一点作出解释是困难的，"黑暗时代"神话的作者们怎么会忽略本应是他们主要关注点的领域：高等文化。然而，他们忽略或者是驳斥了发生于音乐、艺术、文学、教育与科学当中的进步。

我已经在许多其他地方③写到过在伪造的"黑暗时代"当中所真正发生过的事情。这里将会进行一个总结。

技术的进步

罗马人很少利用水能和风能，而更喜欢使用奴隶这样的人力。作为对比，一张制定于9世纪的存货清单表明有三分之一的位于巴黎周边区域塞纳河边的房屋有水磨，它们当中的大部分都是教会所有的财产。④ 几个世

---

① Rodney Stark, *Cities of God*, San Francisco: Harper San Francisco, 2006.
② Tertius Chandler, *Four Thousand Years of Urban Growth: An Historical Census*, Lewiston, NY: Edward Mellon, 1987.
③ Rodney Stark, *For the Glory of God: How Monotheism Led to Reformation, Science, Witch-Hunts, and the End of Slavery*, Princeton: Princeton Univ. Press, 2003; Rodney Stark, *The Victory of Reason: How Christianity Led to Freedom, Capitalism, and Western Success*, New York: Random House, 2005.
④ Robert S. Lopez, *The Commercial Revolution of the Middle Ages, 950-1350*, Cambridge: Cambridge Univ. Press, 1976, p. 43.

纪以后，在这条河的沿岸每十七英尺就有一台水磨！① 同时，作为现代普查的先驱，编写于 1086 年的末日审判书（Domesday Book）记载说，越过海峡，在英格兰至少已有 5624 台水磨在运转，或者说，每五十户人家就有一台，而这已知是一个偏少的估计。② 与所有其他工具一起，诸如水磨一类的东西机械化了毛呢制造业，不久后就使得英格兰主导了欧洲市场。③ 许多水坝也是在"黑暗时代"修建起来的，其中一个是在图卢兹，大约修建于 1120 年，有超过一千三百英尺宽，建造的办法是将数千根巨大的橡木推进河床从而形成前后的栅栏，再在其中填满土石。④ 以类似的方式，"黑暗时代"的欧洲人擅长造桥。最近，水下考古学家在爱尔兰发现了曾经用于支撑一座超过五百英尺长的、横跨香侬河的桥梁的木料。年轮证据显示出所有这些木料都是在 803 年被砍伐的。⑤

在这一时期，欧洲人也利用风能。他们不仅利用风力来为和水磨一样的设备提供动力，还用它们排干海水开垦了现在是比利时和荷兰的广大地区。在"黑暗时代"的大部分时间里，上万台被投入这一工程当中的风磨夜以继日地工作。实际上，在 12 世纪末以前，西欧已经拥有了如此之多的风磨，以至于风磨的所有者开始因为其他人的风磨挡住了他们的风而与他打官司。⑥（在那个时代欧洲人已经有了经过严密组织的法庭和许多律师，尽管后者可能不被记入进步的方面。）

同时，农业也得到了彻底的改革。⑦ 首先是向三区轮作制的转变，其中每年有三分之一的可耕土地不种植任何作物，同时继续耕耘（拔除杂草）和施肥。这种对于土地的更新的结果是更高的生产力。此外，重型

---

① Jean Gimpel, *The Medieval Machine: The Industrial Revolution of the Middle Ages*, New York: Penguin Books, 1976, p. 16.

② Frances Gies and Joseph Gies, *Cathedral, Forge, and Waterwheel: Technology and Invention in the Middle Ages*, New York: HarperCollins, 1994, p. 113.

③ Rodney Stark, *The Victory of Reason: How Christianity Led to Freedom, Capitalism, and Western Success*, New York: Random House, 2005, 第五章.

④ Frances Gies and Joseph Gies, *Cathedral, Forge, and Waterwheel: Technology and Invention in the Middle Ages*, New York: HarperCollins, 1994, p. 117.

⑤ Duke, 1998, p. 480.

⑥ Jean Gimpel, *The Medieval Machine: The Industrial Revolution of the Middle Ages*, New York: Penguin Books, 1976, pp. 25 – 27.

⑦ Rodney Stark, *The Victory of Reason: How Christianity Led to Freedom, Capitalism, and Western Success*, New York: Random House, 2005, Chap. Five.

犁的发明也使得意大利北方更为湿润和致密的土地得到了更好的耕种，而马颈轭的引入使得缓慢的公牛队伍可以被替换为马队，这至少将耕地速度提高了一倍。有选择的作物育种也开始于修道院当中，这收获了更为高产也更强壮的作物。所有这些"黑暗时代"的成就集中起来，更好地养活了更多的人口。

同样极端重要的还有烟囱的发明，这使得建筑和房屋可以不用在房顶上开洞就能取暖，在排烟的同时不让雨雪和冷空气进入。另一个革命性的发明是眼镜，这大约在 1280 年，几乎立刻就投入到了大规模生产中，因此使得大量的人完成了他们本来无力完成的生产活动。① 1492 年，当哥伦布开始他第一次向西的航行的时候，眼镜仍然是只有欧洲人才知道的东西。

在"黑暗时代"之前，是没有重骑兵的。马背上的军团不能在疾驰当中轻率地冲前，而是将战马和骑士的所有重量置于长矛之后。这一切的原因是缺乏马镫和合适的马鞍。没有马镫的支撑，一个试图带着长矛的骑手将会被抛下马背。骑手抵抗突然袭击的能力也被带有前鞍和后鞍桥的马鞍极大地提高了——后者的曲线部分地与骑手的臀部相贴合。并不是罗马或者其他什么好战的国家产出了重骑兵：他们马背上的军团骑在轻薄的、几乎是平面的衬垫马鞍上，甚至直接骑在马背上，而且他们也没有马镫。因此，这些马背上的武士只能发射弓箭、投掷长矛或者挥舞刀剑。他们不能撞上他们的对手。正是"野蛮的"法兰克人于 732 年第一次出动了跨在大批战马背上身披重甲的骑兵，在图尔战场上，他们在掩于长矛之后进行猛攻时屠杀了进犯的穆斯林军队。在高背的诺曼马鞍上他们安全无虞，并且可以被支撑在革命性的马镫上。② 接近四百年以后，当欧洲骑兵在圣地（耶路撒冷）遭遇穆斯林军队，一切并没有改变。十字军仍然是唯一一支配备了马镫和充足马鞍的军队。他们也是唯一一支有十字弩的军队。

罗马帝国的海军建立在由桨驱动的单层大帆船的基础上，只有一只备用船。他们通过猛烈撞击其他船只来进行战斗，其后则会投身于以长矛和

---

① David S. Landes, *The Wealth and Poverty of Nations*, New York: W. W. Norton, 1998, p. 46.
② Field‑Marshall Viscount (Bernard) Montgomery, *A History of Warfare*, New York: World, 1968; Lynn White Jr., *Medieval Technology and Social Change*, Oxford: Oxford Univ. Press, 1962.

刀剑完成的白刃战。但正是在"黑暗时代"结束之前，欧洲人发明了真正的航船并在上面配置了火炮。① 火药不是在西方发明的，这并不重要。重要的是，在火药自中国抵达欧洲的十年之内，整个欧洲的教会铸钟制造者都在铸造高效能的火炮，它们被所有陆军与海军采用，从而扭转了战争的性质。② 相比之下，中国人仅仅铸造了少量且低效的火炮，大多数情况下仍满足于把火药使用在烟花上。③

　　这仅仅是"黑暗时代"所完成的重要科技发明当中的一小部分。很清楚，在这一时期人们取得了非常多的重要科技进步，已经将古希腊与古罗马远远抛在身后。实际上，就算十字军不配备火药，1097 年出发前往圣地（巴勒斯坦）的十字军骑士也能够迅速地解决掉古罗马军团。

资本主义的发明

　　研究西方文明崛起的历史学家同意这种观点，资本主义的发展具有极其重要的意义——甚至连卡尔·马克思（Karl Marx, 1818—1883）也支持这种观点，认为"［资本主义］所创造的生产力，比过去一切世代创造的全部生产力还要多、还要大"。④ 尽管许多社会学家仍然坚持马克斯·韦伯（Max Weber, 1864—1920）关于资本主义发源于宗教改革的观点，但事实上，资本主义发源于"黑暗时代"的"深处"。从大约 9 世纪起，许多规模较大的修道院产业繁荣发展，形成了组织精密且稳定的工作集体，它们从事复杂的商业活动并在不断发展的自由市场之中产生出了复杂的银行金融系统，由此实现了资本主义的所有荣光。⑤ 许多世俗的资本主义企业随后产生，特别是在意大利的主要城邦当中，资本主义发展迅速。到 13 世纪之前，已经有 173 家大型意大利银行，其分支机构遍及整个西

---

①　Frederic Chapin Lane, *Venetian Ships and Shipbuilders of the Renaissance*, ［1934］1992, pp. 35 – 53.

②　Brig Barclay, Cycil Nelson, and Brian Betham Schofield, "Gunnery", In *Encyclopaedia Britannica*, Chicago: Univ. of Chicago Press, 1981, p. 488.

③　Joseph Needham, "The Guns of Khaifengfu", *Tunes Literary Supplement*, January 11, 1980.

④　见 *The Communist Manifesto*, 1848。（《共产党宣言》，1848 年）

⑤　Collins, 1986; Rodney Stark, *The Victory of Reason: How Christianity Led to Freedom, Capitalism, and Western Success*, New York: Random House, 2005.

欧——甚至达到英格兰和爱尔兰。①

因为资本主义起源于大型宗教团体之内，这促使基督教神学家们重新思考反对盈利和利息的传统教义。

大阿尔伯图斯（St. Albertus Magnus, 1206—1280）提出，"公平价格"的要价不是它所花费的多少，而是"根据买卖当时市场的估计，货物所值得的多少"。② 也就是说，在未受强迫的条件下，买家所愿意给出的价格就是一个公平的价钱。圣托马斯·阿奎那（St. Thomas Aquinas, 1225—1274）从提出问题开始了他关于公平价格的分析："一个人是否能够合法地以超过其所值的价格出售一件东西？"③ 他首先引用了圣奥古斯丁（St. Augustine, 354—430）的话，这是自然而且合法的，因为"你总是希望便宜地买进，昂贵地卖出"。随后，阿奎那将贿赂排除在合法交易之外。最后，他承认所值并不真的是一种客观的价格——"东西的公平价格的定义并不是绝对的"——而是买家对于所购进的货物的欲望与卖家出售货物的情愿与否之间形成的函数，条件是买家没有被误导，或是遭到强迫。为了公平，在某个具体时间内价格对于所有潜在买家都应当是相同的，以避免差别定价。

谈及贷款的利息，阿奎那的意见不同寻常地显得较为混乱。在一些文章当中，他谴责所有的牟取利息的行为，称之为罪恶的高利贷，而在其他一些文章当中他则承认出借者应当获得补偿，尽管他对于这笔补偿的数量和发生原因含糊其词。④ 然而，受到快速扩展的商品经济现实的刺激，许多阿奎那同时代的人，特别是圣典学者们（Canonists），并非如此谨慎，相反地，他们开始"发现"了许多例外，在其中发生的利息费用不应算作高利贷。⑤ 比如说，如果一件生产资材（productive property），例如不动产，被作为贷款的抵押，那么在贷款期间出借者可以获得抵押品所产生的

---

① Rodney Stark, *The Victory of Reason: How Christianity Led to Freedom, Capitalism, and Western Success*, New York: Random House, 2005.
② 见他的 *Commentary on the Sentences of Peter Lombard*，引自 de Roover 1958, p. 422。
③ 根据 Monroe 1975 中对阿奎那 *Summa Theologica* 的翻译。
④ Lester K. Little, *Religious Poverty and the Profit Economy in Medieval Europe*, Ithaca, NY: Cornell Univ. Press, 1978, p. 181.
⑤ John Gilchrist, *The Church and Economic Activity in the Middle Ages*, New York: St. Martin's Press, 1969; Lester K. Little, *Religious Poverty and the Profit Economy in Medieval Europe*, Ithaca, NY: Cornell Univ. Press, 1978; Raftus, 1958.

所有产品，而不是将其从贷款数额当中扣除。① 有许多涉及出借者没有资金参与其他商业机会所造成的"成本"的情况，例如出于转卖目的或进入新的领域的目的而购入货物。由于这些潜在的盈利机会是完全合法的，所以因为出借者所放弃的这些东西而对其进行补偿也是合法的。② 因此，尽管当"高利贷的罪恶"仍然留在书中，但可以说，"高利贷"在根本上已经变成了一个多余的概念。

因此，至多到13世纪之前，主流基督教神学家就已经对新兴的资本主义的首要影响作了充分讨论——利润、财产权、信用、贷款等。正如莱斯特·K.利特尔（Lester K. Little）所总结的那样："他们所提出的用以支持获得普遍赞同的观点的所有例子，与公元六七世纪及其之前所盛行的态度形成了强烈对比。"③ 资本主义已经完全地、最终地从所有信仰的镣铐当中被解放了出来。④

这是一个引人注目的转变。毕竟，这是一些使自己远离尘世的神学家。他们当中的大多数人已经立誓甘于贫穷。他们的前辈们大多对于商人和商业活动不屑一顾，如果说禁欲主义真的曾经在宗教团体当中盛行，那么说基督教对于商业的鄙视和反对会变得缓和，这似乎是一件最不可能的事情，更不用说是从根本上扭转这种态度。神学的革命是对世俗规则的直接经验的结果。就他们的所有实际的慈善行为来说，修道院的管理者并没有将他们的所有财富施舍给穷人或是严格按照成本出售其产品。正是大修道院对于自由市场的积极参与促使经院神学家重新考虑了商业的道德性质。类似的事情不曾发生在伊斯兰教神学家当中，其结果则是资本主义无法发展，从而导致了穆斯林经济发展方面的明显后果。

---

① John Gilchrist, *The Church and Economic Activity in the Middle Ages*, New York: St. Martin's Press, 1969, p. 67.

② Edwin S. Hunt and James M. Murray, *A History of Business in Medieval Europe, 1200–1550*, Cambridge: Cambridge Univ. Press, 1999, p. 73.

③ Lester K. Little, *Religious Poverty and the Profit Economy in Medieval Europe*, Ithaca, NY: Cornell Univ. Press, 1978, p. 181.

④ R. W. Southern, *Western Society and the Church in the Middle Ages*, London: Penguin Books, 1970b, p. 40.

道德的进步

所有的古代社会都是奴隶制社会——柏拉图和亚里士多德都是奴隶主，如同希腊城邦当中的大多数自由公民一样。实际上，所有已知的达到原始社会以上水平的社会都曾经是奴隶制社会——甚至是在北美西北部的印第安部落里也有奴隶，时间远在哥伦布的航行之前。[1] 在普遍的奴隶制当中，唯一一个拒绝人类奴役的文明正是基督教世界。而它甚至拒绝过两次！

我已经在其他地方讲述过奴隶制是怎样在西半球重新出现而后又被禁止[2]，但奴隶制第一次在世界上的某处得到根除并不是在"文艺复兴"或者"启蒙运动"期间，而是在"黑暗时代"。而这是由聪敏的教会领导者所完成的，他们第一次将圣礼扩展到及于所有奴隶的范围，只保留授圣职进入牧师阶层的权利。最初，奴隶基督教化的意义无人注意，但不久之后，教士阶层就开始提出，没有任何一位真正的基督徒（或是犹太人）应当受到奴役。[3] 因为奴隶信仰基督，神父们开始劝说奴隶主们释放自己的奴隶，以此作为确保他们自己得救的"应当受到无限称赞的行为"。[4] 有许多奴隶解放被记录下来，这是因为希望这些记载能够长存于世。不久之后，出现了另一个影响因素：通婚。尽管在欧洲的大部分地区都遭到法律的禁止，但在7世纪以前已经有了数量可观的双方结合的证据，通常是男性的自由公民和女性奴隶之间。这种结合最为著名的例子发生在649年，当时法兰克国王克洛维斯二世（Clovis Ⅱ）与他的英国女奴玛蒂尔达（Mathilda）结了婚。当克洛维斯于657年去世之际，玛蒂尔达作为摄政者实行统治，直到她的长子到达必要的年龄。玛蒂尔达利用她的位置发动了一场中止奴隶贸易的活动，并赎回了那些被奴役的人。在她死后，教会承认玛蒂尔达为一位圣徒。

---

[1] Rodney Stark, *For the Glory of God: How Monotheism Led to Reformation, Science, Witch-Hunts, and the End of Slavery*, Princeton: Princeton Univ. Press, 2003, 第四章。

[2] Ibid..

[3] Pierre Bonnassie, *From Slavery to Feudalism in South-Western Europe*, Cambridge: Cambridge Univ. Press, 1991, p. 30.

[4] Mare Bloch, *Slavery and Serfdom in the Middle Ages*, Berkeley: Univ. of California Press, 1975, p. 14.

8世纪末,教皇和许多其他有影响力的教士重复了圣玛蒂尔达的观点,而查理曼大帝宣布反对奴隶制。9世纪初,里昂的阿戈巴德主教隆重宣称:"所有的男人皆为兄弟,皆呼唤同一位父,上帝:奴隶与主人、穷人和富人、无知者与曾受教育者、弱者与强者……[无]人凌驾于他人之上……无所谓奴隶与自由,在所有事之中始终只有唯一的基督。"① 不久之后,没有人再"怀疑奴隶制本身是违背神法的"。② 而在事态的实际发展中,11世纪圣伍尔夫斯坦(St. Wulfstan)和圣安塞姆(St. Anselm)合力清除了基督教世界当中奴隶制的最后一点遗迹。③

高等文化的进步

即使伏尔泰、吉本和其他"启蒙运动"的支持者能够在忽视工程成就和农业与军事的革新方面找到借口,很显然他们必须因为忽视或驳斥中世纪欧洲人在音乐、艺术、文学、教育和科学等"高等文化"方面所取得的令人瞩目的成就而受到严厉审判。

音乐:希腊和罗马人歌唱并且演奏单音的音乐:所有的人声和乐器合成一个单一的声部(musical line)。是中世纪音乐家们发展出了复调音乐,两个或者多个声部同时发声,并由此达到和谐。这一变化是何时发生的已经不可考,但"在《音乐手册》(*Musica enchiriadis*)当中已经描述了这种业已确定的做法",《音乐手册》大约出版于900年。④ 在大约10世纪,音乐记谱法的完备系统已经被发明出来并流传开来,因而音乐得以被从未听到过它的音乐家们所演奏。

艺术:不幸的是,产生于11世纪欧洲的引人注目的艺术时代被称作"罗马式的",尽管实际上它与罗马人所创造的任何东西都有相当大的差异。这一名称是被19世纪"知道"欧洲只能通过回归罗马文化才能从"黑暗时代"恢复过来的学者强加于它的。由此,这只能是一个单纯模仿

---

① 见 Pierre Bonnassie, *From Slavery to Feudalism in South – Western Europe*, Cambridge:Cambridge Univ. Press, 1991, p. 54.

② Mare Bloch, *Slavery and Serfdom in the Middle Ages*, Berkeley:Univ. of California Press, 1975, p. 11.

③ Ibid., p. 30.

④ Ralph Thomas Daniel, "Music, Western", In *Encyclopaedia Britannica*, 12:704 – 715, Chicago:Univ. of Chicago Press, 1981, p. 705.

罗马造物的时期。但实际上，罗马式建筑、雕塑和绘画都是以"甚至是晚期罗马艺术家也从未理解过"的方式创作并获得其感染力的。① 而后，12世纪时罗马式时期被更具影响力的哥特式时期所取代。这似乎是令人震惊的，但哥特式建筑和绘画在"启蒙运动"期间遭到了评论界的蔑视，因为它未能遵照"古希腊和古罗马的标准：'或许发明它的人将会被诅咒'"。② 这些相似的批评错误地认为这种风格发源于"野蛮的"哥特人，并由此得名，而正如任何一个曾经见过欧洲哥特式大教堂的人都会知晓的那样，这些批评意见的艺术判断并不比它们的历史更好，因为也同样漠视了它们在包括飞拱在内的建筑发明方面的成就。类似的建筑发明使得人们第一次可以建造出有较薄的墙壁和大面积窗户的高层建筑，而这促进了彩色玻璃生产方面的重要成就。也是13世纪的北欧艺术家首次使用了油画颜料并将他们的作品画在拉平的画布上，而不是木板或石膏板上。这"让画家能够从容地使用惊人美妙的笔刷，去达到……接近奇迹的效果"。③ 任何一位相信伟大的画作开始于意大利"文艺复兴"的人都应当去翻阅一下凡·爱克（Van Eycks）的作品。对于罗马帝国崩溃后的千年时间里艺术处于空白甚至更糟的观点就说到这里。

文学：吉本在写作《罗马帝国衰亡史》时使用的是英语，而非拉丁文。伏尔泰只用法语写作，塞万提斯用西班牙语，而马基雅维利和达·芬奇则用意大利语。这可能只是因为这些语言是由中世纪巨匠所给定的文学形式，先驱包括但丁、乔叟、写作浪漫史诗的那些无名的作者以及从9世纪开始致力于写作圣徒生平的那些修道士们——"法国文学已知的第一页……属于这种体裁"。④ 由此，使用本国语言写作的散文开始形成并流行起来。就"黑暗时代"的蒙昧和无知我们就说这么多。

教育：大学在某种程度上正是阳光之下的新鲜事——这是一个专注于"高等教育"的机构。这一基督教发明与中国人训练官吏的学院与教授禅

---

① Helen Gardner and Sumner McK. Crosby, *Helen Gardner's Art Through the Ages*, New York: Harcourt, Brace, & World, 1959, p. 236.

② Horst De la Croix and Richard G. Tansey, *Gardiner's Art Through the Ages*, 6th ed., New York: Harcourt Brace Jovanovich, 1975, p. 353.

③ Paul Johnson, *Art: A New History*, New York: HarperCollins, 2003, p. 190.

④ Robert S. Lopez, *The Commercial Revolution of the Middle Ages, 950–1350*, Cambridge: Cambridge Univ. Press, 1976, p. 198.

宗大师的学校有着很大不同。新的大学首先关注的并不是传授已知的智慧。相反地，正像今天一样，有才者赢得声名并参与其他有才之人群体的邀请，这是一种创新。因此，在"黑暗时代"大学教授——现在被称为学者（Scholastics）——将他们的注意力首先集中在追求知识上。① 他们取得了许多非凡的成就，这些将在第十六章当中得到简述。世界上最早的两所大学是由天主教学者在大约1160年分别在巴黎和博洛尼亚创立的。四十年以后，有了牛津和剑桥，而到13世纪结束之前，另外二十所大学在整个欧洲范围内成立，招收了数以千计的学生。

科学：一直以来，历史学家宣称说"科学革命"开始于16世纪，以尼古拉斯·哥白尼提出太阳系的日心说为标志。但最近，研究科学史的专家得出结论，当时发生的是一次演化，而非革命。② 正如哥白尼轻易地采取了他所生活的时代中宇宙论的下一个隐含步骤，当时的科学繁荣也同样是发生于之前几个世纪当中渐进进步的高潮。我们将会在第十六章当中探索这次演化的过程。

这就是"启蒙运动"的知识分子支持者所描述的经历了沦入蒙昧与迷信的悲剧性过程的时代。毋庸置疑，许多当代历史学家已经被"黑暗时代"这一概念的用法所激怒。正如杰出的中世纪研究者沃伦·霍利斯特（Warren Hollister, 1930—1997）在他太平洋历史学会（Pacific Historical Association）的会长演说当中提出的："在我心里，任何相信建造了沙特尔大教堂、创造了议会和大学的时代是'黑暗时代'的人一定是心志迟钝的——或者说，非常非常严重的无知。"③

"文艺复兴"的神话

显而易见，如果"黑暗时代"是一个可笑的神话，那么"文艺复兴"

---

① Marica L. Colish, *Medieval Foundations of the Western Intellectual Tradition, 400–1400*, New Haven: Yale Univ. Press, 1997, p. 266.

② I. Bernard Cohen, *Revolution in Science*. Cambridge: Belknap, 1985; Owen Gingerich, "'Crisis' Versus Aesthetic in the Copernican Revolution", *Vistas in Astronomy* 17: 85–93, 1975; Stanley L. Jaki, *The Savior of Science*. Grand, Rapids: Eerdmans, 2000; Edward Rosen, *Three Copernican Treatises (3rd edition)*, New York: Octagon Books, 1971.

③ C. Warren Hollister, "The Phases of European History and the Nonexistence of the Middle Ages", *Pacific Historical Review* 61: 1–22, 1992, p. 8.

一定也是，因为它提出，当知识分子们在意大利北部的多个城邦有效地打破了教会的统治，使得古典知识的"重生"成为可能的时候，欧洲终于被从蒙昧无知当中解救出来。如果真的曾经发生过面向古典知识的转向，那么它只会造成文化的衰退，因为基督教欧洲早已经在几乎所有的方面远远地超过了古典时代。不幸的是，许多"文艺复兴"神话的创作者对于"黑暗时代"当中取得的巨大进步毫无认识，而似乎将他们的所有论点建立在了那些熟悉亚里士多德、柏拉图、欧几里得、索福克勒斯、阿里斯托芬和其他古典知识和文化的中坚力量的学者之上。但甚至是古典文化遗产，也早在"文艺复兴"开始之前就已经完全恢复。当希腊语不再是基督教世界当中知识分子所使用的语言以后，将这些学者的著作译成拉丁文的工作就成为了发展的关键。而这些翻译工作并不是在"文艺复兴"期间完成的，而是在几个世纪之前，由虔诚的经院学者所完成的。事实上，"从1125年到1200年，出现了使希腊语……［著作］可被理解的译作拉丁文的浪潮，而到13世纪则涌现了更多"。① 这一点得到了从12世纪保存下来的修道院图书馆分类目录的完全证实，它们显示了对古典作者的著作的大量馆藏。②

至于著名的"意大利文艺复兴"，这根本不是古典知识的重生！这是一段文化上的模仿时期，期间人们流行在生活方式、艺术、文学和哲学方面模仿古典的样式。在对他们自己的光荣旧日感到厌倦以后，北方的意大利人为了强调"现代意大利的成就和他们对于北方野蛮人的不喜与轻蔑"而重塑了历史，③ 因此他们强行在他们自己和他们的过去之间加入了"黑暗时代"。但事实并非如此。学者们知道古希腊和罗马作者所知道的东西，甚至往往比他们知道的更多。

世俗的"启蒙运动"的神话

关于"启蒙运动"的一件最为引人注目也最具讽刺性的事情是那些

---

① Edward Grant, *The Foundations of Modern Science in the Middle Ages: The Religious, Institutional, and Intellectual Contexts*, Cambridge: Cambridge Univ. Press, 1996, p. 23.

② Régine Pernoud, *Those Terrible Middle Ages: Debunking the Myths*, San Francisco: Ignatius, 2000, p. 24.

③ Everette Ferguson, "Deaconess", In *The Encyclopedia of Early Christianity*, edited by Everette Ferguson, New York: Garland, 1939, p. 8.

如此宣称的人对于他们所称颂的带来人类知识革命的那些成就并没有做出什么贡献,而正是那些推动了进步的人在强调与过去之间的延续性。换句话说,伏尔泰、卢梭、狄德罗、休谟、吉本还有其他的那些人都是文人,而他们将之赞为"启蒙运动"的革命主要发生在科学界。同样具有误导性的还有,尽管文人们宣扬"启蒙运动"是非宗教的,但当时作出科学成就的核心人物们却都对宗教深信不疑。① 对于这种在 16 世纪突然出现的一种观念引领俗世力量冲破了基督徒思想的枷锁并为现代奠定了基础的观点,我们就说到这里。"启蒙运动"的支持者们实际上开始的是这样一种传统,即以科学之名发动对宗教的愤怒的世俗层面的攻击——就像是他们的现代镜像,比如卡尔·萨根(Carl Sagan)、丹尼尔·丹尼特(Daniel Dennett)和理查德·道金斯(Richard Dawkins)所做的那些攻击。作为诡辩、理性主义和理智的最近言论,他们发出的这些攻击,令人不可置信地天真和过分地简单化——从过去到现在,始终如一。② 实际上,科学的兴起与基督教神学密不可分,因为后者为前者提供了指引和信心,相关内容我们将在第十六章当中讨论。

涉及"文艺复兴"和"启蒙运动"革命性质的观点似乎是合理的,因为在这两个时期出现了非凡的进步。但与其说这是对于过去的革命性突破,还不如说这些成就只是在罗马陷落之后不久开始的不断加速的进步曲线的一种扩展。因此,历史学家的任务就不是解释为什么从 15 世纪开始出现了如此之多的进步——焦点被放到了太晚的位置上。对于西方崛起的基本问题应该是:是什么使欧洲人得以开始并保持非凡而持久的迅速发展,而这使得他们在"黑暗时代"结束之前就已经远远超过了世界的其他地区?为什么,尽管许多文明都曾追求过炼金术,但只有在欧洲它才导致了化学的产生?或者说,尽管许多社会都曾对天象作出过精密观测,并创建了占星术的复杂系统,为什么只有欧洲将它转变成了科学的天文学?

许多晚近的学者已经发现了欧洲人在地理学方面取得成功的秘诀。但是,同样在欧洲文化当中长期维持的地理学,其水平是远低于亚洲的。另一些人通过钢铁、枪炮或者航船探索了西方的崛起,其他的一些人则相信

---

① Rodney Stark, *For the Glory of God: How Monotheism Led to Reformation, Science, Witch-Hunts, and the End of Slavery*, Princeton: Princeton Univ. Press, 2003, 第二章。

② Rodney Stark, *Discovering God: A New Look at the Origins of the Great Religions*, San Francisco: HarperOne, 2007a, 第一章。

是一种更为高产的农业影响了这一进程。问题是，这些答案只是需要解释的对象的一部分：为什么欧洲人在金属冶炼、船舶制造或是农业上如此出众？我已经在一本书当中给出了我的答案：西方崛起的真正基础是有着在理性和进步方面意义非凡的信仰，这深深扎根于基督教神学当中，扎根于相信上帝是理性的宇宙的理性创造者的信念当中。[①]

结　　论

当我们检视对西方历史的传统概述时，将会遇到一些令人难于置信的伟大的历史时代的发明，它们从未真正发生过："黑暗时代"、"文艺复兴"、"启蒙运动"，还有"理性时代"。我们接下来将进入一个同样是出自虚构的时代："信仰时代。"

[①] Rodney Stark, *The Victory of Reason: How Christianity Led to Freedom, Capitalism, and Western Success*, New York: Random House, 2005.

第十五章　民众宗教

中世纪被频繁地描述为"宗教的时代"①或"信仰的时代"②，因为这一时期"每个人都相信宗教当局告诉他们要相信的东西"。③ 在其畅销书《仅由火焰点亮的世界》（*A World Lit Only by Fire*）当中，著名的威廉·曼切斯特（William Manchester，1922—2004）宣称："在中世纪的心灵当中没有怀疑存在的空间，怀疑主义的可能性都是不存在的。"④

很难发现比这更典型的历史偏见和无知的案例。正如我们将要看到的那样，中世纪欧洲的大众不仅是异常多疑的，而且也在各种意义上缺乏对于基督教的信奉——常常还相当激进！为了解释为什么中世纪基督教在农夫和下等阶层当中只实现了如此缓慢的进展，本章检视了基层教士，发现他们几乎普遍无知，通常也相当懒惰，往往还是淫乱的。而后我们的讨论转向这样一个问题：教会如何能在一个几乎所有人都是农夫的时代如此长久地忽视乡村人口，而对比早期教会，天主教和新教的等级体系是怎样在为普罗大众提供一种有吸引力的宗教生活模式上遭到失败的。最后，本章研究了中世纪大多数人所实际信奉的宗教，以及它是怎样遭到基督教神学家的误解，并导致了悲剧性的后果。

---

① Will Durant, *The Age of Faith*, Vol. 4 of *The Story of Civilization*, New York: Simon and Schuster, 1950.
② Anne Fremantle, *The Age of Belief*, New York: Mentor, 1954.
③ Alexander Murray, "Piety and Impiety in Thirteenth - Century Italy", *Studies in Church History* 8: 83 – 106, 1972, p. 83.
④ William Manchester, *World Lit Only by Fire: The Medieval Mind and the Renaissance*, New York: Little, Brown, 1993, p. 20.

流行的基督教信仰

关于中世纪的宗教生活只有非常少的统计资料，但有来自不同时间地点的数量惊人的可信记载，而它们形成了令人惊异的普遍一致：绝大多数普通人，如果他们曾经去过教堂的话，那么这种频率也非常之低。迈克尔·沃尔泽（Micheal Walzer）指出："中世纪社会很大程度上是由［教堂的］非参与者构成的。"①

亚历山大·默里（Alexander Murray）就中世纪意大利人宗教生活所做的断言被一再地证实："13世纪，社会中的大批人群根本是不参与教会活动的。"② 多美尼加修道院院长罗马的赫伯特（Humbert of Romans，1200—1277）承认，意大利人"很少会去教堂"。③ 当里瓦尔托的布莱西德·乔达诺（Blessed Giordano of Rivalto，1260—1311）抵达佛罗伦萨进行布道时，他建议一位当地的妇女至少在斋日期间带她的女儿到教堂去，但仅获得了这样的回应："没有这样的习惯。"④ 在大约1430年，圣安东尼奥（St. Antonio）指出，托斯卡纳的农夫偶尔参与弥撒，而"他们当中非常多的人不会每年忏悔，而领圣餐者远比这还要少得多"。⑤ 锡耶纳的圣伯纳迪诺（St. Bernardino of Siena，1380—1444）也记载说，甚至是这些参加弥撒的少得可怜的人，在举行仪式的高地上也总是迟到早退，"就像他们看到的不是基督，而是魔鬼"。⑥

同时在英格兰，《财主和乞丐》（Dives and Pauper）（大约1410）的无名作者们抱怨说："这些日子以来人们……不愿听闻上帝的礼拜。［而当他们被强迫参加的时候］他们则迟到早退。"⑦ 根据G. G. 科尔顿（G. G. Coulton，1858—1947）的说法，中世纪就教堂的参与程度来说，

---

① Michael Walzer, *The Revolution of the Saints*, Cambridge: Harvard Univ. Press, 1965, p. 4.
② Alexander Murray, "Piety and Impiety in Thirteenth - Century Italy", *Studies in Church History* 8: 83 - 106, 1972, p. 92.
③ Ibid. .
④ Ibid. , pp. 93 - 94.
⑤ 引自 C. G. Coulton, *Medieval Panorama*, New York: Macmillan, 1938, p. 193。
⑥ Ibid. , p. 188.
⑦ *Dives and Pauper* , 1976, p. 189.

"在威尔士、苏格兰和爱尔兰人们甚至比在英格兰更不规律"。①

德国路德派对于普遍的宗教参与的缺乏给出了非凡的详尽记载,这是建立在从 1525 年开始他们的上级教会官员对基层教会的频繁拜访基础上的。以下材料经过了著名的美国历史学家杰拉德·施特劳斯的挑选,他指出,"我只选择了那些能够推一及百的事例"。② 的确,德国人的记录晚于中世纪,但没有什么材料表明其从较早时期开始的衰退——导致公众支持和参与处于较低水平的因素是始终如一的。

施特劳斯提供了这些记载当中许多讲述低参与率的文字。在萨克森(1574):"你将会发现,这些人当中出去钓鱼的比参与礼拜的人更多……只要牧师开始布道,那些人立即就会走出去。"③ 西格黑那(Seegrehna, 1577)认为:"一位牧师证实,他经常在不做布道的情况下离开教堂……因为没有任何一个灵魂会转来倾听他。"④ 在巴鲁姆(1572):"牧师之间最多也传播最广的抱怨是人们在礼拜日不去教堂……任何方法都无济于事,他们不会来……所以牧师们只能面对几乎是空着的教堂。"⑤ 在布朗施威格—格鲁本哈根(16 世纪 80 年代):"许多教堂在礼拜日时空荡荡的。"⑥ 在威尔堡(1604):"礼拜日时教堂的缺席现象是如此普遍,以至于教会会议开始讨论是否应在礼拜日的早上关闭城门好把人们锁在城里。其他地方的证据表明,这样的权宜之计也没有丝毫帮助。"⑦

不过,也不能说周日礼拜的高出席率就是理想状态。这是因为,当人们真的前往教堂的时候,他们当中的许多人会胡作非为!杰出的历史学家肯斯·托马斯(Keith Thomas)梳理了英格兰教廷和教士阶层的日记,不仅发现了对于前往教堂的人数之少的持续抱怨,还发现"许多到了教堂的人的举动就像是想把礼拜变成他们所想要的滑稽剧……集会的成员为了座位相互推挤,肘击他们身边的人,清嗓子吐痰,交头接耳,对布道评头

---

① C. G. Coulton, *Medieval Panorama*, New York: Macmillan, 1938, p. 194.
② Gerald Strauss, "Success and Failure in the German Reformation", *Past and Present* 67: 30 - 63, 1975, p. 49.
③ Ibid..
④ Ibid..
⑤ Gerald Strauss, *Luther's House of Learning: Indoctrination of the Young in the German Reformation*, Baltimore: Johns Hopkins Press, 1978, p. 278.
⑥ Ibid., pp. 278 - 279.
⑦ Ibid., p. 283.

论足，开玩笑，打瞌睡，甚至中途离开……一个剑桥郡人于1598年被控在教堂犯有不体面行为，是因为他的'令人最为厌恶、震惊和带有嘲笑性质的演说'引起了'对于善的最大程度的侵犯和对于恶的最大程度的享受'"。①

德国路德派的探访记录在类似的不当行为的记载方面非常丰富。拿骚（1594）："那些参加礼拜的人经常喝得醉醺醺地……在整场布道过程中一直睡觉，只除了有些时候他们会从长凳上摔下来，引发大片的谈笑声，或者是女人把她们的婴儿掉在地板上。"② 在威斯巴登（1619）："[在教堂]有如此之多的鼾声，以至于我听到的时候甚至不能相信我的耳朵。从这些人坐下的那一刻起，他们就把他们的脑袋枕在胳膊上，径自沉入梦乡。"③此外，许多人带着他们的狗进入教堂，"吠声和咆哮声是如此响亮，以至于没有人能听清牧师的话"。④ 在汉堡（1581）：人们对那些"希望参加唱诗的集会成员作出不雅手势，甚至将狗带进教堂，因为这样响亮的犬吠声就可以扰乱礼拜"。⑤ 在莱比锡（1579—1580）："他们在牧师布道的时候打牌，常常当着牧师的面模仿和嘲笑他……咒骂、亵渎、流氓行为和打架斗殴都很普遍……他们在礼拜过半的时候进入教堂，来了就睡觉，然后在读祷文之前反复地跑出去……没有人参加唱诗；这令我感到心痛，听到牧师和教堂司事唱诗的只有他们自己。"⑥

此外，当地人还常常将教堂本身挪作他用。1367年，约克主教约翰·索尔斯比（John Thoresby）激烈反对在教堂当中举办集市，尤其是在礼拜日。事实上，从"1229年到1367年，有十一次这样的主教命令的记录……在主教大发雷霆也无济于事以后，大主教出面反对那些'将这祈

---

① Keith Thomas, *Religion and the Decline of Magic*, New York: Scribner, 1971, pp. 161 – 162.

② Gerald Strauss, *Luther's House of Learning: Indoctrination of the Young in the German Reformation*, Baltimore: Johns Hopkins Press, 1978, p. 284.

③ Gerald Strauss, "Success and Failure in the German Reformation", *Past and Present* 67: 30 – 63, 1975, pp. 56 – 57.

④ Gerald Strauss, *Luther's House of Learning: Indoctrination of the Young in the German Reformation*, Baltimore: Johns Hopkins Press, 1978, p. 284.

⑤ Gerald Strauss, "Success and Failure in the German Reformation", *Past and Present* 67: 30 – 63, 1975, p. 59.

⑥ Gerald Strauss, *Luther's House of Learning: Indoctrination of the Young in the German Reformation*, Baltimore: Johns Hopkins Press, 1978, p. 273.

祷者的家园变成小偷的贼窝'的人"。① 同样的事在这片大陆上发生了一次又一次，高级教会官员不断申诉着使用教堂，甚至是大教堂来储存粮食、豢养家畜以及在室内开办集市。②

考虑到他们的态度和他们参与教堂活动次数的稀少，说大多数中世纪欧洲人对于最基础的基督教知识也处于完全无知的状态下，这并不令人惊讶。③ 14—15世纪与一些虔诚到曾报告说产生过宗教幻觉（通常是见到圣母马利亚）的人的谈话表明，其中的大多数人对于十诫和七宗罪一无所知。这不仅是指他们不能背出这些条文，而是指他们对于这些条文的内容一无所知——有些人甚至不知道谋杀是否罪行之一。④

在萨克森（1577年和1589年）："在一些村庄里你甚至找不到任何一个知道十诫的人。"⑤ 在勃兰登堡（1583）："一群被随机挑中的男人……被问及他们如何理解十诫中的各项条文，但我们发现许多人对此无法回答……他们当中没有人认为酗酒和以上帝之名进行咒骂是一种罪行。"⑥ 诺滕斯泰因（Notenstein，1570）认为：教区的居民，"包括教堂长老在内，没有人能够回忆起十诫"。⑦ 萨尔茨莱本哈雷（Salzliebenhalle，1590）认为，没有人知道"他们的救世主和上帝是谁"。⑧ 在纽伦堡（1626）：很多人不能说出耶稣受难节得名于耶稣死去的时间。⑨ 而在信奉天主的萨尔兹堡（1607）：根据主教所说，"普通人甚至不能用正确的词语念出主祷

---

① C. G. Coulton, *Medieval Panorama*, New York: Macmillan, 1938, pp. 189 – 190.
② David L. Farmer, "Marketing the Produce of the Countryside, 1200 – 1500", In *The Agrarian History of England and Wales*, Vol. 3, 1348 – 1500, edited by Edward Miller, 324 – 358, Cambridge: Cambridge Univ. Press, 1991, p. 336; Denys Hay, *The Church in Italy in the Fifteenth Century*, Cambridge: Cambridge Univ. Press, 1977, p. 64.
③ Colin M. Morris, "Christian Civilization (1050 – 1400)", In *The Oxford History of Christianity*, edited by John Mcmanners, 205 – 242, Oxford: Oxford Univ. Press, 1993, p. 232.
④ William A. Christian Jr., *Apparitions in Late Medieval and Renaissance Spain*, Princeton: Princeton Univ. Press, 1981, p. 154.
⑤ Gerald Strauss, "Success and Failure in the German Reformation", *Past and Present* 67: 30 – 63, 1975, p. 50.
⑥ Ibid., p. 51.
⑦ Gerald Strauss, *Luther's House of Learning: Indoctrination of the Young in the German Reformation*, Baltimore: Johns Hopkins Press, 1978, p. 270.
⑧ Ibid., p. 278.
⑨ Gerald Strauss, "Success and Failure in the German Reformation", *Past and Present* 67: 30 – 63, 1975, p. 58.

文和圣母颂,也不知道使徒信条,对于十诫更加无话可说"。① 格海姆(Graim)的牧师曾经这样总结(1535):"因为他们从未来过教堂,所以他们当中的大多数人甚至说不出他们的祈祷词。"②

至于英国人,14世纪的传道人约翰·布罗姆亚德(John Bromyard)询问一个牧羊人他是否知道圣父、圣子和圣灵分别是谁,牧羊人回答说:"那位父亲和儿子我知道得很清楚,因为我赶着他们的羊,但我不认识第三个家伙;这不是我们村里的人的名字。"③ 1606年,尼古拉斯·柏恩德(Nicholas Bownd)评论圣经故事说"对他们[公众]来说陌生得就如同你能告诉他们的任何新鲜事一样"。④ 实际上,一位英格兰主教曾经哀叹,人们不仅是对于圣经当中的内容一无所知,"他们不知道还有任何圣经的存在"。⑤

或许不应惊讶,当时普通人的生活方式即使是以现代标准来衡量也过于淫乱。资料当中被指行为不当的记载非常多,这与勃兰登堡的马格雷夫(the Margrave of Brandenburg)的记载相符,他于1591年指出,广泛存在的"渎神、妖术、通奸和嫖娼,过度饮酒和其他的恶习,所有这些都公开地[被]普通人所实践"。⑥ 这也与皮特尔·勃鲁盖尔(Pieter Breughel,1525—1569)所描绘的荷兰农夫的生活完全一致,特别是《婚礼舞蹈》(1566)中所显示的场景,所有在广场上跳舞的男性都在他们的紧身裤内完全地勃起了(尽管这些突出部位在大多数大学教科书的印刷版本当中被抹掉了)。勃鲁盖尔对于农夫的刻画并非特例。在当时的荷兰绘画当中,"农夫们总是与低等的冲动……联系在一起",⑦ 从而被画成是醉酒、纵欲和淫秽。考虑到当时一个家庭的很多代人通常会挤着住在一间很小的屋子里而没有任何隐私,几乎毋庸置疑地,他们的生活方式是如此粗鲁,而其易感性则是相当显而易见的。

---

① Gerald Strauss, *Luther's House of Learning: Indoctrination of the Young in the German Reformation*, Baltimore: Johns Hopkins Press, 1978, p. 291.

② Ibid., p. 270.

③ 引自 Keith Thomas, *Religion and the Decline of Magic*, New York: Scribner, 1971, p. 165。

④ Ibid., p. 164.

⑤ Ibid..

⑥ 引自 Gerald Strauss, *Luther's House of Learning: Indoctrination of the Young in the German Reformation*, Baltimore: Johns Hopkins Press, 1978, p. 298。

⑦ Wayne E. Franits, *Dutch Seventeenth Century Genre Painting*, New Haven: Yale Univ. Press, 2004, p. 35.

有缺陷的教士阶层

缺乏基督教信仰的不仅是中世纪的公众，普通教士阶层也同样如此。事实上，考虑到这些教士的无知程度，他们的教区居民知道得如此之少也就不值得惊讶了。

730 年，圣毕德尊者建议未来的主教埃格伯特，由于懂得拉丁文的英格兰神父和修道士是如此少有，"我频繁地向英格兰提供［使徒］信条和主祷文的译本"。① 1222 年，牛津郡政务会将教区教士描述为"哑巴狗"②，而大主教皮切姆（Pecham）在 1287 年写道："牧师们的无知将人们丢在了沟渠里。"③ 随后，威廉·廷达尔（William Tyndale）于 1530 年记录说，英格兰几乎没有牧师或者副牧师知道主祷文。主教格罗斯特（Gloucester）在 1551 年集中地测试了他主教管区当中的教士，在 311 位牧师当中，171 人不能背诵十诫，27 人不知道主祷文的作者。④ 第二年，主教胡珀（Hooper）发现，"大量的教区教士不能说出谁是主祷文的作者，或者它是在哪里被发现的"。⑤ 与此同时，据记载，在威尔士"有数千人对于基督一无所知——'没错，几乎从未听说过他'"。⑥

在意大利，事情也没有什么起色。1417 年，博洛尼亚主教尼可洛·阿波加蒂（Niccoló Albergati）访问他的主管教区，发现许多神父"不能确定七宗罪的内容"。⑦ 锡耶纳的圣贝纳迪诺（St. Bernardino，1380—1444）观察到一位神父"只知道万福马利亚，甚至在弥撒期间的讲台上也使用它"。⑧ 在法国，圣文森特·德·保罗 1617 年发现他的基层神父完

---

① Bede, *Ecclesiastical History of the English People*, London: Penguin Classics, ［730］1955, p. 340.
② C. G. Coulton, *Medieval Panorama*, New York: Macmillan, 1938, p. 157。
③ 引自 C. G. Coulton, *Medieval Panorama*, New York: Macmillan, 1938, p. 157。
④ Keith Thomas, *Religion and the Decline of Magic*, New York: Scribner, 1971, p. 164.
⑤ C. G. Coulton, *Medieval Panorama*, New York: Macmillan, 1938, p. 158.
⑥ Keith Thomas, *Religion and the Decline of Magic*, New York: Scribner, 1971, p. 165.
⑦ Denys Hay, *The Church in Italy in the Fifteenth Century*, Cambridge: Cambridge Univ. Press, 1977, p. 56.
⑧ Eaman Duffy, "The Late Middle Ages: Vitality or Decline?", In *Atlas of the Christian Church*, edited by Henry Chadwick and G. R. Evans, 86-95, New York: Facts on File, 1987, p. 88.

全不会拉丁文,也不知道赦罪词,而只是在喃喃着一些无意义的音节。①路德派的教士同样如此。在波克纳姆(1568),"受到检查的十四位牧师中没有一个人能够说出新约当中[书篇]的名字"。② 在卡伦堡(1584),一位牧师被问到"哪个人是三位一体当中的人类形态",而他回答说:"圣父。"③ 需要记得的是当时"压根没有神学院",而大多数牧师作为"自己几乎没有接受过训练的牧师"的学徒,所能了解到的也没有多少知识。④

教士阶层与俗人的相似之处不仅在于无知,他们通常也与俗人一样过着放荡的生活,正如之前章节当中提及过的那样。爱蒙·达菲(Eamon Duffy)指出:"纳妾是如此普遍:一文不名的教士养着满屋的孩子,在礼拜日主持着稀稀落落的圣餐仪式……这种现象遍及整个欧洲。"⑤ 放荡的生活不仅集中在低层教士当中。正如第十七章将要讨论的那样,有过许多臭名昭著的教皇,包括波吉亚家族的成员亚历山大六世(1492—1503年在位),他向人夸耀他为数众多的情妇,有分别由三个女人生下的九个私生子,并且被普遍认为曾经为了抢夺财产而毒杀过许多主教。⑥ 至于罗马城本身,1490年有超过15%的成年女性居民是经过注册的妓女,而威尼斯使节将它描述为"世界的污水渠"。⑦

然而,"假设罗马城中教士阶层的腐败比其他地方更加严重,这是错误的",罗马天主教历史学家路德维希·帕斯特(Ludwig Pastor,1854—1928)这样说。帕斯特还说:"意大利半岛上几乎所有的城镇都有关于神父的不道德行为的文字证据。"⑧ 达菲记载了一个意大利南部的修道院院长,他有一个姬妾和五个孩子。他对他的主教解释说,他不能停止,因为"他喜欢孩子,而且他的医生为了治疗他的胆结石而开出了

---

① Jean Delumeau *Catbolicism Between Lutber and Voltaire*, London: Burns & Oats, 1977.
② Gerald Strauss, "Success and Failure in the German Reformation", *Past and Present* 67: 30 - 63, 1975, p. 52.
③ Ibid. , p. 55.
④ Eaman Duffy, "The Late Middle Ages: Vitality or Decline?" In *Atlas of the Christian Church*, edited by Henry Chadwick and G. R. Evans, 86 - 95, New York: Facts on File, 1987, p. 88.
⑤ Ibid. .
⑥ Ibid. , p. 146.
⑦ Henry C. Lea, "The Eve of the Reformation", In *The Cambridge Modern History*, 1: 653 - 692, Cambridge: Cambridge Univ. Press, 1902, p. 672.
⑧ Ludwig Pastor, *The History of the Popes*, 14 vols, St. Louis: B. Herder, 1898, 5: 475.

性交的处方!"① 罗马的赫伯特记载说,许多教士"将他们的大多数时间花在赌博、玩乐以及'更坏的事情'上面,[以至于他们]几乎不去教堂"。② 至于西班牙,考虑一下这件事,一次对于布拉加总教区的神父们的检查发现,竟然有1700个神父们的儿子!③ 16 世纪早期,伊拉斯谟指责说:"许多女修道院与公开的妓院无异。"④ 事实上,在视察了托斯卡纳的男女修道院以后,教皇代表安布罗吉欧·特拉维萨里报告说,有一间女修道院是公开的妓院。⑤ 与此同时,在英格兰,早在 14 世纪就有视察者不断报告说,当地的神父养着情妇(其中的很多人养了不止一个)⑥,而教士的酗酒与旷工也是非常普遍的。⑦

对乡村的漠视

如果大多数中世纪欧洲人不去教堂,那么一个首要的原因是许多个世纪以来只有贵族和住在城镇里的人才有当地的教堂可去!乡村地区的大部分教堂并不建在农村当中,而是私人教堂,是由当地的某位贵族为了他的家族和家臣们而维护的,其规模大约只有"现代房屋当中一间普通的大屋"大小。⑧ 直到 13 世纪之后,大多数农夫与教堂的接触仍然需要跋涉一段相当可观的距离来完成,这通常是为了洗礼或者婚礼,或者是通过巡回的修士的定期拜访。这也与早期基督教运动的反仪式观念相

---

① Eaman Duffy, "The Late Middle Ages: Vitality or Decline?", In *Atlas of the Christian Church*, edited by Henry Chadwick and G. R. Evans, 86 – 95, New York: Facts on File, 1987, p. 88.

② Alexander Murray, "Piety and Impiety in Thirteenth – Century Italy", *Studies in Church History* 8: 83 – 106, 1972, p. 93.

③ R. N. Swanson, *Religion and Devotion in Europe*, c. 1215 – c. 1515, Cambridge: Cambridge Univ. Press, 1995. 对于一个单一教区来说这看上去好像是个很大的数字,但在当时一些城市当中有 10% 的人口都是牧师(Steven Ozment, *The Reformation in the Cities*, New Haven: Yale Univ. Press, 1980, p. 211)。

④ *Epistle* 94.

⑤ Denys Hay, *The Church in Italy in the Fifteenth Century*, Cambridge: Cambridge Univ. Press, 1977, p. 63.

⑥ C. G. Coulton, *Medieval Panorama*, New York: Macmillan, 1938, p. 174.

⑦ Eaman Duffy, "The Late Middle Ages: Vitality or Decline?", In *Atlas of the Christian Church*, edited by Henry Chadwick and G. R. Evans, 86 – 95, New York: Facts on File, 1987.

⑧ Rosalind Brooke and Christopher Brooke, *Popular Religion in the Middle Ages*, London: Thames and Hudson, 1984, p. 116.

符，后者反过来恰恰反映了罗马城市当中势利的一面——异教一词来自拉丁语中意为乡下人或住在乡村里的人的单词（paganus）。正如理查德·弗莱彻（Richard Fletcher）所解释的，"乡下的农民阶级是全然在视野范围之外的"；因此城市当中的基督徒对于向他们传播福音并没有做太多努力。相反地，对于早期基督徒来说，"乡村地区并不是作为传道计划而存在的。毕竟，新约当中并没有关于将上帝的话语传播给田间野兽的内容"。①

甚至是在乡村教区开始出现的时候，它们也遭到忽视，其中的大多数很可能在大部分时间里根本没有神父，连无知的神父也没有。爱蒙·达菲估计，举例来说，16 世纪的日内瓦教区内大约有高达 80% 的教堂没有任何神职人员。更糟的是，即使在有被派遣的神父的情况下，"旷工是普遍存在的"。② 因此，1520 年主教的视察发现，在牛津郡的 192 位神父当中，有 58 人没有在驻地。③ 同样的情况在意大利也经常见于报告——旷工的教士，许多"根本没有礼拜"的村庄。④

由此，怎么能期望农夫们掌握任何基督教文化呢？他们应该从哪儿学习主祷文，或者说由谁来宣讲主祷文，特别是在即使他们当地有一位神父，但他很有可能也不知道主祷文为何物的情况下？或许最为引人注目的反而是，乡村人口甚至知道了耶稣是谁，至少达到了他是神灵当中的一个，可以向他祈求保佑的程度。

最后，理所当然地，在宗教改革之后，欧洲北部的新教和南部反对改革的天主教（还有英国国教会）都开始了教育和启蒙农民劳动阶层和数量迅速增长的城市下等阶层的积极活动。因此，马丁·路德（Martin Luther）乐观地开始了教化和启蒙德国路德派教众的大规模工作。但在他离世之前，他已经意识到这些努力是失败的了，这正如本章之前所提到的那份路德派的视察报告所显示的一样。

---

① Richard Fletcher, *The Barbarian Conversion: From Paganism to Christianity*, New York: Henry Holt, 1997, p. 16.
② Eaman Duffy, "The Late Middle Ages: Vitality or Decline?", In *Atlas of the Christian Church*, edited by Henry Chadwick and G. R. Evans, 86 – 95, New York: Facts on File, 1987, p. 88.
③ C. G. Coulton, *Medieval Panorama*, New York: Macmillan, 1938, p. 156.
④ Denys Hay, *The Church in Italy in the Fifteenth Century*, Cambridge: Cambridge Univ. Press, 1977, p. 56.

不适当的期望

尽管教会付出了相当热情的努力，也未能触及农民阶层和城市下等阶层，首要原因是清教与天主教教士都未能提出一种对于普通人适合且富有吸引力的基督教的生活方式，① 他们也未能使用简明、直接的语言而不是复杂的神学术语来解释基督教义。

尽管许多教士生活放荡，但中世纪教会仍然代表了合适的基督教生活的唯一模板，这是一种虔诚的修道士和修女们遵守着的极端禁欲的生活方式。教会并没有明确提出对于俗众而言这不是合适的榜样，相反地他们仅仅是"鼓励大家去模仿教士的虔诚"。② 因此，尽管教会神父们确定无疑地知晓独身主义并非对于俗众的期望，他们仍然将它作为理想并且教导说性交即使在婚内也往往是罪恶的，③ 而绝口不提保罗对于夫妻的劝诫——他们"不可彼此亏负"（《哥林多前书》7：5）。类似地，修道士们承诺的禁食、大型的祈祷会甚至是甘受贫穷，都在教会所提出的基督教生活样式当中被认为是极好的。但禁欲主义只对那些将它作为一种选择的人来说才有吸引力。而对于饥饿仍是一种实际威胁的人来说，禁食是谈不上吸引力的；长达数小时的祈祷实现的前提是拥有可观的闲暇时间；而穷人从来不会选择加剧他们的贫穷。因此，大多数中世纪欧洲人鄙视教会所提出的道德期待，因而也疏远了虔诚的基督教信仰。

与此形成对比的是，早期基督教对于俗众阶层很具吸引力，因为它提供的基督教的美德模范通过提倡受到欢迎的家庭观念、对于邻人的真实之爱、程度切实可行的献祭和得救的清晰信息增进了他们的生活质量。当早期基督信仰的这些方面在中世纪进行宣讲时，正如在多次改革和异议的运动当中一样，它们仍在持续地吸引——至少是一部分人。由此，我们遇到了中世纪基督教最为重要的一个方面，无论正统还是异端，它的吸引力首要地是针对至少一部分特权阶层的，比如城镇当中的市民以及贵族。肯斯·托马斯指出："布道在受过教育的阶层当中非常流行，但引发了其他

---

① Steven Ozment, *The Reformation in the Cities*, New Haven: Yale Univ. Press, 1980, p. 219.
② Ibid..
③ John Bossy, *Christianity in the West 1400 – 1700*, Oxford: Oxford Univ. Press, 1985, p. 37; Steven Ozment, *The Reformation in the Cities*, New Haven: Yale Univ. Press, 1980, pp. 218 – 219.

人的愤怒。"① 即使如此，大多数农夫仍然很少会与任何形式的基督教发生什么关联，特别是在基督教本身提倡着一种不合时宜的彼岸的生活方式、所征收的什一税又越来越高的情况下。

至于俗众阶层的无知，必须认识到的是直到宗教改革时期教会礼拜（有时会有短时间讲道的例外情况）仍然是以拉丁文完成的，这种语言在教堂长椅上几乎没有人懂得，但在讲坛上却有很多人可以理解。这并不令人惊讶，弥撒的参与既不是训导性的也不是教育性的。因此，人们普遍预期清教以当地语言开展的布道将会终结几个世纪以来的无知。并非如此！为什么呢？因为当受到良好训练的教士真正出现时，他们"总是将他们的课程定位于远远高于他们的听众接受能力的层面"。②

英格兰哲学家约翰·洛克（John Locke，1632—1704）指出，一位布道者"按照准则最好使用阿拉伯语与穷苦的出卖劳力者谈话"③，这一准则被英国国教教士奉为他们进行布道的基础。同样地，马丁·路德试图向德国农夫和城市低等阶层提供宗教教育的努力也遭到了彻底的失败，因为其课程首要地是由一位大学教授所设计的，更多地关注复杂的细微神学差别而非基础问题。路德派宗教教育的核心是路德的海德堡问答，它对于基础的基督教教义，例如十诫和主祷文，做了篇幅可观的阐明。因此，它对于每一条诫文都投入了长篇大论的复杂论述来进行说明。从海德堡问答开始，人们认为基层路德派教士应当在每个周日下午进行布道，并在一周内为年轻人开办授课班。在大多数村庄，这些传道会从未或是很少举行，因为没有人来。

路德所犯的错误并不特殊。在整个欧洲，业已建立的教会都未能唤醒或使"大众"皈依，这是因为教会未能认识到这是布道者的工作，而非学者的工作。但教士们似乎无法理解这一点，论三位一体之谜的复杂的布道既不会启蒙他人也不会使人皈依。因此，牛津神学家威廉·皮步尔（William Pemble，1591—1623）记载说，一位六十岁的老者每周虔诚地参与两次教会活动，通常是在每周日和周内的另一天，因而在他一生当中聆听了多达三千场的布道，当他在临终的病床上被问及"对于上帝的想法，

---

① Keith Thomas, *Religion and the Decline of Magic*, New York: Scribner, 1971, p. 161.
② Ibid., p. 163.
③ Ibid..

他回答说他是个好老头，对于基督，他回答说他是个和蔼可亲的年轻人，至于他的灵魂，答案是他体内有根大骨头，而当被问到在他死后他的灵魂会变成什么的时候，他回答说，如果他表现得好，他就应当被带到丰美的绿色草场上去"。①

詹姆斯·奥贝尔科维奇（James Obelkevich）解释说："教区居民所理解的基督教从来也不是从讲坛上被宣讲或者在礼拜日学校里被教授的，而他们把从教士口中得来的东西用自己的概念加以呈现……因为教士未能塑造信仰的更易为大众接受的版本，所以村民们不得不自己完成这一切。"②

民众的宗教

抛开他们对于基督教的无知和对当地教士的疏远不谈，欧洲的农民和下等阶层对他们持续利用的宗教提供了充分的支持。正如杰拉德·施特劳斯所说，他们"使宗教打上了他们自己的烙印，其中混合了大量的古代仪式、有时限的风俗、一种守旧的乡民天主教，以及很大比重的在他们日常为了生存的奋斗当中能够帮助他们的魔法"。③ 需要注意的是，施特劳斯并没有将流行的神灵的名单包括进去，无论是异教神还是基督教的神。尽管这种民众的宗教经常呼召上帝、耶稣、马利亚和许多圣徒，同时也经常会呼召一些异教的神灵和女神（甚至会更为频繁地向一些很小的神灵发出祈求，比如仙子、精灵和魔鬼），它所做的只是寻求它们的帮助，而对于诸如生命的意义或得救的基础之类问题殊少兴趣。相反地，它所强调的是急迫的、真实可触的、世俗的事务，诸如健康、生育、天气、性交以及好的收成。因此，正如通常那样，这种民众宗教的核心是魔法。

魔法与厄运

"魔法（magic）"一词最初指的是祭司的技术和能力，④ 他们是波斯

---

① Keith Thomas, *Religion and the Decline of Magic*, New York: Scribner, 1971, p. 163.
② James Obelkevich, *Religion and Rural Society*, Oxford: Oxford Univ. Press, 1976, p. 279.
③ Gerald Strauss, "The Reformation and Its Public in an Age of Orthodoxy", In *The German People and the Reformation*, edited by R. Po-Chia Hsia, 194-214, Ithaca, NY: Cornell Univ. Press, 1988, p. 211.
④ Richard Kieckhefer, *Magic in the Middle Ages*, Cambridge: Cambridge Univ. Press, 1989, p. 10.

袄教的神职人员，我们曾经在第一章当中讨论过。祭司受到古典社会的特别的尊崇，是因为他们能够指挥星象，但也是因为他们在咒术和神秘仪式方面的全套本领，它们宣称能够赢得或强迫超自然力量提供某些人们想要的结果，这后来成为了魔法的通行定义。魔法的目的与科技的目的是相同的：使人类得以控制自然和弥漫着厄运的现实当中的事件。

像所有人一样，中世纪的农夫们感受到的最大的威胁来自疾病，因此，在中世纪魔法拥有最高的地位。事实上，罗马学者老普林尼（23—79）曾宣称，魔法是"医学的第一次兴起"。[①] 在中世纪，医用魔法与非魔法的治疗方法是共存的，而从业者很少会去区分二者之间的差别。因此，一种被相信具有治疗性质的草药的应用通常总是伴随着使用咒术的尝试，通常是通过具有魔力的小物件或护身符。其他"治疗"的工作是同样真实的，比如在包扎伤口时插入一样有魔力的物件，而"不同种类的护身符被用于帮助分娩"[②]，这一般是由有经验的产婆完成的。因此，一种疗法的成功就被认为是魔法与非魔法共同努力的结果。早期医疗魔法一个尤其关键的方面是这样一种广泛存在的信念，邪恶的超自然力量，比如魔鬼，是大多数医疗问题产生的原因，而治愈的办法就是将它们驱走，这产生了用于驱除魔鬼的建议与警告所构成的长篇目录，其中的许多有着前基督教的起源。正如我们将要看到的那样，这最终导致了对巫师的猎捕，因为在所有的村落当中都出现了"巫者"（Wise Ohes），他们对疾病和伤痛的治疗当中也包括对超自然力量的祈求。

第二重要的是用于平静风暴和为了庄稼成长求雨的天气魔法。正如通常所期待的那样，曾经有许多从事天气魔法的专家，但比起那些专攻带来坏天气的人，特别是用冰雹和干旱毁掉某位邻居的庄稼的人来说，他们的作法过程没有多少细节保留下来。

爱与性的魔法可能是魔法最为普遍的形式当中的第三位，而报复魔法紧随其后。爱情魔法有许多种形式。通常来说它被用于使某个人与购买或者行使这个魔法的人坠入爱河，以实现获得配偶的目的。同样常见的还有，它会被用于某些引诱的目的。与性有关的魔法是当时对勃起障碍的主

---

① Valerie I. J. Flint, *The Rise of Magic in Early Medieval Europe*, Princeton: Princeton Univ. Press, 1991, p. 240.

② Richard Kieckhefer, *Magic in the Middle Ages*, Cambridge: Cambridge Univ. Press, 1989, p. 62.

要治疗方法，它被苦于阳痿的男性所购买，或者由他们的妻子所购买。这并不令人惊讶，也有大量魔法致力于引发阳痿或是压制性欲。实际上，宾根的圣希尔德加德（St. Hildegard）写下了有关如何使用风茄草根来抑制性欲的说明——非常奇怪，风茄被用在刺激性欲和促进生育方面的机会远多于此，正如《创世记》30：14—16 当中所说的那样。

报复魔法通常被称为 maleficia 或是"邪恶行径"，它指的是伤害别人的意图，包括直接使人死亡或者受伤，或者是间接地毁掉庄稼、伤害家畜。考古学已经发现了许多写在铅板上的魔法咒语，其中的一个写道："我诅咒特瑞提安·玛丽娜和她的生命和心灵和记忆和肝和肺都搅在一起，再加上她的话、念头和记忆。"在写下诅咒的铅板上被钉上了七颗钉子。① 针对作恶者提起的诉讼常常将在原告的家中或者甚至是在他们的床下发现了"魔法护身符"来作为证据，认为它们是被被告放在那儿的，为了使原告受到伤害。② 也有很多有据可查的案件，特别是在中世纪的瑞士，有人被控引来风暴毁掉了他们邻居的庄稼，因而产生了诉讼。

有些时候魔法被用于追求财富，包括各种各样的将基础金属变成黄金的尝试。当然，同时也有许多魔法致力于了解未来，这不仅通过占星术，也通过对不同的晦涩难解的文本的研究，例如喀巴拉。然而，这些魔法活动当中没有任何一种与普罗大众相关。最后，也有各种各样的小的魔法技巧存在，它们被所有人用来给他们自己带来好运。

教会魔法

基督教会拒斥流行的魔法并不是因为它是一种迷信的无意义的行为（实际上他们是相信它会起作用的），而是因为它扎根于异教当中并且在支持率方面与教会形成了竞争。因此，教会作出的大量努力不仅是为了镇压它，也是为了取代它。③ 正如人们预期的一样，得到最大强调的是提供教会形式的医疗魔法。

---

① Richard Kieckhefer, *Magic in the Middle Ages*, Cambridge: Cambridge Univ. Press, 1989, p. 19.

② Ibid., p. 82.

③ Valerie I. J. Flint, *The Rise of Magic in Early Medieval Europe*, Princeton: Princeton Univ. Press, 1991; Keith Thomas, *Religion and the Decline of Magic*, New York: Scribner, 1971.

这一点我们已经在第十一章当中指出过，从最初年代起，教会就将数以千计的疗愈泉水、井眼和圣祠转化成了基督教场所，通常与某位圣徒或是殉道者相关联。教会也容忍并宣扬了许多针对特定健康问题的治疗而开展的魔法过程。然而，与村庄当中的智者所做的治疗不同，教会的医疗魔法很少会配合草药或者物理治疗，而通常完全由基督教咒语构成。举例来说，对于眼睛里面出现斑块的病人，牧师被推荐使用这样的治疗方法：

> 因此我命令你，圆形斑点，通过活着的、圣洁的上帝的力量，从上帝的仆人（患者的名字）眼中消失，无论你是黑色、红色还是白色。或许基督将会使你消失。阿门。以圣父、圣子与圣灵之名。阿门。①

当某位女性遭遇了月经方面的问题时，治疗的办法是将这些话写在一张纸上，"通过他，与他一起，在他当中"，而后将这张纸贴在女性的额头上。②

教会也提供大量的天气魔法。早在6世纪，由当地牧师祝福过的天气十字架就已经在田间树立起来，这是为了抵御冰雹和狂风，③ 而教会铃铛也常常被用于驱走风暴。④ 当然地，在需要的时候，由当地牧师进行祈雨是非常普遍的。

尽管教会在提供医疗和天气魔法方面做出了巨大努力，但它全然地拒斥了与爱情和报复相关的魔法。前者在用于迷惑女性的时候通常被指责为近于强奸，而不管用于哪一性别，它都是对个人自由意愿的一种侵犯。当然，谴责并没能使它消失。事实上，考虑到市场需求的强烈程度，爱情魔法的基督教变体出现了——尽管这是被禁止的——而甚至是基督教士们偶尔也会使用它们。举例来说，摩德纳的一位牧师在1585年忏悔说，他曾经应当地一位贵族女性的要求为一片磁铁施洗，从而赋予它吸引她的丈夫

---

① Richard Kieckhefer, *Magic in the Middle Ages*, Cambridge: Cambridge Univ. Press, 1989, p. 3.
② Ibid., p. 4.
③ Valerie I. J. Flint, *The Rise of Magic in Early Medieval Europe*, Princeton: Princeton Univ. Press, 1991, p. 189.
④ Ibid..

使其远离放荡的其他女人的能力。① 报复魔法也同样被谴责为非基督的，并且是反社会的，但毫无疑问，市场的可观需求使得一些门外汉们愿意尝试"邪恶行径"（maleficia）。这些魔法的外行从业者们还享有的一种额外的优势是距离近——在一个许多地方没有神父的时代，任何一个村庄当中都有智者，因为他们是当地人，通常是产婆，他们的邻居靠他们来完成医疗过程以及实施魔法。

这并不令人惊讶，流行的魔法不久后就浸染了教会魔法的色彩。许多使用圣水的咒语和说法取自教会的圣洗池。"人们在进行投掷以预测命运的时候口诵主祷文，他们……呼唤圣父、圣子和圣灵之名，以保护母鸡不被老鹰袭击，而人不被邪恶之眼侵扰……村中进行治疗的人用吐三次口水的方法来呼唤三位一体，从而治疗牛群的寄生虫……他们用调制好的用于洗礼的水来防止尿床。"② 教会与非教会魔法的混合是如此普遍，人们甚至会在婴儿的襁褓上系上护身符，从而在他们将婴儿带去受洗的时候击退魔法的可能侵袭。③

神学与悲剧

所有的魔法都会在某些时刻发挥作用。有许多魔法疗法和其他的教会魔法似乎经常取得成功——得到想要的结果。但因为非教会魔法也同样会取得成功（可能比教会魔法成功率更高，因为它通常还佐以草药或其他的物理疗法，其中的一部分是有效的），所以它是不可能被教会魔法所驱逐的。这引发了非常危险的问题。

基督教是一种神学宗教。它并不满足于神秘之物与沉思冥想，而是在不断寻求将其信仰的完整体系扎根于逻辑与理性之中。这带来了许多值得赞扬的特征，包括基督教委身的理性主义方式，这为西方科学发展提供了模板。但当遇到魔法的时候，基督教的这一特质最终带来了悲剧性的后

---

① Mary R. O'neil, "Discerning Superstition: Trials of Clerics and Exorcists in Sixteenth Century Italy", Paper presented at the International Congress on Medieval Studies, Kalamazoo, Michigan, 1981, p. 11.

② Gerald Strauss, *Luther's House of Learning: Indoctrination of the Young in the German Reformation*, Baltimore: Johns Hopkins Press, 1978, p. 304.

③ Ibid. .

果。在其他文化环境下，魔法通常是得到允许的。因此，古罗马和古希腊并未投入多少精力去解释魔法的作用原理——因为事情就是这样发展的，至少是在某些时候如此。但基督教的思想家们被要求去理解为什么魔法会发挥作用。对于教会魔法的作用原理，给出一个明确的答案似乎是相对容易的。上帝、耶稣、圣灵，有时候还有圣母马利亚，以及许多圣徒和天使是能动的实体；当教会魔法失败时，是因为这些超自然的存在认为在这一具体事件当中不应插手。然而，很显然地，这些神圣人物不会使非教会魔法发生作用。那么使其灵验的是谁？答案似乎是同样明确的：邪恶的超自然存在，特别是撒旦。由此得出一个简明的推论，遍布整个欧洲的数以千计的村庄智者与撒旦有所关联。由此发生了猎捕巫师事件。①

欧洲人的魔法的概念完全是神学思考的产物；它在流行的魔法文化当中毫无根基。正如著名的诺曼·科恩（Norman Cohn，1915—2007）所说："在现存的［中世纪］关于魔法的书籍当中，没有任何关于撒旦主义的线索。没有什么地方暗示施术者应当使他自己成为恶魔宿主的同党，或是作恶以赢得邪恶王子的欢心。"② 同样著名的理查德·基克希弗（Richard Kieckhefer）指出："恶魔行径概念的引入……是有文化修养的精英阶层试图赋予［魔法］以意义的结果。"③ 因此，大学教授在席卷整个欧洲的血腥的巫师猎捕行动的产生和维持方面扮演了重要角色。④ 而正是持续不绝的农民和城市下等阶层的魔法活动为巫师猎捕提供了实质内容。讽刺的是，与流行观念相反，巫师猎捕最早、最强烈也是最为有效的反对派正是来自西班牙宗教裁判所（见第十九章）。宗教裁判所的裁判员们从未失去对这一事实的清楚认知，即巫者（Wise Ohes）们在施行魔法的时候处于全然清醒的状态之下，并没有与魔鬼签署协议。

---

① Steven T. Katz, *The Holocaust in Historical Context*, Vol. 1, New York: Oxford Univ. Press, 1994, p. 417; Richard Kieckhefer, *European Witch Trials: Their Foundations in Popular and Learned Culture*, Berkeley: Univ. of California Press, 1976, pp. 79 - 80.

② Norman Cohn, *Europe's Inner Demons*, New York: Basic Books, 1975, p. 169.

③ Richard Kieckhefer, *European Witch Trials: Their Foundations in Popular and Learned Culture*, Berkeley: Univ. of California Press, 1976, p. 79.

④ Steven T. Katz, *The Holocaust in Historical Context*, Vol. 1, New York: Oxford Univ. Press, 1994; H. C. Eric Midelfort, "Heartland of the Witchcraze: Central and Northern Europe", *History Today* 31: 27 - 31, 1981.

结　论

　　中世纪并不是一个"信仰的时代"。对于绝大多数中世纪欧洲人来说，他们的"宗教"信仰是异教、基督教还有迷信的碎片的混合体；他们很少去教堂；他们信巫者的魔法比信教士的礼拜更甚。有些人认为欧洲今天空空荡荡的教堂和低质量的宗教活动反映了人们在宗教虔诚方面的剧烈下降，这种常见的观点是错误的——因为事情一直以来都是如此。正如1529年马丁·路德在承认了他对于普罗大众的教育和启蒙的努力的失败之后所总结的那样："亲爱的上帝请帮助我们……普通人，尤其是在村庄里的那些，对于基督教义一无所知；实际上，许多牧师也不适合而且不能胜任教导他们的工作。然而他们所有人都被称为基督徒，受过洗，享受圣餐——即使他们背不下来主祷文、使徒信条和十诫。他们就像动物一样地活着。"①

---

　　① Geoffery Parker, "Success and Failure During the First Century of the Reformation", *Past and Present* 136: 43-82, 1992, p. 45.

第十六章　信仰与科学"革命"

人尽皆知，哥伦布花费了数年精力才凑齐了开始他著名的发现之旅所需的经费，这是由于教会学者和官员们的一致反对——那些人相信世界一定是平的。因此如果有谁为了抵达远东而向西航行，他们只会在地球的边缘坠落下去。康奈尔大学的创建者与第一任校长，以及极具影响力的两卷本著作《科学与基督教神学的战争史》的作者，著名的安德鲁·迪克森·怀特（Andrew Dickson White，1832—1918）记录说：

> 哥伦布［与教会］的战争全世界都知道得很清楚：休达主教如何在葡萄牙击败他；西班牙各式各样的智者如何用《诗篇》、用保罗和圣奥古斯丁的话来诘难他；甚至在他凯旋归来以后，在他的航行已经极大地强化了地球球形说的理论以后……教会如何以其最高权威坚持在错误的道路上蹒跚而行……神学的壁垒在地理学真相面前屈服了，但却是缓慢地……许多认真的［有信仰的］人在两百多年时间里起来反对这一教义。①

不幸的是，怀特的记录当中几乎每一个词都是谎言——正如他在他如今不被采信但长久以来得人尊敬的著作中所写到的大量关于宗教和科学的冲突的其他故事一样。在 15 世纪之前许多年，任何一位受过教育的欧洲人，包括罗马天主教会的高级神职人员，就都已经知道了地球是圆的。②

---

① White, 1896, 2: 108 – 109, Andrew Dickson White, *A History of the Warfare of Science with Theology in Christendom*, New York: D. Appleton, 1986.

② Edward Grant, *Physical Science in the Middle Ages*, New York: Wiley, 1971; Edward Grant, *Planets, Stars, and Orbs: The Medieval Cosmos, 1200 – 1687*, Cambridge: Cambridge Univ. Press, 1994; Richard F. Hamilton, *The Social Misconstruction of Reality: Validity and Verification in the Scholarly Community*, New Haven: Yale Univ. Press, 1996; Jeffrey Burton Russell, *Inventing the Flat Earth: Columbus and Modern Historians*, Westport, Conn: Praeger, 1997.

写于13世纪早期的中世纪最为流行的天文学教科书的书名叫作《球体》（或《天体》）。哥伦布并不是在地球的形状问题上遭遇了反对意见，而是因为他在地球圆周的问题上完全搞错了。他估计从加那利群岛到日本大约有2800英里的距离，但实际上它长达约14000英里。他的反对者知道这段距离有多远，并因此反对他的航行，因为哥伦布和他的船员都会死在海上。如果西半球不在那儿，也没有人知晓它的存在，那么尼纳、品他和圣玛利亚岛都会从地球上坠落，而船上的所有人都将死于饥饿和干渴。

令人惊异的是，在任何同时代的记载里都没有关于哥伦布必须证明地球是圆的的线索，在他自己的《日记》中没有，他儿子的《舰队司令的历史》中也没有。在一本出版于1828年的哥伦布传记突然出现之前，超过三百年里这件事全然无人知晓。这本书的作者是华盛顿·欧文（Washington Irving，1783—1859），此人最为知名的作品是他的小说《睡谷传奇》，在其中他介绍了无头骑士。① 尽管关于哥伦布的故事和关于扁平地球的故事同样纯属虚构，欧文却仍然将其作为事实来叙述。这故事几乎立刻就得到了一部分历史学家的热切支持，这些人对于中世纪教会的邪恶和愚蠢是如此深信不疑，以至于他们认为不需要寻找任何额外的证据来予以确认，尽管其中的一些人肯定已经意识到这个故事出现得莫名其妙。无论如何，这就是哥伦布证明了地球是圆的这一传统观念被写进所有的教科书的始末。

远比这一问题更加严重的是，关于科学与宗教之间的冲突还有许多类似的虚假成分，而它们是被著名的学者们，比如启蒙时代的伏尔泰和吉本，制造出来的——同样的一批人发明了"黑暗时代"——而这些伪造的史实被重复了一次又一次，过程中又被激进的无神论者不断添油加醋，比如A. D. 怀特、伯特兰·罗素，还有理查德·道金斯。事实是，基督教不但没有阻碍科学的发展，它对于科学的发展甚至是至关重要的，这就是为什么科学只兴起在基督教西方！此外，也不存在突然出现的"科学革命"；哥白尼、牛顿和其他16—17世纪的科学巨匠们只是长达几个世纪的正常科学发展过程的产物，但首先，需要澄清的是对科学的定义。

---

① Jeffrey Burton Russell, *Inventing the Flat Earth: Columbus and Modern Historians*, Westport, Conn: Praeger, 1997.

科学是什么?

科学不止是技术,也不仅仅是知识。许多社会都已经知道如何建造水坝和桥梁,但仍然对物理学缺乏理解。同样也可以说,许多社会都已经掌握了关于动植物生命的广泛的知识,但仍然对生理学毫无认知。举例来说,除了最为原始的社会以外,所有的社会都能够辨认多种植物的种子,并且知道怎样栽种它们,使它们成长起来,但只有唯一一个社会产生了进一步的科学,知道种子为什么会形成、如何形成,还有它们如何长成新的植物。

科学是一种应用组织化的努力形成对于自然的解释的方法,通常会通过系统化的观察而得到改进和修正。因此,科学包含两种元素:理论和研究。理论化是科学的解释性方面。科学理论是关于自然(包括人类社会生活)的某些部分如何,以及为什么会彼此适合并发挥作用的抽象命题。当然,并非所有的抽象命题都能被认为是科学理论,这甚至包括那些对自然提出解释的抽象命题,否则神学也变成科学了。恰恰相反,抽象命题只有当它可以推出某些具体的可被观察到的预测和限制条件的时候才是科学的。科学研究包括就某个理论得出的预测和限制条件所进行的观察。如果观察到的情况与从理论当中所推出的情况相悖,那么我们就可以知道该理论是错误的,应当被否定或者修正。"组织化努力"一词说明了科学并不单纯是偶然的发现。恰恰相反,科学家追求的是系统、自觉和集中的工作——即使是那些独自工作的科学家也并非在孤立地开展研究。从最初的那些日子起,科学家就已形成了彼此之间的网络,沟通非常频繁。

这一对科学的定义排除了人类历史当中所有致力于解释和控制自然世界的工作当中的绝大部分。这些先期的工作不是科学,因为直到最近"技术进步——有时甚至是相当可观的进步——只是单纯的经验主义",受人尊敬的马克·布洛赫(Marc Bloch, 1886—1944)这样说。① 也就是说,进步是观察、尝试和失败的产物,但它缺乏解释——缺乏理论化。这些前科学时代的知识积累最好被描述为学问、技巧、智慧、技艺、手艺、技术、工程、了解或者是纯粹的知识。但是,除非这些观察与可检验的知

---

① Mare Bloch, *Feudal Society*, Vol. 2, Chicago: Univ. of Chicago Press, [1940] 1961, p. 83.

识相互关联起来，否则它们就仍旧只是单纯的"事实"。查尔斯·达尔文精准地阐述了这一点："大约三十年前有许多人说地质学家应当去观察而不要去理论化研究对象；我还清楚地记得有人说，这种情况下一个人最好是进入一个砾石矿井，计算石子的个数并描述它们的颜色。一个人无法明白这一点是多么古怪啊，观察如果说具有某些作用的话，它们一定都是为了支持或反对某种观点而进行的。"① 当然，达尔文是一个兴趣非常狭窄的人，因为许多具有重要价值的观察并不具有任何科学含义（一个人可能会享受于满月的景色，而不试图检验它是否符合现代天文学预测）。但谈到何为科学观察的时候，达尔文是对的：它的目的在于检验某个理论。

接下来，显而易见地，科学命题被限制在自然和物质现实的范围内，其对象至少在理论上是可观察的。因此，有一片完整的研究领域是科学所无法涉足的，包括诸如上帝是否存在之类的问题。与此类似的还有神迹的物理学。

就古希腊和东方哲学家们的所有智识成就而言，他们的著作是非科学的，因为他们的观察并不具有理论上的考虑，而他们的理论化过程忽视了观察检验。举例来说，亚里士多德教导说，物体坠落到地面的速度是和它的重量成正比的，较重的物体比较轻的物体下落得更快。如果他曾走到任何一处悬崖上，分别拿起大小两块石头，他就会观察到他的观点是错误的。但亚里士多德不是一位科学家。在一小部分欧洲人在中世纪慢慢发展出科学方法以前，世界上没有人是科学家。

科学的经院起源

正如历史上从未有过所谓"黑暗时代"一样，也不存在所谓"科学革命"。正好相反，科学革命的概念是为了通过宣称科学只有在一个衰弱的基督教会无力再压迫它的时候才猛然间进展到全面开花的阶段（因此并不欠此前的经院学者们什么），为了败坏中世纪教会的名声而编造出来的。这样的说法通常会被一系列关于发现和镇压的故事所佐证，它们就像是哥伦布和扁平地球的故事一样不可信。这里的第一步是否定中世纪经院

---

① Francis Darwin and A. C. Seward, eds, *More Letters of Charles Darwin*, Vol. 2, New York: Appleton and Company, 1903, 1: 195.

学者们的成就。约翰·洛克（John Locke，1632—1704）指责经院学者们迷失于琐碎的事务当中，正如作为"用以掩饰他们的无知"的无用概念的大型"造币厂厂长"。① 另一些人则指责他们是在追寻荒谬问题的答案，比如说针尖上能够容纳多少天使起舞。最后，"经院的"（scholastic）一词在大多数字典当中变成了表示"平庸"和"教条"的词汇。但实际上，16—17世纪伟大的科学成就出自一批基督教会大学中因其虔诚而知名的学者，而他们的辉煌成就完全建立在此前数百年中杰出的经院学者所留下的无数知识遗产之上。②

哥白尼与常规科学

由于"科学革命"的开端通常被归结到尼古拉斯·哥白尼（Nicolaus Copernicus，1473—1543）身上，通过检视他和他的理论继承者们的工作来说明他所完成的是一项"常规"科学的工作，这种做法是合适的。

根据广为流传的记载，哥白尼是一位籍籍无名的天主教教士，生活在遥远偏僻的波兰。这位孤独的天才发现，与人们所相信的情况不同，地球是围绕着太阳转的。而后，故事继续发展，教会对这种观点展开了残酷镇压。

这些记载中的虚构成分远多于事实。哥白尼并不是一个无名的波兰人，他在当时最好的意大利大学接受了高等教育：博洛尼亚、帕多瓦，还有费拉拉。地球绕着太阳转的观念并不是由他出其不意地提出的；他的经院教授们教给了他后来形成太阳系日心说的重要基础知识。哥白尼所完成的不是一次跳跃，而是本已暗含在绵延数个世纪的长时间探索和发现中的下一个步骤。

因为古希腊人认为真空是不存在的，他们假设宇宙是一个球体，当中充满了透明的物质。如果是这样，那么所有天体的运动都需要持续不断地克服摩擦力。为了解决这个问题，许多希腊哲学家们将太阳、月亮、星星和其他天体转化成了生物体，它们自己有能力移动，而其他人

---

① *Essay concerning Human Understanding* 3.9.
② 我已经在 Rodney Stark，*For the Glory of God: How Monotheism Led to Reformation, Science, Witch-Hunts, and the End of Slavery*，Princeton：Princeton Univ. Press，2003 第二章当中详细论述过。

则想象以神灵或精神体的形态存在的不同的推动者。早期基督教学者假设，是天使推动了天体遵循它们的轨道运行。著名的英格兰圣方济各会的修道士奥卡姆的威廉（William of Ockham，1295—1349）——奥卡姆剃刀的提出者——通过提出宇宙是一个无摩擦力的真空环境驱逐了所有的推动者，而后，他在其中加入了牛顿的动力学第一定律，预设上帝给了天体最初的动力，而其后它们将维持运动状态，因为没有任何力会阻碍它们的运动。

日心说模型接下来的最为关键的环节是尼克尔·奥里斯姆（Nicole d'Oresme，1325—1382）完成的，这是经院科学家当中最为耀眼（但不幸遭到了忽视）的一位。在其他所有的主要成就之外，是他建立了地球围绕着它自己的地轴旋转的模型，因而造成了有其他天体在围绕地球旋转的错觉。奥里斯姆曾经多年担任巴黎大学校长，其职业生涯当中的最后职位是利济厄（Lisieux）主教。地球自转的观念许多个世纪以来已经被许多人所接受，但两种反对意见使其似乎并不可信。首先，如果地球自转，那么为什么没有产生因地球自转的固定方向而来的持续的强劲东风？其次，为什么一支垂直向上射出的箭不会落到射手身后（或身前）？因为这些都没有发生，因为垂直向上射出的箭仍会垂直落地，所以地球并没有旋转。建立在吉恩·布里丹（Jean Buridan，1295—1358）的工作的基础上，作为他巴黎大学校长的继任者，奥里斯姆就此提出没有出现东风是因为地球的运动是与地表及其附近的所有物体同步的，包括大气。这也解释了为什么箭会垂直落地：它们不仅受到弓加给它们的垂直动力，也受到自转的地球所给予它们的水平动力。

而后是库萨的尼古拉斯（Nicholas of Cusa，1401—1464），一位做了布里克森主教的德国人，后来又于1448年升为大主教。他在帕多瓦的意大利大学接受了教育，在那里他了解到了地球因"在时间的起点施加于它的动力"而自转。我们已经指出过，"正如我们在日食的阴影当中所看到的，地球比太阳小"，但比月亮大，尼古拉斯进一步观察到，"不管一个人是站在地球上，或者太阳上，还是其他星球上，他总是会感觉到他所立足的地方是不动的中心点，而其他所有的东西都在运动"。[①] 随之而来

[①] Danielson, 2000, p. 98; Stephen E. Mason, *A History of the Science*, Rev. ed, New York: Macmillan, 1962, pp. 120 – 121.

的就是人们需要学会不要相信他们自己感受到的地球是静止不动的错觉。

哥白尼完全了解所有这些之前的理论成果——这已经在萨克森的阿尔伯特的《物理学》当中得到了详尽总结，该书第一版1492年在帕多瓦出版，就在哥白尼成为那里的学生之前。

所以哥白尼贡献了些什么呢？他把太阳放到了太阳系的中心位置，而让地球作为围绕它旋转的行星之一。使他的工作大放异彩的是他完全使用数学方法表述了这一切①并作出了他的系统的几何学图示，因此容许了对于这些天体未来位置的计算，这对于确定复活节、二至日等类似节点的日期具有重要意义。然而，这些计算并不比之前能够一直追溯到2世纪根据托勒密系统所做的计算更加精确，因为哥白尼没有认识到太阳系的行星轨道是椭圆形而非圆形。因此，为了使他的系统能够运行，哥白尼不得不假定在天体运行轨道当中存在一些较小的环，这些环充分延缓了它们的速度，使其不会运行得太快——对于地球来说，它环绕太阳一周不会只需要三百天。然而，这些环的存在没有任何观察证据的支持——如果它们存在，天体应当会被观察到沿环运动。因此，除了太阳据有中心位置之外，哥白尼的著名著作《天体运行论》中的所有内容都是错的。接近一个世纪以后，德国新教徒约翰内斯·开普勒（Johannes Kepler, 1571—1639）用椭圆代替了哥白尼的圆形。现在所有的天体都保持在了它被预测会在适当的位置上，十分准时，因此也不需要额外的环了。

当然，即使经过了开普勒的修正，这仍然不是一项关于太阳系运行的科学理论，其中不包括对于为什么它会如此运行的解释——比如说，为什么天体遵循其轨道运行而不是在宇宙当中随便乱飞。它成为一项理论则一直要等到艾萨克·牛顿（Isaac Newton, 1642—1727）提出。但在之前的几个世纪当中，这一理论的许多关键部分已经获得了积累：宇宙是真空的；不需要一个推动者，因为一旦开始运动，天体就会持续运动下去；太阳是太阳系的中心；行星轨道是椭圆形。

这些系统性进步的记载就是为什么杰出的科学史家 I. 伯纳德·科恩（I. Bernard Cohen, 1914—2003）会指出，"科学上的哥白尼革命的观念的产生与证据相悖……是晚近历史学家的发明"。② 哥白尼的大多数精明世

---

① Alfred W. Crosby, *The Measure of Reality*, Cambridge: Cambridge Univ. Press, 1997, p. 104.
② I. Bernard Cohen, *Revolution in Science*, Cambridge: Belknap, 1985, p. 107.

故的同事同意这一点。① 哥白尼只是在常规科学发展的长期过程当中添上了一小步,尽管这一步具有巨大的辩论和哲学上的意义。同样应当指出的是,参与这一长期过程的学者们并未被贴上世俗主义者的标签。他们不仅是虔诚的基督徒,他们还是教士——他们中的大多数人是主教,其中甚至还有一位大主教。此外,他们全部都是庞大的经院大学中的成员。

经院大学

基督教经院学派发明了大学,并赋予它以现代的形式。最早的两所大学诞生于巴黎(大阿尔伯图斯和托马斯·阿奎那均曾任教于此)和博洛尼亚,时间是 12 世纪中叶。而后,牛津与剑桥在大约 1200 年被创办,随后在 13 世纪余下的时间里出现了建立新的学院的潮流:图卢兹、奥尔良、那不勒斯、萨拉曼卡、塞维利亚、里斯本、格勒诺布尔、帕多瓦、罗马、佩鲁贾、比萨、摩德纳、佛罗伦萨、布拉格、克拉科夫、维也纳、海德堡、科隆、奥芬、爱尔福特、莱比锡和罗斯托克。有一种误解广泛存在:这些不是真正的大学,而是仅仅由三四个教师和几十个学生构成的。恰恰相反,在 13 世纪初,巴黎、博洛尼亚、牛津和图卢兹可能各自都接收了 1000—1500 名学生——巴黎大学每年都会招收数百名新生。许多"启蒙的"晚近的历史学家对它们的招生规模视若无睹,反而嘲讽这些大学在智识上是"无希望的","遭到了经院学派和教会势力的腐蚀"。②

但正是在这些"无希望的"早期大学中,科学诞生了。事实上,正如现代大学一样,从最初年代起,中世纪大学就是由学者所创办和管理的,并且不仅致力于教育,还注重发现。玛西亚·L. 科里希(Marcia L. Colish)这样描述经院学派的教授们:

> 他们回顾过去的权威和当下的观念,给出[他们]对这些事物的分析和[他们]拒绝某些观点而接受另一些观点的原因。汇集在一起以后,12 世纪早期就已确立的方法论显示了经院学者们批判他

---

① Stanley L. Jaki, *The Savior of Science*, Grand Rapids: Eerdmans, 2000; Edward Rosen, *Three Copernican Treatises* (3rd edition), New York: Octagon Books, 1971.

② William Manchester, *World Lit Only by Fire: The Medieval Mind and the Renaissance*, New York: Little, Brown, 1993, pp. 103 – 104.

们各自领域当中的经典文本的意愿及准备。他们并非简单地接受和扩展古典知识和基督教传统，而是将那些传统当中被相信存在时间已经长过了它的有效性的观点弃置一旁。他们也自由地对他们仍然维护其地位的学术权威的观点进行重新组合，而它们对于那些学术权威来说可能是陌生和新异的。［评论］如今很少再是对它们的作者的观点的总结和梳理。经院学派评论者们更喜欢与他们所选定的作者进行争论，或者从正在产生的学派观点或者经院学者自己的观点出发对该作者的研究施加一些影响。[1]

这种治学方式被应用在经院学派大学范围内。学院控制招生权，并制定他们自己的竞争力和成就的标准——而他们的自治则是"市场"需求的函数。内森·沙赫纳尔（Nathan Schachner，1895—1955）说："大学是教皇与帝国、国王和市政当局以及类似机构的最亲爱的、被宠坏了的孩子。特权如同源源不断的金色河流一样被抛洒给骄傲的大学……［因为］市政当局为了获得在其管辖范围内供养一所大学的荣耀而发生了激烈竞争；国王们为了从他们的对手辖区内吸引对自身境遇不满的学者群体而写出极具诱惑力的书信。"[2]

大学的自治是与学院教职工个人的自治相匹配的。当时有大量的从一所大学到另一所大学的运动，这被这一事实所助长，因为当时所有的课程都是以拉丁语完成的，因此并不存在语言上的障碍。因此，即使是在那些交通不便、不同社区之间的交流极其缓慢的年代，所有的杰出学者们仍然彼此相识，也有很多人实际见过面。而教师流动的关键就像是今天一样，在于发明。声誉的获得从来不是通过对旧知识的熟练掌握，而是靠提出某些新的东西！而这得到了某些在知识分子生活当中的确非同寻常的东西的巨大推动：对于经验主义的强调。

经院经验主义

早期经院科学家并不仅仅坐在他们的书房里思考世界：他们越来越依

---

[1] Marica L. Colish, *Medieval Foundations of the Western Intellectual Tradition*, 400–1400, New Haven: Yale Univ. Press, 1997, p. 266.
[2] Nathan Schachner, *The Medieval Universities*, New York: Frederick A. Stokes, 1938, p. 3.

赖对于所涉及的事物的详细观察，也就是说，经验主义。举例来说，古希腊人、古罗马人、穆斯林和中国人对于人类生理学的"知识"主要建立在哲学和内省之上，辅以一些对动物的解剖，但他们拒斥并谴责任何试图把人切开的念头。基督教经院学者是第一个将他们的解剖学知识建立在人体解剖之上的人！1315 年，蒙迪诺·德·卢兹（Mondino de'Luzzi）因为在博洛尼亚大学的学生和教职员面前进行了一例人体解剖而出了名。不久后，人体解剖就在所有的意大利大学当中开始实践。1391 年，西班牙进行了境内第一例人体解剖，而维也纳的第一例发生在 1404 年。① 到中世纪结束以前，人体解剖已经成为全欧洲解剖学课堂当中的一个固定科目。1504 年，哥白尼前往帕多瓦大学进行短暂进修，其间在大学的医学课堂上参与了人体解剖。②

根据爱德华·格兰特（Edward Grant）的说法，"［人体解剖］被引入拉丁西方而没有遭到教会的严厉反对，这是一个划时代的事件"。③ 然而，一如既往地，A. D. 怀特继续谈论伟大的解剖学家安德烈亚斯·维萨里（Andreas Vesalius, 1514—1564）如何"冒着一旦被教会的教务人员发现，就将面临最可怕的危险，特别是渎神罪的指控"而完成了人体解剖。怀特宣称，当时敢于解剖人体的人都可能被"革除教籍"，但勇敢的维萨里"毫无惧色地打破了神圣的传统主义"并"不顾教会的审查"继续工作，"没有危险能吓倒他"。④ 怀特作出了这些指责，而不顾众所周知的事实：神圣罗马帝国对于维萨里的"渎神行为"的回应是封他为伯爵并奖给他终身的养老金！

经院学派对于经验主义的信奉是科学兴起的最为关键的影响因素之一。尽管科学的目的是形成用于解释自然现象的理论，但它也要求理论能够经受住实践的检验。当柏拉图解释说，天体必须按圆形轨道旋转是因为在哲学意义上圆是完美的形状的时候，这并不是科学。但当开普勒修正了哥白尼的计算，换用了椭圆形轨道，并得到了经验事实即天体总是在它所应该在的地方被观测到的时候，这就成为了科学。

---

① Roy Porter, *The Greatest Benefit to Mankind*, New York: W. W. Norton, 1998.
② Angus Armitage, *The World of Copernicus*, New York: Mentor Books, 1951.
③ Edward Grant, *The Foundation of Modern Science in the Middle Ages: Their Religious, Institutional, and Intellectual Contexts*, Cambridge: Cambridge Univ. Press, 1996, p. 205.
④ White 1896, 2: 50.

科学不是在16世纪突然间爆发的。它开始于经院学派信奉经验主义之前的数百年，而其在早期大学当中的成熟则是学者们系统地追求创新的努力的结果。此外，科学兴起当中真正值得注目的方面是它只发生过这一次。① 许多社会都曾有人修炼炼金术，但只有基督教欧洲将其发展成了化学；许多社会都发展出了占星术的庞大系统，但只有欧洲将占星术转变成了科学的天文学。为什么？

理性的上帝

科学只在欧洲兴起，因为只有中世纪的欧洲人相信科学是可能的并且是值得追求的。而他们信念的基础是他们对于上帝和他的造物的认识。这一点在杰出的哲学家和数学家阿尔弗雷德·诺斯·怀特海（Alfred North Whitehead，1861—1947）1925年在哈佛的罗威尔讲座当中得到了极力强调，而他的听众是参与讲座的一批卓越的学者。他解释说，科学在欧洲获得发展是因为"源自中世纪神学的……对于科学之可能性的信念"。② 被这一声明所震惊的不只是他的听众们，在他的演讲内容出版以后，大体上西方知识分子无不为此感到震惊。这位世界知名的思想家、伯特兰·罗素里程碑式的著作《数学原理》（1910—1913）的合作者，怎么会不知道宗教是科学无情的敌人？实际上，怀特海比他们知道得更多！

怀特海已经意识到，基督教神学对于科学的兴起而言是至关重要的，正如非基督教神学窒息了其他地方科学发展的可能性。他解释说："中世纪精神对于科学运动的形成做出的最大贡献［是］这种不屈不挠的信念……无论何处有秘密，这秘密都是能够被揭开的。这种信念是怎样深深地植入欧洲人的心灵的？……这来自中世纪对于上帝理性的坚持，这种构想来自耶和华的个人能量和希腊哲学家的理性。所有的细节都是得到管理和规划的：对于自然的探索只会带来在理性当中对于信仰的证实。"③ 当

---

① Edward Grant, *The Foundation of Modern Science in the Middle Ages: Their Religious, Institutional, and Intellectual Contexts*, Cambridge: Cambridge Univ. Press, 1996.

② Alfred North Whitehead, *Science and the Modern World*, New York: Free Press, [1925] 1967, p. 13.

③ Ibid., p. 12.

然，怀特海仅仅是在总结已经有如此之多的伟大的早期科学家曾经说过的东西——勒内·笛卡尔（René Descartes）为他对于自然律的研究辩护说，这些律一定存在，因为上帝是完美的，并且因此"以一种方式持续不变地行动才是可能的"。① 也就是说，这是一种根据理性规律和法则而来的宇宙函数。正如伟大的中世纪经院学者尼克尔·奥里斯姆所说，上帝的造物"很像是有人制造了一台钟表而让它以它自己的节奏运转"。② 进一步地，因为上帝给了人理性思考的能力，因此我们应当是有可能发现上帝所创立的规则的。

实际上，许多早期科学家感到他们在道德上负有追寻这些秘密的义务，正如怀特海已经指出过的那样。这位伟大的英国哲学家在其评论的结尾处指出，在非欧洲地区，尤其是在亚洲，宗教当中所创建的那些神和创世的形象由于太过非人格化和非理性化，而难以容许科学的发展。任何具体的自然"现象都可能是出于非理性的专制神明的命令"，或者可能是由"某些非人格化的、不可理解的万物起源所产生的。这与在类似人格的存在物的可理解的理性当中所获得的信心并不相同"。③ 应当指出的是，考虑到它们的共同根源，犹太人对于上帝的概念如同基督教所持有的上帝概念一样适合于发展科学。但当时犹太人在欧洲只是一个规模较小的、分散不定又经常遭到迫害的少数族裔，并未参与科学兴起的过程——尽管犹太人从19世纪得到解放以来，在科学界取得了巨大成就。

作为对比，大部分在犹太教—基督教传统之外的宗教根本没有假设曾有创世。宇宙据说是永恒的，没有起点和终点，也从来不是被创造出来的，它没有任何造物主。根据这一观点，宇宙是至高的谜团、反复无常、难以预测，而（很可能是）随心所欲的。对于那些持有这一观点的人来说，通往智慧的唯一途径就是内省或者灵感——不存在任何有关理性的东西。但如果宇宙是根据一位完美的、理性的造物主的理性命令而创造出来的，那么它就应当在理性和观察面前放弃它的秘密。因此，科学真理认为，自然是一本意味着将被阅读的书。

---

① Descartes, Oeuvres 8.61.
② Alfred W. Crosby, *The Measure of Reality*, Cambridge: Cambridge Univ. Press, 1997, p.83.
③ Alfred North Whitehead, *Science and the Modern World*, New York: Free Press, [1925] 1967, p.13.

当然，中国人"将会因其太过天真而鄙视这样一种观念，因为宇宙的精妙与复杂正如他们从直觉所感知到的那样"，① 受人尊敬的牛津中国科技史学者约瑟夫·尼达姆（Joseph Needham，1900—1995）这样解释说。至于希腊人，他们当中的许多人仍然认为宇宙是永恒的，并非由谁所创造。亚里士多德指责这种"认为宇宙是在某个时间点开始存在的"的观念是"不可想象的"。② 实际上，没有任何一位希腊传统神灵有能力创造这样一个世界。但是，最糟糕的是，希腊人通常会坚持将宇宙和更为一般的非生命体对象转化为有生命的东西。因此，他们将许多自然现象归因为动机，而非无生命的力量。因此，根据亚里士多德的看法，天体按圆轨道运行是因为它们喜欢这么做，而物体落向地面"是因为它们对于世界中心的与生俱来的爱"。③ 就伊斯兰教而言，关于安拉的正统概念与科学探索水火不容。古兰经当中没有任何词句暗示安拉给其被造物以动力并让它们持续运动。恰恰相反，它假设他经常侵入这个世界并改变事物状态，因为这能取悦他。因此，许多个世纪以来许多最有影响力的穆斯林学者为了将阐述自然法定为渎神罪而不惜一切代价，因为这样做似乎是否认了安拉的行动自由。因此，是神和宇宙的流行形象阻碍了中国、古希腊和伊斯兰教地区的科学发展。④

仅仅是因为欧洲人相信上帝是理性宇宙的智慧的设计者，所以他们会追寻创世的秘密。约翰内斯·开普勒说："对于外部世界的一切观察，其主要目的都应当是发现由上帝加于其上的理性秩序与和谐，而他用数学语言将这些透露给了我们。"⑤ 类似地，在他最后的愿望和遗言当中，伟大的化学家罗伯特·波义耳（Robert Boyle，1627—1691）写信给伦敦皇家学会的成员，希望他们继续完成他们"发现上帝造物的真实性质的值得

---

① Joseph Needham, *Science and Civilization in China*, Vol. 6, Cambridge: Cambridge Univ. Press, 1954 – 1984, Vol. 1, p. 581.

② David C. Lindberg, *The Beginnings of Western Science*, Chicago: Univ. of Chicago Press, 1992, p. 54.

③ Stanley L. Jaki, *Science and Creation*, Edinburgh: Scottish Academic Press, 1986, p. 105.

④ 就这一问题我已经在 Rodney Stark, *For the Glory of God: How Monotheism Led to Reformation, Science, Witch – Hunts, and the End of Slavery*, Princeton: Princeton Univ. Press, 2003 第二章当中进行过专门讨论。

⑤ 引自 Walter L. Bradley, "The 'Just So' Universe: The Fine – Tuning of Constants and Conditions in the Cosmos", In *Signs of Intelligence: Understanding Intelligent Design*, edited by William A. Dembski and James M. Kushiner, 157 – 170, Grand Rapids: Brazos Press, 2001, p. 160。

赞美的尝试"。①

或许科学兴起的最为令人瞩目的方面是：早期科学家不仅探索了自然律并坚信它们的存在，而且他们还发现了它们！因此可以说，宇宙有其智慧的设计者的预设是一切科学理论最大的基础，而这成功经受住了一次又一次的实践检验。正如阿尔伯特·爱因斯坦（Albert Einstein, 1879—1955）曾经评论的那样，关于宇宙的最为不可理解的事情在于它是能够被理解的："一个持先验观点的人应当期待的是一个混乱的世界，它不能被人类心灵以任何方式捕捉……这是一个'奇迹'，随着我们的知识不断扩展而得到不断的加固。"② 而这一"奇迹"证明了创世是由意图和理性所指引的。

基督教对于科学的兴起至关重要，这一事实不仅在哲学意义上是明显的，在那些实现了科学发展的人士的传记当中也同样明确——他们几乎全部是非常宗教化的。在其他地方③我已经拟出了一份从1543年哥白尼的著作出版开始，到出生于1680年之后的人为止的、包括五十二个主要科学家的名单。在这些人当中，有三十二个（62%）是非常宗教化的人。举例来说，牛顿在神学上投入的精力比物理学更多，还预测第二次耶稣降世是在1948年。④ 在剩余的二十人当中，十九位是相当宗教化的，只有一个，埃蒙德·哈雷，可以被称为是怀疑论者。因此，对于宗教与科学之间的内在冲突的神话我们就说到这里。

当然，科学的兴起的确激发了一些与天主教会之间的冲突，同早期新教徒之间也同样如此。这并不能削弱基督教的上帝概念在支持和激发科学方面发挥的关键性作用。这仅仅反映了许多基督教领导者未能意识到科学与神学在范围和证据方面的重要区别，也就是说，基督教神学家试图从圣经当中推出上帝的性质和意图；而科学家试图通过经验方法发现上帝所创造的世界的性质。原则上，这两项工作并无交集，但一位实践的神学家有时候会感到某项科学命题是对于信仰的攻击（而一部分现代科学家的确

---

① Robert K. Merton, "Science, Technology and Society in Seventeenth Century England", *Osiris* 4 (pt. 2): 360 – 632, 1938, p. 447.

② Einstein, *Letters to Solovine*, 131.

③ Rodney Stark, *For the Glory of God: How Monotheism Led to Reformation, Science, Witch - Hunts, and the End of Slavery*, Princeton: Princeton Univ. Press, 2003, pp. 160 – 163.

④ Michael White, *Isaac Newton: The Last Sorcerer*, Reading, MA: AddisonWesley, 1997, pp. 158 – 162.

攻击宗教，尽管是在谬误的基础上）。在其发展的早期，发生了一次大的辩论，因为天主教和新教的神学家都不愿意承认地球不是宇宙的中心，甚至不是太阳系的中心。路德和教皇反对哥白尼主义者的宣言，并且都试图驳倒它，但他们的努力并没有产生多少影响，也从未足够有力过。不幸的是，这种程度适中的冲突已经变成了一次里程碑式的事件，因为那些人决定将伽利略·伽利雷（Galileo Galilei，1564—1642）变成一位被盲信所迫害的英雄式的殉道者，从而显示宗教是科学的死敌。正如伏尔泰所说："伟大的伽利略，以八十高龄，在宗教裁判所的地牢当中辗转呻吟，因为他提出了证明地球公转的难以辩驳的证据。"① 意大利的讽刺作家吉塞普·巴雷提（Giuseppe Baretti，1719—1789）补充说，伽利略"因为说出地球在转动而遭到酷刑折磨"。②

在伽利略身上发生了什么？

伽利略的确被叫到了罗马宗教裁判所，他也的确被控教授地球转动的异端内容——可能是绕着太阳，或者是绕着别的什么。而他被强制放弃这种主张。但他既没有被囚禁也没有被折磨；他被判处在舒适的条件下进行软禁，在软禁期间他以七十八岁的年龄逝世。更重要的是，使伽利略陷入与教堂的争执的并不是他的科学信念以及他几乎与此同等多的傲慢的表里不一。事情是这样发生的：

远在他成为教皇厄本八世（1623—1644 年在位）之前，在还是大主教的时候，马泰奥·巴贝里尼（Matteo Barberini）就认识并且喜欢伽利略。1623 年，在出版《试金者》的时候，伽利略将这本书题献给了巴贝里尼（巴贝里尼家族徽章出现在了这本书的标题页上），而新教皇据说因为它引发了很多针对耶稣会学者的肮脏辱骂而感到高兴。《试金者》主要是对耶稣会数学家贺拉斯·格拉西（Orazio Grassi）的拙劣攻击，后者公布的一项研究精准地将彗星描述为一种小的天体；伽利略嘲笑了这种观

---

① 引自 Maurice A. Finocchiaro，"Myth 8: That Galileo Was Imprisoned and Tortured for Advocating Copernicanism"，In *Galileo Goes to Jail: And Other Myths About Science and Religion*，edited by Ronald L. Numbers，68 - 78，Cambridge: Harvard Univ. Press，2009，p. 68.

② Ibid. .

点，并错误地宣称彗星只是水蒸气从地面蒸腾起来时候的一种反射。① 无论如何，《试金者》使得教皇厄本八世写了赞美天文学之荣光的具有很强奉承意味的诗。所以，哪里出了问题？

重要的是把伽利略事件放到历史环境当中去。当时宗教改革在北欧姿态强硬，爆发了三十年战争，而天主教的反宗教改革运动也进入了全盛时期。作为对新教徒说天主教会没有忠于圣经的指控的部分回应，可被接受的神学的界限被收紧了。这导致了教会对学术界和科学界讨论越来越多的干预。然而，厄本八世和其他高层官员并没有准备要压制科学家，而是提出通过区分双方的不同领域来避免科学与神学之间可能出现的冲突。因此，杰出的法国数学家弗莱尔·马林·梅森（Friar Marin Mersenne，1588—1648）建议与他有通信联系的那些出众的科学家们以这种方式来捍卫他们的研究，即上帝有能力把地球放在任何祂喜欢的位置上，而发现祂将地球放在哪里则是科学家的责任。② 更加谨慎地，早期科学家们采用了将科学结论表述为假定或数学方式的策略，因为这避免了直接的神学含义。这就是教皇要伽利略去做的事情，要在他的著作当中承认"在自然科学当中精确的结论是无法达到的。全知全能的上帝能够以无穷多种方式产生出自然现象，因此，对于任何哲学家来说，宣称他已经确定了一个特殊的方案的行为都是自以为是的"。③ 这似乎是一种易于操作的借口。而考虑到伽利略为其他人的发明，比如望远镜，提供虚假信用证明的倾向，而他所宣称的经验研究他可能并没有真正做过，比如使重物从比萨斜塔上坠落。似乎不能从他的道德标准推出他真的赞同教皇，但以一种更具攻击性的方式反驳教皇，这与伽利略的自尊心十分相符。

1632年，伽利略出版了他广受期待的著作《两大世界体系的对话》。尽管这本书表面上的目的在于为潮汐现象提供一个解释，所谓两大体系，指的是托勒密地心说和哥白尼的日心说。书中的对话涉及三个谈话者，其中的两个是哲学家，第三个则是一位门外汉。这位外行辛普里西奥（Simplicio）代表了支持托勒密的传统观点——这个名字与"笨蛋（simple-

---

① Stillman Drake and C. D. O'Malley, *The Controversy of the Comets of 1618*, Philadelphia: Univ. of Pennsylvania Press, 1960.

② John Brooke and Geoffrey Cantor, *Reconstructing Nature*, Oxford: Oxford Univ. Press, 1998, p. 20.

③ Ibid., p. 110.

ton)"的相似性对所有人都是显而易见的。这使得伽利略得以利用传统的"稻草人"技术来嘲讽他的对手。尽管伽利略按照教皇的建议在书中加入了免责声明,但他将它放到了辛普里西奥口中,因此否认了它。

这本书引起了巨大反响,不难理解,教皇感到自己被背叛了——尽管伽利略似乎从未理解这件事而持续地将他所遇到的麻烦归责于耶稣会和大学教授。即便如此,教皇仍然动用其权力使伽利略免予遭受任何严厉惩罚。不幸的是,伽利略的挑衅行为激发了反宗教改革的教会对于思想自由的大规模镇压,这在此前是从未发生过的。讽刺的是,伽利略在书中作为正确的科学进行阐释的许多内容并不是正确的;举例来说,他的潮汐理论就是毫无意义的,正如阿尔伯特·爱因斯坦在 1953 年伽利略臭名昭著的著作的译版序言中曾经指出的那样。① 同样讽刺的还有,对伽利略的审判部分地是由主张镇压占星家的那部分教会领导所激发的——一些神学家错误地将地球公转的声明和命运是被天体运动所规定的教条混淆了。

所以,伽利略的案件说明了什么?当然它表明了握有权力的群体和组织总是会滥用其权力来强行贯彻他们的信念,这一缺陷显然不限于宗教组织——苏联的共产主义体制将孟德尔遗传学视为非法,这种观点相信所有种族内和跨种族之间的差异都是由环境因素所导致的。但它同样也显示伽利略并非那些成为无知暴徒的牺牲品的天真的学者——同样的"暴徒"忽略了其他几十位同样杰出的科学家,其中的很多人甚至住在意大利!无论如何,这一著名案例并不能扭转这一事实,即科学的兴起深深植根于基督教神学当中——事实上,就其所表现出来的所有姿态而言,伽利略仍然是非常宗教化的。正如威廉·谢伊(William Shea)所指出的:"如果伽利略不那么虔诚,[当受到宗教裁判所的传召时]他就可能会拒绝前往罗马;威尼斯为他提供了庇护。"② 但他并未逃往威尼斯,而直到他的审判结束,他仍然常常向他的女儿和朋友表达他的个人信仰。

当然,尽管基督教对于西方科学的发展至关重要,这种依赖关系如今不再存在了。一旦获得了合适的土壤,科学就能够靠自己的力量站起来,而关于自然的秘密将会在持续不断的追问面前投降的信念如今就像是一种

---

① 《关于两个主要的世界系统的对话》,加利福尼亚大学出版社出版。
② William R. Shea, "Galileo and the Church", In *Lindberg and Numbers*, 1986: 114 – 135, 1986, p. 132.

世俗版本的信仰，正如它最初的版本是基督教一样。独立的科学机构的兴起带来了神学与科学之间新的紧张关系。如果说教会神父对科学对于神学的意义充满猜疑，那么现在出现了一个激烈的无神论者群体，他们为了将宗教攻击为无意义的迷信投入了巨大的精力，同时宣称科学驳斥了上帝的存在和神迹发生的可能性，而实际上他们当中只有一部分人是科学家。宗教领导人出于自己神学信念对科学发现的攻击反而为激烈的无神论者提供了支持。

永恒正确性和神圣适应性

众所周知，有些基督教徒相信圣经应当从字面上进行理解，并且它没有任何错误，"包括在历史的和科学的方面"。① 不那么广为人知的事情是，这是一种相当晚近才出现的发展，可能主要是作为对科学对于《创世记》当中所描述的上帝创世的驳斥的回应而提出的。实际上，正如理查德·J. 科尔曼所解释的，"仅仅是在最近两百年之内我们才能够合法地谈论永恒正确的正规教义"。② 文本上的永恒正确性的许诺为无神论者对圣经的攻击创造了一个展示的机会。上帝在长达六天的能量爆发当中创造了宇宙和其中的万物，这种说法遭到了嘲笑，因为有大量证据表明宇宙已有数十亿年历史。而亚当和夏娃的故事则遭到奚落，因为有压倒性的证据指向地球上生命经过的漫长而复杂的进化过程。而这些科学对宗教的"胜利"持续地误导了许多人，尤其是因为"自由主义的"基督教教士太过频繁地用这种办法来处理这个问题，他们承认，不能太过严肃地看待圣经。

这一切不仅是不必要的，而且在神学上它也是无知的。从最初起，伟大的基督教神学家们就了解，有比承诺文本上的绝对正确更好的办法！恰恰相反，他们预设圣经需要理解，但不一定要被逐字逐句地解读，正如圣奥古斯丁所警告的那样，"在这些词句之下被理解到的是不同的东西"。③

---

① Norman Geisler and William Nix, *A General Introduction to the Bible*, Chicago: Moody Publisher, 1986, p.5.
② Richard J. Coleman, "Biblical Inerrancy: Are We Going Anywhere?", *Theology Today* 31: 295 1975, p.296.
③ *Confessions* 12. (《忏悔录》)

神学上对于绝对正确性的更为明确的拒斥是，圣经当中的所有内容都是经过当时人类理解力的提炼的。这里我们将遇到在所有的犹太教—基督教预设当中最为基础的问题之一，然而它令人吃惊地遭到了忽视，这就是神圣的适应性。这种预设认为，上帝的启示往往是受限于当时人类的理解能力的——为了与人类沟通，上帝不得不诉诸相当于"儿语"的办法以适应他们的不理解。当然，这种观点在圣经当中有其稳定基础。在《出埃及记》6：2（在妥拉）当中，上帝告诉摩西他曾使亚伯拉罕、以撒、雅各知晓他，但不是以耶和华的身份，而是以全能之神的身份，① 根据推测，这是因为主教们并未做好被告知更多的准备。② 当耶稣被门徒们问及为什么在与人群谈话当中采用比喻故事时，他回答说人们在所能理解的内容上差异很大："这就是为什么我用比喻来向他们讲述，因为如果他们见所未见之物，闻所未闻之事，那么他们也不会理解其含义。"③

以同样的精神，依勒内（Irenaeus，大约115—202）提出了神圣对于人类局限的适应性原则，这是为了解释上帝对人类弱点的容忍。一代人以后，奥利金（Origen，大约185—251）在《论第一原则》当中写道："我们所教导的关于上帝的东西，既是真的，也是大众所能够理解的。"因此，"写在神圣文本当中的书面的启示是必须穿透的障碍物，这是对我们现时能力的适应……[这]总有一天将会被取代"。④

托马斯·阿奎那（Thomas Auinas，1225—1274）同意这种观点："关于上帝的事情应当只以适合人群能力的方式透露给他们，否则他们可能会轻视那些超出其理解范围的东西……因此，就许多关于神的谜团来说最好就以被掩盖的状态告知给未受教育的人群。"⑤ 也因此，约翰·加尔文（John Calvin，1509—1564）断然宣称，上帝"向我们显现其自身是以我们的原始和不健全为依据的"。⑥ 比如说，如果说对圣经早期和晚期的不

---

① 有些人宣称"Shaddai"一词意为山峰，但大多数学者认为这个词的意义仍是未知的。
② 这是妥拉的传统版本，也可参见 Robert Alter, *The Five Books of Moses*, New York: W. W. Nroton, 2004, p. 339。
③ 《马太福音》13：13，也见《马可福音》4：11—12 和《路加福音》8：10。
④ Stephen D. Benin, *The Footprints of God: Divine Accommodation in Jewish and Christian Thought*, Albany: State Univ. of New York Press, 1993, p. 11.
⑤ Ibid., p. 183.
⑥ John Calvin, *Sermons on the Ten Commandments*, Grand Rapids: Baker Book House, [ca. 1555] 1980, pp. 52 – 53.

同版本进行文本上的对比似乎显示了上帝是可变的或者前后不一致的，那这也只是因为"祂对不同时代的人调整了不同的显现形式，因为祂知道这样做对于每一个人来说都是便利有效的……［祂］根据人的能力来调整祂自己，而这是不同并且可变的"。① 同样的限制也被应用在那些传达上帝的喻示的人身上，摩西"被任命为教师，既是那些接受过教育的人的教师，同样也是没有文化的粗鲁人的教师，除了把授课降低到粗俗易懂的水平之外，他没有其他办法吸引人来填满他的办公室……［致力于］让所有人都能够理解……因此摩西使他的授课适应了共同的用法……比如粗鲁的人和没有受过教育的人所能理解的那样"。②

神圣适应性原则为重新全面地评价圣经与科学之间的争论提供了关键的指引。加尔文坦率地指出，《创世记》并不是对创世过程的令人满意的记载，因为它是指向那些没有受过教育的人和原始人的，即使当他们理解它的时候，古代犹太人也远非真正的原始状态了。古代犹太人已经迷惑于是否是上帝启示了牛顿力学概念中的创世，而对于基因和变异现象的讨论也广泛发生了。因此，对于《创世记》约翰·加尔文建议："将会学习天文学的人和其他学习高深艺术的人，让他去别的地方。"③ 事实是，《创世记》告诉给了古代犹太人一个重要事实——宇宙是由上帝创造的。实际上，这已经足够鼓舞经院学者去寻找上帝创造这个世界所依据的规则了！从这种意义上来看，所有的科学发现与神学都是可以相容的，这激发了学术上的回应，"啊哈！所以上帝就是这样做的！"

最后，成年累月以科学名义进行的针对宗教的攻击已经无法达成他们的目的。大多数美国科学家仍然宣称他们是有信仰的，他们所研究的领域越是科学，宣称自己是教徒的科学家的比例也就越高。也就是说，绝大多数数学家和物理科学家说他们笃信宗教，而在社会科学家当中只有很小一部分人作出了这种声明。④

---

① 引自 Stephen D. Benin, *The Footprints of God: Divine Accommodation in Jewish and Christian Thought*, Albany: State Univ. of New York Press, 1993, pp. 173 – 174.

② Ibid., p. 195.

③ Ibid..

④ Rodney Stark, *For the Glory of God: How Monotheism Led to Reformation, Science, Witch-Hunts, and the End of Slavery*, Princeton: Princeton Univ. Press, 2003, p. 194.

结　　论

　　起初宗教与科学之间的战争是从未发生过的：基督教不仅没有压制过科学的发展，它对于科学的崛起甚至是至关重要的。至于现代的科学与宗教之间的冲突，它其实是一场仅限于极端分子之间的战争。在"科学的"一边是激进的无神论者，比如理查德·道金斯，他宣称科学已经证明了世界上没有上帝。在"宗教的"一边则是原教旨主义者，比如亨利·M. 莫里斯（Henry M. Morris，1918—2006），他宣称圣经证明许多现代科学都是无意义的。这场争论用莎士比亚的句子可以得到最好的形容："讲得慷慨激昂，却是毫无意义。"

第五部分　基督教的分裂

第十七章　两个"教会"和异端的挑战

或许基督教史上最大的分裂发生在 4 世纪的罗马天主教会当中。这次分裂当中隐含的冲突最终导致了第二个千年里异端运动的爆发——对于损害基督教精神的行为的镇压。

生活当中令人心酸的讽刺故事之一是行善的真诚努力往往导致不幸的结果。君士坦丁对于基督教所行的善举之一就是这样：当他将特权和地位大量地授予基督教教士的时候，却在无意中导致了"人们蜂拥而入神职"的结果。① 不久之后，基督教中的职位，特别是高级职位，就被贵族子弟所占据——其中的一些人甚至在受洗之前就已获得了主教位置。因此，许多道德败坏的，既不虔诚又好逸恶劳的人被授予了圣职，其中又有太多的人获得了教会当中极其重要的职位。与此同时，当然地，许多进入宗教生活的人并不是野心家或者浪荡子，而是真诚委身的基督徒。这种局面的结果是它在事实上形成了两个平行的教会。它们可以被精确地描述为权力的教会和虔诚的教会。下面我们对这两个"教会"进行描述和对比，并检视它们在发起和迫害最大的中世纪异端运动过程当中的历史角色。

权力的教会

权力的教会是教会的主体，因为它是对应于君士坦丁赐予教士阶层的无法数计的地位和财富发展而来的。它包括大量的牧师、主教、枢机主教和在 16 世纪反宗教改革运动开始之前的大多数时间里统治教会的教皇们。权力的教会当中的大部分教士是通情达理并且温和的人，但他们在现实和

---

① Richard Fletcher, *The Barbarian Conversion: From Paganism to Christianity*, New York: Henry Holt, 1997, p. 38.

道德松懈的意义上都偏向于世俗。

这反映在这一事实当中，即他们在教会当中的职业生涯主要是由影响力、商业并最终是由其血统决定的。圣职的买卖成了规则——广泛存在的宗教职位的交易，所涉及的不仅有高等职位比如主教，甚至也包括教区的实习教士。这很快造成了庞大的教士家族，其中儿子跟随着父亲、叔叔和爷爷进入圣职。甚至连教皇职位也很快由家族所把持。教皇因诺森特（Pope Innocent，401—417 年在位）是他的前任教皇阿纳斯塔修斯（Pope Anastasius，399—401 年在位）的儿子。教皇西尔维留斯（Pope Silverius，536—537 年在位）是教皇赫尔米斯达（Pope Hermisdas，514—523 年在位）的儿子。还有其他的许多位教皇是主教或枢机主教的儿子、孙子、侄子或兄弟。

早在 341 年的萨尔迪纳会议上，教会领导人就颁布了反对给刚刚被任命为主教的人授予圣职的法令，要求主教必须具有在教会的较低职位上的工作经历。这些法令经常遭到忽视：4 世纪末奥森丢（Auxentius）在没有受洗的情况下做了米兰的主教。另一种情况下这些法令会被主教候选人采用下述办法来规避，他们会匆匆忙忙地进行任命，而后在成为主教之前在较低的教士职位上工作一到两周。① 这并不总是导致某位不虔诚的投机分子的升迁——圣波布罗修（St. Ambrose，340—397 年）从受洗到被任命到进入教士阶层再到他就任主教的仪式，一共只用了八天。但这经常会导致放荡、腐败、懒惰且并不虔诚的人在教会当中获得高位。圣耶利米（St. Jerome，347—420）攻击他同时代的许多教士，认为他们进入教会主要是为了"可以接近美丽的女人"。② 甚至是优西比乌也在他的广受称赞的君士坦丁传记当中抱怨说，因为"皇帝的容忍……邪恶贪婪的人……已经被塞进了教会"。③

权力与腐败

因此，在 11 世纪初，在权力的教会长达数百年的统治之后，欧洲基督教面临着政治上和道德上的双重堕落。政治上，罗马贵族在与神圣罗马帝

---

① Paul Johnson, *A History of Christianity*, New York: Atheneum, 1976.

② Nicholas Cheetham, *Keeper of the Keys: A History of Popes from St. Peter to John Paul II*, New York: Scribner, 1983, p. 23.

③ 优西比乌：《君士坦丁的生活》4: 54.2。

国的皇帝们的竞争中把持了教皇职位。"从 955 年到 1057 年的二十五任教皇当中,十三位是被当地贵族任命的,而另外十二位则是被德意志皇帝所任命(另外,至少有五个人也是被德意志皇帝解职)。"① 需要指出的是这里快速的周转率:整个世纪里教皇的平均执政时间只有四年。更糟的是,在从 872 年到 1012 年这一百多年里,有三分之一的教皇是暴力致死,② 其中的许多人是被谋杀的,原因是罗马教士家族之间持续存在的钩心斗角。

考虑一下由玛洛奇亚(Marozia,890—937)所决定的教皇的任命和撤职,这是一位轻浮淫荡而又刚愎自用的罗马贵族妇女,来自有权有势的提奥菲勒家族。③ 在她十五岁时,玛洛奇亚做了教皇瑟吉厄斯三世(Sergius III,904—911 年在位)的情妇,后者为了获得教皇宝座而谋杀了教皇里奥五世(Leo V,903 年在位),玛洛奇亚为他生下了一个私生子。玛洛奇亚的母亲是教皇约翰十世(914—928 年在位)的情妇,玛洛奇亚阴谋闷死了他,让教皇里奥六世(Leo VI,928 年在位)即了位,而后又很快使史蒂芬七世(Stephen VII,928—931 年在位)取而代之。这一次,玛洛奇亚成功地使她的私生子——教皇瑟吉厄斯三世的儿子——登上了教皇宝座,称教皇约翰十一世(John XI,931—936 年在位)。随后,当她的儿子阿尔伯里克做了罗马统治者,他极其忌惮她的阴谋诡计,于是他囚禁了她。她最终死在狱中。

当时的很多教皇此前并没有教士工作的经验——教皇约翰十二世(John XII,955—964 年在位)即位时只有十八岁;玛洛奇亚的儿子约翰十一世成为教皇的时候也只有二十一岁;约翰十八世(John XIX,1024—1032 年在位)在一天之内从平信徒被升为教皇,而他的继任,本尼迪克特九世(Benedict IX,1032—1048 年在位)"是个外行,并且直到被任命的二十几岁仍然也还是外行"④,甚至有可能从未被认定为具有牧师资格。如此之多的此前全无宗教职务经历的年轻人成为教皇,有助于解释为什么

---

① Eamon Duffy, *Saints and Sinners: A History of Popes*, New Haven: Yale Univ. Press, 1997, p. 87.
② Nicholas Cheetham, *Keeper of the Keys: A History of Popes from St. Peter to John Paul II*, New York: Scribner, 1983; Eamon Duffy, *Saints and Sinners: A History of Popes*, New Haven: Yale Univ. Press, 1997.
③ Ibid..
④ Eamon Duffy, *Saints and Sinners: A History of Popes*, New Haven: Yale Univ. Press, 1997, p. 87.

当时教皇的道德状况最好被描述为"肮脏的"。① 因此，约翰十二世在后宫召集了许多年轻姑娘——"有些人指责他把拉特兰宫变成了妓院"。② 他还任命了一位十岁的主教，阉割了一位枢机主教并且在他赌博的时候大声祈求异教神灵的保佑。二十八岁时，他与一位已婚女性死在同一张床上，可能是被她愤怒的丈夫所杀。③ 本尼迪克特八世甚至比他更加臭名昭著，当他在他的两位叔叔之后继任教皇，紧跟着的就是"教皇在罗马四处闹宴欢饮、寻花问柳的奇景"，而他自己则表现出"毫无愧色且趾高气扬地放荡纵欲"。④ 最后，情况变得如此糟糕，以至于连腐败的罗马贵族都无法继续视而不见，所以他们给了他一笔钱让他辞去了教皇职位。

需要指出的是，这种放荡的生活对于教皇甚至是对于罗马城中的官僚来说并不值得大惊小怪。教会从上到下的所有地方，都存在大量臭名昭著的教士。许多神父纳妾、在教堂饮酒或者根本不出现，另外的一些人则败坏了他们职位的名声。当然，这不是全部，但有许多人是这样的。⑤

虔诚的教会

虔诚的教会在很多方面作为权力的教会的反面而存在。它强调美德凌驾于世俗之上，考虑到它的大部分领导人和普通成员都是修士和修女，这很符合他人对它的期望。实际上，在开始出现特权阶层子弟当中的投机分子"蜂拥"进入教士阶层的同时，修道院的生活方式也在快速扩张其影响范围：到4世纪中期以前，已经出现了成千上万的修士和修女，他们几乎所有人都生活在有组织的共同体之中。很自然地，那些过着禁欲生活的人感到他们在精神上高于其他人，事实上天主教神学也承认了这一点。然而，他们对于正规教士群体，特别是针对教会官僚的敌意有着完全不同的

---

① Eamon Duffy, *Saints and Sinners: A History of Popes*, New Haven: Yale Univ. Press, 1997, p. 87.

② Richard P. McBrien, *Lives of the Popes*, San Francisco: Harper San Francisco, 2000, p. 157.

③ Nicholas Cheetham, *Keeper of the Keys: A History of Popes from St. Peter to John Paul II*, New York: Scribner, 1983; Richard P. McBrien, *Lives of the Popes*, San Francisco: Harper San Francisco, 2000.

④ Nicholas Cheetham, *Keeper of the Keys: A History of Popes from St. Peter to John Paul II*, New York: Scribner, 1983, p. 84.

⑤ Ludwig Pastor, *The History of the Popes*, 14 vols, St. Louis: B. Herder, 1898.

基础；问题不单纯在于这些人没有引导禁欲的生活方式，而在于有如此之多的人导向的是放荡的生活。这成了一个难以平息的争论点。一次又一次地，虔诚的教会的领导者们试图改革权力的教会，而在许多著名的时期当中他们的确赢得了对教皇的控制权，并推行了一些重要的变革。但大多数时候，"教会"指的是权力的教会。这或许不能完全归因于君士坦丁。一旦成为主导性宗教，基督教就注定会变得更加官僚化也更加世俗。但君士坦丁使这种转变发生得非常迅速，并且使其达到了一种引人注目的程度。

怠惰的垄断

尽管在两个教会之间存在持续的竞争关系，但当获得控制权的时候，双方都会把信仰相关的问题作垄断处理——除了犹太人之外，其他非基督教的信仰是不被允许的。然而，在虔诚的教会当政的时期，它所追求的东西远比权力的教会更为激进，后者甚至会为了保障它的利益最大化而忽视这些问题——除非它的利益遭到了严重威胁。亚当·斯密（Adam Smith，1723—1790）曾说，所有的垄断，包括教会垄断，都会倾向于顺从和怠惰。斯密指出，有一些宗教依赖于成员的自愿支持，而其他的宗教则受到国家的资助。依赖于他们的信徒的教士们通常会表现出比那些拥有法律规定的职位的人多得多的"热心和勤恳"。斯密还指出，历史上有无数个这样的例子，其中受人资助的教士"躺在他们的采邑上，而忽视了在人群当中保持信仰的热情和虔诚……在好逸恶劳面前放弃了自己"。①

君士坦丁的护佑将教会从一个完全依赖于成员捐献、教士以谦逊方式行动的组织转变成了以大量的国家资助为基础的、由来自上流阶层的有财有势的教士所领导的组织。他因而创立了一个怠惰而垄断的组织，完全按照斯密所描述的方式行动。因此，在君士坦丁之后，教会向乡村地区（几乎所有的欧洲人都住在乡村）传教变得软弱无力，而只要把基督加入到他们的万神殿里，许多异教徒也变成了"基督徒"。对于欧洲不信基督的北方地区的传教工作进展缓慢，而后则满足于使国王和王室成

---

① Adam Smith, *The Theory of Moral Sentiments*, Indianapolis: Liberty Classics, [1759] 1982, pp. 788-789.

员受洗，而普通民众则相对不被干预。甚至是在大多数基督教城市当中，大众的参与程度也是非常低的，而教士的宗教讲道并不理会平信徒，他们几乎没有存在感，正如第十六章当中所说明的那样。事实上，懒惰的权力的教会甚至会倾向于无视异端的存在，除非它感觉到自己的统治受到了严重挑战。

许多研究中世纪宗教的历史学家①已经注意到了在 500 年到 1100 年之间欧洲异端的消失——马尔科姆·兰伯特（Malcolm Lambert）宣称，从"383 年阿维拉的普西里拉被斩首"以后，直到 11 世纪也没有出现过对于异端的重大惩处事件。② 但真正消失的不是异端，而是教会当局对于异端的真正关注。数百年来，有过许多相当显眼的异端，但它们都没有激起大规模的足以威胁教会垄断的运动，因此要么被彻底忽视，要么"被当局温和地处理"。③ 讽刺的是，虔诚的教会的改革努力最终导致了从 12 世纪初开始的异端大规模运动的意外爆发，对此权力的教会回应是残酷镇压，我们将在下文谈到。

虔诚与改革

1046 年，在权力的教会的数百年统治之后，虔诚的教会突然赢得了教会的控制权，这一变化是由神圣罗马帝国皇帝亨利三世（1017—1056）完成的。亨利的目的是改革教会，这次改革从教皇制度开始，反映了修道院和贵族之间的紧密联系，因此，作为一个群体而言贵族可能远比权力的教会当中的大多数教士更加虔诚。当时有权势的家族的子女进入教会是非

---

① Malcolm Lambert, *Medieval Heresy: Popular Movements from the Gregorian Reform to the Reformation*, 2nd ed., Oxford: Basil Blackwell, 1992; E. Ann Matter, "Orthodoxy and Deviance", In Vol. 3 of *The Cambridge History of Christianity*, 510 – 530, Cambridge: Cambridge Univ. Press, 2008; R. I. Moore, *The Birth of Popular Heresy*, New York: St. Martin's Press, 1976; R. I. Moore, *The Origins of European Dissent*, Oxford: Oxford Univ. Press, 1985; Jeffrey Burton Russell, *Dissent and Reform in the Early Middle Ages*, Berkeley: Univ. of California Press, 1965; Jeffrey Burton Russell, *Religious Dissent in the Middle Ages*, New York: John Wiley & Sons, 1971.

② Malcolm Lambert, *Medieval Heresy: Popular Movements from the Gregorian Reform to the Reformation*, 2nd ed., Oxford: Basil Blackwell, 1992, p. 12.

③ Ibid., p. 25.

常普遍的事,① 而尤其是在宗教团体中——中世纪禁欲的圣徒当中有四分之三来自贵族家族,而其中的 22% 是国王的子女。② 进入一个宗教团体通常并不意味着中断与家族的联系;一般情况下修道院或女子修道院就在附近,探访也频繁发生。因此,亨利的四个③女儿当中有两个做了女修道院院长,这并不奇怪。此外,亨利的表兄弟布鲁诺不仅是图勒的主教,而且也是克卢尼的本笃会修道院的热情支持者,后者是教会改革的发源地。1049 年,亨利让布鲁诺继位为教皇,即教皇里奥八世(1049—1054 年在位)。

新教皇立即开始了对于教会的清洗。首先,他在兰斯召集了一次会议,要求所有"出席的主教和修道院院长个人做出声明,是否他们曾为他们的职位付过任何钱财"。④ 结果是,一部分人逃离了并随即被除名。许多人供认了行径并得到赦免。而后提出的是禁欲主义。里奥在一切合适的场合猛烈地抨击纵欲的神父,并且大量地任命修士担任教会的高级行政职务。但或许里奥采取的最为根本的措施是他自己做了周游四处的传福音者,而当时没有几个神父会向公众布道,几乎没有人曾经见过枢机主教,更不要说教皇。在他当政的五年里,里奥持续不断地四处旅行,所到之处他总会"向广大人群发表极富感染力的"布道。⑤ 通常他的讲话主题都是改革。

里奥的工作被教皇维克多二世(1055—1057 年在位)和史蒂芬九世(1057—1058 年在位)所继承,而后的继任者是充满干劲的发明家尼古拉斯二世(1059—1061 年在位)。尼古拉斯在罗马召集了一次教会会议,开始推行一项非常危险的新政策。他下令,如果神父纳妾或者通过买卖获得神父职位,那么普通基督徒应当抵制由这样的神父所做的弥撒和其他圣礼。由此,他向普通教众开启了一扇在教会改革当中发挥积极角色的大门,同时也承认了教士的道德地位影响了圣礼的合法性,以这样的态度,教会拒绝了多纳图派信徒,不久后在面对"异端"改革者的时候又再一

---

① 大多数宗教团体的入会费用都如此之高昂,以至于只有富人才有加入的可能,而穷人只能接受附属地位。
② Rodney Stark, *Exploring the Religious Life*, Baltimore: The Johns Hopkins Univ. Press, 2004.
③ 第五个女儿六岁时夭折。
④ Nicholas Cheetham, *Keeper of the Keys: A History of Popes from St. Peter to John Paul II*, New York: Scribner, 1983, p. 90.
⑤ Ibid., p. 87.

次给出了拒绝意见。① 尼古拉斯还改革了教皇选拔过程。他们不再被有权力的世俗家族或统治者所任命——自此之后，教皇都是从枢机主教会议当中产生的。

尼古拉斯的继任者是亚历山大二世（Alexander II，1061—1073 年在位），这是另一位急切的改革者，他同样试图组织一支十字军以把穆斯林赶出西班牙，尽管这没有取得多少成果。在他之后继位的是著名的格里高利七世（Gregory VII，1073—1085 年在位），他是数百年来第一位成为教皇的修士。格里高利也继续试图终结教士的不当行径。由此，他因为教士们"坚持通奸行为不必须参与弥撒，但应被逐出唱诗班"而大发雷霆。②在格里高利之后，连续三任教皇都出身于修士阶层，包括厄本二世（Urban II，1088—1099 年在位），他发动了第一次十字军东征，以从伊斯兰教手中光复耶路撒冷。如果说里奥首创了面向大众的布道活动，那么厄本不但以十字军东征极大地扩展了布道的范围，而且推动了另外的数百人，甚至可能是上千人走出去向公众布道。最初，这使命的内容是向十字军传道，但很快教会改革的主题开始占据主要位置。而所有这些煽动导致了对教会事务的世俗干预达到了意料之外的水平。然而，被传福音者所唤醒的主要是贵族和城市中的小康阶层，而"大众"甚至在那个时代也仍然对教会缺乏兴趣。即便如此，鼓励平信徒去要求和帮助进行教会改革，这导致了在权力的教会重新获得控制权的时候一次抗议运动的爆发。作为对这些挑战的回应，一些改革运动被保持和控制在教会的框架之内。另外的那些则遭到了残酷镇压。

包　　围

许多个世纪以来，教会通过将改革者的精力引导到新的修道团体的形成上而得以使有民众基础的改革者避免与教会发生危险的对抗。考虑一下被教皇厄本二世从禁欲的隐居生活当中传召出来为第一次十字军东征布道

---

① Michael Costen, *The Cathars and the Albigensian Crusade*, Manchester, UK: Manchester Univ. Press, 1997; Eamon Duffy, *Saints and Sinners: A History of Popes*, New Haven: Yale Univ. Press, 1997; Richard P. McBrien, *Lives of the Popes*, San Francisco: Harper San Francisco, 2000; Colin M. Morris, *The Papal Monarchy*, Oxford: Oxford Univ. Press, 1991.

② Moore, 1994. p. 54.

的三个人的命运：亚比萧的罗伯特（Robert of Arbrissel，1045—1116，似乎有另一种拼法 Robert d'Arbrissel，罗伯特·达亚比萧），莫尔坦的维塔利斯（Vitalis of Mortain，1060—1122）和蒂龙的伯纳德（Bernard of Tiron，1046—1117）。他们当中的每一个人都证明，一位杰出的有效率的传福音者能够吸引并唤醒大量的民众。他们中的每一个人都开始于面向十字军的布道，但一经开始，他们就将他们的传福音工作继续了下去，并将大部分精力转向了以文字方式表达的对于教士罪孽的谴责，他们从不吝于公布淫乱的当地教士的名字。结果是，许多主教试图阻止他们的公开布道。有人向教皇提出，"将教会中人的罪孽公布给普通民众'不是布道，而是诋毁'"。[①] 如果教皇下令他们停止，他们有可能会发起一场反对运动，但，当然，教皇从前也是一位修士，并且他全身心地投入到了改革事业之中。所以，这三个人并没有成为异见者，而是将他们的精力投入到了创立新的修道院组织当中去了。几年以后，宣传改革和创立社团就变得更加危险也更加困难了。

圣法兰西斯（St. Francis，1181—1226）的幸运经常被人注意到，他没有因为持异端观点而遭到迫害。他从未被任命圣职。他的公开布道主要题目是谈论贫穷和谦逊的美德，特别是对于教士来说。1209 年，法兰西斯带着他的十一名信徒前往罗马，为了创立一个新的宗教团体而寻求教皇的许可——这是一场势均力敌的比赛，因为当时不赞成创立任何新宗教团体的反对派是如此之多，以至于六年之后，在 1215 年，第四次拉特兰会议上彻底禁止了任何新的团体的创立。因此，教皇因诺森特三世（Innocent III，1198—1216 年在位）并不愿意会见法兰西斯，但最终还是在劝说之下同意了见面并且授予了他招募更多成员的权利，教皇还承诺说，一旦他有了足够多的追随者，他就可以重新申请官方的承认。1223 年，教皇霍诺里厄斯三世（Honorius III，1216—1227 年在位）批准了小托钵兄弟会（小兄弟会）的最终法令，它也被称为方济各会。

以类似的方式，1214 年圣多米尼克（St. Dominic，1170—1221）在图卢兹创立了一个托钵修士会，而（无视了会议通过的禁令）它于 1216 年获得了教皇霍诺里厄斯三世的批准。这个组织不久后也以它的创立者的名字被命名，称为道明会。像方济各会一样，他们也是为了教会改革而进

---

① R. I. Moore, *The Origins of European Dissent*, Oxford: Oxford Univ. Press, 1985, p. 85.

行的公开布道开始。然而，他们的任务不久后就变成了为了支持教皇而进行公开布道。

这些例子显示出教会将潜在的反对运动限制在自身框架内的惊人能力。一项对许多获得承认的宗教团体的创立者和主要成员的著作的研究表明了其间在神学观点方面的惊人差异——它们通常比存在于"主流的"天主教神学和这些被谴责为异端的团体所持神学观点之间的差异更大。许多获得允许的团体和那些最终被指责为异端的团体之间的主要差异并不在教义上，而在于这些团体是否足够谨慎地完全承认权力的教会的权威性，特别是有没有在他们的公开布道当中这样做。因此，道明会并没有继续强调教会改革，而是在不久后，转向了在公开布道当中反对所有那些被判定为不够顺从的宗教团体。

迫　　害

与此同时，改革的冲动正在唤醒大量权力的教会的反对派。一位名叫坦契尔姆（Tanchelm，死于1115年）的修道士在低地国家宣讲改革（他说教会已经变成了妓院），而后被一位牧师所杀。[①] 许多广为人知的改革者，包括修道士亨利（死于1148年）和布雷西亚的阿诺德（1090—1155），两个人都是教士阶层的成员，又因为坚持在他们的公开布道当中宣扬改革而遭到镇压，亨利被下狱，而阿诺德被绞死。[②] 但这已经太迟了。改革的精神已经深入人心，如果教会不能从内部施行改革，那么有大批人已经做好了为了真正的虔诚而转投别处的准备。

需要指出的是，宗教垄断并不是一种社会中事务的正常状态，尽管这是

[①] Malcolm Lambert, *Medieval Heresy: Popular Movements from the Gregorian Reform to the Reformation*, 2nd ed., Oxford: Basil Blackwell, 1992, p. 50.

[②] Christopher Brooke, *Medieval Church and Society*, London: Sidgwick & Jackson, 1971; Nicholas Cheetham, *Keeper of the Keys: A History of Popes from St. Peter to John Paul II*, New York: Scribner, 1983; Michael Costen, *The Cathars and the Albigensian Crusade*, Manchester, UK: Manchester Univ. Press, 1997; Malcolm Lambert, *The Cathars*, Oxford: Blackwell, 1998; Malcolm Lambert, *Medieval Heresy: Popular Movements from the Gregorian Reform to the Reformation*, 2nd ed., Oxford: Basil Blackwell, 1992; R. I. Moore, *The Origins of European Dissent*, Oxford: Oxford Univ. Press, 1985; R. I. Moore, *The Birth of Popular Heresy*, New York: St. Martin's Press, 1976; Jeffrey Burton Russell, *Dissent and Reform in the Early Middle Ages*, Berkeley: Univ. of California Press, 1965.

一种普遍状态。垄断是不正常的，因为没有任何一个组织能够完整地满足彼此之间差异巨大的宗教口味，而这种差异在任何生活当中都是普遍存在的——从那些想要非常严格的宗教的人直到那些几乎不需要宗教的人。垄断只能通过镇压其他宗教群体的形成而得以存在，特别是那些强度较高的群体，也就是教派。戈登·列夫提供了精准的表述，中世纪欧洲的异端"是一个没有出口的社会的出口。他们的缺席反而因紧张导致各样运动的爆发"。①

这是教会行政方面的创造性的证明，它能够通过隐修主义转移和驯化如此之多的宗派主义的兴起。但在教皇制度完全被罗马贵族以克莱门特三世（Clement III，1187—1191年在位）的名义重新夺回以后，这一解决方案就不再能够满足需要。再一次地，获得教皇职位变成了一件家族事务，克莱门特的侄子成了教皇因诺森特三世（1198—1216年在位），因诺森特的侄子接着又成了教皇格里高利八世（1227—1241年在位），而因诺森特的侄孙成了教皇亚历山大四世（1254—1261年在位）。教皇职位向开放的世俗性的倒转对广泛的对于教会改革的需求是如此严重的冒犯，以至于新的教派运动的爆发不可避免。不幸的是，对于他们的猛烈镇压也同样不可避免。

净化派（Cathars）

第一个正面遭遇罗马教会的大规模异端运动可能并不是从改革运动内部产生的，而是被改革者所唤醒和激发的那些心怀不满的人群所推动的。净化派可能发源于鲍格米勒运动，后者兴起于10世纪的保加利亚。无论这是否是它的发源之地，净化派都"向天主教会提出了直接的、莽撞的挑战，它将其彻底斥为撒旦的教会"。② 由于广泛存在的对教会道德缺失的不满，他们很快在西方赢得了追随者。③

---

① Gordon Leff, *Heresy in the Later Middle Ages*, Manchester: Manchester Univ. Press, [1967] 1999, p. 47.

② Malcolm Lambert, *The Cathars*, Oxford: Blackwell, 1998, p. 21.

③ Barber, 2000; Christopher Brooke, *Medieval Church and Society*, London: Sidgwick & Jackson, 1971; Michael Costen, *The Cathars and the Albigensian Crusade*, Manchester, UK: Manchester Univ. Press, 1997; Malcolm Lambert, *The Cathars*, Oxford: Blackwell, 1998; Malcolm Lambert, *Medieval Heresy: Popular Movements from the Gregorian Reform to the Reformation*, 2nd ed., Oxford: Basil Blackwell, 1992; R. I. Moore, *The Origins of European Dissent*, Oxford: Oxford Univ. Press, 1985; Jeffrey Burton Russell, *Dissent and Reform in the Early Middle Ages*, Berkeley: Univ. of California Press, 1965.

净化派的神学与早期诺斯替派非常相似。他们认为存在两个神，一善一恶。人类历史证明，由于物质世界是如此悲惨、残酷、邪恶，善之神将不会与它有任何牵扯。因此，净化派教导说，世界是被恶之神创造的（一位堕落天使），这就是旧约当中的上帝。基督是被善之神派来的携带着救世信息的天使——一个人必须拒绝这个世界当中的邪恶并与善之神建立个人化的关系。①

净化派有两种加入形式。理想派（perfecti）为了拒斥世界付出了极端的努力：拒绝性交，不吃肉、蛋或者奶制品，不口出渎神之言，并且绝对地禁止杀生，不仅对人类，也包括动物。然而，一般的成员"仍然留在此世之中，结婚生子，正常肉食"，并且对于为了他们的信仰而战斗、杀人甚至付出生命做了相当多的准备。② 净化派没有牧师，只有主教，所有主教都要求是理想派。

我们对于西方的净化派的最初认识来自1143年的科隆，当时他们已经有了一位当地的主教和相当多的成员。③ 被指责为异端之后，净化派主教和他的助手被叫到了当地的枢机主教面前，而他们坦率地承认他们所宣扬的正是他们才是唯一的真正的教会。枢机主教对于这样的挑衅所作出的回应难以确定，因为当时围观群众当中爆发了一次暴动，抓住了两个净化派教徒并烧死了他们。许多起类似的暴行还发生在1156年的英格兰，以及1164年的科隆和梅斯。

然而，净化派运动的中心并不在德国或者英格兰，而是在法国南部的朗格多克地区，在那里他们通常被称为阿尔比派教徒，因为他们的总部设在阿尔比市。需要指出的是，即使在法国南部，净化派教徒可能也只占人口的百分之一，可能在与他们关联最为紧密的城市，比如贝兹市内，也不会超过人口的十分之一。④ 然而，他们的影响力远比他们的人数所能表明的要大得多，因为有如此之多的净化派教徒——包括许多理想派——是贵

---

① Michael Costen, *The Cathars and the Albigensian Crusade*, Manchester, UK: Manchester Univ. Press, 1997, p. 65.

② Malcolm Lambert, *The Cathars*, Oxford: Blackwell, 1998, p. 21.

③ Malcolm Lambert, *Medieval Heresy: Popular Movements from the Gregorian Reform to the Reformation*, 2nd ed., Oxford: Basil Blackwell, 1992.

④ Lutz Kaelber, "Weavers into Heretics? The Social Organization of Early-Thirteenth-Century Catharism in Comparative Perspective", *Social Science History* 21: 111 – 137, 1997, p. 113.

族成员,而另一些人则来自当地天主教士群体。① 这也与第五章当中的观点一致,宗教运动通常起源于特权阶层。

考虑到净化派在法国南部的力量,当教皇因诺森特三世(一个罗马教士家族的成员,他的家族产生了九位教皇)在 1208 年发动了针对净化派的"十字军东征"的时候,这支前往镇压的军队主要由来自法国北部的骑士构成,他们的一位领导人抱怨说,"朗格多克的领主们几乎全都保护并且包庇异端,对他们显示出过多的爱意,而在上帝和教会面前保护他们"。② 1209 年 7 月,净化派控制的城市贝兹被由西多会的修道院院长阿诺领导的教皇的军队攻陷,其中的所有居民都被处死,许多人在死前被弄瞎,被马匹拖拽,被用作练习的靶子。③ 阿诺在写给教皇因诺森特的信中说:"就在今天,教皇陛下,两万异端刀剑临身,无论阶级、年龄抑或性别。"④

即使如此,净化派仍然持续抵抗,而针对他们的迫害也在继续。1244 年,超过两百位理想派被烧死,1321 年,又有另一群理想派被斩首。最后,净化派教徒在许多山区建立了避难所,在那里他们可能一直存续,直到现代。

瓦勒度派(Waldensians)

尽管净化派自愿置身于教会之外,但从最初起瓦勒度派就是作为致力于教会改革的早期隐修主义运动获得发展的。⑤ 这个教派起源于彼

---

① Michael Costen, *The Cathars and the Albigensian Crusade*, Manchester, UK: Manchester Univ. Press, 1997, p. 70.
② 引自 Michael Costen, *The Cathars and the Albigensian Crusade*, Manchester, UK: Manchester Univ. Press, 1997, p. 70。
③ Paul Johnson, *A History of Christianity*, New York: Atheneum, 1976, p. 252.
④ 引自 W. A. Sibly and M. D. Sibly, *The Chronicle of William of Puylaurens: The Albigensian Crusade and Its Aftermath*, Woodbridge, UK: Boydell, 2003, p. 128。
⑤ Michael Costen, *The Cathars and the Albigensian Crusade*, Manchester, UK: Manchester Univ. Press, 1997; Malcolm Lambert, *The Cathars*, Oxford: Blackwell, 1998; Malcolm Lambert, *Medieval Heresy: Popular Movements from the Gregorian Reform to the Reformation*, 2nd ed., Oxford: Basil Blackwell, 1992; R. I. Moore, *The Origins of European Dissent*, Oxford: Oxford Univ. Press, 1985; Jeffrey Burton Russell, *Dissent and Reform in the Early Middle Ages*, Berkeley: Univ. of California Press, 1965.

得·瓦勒度（Peter Waldo），他是法国里昂的一位极其富有的商人。1176 年，他受托将新约译成法语，由此得以发现福音书所真正教导的内容。瓦勒度放弃了他的财富，开始宣扬使徒式的贫穷。他很快吸引了一批追随者，其中的大部分人同样拥有财富，① 而他们开始将自己称为里昂的穷人。1179 年，瓦勒度派代表前往罗马寻求教皇的正式承认。然而事与愿违，他们引发了程度可观的焦虑情绪。正如威尔士的编年史作者、八卦爱好者沃尔特·迈普（Walter Map, 1140—1210）所观察到的："他们一对一对地走出来，赤着脚，披着羊毛的长袍，一无所有，像使徒们一样共享所有的东西……如果我们承认了他们，我们都会被赶出去的。"② 教皇赞美了他们的生活方式，但禁止他们布道。如果他们能够遵命，他们最后或许就会被承认为一个教团（他们所教导的东西与圣方济各会非常相近）。但他们继续进行布道，因此，1184 年他们被教皇卢修斯三世指为异端。

　　起初对瓦勒度派并没有采取任何严厉的镇压措施，这或许是因为他们最有势力的地区不是他们发源的法国南部，而是在德国莱茵河畔。在那里他们获益于当地的政治动荡和冲突，也得益于他们大量的上流阶层追随者。③ 但 1211 年，教会有能力发动一次迫害行动了——在斯特拉斯堡，超过八十名瓦勒度派教徒被捕，而后被烧死。在接下来的数百年中发生了一系列冲突，但通过慢慢撤进阿尔卑斯山区，瓦勒度派教徒一直存续到 1532 年，当时他们被瑞士加尔文教徒所接纳。其中一间瓦勒度派教堂保存至今。

结　　论

　　尽管发生了迫害，要求改革的呼声并不会消失。新的"异端"群体不断涌现：贝格派和贝干诺派，弗拉迪切里派，胡米利阿迪派（Humiliati），鞭笞派还有罗拉德派。很快就在布拉格爆发了公开的叛乱，因为女

---

① Malcolm Lambert, *Medieval Heresy: Popular Movements from the Gregorian Reform to the Reformation*, 2nd ed., Oxford: Basil Blackwell, 1992, p. 69.
② 引自 Paul Johnson, *A History of Christianity*, New York: Atheneum, 1976, p. 251。
③ Malcolm Lambert, *Medieval Heresy: Popular Movements from the Gregorian Reform to the Reformation*, 2nd ed., Oxford: Basil Blackwell, 1992, p. 69.

王和大多数贵族支持扬·胡斯（Jan Hus，1372－1415）和他的"波西米亚改革"。尽管胡斯被授予了使其可以在康士坦茨湖的教会会议上捍卫他的观点的安全通行证，但他还是在抵达的时候被捕并被处以火刑。下一个，登场的是路德。

第十八章 路德的宗教改革

太多研究宗教改革的历史学家预设,马丁·路德的成功是因为他占据了道德和神学的制高点。事实上,对 20 世纪的大部分人而言,引发宗教改革的主要是神学的,而非历史学的进取心。① 然而,路德之前有许多先行者,其中的一些人与他在神学和道德的观点上都十分相近,但这并没有拯救他们。正如路德自己所承认的那样,② 扬·胡斯预见了他的改革的绝大部分内容,为此胡斯被活活烧死,这也正是教皇里奥十世想要的对路德的处置。路德和他的改革得以幸存,只是因为他吸引到了足够的政治和军事方面的支持,从而阻挠了那些试图镇压他的力量。

在数以千计的有关宗教改革的文章当中,已经对路德和他的运动为什么以及如何能够成功获得如此之多的支持的问题给出了多种解释。在这样晚近的时候,还有可能说出什么新的东西吗?当然。事实证明,对于路德的改革在哪儿以及为什么获得成功的许多普遍观点都是错误的;另一些则从未得到足够的验证;而有一些非常重要的事实被忽略了。当然,有许多相对独立的宗教改革发生在 16 世纪,而我已经在别处分别详尽地讨论过它们。③ 在这里,我选择聚焦于路德,因为他的改革是宗教改革的第一幕。

---

① Bernd Moeller, *Imperial Cities and the Reformation*, Philadelphia: Fortress, 1972.
② Martin Luther, *Works*, Vol. 2, Philadelphia: Muhlenberg Press, [1520] 1915, p.141.
③ Rodney Stark, *For the Glory of God: How Monotheism Led to Reformation, Science, Witch-Hunts, and the End of Slavery*, Princeton: Princeton Univ. Press, 2003.

创立一个"异端"

马丁·路德①（1483—1546）出生于德国一个小康家庭。尽管他的父亲可能是农民出身，但他很快拥有了铜矿和冶炼厂，并且在萨克森的曼斯菲尔德市政委员会工作了许多年。在预备学校读了四年之后，年轻的路德被爱尔福特大学录取，这是德国最古老也最优秀的大学之一。他的父亲希望他会成为一名律师，但在读了几个月法律以后，他转向了神学。路德在1502年获得他的学士学位，1505年获得硕士学位。随后，他进入一间奥古斯丁派的修道院并于1507年接受任命成为牧师。与此同时，1505年他被任命为维登堡大学的教员，也是在这里他于1512年获得了博士学位。除了几次因他与教会的冲突而导致的短暂离职以外，路德在维登堡大学度过了他的下半生。

1510年，路德生命中的关键事件之一发生了，他是被选为前往罗马阐述他们的教团相关诉求的两名德国人之一。仅仅十年之前，耶稣会的创始人依纳爵·罗耀拉（Ignatius Loyola，1491—1556）还被建议不要前往罗马，因为他的信仰可能会被这座城市"惊人的堕落"所动摇。② 路德并未收到这样有益的警告，而尽管罗马的悠久历史和宏伟景象给他留下了深刻印象，但路德仍然被这里圣职人员公开的渎神和不虔诚所震惊——这也包括那些认为在举行弥撒的时候背诵赞美诗是一件令人发笑的事情的牧师们。路德并没有讲述某些反天主教的故事来为他与罗马的决裂辩解。这些事情是由其他前往罗马的虔诚的信徒所提及的。举例来说，著名的德西德里乌斯·伊拉斯谟（Desiderius Erasmus，1466—1536）在路德之前五年造访了罗马，他根据自己的经历指出："我亲耳听到了对于基督和他的使徒

---

① Roland Bainton, *Here I Stand: A Life of Martin Luther*, New York: Penguin, 1995; James Kittleson, *Luther the Reformer*, Minneapolis: Augsburg Fortress, 1986; Martin Marty, *Martin Luther*, New York: Viking Penguin, 2004; Robert E. McNally, S. J., "The Reformation: A Catholic Reappraisal", In *Luther, Erasmus and the Reformation*, edited by John C. Olin, James D. Smart, and Robert E. McNally, S. J., 26 – 47, New York: Fordham Univ. Press, 1969; Heiko A. Oberman, *Luther: Man Between God and the Devil*, New York: Doubleday, 1992; Ernest Schwiebert, *Luther and His Times*, St. Louis: Concordia, 1950.

② Heiko A. Oberman, *Luther: Man Between God and the Devil*, New York: Doubleday, 1992, p. 149.

的最为令人厌恶的亵渎。我的许多熟人都曾听到教廷的神父们将令人厌恶的言语如此响亮地说出，甚至连在弥撒期间也是一样，所有在他们身边的人都能听见。"① 就像伊拉斯谟仍然留在教会一样，路德也没有产生离开的念头，即使是在目睹了如此之坏的放肆行为以后。恰恰相反，正如大多数虔诚的教会的成员在数百年当中所做的一样，他也发誓要推行改革。即使如此，在之后的七年里路德除了继续宣讲以外也一事无成。

是地方上对于赎罪券的买卖最终促使路德采取了行动。发行赎罪券的基础是一切罪孽都必须在灵魂进入天堂之前经由善行或是惩罚得以赎清的教义。因为在死亡来临之际大多数人都负有许多罪行未被赎清，他们的灵魂只能在炼狱——一种半形态的地狱——中徘徊，直到为赎他们的罪接受了足够的惩罚为止。这一教义促成了许多善行，而教会将它们分别配给了不同的价值，其时间长度将会从一个人在炼狱中受苦的时限当中扣除。举例来说，参与十字军东征将会完全地使人免于炼狱之苦。不久之后，向教会送礼使得个人得以从炼狱当中赢得某些分数的做法就得到了承认，而这种做法由购买签署过、盖过章的凭证（被称为赎罪券）而正式化了。其中的一部分意味着抵消一部分时间，另一些则提供了可能触犯，或者已经触犯某些罪孽的配额。而后，1476 年教皇西斯都四世（Sixtus IV）批准了活人之间赎罪券的买卖，因为这可能会缩短他们死去的所爱之人在炼狱中所遭受的苦楚。正如一句流行的商业格言所说，"钱财被投入集中箱的那一刻，就有一颗灵魂飞出了炼狱"。② 从赎罪券而来的收益是无限的，这尤其是因为经验丰富、走街串巷的"生意人"主导了地方上的买卖事务。

1517 年，一位著名的道明会赎罪券商人约翰尼斯·泰泽尔（Johannes Tetzel）在维登堡附近组织了一次活动——从重建罗马圣彼得大教堂和重新支付大主教梅斯为了获得其职位所付出的价钱当中获利。泰泽尔布道的一些笔记流传了下来，下面的这句引文相当典型："你从未听到过你死去的父母和其他人的声音尖叫着，说：'可怜可怜我，可怜可怜我……我们受着严酷的惩罚和痛苦，你们可以用一点儿救济品将我从其中拯救出来，

---

① Heiko A. Oberman, *Luther: Man Between God and the Devil*, New York: Doubleday, 1992, p. 149.

② Owen Chadwick, *The Reformation*, Rev. ed. London: Penguin, 1972, p. 42.

如果你肯的话。'"①

路德反感赎罪券交易。他对这种做法的批评后来被称为路德的《对于赎罪券的权力及其效用的九十五条论纲》，这是一份对这个问题进行辩论的提纲，他将它张贴在了城堡教堂的大门上。与传说恰恰相反，这并不是一次越轨行为——教堂大门经常被维登堡的教员们用作布告栏。② 路德张贴他的论纲（使用拉丁文书写）是在1517年的10月31日，到12月之前，至少有三个不同的印书商在三个不同的城市将它译成了德文。在接下来的几个月里，译版在许多其他地方出版，包括法国、英格兰和意大利。③ 或许是因为路德的批评意见在使用拉丁语阅读的精英圈子之外流传太广，教会的反应愤怒而迅速。教皇里奥十世很快命令路德前往罗马，如果他真的去了，路德很可能就会变成另一个无名的改革殉道者。路德的幸运在于，德国选侯弗里德里希拒绝了对他的宣召（他也反对在德国的罗马赎罪券交易），普遍认为，路德转而去往奥格斯堡，见了枢机主教迦耶坦（Cajetan）。

1518年10月7日，路德拿着从弗里德里希处拿到的安全通行证抵达了奥格斯堡。他发现这位枢机主教除了想要销毁他的论纲之外，对于其他事情毫无兴趣。路德拒绝了他，随即路德就被强迫进入隐居状态，直到他决定服从为止。不久之后，路德得知了一些传闻，这位枢机主教计划要无视他的安全通行证而将他绑去罗马。路德的朋友们帮助他逃回了维登堡，在那里教员们为了他所投身的事业而聚集起来，并希望弗里德里希来保护他。当然，这意味着与教会统治集团无法避免的决裂，而路德出版了三本著名的挑衅性质的小册子作为他的回应，现在它们被称为宗教改革论文。他在其中首先强调了罗马教会是怎样压榨德国的："每年从德意志流到罗马的现金达三十万钱币以上，这些钱都是白费的，我们所得的除侮辱和轻视以外，一无所有，我们还奇怪君主、贵族、城市、基金、土地和人民为何这般穷困。"④ 而他在谈及罗马和教皇时采用了感情色彩强烈的语言：

---

① Heiko A. Oberman, *Luther: Man Between God and the Devil*, New York: Doubleday, 1992, p. 188.
② Ernest Schwiebert, *Luther and His Times*, St. Louis: Concordia, 1950, p. 314.
③ Elizabeth L. Eisenstein, *The Printing Press as an Agent of Change*, Cambridge: Cambridge Univ. Press, 1979.
④ Martin Luther, *Works*, Vol. 2, Philadelphia: Muhlenberg Press, [1520] 1915, p. 84.

319 "你这并不是最圣洁而是最有罪的教皇啊,你听见这话吗?但愿上帝速从天上来毁灭你的宝座,把它沉没在地狱的深渊!……基督我主啊,求你垂顾,愿你的审判日快快临到,毁灭那在罗马的魔鬼巢穴。"① (引自《致德意志基督教贵族公开书》)

当然,路德并没有单纯地批判罗马。他提出了许多在实践上和教义上的根本改革。他呼吁终止赎罪券的交易,呼吁不要以死者名义举行更多的弥撒,呼吁废除除礼拜日之外的所有"圣徒日",还呼吁整个会众群体,而不是只有牧师,一起啜饮圣餐中的酒。路德还提出牧师应当被允许结婚,而不是被允许在三十岁之前履行修道主义的誓言——之后他建议所有教团都应解散,而不应有更多人宣誓独身。谈及教义,路德断言了圣经的绝对权威,认为每个人都必须发现圣经的意义并建立他们自己与上帝之间的私人联系。在所有论点当中最为激进的是,路德提出得救是上帝的赠予,是被自由给予的,完全因对作为救世主的基督的信仰而得到。也就是说,得救不能被善行所赢得或买到。因此也就不存在炼狱,因为没有因罪行而必须或可能从事的赎罪。一个人要么信主而得救,要么不信而受永罚。至于善行,那是信仰的结果,或者说成果。

当然,教会试图镇压这种"异端"。1520 年 6 月 15 日,路德的著作遭到公开抨击,而其抄本在罗马被焚毁。作为对此的回应,学生们在维登堡烧掉了针对路德的官方公告。尽管路德在德意志受到广泛欢迎,教皇仍然在1521 年 1 月将他公开逐出了教会。紧接着,路德被命令前往在沃尔姆斯召开的帝国议会。路德的朋友们担忧他的生命安全,劝他不要去,但路德拒绝了推延的方法——这是他生命当中最重要的决定,改变了整个西方历史。路德前往沃尔姆斯的旅程与那些无关紧要的被逐出教会的修道士不同,大批支持者挤满了沿途,而"一支德意志骑兵队伍与他同行"。②

320 路德在议会听审期间拒绝一切让步,最终他发表了他不朽的"这是我的立场"(Here I stand)。

之后议会由忠于罗马的成员组织的会议宣布路德为一名丧失公权者,但这仅仅是一个空洞的姿态。大量的德意志王室成员形成了保卫路德的卫

---

① Martin Luther, *Works*, Vol. 2, Philadelphia: Muhlenberg Press, [1520] 1915, p. 139.
② Ernest Gordon Rupp, "Luther, Martin", *Encyclopaedia Britannica*, 15th ed., Chicago: Univ. of Chicago Press, 1981, p. 182.

队,并且发动了反对教会的叛乱(在远离其封地的罗马仍然保持了可观的人数)。因此,路德可以欢喜地说:"我宣布,我已经发起了一场改革,这将把教皇的耳环和心撕裂。"①

本章的剩余部分将会试图解释,为什么路德教会发展得如此迅速,不久后就在欧洲北方的很多地区代替了天主教的国家垄断教会的地位。容我强调一下,重点是路德的宗教改革。我略过了"农民战争"和其他的"异端"的爆发,比如再浸礼派在芒斯特发动的叛乱。

解读宗教改革

长久以来,对于学者,甚至也包括非马克思主义者来说,以"物质的"倾向来探索所有的社会运动,是一件十分流行的事。在当前的例子中,关于教义在激发路德派宗教改革当中有所影响的观点长期以来遭到社会科学家们的驳斥,而路德派所取得的成功则被归为"真正的原因"——一些基础性的社会变革,比如封建制度的衰亡,货币经济的增长,信用体系的兴起,商业的扩大,工业化,城市化,资产阶级的扩张,重骑兵的军事影响力的衰退,税率的增加,还有人口增长等,这里我们只举几个例子。② 所有这些变革事实上都是在那个时代发生的,但它们无法解释宗教改革的成功,因为这些变革在天主教控制的地区和支持路德派的

---

① Gerald Strauss, "Success and Failure in the German Reformation", *Past and Present* 67: 30 – 63, 1975, p.32.

② Thomas A. Brady Jr., *Ruling Class, Regime and Reformation at Strasbourg, 1520 – 1555*, Leiden: Brill, 1978; Will Durant, *The Reformation*, New York: Simon and Schuster, 1957; Friedrich Engels, "Dialectics of Nature", Reprinted in Karl Marx and Friedrich Engels, *On Religion*, 316 – 359, Atlanta: Scholars Press, [1873] 1964; Harold J. Grimm, "The Reformation and the Urban Social Classes in Germany", In *Luther, Erasmus and the Reformation*, edited by John C. Olin, James D. Smart and Robert E. McNally, SJ, 75 – 86, New York: Fordham Univ. Press, 1969; Harold J. Grimm, "Social Forces in the German Reformation", *Church History* 31: 3 – 13, 1962; Steven Ozment, *The Age of Reform 1250 – 1550*, New Haven: Yale Univ. Press, 1980; Guy E. Swanson, *Religion and Regime: A Sociological Account of the Reformation*, Ann Arbor: Univ. of Michigan Press, 1967; James D. Tracy, *Europe's Reformations, 1450 – 1650*, Lanham, MD: Rowman & Littlefield, 1999; Max Weber, *The Protestant Ethic and the Spirit of Capitalism*, New York: Scribner, [1904 – 1905] 1958; Robert Wuthnow, *Communities of Discourse*, Cambridge: Harvard Univ. Press, 1989.

地区同样普遍。①

同样愚蠢的还有否认教义在路德的宗教改革取得的成功当中所发挥的作用。很难想象，一系列的教义能够向天主教的权威发起如此深刻而广泛的挑战。即使如此，大多数对于教义的强调也还是指错了地方，实际上，神学的复杂精妙可能没有几个支持路德派的人会理解或者关心。更重要的是，就像以上被错误地提及的许多社会变革一样，教义同样是一个常量，而路德派的成功（或者失败）却是一个变量。也就是说，关于路德派神学的知识并不能告诉我们为什么有些地区倒向了路德派而另一些没有。因此，就它们的所有吸引力而言，路德派教义必须被作为背景。

当然，许多马克思主义的历史学家将宗教改革理解为一次无产阶级群众运动的引人注目的胜利。举例来说，苏联历史学家 M. M. 斯米林（M. M. Smirin，1895—1975）将非马克思主义的历史学家斥为"反历史潮流而动者"（perverters of history），并提出关于宗教改革"真正的、科学的历史"是被压迫的人民的抗争。②尽管在谈及动机的时候有所不同，但许多非马克思主义的历史学家也同意，路德派是在民众的热情浪潮的基础上席卷德意志的。但这不是真的。

"民众"——农民和城市下等阶层——几乎完全没有参与路德的宗教改革，不管是在它发生时还是之后。正如第十五章当中所谈及的那样，在路德派已经建立之后，路德和他的同伴们试图联络民众的大量努力全然付之东流。路德自己也苦涩地承认了这一事实。③

---

① George Becker, "Educational 'Preference' of German Protestants and Catholics: The Politics Behind Educational Specialization", *Review of Religious Research* 41 - 311 - 27, 2000; Fernand Braudel, *Afterthoughts on Material Civilization and Capitalism*, Baltimore: Johns Hopkins Univ. Press, 1977; Jere Cohen, "Rational Capitalism in Renaissance Italy", *American Journal of Sociology* 85: 1340 - 1355, 1980; Delacroix and Nielson, 2001; Ephraim Fischoff, "The Protestant Ethic and the Spirit of Capitalism: The History of a Controversy", In *The Protestant Ethic and Modernization: A Comparative View*, edited by S. H. Eisenstadt, 67 - 86, New York: Basic Books, 1968; Richard F. Hamilton, *The Social Misconstruction of Reality: Validity and Verification in the Scholarly Community*, New Haven: Yale Univ. Press, 1996; Kurt Samuelsson, *Religion and Economic Action*, Toronto: Univ. of Toronto Press, [1957] 1993.

② Harold J. Grimm, "Social Forces in the German Reformation", *Church History* 31: 3 - 13, 1962, p. 5.

③ Gerald Strauss, "Success and Failure in the German Reformation", *Past and Present* 67: 30 - 63, 1975.

恰恰相反，路德的宗教改革几乎完全是一场城市中的运动。① 在城市环境中，由于它在出版商②群体当中的广泛流传和它对于学生和教师③、对于城市资产阶级④、对于贵族⑤的吸引力，历史学家普遍相信宗教改革获得了迅速发展。所有的这些宣称都将被详细地检视并且做出必要的修正。但首先，将对于教会的不满扩展到最终使得许多人转而支持路德派，这似乎是合理的。

改革与不满

正如第十七章所指出的，要求改革的强大力量长期以来同时存在于中世纪教会内外。但当虔诚的教会在 12 世纪末失去了对于教皇职位的控制权的时候，许多最糟的问题不但持续了下来，而且再一次变本加厉。最为明显的是在各个阶层的圣职人员当中广泛存在的道德败坏和好逸恶劳，或许最具政治重要性的是教会过多的财富、特权和强征财物现象的存在。

圣职人员——从教皇一直到教区神父——的罪行已经在之前的很多章节当中详细阐述过。在这里可以指出教皇里奥十世（1513—1521 年在位）的不适宜做法了，正是他将路德逐出了教会。里奥十世出生时的名字是乔凡尼·德·美蒂奇（Giovanni de'Medici），是著名的艺术资助者和浪子

---

① Dickens, 1974; Steven Ozment, *The Reformation in the Cities*, New Haven: Yale Univ. Press, 1975; Bernd Moeller, *Imperial Cities and the Reformation*, Philadelphia: Fortress, 1972.

② Mark U. Edwards, *Printing, Propaganda, and Martin Luther*, Berkeley: Univ. of California Press, 1994; Elizabeth L. Eisenstein, *The Printing Press as an Agent of Change*, Cambridge: Cambridge Univ. Press, 1979; Jean-Francois Gilmont, *The Reformation and the Book*, Aldershot, UK: Ashgate, 1998.

③ Paul F. Grendler, "The Universities of the Renaissance and Reformation", *Renaissance Quarterly* 57: 1-42, 2004; Ernest Schwiebert, *The Reformation*, Vol. 2, *The Reformation as a Univerity Movement*, Minneapolis: Fortress, 1996.

④ Harold J. Grimm, "The Reformation and the Urban Social Classes in Germany", In *Luther, Erasmus and the Reformation*, edited by John C. Olin, James D. Smart and Robert E. McNally, SJ, 75-86, New York: Fordham Univ. Press, 1969; Harold J. Grimm, "Social Forces in the German Reformation", *Church History* 31: 3-13, 1962; Steven Ozment, *The Reformation in the Cities*, New Haven: Yale Univ. Press, 1975; Bernd Moeller, *Imperial Cities and the Reformation*, Philadelphia: Fortress, 1972.

⑤ Manfred Hannemann, *The Diffusion of the Reformation in Southwestern Germany, 1518-1534*, Chicago: Univ. of Chicago Department of Geography, Research Paper No. 167, 1975.

洛伦佐·德·美蒂奇（Lorenzo de' Medici）① 的儿子。他是最后一个没有做过神父的教皇——他直到被选举为教皇之后一个星期仍然没有被授职，之后两天他受封为主教，又两天之后加冕为教皇。里奥将自己幻想为一个人文主义者和知识分子，但他最为著名的是"好逸恶劳……一个挥霍无度的人，在盛会和庆典上所花费的钱财比花在教会所需上更多"。② 他对于金钱的强烈欲望导致他发动了大规模出售赎罪券的活动，这导致路德心怀不满，这也将如此之多的王公贵族推向了路德的阵营。

对于贵族而言，他们需要的不是对于赎罪券买卖的神学上的批评；仅仅因为它们的买卖导致了大量财富从他们的封地流向罗马这一件事就已经足够了。此外，教会在欧洲已经是最富有也最大的土地所有者，根据估计，1522年教会拥有德意志财富的一半、法兰西的五分之一和意大利的大约三分之一。在1467年的苏黎世，教会成员持有土地总数的三分之一，而在许多其他城市教会所有的财产比例也是相近的。③ 教会通常不需要为它所拥有的土地支付任何当地税款，此外，教会还在欧洲的大部分地区征收什一税，征税范围从农民一直到国王，由此坐享数额巨大的现金流入。相比之下，圣职人员和教团成员们对当地的所有税负享有豁免权（包括酒类的消费税），也不能被当地的世俗法庭所审判，这包括谋杀罪。恰恰相反，他们只能被教会法庭所审判，后者因始终从轻发落而臭名昭著。

小册子与印刷商

路德的宗教改革是第一次印刷材料在其中发挥了重要作用的社会运动——其时印刷社刚刚问世。路德写了许多小册子（通常篇幅只有4—6页）来概述他与罗马教廷的意见分歧，所有这些文章都以本土德语写成，而整个德意志（还有欧洲的许多其他地区）的印刷商们大量地出版印刷本，非常便宜，它们会被成车地卖出。在1517—1520年之间，路德出版

---

① J. R. Hale, *Florence and the Medici*, London: Thames & Hudson, 1977; Christopher Hibbert, *The House of Medici: Its Rise and Fall*, New York: HarperCollins, [1974] 2003.

② Roland Bainton, *The Reformation of the Sixteenth Century*, Boston: Beacon, [1952] 1985, p. 18.

③ Will Durant, *The Reformation*, New York: Simon and Schuster, 1957; Carlton J. H. Hayes, *Political and Social History of Modern Europe*, Vol. 2, New York: Macmillan, 1917; Steven Ozment, *The Reformation in the Cities*, New Haven: Yale Univ. Press, 1975.

了三十本小册子和短论文，它们被超过二十家印刷厂生产，估计总售出数量超过三十万份。① 1522 年，路德翻译的德文版新约问世，而它"销售得比路德其他所有著作都要更广"。②

需要指出的是，那个时代还不存在版权的概念，而印刷商为一切他们认为会有销路的东西印制他们自己的版本——路德曾经抗议过其他印刷商赶在维登堡的印刷商出售其印版之前就赶制出他的新约译本。然而，正是当地这些相互争抢的印刷商使得路德派的资料在如此短的时间内流传如此之广。在欧洲的大部分其他地区，只有在最大的城市当中才有印刷商，但在德意志，甚至是在很多较小的乡镇当中也有印刷商的存在。因此，在德意志，书籍和小册子不需要进行远距离运输——一旦某个大胆的印刷商从别处获得了一份印版，路德的大多数著作立即就可以在当地买到。在一个著名的事例当中，一份路德的小册子被从维登堡印刷商的店铺里偷出来，然后在维登堡的版本出版之前就在纽伦堡付印了。③ 此外，人们普遍相信，印刷商急于生产路德派的文本材料不仅是因为它们卖得好，也是因为印刷商当中的大部分人支持路德。④

印刷商、印刷和宗教改革之间的关联在一项由霍永·金（Hyojoung Kim）和史蒂芬·普法夫（Steven Pfaff）主持的引人注目的新的研究当中得到了充分检验。⑤ 这些年轻的社会学家们收集了 1520 年人口达到或超过两千人的所有德意志城镇的数据，他们的目标是通过观察是何种因素决定了这 461 个城镇当中的一部分转向路德派而另一些则坚持留在天主教阵营，来检验对宗教改革成功原因的解释，并使用每个城镇是否以及何时宣布天主教大众为非法作为他们的测量标准。这一测量标准克服了所有歧义问题，而且有详细的记载。同样需要注意的还有在路德的宗教改革当中完

---

① Louise W. Holborn, "Printing and the Growth of a Protestant Movement in Germany from 1517 to 1524", *Church History* 11: 123 – 137, 1942, p. 129.

② Ibid., p. 130.

③ Ibid., p. 131.

④ Richard G. Cole, "Reformation Printers: Unsung Heroes", *Sixteenth Century Journal* 15: 327 – 339, 1984; Mark U. Edwards, *Printing, Propaganda, and Martin Luther*, Berkeley: Univ. of California Press, 1994; Jean - Francois Gilmont, *The Reformation and the Book*, Aldershot, UK: Ashgate, 1998.

⑤ Hyojoung Kim and Steven Pfaff, "Structure and Dynamics of a Religious Insurgency: The Early Reformation in 16th Century Central Europe", 待出版。

全没有宗教自由的相关方面。真正发生的只是从一个垄断的教会转换到另一个。

金和普法夫能够研究路德宗教改革当中的许多方面是因为他们能够收集到每个城镇的详细信息,这一点我们将在后面看到。问题之一是当地是否存在印刷商,以及该印刷商是否生产路德版本圣经。根据数量庞大的历史文献,他们假设有生产路德版圣经的印刷商的城镇更易于倒向路德派。结果如何?并非如此!在宗教改革早期,在路德派圣经的印刷商和转向路德派之间并无关联,到了后期,相关性为负——印刷路德版圣经的地方更不容易转向路德派!这表明,印刷商大量地生产路德派的文献是因为它们有利可图,而并不必须是因为他们同意路德派的观点。实际上,这正是路德和他的许多推行改革的同僚所相信的。他们经常抱怨印刷商仅仅是在用他们的著作盈利,而路德谴责印刷商是"卑鄙的商人"。①

教授和学生

宗教改革开始于维登堡大学。正如著名的保罗·格伦德勒所说,"路德派改革在最初四五年的活动里召集了一次年轻教员的起义"。② 当有关路德的活动的说法流传开来,维登堡的入学率到1520年几乎翻了一番,不久后就成为了德意志最大的大学。许多学生参加路德的神学讲座,而几乎所有这些学生都在听菲利普·梅兰希顿③(Philipp Melanchthon,1497—1560)的课——他是路德的追随者和盟友。此外,在完成他们在维登堡的学业以后,许多学生回到家乡,在那里投身于宣扬宗教改革的活动。学生不仅是在维登堡被吸收成为宗教改革活动家。路德派在其他许多大学当中也吸引到了强烈的支持,特别是在巴塞尔大学。除了将宗教改革带回家乡之外,许多学生不久后也做了神学教授,开始训练更多的积极分子。一

---

① Louise W. Holborn, "Printing and the Growth of a Protestant Movement in Germany from 1517 to 1524", *Church History* 11: 123 – 137, 1942, p. 134.
② Paul F. Grendler, "The Universities of the Renaissance and Reformation", *Renaissance Quarterly* 57: 1 – 42, 2004, p. 18.
③ Ernest Schwiebert, *The Reformation*, Vol. 2, *The Reformation as a Univerity Movement*, Minneapolis: Fortress, 1996, p. 471.

项对于宗教改革当中的杰出领导者的研究发现，他们几乎所有人都曾经是，或者仍然是大学教授。①

然而，就学术界和宗教改革之间的联系而言，事实证明这是一种带有偏见和误导性质的观点。许多其他大学是反路德派、正统天主教势力生长的温床——科隆大学被称为"德意志的罗马"，而鲁汶大学几乎与它一样地反对路德派。从这些大学毕业的学生同样会回到家乡，在那里他们成为教会的坚定捍卫者。

显而易见，大学，至少是在德意志，永远保留着它们的记录。不仅16世纪每个学生的录取记录被保留了下来，而且每个具体班级——包括那些路德曾执教过的学生清单也可以被恢复。此外，学生记录还包括他们的家乡。就他们所研究的461个城镇而言，金和普法夫可以确定从1517年到1522年维登堡和巴塞尔被录取的居民的人数。他们也确定了进入科隆大学和鲁汶大学的人数。最后，他们设计了一种统计从某个城镇被录取入任何一所大学的学生总人数的测量办法。

其结果令人瞩目。一个城镇中外出上大学的年轻人的比率对该城镇是倒向路德派还是留在天主教阵营当中没有任何影响。但如果年轻人就读维登堡或者巴塞尔的比率较大，那么该城镇支持路德派的可能性也较高。反之，在就读科隆和鲁汶大学占据主流地位的地区，该城镇保持天主教信仰的可能性较高。最后，大学城比之那些没有大学的城镇更容易倾向于留在天主教阵营。尽管学生和教员在路德派运动当中发挥了重要作用，但大学在保持传统的角度上倾向于保守主义。这同样也帮助解释了印刷商与路德派之间的负相关关系——所有有大学的城市都有非常活跃的印刷业。

反应灵敏的城市行政

路德派宗教改革的支柱是城市资产阶级：商人，银行家，律师，医生，制造商，学校校长，商店店主，官员，还有一些技术性行会的成员们，比如印刷商和玻璃制造者，以及许多当地的牧师。当然，这并不意味

---

① Paul F. Grendler, "The Universities of the Renaissance and Reformation", *Renaissance Quarterly* 57: 1-42, 2004, p.19.

着这些群体当中的所有成员或几乎所有成员都支持路德。这只表明路德的大部分支持者来自这些群体。众所周知,这是路德派招募成员的基础,① 并因印刷文本在大部分人都是文盲的时代对于路德派的传播所起到的重要作用而越发引人注目——据估计,1500 年只有 3%—4% 的德意志人口有阅读能力。② 使得这些城市当中的支持者获得如此的影响力的是,在德意志的大部分地区,很多城镇享有足够的自治权,因此它们可以选择将路德派作为唯一的合法信仰而不受到任何外界干预——至少在宗教战争爆发以前是如此。

享有相当的地方自治权的城镇被称为"帝国自由市",这样的地区大约有六十五个。③ 这些城市不向当地亲王尽任何臣下的义务,而只对神圣罗马皇帝效忠,这是它们被称为帝国市的原因。这些城市直接向皇帝上缴税款,而对它们自己的税收系统和内政事务保有完全的控制权。一部分这样的帝国"市"可能会被忽略,因为它们是如此之小,只有不超过 1000 名居民。④ 有些城市所享有的政治自由相对较少,因为它们位于某个强盛的大公国或者公国当中,而这迫使城市长官保持相当程度的谨慎,以免诱发外部干预。但大多数帝国自由市位于被称为"边陲"的莱茵河沿岸,那里没有大的行政单元,因此受到外部干预的可能性非常小。对于研究目的而言,幸运的是在这一边陲区域当中有许多其他规模和经济水平都较为相似的其他城市,但它们并非帝国自由市。其中一些城市被采邑主教所统治,而其他的则接受附近王侯的统治,但在这两种情况当中当地平信徒都没有什么权威性可言。

为了检验在资产阶级控制的地区路德派更易被接受的假设,我收集了所有四十三个重要的帝国自由市和另外十二个位于边陲的城市的信息。在帝国自由市当中,接近三分之二(61%)变成了新教教区,而四分之三(75%)的非帝国市保持了天主教信仰。⑤ 金和普法夫在一组略有差异的

---

① Thomas A. Brady Jr. , *Turning Swiss: Cities and Empires, 1450 - 1550*, Cambridge: Cambridge Univ. Press, 1985; Harold J. Grimm, "Social Forces in the German Reformation", *Church History* 31: 3 - 13, 1962。

② Steven Ozment, *The Age of Reform 1250 - 1550*, New Haven: Yale Univ. Press, 1980, p. 201.

③ Bernd Moeller, *Imperial Cities and the Reformation*, Philadelphia: Fortress, 1972.

④ Fritz Rorig, *The Medieval Town*, Berkeley: Univ. of California Press, 1969.

⑤ Rodney Stark, *For the Glory of God: How Monotheism Led to Reformation, Science, Witch - Hunts, and the End of Slavery*, Princeton: Princeton Univ. Press, 2003, p. 111.

城市的基础上得出了非常相似的结论。因此，地方的政治自治权在路德的宗教改革的成功当中发挥了重要作用。但独裁也一样，除了城市，许多较大的被强势的亲王或国王所统治的行政单元也一样变成了新教教区。

王室的自身利益

现在我们遇到了关于路德宗教改革传播的一个明显的矛盾之处。在欧洲的大部分地区，是支持路德派还是坚定地留在教会之内的决定都是由某个独裁统治者作出的——国王或是亲王。几乎没有例外，独裁者在那些天主教会具有更大的地方权力的地区会选择路德派，而选择留在天主教的那些地区当中教会影响力则非常弱！为了了解事情为什么会变成这样，将法兰西与西班牙，和丹麦与瑞典进行对比是有用的。

1296 年开始，当法兰西国王菲利普成功地向教会收入征税的时候，教皇的权威就在法兰西被逐步侵蚀了。1516 年，教会对法兰西君主的隶属关系在教皇里奥十世和法王弗朗西斯一世在博洛尼亚所签署的协定当中形成。国王被承认具有任命法兰西教会所有高等职位的权力：十位大主教，八十二位主教，还有所有的男女修道院的院长。它赋予了国王完全控制教会财产和收入的权力。正如卓越的欧文·查德威克所指出的那样，"当他〔国王弗朗西斯〕想要教会的钱时，他甚至不需要什么迂回的方法"。[①] 由他所任命的人会简单地执行他的指令。

如果说法兰西与西班牙有任何不同的话，那么就是西班牙国王对于教会甚至享有更大的权力。西班牙王室长久以来掌握着任命大主教和主教以及处罚圣职人员的权力，同时从什一税中抽取可观的份额。而后，1486 年，国王费迪南德和王后伊莎贝拉获得了任命所有教会主要职务的权力，可以禁止西班牙王室向罗马求助，同时对圣职人员征税并提出在西班牙没有事先获得王室许可的情况下出版教皇法令的行为非法。[②] 当然，因为西班牙已经变成了神圣罗马帝国的中心，这些政策被扩展到了意大利、葡萄

[①] Owen Chadwick, *The Reformation*, Rev. ed. London: Penguin, 1972, p. 26.

[②] M. I. Bush, *Renaissance, Reformation and the Outer World, 1450 - 1660*, London: Blandford, 1967; Christopher Hill, *Reformation to the Industrial Revolution, 1530 - 1780*, London: Penguin Books, 1967; Kenneth Scott Latourette, *A History of Christianity*, Vol. 2, Rev. ed., San Francisco: Harper San Francisco, 1975.

牙、挪威、奥地利和德意志东南部。

与此相反，1500 年，在丹麦有三分之一到一半的可耕地属于教会，而所有的世俗人员（包括贵族）都被要求缴纳什一税。这笔收入完全不会与王室分成，其中的大多数直接被送往了罗马。在丹麦，教皇仍然享有绝对的任命所有教会职务的权力。因此，与法兰西国王和西班牙的神圣罗马皇帝相反，当 1534 年克里斯蒂安三世成为丹麦国王的时候，他面临一个巨大的创收机会，即宣布支持路德派并没收他治下教会的所有财产和收入。他的确这样做了，并迎来了一个"繁荣时代"。①

与此同时，瑞典的起义成功地推翻了丹麦的统治，国王古斯塔夫一世（Gustavus I）于 1528 年加冕。当然，新的国王苦于没有资金，而当地教会同样掌握着不可撼动的权威和巨大的财富。因此，古斯塔夫也选择了支持路德派并没收了所有的教会"财产和税收"。② 为了赢得贵族的支持，古斯塔夫以很低的价格将国家占有的教会财产卖给了他们——即使如此，古斯塔夫所持有的教会财产也使国王拥有的土地增长了四倍。③

同样的利己原则也解释了其他统治者的决策。能够通过变成路德派教徒得到许多利益的德意志王公们这样做了；其他人，比如仍然控制着教会职位和收入的采邑主教，则留在天主教内。还有任何一位国王能从剥夺教会的财富和权力当中获得比英格兰的亨利八世更多的利益吗？仅仅从圣多默·白凯（St Thomas à Becket）的神祠当中，亨利的人查抄了 4994 盎司黄金，4425 盎司镀金的白银，5286 盎司白银，还有二十六车其他财宝，而这只是从教会罚没的财产当中极小的一部分。④

同样应当指出的是，在许多案例中是城市资产阶级的自利心态推动了对地方教会财产的没收和对教会权威的剥夺。帝国自由市受到大量不上税的教会财产和住在市内却免于一切税务（包括交给教会的什一税）和公民义务（例如所有非圣职的有劳动能力的男性都被要求的，在城墙上轮岗守卫）的人数众多的教团圣职人员的极大负累。在大多数这样的城市

---

① Kenneth Scott Latourette, *A History of Christianity*, Vol. 2, Rev. ed., San Francisco: Harper San Francisco, 1975.
② Ibid., p. 737.
③ Michael Roberts, *The Early Vasas: A History of Sweden, 1523–1611*, Cambridge: Cambridge Univ. Press, 1968.
④ Paul Johnson, *A History of Christianity*, New York: Atheneum, 1976, p. 267.

里，大约三分之一的财产属于教会，而圣职人员以及修士修女的数量多达人口的十分之一。对这些地区而言，驱逐教会也同样有利可图。

指出我们因信仰而得救的教义的普遍吸引力当然是好的，但同样必须认识到的是新教只在那些当地统治者或议会已经无法将他们的统治加于教会的地区才得以推行。

天主教的改革

这里有一个对路德宗教改革和其他在当时的欧洲站稳脚跟的新教改革的巨大的讽刺，他们的"改革"并没持续多久，其中的每一场运动都在不久后表现出了一个世俗的垄断性宗教会有的许多缺陷，而他们所反叛和抗争的教会却在剧烈而持续地进行改革，因为新教的挑战使得虔诚的教会重新掌握了权力，并且再也没有被击败。

天主教改革（也被称为反向宗教改革）开始于特伦特会议（1551—1552，1562—1563）。买卖圣职罪——对教会职位的交易——被终结了，强行实施了神父的独身主义，以当地语言出版官方的、平价的圣经（拉丁文圣经）。但在特伦特作出的最重要的决定可能是：建立一个神学院的网络以训练地方神父。不知道七宗罪或者不能确定是谁在山上布道的人不能再成为牧师。到18世纪以前，教会在大多数地区的成员都已经是精于神学的接受过良好教育的人。可能更为重要的是，神学院所训练出来的神父在其职业的塑造和检验上是在一种正式的、机构性质的环境中完成的。[①]

但天主教改革也有其黑暗面。新的严谨精神改变了教会在经济上和思想上的面貌。对于禁欲精神的重新强调将教会放在了商业和金融业的对立面上，以至于新教被错误地认为是诞生资本主义的起点，而罔顾这一事实——资本主义在路德出生之前几个世纪的欧洲已经获得了充分发展。[②]同样的事情也发生在科学界。正如我们在第十六章当中所看到的那样，西方科学扎根于基督教神学当中，并且兴起于中世纪大学里。不幸的是，天

---

① Michael A. Mullett, *The Catholic Reformation*, London: Routledge, 1999.
② Rodney Stark, *The Victory of Reason: How Christianity Led to Freedom, Capitalism, and Western Success*, New York: Random House, 2005.

主教改革导致了越来越严厉的对于智识的限制，以至于天主教大学在科学界很快衰落到了这样一种程度，人们普遍持有类似的错误观念，就像资本主义一样，也是宗教改革导致了科学革命。

结　　论

在其完全的意义上，不同的宗教改革在欧洲基督教内部重新引入了稳定的宗教多样性，但没有几个人在这些不同教派之间真正享有选择权。在欧洲北部的大部分地区，不仅罗马天主教是非法的，而且连除垄断的国家教会所代表的新教以外的其他新教教派也是非法的，而每个人都被要求加入国家教会。因此，加尔文派教徒被禁止进入路德派的斯堪的纳维亚国家，而路德派教徒则在亨利八世的"新教的"英格兰被处以火刑。与此同时，天主教的垄断在欧洲南部持续（非天主教徒直到 1970 年在西班牙仍然不允许担任公职）。因此，一般大众中对于基督教委身的低水平并未因新教的兴起而得到改善。天主教改革可能导致它获得了南部欧洲的一些公众的虔诚，尽管较高的参与程度或许只反映了这片地区在早期教会时期就相对活跃。无论如何，当该说的都说了该做的都做了，不同的宗教改革同样造就了怠惰而松懈的垄断教会，欧洲辉煌壮观的教堂和别致如画的礼拜堂在礼拜日的早上仍然空空如也。

第十九章　关于西班牙宗教裁判所的令人震惊的真相

路德派教徒在许多天主教国家遭到迫害，甚至在"新教的"英格兰也是如此。理所当然地，在西班牙他们成为宗教裁判所的目标。

西班牙宗教裁判所这个概念代表了西方历史上最为可怖血腥的章节，这种观念深入人心。根据可靠记载，宗教裁判所由当时的西班牙君主费迪南德和王后伊莎贝拉创建于1478年，它负责清除西班牙的异端，特别是伪装成基督徒的犹太人和穆斯林。但宗教裁判所也对清教徒、巫师、同性恋者、科学家，和其他所有违反教义和道德的人虎视眈眈。

在最初的数十年里，宗教裁判所并不活跃，但在1483年狂热的道明会隐修士托马斯·德·托尔克马达（Tomas de Torquemada）被任命为主审判官以后，这个丑恶的天主教机构折磨和杀害了大量无辜人士。西班牙的几乎每个主要城市在周六都会有一场信仰审判（auto-de-fe），空气中充满了惨叫着被烧死在刑柱上的受害者余下的灰尘，这通常是在遭到了残酷折磨之后进行的。在许多个周六，成堆的冒犯规条的书籍，尤其是科学论著，也在信仰审判期间遭到焚毁。

宗教裁判所甚至不试图伪装遵循任何法律程序，以最为不足取信的指控为名到处抓人，因为审判官们从罚没的被告者的财产当中得以致富。英格兰清教徒约翰·福克斯（John Foxe）在1554年写道："这些西班牙的天主教审判官的极端行径和残酷掠夺，隐藏在宗教的假面之下的除了谋求私利和抢夺他人的财物之外别无其他。"① 十三年以后，真正毁灭性的揭发材料是由雷金纳德·孟他努斯以拉丁文写成的：关于西班牙宗教裁判所

---

① William S. Malthy, *The Black Legend in England: The Development of Anti-Spanish Sentiment, 1558-1660*, Durham, NC: Duke Univ. Press, 1971, p. 35.

各种活动的发现和宣言。它被译成英语、法语、荷兰语和德语,广为流传。孟他努斯的记载"强调了讯问技术中的迂回和欺诈,刑讯室里的种种可怖之事和教皇的仆人、狱卒和行刑者的可怕行为"。① 这本书的主要部分追踪了一位无辜受害者的完整命运,直到他死在火刑柱上,而以十二位路德派殉道者为其信仰而死的案例史作为结尾。

孟他努斯的著作成了标准记载。根据哥伦比亚百科全书最近的一版:"对于被告的折磨……很快成了习以为常且臭名昭著的事情……许多诉讼的结果是判定有罪。"② 以此为背景,著名的历史学家威尔·杜兰特(Will Durant,1885—1981)告诫他一代又一代的读者说,"我们必须将宗教裁判所……排进人类历史上最黑的污点当中,它做出了任何野兽都没有做出过的暴行"。③

不仅历史学家,小说家、画家和编剧已经一次又一次地再创作了宗教裁判所的野蛮残酷——埃德加·爱伦·坡的电影《陷坑与钟摆》成了其中的经典。另一经典是陀思妥耶夫斯基的著作《卡拉马佐夫兄弟》,其中主审判官遇到了耶稣,当时后者从死中抚养了一个孩子,而他逮捕了耶稣并告知他:"明天我将遣责你并将你作为最坏的异端烧死在刑柱上。"

死难者有多少?微软出品的电子百科全书(Encarta)说托尔克马达"处死数千人"。乔纳森·基尔希(Jonathan Kirsch)认为宗教裁判所的死亡名单是"难以计数的数千人"。④ 宗教自由百科全书与埃德蒙·帕里斯(Edmond Paris)⑤ 都认为托尔克马达的受害者总数达到一万人,帕里斯还声称另有 12.5 万人死于托尔克马达狱中的折磨和物资匮乏。许多历史学家接受了"保守"估计,认为在宗教裁判所的运转期间有超过 3.5 万人死在火刑柱上,⑥ 但一位非常晚近的作者宣称说,仅仅在托尔克马达在任期间,

---

① Edward Peters, *Inquisition*, Berlekey: Univ. of California Press, 1989, pp. 133 – 134.

② 哥伦比亚百科全书第六版,"宗教裁判所"条目。(New York: Columbia Univ. Press, 2001)。

③ Will Durant, *The Age of Faith*, Vol. 4 of *The Story of Civilization*, New York: Simon and Schuster, 1950, p. 784.

④ Jonathan Kirsch, *The Grand Inquisitor's Manuel: A History of Terror in the Name of God*, San Francisco: HarperOne, 2008, p. 3.

⑤ Edmond Paris, *Genocide in Satellite Croatia, 1941 – 1954*, Chicago: American Institute for Balkan Affairs, 1961, p. 4.

⑥ Cecil Roth, *The Spanish Inquisition*, New York: Norton, [1964] 1996; R. J. Rummel, *Death by Government*, New Brunswick, NJ: Transaction, 2008.

就有超过 10 万人死亡。① 另一位历史学家则提出，宗教裁判所"在三十六年当中"烧死了"接近 12 万人"。② 甚至还有一种说法是，被宗教裁判所判刑的人总数超过 300 万，"其中 30 万人被烧死在火刑柱上"。③

抛开这些迥异的对于死亡数字的估计不谈，每个人都同意宗教裁判所是一个浸透了施虐狂热的浴血之地。在他最近的揭发材料，《主审判官手册：以上帝之名的恐怖史》（2008）当中，乔纳森·基尔希用著作的第二个段落描述了这样一种景象："只由火把照明的地牢里戴着兜帽的男人……在男人与女人赤裸的肉体上使用各种刑具，被折磨者唯一的罪名就是怀有某些被教会视作异端的思想……施刑者全无怜悯之心，而他们以一种当然的信念进行工作——他们相信被烧焦的人类血肉的恶臭'对于圣三位一体和童贞马利亚来说是值得喜爱的'"。

但有关西班牙宗教裁判所的最为令人震惊的真相是，以上所有这些要么是彻头彻尾的谎言，要么就是胡乱的夸大！

创造"黑暗传说"

对西班牙宗教裁判所的典型记载是在 16 世纪由英格兰和荷兰的宣讲者在他们与西班牙的战争期间发明并流传开来的，而后则被急于保持"作为一个狂热盲信者的国度的西班牙形象"的历史学家一再重复，或怀恶意，或被误导。④ 西班牙的这一形象如今被公正的历史学家称为"黑暗传说"，美国历史学家查尔斯·吉布森将之定义为"长久积累下来的宣传传统和将［西班牙］……视为残忍、固执、剥削和自以为是的西班牙恐惧症"。⑤ 尽管这些有关西班牙的残暴的传说发源于伊丽莎白女王和西班牙无敌舰队时期，但它们并未消泯，而是被一代又一代的"令人尊敬的"英国历史学家延续下来，这些人也公开表达了他们对于罗马天主教的轻蔑

---

① Simon Whitechapel, *Flesh Inferno: Atrocities of Torquemada and the Spanish Inquisition*, New York: Creation Books, 2002.
② John M. Robertson, *A Short History of Christianity*, London: Watts, 1902, p. 290.
③ Dave Hunt, *A Woman Rides the Beast: The Roman Catholic Church and the Last Days*, Eugene, OR: Harvest House, 1994, p. 79.
④ Helen Rawlings, *The Spanish Inquisition*, Oxford: Blackwell, 2006, p. 1.
⑤ 引自 Benjamin Keen, "The Black Legend Revisited: Assumptions and Realities", *Hispanic American Historical Review* 49: 703 – 719, 1969, p. 708。

和敌意——这种态度反映在，直到 1871 年为止牛津和剑桥仍然不允许天主教学生入学。

然而，对于西班牙宗教裁判所最为离奇的夸大是由西班牙的"叛国者"所发明和不断激发的。"孟他努斯"是一个变节的西班牙隐修士所使用的笔名，他后来成了路德派教徒并逃到了挪威，在那里他写下了他声名狼藉的著作。正如著名的爱德华·比德斯所指出的："一部分孟他努斯的申述建立在准确性的基础上，而就此而言他反而向准备好了相信最坏情形的读者呈现了一种极具误导性的对于宗教裁判所的描述……孟他努斯将宗教裁判所的每一个牺牲品都说成无辜之人，每一个宗教裁判所的官员都唯利是图且阴险狡猾，审讯过程中的每一个环节都违背自然法与理性法。"① 19 世纪早期，住在伦敦的西班牙流亡者 D. 安东尼奥·普格布兰查（D. Antonio Puigblanch，1775—1840）对宗教裁判所进行了又一次耸人听闻的攻击：《摘掉面具的宗教裁判所：对于巨型特别法庭的历史和哲学记载》（1816）。这一流传甚广的两卷本篇幅接近 1000 页，致力于详尽叙述"这一特别法庭所犯下的……累累罪行……使得其声名如此之坏——这些罪行格外令人生厌，是因为它们是在宗教的准许下犯下的"。② 最近，基辛格（Kessinger）出版社将这部著作列入了它"罕见再版"的名录中。

真实的宗教裁判所

欧洲宗教战争时期这些偏见大行其道，这并不令人吃惊。同样不会令人吃惊的还有这种无意义的仇恨在激烈反对天主教的时代也被延续下来，而这在英国（和美国）一直持续到 20 世纪。③ 但那些不负责任的当代"学者"并没有类似的借口能够为他们无视或者否认上一代人完成的对于宗教裁判所的出色研究而继续支持这种观点开脱。④ 这的确令人震惊，新

---

① Edward Peters, *Inquisition*, Berlekey: Univ. of California Press, 1989, p. 134.

② D. Antonio Puigblanch, *The Inquisition Unmasked: Being an Historical and Philosophical Account of the Tremendous Tribunal*, 2 vols, London: Baldwin, Cradock, and Joy, 1816, p. 131.

③ Philip Jenkins, *The New Anti-Catholicism: The Last Acceptable Prejudice*, Oxford: Oxford Univ. Press, 2003.

④ 特别是 Helen Ellerbe, *The Dark Side of Christianity History*, Windermere, FL: Morningstar and Lark, 1995; Jonathan Kirsch, *The Grand Inquisitor's Manuel: A History of Terror in the Name of God*, San Francisco: HarperOne, 2008。

一代的历史学家对于宗教裁判所的研究已经揭示,对比整个欧洲的世俗法庭而言,西班牙宗教裁判所是一种始终维护正义、相对克制、维护法定诉讼程序和启蒙精神的力量。①

这些历史学家(其中的很多人既不是西班牙人也不是天主教徒)将他们的非议观点建立在对于阿拉贡和卡斯提尔的宗教裁判所的完整档案的研究之上,这二者合到一起统称西班牙宗教裁判所。而后,他们还阅读了1540—1700年之间两个宗教裁判所的44701个案例的所有详细记载。在当时,这些记载是作为秘密被写下的,因此教士们没有任何理由去歪曲事实进程。这些事例不仅是历史细节的金矿;它们还被输入了一个统一数据库用以进行统计分析。② 此外,这些历史学家也做了大量的更为传统的研究,翻阅了大量的日记、信件、记载和其他旧档案。研究的结果无可置疑。本章剩余部分对其主要的发现做了梳理。

死　者

抛开火刑不谈,信仰审判这一概念并不意味着处死,而最好被译成"信仰行动"。审判官们重视忏悔远过于重视惩罚,因此信仰审判是由触

---

① Jaime Contresras and Gustave Heningsen, "Forty‐four Thousand Cases of the Spanish Inquisition (1540—1700): Analysis of a Historical Data Bank", In Gustav Henningsen and John Tedeschi, *The Inquisition in Early Modern Europe*: *Studies on Sources and Methods*, 100 – 129, Dekalb: Northern Illinois Univ. Press, 1986; James B. Given, *Inquisition and Medieval Society*: *Power*, *Discipline*, *and Resistance in Languedoc*, Ithaca, NY: Cornell Univ. Press, 1997; Steven Haliczer, *Inquisition and Society in the Kingdom of Valencia*, *1487 – 1834*, Berkeley: Univ. of California Press, 1990; Gustave Henningsen, *The Witches Advocate*: *Basque Witchcraft and the Spanish Inquisition* (*1609 – 1614*), Reno: Univ. of Nevada Press, 1980; Gustav Henningsen and John Tedeschi, *The Inquisition in Early Modern Europe*: *Studies on Sources and Methods*, 100 – 129, Dekalb: Northern Illinois Univ. Press, 1986; Henry Kamen, *The Phoenix and the Flame*: *Catalonia and the Counter Reformation*, New Haven: Yale Univ. Press, 1993, Henry Kamen, *The Spanish Inquisition*: *An Historical Revision*, London: Weidenfeld & Nicholson, 1997; Brian P. Levack, *The Witch‐Hunt in Early Modern Europe*, 2nd ed., London: Longman, 1995; E. William Monter, *Frontiers of Heresy*: *The Spanish Inquisition form the Basque Lands to Sicily*, Cambridge: Cambridge Univ. Press, 1990; Helen Rawlings, *The Spanish Inquisition*, Oxford: Blackwell, 2006.

② See Gustav Henningsen and John Tedeschi, *The Inquisition in Early Modern Europe*: *Studies on Sources and Methods*, 100 – 129, Dekalb: Northern Illinois Univ. Press, 1986.

犯了不同规条的人对其罪行进行公开忏悔并从而被教会所接受的公开展示构成的。只在非常少的情况下信仰审判会以罪犯被送到市政当局处以死刑告终（宗教裁判所从未执行过实际的死刑）。即使如此，信仰审判的次数也并不频繁。在托莱多市，1575—1610 年之间只举行过十二次信仰审判，"其中有 386 名罪人出席"。① 因此，显而易见，在西班牙每周都有许多人被烧死的传闻只是恶意的臆造。所以，死难者究竟有多少？

　　宗教裁判所开始运转的起初几十年并没有像 1540 年以后那样得到详细记载，但现在历史学家们同意，这是它最为血腥的时期，可能有大约 1500 人被处死，或者说，大约一年有三十次死刑。② 到记载详尽的时期，44701 个判例里只有 826 人被处以死刑，只占被审判总人数的 1.8%。③ 累加起来，超过两百年里被处死的人数大约为 2300 人，这个总数与"保守的"宗教裁判所烧死超过 3 万人的估计也有着天壤之别。实际上，在西班牙宗教裁判所的命令下被处死的人数甚至少于圣巴多罗缪日的屠杀期间在巴黎被杀的 3000 名法国加尔文教徒。④ 也可以将它与亨利八世所做的将数以千计的英格兰路德派教徒、罗拉德派教徒和天主教徒（也包括他妻子中的两位）煮死、烧死、砍头以及绞死的行为相比较。⑤ 1480—1700 年期间，整个西班牙境内宗教裁判所判处的死刑平均每年只有十例——而且通常只对累犯！当然，以现代西方的标准而言，每年十例因不同的宗教上的不一致行为而导致的死刑似乎也是一种相当可怕的过分行径，但在那个时代，整个欧洲都没有宗教宽容可言，而对于任何违法行为，无论是宗教的还是非宗教的，死刑都是基本标准。因此，在这样的环境中，西班牙宗教裁判所已经克制得令人瞩目。

---

　　① Helen Rawlings, *The Spanish Inquisition*, Oxford: Blackwell, 2006, p. 37.
　　② E. William Monter, *Frontiers of Heresy: The Spanish Inquisition form the Basque Lands to Sicily*, Cambridge: Cambridge Univ. Press, 1990.
　　③ Jaime Contresras and Gustave Heningsen, "Forty-four Thousand Cases of the Spanish Inquisition (1540—1700): Analysis of a Historical Data Bank", In Gustav Henningsen and John Tedeschi, *The Inquisition in Early Modern Europe: Studies on Sources and Methods*, 100-129, Dekalb: Northern Illinois Univ. Press, 1986.
　　④ Henry Chadwick and G. R. Evans, *Atlas of the Christian Church*, New York: Facts on File, 1987, p. 113.
　　⑤ Raphael Holinshed, *Holinshed's Chronicles*, New York: AMS, [1587] 1965.

酷　刑

在流行文化当中，"宗教裁判所"一词几乎是酷刑的同义语。约翰·道林（John Dowling，1808—1878）解释说："就天主教的所有残酷发明而言，宗教裁判所是其中的杰作……即使是撒旦自己也不可能构想出更加恐怖的酷刑和流血的情形了。"① 因此，正如以上我们所指出过的，人们想当然地认为死于宗教裁判所的监牢和行刑室当中的可怜灵魂远多于坚持到活着被绑上火刑柱的人数。

这可能是所有事情当中最大的谎言！欧洲的所有法庭都使用刑罚，但宗教裁判所所用的远比其他法庭少得多。一方面，教会法律将刑罚限制在不超过十五分钟的范围内，而以不危害到生命以及肢体为界限。同样地，也不会流血！② 当然，在这样的规定之内应用了一些令人非常痛苦的技术，但即使如此，刑罚也很少会被使用，这或许是因为"审判官自己对于使用刑讯作为定罪方法的效率和可靠性存有疑虑"。③ 如果使用刑讯，其过程会由一位教士进行详细记录，而这份材料会被包括在案件记录当中。④ 以这些数据为基础，托马斯·马登（Thomas Madden）估计，在遇到的所有案子当中审判官大约只在 2% 的案件中使用了刑讯。⑤ 此外，这一点得到了广泛认同，宗教裁判所的监狱在欧洲已经是最为舒适和人道的了；有这样的案例记载说，"西班牙的罪犯会故意犯下渎神罪行以求被转送到宗教裁判所监狱去"。⑥

所以事情就是这样。与通常的传闻恰恰相反，宗教裁判所很少使用火刑柱，几乎不折磨任何人，并且维持监狱的不同寻常的整洁。但它的审判程序是什么样的呢？本章的余下部分将检视宗教裁判所的运转过程，这是

---

① John Dowling, *The History of Romanism*, Lincolnshire, IL: Vance, [1845] 2002, p. 16.

② Henry Kamen, *The Spanish Inquisition: An Historical Revision*, London: Weidenfeld & Nicholson, 1997, p. 190; Thomas F. Madden, "The Truth About the Spanish Inquisition", *Crisis Magazine* (October): 24 – 30, 2003, p. 30.

③ Helen Rawlings, *The Spanish Inquisition*, Oxford: Blackwell, 2006, p. 33.

④ Edward Peters, *Inquisition*, Berlekey: Univ. of California Press, 1989, p. 93.

⑤ Thomas F. Madden, "The Truth About the Spanish Inquisition", *Crisis Magazine* (October): 24 – 30, 2003, p. 30.

⑥ Ibid., p. 29.

在被控罪名的基础上组织起来的。

巫　术

　　或许历史上没有什么统计数字会像 1450—1700 年发生在欧洲的疯狂时期被当成巫师而处死的人数那样被如此肆无忌惮地夸大了。许多作者将最终的死亡总数定在九百万，将之与对犹太人的大屠杀相提并论。① 在承认清教徒也烧死了许多巫师的同时，历史学家们仍然将主要的责任归于宗教裁判所；一位著名的历史学家甚至宣称猎捕巫师行动是由宗教裁判所开始的，因为已经没有异端可以让它烧死。② 另外的一些历史学家则将整件事归咎于对独身主义的激烈追求，这激起了牧师们针对女性的"积极的报复和消灭的活动"。③ 最后，一种普遍的说法是猎捕巫师行动是在"黑暗时代"的宗教极端主义被"启蒙运动"所推翻之日才告终结。④

　　这是满怀恶意的造谣，所有这些都是。

　　注意这一点，巫师猎捕正是在通常所说的启蒙时代达到了高潮！事实上，在他的名著《利维坦》当中，著名英国哲学家和启蒙运动的支持者托马斯·霍布斯（Thomas Hobbes，1599—1679）写道："至于巫师……他们获得了公正的惩罚。"⑤ 另一位"启蒙运动"的代表人物简·搏定（Jean Bodin，大约 1530—1596）是负责审判巫师的法官，他支持用最小的火慢慢地将巫师烧死。⑥ 实际上，17 世纪许多杰出的科学家，包括罗伯

---

① Mary Daly, *Gyn/Ecology: The Metaethics of Feminism*, Boston: Beacon, 1978; Norman Davies, *Europe: A History*, Oxford: Oxford Univ. Press, 1996, p. 567; Andrea Dworkin, *Woman Hating: A Radical Look at Sexuality*, New York: Dutton, 1974; Pennethorne Hughes, *Witchcraft*, London: Longmans, Green, 1952.

② George Lincoln Burr, *Translations and Reprints form the Original Sources of European History*, Philadelphia: Univ. of Pennsylvania Press, 1897, p. 1.

③ W. H. Trethowan, "The Demonopathology of Impotence", *British Journal of Psychiatry* 109: 341 – 347, 1963, p. 343.

④ Jacob Burckhardt, *The Civilization of the Renaissance in Italy*, New York: Penguin Books, [1885] 1990; W. E. H. Lecky, *History of the Rise and Influence of the Spirit of Rationalism in Europe*, New York: D. Appleton, [1865] 1903.

⑤ Thomas Hobbes, *Leviathan*, Vol. 1, Chicago: Henrey Regnery, [1651] 1956, p. 21.

⑥ H. R. Trevor - Roper, *The Crisis of the Seventeenth Century: Religion, the Reformation, and Social Change*, Indianapolis: Liberty Fund, [1969] 2001, p. 112.

特·波义耳在内,都鼓励猎捕巫师。①

谈到死亡人数,近年来有能力的学者已经逐国地收集了详细证据并发现"公认的"总数纯属臆测。举例来说,长久以来人们预设在1600—1680年间的英格兰,"有大约4.2万名巫师被烧死"②,但最为可靠的数字证明在长达三百年的时期里这个数字远低于1000人。③ 类似地,对于最终的死亡人数的准确估计也不是900万,而是大约6万!④ 甚至是在这样一个悲剧性的总数当中,也需要认识到受害者当中只有很少的一部分人是被西班牙宗教裁判所判处死刑的——这个群体是如此之少,以至于著名历史学家威廉·蒙特(William Monter)将他对于宗教裁判所的统计学研究著作中的一章命名为"巫术:被遗忘的罪名"。⑤ 这是对数据的回应,数据显示在1540—1640年,欧洲大部分地区的巫师猎捕都处于高峰期的一百年间,阿拉贡的宗教裁判所(西班牙的两所宗教裁判所之一)因"迷信和巫术"处死的只有十二个人。⑥ 这应当自始至终地得到承认。甚至是激烈反对天主教的历史学家亨利·L. 利(Henry L. Lea, 1825—1909)也同意巫师猎捕"在西班牙相对无害"并且这"是由于宗教裁判所的智慧与坚决"。⑦ 让我们从一些细节来看看这种智慧与坚决。

首先,重要的是认识到是什么支持了巫术指控,因为它所指向的并非只是无根据的歇斯底里——许多人实际上是"做了某事"而导致被指控。他们所做的是实践魔法。正如人们会期待的那样,在一个缺乏医学知识的

---

① Robin Briggs, *Witches and Neighbors: The Social and Cultural Context of European Witchcraft*, New York: Penguin Books, 1998.

② Theo B. Hyslop, *The Great Abnormals*, New York: Doran, 1925, p. 4.

③ C. L'Estrange Ewen, *Witch Hunting and Witch Trials*, London: Kegan, Paul, Trench, Trübner, 1929; Brian P. Levack, *The Witch-Hunt in Early Modern Europe*, 2nd ed., London: Longman, 1995; Keith Thomas, *Religion and the Decline of Magic*, New York: Scribner, 1971.

④ Robin Briggs, *Witches and Neighbors: The Social and Cultural Context of European Witchcraft*, New York: Penguin Books, 1998; Steven T. Katz, *The Holocaust in Historical Context*, Vol. 1, New York: Oxford Univ. Press, 1994; Brian P. Levack, *The Witch-Hunt in Early Modern Europe*, 2nd ed., London: Longman, 1995.

⑤ E. William Monter, *Frontiers of Heresy: The Spanish Inquisition form the Basque Lands to Sicily*, Cambridge: Cambridge Univ. Press, 1990.

⑥ Rodney Stark, *For the Glory of God: How Monotheism Led to Reformation, Science, Witch-Hunts, and the End of Slavery*, Princeton: Princeton Univ. Press, 2003, p. 258.

⑦ Henry C. Lea, *A History of the Inquisition in Spain*, 4 vols, New York: Macmillan, 1906-1907, 4: 206.

年代里，医疗魔法在欧洲十分盛行，用魔法影响天气、收成、爱情、财富和其他人类所关心的问题的努力也相当普遍。如同我们在第十五章中所指出的，关键的区别是教会与非教会魔法之间的区分。

教会魔法种类繁多：圣井、圣泉、圣墓，以及圣祠到处都是，祈求者可以寻求任何种类的奇迹和赐福。此外，牧师有大量的符咒、祷词和仪式可以用来处理大多数人们所关心的问题，特别是治疗疾病——有许多牧师专攻驱魔术。与教会魔法的精致系统相应的是广泛存在的民间或者传统魔法文化，其中的一个重要部分也致力于健康问题的治疗。有些这种魔法可以追溯到前基督教时期，而其中的许多则是教会魔法的混乱的变体。非教会魔法是由当地的执业者进行的，有些时候他们被称为"巫者"。通常情况下这些执业者也采用非魔法的手段，就像是在产婆的例子当中那样，产婆往往将她们的实践技术和魔法咒语相结合用以接生婴儿。应该指出的是，有些时候教士会"腐蚀"教会魔法，比如一位村庄神父用圣油给硬币施洗，这是希望它们一旦被花掉就能很快被替代，① 也有许多神父为不同的对象施洗，比如磁石，这是为了调制爱情药水，尽管爱情药水遭到了教会的强烈谴责。② 即使是由神父所施行的，这些活动仍然被宗教当局视为非教会魔法。

所有的魔法都会在某些时刻奏效。因此，一些患者在找过他们当地的神父之后病情就好转了。但去找了他们当地的"巫者"的那些人也同样地好转了。这提出了一个严峻的神学课题，而试图为此找到一个理性解释的努力导致了悲剧。问题是这样的：如果教会魔法的奏效是因为上帝在它当中注入了神力，那么为什么非教会魔法也会奏效？理所当然，这些力量不会是来自上帝。结论似乎是显而易见的：非教会魔法奏效了，因为撒旦为其注入了力量！因此，实践非教会魔法意味着求助于撒旦和他的魔鬼。这就是巫术的定义。③

---

① Jaime Contresras and Gustave Heningsen, "Forty–four Thousand Cases of the Spanish Inquisition (1540—1700): Analysis of a Historical Data Bank", In Gustav Henningsen and John Tedeschi, *The Inquisition in Early Modern Europe: Studies on Sources and Methods*, 100–129, Dekalb: Northern Illinois Univ. Press, 1986, p. 103.

② Mary R. O'neil, "Discerning Superstition: Trials of Clerics and Exorcists in Sixteenth Century Italy", Paper presented at the International Congress on Medieval Studies, Kalamazoo, Michigan, 1981, p. 11.

③ 对这些事件的完整描述见 Rodney Stark, *For the Glory of God: How Monotheism Led to Reformation, Science, Witch–Hunts, and the End of Slavery*, Princeton: Princeton Univ. Press, 2003, 第三章。

第十九章 关于西班牙宗教裁判所的令人震惊的真相

试图揭露并镇压以非教会魔法形式出现的邪恶的努力很快在欧洲的许多地区导致了普遍的恐慌情绪。所有种类的可怕传闻和恐慌情绪都在迅速传播,特别是在那些统治力量薄弱的地区,暴徒和地方当局都在巫术浪潮当中遭到清洗。同样的恐慌和混乱也出现在西班牙人当中,但在这里它们得到了宗教裁判所的有效遏制。

宗教裁判所在西班牙阻止了巫师浪潮的一个原因是在非教会魔法的第一次应用案例当中,审判官就对被告所说的话给予了密切注意。他们所了解到的是魔法执业者并无任何求助撒旦之力的意图。实际上,有许多观念也被用在教会魔法中!这是因为这些活动和涉及的过程与那些被授权由圣职人员使用的程序非常相似——背诵祈祷书当中的片段,向圣徒祈求帮助,将取自当地教堂的圣水洒在遭受痛苦的区域,还有反复地画十字符号。结果是,被告在深切的惊喜当中被告知,他们并没有做错。

事实上,这些活动没有被认定为教会魔法的主要原因是被告没有被授予圣职,因此他们无权主持这样的活动。因此,如果他们的魔法奏效了,这也不是上帝之所为。也就是说,西班牙的审判官们在这一点上与他们在其他国家的同事们是一致的,非教会魔法之所以能够奏效,只能是由于撒旦的介入。但是,由于他们以同情之心听取了被告的供词,西班牙审判官们"在向魔鬼的隐含的祈求和明确的祈求之间"作出了一个关键性的区分。① 因此,他们预设,大多数使用非教会魔法的被告(包括牧师)是真诚的天主教徒,无意为害,也不知道是在祈求魔鬼的帮助。尽管对于魔鬼的隐含祈求也是错误的,但这种行为应当通过通常的方式,通过忏悔和赦罪,得到宽恕。因此,几乎没有巫师被西班牙宗教裁判所送上火刑柱,那些遭遇了此等命运的人通常都是第三次或第四次遭到指控。

更重要的是,宗教裁判所应用其权力和影响力镇压了当地暴徒或世俗当局所发动的巫师猎捕活动。其中一个例子出现在1549年的巴塞罗那,正值最为残暴的巫师猎捕在欧洲其他地区爆发之际。当地官员将七个女人指为巫师,而宗教裁判所的地方分局的官员提出要将她们烧死。最高法庭(suprema,宗教裁判所的统治机构)的成员因发生了这样的事而深感震

---

① Mary R. O'neil, "Magical Healing, Love Magic and the Inquisition in Late Sixteenth Century Modena", In *Inquisition and Society in Early Modern Europe*, edited by Stephen Haliczer, 88 – 114, London: Croom Helm, 1987, p. 90.

惊，并派遣审判官弗朗西斯科·瓦卡（Francisco Vaca）前往调查。抵达后他解除了宗教裁判所在当地的代表的职务，并命令立即释放当时被判处死刑的两名女性。在进一步的调查之后，他驳回了所有未决的指控并要求将所有被罚没的财产返还给受害者家属。在他的报告当中，瓦卡将有关巫术的指控斥为"可笑"，并写道，"这是史有所载的巫师迫害当中最为可憎的起诉书之一"。① 他在最高法庭的同事们认同了这种处理并在之后将他们的复仇转移到了那些进行了未被授权的巫师猎捕的人头上，处死了其中的许多人并判处其他人服长期苦役。②

即使如此，1610 年在洛格洛诺仍然有六个人被当地官员当成巫师烧死。在听说这件事之后，最高法庭派出了阿隆索·德·萨拉查·伊·弗瑞亚斯（Alonso de Salazar y Frias），他花了超过一年时间用于探访当地居民并请求他们批判自身的错误（很大程度上与迷信和魔法相关）。在其使命的最后阶段，萨拉查报告说，他已经净化了 1802 个人，使其重归教会。他也报告了有关巫术的调查的负面结果："我没有发现哪怕是最为细微的能够证明单纯的巫术行为曾经真实发生过的证据。"③ 萨拉查进而建议说，应当致力于制止有关这一话题的公开讨论和煽动性言论；在布道过程中关于巫术的讲授尤其应当被小心避免，因为他发现，"这里既没有巫师也没有被施巫术的人，除非它们被谈及和写到"。④

萨拉查的报告很快就在整个欧洲的圣职人员当中广泛流传。他们当中的大多数人，包括耶稣会教士弗里德里希·冯·施佩在内，不久之后就加入了抨击巫师猎捕的行列，正是他们的影响力，特别是他们对于刑讯取得的证据不予采信的态度，使得烧死巫师的行为在天主教地区宣告终结——这种影响很快也渗入了新教地区。一部分历史学家乐于宣称巫师猎捕行为告终是因为它遭到了"启蒙运动"参与者的攻击，比如鲍尔萨泽·贝克（Balthasar Bekker）。但直到天主教圣职人员拒绝相信巫师是狂热的，并且

---

① Henry Kamen, *The Phoenix and the Flame: Catalonia and the Counter Reformation*, New Haven: Yale Univ. Press, 1993, p. 238.

② Henry Kamen, *The Phoenix and the Flame: Catalonia and the Counter Reformation*, New Haven: Yale Univ. Press, 1993, Henry Kamen, *The Spanish Inquisition: An Historical Revision*, London: Weidenfeld & Nicholson, 1997.

③ Henry Kamen, *The Spanish Inquisition: An Historical Revision*, London: Weidenfeld & Nicholson, 1997, p. 274.

④ Ibid..

使得谈论对它的质疑这一行为安全无虞的努力接近一百年以后，仍然没有出现过任何这样的"启蒙"的攻击。①

异　　端

西班牙宗教裁判所的创立是为了应对成为基督徒的犹太人和穆斯林所带来的社会危机。这一流传甚广的故事歪曲了其中提到的所有人。它将犹太人和穆斯林皈依者说成是完全不真诚的，说他们只是伪装成基督徒，而事实上继续以"秘密犹太人"（Marranos）或者"秘密穆斯林"（Moriscos）的方式生活。它也将宗教裁判所描绘为残酷地决定揭掉所有这些伪装者的面具并将他们作为异端烧死的机构。事实是，几乎所有的犹太人和大部分的穆斯林皈依者都是真诚的，而宗教裁判所的建立是为了镇压和取代法定诉讼程序内阶段性爆发的针对他们的暴动事件，以及揭露那些不真诚的皈依者。在宗教裁判所开始运转的不久之后，路德的宗教改革就撼动了欧洲的宗教观念，后来，其他新教运动也加入了这一行列。尽管西班牙国王是坚定的天主教徒，一个较小的秘密路德派运动仍然在西班牙兴起了（神父和隐修士经常参与其中），而宗教裁判所被命令镇压它。

秘密犹太人（Marranos）

在超过一千年时间里，生活在西班牙的犹太人比"中世纪欧洲各国加起来"还要多。② 正是在西班牙，一种希伯来语法的创立使得希伯来语的复兴成为可能——离散犹太人已经完全失去了读写希伯来文的能力，他们的经书早在耶稣诞生之前数百年就已经需要被翻译成希腊语。但在西班牙，从 10 世纪开始突然出现了希伯来文诗歌和其他文学的繁荣。③ 此外，希伯来文复兴的中心是在西班牙的基督教地区之内，而当基督教军队逐渐

---

① Rossell Hope Robbins, *The Encyclopedia of Witchcraft and Demanology*, New York: Crown, 1959, p. 45.

② Norman Roth, *Conversos, Inquisition, and the Expulsion of the Jews from Spain*, Madison: Univ. of Wisconsin Press, 2002, xi.

③ Jonathan P. Decter, *Iberian Jewish Literature: Between al‑Andalus and Christian Europe*, Bloomington: Univ. of Indiana Press, 2007.

将穆斯林赶往南方，犹太人仍然在向北迁移。当犹太少数族裔享受着与他们的社会环境之间的和睦关系的时候，通常就会发生大量的皈依，① 这正是在西班牙所发生的事情。犹太人皈依基督教的浪潮开始于 14 世纪，当时受洗的人成千上万，因而被称为皈依者（西班牙语 conversos）。② 这带来了西班牙犹太人社群当中的大规模苦难——迈蒙尼德（Maimonides）提及皈依者遭到偶像崇拜者投掷石块。更糟的是，由于西班牙的犹太领导者预设没有犹太人愿意放弃信仰，他们得出了这样的结论，这些皈依者一定在某种程度上是受强迫的，并且也是不真诚的——一个在之后错误百出的历史记载当中存续至今的谎言。③ 事实上，这些皈依者相当真诚，以至于不久之后许多西班牙的杰出基督徒，包括主教和枢机主教在内，都有来自改信者家族的血统。的确，1391 年布尔戈斯的首席拉比本人及其整个家族都接受了洗礼，最终他做了布尔戈斯的主教。④ 犹太皈依者的绝对数量和他们的卓越声望（国王费迪南德的祖母是皈依者），⑤ 阻碍了同化并导致了"旧"基督徒与"新"基督徒之间的敌意，这最终导致了双方之间的武力冲突。并不令人惊讶，"旧"基督徒指责"新"基督徒是不够真诚的"秘密犹太人"，而一部分西班牙犹太人又过于急切地试图支持这种指控。最终证明这是被误导的，因为针对皈依者的敌意不久后就扩大成了"旧"基督徒对于犹太人的攻击。

宗教裁判所受命要解决的正是这种混乱。审判官可以镇压许多暴动和混乱，但不能带来持续的安宁，而其悲剧性的结果则是 1492 年颁布的法令，要求西班牙残留的犹太人要么皈依，要么离境。然而，宗教裁判所最终消弭了与"秘密犹太人"相关的冲突。这很大程度上是由于他们没有遇到多少阻碍。与围绕这个话题展开的大量愤怒的文献记载相比起来，尽

---

① Rodney Stark, *One True God: Historical Consequences of Monotheism*, Princeton: Princeton Univ. Press, 2001, 第四章。

② Jane S. Gerber, *The Jews of Spain*, New York: The Free Press, 1994, p. 117.

③ 举例来说，"以上提及的大部分皈依案例都出自强迫"。(B. Netanyahu, *The Origins of the Inquisition in Fifteenth Century Spain*, 2nd ed., New York: New York Review Books, 2001, xvi.) 也可参见 Joseph Perez, *The Spanish Inquisition: A History*, New Haven: Yale Univ. Press, 2005。

④ Joseph Perez, *The Spanish Inquisition: A History*, New Haven: Yale Univ. Press, 2005, p. 10.

⑤ Norman Roth, *Conversos, Inquisition, and the Expulsion of the Jews from Spain*, Madison: Univ. of Wisconsin Press, 2002, p. 320.

管有许多案件被审判，但其真实总数远低于预期，那些文献通常似乎是在暗示大多数皈依者都被拉到了审判官面前。西班牙宗教裁判所的两个分支之一，也是因其死刑而被抗议者捣毁的那一所——阿拉贡的宗教裁判所（1540—1640）的数据表明在所有案件当中只有 942 例，或者说 3.6%，被指为秘密犹太人，远低于被控为秘密穆斯林或新教徒的人数。这些被指控的秘密犹太人当中有许多人最终无罪释放。不仅如此，而且在 942 个被告当中，只有 16 人（1.7%）被处死。① 对于类似塞西尔·罗斯（Cecil Roth, 1899—1970）所做的宣称的讨论到此为止，他曾提及秘密犹太人"为被判处死刑的人……提供了不成比例的极高数字"，② 还有内塔尼亚胡（Netanyahu）的不实指控，他宣称宗教裁判所"几千几千地烧死他们"。③

秘密穆斯林

秘密穆斯林意指那些在被基督教重新征服之后假装皈依基督教而没有离开西班牙的穆斯林。秘密穆斯林比犹太人或者从犹太教来的皈依者带来了大得多的威胁。他们人数众多，在某些清晰的地域中他们往往会构成居民的绝大多数，他们讲他们自己的语言，而他们的皈依经常是被迫的。实际上，秘密穆斯林发动了许多次流血叛乱。④ 即便如此，许多犹太历史学家仍然宣称，宗教裁判所对待秘密穆斯林远比对待秘密犹太人要仁慈："被审判的秘密穆斯林远比皈依者［秘密犹太人］少得多。"⑤ 完全错了！阿拉贡的宗教裁判所以秘密穆斯林的指控为名判处了 7472 个案子，占它所过问的总案件数的 29%。其中，181 人被处死，占总数的 2.4%，这一

---

① 作者的计算根据 Jaime Contresras and Gustave Heningsen, "Forty-four Thousand Cases of the Spanish Inquisition (1540—1700): Analysis of a Historical Data Bank", In Gustav Henningsen and John Tedeschi, *The Inquisition in Early Modern Europe: Studies on Sources and Methods*, 100-129, Dekalb: Northern Illinois Univ. Press, 1986 和 E. William Monter, *Frontiers of Heresy: The Spanish Inquisition form the Basque Lands to Sicily*, Cambridge: Cambridge Univ. Press, 1990。

② Ceicil Roth, *The Spanish Inquisition*, New York: Norton, [1964] 1996, p.132.

③ B. Netanyahu, *The Origins of the Inquisition in Fifteenth Century Spain*, 2nd ed., New York: New York Review Books, 2001, xvi.

④ Anwar G. Chejne, *Islam and the West: The Moriscos*, Albany: State Univ. of New York Press, 1983.

⑤ Joseph Perez, *The Spanish Inquisition: A History*, New Haven: Yale Univ. Press, 2005, p.43.

比例也略高于秘密犹太人。

路德派(Luteranos)

各种各样的新教改革在西班牙收效甚微。很大程度上是因为教会改革的较早尝试在西班牙非常成功。耶鲁著名的罗兰·班顿（Roland Bainton, 1894—1984）指出："西班牙在新教以前就开展了天主教改革。"① 其结果是公众对于教会支持率的大幅上升，也缺乏其他地方支持路德派和加尔文派的对教会的普遍不满情绪。事实上，大多数支持甚至仅仅是涉足新教的人（在西班牙称为 Luteranos，西班牙语"路德派"）似乎都是圣职人员。无论如何，阿拉贡宗教裁判所受理了2284个被指控为新教徒的人，占总数的8.8%。这些案件的处理结果是122例死刑，占被告总数的5.3%——超过被控为秘密穆斯林的死刑比例的两倍。

在西班牙宗教裁判所存在的时期内，欧洲所有国家都在迫害宗教少数派和异见者。② 除了对罗拉德派和路德派的追捕之外，英格兰还四处搜捕秘密活动的天主教神父并处死了他们抓到的那些人。法国有数千胡格诺派殉道者，荷兰的加尔文派也将神父处以绞刑。再浸礼派同时遭到路德派和德国天主教的攻击，而加尔文在日内瓦同时迫害再浸礼派和天主教徒。但某种程度上，这些活动都被与西班牙宗教裁判所对于新教徒的迫害区别开来对待。

性

审判官也关注性方面的举止不当，并将罪名分为主要的四种。

诱惑指的是神父利用告解和他能够准许或者主持净化的权力而与某个女性发生性行为。在44701例案件当中，有1131例被控诱惑，占总数的2.5%。被控告这一罪名的神父至少会被处以鞭刑，而后这一耻辱会伴随他终生。那些被发现长期存在诱惑行为的牧师则被罚作长期苦役，许多臭

---

① Roland Bainton, *The Reformation of the Sixteenth Century*, Boston: Beacon, [1952] 1985, p. 131.

② Edward Peters, *Inquisition*, Berkeley: Univ. of California Press, 1989, p. 122.

名昭著的案件最终以死刑告终。

重婚在那个时代可能是相当普遍的，当时离婚几乎不可能，但只在很少的情况下它才会变成公众丑闻以至于吸引宗教裁判所的注意（理由是这是亵渎神圣）。即使如此，数据库当中仍然包括2645例重婚罪（占总数的5.9%）。除了宣告第二次婚姻无效之外，通常的处罚只包括进行公开的侮辱和将其从居民社群当中驱逐一段时间。女性占到被指重婚罪人数的20%。①

鸡奸主要是指男同性恋，但有些案例当中女同性恋也遭到了审判，同样地，也有些案例涉及异性恋肛交（通常是建立在妻子提出控告的基础上）。鸡奸罪没有出现在以44701例案件为基础形成的统计数据当中，因为1509年最高法庭宣布，"不会采取任何针对同性恋的措施，除非涉及异端"。② 也就是说，宗教裁判所是在已经宣布鸡奸不是罪行的情况下采取了一些行动。结果是，卡斯提尔的宗教裁判所"再也不曾启动过针对鸡奸的司法程序"，③ 尽管阿拉贡的宗教裁判所仍然这样做。然而，公开的数据只涉及巴塞罗那、巴伦西亚和萨拉戈萨三个城市（1560—1700）。在这三个城市里涉及性犯罪的1829例案件当中，鸡奸占到了其中的38%。④ 同样是在阿拉贡的宗教裁判所的死刑数据当中，有167人因"鸡奸"罪名被处死，对比起来，因"迷信和巫术"处死了12个人，而因"新教徒"罪名被处死的是122个。⑤

即使如此，宗教裁判所对待鸡奸（和大多数性犯罪）仍然比世俗法庭更为宽容。大多数被宗教裁判所控为鸡奸的犯人被处以鞭刑或服短期劳役，甚至有许多死刑得到改判。作为对比，那个时代欧洲大部分地区的世俗法庭将同性恋作为一种致命的罪行。⑥ 举例来说，从12世纪起，法国和意

---

① André Fernandez, "The Repression of Sexual Behavior by the Aragonese Inquisition between 1560 – 1700", *Journal of the History of Sexuality* 7: 469 – 501, 1997, p. 483.

② Henry Kamen, *The Spanish Inquisition: An Historical Revision*, London: Weidenfeld & Nicholson, 1997, p. 268.

③ Ibid..

④ André Fernandez, "The Repression of Sexual Behavior by the Aragonese Inquisition between 1560 – 1700", *Journal of the History of Sexuality* 7: 469 – 501, 1997, p. 483.

⑤ Rodney Stark, *For the Glory of God: How Monotheism Led to Reformation, Science, Witch-Hunts, and the End of Slavery*, Princeton: Princeton Univ. Press, 2003, p. 258.

⑥ Michael Goodish, "Sodomy in Medieval Secular Law", *Journal of Homosexuality* 1: 295 – 302, 1976.

利的市政法庭会将"鸡奸者"送上火刑柱。亨利八世要求议会通过一项"反鸡奸"的法律并在1533年通过了鸡奸罪可处以绞刑的法令。1730年,荷兰也将鸡奸定为死罪。然而,在实际操作当中普通公众并不愿意控告某人犯有鸡奸罪,而无论是世俗法庭还是宗教法庭,都并不想审判他们。

兽交在三个城市的性犯罪案例中占到了27%,尽管有些时候兽交也会包括鸡奸这一分类,而不是相互区分开来。卷入这一罪名的通常是年轻的单身男性,有许多人是牧人,尽管也有不少女性被指与宠物狗发生性关系。兽交被宗教裁判所"几乎始终如一地严厉惩处"①。但即使是在这里,也如同其他的性犯罪案件一样,"对于女性的处置远比对男性要温和"②。

焚　书

宗教裁判所的确烧掉了一些书。其中的很多包含神学异端思想,比如路德派教义,但没有多少科学类的书籍被毁,如果确实有的话——要知道西班牙甚至没有将伽利略的著作放到他们的禁书名单之内。③ 引发人特殊兴趣的是,在宗教裁判所所烧毁的书籍当中,很大部分被指为色情!④ 尽管第一部印刷书籍是圣经和祈祷书,但不久之后印刷商们似乎就发现了对于色情物的或许隐秘但却迫切的市场需求。⑤

结　论

即使它们在新的证据面前全无抵抗之力,庞大的历史虚构也难以真正

---

① Henry Kamen, *The Spanish Inquisition: An Historical Revision*, London: Weidenfeld & Nicholson, 1997, p. 268.

② André Fernandez, "The Repression of Sexual Behavior by the Aragonese Inquisition between 1560 – 1700", *Journal of the History of Sexuality* 7: 469 – 501, 1997, p. 494.

③ Henry Kamen, *The Spanish Inquisition: An Historical Revision*, London: Weidenfeld & Nicholson, 1997, p. 134.

④ E. William Monter and John Tedeschi, "Towards a Statistical Profile of Italian Inquisitions, Sixteenth to Eighteenth Centuries", In Henningsen and Tedeschi, *The Inquisition in Early Modern Europe*, 130 – 157, 1986.

⑤ Paul Findlen, "Humanism, Politics and Pornography in Renaissance Italy", In *The Invention of Pornography*, edited by Lynn Hunt, 49 – 108, Cambridge, MA: M. I. T. Press, 1993; H. Montgomery Hyde, *A History of Pornography*, New York: Dell, 1964.

消失。但就这件事而言，近期仍有许多作者在继续传播旧有的关于"神圣恐怖"的虚构故事，尽管他们对于这些新发现心知肚明。[①] 他们这样做是因为他们决定要证明宗教，特别是基督教，是对于人性的可怕诅咒。所以，这些作者不负责任地将新的研究斥为"护教者"[②] 所写，并继续像之前一样谈论穿着黑袍的施虐怪兽。

[①] Helen Ellerbe, *The Dark Side of Christianity History*, Windermere, FL: Morningstar and Lark, 1995; Jonathan Kirsch, *The Grand Inquisitor's Manuel: A History of Terror in the Name of God*, San Francisco: HarperOne, 2008; Diarmaid MacCulloch, "Evil is Just", *London Review of Book*: 32 (May 13): 23–24, 2010.

[②] Jonathan Kirsch, *The Grand Inquisitor's Manuel: A History of Terror in the Name of God*, San Francisco: HarperOne, 2008.

第六部分　新的世界和基督教的发展

第二十章　多元主义和美国的虔诚

基督教在横渡太平洋之后获得了转变和更新。这不是在拉丁美洲，拉丁美洲直到最近仍然是欧洲式的浮于表面的虔诚的复制品（见第二十二章）。但在北美，基督教遇到了生机勃勃的新状况。

甚至是在早期，欧洲人也因美国的高度宗教委身而感到惊奇，尽管以今天的标准来看当时的委身程度是非常低的。1776年，在独立战争前夕，十三个殖民地之一的居民当中只有大约17%属于一个宗教会众群体①；因此，在周六晚上的小酒馆里痛饮的人可能比周日早晨前往教堂的人更多。至于进入1761—1800年的"清教主义时代"，新英格兰新生儿总数的三分之一诞生于婚后不足九个月的时间里，由此，在殖民地新英格兰，单身女性似乎也更愿意投身于婚前性行为而不是参与教堂活动。②

不过，1818年激进的英格兰记者威廉·科贝特（William Cobbett, 1763—1835）被美国村庄当中教堂的数量和规模所震惊："要注意到，这些不是破败的教堂，它们当中的每一所都比伯特利教堂［他的英格兰村庄当中唯一一所教堂］更大、修建得更好也更漂亮，教堂的庭院被维护到了最为整洁的状态，而几乎所有的坟墓都有墓碑。谈到贵格会的聚会厅，它能把伯特利教堂整个儿装进去，如果你事先把尖顶敲掉的话。"③几年以后，著名的法国访客阿历克斯·德·托克维尔（Alexis de Tocqueville, 1805—1859）指出，"基督教在美国对于人类灵魂所保持的影响

---

① Roger Finke and Rodney Stark, *The Churching of America*, 1776 – 1990: *Winners and Losers in Our Religious Economy*, New Brunswick, NJ: Rutgers Univ. Press, 1992.

② Daniel Scott Smith, "The Dating of the American Sexual Revolution: Evidence and Interpretation", In John F. Crosby, ed., *Reply to Myth: Perspectives on Intimacy*, New York: Wiley, 1985.

③ William Cobbett, *Journal of a Years' Residence in the United States of America* (as expected in Powell), 1967: 43 – 48, 1818, p. 229.

力，世界上没有任何一个国家能够超越"。① 到19世纪中期，一位瑞士神学家观察到，纽约市路德派教堂中的参与程度远比柏林更高。②

如果说欧洲访客因美国人的宗教化程度而感到惊奇，那么前往欧洲的美国人同样也因为他们所观察到的那里宗教参与的缺乏而感到了惊诧。比如说，在这片大陆度过了八年时光之后，第一位重要的美国宗教史学家罗伯特·巴尔德（Robert Baird，1798—1863）在1844年记载说，欧洲没有什么地方的教会参与程度能够与美国人所接受的水平接近。③

但为什么？为什么美国变得如此宗教化？存在于美利坚合众国的非凡的宗教多元主义产生了怎样的影响，而这些信仰又怎样得以和平共存？这些问题是本章的焦点。

殖民多元主义

存在于十三个殖民地当中的极低的宗教参与水平所反映的正是殖民者带来的盛行于欧洲的低水平。需要指出的是，没有多少殖民者是在美国建立起锡安（Zion）的高强度教派（sect）的成员——五月花号上清教徒甚至不占主流。清教徒统治了马萨诸塞州，将他们的道德标准制定成为法律，这掩饰了这样的事实，即使是在马萨诸塞，大多数殖民者也并不属于某个教会团体——只有22%的人是。

此外，一些更大的教团（denomination），比如英国国教会和路德派，作为某些国家教会的海外分支，它们不仅显示出了对于这种建设的热情的典型缺乏，而且还令人瞩目地故意将行为不端的圣职人员送往殖民地传教。正如著名的埃德温·S. 高斯塔德（Edwin S. Gaustad，1923—2011）所指出的，英国国教会教区委员们持续地抱怨着"圣职人员离开英格兰以逃避债务或者妻子们或者繁重的义务，而将［美利坚］视为一个养老或者避难之地"。④ 伟大的传教士乔治·怀特菲尔德（George Whitefield，1714—1770）指出，在他的旅程当中"没有牧师的人群"相对"那些被

---

① de Tocqueville, [1835 – 1839] 1956, 2: 314.

② Philip Schaff, *America: A Sketch of Its Political, Social and Religious Character*, Cambridge: Harvard Univ., Belknap Press, [1855] 1961, p.91.

③ Robert Baird, *Religion in America*, New York: Harper & Bros, 1844, p.188.

④ Edwin S. Gaustad, *Faith of Our Fathers*, San Francisco: Harper & Row, 1987, p.15.

派遣了牧师的人群"情况更好一些,"那些牧师,在绝大多数情况下,树立了负面的榜样"。①

最后,大多数殖民地都苦于供养某个合法建立的、靠税款维持的教团。英国国教会成员在纽约、弗吉尼亚、马里兰、南北卡罗莱纳和佐治亚建立了教会,公理会(清教徒)在新英格兰建立起来。新泽西和宾夕法尼亚没有官方建立的教会,丝毫不令人惊讶,这两块殖民地居民成为教会成员的比率比其他地方要高。② 这里似乎为美国令人惊异的虔诚程度提供了一个线索。回忆一下第十七章当中亚当·斯密所解释的,被官方建立起来的宗教在占据垄断地位以后,不可避免地会变得松懈和懒散,而自从君士坦丁开始支持这一信仰以来,欧洲基督教就一直缺少提高大众委身程度的努力。但是,这些懒散的垄断机构无法在美国生存下去。

在独立战争以后,国家建立起来的宗教组织无以为继(尽管公理会直到1833年之前仍然被作为马萨诸塞的官方教会而持续存在),而甚至是在1776年,规模可观的宗教多元主义也已经遍地开花(见表20.1)。这随着大量清教派别的出现而快速增加——其中的许多发源于当地。由于所有这些教团都立足于同样的基础,即它们都没有政府的支持,因此在这些教会之间为了获得成员的支持而展开了激烈的竞争。这驱使美国人以信仰之名完成了到1850年之前三分之一美国人成为某个当地会众群体成员的"奇迹"。到20世纪初,一半的美国人归属教会,而到今天,归属的人数已经有大约70%。③

表20.1　　1776年十三个殖民地当中各教团会众群体数量

教团	会众群体数量
公理会	668
长老会(所有分支)	588

---

① George Whitefield, *George Whitefield's Journals*, Gainesville, FL.: Scholars' Facsimiles and Reprints, [1756] 1969, p.187.

② Roger Finke and Rodney Stark, *The Churching of America, 1776-1990: Winners and Losers in Our Religious Economy*, New Brunswick, NJ: Rutgers Univ. Press, 1992, p.27.

③ Roger Finke and Rodney Stark, *The Churching of America, 1776-1990: Winners and Losers in Our Religious Economy*, New Brunswick, NJ: Rutgers Univ. Press, 1992; Rodney Stark, *What Americans Really Believe*, Waco: Baylor Univ. Press, 2008.

续表

教团	会众群体数量
浸礼会（所有分支）	497
国教会（英格兰教会）	495
贵格会	310
德国改革派	159
路德派（所有区会）	150
荷兰改革派	120
卫理公会	65
罗马天主教会	56
摩拉维亚教会	31
独立派	27
德美浸礼会	24
门诺会	16
胡格诺会	7
桑德曼派	6
犹太教	5
总数	3228

资料来源：Paullin《美利坚合众国地理图册》（1932），以及芬克和斯塔克《美国的教会化》，1776—1990（1992；2005）。

在19世纪这逐渐成为常识，正是高度竞争性的多元主义导致了日益拉大的美国人和欧洲人之间虔诚程度的巨大差距。德国贵族弗朗西斯·格伦德（Francis Grund，1798—1863）于1827年抵达了波士顿，他指出，官方建立的教会使得圣职人员"怠惰而懒散"，因为

> 以常识的规律来说，生活富足的人不会像竭尽全力以谋生计的人一样刻苦工作……美国人不仅有着以人口比例而言比欧洲大陆或英格兰更多的圣职人员，而且他们当中没有一个是闲人；他们所有人都负有为了他们各自的会众群体的属灵幸福而发挥自己作用的义务。因此，美国人享用到了三倍的好处：他们有更多的布道者；他们有更积

极的布道者；他们有比在欧洲任何地方都更为便宜的布道者。①

另一位德国人，激进的无神论者卡尔·T. 葛力辛格（Karl T. Griesinger）在1852年抱怨说，在美国教会与国家的分离刺激了宗教方面的工作："美国的圣职人员［就］像其他的商人一样；他们必须面对竞争并建立交易……现在这变得很明显了……为什么这里的参与程度比全世界任何其他地方都更普遍。"②

被误解的多元主义

很奇怪地，关于宗教团体之间的竞争是美国不断上升的宗教参与程度背后的动力的这种认知在20世纪消失无踪，因为社会科学家们开始重申长期以来宗教垄断对于多元主义的指控：宗教团体之间的争论削弱了其中所有教团的可信度，因此宗教只有在它享有无可挑战的垄断地位的时候才最为强大。于是，史蒂芬·布鲁斯（Steve Bruce）宣称说："多元主义威胁了宗教信仰系统的可信度，因为这暴露了它们的人类起源。通过强迫人们将宗教作为一种来自个人选择的事务而不是被命运所规定的东西，多元主义将'异端'普遍化了。一种被选择的宗教比命定的宗教要衰弱，因为我们知道是我们选择了神灵而不是神灵选择了我们。"③ 早在布鲁斯冒险越过这些界限之前，类似的观点已经由著名的彼得·伯格（Peter Berger）提炼成了精致的社会学，他反复声称多元主义会不可避免地毁掉所有宗教的可信度，因为只有在仅有一种单一信仰的地方才存在一种能够在整个社会之上构成一种普遍景观的"神圣天穹"，并激发普遍的信心与赞同。伯格解释说，"宗教的传统任务"是建立"一个在其中社会生活的所有方面都接受着将每一个人联系到一起的终极意义的共同世界"。④ 因此，在无视了美国历史上的大量证据的情况下，布鲁斯、伯格和他们的支持者得出结论，现代社会需要发展多种新的世俗天穹。

但伯格错了，正如他最终相当得体地承认过的那样（见第二十一

---

① Grund in Powell, 1967, p.77, p.80.
② Oscar Handlin, *This Was America*, Cambridge: Harvard Univ. Press, ed., 1949, p.261.
③ Steve Bruce, *Religion and Modernization*, Oxford: Clarendon Press, 1992, p.170.
④ Peter L. Berger, *The Sacred Canopy*, New York: Doubleday Anchor Books, 1969, pp.133–134.

章)。事情似乎是这样的，人们并不需要所有人都支持的神圣天穹，但它们应当被充分地用作"神圣惟幕"，如果借用克里斯蒂安·史密斯的出众构想的话。① 史密斯解释说，人们并不需要为了维持其宗教信念而与他们的所有邻居取得共识，他们只需要获得一些与他们想法类似的朋友——多元主义并不会挑战宗教的可信度，因为宗教团体可以完全地委身于他们的信仰，而无视其他人委身于其他信仰的事实。因此，在一项关于天主教卡里斯玛的研究当中，玛丽·乔·奈茨（Mary Jo Neitz）发现他们对于宗教选择的清楚认知"并未削弱他们本身的信仰。相反地，他们感到他们已经'测试过'这一信仰系统并对它的优越性深信不疑"。② 而在她对归信东正教的世俗犹太女性的研究当中，琳恩·戴维曼（Lynn Davidman）强调了"现代美国的多元化和可选选项的多样性"怎样"在事实上强化了犹太人社群"。③

即使在这种情况下，多元主义与信仰不可并存的指控不得不被重新看待，如今多元主义的批评者们仍然发展出了一种虚假概念来描述竞争对于宗教真实性的影响。新的指控宣称，竞争必然会使宗教"廉价化"——在试图吸引支持者时，教会不得不在提供要求更少的信仰方面与其他教会进行竞争，从而向其成员要求更少的牺牲和委身程度。首先提出这种观点的仍然是彼得·伯格，他也是最具影响力的论者。他认为，美国各宗教之间的竞争将所有的教会都放到了"消费者偏好"的支配之下。④ 消费者喜欢的是"能够与世俗化的意识相一致的宗教产品"。因为"被改向某种世俗化方向的宗教内容……可能导致所有或几乎所有'超自然'因素被从宗教传统当中刻意删除……［或者］这可能意味着'超自然'因素被淡化或隐入背景之中，而宗教制度则在符合世俗化意识的价格标签之下被'出售'"。⑤ 这样，成功的教会就会是那些不要求相信信仰中的超自然部分、不强加太多道德要求并且满足于最小程度的参与和支持的教会。在这种意义上，多元主义导致了宗教的毁灭。因此，牛津大学的布莱恩·威尔

---

① Christian Smith, *American Evangelicalism*, Chicago: Univ. of Chicago Press, 1998, p. 106.
② Mary Jo Neitz, *Charisma and Community: A Study of Religious Commitment Within the Charismatic Renewal*, New Brunswick, NJ: Transaction, 1987, pp. 257–258.
③ Davidman, 1991, p. 204.
④ Peter L. Berger, *The Sacred Canopy*, New York: Doubleday Anchor Books, 1969, p. 145.
⑤ Ibid., p. 146.

森（Bryan Wilson，1926－2005）否认了美国宗教的活力，因为"美国社会中的许多宗教仅仅是在表面上获得了普遍接受"，① 并沾沾自喜地提出，在英国和欧洲大陆的空荡荡的教堂当中，某种程度上宗教获得了更大的深度。以类似的方式，约翰·伯迪克（John Berdick）提出，宗教之间的竞争降低了它们对于"纯粹的机会主义成就"的供应。

成功的宗教"公司"

信仰之间的竞争将会偏向"低成本"的宗教组织的结论混淆了价值与价格。正如许多消费者市场所明白显示的那样，人们通常并不急于购买最便宜的模型或品种，而是试图通过选择提供了最多东西的商品以最大化他们付出的金钱——这能够提供最佳的价值。在宗教的案例当中，人们并没有涌向对他们要求最少的教团，而是选择了对于为证明其身份所要求提供的牺牲真实可信地提供了最多宗教奖赏的那些。这已经被一次又一次地证明了。出于一系列不同的原因，许多不同的基督教团都曾经大大地减少它们对于自己成员的要求，这是从信仰与道德两方面而言的，而这通常紧跟着就是成员的流失和那些留下来的成员的委身的缺失。因此，1776年在美国占据主流地位的教团当中，要求更为严格的教团，比如卫理公会，呈现出压倒性优势，后者到1850年已经成为美国最大的教团。而后，到20世纪初，卫理公会显著地减少了它著名的对成员的道德要求，而其衰落也随之开始。与此同时，南方浸礼派仍坚持作为一种坚定不移的"昂贵"宗教而存在，不久之后就代替卫理公会成了美国最大的新教教团——并且保持至今。②

不同的成功模板显示在表20.2当中，其中记录了不同的美国教团从1960年到2006年或者2007年期间成员人数的变化（根据一个教团最近公布的数据）。为了将人口增长纳入计算之中，成员人数被计算为当年每一千名美国人中的教团成员所占的数量。另一种理解这些数据的方式是它反映了每个团体的"市场份额"的变化。在表格最前端的教团是非常自

---

① Bryan Wilson, *Religion in Secular Society*, London: C. A. Watts, 1966, p. 166.
② Roger Finke and Rodney Stark, *The Churching of America, 1776－1990: Winners and Losers in Our Religious Economy*, New Brunswick, NJ: Rutgers Univ. Press, 1992.

由的新教团体，媒体通常称之为"主流"，尽管它们现在可能更精确的叫法是"边缘"。所有这些教团都以放弃传统的基督教布道著称，并且对它们的圣职人员和成员的要求都很少——圣公会长期容忍了公开的无神论者约翰·谢尔比·斯庞担任其主教职位。从1960年以来，所有这些教团都遭遇了毁灭性的成员锐减。因此，1960年每一千名美国人中有12.4名基督联合会（the United Church of Christ，前身是公理公会）成员；到2007年这一数字降低到了3.8。圣公会这一数字从18.1降低到7.0，而卫理公会从54.7降低到26.6。同样重要的还有"最廉价的"美国宗教团体一位论—普救说教会，它从未成功地吸引到足够的追随者，并且正在衰亡。

表20.2　一些美国教团的每一千名美国人中的成员人数增减情况

教团	1960年	2006—2007年	百分比变化
基督联合会	12.4	3.8	-69
圣公会	18.1	7.0	-61
长老会（USA）	23.0	9.8	-57
联合卫理公会	54.7	26.6	-55
美国福音路德派教会	29.3	15.6	-47
一位论—普救说教会	1.0	0.7	-30
贵格会（所有集会）	0.7	0.5	-29
罗马天主教会	233.0	229.9	-4
南方浸礼会	53.8	55.0	+2
四方福音	0.5	0.9	+80
七日耶稣复临会	1.8	3.4	+89
今日圣徒（摩门教）	8.2	19.4	+138
耶和华见证会	1.3	3.6	+177
神召会	2.8	9.6	+242
上帝会	0.9	3.2	+260
上帝基督会	2.2	18.6	+743

资料来源：《美国教团年鉴》（1962），以及《美国与加拿大教团年鉴》（2008，2009）；《耶和华见证会年鉴》（1961）。

表格的中间以下位置是罗马天主教会，由于这一时期它所作出的艰苦努力，它的成员仅仅下降了四个百分点。与此同时，庞大的南方浸礼会成功地增长了两个百分点。

从这里到表格的下部是支持传统信仰并对圣职人员与教会成员共同提出高水平的道德要求和委身要求的教团。所有这些教团都以一种惊人的速度在增长。可能没有哪个基督教团比耶和华见证会对成员的要求更多了，而耶和华见证会仍然在快速持续发展。类似地，神召会（the Assemblies of God）在这段时期内几乎增长了 2.5 倍（在世界范围内甚至增长得更快）。非常保守的非洲—美国上帝基督会以 700% 的速度增加，现在已经比除卫理公会以外的任何自由教团都要大，并且也很有可能会在一二十年内超过它。即使如此，仍有一些发展最快的基督教团体没有包括在表格当中。举例来说，温亚德教会联合会在 1960 年还不存在，它创立于 1978 年，而今天在全世界范围内它已经拥有超过一千五百个教会。事实上，美国会众群体当中最有活力的一些教团在表格当中由于缺乏有关趋势的数据而被忽略掉了——较大的、发展迅猛的不分宗派、传福音的教会当中没有几个创建于 1960 年之前。这些教会的成员如今在每一千名美国人当中就有 34 个，① 已经超过了南方浸礼会规模的一半。有关这些不分宗派的教会，特别是它们当中的大教会的繁荣是经由"随意对待教义与罪孽"② 而实现的这种宣称是全然错误的。这些都是要求很高的教团。③

结论：竞争并不会奖励"廉价的"教团。

这也被罗马天主教会在 20 世纪 60 年代初第二次梵蒂冈会议的决议的结果进一步证实。在主教们所采取的各种措施当中，一部分措施极大地削减了对于修士和修女的牺牲的要求。比如说，许多修女团体允许修女们放弃她们复杂的制服而穿着不表示她们作为某个教团成员身份的服装。其他的会议举措则废除了每日数小时的祈祷时间和在男女修道院当中进行调解的戒律。这些改革及类似的许多其他改革受到了普遍欢迎，并引发了世界范围内的教团革新。仅仅一年之内，就继而发生了迅速的衰落。许多修士和修女退出了他们的教团。进入率一落千丈。教团规模急剧收缩。因此，美国的修女数量从召开该会议时的 1966 年的 176671 人骤降到 2004 年的 71987 人，而修士的数量减少近半。类似的衰落现象发生在全世界。这些

---

① Pew Form Survey, 2007.
② 引自 Thumma and Travis, 2007, p. 21。
③ Rodney Stark, *What Americans Really Believe*, Waco: Baylor Univ. Press, 2008.

衰落几乎总是会被（一般是被后来成为社会学教授的前修士）[①] 解释为对于教团成员提出了过于严厉的要求的结果——与现代生活无法相容的要求。但事实证明真正的发展过程恰恰相反。一些教团重新恢复了传统的要求，而一些新的、再次要求高水平牺牲的团体被建立起来。这些团体获得了迅速发展！[②] 对于所谓牺牲程度太高的宣称我们就说这么多。

但不仅是要求更多的宗教群体比要求较少的宗教群体更能吸引并保持更多的成员。它们还吸收后者！也就是说，它们的成员委身程度是如此之高，以至于他们会试图拉其他人入伙，这是要求较低的信仰的成员很难去做的事情。多个传福音的新教教团当中有超过一半的成员报告说，在过去的一个月里他们亲身为陌生人做过见证，而三分之二的人为朋友做过见证。[③]

最后，多元主义的批评者们喜欢引用伊斯兰教的例子来证明垄断的宗教是最为强大的，认为大多数穆斯林社会代表了较高程度的宗教信仰和宗教参与。这所反映的是，正如大多数穆斯林认为基督教是铁板一块，大多数基督徒也对伊斯兰教持有类似的铁板一块的错误概念。事实上，伊斯兰教内部存在着数量庞大的分支流派——不仅有逊尼派与什叶派这样的主要分别，分歧甚至存在于当地清真寺的层次上。[④] 也就是，举例来说，在一座有四所清真寺的城镇上，它们之间的分歧就可能和某个美国城镇当中的四所教堂一样大。伊斯兰教当中这种程度的多元主义是因为"个体神职人员［乌理玛（ulima）］必须通过积极招募成员来提高自己的收入，他们的生计依赖于信徒的积极参与"。[⑤] 因此，地方清真寺之间的竞争促进了伊斯兰教当中的高度宗教化，正如美国基督教当中一样。此外，当然地，大多数穆斯林国家都处在政府的镇压性统治之下，它们对本国公民施

[①] Helen Rose Ebaugh, *Women in the Vanishing Cloister: Organizational Decline of Catholic Religious Orders*, New Brunswick, NJ: Rutgers Univ. Press, 1993.

[②] Rodney Stark and Roger Finke, *Acts of Faith: Explaining the Human Side of Religion*, Berkeley: Univ. of California Press, 2000.

[③] Rodney Stark, *What Americans Really Believe*, Waco: Baylor Univ. Press, 2008.

[④] Massimo Introvigne, "Niches in the Islamic Religious Market and Fundamentalism: Examples from Turkey and Other Countries", *Interdisciplinary Journal of Research on Religion* 1: article 3, 2005. 可见于 www.religjournal.com。

[⑤] Anthony Gill, "The Political Origins of Religious Liberty", *Interdisciplinary Journal of Research on Religion* 1 (1): 1-35, 2005, p.5.

加了可观的压力使其公开表现其虔诚。

神秘主义美国

众所周知，美国人的宗教参与维持在不同寻常的高水平，并且美国的主流大众接受的是传统的基督教信仰。比如说，2006 年有超过一半的人向他们的教会捐赠了超过五百美元，18% 的人捐赠了超过两千美元。除了餐前的谢恩祷告和教堂中背诵的祈祷文之外，有三分之一的美国人会在一天里进行多次祈祷，一半的人每天祈祷至少一次。谈到信仰，82% 的人相信天堂；75% 的人相信地狱存在；70% 的人相信魔鬼；53% 的人期待被提（Rapture），而只有 4% 的人说他们不相信上帝。①

但美国宗教还有一个遭到了极端忽视的方面，这一点只在近年才开始被注意到：神秘的或者宗教的体验。试图调查这些体验的努力在 20 世纪 60 年代第一次对美国宗教的大规模调查当中受到阻挠，当时多位杰出的神学顾问拒绝了这种设想，理由是神秘主义是如此少见，又往往等同于怪异行为，以至于设置关于它的问题是无意义的，而且更糟糕的是，询问这种问题会冒犯大多数被访者。② 这些神学家们完全错了！2007 年盖洛普公司在对美国宗教的贝勒国家调查中问了这样的问题：

> 请表明你是否有过下述体验：
> 我听到上帝的声音在对我说话。20% 的人回答了"是"。
> 我感到上帝召唤我去做某事。44% 的人回答了"是"。
> 我曾被守护天使保护免受伤害。55% 的人回答了"是"。

许多人会试图反驳说，守护天使只是一种谈话中的形象，一种人们承认幸运降临的修辞方式。随后与牧师和许多教会会众进行的补充访谈强烈地暗示了反方向的结果——人们所要表达的含义是字面上的。同样需要考虑到的还有 66% 的美国人说他们"绝对地"相信天使的存在，而另外 21% 的人则认为它们"可能"存在。无怪乎像"被天使触摸"之类的电

---

① 这些数据来源于美国宗教国家调查，2005 年和 2007 年。
② Rodney Stark, *What Americans Really Believe*, Waco: Baylor Univ. Press, 2008, p.55.

视节目会如此受欢迎。无论如何，未来的贝勒调查将会详细地追踪美国人的神秘体验。

多元主义和宗教礼仪

如果说长久以来人们广泛地——可能也是错误地——相信多元主义会削弱所有宗教，那么他们也想当然地认为多元主义必然导致宗教冲突，甚至会导致战争或者宗教迫害。英国哲学家托马斯·霍布斯（Thomas Hobbes，1588—1679）提出，为了保持社会的安定和秩序，国家必须压制所有的暴动和宗教异见者——至少是在人类成熟到抛弃"轻信"和"无知"并最终将所有的神灵都拒斥为"他们自身幻想的造物"之前。① 与此同时，在国家主权的控制之下必须有一个单一的、权威性的教会。一个世纪以后，大卫·休谟（David Hume，1711—1776）也支持这种观点。只有在垄断性宗教存在的地方才会有宗教的宁静。因为在存在多个教团的地方，每个教团的领导者都会表达"对于其他教团的最为激烈的憎恨"，这导致无休止的动乱。因此，有智慧的政治家将会支持并供养一个单一的宗教组织并镇压所有挑战者。② 这些观念似乎是与欧洲宗教史和它有关憎恨、屠杀和战争的传说相一致的。但是，就更深入的检视而言，完全可以看做是对挑战者的镇压导致了所有的流血事件。

一如往常，亚当·斯密（Adam Smith，1723—1790）以驳斥传统观点的方式走上了正确的方向：宗教冲突并非由于一个社会当中有太多的宗教团体彼此竞争，而是由于参与竞争的团体太少！事实上，斯密提出，他的朋友休谟错误地支持了最为"危险和棘手"的情形：单一教会垄断。这可以被描述为：

> 一个被分为两三百个，或者可能多达一千个小的教团的社会当中，没有哪一个足够强大到扰乱公众的安宁。每一个教团的，认为他们自己身边环绕着的对手多过朋友的牧师都不得不学习公正与节制，而这在大教团的牧师当中极为罕见……所有的小教团的牧师在发现他

---

① Thomas Hobbes, *Liviathan*, Vol. 1, Chicago: Henrey Regnery, [1651] 1956, p. 168.
② David Hume, *The History of England*, 6 vols, London: A. Millar, 1754, 3: 30.

们的孤独处境以后，都不得不对几乎所有其他教团的牧师保持尊敬，而他们彼此也会发现对对方的妥协是便利而且可接受的……［这带来了］公众的安宁。①

将斯密的观点进行更加正式的叙述，则是：在存在彼此竞争的教团的地方，宗教礼仪的概念获得了发展，并使得当地出现了一种多元的平衡。宗教礼仪的概念只存在于公开的言论和行为受制于互相的尊敬的时候，多元平衡存在于能量在一系列竞争者当中得到充分分散以至于冲突不符合任何人的利益的时候。

同样需要指出的是，礼仪意味着公共环境——私底下，所有的宗教团体都保留着表达它们对于真理和价值的独家掌控的自由，而许多教团的确这样做了。举例来说，传统犹太教团体因此继续宣称耶稣并不是应许的弥赛亚，而大多数基督教团体则继续声称犹太人在拒绝耶稣一事上步入歧途，但在美国，基督徒和犹太人都承认了对方存在的合法性，在公共场合它们各自都会谨慎地避免冒犯对方。事实上，基督教和犹太教的圣职人员经常一起参加公开的庆典，其中所有的宗教言论都被限制在双方均可接受的范围内。所以，斯密是对的。当然，美国宗教礼仪的发展花费了许多个世纪的时间，期间也有许多"公众失序"和痛苦体验。

结　　论

多元主义是美国宗教活力和宗教礼仪发展的关键。有人可能会想到，经济学家早已经向他们醉心于垄断力量的社会学同僚们指出了这一点，因为亚当·斯密早已做出了如此清晰的完整分析。问题在于，直到最近，经济学家们对宗教仍然缺乏兴趣，而斯密的经典著作《国富论》中有关这些问题的完整章节被从大多数发行版本当中省略掉了（现在仍然如此）。②在我自己开始研究多元主义的促进作用时，有人建议我去读斯密——而我

---

① Adam Smith, *The Theory of Moral Sentiments*, Indianapolis: Liberty Classics, [1776] 1981, 793-94.
② Adam Smith, *The Theory of Moral Sentiments*, Indianapolis: Liberty Classics, [1776] 1981, 5.1.3.3, 标题为"论对全年龄阶段的人们的教诲的机构的成本"，就我至今所知，唯一一个包含这一章的现行版本是由自由基金出版的。见参考文献。

当时迷惑不解，因为起初我并没有在可以读到的版本当中找到关于这个话题的任何内容。现在，经济学系的同事们发现了我对多元主义和竞争的强调，而许多宗教社会学家仍然相信我显然是弄错了——竞争对宗教有害而我遭到了不当的资本主义类比的误导。当然，主流社会科学家们对于这种边缘问题漠不关心，并且对于他们的这一认知深信不疑：宗教正在衰落，不久之后必然会消亡。

第二十一章　世俗化：事实与虚构

1710年，英国自由思想家托马斯·伍尔斯顿（Thomas Woolston, 1670—1731）满怀信心地表示，宗教将会在1900年之前消失。① 伏尔泰（Voltaire, 1695—1778）认为这过于悲观，并预测宗教将会在五十年之内从西方世界中消失——也就是大约1810年。②

类似的关于宗教灭亡的预测直到今天仍在继续，最终被概括为世俗化命题：由于现代化，尤其是现代科学的发展，宗教必会失去其可信性并就此消亡。世俗化概念是德国社会学家马克斯·韦伯（Max Weber, 1864—1920）创造出来的，他将其定义为"世界的祛魅"——现代心灵从超自然主义当中获得的"解放"。杰出的人类学家安东尼·F.C.华莱士在1966年对数千名大学生讲解说，这是因为"宗教的未来是灭绝……对于超自然力量的信仰注定在全世界范围内走向灭亡，这是科学知识不断增长的充分性和扩散范围的结果……这一过程是无法避免的"。③

社会学家彼得·伯格完全同意这种观点，他在1968年的《纽约时报》上告诉读者，终点已在眼前，"到21世纪，宗教信徒只能在一些很小的教团当中找到，他们聚在一起以抵御世界性的世俗文化……信徒的这种窘况正如前往一所美国大学做漫长访问的西藏占星学家"。④

为了支持世俗化命题，社会科学家们引用了欧洲大部分地区当中极低的教堂参与程度作为例子——在斯堪的纳维亚国家当中这一数字低至每周

---

① Thomas Woolston, *Works of Thomas Woolston*, London: J. Roberts, 1735.
② Ben Ray Redman, *The Portable Voltaire*, New York: Penguin Books, 1949, p. 26.
③ Anthony F. C. Wallace, *Religion: An Anthropological View*, New York: Random House, 1966, pp. 264-265.
④ Peter L. Berger, "A Bleak Outlook Is Seen for Religion", *New York Times*, April 25, 1968, p. 3.

只有4%。他们想当然地认为这些数字代表了从前现代时期开始的大规模衰落,当时中世纪欧洲人在每个必要时机都在教堂中聚集。当然地,这些"证据"已经在这一事实面前被消解:欧洲的教堂参与程度一直非常低。但是,对于现代化导致世俗化的命题的支持者们来说,最为棘手的问题是地球上最为个性化、科学化的国家仍然是非常虔诚的:美国的主流大众仍然是积极的教会成员。不仅如此,而且美国人没有表露出任何失去他们对于超自然存在的相信的迹象。

这并非什么新发现。法国访客阿历克斯·德·托克维尔敏锐地在19世纪30年代向世俗化理论家们指出:"不幸的是,事实无法与他们的理论相契合。欧洲的那部分不信教的人群恰恰与他们的无知与堕落相互重合;而在美国,这个世界上最为自由开明的国家之一,人们却对于宗教的所有公开责任充满热情。"① 因此,世俗化的追随者们不可避免地要驳斥或质疑美国的"例外"。

美国例外论

攻击的第一波是将美国人的虔诚斥为一种幻觉。1905年,在他长达三个月的旅美之行结束以后,马克斯·韦伯声称已经发现了美国宗教表象之下的真实情况:"更仔细的观察表明了世俗化典型过程的稳步推进,在现代,所有起源于宗教概念的现象都已屈服。"五十年以后,韦伯的观点得到了英国社会学家布莱恩·威尔森的竭力重申:"相反,美国宗教生活的质量可能并不比英国更高……美国这种[宗教]亲缘关系的世俗意义与其长期以来已被广泛承认的在许多宗教表现形式当中的深度的缺乏一起,表明了宗教在这两个国家都处于衰落之中。"② 几年以后,威尔森声称:"很少有观察者会怀疑在英国的主要教堂中所发生的行动的实际内容远比在美国教堂当中更为'宗教化'。"③ 但威尔森未能描述或引用任何一位这样的"观察者"。

与韦伯和威尔森不同,许多投身于世俗化命题的人清楚地知道美国人

---

① Alexis de Tocqueville, *Democracy in America*, 2 vols. New York: Vintage Books, [1835-1839] 1956, p.319.

② Bryan Wilson, *Religion in Secular Society*, London: C. A. Watts, 1966, p.126.

③ Bryan Wilson, *Religion in Sociological Perspective*, Oxford: Oxford Univ. Press, 1982, p.152.

真的比欧洲人更加宗教化，也承认有对此作出解释的必要。一种流行的伎俩是将美国斥为智识的倒退。著名的英国学者大卫·马丁因此（他反对这种观点）总结了许多他的同事的势利行径："美国是发展受阻的例子之一，它的进化被延迟了……美国的教育体系是……缺乏深度的……［而］一个人可以满怀信心地预期，一旦教育在美国获得充分的进步，或者一旦主导阶层的意识被唤醒，那么虚假的宗教止痛剂就会衰弱到丧失所有的影响力。"[①] 马丁表明这些观点是"令人迷惑不解的"。它们同时也是毫无意义的。

另一种流行的攻击是认为在美国以宗教面目发生的事实际上是种族问题。[②] 人们保持着忠诚的路德派教徒身份是为了与斯堪的纳维亚同胞或德意志同胞保持联系；长老会教徒保持着他们的苏格兰传统；而南方浸礼会教徒则是坚定不移的苏格兰—爱尔兰人的种族主义者同盟。这种"解释"忽视了当种族身份意义在美国人当中逐渐消失的时候，他们的宗教参与并没有减少，而最为成功、发展也最快的宗教与种族完全没有任何联系。事实上，美国宗教当中最具活力的教团之一甚至也没有宗派背景——独立的福音派教会。

最近，媒体当中有这样一种说法，美国宗教正在逐渐衰退，而美国不久后就会世俗化。在2009年3月初举办的一次新闻发布会上，美国宗教身份调查（ARIS）的负责人报告说，在一次简短的电话采访当中，在被问到宗教倾向时，有15%的美国人选择了"无宗教"选项。这几乎是1990年一次类似的调查中选择这一答案的8%的两倍。公布这些结果的新闻发布会还强调，"主流"基督教团在同一段时期内发生了大规模衰退。

这一声明在无神论者的网站上获得了狂喜的反应，也在全国媒体当中引发了大量反响。今日美国（USA Today）的头条标题是《调查发现，美国大多数宗教团体已经丧失其基础》。[③] 当时的新周刊主编乔·米查姆写了一个题为"基督教美国的终结"[④]（不，没有问号）的头条新闻。但任何没有其他企图的、对于美国宗教调查数据具有最基本认知的人都明白这

---

① David Martin, *The Religious and the Secular*, New York: Schocken Books, 1969, p. 10.
② Roy Wallis, "The Caplow – de Tocqueville Account of Contrasts in European and American Religion: Confounding Considerations", *Sociological Analysis* 47: 50 – 52, 1986.
③ 2009年3月17日。
④ 2009年4月13日。

些结论是荒谬的;"无宗教"的真正意义在那场新闻发布会上被刻意忽略了;而"主流"教团的衰落已经持续了数十年时间(见第二十章)。

ARIS 是由一位英国社会学家巴里·考思敏(Barry Kosmin)完成的,他现在管理着三一学院社会与文化世俗化研究所,这所学院是康涅狄格州哈特福德的一所很小的文科院校。考思敏是世俗化命题的热情的支持者,这在他的研究所的名称上已经反映出来。尽管他对美国宗教的情况并不是非常清楚,但考思敏必然对此十分了解,大量的研究文献表明美国主流大众在回答说他们"无宗教"的时候并不是说他们是无神论者(正如考思敏的新闻发布会上所暗示的那样),而是相当宗教化的!的确,"无宗教"是美国人当中占 3% 或 4% 的无神论者在调查中所选择的答案,但大多数选择这个答案的人或许意思只是他们不属于某个教会。由此,最近的研究[1]已经发现这个群体当中有超过 90% 的人进行祈祷,39% 的人每周祈祷至少一次。只有 14% 的人不信上帝,而其中一半的人相信天使。正如对这些几乎不参与教会活动的人的一般期望一样,其中的许多人的信仰并不非常正统——18% 的人将他们的上帝定义为某些更高的力量或宇宙之力。45% 的人相信占星术是真的,而另外 8% 的人则认为它可能是真的。回答"无宗教"的人当中有一半频繁光顾新纪元书店,而这些人也尤其倾向于相信幽灵、大脚怪和亚特兰蒂斯。[2] 或许有许多理由去辩论这些人是否能算是基督徒,但在这个问题之外,他们是相当宗教化的。需要指出的是,世俗化命题是关于宗教的终结,而不是关于任何具体宗教的终结。如果说加拿大一夜之间变成穆斯林国家,这将会是一个巨大的宗教变动,但这并不是一个世俗化的例证。

ARIS 的发布会也没有指出,真正属于某个地方教会团体的美国人的比例在同一时期内持续上升,从 1990 年的 64% 上升到 2007 年的 70%。[3]

---

[1] Michael Hout and Claude Fischer, "Americans with 'No Religion': Why Their Nembers Are Growing", *American Sociological Review* 67: 165 – 190, 2002; Rodney Stark, *Exploring the Religious Life*, Baltimore: The Johns Hopkins Univ. Press, 2004, p. 125; Rodney Stark, *What Americans Really Believe*, Waco: Baylor Univ. Press, 2008, pp. 141 – 146.

[2] Rodney Stark, *What Americans Really Believe*, Waco: Baylor Univ. Press, 2008, pp. 125 – 131.

[3] Roger Finke and Rodney Stark, *The Churching of America, 1776 – 1990: Winners and Losers in Our Religious Economy*, New Brunswick, NJ: Rutgers Univ. Press, 1992; Rodney Stark, *What Americans Really Believe*, Waco: Baylor Univ. Press, 2008.

最后，尽管新闻发布会也表明，在过去的六十年当中无神论者的比例并没有变化——1944年4%的人告诉盖洛普调查机构，他们不信上帝，在2007年的贝勒国家宗教调查中得到了几乎完全一样的数字。

因此，多年以来反驳美国"例外"论的努力以失败告终。而最近，人们还认识到了这一点，当视角扩展到整个世界，美国根本不是一个例外。

世界的宗教化

1997年，彼得·伯格接受了《基督教世纪》的采访。① 他被问到的问题之一是："你对于世俗化是否发生，以及世俗化怎样发生的问题怎么看？"要记得，伯格长久以来一直是世俗化理论的激进的、或许也是雄辩的支持者。他回答说："我认为，我和大多数其他宗教社会学家在20世纪60年代所写的关于世俗化的东西是一个错误。我们的基础观点是世俗化和现代性联袂而来，现代化的深入伴随着世俗化的深入。这并不是一个疯狂的理论，有许多证据能够支持它。但我认为它在根本上是错的。今天这个世界上的大部分地区显然并不是世俗的，它们仍然是非常宗教化的。"的确如此。

盖洛普世界民意调查是以在160个国家完成的国家民意调查为基础的，其中包括了全世界97%的人口。迄今为止，盖洛普还没有被允许在中国提出关于宗教的任何问题，但在所有其他国家，受访者都被问及他们是否曾经"在最近七天内参与某个信仰的宗教场合或宗教礼拜仪式"。在世界范围内，53%的人回答了"是"。除中国以外，每个人都被问道："宗教是你日常生活当中的一个重要部分吗？"全球有76%的人回答了"是"。

此外，在不将宗教作为自己生活中的重要部分的人中，只有极少数是无神论者。尽管在盖洛普世界民意调查当中没有包括关于信仰的问题，2001—2002年在许多国家进行的世界价值观调查包括了关于信仰上帝的内容。只有非常少的国家当中的无神论者比例超过了美国的4%：加拿大和印度也是4%，波兰人中的无神论者仅占1%，墨西哥人中也只有2%。

---

① 《基督教世纪》，2007年10月29日，972-978。

法国的无神论者是最多的,但即使是在法国这个数字也只有 14%。① 或许最令人震惊的发现是俄罗斯人中的无神论者甚至低于 4%。

宗教在俄罗斯的普遍存在震惊了许多社会学家。现在没有必要报复性地引用我的同事们在过去所作出的那些苏联"开明的"教育者是如何将大众从"迷信"的魔爪当中解救出来并开启了一个完全世俗化的新时代的冗长言论。但从我 1979 年发表在一次学术会议上的论文当中引用一些句子似乎是合理的,当时克里姆林宫的统治者仍然拥有绝对的控制权:"世俗国家不可能将宗教连根拔起……列宁的遗体可能会被陈列在玻璃之下,但没有人会提出他将被上升到坐在马克思的右手边,甚至是左手边的地位……伏尔加河的堤坝没有点亮宇宙的意义……在使得信仰成本更高的同时,[镇压性的国家]也使它变得更加必需和宝贵。或许,宗教正是在它还是地下教会的时候才获得了空前的繁荣。"② 似乎正是如此。在散兵坑里可能有无神论者也可能没有,但尽管进行了持续几代人的反宗教教育,在今天的俄罗斯已经没有几个无神论者。③ 类似的模式似乎也出现在中国。在几十年来对于宗教的残酷镇压之后,中国人当中突然出现了上百万的基督徒,在那里已经发生了佛教的巨大复兴,而回答说他们没有宗教信仰的中国人的比例也在快速下降。④

理解欧洲"例外论"

在他撤回对于世俗化理论的支持,并指出世界的大部分地区都非常宗教化的同一次采访中,彼得·伯格提出了另外一点:"就此而言的一个例外是西欧。今天这种宗教社会学当中最有意思的问题之一不是,你如何解释伊朗的原教旨主义?而是,为什么西欧与众不同?"的确,为什么?

---

① Rodney Stark, *Sociology*, 10th ed., Belmont, CA: Wadsworth, 2007b, p. 390.

② Rodney Stark, "Must All Religions Be Supernatural?", In Bryan Wilson, ed., *The Social Impact of New Religious Movements*, 159—177, New York, Rose of Sharon Press, 1981, p. 175.

③ 对于这次失败的出色记述参见 Paul Froese, *The Plot to Kill God*, Berkeley: Univ. of California Press, 2008。

④ Rodney Stark and Eric Y. Liu, "The Religious Awakening in China", *Review of Religious Research* 52: 282-289, 2011.

基督教化？

安德鲁·格里利（Andrew Greeley）曾经直击要害地写道："不存在欧洲的去基督教化……因为首先这儿就从未有过任何的基督教化过程。基督教欧洲从未存在过。"① 格里利所指的是随着君士坦丁的皈依向北扩张直到欧洲大部分地区的进展缓慢而漫不经心的教会工作。也就是说，基督教在罗马的胜利是在竞争极端激烈的环境当中的一次投入的、充满活力的社会运动。在君士坦丁的皈依以后，基督教就将欧洲的其他地区留在了最多是名义上皈依基督的状态之中，而成为一个不是通过向大众传播福音、而是使国王受洗以实现自我扩张的怠惰的教会。因此，早在宗教改革之前，在欧洲缓慢发展起来的是满足于精英的拥护的国家教会的拼凑物，很少或者根本不考虑普通大众。所以，举例来说，一个斯堪的纳维亚王国的"基督教化"通常包含的内容不会多于为贵族施洗以及国家对教会主权的合法性的承认。这将向大众传福音的任务留给了"受资助的"圣职人员，而其福利与大众的赞同或者支持几乎完全没有关系，它的缺乏成效是可以想见的。② 这种传统解释了中世纪宗教参与和基督徒虔诚的令人瞩目的缺乏——这种缺乏一直持续到今天。

为了说明数百年前有效率的传教工作的缺乏与今天欧洲宗教参与的缺乏之间的关联，我计算了十六个西欧国家被基督教化的时间长度，数值从意大利的一千七百年到芬兰的八百年不等。③ 而后我对每个国家的当前教会参与率在世界价值观调查的基础上进行了编码。正如所料，基督教的存在时间与现代的教会参与率高度相关，$r = 0.72$。④ 比如说，并不是斯堪的纳维亚人不再前往教堂；他们从未去过。作为对比，南欧的参与率一直相当高，这正是那些在君士坦丁之前就已经皈依基督的地区。因此，高效的传教工作的历史性缺乏部分地解释了欧洲"例外论"。

---

① Andrew M. Greeley, *Religions as Poetry*, New Brunswick, NJ: Transaction Publishers, 1995, p. 63.

② Andrew M. Greeley, *Religions as Poetry*, New Brunswick, NJ: Transaction Publishers, 1995; Rodney Stark and Roger Finke, *Acts of Faith: Explaining the Human Side of Religion*, Berkeley: Univ. of California Press, 2000.

③ Davies, 1996; Barrett, 1982; Brondstted, 1965; Jones, 1968; Sawyer, 1982.

④ Rodney Stark, "Secularization, R. I. P.", *Sociology of Religion* 60: 249 – 273, 1999.

怠惰而蓄意阻碍发展的国家教会

在大多数欧洲国家，没有任何类似宗教的"自由"市场的存在。在许多地区仍然存在着由税收供养的正式的国家教会。而在其他的大部分地区，某个特定宗教则是影响力可观的政府偏爱的对象。在几乎所有的欧洲国家，政府官员都或明或暗地插手到对于挑战既有宗教秩序的所有宗教"外来者"和"新来者"的干预当中。

丹麦、芬兰、冰岛和挪威有路德派国家教会，而在瑞典，瑞典教会（路德派）的既有地位在2006年宣告终结，尽管政府仍然在以它的名义继续征收宗教税。德国有两个国家教会，福音派教会（新教）和罗马天主教会，二者都由税款供养，而它们的圣职人员相当于公务员待遇。瑞士的一些州承认罗马天主教作为州立教会，另一些则支持某个福音派改革州立教会。罗马天主教会从奥地利获得税收支持，而西班牙每年付给它的金额超过60亿欧元。在意大利，人们从一个很短的基督教团名单当中选择某个群体来收取他们缴纳的教会税，比利时没有教会税，但比利时政府对天主教、新教、圣公会、犹太教、伊斯兰教和一个叫作"无宗派"的宗教组织提供大量资金支持。荷兰也没有教会税，但两个主要的新教教会和罗马天主教会都会收到大量的资助。在法国，没有宗教团体直接获得政府的支持，但天主教学校会获得数额巨大的资助，而官员也对罗马天主教会表露出极大的偏爱。最后，英格兰教会仍然是一种官方信仰，但它并不由税款或者政府资金支持，它能够依靠此前数百年里强制性的什一税所建立起的巨额基金维持自身运转。

这些教会与国家之间的紧密联系产生了一系列后果。首先，它们产生了怠惰的教会。无论人们参与与否，资金源源不绝，所以圣职人员完全没有发挥自己作用的必要。其次，这种联系鼓励人们将宗教视为"一种公共设施"。[①] 个人不需要为保持教会运作做任何事，政府会照看它。这种态度导致没有资金支持的宗教很难参与竞争——人们不愿意为教会捐献财物。因此，当一些德国传教士参与到电视传教当中时，他们吸引了观众，

[①] Peter Berger, Grace Davie, and Effie Fokas, *Religious America, Secular Europe*? Burlington, VT: Ashgate, 2008, p. 16.

但没有吸引到捐款,① 因为宗教被默认为是免费的。

这些获得偏爱的教会的存在也鼓励了政府对其他宗教的妨碍和干预。法国政府公开将173个宗教团体（其中的大多数是福音派新教，包括浸礼会）指明为危险的邪教，对它们课以重税并对它们的成员在工作机会等方面公开区别对待。之后，比利时在这方面甚至胜过了法国，它确立了189个危险的邪教，其中包括贵格会、YWCA（基督教女青年会）、哈西德派犹太教、神马会、阿门宗派、佛教和基督复临安息日会。

但即使是没有遭到议会决议谴责的团体也仍然是政府干预的目标。正如杰出的英国社会学家詹姆斯·贝克福德（James Beckford）所指出的，整个欧洲的政府官员都在"官方中立的幌子下"施加着"行政制裁"。② 许多清教团体报告说要获得建造一所建筑作为教堂的许可要等待几年时间，甚至是为了获得将某个业已存在的建筑用作教堂的许可也需要等待很久。这在斯堪的纳维亚国家尤其普遍，当地经常裁决"没有必要"在某些区域修建额外的教堂，因此也不发放许可证。③ 在德国，许多五旬节派团体无法获得免税身份，除非它们在政府注册为世俗团体，比如运动俱乐部，而不是教团。而后，政府有时会取消它们的免税身份，并强迫会众群体缴纳它们无法支付的罚款和欠缴的税款。④

不过，许多欧洲学者坚定不移地相信他们的国家保有完全的宗教自由。现在不需要再为了挑战这种观点而重复国家干预的例子，因为布莱恩·格里姆（Brian Grim）和罗格·芬克（Roger Finke）⑤ 已经就宗教生活中的政府干预创建了量化的测量方法。他们的编码建立在受到广泛尊敬的年度国际宗教自由报告的基础上，这是由美国国务院发布的。格里姆和芬克的测量手段之一是政府调节指数，它反映了"国家的正式法律、政

---

① Gerhard Schmied, "US – Televangelism on German TV", *Journal of Contemporary Religion* 11: 95 – 96, 1996.

② James A. Beckford, *Cult Controversies: The Societal Response to New Religions*, London: Tavistock, 1985, p. 286.

③ Peter Lodberg, "The Churches in Denmark", In *Danish Christian Handbook*, edited by Peter Briierly, 6 – 9, London: MARC Europe, 1989.

④ Steve Selthoffer, "The German Government Harasses Charismatic Christians", *Charisma*, June: 22 – 24, 1997.

⑤ Brian J. Grim and Roger Finke, *The Price of Freedom Denied*, New York: Cambridge Univ. Press, 2010.

策和行政手段对宗教活动、宗教信念和宗教选择施加的限制",打分从0.0(完全没有限制)到10.0(只允许一种宗教存在)。就这一指标而言,大多数欧洲国家提供了相当的宗教自由,尽管程度远低于美国。法国的限制程度最高(3.9)。但格里姆和芬克的第二个测量指标,政府偏爱指数,则揭示了完全不同的情况。

偏爱指数建立在"国家为某个或某些被选定的宗教提供的资助、特权、支持或者是有利的许可"的基础上。这一指标的变化同样从0.0(没有偏爱)到10.0(极端偏爱)。中国台湾的分数是0.0,而沙特阿拉伯和伊朗则达到9.3。阿富汗和阿拉伯联合酋长国的分数为7.8,冰岛、西班牙和希腊与之相同,而比利时得分7.5,略高于孟加拉国的7.3和印度的7.0。摩洛哥得分6.3,而丹麦的分数是6.7,芬兰6.5,奥地利6.2,瑞士5.8,法国5.5,意大利5.3,挪威则是5.2。欧洲是一个被政府的带有偏爱倾向的政策严重扰乱了的宗教"市场"。

"启蒙的"教会

怀着对唤醒公众的宗教参与几乎没有投入努力的不满,在欧洲的大部分地区,主流教会,尤其是新教的国家教会,已经在仿效美国那些出其不意地衰落了的教团。以神学"启蒙"的名义,它们提供了极端廉价的宗教,抛弃了道德要求和所有一切,只留下超自然主义的非常模糊的种类。从这个角度,最近一个丹麦教会教区牧师的例子很有启发性。

索克尔德·戈洛博(Thorkild Grosbøll)多年以来一直担任丹麦教会塔贝克(Tarbaek)地区的牧师,这是位于哥本哈根以北十英里的一座小镇。2003年,他出版了一本书,在其中他解释说他并不相信上帝。这吸引了一些注意力,并导致了一家全国性报纸的采访。采访中戈洛博说:"上帝是属于过去的。他实际上是如此过时,以至于我对于现代人仍然相信祂的存在感到迷惑不解。我彻底听够了关于神迹和永生的空话。"[①] 后来,他告诉《纽约时报》说:"我确实不相信存在物质的上帝,不相信来

---

① Ude og Hjemme, 24 (2005).

生，不相信复活，不相信圣母马利亚……而我相信耶稣［只］是个好人。"① 然而，戈洛博计划着继续做牧师，很显然认为他的信仰是在丹麦教会的容忍范围之内的。事实似乎的确是这样。直到这些事件爆发一年以后，主管戈洛博的主教才解除了他的职务。而后，这个案子被移交到了教会法庭。2006 年，在重新确认了他的牧师宣誓以后，戈洛博的教区牧师职位获得了恢复，他没有对他的观点作出任何忏悔，尽管他被通知不要对媒体发表言论。教会事务部认为没有必要采取进一步措施，因为戈洛博到 2008 年 2 月就满了退休年龄。

这并不是一件怪事。斯堪的纳维亚国家教会已经在至少一个世纪的时间里一直与反宗教眉来眼去。需要考虑到在瑞典，教会在很大程度上是被当地选举出来的委员会所控制的，而委员会的候选人是由全国性的政党提名的。这意味着，多年以来社会主义者更容易获得候选人资格，而这往往导致公开的无神论者取得对教会的掌控权。"教区委员会和教会委员会的成员的当选更多地是由于其政治职务和观点，而不是其宗教信仰。对于候选人没有任何宗教资格要求——事实上，他们甚至不需要受过洗或得到承认。国家教会被不信宗教者构成的主流大众——很少或从来不参与教堂礼拜的公民——所统治。"② 正如其他斯堪的纳维亚国家教会一样，直到不再建立国家教会的法案通过的 2006 年之前，瑞典国家教会一直处于教会事务部的管理之下，而多年以来教会事务部的部长一直是阿尔瓦·缪尔达尔（Alva Myrdahl），一位著名的极左经济学家和无信仰者。她被任命这一职务是为了编纂一本新的新约瑞典语译本，因为"陈旧的圣经在现代的理性世界观当中正在日益被边缘化"。③ 即使是它的热情支持者也承认，这个译版（出版于 1981 年）包含"对于已被广泛接受的理解的歪曲改造……这必然与圣经传统发生严重抵触"。④ 这个揭秘式的译本如今是瑞典教会发布的官方版本。到现在，瑞典在礼拜日前往教堂的大多数人参与的是反对国家教会的小型新教教团，这件事还有什么值得惊讶吗？

---

① Lizette Alvarez, "Tarbaek Journal: Fury, God and the Pastor's Disbelief", *New York Times*, World section, July 8, 2003.
② Sven Rydenfelt, "Sweden and Its Bishops", *Wall Street Journal*, August 21, A 25, 1985.
③ Thorlief Pettersson, "The Holy Bible in Secularized Sweden", In *Bible Reading in Sweden*, edited by Gunnar Hanson, 23 – 45, Uppsala: Univ. of Uppsala, 1990, p. 23.
④ Christer Asberg, "The Swedish Bible Commission and Project NT 81", In *Bible Reading in Sweden*, edited by Gunnar Hanson, 15 – 22, Uppsala: Univ. of Uppsala, 1990, p. 18.

同样富有启发性的还有，就其布道与经文而言，罗马天主教会在欧洲已经不受国家的管控。而宗教在欧洲天主教国家则比在新教主导地区要强盛得多。

很显然，对于有意义的宗教信息的缺乏并没有导致欧洲教团的衰落，但考虑到类似的美国教团的命运，似乎是这种缺乏保持了它们的空虚。

虔信的不信者

迄今为止，我们的讨论一直聚焦在欧洲怠惰而空虚的教团上。但就像不参与教会活动的中世纪欧洲人仍然有宗教（或许是更为不正统的混合体）一样，今天的大多数欧洲人也是如此。这种情况如此普遍，以至于英国社会学家格瑞斯·戴维提出了"虔信的不信者"的概念。①

说斯堪的纳维亚国家里几乎没人去教堂，这非常符合实际情况——大约只有5%的人每周前往教堂，甚至是更少。但同样真实的描述还有，几乎没有人承认自己是无神论者——同样是大约5%的比率。除了瑞典以外，所有斯堪的纳维亚国家中的主流大众都认为他们自己是"虔诚的人"，而即使是在瑞典，祈祷者的比率也达到62%。② 大多数挪威人相信死后来生，而圣经是"来自上帝的启示"。③ 在这些方面的新纪元信仰，比如复活，"疗愈"水晶和幽灵在整个斯堪的纳维亚半岛上广为流传（一如他们的中世纪先人的巫术宗教）。类似的模式存在于所有被举为世俗化范例的欧洲社会当中。当他们实际上只是未入教者的时候，将它们称为世俗化社会是荒谬的。

左翼政治

在法国大革命期间，法国百科全书派学者丹尼斯·狄德罗提出，自由

---

① Grace Davie, *Religion in Britain Since 1945: Believing Without Belonging*, Oxford: Blackwell, 1994.

② Rodney Stark, Eva Hamberg, and Alan S. Miller, "Exploring Spirituality and Unchurched Religions in America, Sweden, and Japan", *Journal of Contemporary Religion* 20: 1 – 21, 2005.

③ Rodney Stark and Laurence R. Iannaccone, "A Supply – Side Reinterpretation of the 'Secularization' of Europe", *Journal for the Scientific Study of Religion* 33: 230 – 252, 1994.

要求的是"最后一任国王被最后一个牧师的肠子勒死"。除了狄德罗对于夸张修辞的偏爱以外，它所反映出的是欧洲教会与国家之间的联系往往带来的是在反对派叛乱和革命当中教会对贵族的支持。因此，1911年英国社会主义党公开宣布"社会主义是宗教的天然敌人，这是一个深刻事实"。实际上，整个欧洲左翼都持有这种观点，通常这会表达为愤怒且刺耳的无神论。因此，在1957年由英国盖洛普机构收集的数据当中，保守党的支持者至少"现在及以后"会参与教会活动的比例（62%）几乎是工党支持者（36%）的两倍。① 同时，左翼思潮给教会参与率带来的更强烈的影响发生在法国：7%的共产党选民和16%的社会主义者说他们现在仍在实践其信仰（天主教），高卢党的支持者这一数字是67%，而农民与独立党选民的数据是68%。在荷兰，根据1956年以来的数据，支持反革命政党的选民有79%在过去七天里参与了教会活动，而工党支持者这一数字只有10%。②

因此，常常有人提出是欧洲左翼政党的高支持率刺激了人们大量叛离宗教，或者至少是抑制了教会活动的参与率。但考虑到这一参与率一直以来都很低，事情可能更接近于：从开始就相当衰弱的宗教给了欧洲左翼更大的成功余地。或许法国是一个例外，这既是由于法国大革命失控的激烈程度，也是因为它的激烈反教权主义，这种历史遗留在"二战"后法国共产党的高支持率和法国在激烈无神论的普及程度上远超过其他欧洲国家的事实上都表现出来。另一个例外可能是西班牙，当地可以追溯到弗朗哥时期的苦难还是激发了左翼人士对于教会的敌意。

但这似乎令人联想到，在欧洲对于极端左翼的支持大幅下降的时候，主流教会——尤其是国家教会——已经日益变成了左翼。这并未带给它们任何参与率方面的复苏迹象。

统计学的空谈

彼得·伯格因其心灵的灵活性和对于否定其长期以来对于世俗化命题

---

① Rodney Stark, "Class, Radicalism, and Religious Involvement", *American Sociological Review* 29: 698–706, 1964.

② Rodney Stark, "Religion and Radical Politics: A Comparative Study", In Charles Y. Glock and Rodney Stark, *Religion and Society in Tension*, 201–226, Chicago: Rand McNally, 1965a.

的投入的证据所体现出的开放性而引人注目。许多其他社会科学家在这方面无所建树。由于缺少伯格所拥有的对于合理性的掌握，这些人继续前行，就好像所有一切都在继续支持他们的信念——现代化与宗教水火不容。最近，皮帕·诺瑞斯（Pippa Norris）和罗纳德·殷格哈特（Ronald Inglehart）[1] 为那些持有这种观点的人带来了喜讯，他们提供了统计学证据，世界范围内不同的虔诚度指标，比如教会参与率和祈祷频率，的确与各种经济发展指标，比如人均国内生产总值，呈现强烈的负相关关系。越现代的国家，越不虔诚！当然，他们所表明的只是欧洲比世界其他国家更不虔诚，而欧洲国家主导了经济发展的高端层面。但我们已经知道，诺瑞斯和殷格哈特没有为欧洲为何与众不同的问题提供任何解释，而只是重复了老生常谈，说这是现代化的必然结果。

更糟的是，它本身在统计学上也只是一场空谈。欧洲国家的虔诚度发生了重要变化，在其经济发展水平上也是一样。但如果你仅仅在欧洲三十七个国家内部检验发展指标和宗教虔诚指标之间的相关关系，那么就会发现根本不存在充分的相关关系！也就是说，意大利和瑞典一样现代化，这无法告诉我们为什么意大利人在教堂聚集而瑞典人并不。同样地，如果一个人检验穆斯林国家之间的这种相关关系，也会发现这一点。发展水平更高的穆斯林国家应当宗教化程度较低，但事实并非如此。以清真寺活动的参与率为衡量指标，宗教化程度与人均国民生产总值之间不存在相关关系。在撒哈拉以南的非洲国家也发现了同样的情况。如果现代化真的带来世俗化，这些影响一定会在其他主要文化变量不变的情况下显示出来，但事情并非如此。

结　　论

在世俗化命题背后通常隐藏着一个巨大的幻觉，这最近被激进无神论者、传记作家丹尼尔·丹尼特公然表现了出来，他将他自己和他的反宗教同党们描述为"光明"，用于对比那些心灵仍然遭到宗教妄想毒害的愚

---

[1] Pippa Norris and Ronald Inglehart, *Sacred and Secular: Religion and Politics Worldwide*, Cambridge: Cambridge Univ. Press, 2004.

人。① 但在丹尼特狂妄的宣言和其他那些最近的持激进无神论观点的书籍的作者的言论背后，也包含着难以掩藏的绝望。因为真相是，宗教并未远离；恰恰相反，它正在世界范围内非常明显地取得巨大进展。正如我们将要在下一章当中所讨论的那样，在拉丁美洲此前从未有过这样普遍而深刻的虔诚。当前，不但俄罗斯的无神论者没剩下多少，在中国也已经有了数以百万计的基督徒。甚至有迹象表明宗教可能正在欧洲取得收获。在欧洲大部分地区，生育率已经下降到了远低于能够补偿眼下快速减少的"本地"人口所带来的影响的水平，这预示着没有瑞典人的瑞典和没有法国人的法国的到来。很少有人注意到，去教堂的那些欧洲人的生育水平始终维持在较高状态，仅仅这一个因素自身就已经足以导致一个更为宗教化的欧洲。② 此外，尽管在他们的传教之路上遇到了某些管理方面的阻碍，但数以万计的美国传教士——其中的很多人还是自费的志愿者——的影响已经开始使得欧洲出现了一些积极的、有竞争力的教会，③ 事实上，意大利规模有限的宗教竞争的发展似乎已经在帮助产生一次相当重要的意大利宗教复兴方面发挥了作用。④ 的确如此。

---

① Daniel C. Dennett, *Breaking the Spell: Religion as Natural Phenomenon*, New York: Viking, 2006, p. 21.

② Yehazkel Kaufmann, *The Babylonian Captivity and Deutero - Isaiah*, New York: Union of American Congrefations, 2010.

③ Rodney Stark, *One True God: Historical Consequences of Monotheism*, Princeton: Princeton Univ. Press, 2001; Robert Wuthnow, *Boundless Faith: The Global Outreach of American Churches*, Berkeley: Univ. of California Press, 2009.

④ Massimo Introvigne and Rodney Stark, "Religious Competition and Revival in Italy: Exploring European Exceptionalism", *Interdisciplinary Journal of Research on Religion* 1: article 5, 2005. 本文可在 www.relighournal.com 上查到。

第二十二章 全球化

387 探险时代也是基督教世界布道使命的新起点。1492 年哥伦布开始航行的时候,在欧洲以外的地区还没有几个人信仰基督,而甚至是在基督教成为快速发展的西半球的主导以后,地球上的大部分人仍然从未听说过耶稣。19 世纪 50 年代,佛教是全世界最大的宗教,这曾经是欧洲学者当中的共识,① 但也正是从那时起,事情开始有了变化,基督教在传教方面的艰苦努力开始了。

到 1900 年之前,有 5278 位美国新教传教士在海外工作,另有 5656 人来自英国,2200 人来自欧陆国家——同时还有数千位罗马天主教会传教士。② 从第二次世界大战以后,大多数在海外的基督教传教士都是福音派美国新教徒,而今天,成千上万的来自美国的传教士散落在世界各地,其中也有不少工作在欧洲。③ 这个总数没有将每年 160 万自费前往海外进行短期传教的美国人包括在内,④ 也没有包括大约 5000 名从拉丁美洲国家前往海外的传教士。此外,有大批基督教传教士来自非西方国家,人数 388 可能超过 7 万人。⑤ 作为所有这些努力的结果,基督教今天已经成为了世界上最大的宗教。

---

① M. Fournier de Flaix and Alice R. Jackson, "Development of Statistics of Religion", *Publications of the American Statistical Association* 3 (17): 18 – 37, 1982.

② Harlan P. Beach, *A Geography and Atlas of Protestant Missions*, Vol. 2, *Statistics and Atlas*, New York: Student Volunteer Movement for Foreign Missions, 1903.

③ Dotsey Welliver and Minnette Northcutt, *Mission Handbook*, 2005 – 2006, Wheaton, IL: EMIS, 2005.

④ Robert Wuthnow, *Boundless Faith: The Global Outreach of American Churches*, Berkeley: Univ. of California Press, 2009.

⑤ David B. Barrett, George T. Kurian and Todd M. Johnson, *World Christian Encyclopedia*, 2nd ed., Oxford: Oxford Univ. Press, 2001, p. 843.

世界上的信仰

对于全世界宗教关系的数据只是一些粗略的估计，而且必须包含所有主要宗教当中纯粹名义上的那些"成员"。① 因此，比如说，欧洲几乎所有人都被计入了基督徒总数里，即使许多欧洲"基督徒"从未属于某个教团，而另一些人则只不过是曾经属于，那是他们还是婴儿的时候接受的洗礼。世界宗教数据中存在的许多缺陷并不是因为资料收集者的错误，而是因为更为精确的信息的缺乏，没有来自各国的可靠数据可供统计。

如今这一空白可以用盖洛普公司的世界调查数据来填补。盖洛普公司从 2007 年开始在覆盖全球大约 97% 的人口的 160 个国家当中开展了年度调查。除中国以外，所有的被访者都被问道："您能告诉我们您的宗教是什么吗？"此外，盖洛普的问题还包括："过去七天里您曾经参与过任何礼拜场合或者宗教祈祷吗？"当然，这些问题都被谨慎地译成了当地语言。因此，原则上，这些调查得出的数据为世界宗教描绘了一幅精确且包含大量信息的图像。

然而这些数据仍然存在一些无法避免的缺陷。在许多国家，被访者被要求在罗马天主教、新教或者东正教当中选择其一。但在另外一些地区，尽管人们知道他们当地基督教团的名字，但他们对于清教或者天主教的概念并不熟悉。因此，在许多国家，调查者只能满足于"基督教"的回答，而没有任何具体归类。因此，为了创建覆盖全世界的数据，即使是那些回答自己是新教徒、天主教徒或者东正教徒的被访者，也必须被置于无差的类别"基督徒"之下。类似的规则也被应用于穆斯林被访者。因为在很多国家甚至没有逊尼派和什叶派的区分，所以所有人都只能被简单地描述为"穆斯林"。

第二个缺陷是，即使到现在为止世界调查的总被访者人数已经接近了 40 万，但这对于获得许多较小宗教的可靠统计数据来说样本量仍然太小了——包括日本神道教，袄教，道教和儒教（对犹太人的统计是可能的，因为以色列已经被包括在世界调查当中了）。这就使得它们和其他较小宗教不得不被并入一个叫作"其他"的混合类别当中。在往后的数十年里，

---

① David Barrett 和他的同事们对此做出了最好的整理。

在世界样本规模不断扩大以后，将"其他"类别拆分开来也是可能的。此外，还有那些说他们没有宗教的人，回答的是他们是世俗的，或者是无神论者，也或许是不可知论者。所有这些被访者也统统都被归到了"世俗"类别当中。然而，这些"世俗"人群当中的一部分人说他们参与宗教活动！

最后的困难是关于中国。很不幸地，没有任何一家国外的调查公司被允许在中国问及宗教问题，其中也包括盖洛普。更糟的是，甚至连中国公司调查出来的关于宗教问题的结果可能也相当不可信赖，因为有大量证据表明许多人认为向调查员承认他们是宗教信徒过于冒险。就更复杂和深入的问题而言，中国人对于宗教持有一种如此特别的定义，以至于他们总是会低估自己的宗教倾向。比如说，中国共产党许多年来一直坚定不移地认为儒教只是一种哲学而在本质上并非宗教。然而，当孙晓东（安娜，Anna Xiao Dong Sun）① 访问中国一些寺庙的时候，她观察到许多游客热切地为了各种各样的祈福和愿望向孔子像祈祷——而这些朝拜者中的大多数毫不迟疑地表示他们没有宗教信仰。大多数中国人也同样不承认他们有宗教，即使是在他们向数百位民间寺庙中的神像提出要求并贡献食物礼品的时候。类似地，许多中国人并不会将宗教这个概念用于形容他们在他们的祖先灵位前所表现出来的信仰。当然，如果中国是一个一般规模的国家，这并不会有太多影响。但当它的计入在数据库中加入了超过十亿人口的时候，就给整幅图像造成了巨大的扭曲。比如说，全世界信仰宗教的人口的百分比将会被人为地大幅缩减，而世俗分类则会不当地迅速膨胀。因此，中国将会在本章稍后的部分单独处理；以下所呈现的世界宗教数据省略了中国。

名义上的宗教成员

表 22.1 显示了中国以外的大型世界性宗教的成员人数。就全世界而言，共有 22 亿人口（41%）的宗教是基督教，远远超过穆斯林人口，

---

① Anna Xiao Dong Sun, "The Fate of Confucianism as a Religion in Socialist China: Controversies and Paradoxes", In *State, Market, and Religions in Chinese Societies*, edited by Fengang Yang and Joseph B. Tamney, 229-253, Leiden: Brill, 2005.

后者共有 14 亿人（27%）。印度教是世界第三大宗教，有 10 亿成员（19%），而后是佛教，2.89 亿人口（5%）。犹太教徒只有 1200 万（不到 0.1%），而其他宗教共 1.19 亿（2%）。世俗主义者占 2.4 亿（5%）。

表 22.1　世界范围内名义上的宗教群体（中国除外）

宗教	人数	百分比
基督徒	2195674000	41%
穆斯林	1429772000	27%
印度教徒	1011709000	19%
佛教徒	289856000	5%
犹太教徒	12849000	*
其他	119195000	2%
世俗	240650000	5%
总数	5299705000	100%

*少于 0.1%。

这些数据与通常所引用的数据之间的主要区别在于对世俗类别的处理。这一群体通常被估计占全球人口的大约 16%，这是一个只有在将大部分中国人视为无宗教的情况下才能达到的数字。世俗类别的膨胀导致了其他所有数值的相应下降，因此基督教的人口比例通常会在 33% 左右，而伊斯兰教则是 21%。这突出显示了为什么要谨慎地将中国排除在外。即使如此，这些发现仍然无法通过其他途径得到验证。

积极成员的人数

做一个基督徒或者穆斯林或者其他宗教的成员意味着什么？当然它暗示了某种程度上的投入和参与。积极成员的可测量指标非常严格——"过去七天里您曾经参与过任何礼拜场合或者宗教祈祷吗？"表 22.2 被限制在那些过去一周之内曾经参与过宗教活动的人的范围内。

表 22.2　　世界范围内活跃的宗教群体（中国除外）

宗教	人数	百分比	还原率
基督徒	1281042000	44%	42%
穆斯林	857620000	29%	40%
印度教徒	579192000	20%	43%
佛教徒	130512000	4%	55%
犹太教徒	4604000	*	64%
其他	59724000	2%	50%
世俗	23570000	1%	90%
总数	2936277000	100%	45%

＊少于 0.1%

与所有穆斯林都是热切的宗教崇拜者的刻板印象正好相反，在数据限制在每周活动参加者的范围内的时候，他们的成员缩水程度几乎与基督徒一样大。表格也显示，世俗类别下有超过 2300 万人口在过去一周内曾经参与过宗教活动！总的发现是，当只观察积极成员的时候，事情并无变化。基督教仍然是目前为止最大的宗教（44%），第二位的是伊斯兰教（29%）。

区域变化

基督教不仅是世界上最大的宗教，也是区域性最小的宗教。只有非常少的穆斯林生活在西半球和远东，但没有哪片区域没有大量基督徒存在——即使是在北非和中东的阿拉伯人聚居区，也有 4% 的人口是基督徒。然而，还有另一种更加有趣的方式来检验基督教的地方性，这显示在表 22.3 中。

表 22.3　　基督徒的地区分布（中国除外）

地区	名义群体	只计算周参与率
北美	13%	24%
拉丁美洲	25%	22%
欧洲	28%	13%

续表

地区	名义群体	只计算周参与率
中东和北非	1%	1%
撒哈拉以南非洲	23%	30%
中亚和南亚	5%	6%
东南亚	2%	3%
东亚	2%	1%
大洋洲	1%	*
总数	100%	100%

* 少于 0.5%

这里有一些有趣的惊喜。在只考虑名义上的宗教身份的时候，比起其他地方基督徒更倾向于生活在欧洲（28%），拉丁美洲在此居于次席（25%），而北美则远远地落到了第四（13%）。但当数据建立在每周的教会参与者的基础上时，欧洲（13%）就掉到了第四位，北美（24%）上升到第二位，而撒哈拉以南非洲则上升到了首位（30%）。尽管非洲主教在圣公会联谊会中的争论上有杰出表现，但仍然没有多少人知道这整片次大陆的基督教化程度有多高。这也被通常的将非洲视为一个整体的倾向所进一步掩盖，人们并不会将非洲分为阿拉伯人的北部和黑人的南部。当非洲被视为一块统一的"大陆"的时候，它的主流人口是穆斯林。但这是完全的误解，因为基督徒构成了撒哈拉以南非洲人口的 66%，那里只有 29% 的人是穆斯林。当然，菲利普·詹金斯（Philip Jenkins）已经唤起了对于非洲和整个"南方世界"中基督教力量的注意。①

基督教非洲

如此之多的基督徒在非洲的出现并不是一件容易解释的事。的确，基督教进入这些非洲社群是欧洲殖民主义的结果之一——殖民者所到之处，传教士紧随其后。但欧洲人和非洲民族主义者都理所当然地认为，前殖民

---

① Philip Jenkins, *The Next Christendom: The Coming of Global Christianity*, Oxford: Oxford Univ. Press, 2002.

的、"真正的"非洲文化形式很快就会随着欧洲帝国的崩溃而回归。但没有任何类似的事件发生,至少不是在宗教领域。恰好相反,非洲基督教的继续繁荣达到了这样的程度,当只统计每周参与教会活动的基督徒时,非洲这片地区内的基督徒比世界任何其他地方都要更多,如同我们已经指出过的那样。

关于这一过程如何发生已经有了大量的记载,它们几乎都强调了驻扎在当地的新教传教士的庞大数量和诞生于非洲的数以千计的新教教团的惊人增殖能力。但这些解释都忽略了这样一个事实,这些非洲基督徒当中至少有1.5亿人是罗马天主教徒。因此,尽管如同表22.4当中所示的那样,在撒哈拉以南的非洲新教徒多于天主教徒,但在许多国家天主教徒的数量远远超过了清教徒。

表 22.4　　撒哈拉以南非洲的天主教徒和新教徒

国家	天主教徒	清教徒
布隆迪	74%	20%
卢旺达	64%	29%
安格拉	55%	33%
莫桑比克	53%	34%
喀麦隆	44%	35%
中非共和国	44%	41%
刚果共和国	44%	46%
多哥	44%	17%
乌干达	39%	42%
马达加斯加	38%	55%
刚果民主共和国	36%	58%
赞比亚	35%	59%
布基纳法索	32%	7%
南非	29%	53%
肯尼亚	28%	57%
贝宁	27%	13%
津巴布韦	27%	60%
坦桑尼亚	26%	20%

续表

国家	天主教徒	清教徒
乍得	26%	18%
纳米比亚	25%	73%
马拉维	25%	63%
加纳	25%	38%
博茨瓦纳	24%	20%
尼日利亚	22%	33%
利比亚	14%	48%
塞拉利昂	11%	12%
几内亚	8%	1%
塞内加尔	5%	0
马里	3%	1%
埃塞俄比亚	1%	16%
吉布提	0	0
毛里塔尼亚	0	0
尼日尔	0	1%
总数	25%	32%

仅从新教徒的角度来讨论非洲的基督教化忽略了事情的一个主要方面。事实上，天主教刊物上充斥着天主教在非洲的快速发展以及非洲神甫和神学院学生数量的不断上升趋势的报道。根据官方统计数据，在1989—2009年二十年间，这些撒哈拉以南国家的神甫数量从16580人上升到了30339人，而神学院学生的数量则从10305人涨到了25162人。这是一项令人震惊的成就。

但这里仍然存在一个深刻的谜团。天主教关于神甫和神学院学生数量的官方数据极其精确，因为它们是从教堂文件中的个人完整档案当中收集来的。但这里并没有个体成员的原版名单，而是靠每个教区计算并上报自己的成员人数来完成的。这些报告不一定精确，而在撒哈拉以南非洲，教会公布的官方数据远少于盖洛普调查员所调查到的数字！教会统计年鉴当中记录说，2006年整个非洲有1.58亿天主教徒。盖洛普世界调查机构（2007—2008年）却在撒哈拉以南的非洲找到了1.94亿天主教徒。官方数据至少报低了22%。这种低估是这一事实带来的结果,在三十四个国家当中的二十一个,官方数据都是偏低的,通常还是严重偏低。怎么会这样?举例来说,在天主教徒实际上占了大多数的情况下(53%),什么会导致莫桑比克的主教报告说当地人口中只有23%是天主教徒?很显然,主教们只是不知道他们的团体会变得多大。但为什么?

在无法获得这种低估发生的原因,又向梵蒂冈的非洲专家们提出了疑问以后,我所能找到的有关大部分的快速发展几乎没有得到记录的唯一一个合理解释是,因为它发生在边远地区,当地的牧师由于这种迅速的发展已经在超负荷工作,从而无法及时保障数据的更新。不必说,教会官员认为这是一个相当令人欣慰的错误。

拉丁美洲的多元主义

拉丁美洲长期以来被视为罗马天主教主导的洲,在17世纪末之前已经被前往传教的修士和西班牙人的刀剑所完全基督教化。整个20世纪,教会官方数据报告说超过90%的拉丁美洲人是罗马天主教徒。但事实并非如此。

尽管许多个世纪以来罗马天主教会一直是拉丁美洲的唯一合法宗教,它的民众支持程度却既不广泛也不深入。广大的乡村地区当中有许多没有教堂和神甫,那些地方成了留给本土信仰的真空之地。① 即使是在有着金碧辉煌教堂的大城市,大众的参与度也非常之低:近至20世纪50年代,可能只有10%—20%的拉丁美洲人是宗教的积极参与者。② 由于拉丁天主教发展薄弱,没有几个人从事神甫行业,以至于在整片大陆上大多数神甫一直要靠从国外引入。③

---

① Charles Henry Robinson, *History of Christian Missions*, New York: Charles Scribner's Sons, 1923.

② R. Andrew Chesnut, "A Preferential Option for the Spirit: The Catholic Charismatic Renewal in Latin America's New Religious Economy", *Latin American Politics and Society* 45: 55 – 85, 2003b, p. 61; Anthony Gill, *Rendering Unto Caesar: The Catholic Church and the State in Latin America*, Chicago: Univ. of Chicago Press, 1998, p. 68; David Martin, *Tongues of Fire: The Explosion of Protestantism in Latin America*, Oxford: Basil Blackwell, 1990, pp. 57 – 58.

③ Anthony Gill, *Rendering Unto Caesar: The Catholic Church and the State in Latin America*, Chicago: Univ. of Chicago Press, 1998, p. 86.

与此同时，近年来新教（大部分是五旬节派的分支）在整个拉丁美洲的崛起已经吸引了数百万热诚的皈依者。① 这种挑战对于天主教官员来说是如此令人恼火，以至于连通常持宗教宽容论调的教皇约翰·保罗二世也痛骂这些"福音派"是"贪得无厌的狼"。② 但这数百万从天主教改宗新教的拉丁美洲人真的伤害到了天主教会吗？当然，竞争的影响可能会压垮怠惰的垄断性宗教，但它也可能会激发起积极的回应，将从前的垄断转变成高效的、更为强盛的宗教组织——这就是发生在拉丁美洲的事情。

拉丁美洲的新教徒

拉丁美洲第一批允许新教徒生活的地区是一些属于外国商人的小规模飞地，这些商人大多数是19世纪定居下来的英国人和美国人，但当时新教教堂和传教士仍然是不被允许的。直到进入20世纪，在拉丁美洲的许多国家仍然存在着禁止出售圣经的法律，这导致了一种广为流传的信念，只有新教徒才承认圣经。③

天主教的合法霸权开始被打破是在19世纪末20世纪初，"自由"革命式的政府和天主教会之间的关系开始紧张起来——对于新教的容许成了一种对教会支持保守体制的政治报复。

最初，什么也没有发生。事实上，许多在海外传教工作上投入了大量精力的出色的美国教团都拒绝了对拉丁美洲的探索，因为它们已经是基督教国家了。但福音派拒绝了这种"君子协定"，因为"天主教会未能与人

---

① R. Andrew Chesnut, *Born again in Brazil*, New Brunswick, NJ: Rutgers Univ. Press, 1997; R. Andrew Chesnut, *Competitive Spirits: Latin America's New Religious Economy*, Oxford: Oxford Univ. Press, 2003a; R. Andrew Chesnut, "A Preferential Option for the Spirit: The Catholic Charismatic Renewal in Latin America's New Religious Economy", *Latin American Politics and Society* 45: 55 – 85, 2003b; Anthony Gill, *Rendering Unto Caesar: The Catholic Church and the State in Latin America*, Chicago: Univ. of Chicago Press, 1998; David Martin, *Tongues of Fire: The Explosion of Protestantism in Latin America*, Oxford: Basil Blackwell, 1990; David Stoll, *Is Latin America Turning Protestant?* Berkeley: Univ. of California Press, 1990.

② 《迈阿密先驱报》（*Miami Herald*），1992年10月16日。

③ Jeffrey L. Klaiber, "Pentecostal Breakthrough", *America* 122 (4): 99 – 102, 1970; T. S. Montgoery, "Latin American Evangelicals: Oaxtepec and Beyond", In *Churches and Politics in Latin America*, edited by Daniel H. Levine, 87 – 107, Beverley Hills, CA: Sage, 1979.

口中的绝大多数建立起联系"。① 结果是美国传教工作持续分裂,尽管现在这种分裂已经没有多少痕迹可寻,因为当年认为向拉丁美洲派遣传教士的行为不够妥当的教团如今在很大程度上已经中止了他们在任何地方的任何传教活动。② 所以,拉丁美洲的确被集中地进行了传教,但进行传教的只有保守团体——五旬节派团体不久后就遥遥领先了。

到 1900 年,共有 610 个美国新教传教士驻扎在拉丁美洲,但到 1923 年,总人数已经上升到了 1627 个。③ 1996 年,这一数字已经达到了接近 1.2 万人。④ 为了正确地表述这个总数,1996 年在很多拉丁美洲国家当中全职的美国传教士远比罗马天主教主教管区的神甫更多!在洪都拉斯,传教士对神甫的比例是五比一,在巴拿马和危地马拉这一比例则是二比一。即使如此,这些数据也还没有包括数千个美国短期传教士。但更重要的是,拉丁美洲的美国传教士人数在过去十年中戏剧性地下降了。2004 年,总数只剩下了 5116 人。⑤ 为什么?因为他们已经被拉丁美洲本地人取而代之!现在,在许多拉丁美洲国家,土生土长的福音派新教圣职人员数量已经远远超过了外国传教士和本地的天主教神甫。⑥

本地新教圣职人员的快速增长激发了拉丁美洲新教教团的迅速发展。但尽管它的发生已经人所共知,对于新教成员的实际数字的统计数据仍然相对不足、零乱且可靠性存疑。如今事情已经发生了变化。盖洛普公司的世界调查机构为拉丁美洲国家当中自我定义的新教徒和天主教徒数量提供了第一批精确数据。此前,在古巴、牙买加和波多黎各从未做过这样的调查。有四个被包含在盖洛普世界调查范围中的小国家被忽略掉了,因为它们并不是历史上"拉丁"美洲的一部分。其中的三个国家从前是英国殖

---

① Anthony Gill, *Rendering Unto Caesar: The Catholic Church and the State in Latin America*, Chicago: Univ. of Chicago Press, 1998, p. 82.

② Rodney Stark and Roger Finke, *Acts of Faith: Explaining the Human Side of Religion*, Berkeley: Univ. of California Press, 2000, p. 153, 表 8.

③ Rodney Stark, *One True God: Historical Consequences of Monotheism*, Princeton: Princeton Univ. Press, 2001.

④ John A. Siewart and Edna G. Valdez, *Mission Handbook: USA and Canadian Christian Ministries Overseas*, 17th ed., Grand Rapids, MI: Zondervan, 1997.

⑤ Dotsey Welliver and Minnette Northcutt, *Mission Handbook*, 2005 – 2006, Wheaton, IL: EMIS, 2005, p. 32. (原文年份标注为 2004 年,但参考文献中无此书。)

⑥ David Stoll, *Is Latin America Turning Protestant?* Berkeley: Univ. of California Press, 1990, p. 6.

民地：圭亚那、伯利兹和多巴哥。作为法语区，海地是文化上的外来者。这样就剩下了从文化上和历史上都被认为是拉丁美洲的一共十八个国家。

2007 年和 2008 年的调查的合并最大程度上实现了数据的精确性。两次调查都询问了被访者的宗教背景。结果显示在表 22.5 中。

表 22.5　2007—2008 年新教徒和天主教徒的比例（盖洛普世界调查）

国家	新教徒	罗马天主教徒	其他	世俗
萨尔瓦多	38%	61%	1%	0
尼加拉瓜	37%	61%	1%	1%
危地马拉	36%	61%	1%	2%
洪都拉斯	36%	62%	1%	1%
巴西	24%	71%	4%	1%
哥斯达黎加	24%	74%	2%	0
智利	20%	74%	3%	3%
多米尼克共和国	20%	69%	0	11%
巴拿马	18%	80%	2%	0
玻利维亚	17%	81%	1%	1%
秘鲁	16%	82%	1%	1%
乌拉圭	12%	64%	6%	18%
哥伦比亚	11%	88%	1%	0
厄瓜多尔	11%	87%	1%	1%
巴拉圭	9%	89%	2%	0
阿根廷	9%	85%	2%	4%
墨西哥	9%	86%	3%	1%
委内瑞拉	5%	91%	2%	2%

这些数据表明，新教在拉丁美洲的大部分地区已经成为主流宗教。新教徒在十八个国家中的八个国家的人口当中占到了 20% 或以上，在另外四个国家当中占到了 1/3 以上。新教发展的速度在委内瑞拉是最低的（5%）。"其他"类别包括了原生的印第安和非洲宗教。"世俗"类别则由那些宣称他们没有宗教的人构成。乌拉圭较高的"世俗"人数（18%）

可能反映的是这样一个事实,超过八成的乌拉圭人都是欧洲人的直系后裔。①

不幸的是,将"新教徒"分为构成它的不同教团是不可能的。美国主流福音派团体,比如神召会、联合弟兄会、基督会和许多浸礼派团体已经有了清晰的表述,但还有许多纯粹的本土新教团体,其中的大多数都出自五旬节派。举例来说,在巴西,一个名为基督巴西(Brasil Para o Christo)的五旬节派自治团体已经吸引了超过一百万的成员。②除了较大的拉丁本土清教团体之外,当地还有数百个独立的小团体。因此,新教在拉丁美洲的发展是有影响的多元主义的发展。

天主教的应答

面对激烈竞争,拉丁美洲教会作出了非常积极的应对。这一点几乎所有已出版的对拉丁美洲清教发展的研究著作都忽略了。因此,哈维·考克斯(Harvey Cox)充满热情地重复了戴维·斯托尔(David Stoll)作于1990年的预测,到2010年有五到六个拉丁美洲国家将会产生占据主流地位的新教徒群体,而新教在许多国家正处在进入主流地位的边缘。③但这并没有实现。新教徒甚至只在四个国家占到了人口的1/3。当然,如果主教们继续沉溺于他们的幻想当中,而不去与他们的新教挑战者进行竞争的话,斯托尔的预言就很有可能会实现。而如果观察者们最初没有看到教会对于挑战的积极回应,这可能是因为主教们最初所采取的策略首先是政治的,而不是宗教的,而这些努力也被证明完全无效。

对于新教挑战的应答被称为解放神学,它混合了马克思主义和天主教,目标是"鼓励穷人为了他们自己的解放而奋斗",④因此计划着招募普通大众来支持基督教社会主义。解放神学的概念由秘鲁道明会牧师古斯

---

① David B. Barrett, George T. Kurian and Todd M. Johnson, *World Christian Encyclopedia*, 2nd ed., Oxford: Oxford Univ. Press, 2001.

② Philip Jenkins, *The Next Christendom: The Coming of Global Christianity*, Oxford: Oxford Univ. Press, 2002, p. 64.

③ Harvey Cox, *Fire from Heaven: The Rise of Pentecostal Spirituality and the Reshaping of Religion in the TTwenty-First Century*, Cambridge, MA: Da Capo Press, 1995, p. 168.

④ Carol Ann Drogus, "Review: The Rise and Decline of Liberation Theology: Churches, Faith, and Political Change in Latin America", *Comparative Politics* 27: 465 – 477, 1995, p. 465.

塔沃·古铁雷斯于1968年提出,并随着他的著作《解放的神学》在1971年的出版而获得推广。在书中,他重新定义了得救,放弃了对于个人的强调,转而提出得救是集体性的,其形式是将大众从奴役当中解救出来。尽管他们没有提及古铁雷斯对于得救的观点,教会必须解放大众的观念在1968年拉丁美洲主教在哥伦比亚麦德林的会议上获得了正式通过。

这种主要是策略性的方案提出,首先获得解放的是"基础社团"(communidades de base),其中解放的领导者会召集起一个小团体,在一种社会主义式的公社里共同生活和工作,他们的政治和道德觉悟都将在其中被唤醒,同时也为其他生活在周边地区的人们提供一个自我改善的榜样。其长期计划是由下而上地重建社会,从一个新的"基础"开始。恰如其分地,基础社团显然与长久以来实验性乌托邦社团的传统有所关联。① 而尽管基础社团在计划中应当通过召集穷人来形成,事实证明,就像其他的乌托邦社团一样,比较起来它们吸引的主要是特权阶层。② 无论如何,甚至连许多高度投入的解放论者也承认,他们的时代已经过去了。③

解放神学未能发展成一场社会运动,这不是由于其他原因,而是因为它在意识形态上是不合适的。它对于政治左翼来说缺乏可信性,因为它的宗教修辞和与教会之间的联系。它对于政治目标和策略的强调注定了它在宗教运动的竞争当中出局的结果。值得指出的是,正如安东尼·吉尔(Anthony Gill)所阐明的,解放神学最初并不是对大众贫困生活的回应,而是对于清教威胁的回应。国家教会的领导者们允许了解放神学家和他们的项目,以至于新教团体在他们的国家当中取得了进展。④

与此形成强烈对比的是,天主教对于新教的竞争作出的第二次回应被证明是非常受欢迎和有效的:天主教神恩更新运动(CCR)。CCR通常被描述为天主教的五旬节派,内容包括热烈的祈祷者集会,后者往往包括"方言"(speak in tongue)。就像新教福音派经常在拉丁美洲的足球场里

---

① Leonardo Boff, *Ecclesiogenesis*, Maryknoll, New York: Orbis Books, 1986.
② John Burdick, *Looking for God in Brazil*, Berkeley: Univ. of California Press, 1993.
③ Carol Ann Drogus, "Review: The Rise and Decline of Liberation Theology: Churches, Faith, and Political Change in Latin America", *Comparative Politics* 27, 1995, pp. 465–477.
④ Anthony Gill, *Rendering Unto Caesar: The Catholic Church and the State in Latin America*, Chicago: Univ. of Chicago Press, 1998.

举行布道会一样，CCR 也会占用同样的体育场。1999 年，CCR 电视明星神父马塞洛·罗西发行的灵感由桑巴所启发的宗教音乐专辑在巴西的销量胜过了其他所有 CD。[①] 或许关于 CCR 的最引人注目的事情是，尽管有许多牧师参与其中，但"它大致说来是一场世俗运动"。[②] 事实上，如果不是因为圣母马利亚的中心地位，很难将 CCR 和新教五旬节派团体区分开来。这两个团体都经历圣灵的洗礼，也都投入方言的活动，两个团体都高度委身于宗教疗愈，并且都起源于美国——新教五旬节派始于 1906 年的洛杉矶，而天主教神恩更新运动开始于 1967 年的匹兹堡迪尤肯大学。CCR 是被美国牧师在 20 世纪 70 年代初带往南方的。

CCR 的基础组织单元是每周聚会的祈祷者团体，有世俗的领导者和大约三十名成员。这些团体在一周内聚会祈祷一次，无意识地说出方言、唱诗并进行冥想；在周日，CCR 成员进行大规模聚会。拉丁美洲有数万个类似的祈祷者团体，而 CCR 已经成为拉丁美洲宗教经济的相对自由的市场当中的有力竞争者。

CCR 在梵蒂冈的协调员萨尔瓦多·马丁内兹告诉我，CCR 在全世界可能有超过六千万正式成员，还有另外四千万属于独立的神恩派天主团体。马丁内兹补充说，CCR 的大部分成员和近期的发展都在拉丁美洲。不幸的是，我们没有各国的可靠统计数据。[③] 不过，有一些间接反映了 CCR 激活大众能量的努力的数据。表 22.6 显示了每个天主国家中在被问到过去七天里是否曾经参与过任何礼拜场合或者宗教祈祷的时候，回答"是"的天主教徒的百分比。

表 22.6　在过去七天当中曾经去过教堂的天主教徒的百分比（盖洛普世界调查）

国家	过去七天里曾经去过教堂的人数百分比
危地马拉	72%
萨尔瓦多	66%

---

① R. Andrew Chesnut, "A Preferential Option for the Spirit: The Catholic Charismatic Renewal in Latin America's New Religious Economy", *Latin American Politics and Society* 45: 55 – 85, 2003b, p. 55.
② Ibid., p. 61.
③ 私人交流，Salvatore Martinez, 2009.

续表

国家	过去七天里曾经去过教堂的人数百分比
洪都拉斯	66%
哥伦比亚	63%
厄瓜多尔	63%
哥斯达黎加	61%
墨西哥	60%
巴拿马	60%
玻利维亚	59%
尼加拉瓜	58%
巴拉圭	56%
秘鲁	53%
多米尼克共和国	49%
巴西	45%
委内瑞拉	41%
阿根廷	31%
智利	31%
乌拉圭	16%

在今天的拉丁美洲的大部分地区，天主教徒去教堂的频率达到了一种令人瞩目的程度。在其中八个国家中，每周去教堂的教徒比例达到了60%以上——在危地马拉为72%。另外四个国家的大众参与率超过了52%。对比一下，在西班牙说他们每周去教堂的人只有33%。阿根廷和智利在教会参与率上与西班牙持平，只有乌拉圭的参与率处于较低水平（16%），这也被认为是数十年前拉丁美洲国家的典型状况——而乌拉圭在其他许多方面也是一个脱轨的案例。

这完全达到了宗教多元主义的预期效果，天主教徒的参与率与新教的挑战高度相关：新教徒比例越高，天主教徒的参与率就也越高。①

显然地，天主教会在拉丁美洲经历了一次令人震惊的重生。在这里主教们曾经满足于这已经是一片天主教大陆的虚假声明和极低的委身程度的

---

① $R = 0.451$，显著性水平大于 0.05。

现实，但拉丁美洲的天主教堂如今在礼拜日坐满了虔诚的教徒，其中的许多人还在周中集会的神恩派团体中表现得相当活跃。这种令人瞩目的变化的原因是活跃的新教信仰的快速增长，这创造出了一个高度竞争性的多元主义环境。

类似的事情并不是第一次发生。到 19 世纪中期，美国开始出现大量的天主教移民潮，他们带来了他们盛行于原本欧洲国家对宗教的低参与率与漠不关心的风气。起初，许多天主教移民倒戈入了他们身边猛烈传教的新教团体。但美国天主教士很快通过采用新教的招募技巧（包括布道会）作出了调整，不久后，在美国的天主教会就比欧洲的任何教会都更为强盛也更有影响力。[1]

在拉丁美洲，天主教会通过吸收他们的新教五旬节派竞争者的主要元素而在成员委身方面达到了这种令人惊异的高度，结果是这片虚假的天主教大陆正在成为真正的神恩派基督教大陆。因此，拉丁美洲被教会化了。

基督徒在中国

在 20 世纪的大部分时间里，西方知识分子之间流行着这样一种观点，中国人对于宗教免疫——一种远在共产主义者掌握权力之前就已存在的免疫体质。1934 年，埃德加·斯诺嘲讽说："在中国，鸦片就是人民的宗教"，媒体"专家"则附和着发笑，并将数百万被称为基督教归信者的中国人斥为不过是"稻米基督徒"——仅仅为了布道所提供的好处才时常出入布道所的充满怀疑的心灵。新中国成立以后，中国迅速变成了完全世俗化的后宗教社会的看法获得了普遍认同。

但事情并非如此。恰恰相反，在即将来临的后宗教中国当中，信仰不但是西方知识分子的鸦片，同样也是中国人的。事实证明，中国的基督徒在 1949 年——那些被西方讥笑为稻米基督徒的人——是如此地"不真诚"，以至于他们经受住了数十年的逼迫，并且在逼迫中他们的人数反而增加了！而当官方的逼迫放松以后，基督教在中国（部分地）从地下转

---

[1] Jay P. Dolan, *The Immigrant Church*: *New York's Irish and German Catholics*, *1815 – 1865*, Baltimore: Johns Hopkins Univ. Press, 1975; Jay P. Dolan, *Catholic Revivalism*: *The American Experience*, *1830 – 1900*, Notre Dame: Univ. of Notre Dame Press 1978.

入地上,并以一种令人震惊的速度实现了增长。

不幸的是,仅仅在这种增长有多么使人震惊的问题上也有大量的不同意见:现在在中国是有1600万基督徒,还是2亿?两个数字都言之凿凿并且自称是"官方"数据,但可能接受度最高的说法是中国基督徒有1.3亿。这个总数通常被认为来源于中国政府组织的一次调查。① 但是没有一个中国学者或者调查机构听说过这样一个调查,而这个总人数也没有获得任何已知调查的支持。一部分疑惑可能来自这样的事实,中国政府的确一直在关注、追踪有多少人属于在"三自"爱国运动(TSPM)的原则下正式注册过的基督教团体。这些团体现在吸纳了大约1600万成员。但是,正如中国政府所坦率承认的那样,基督徒的数量可能数倍于此,因为在中国有数以万计的未曾在TSPM注册过的基督教家庭教会。他们究竟有多少人?

尽管盖洛普公司的北京分公司做了许多调查,但它们都不包括宗教和其他"敏感"话题。然而,这一限制对中国公司并不成立。所以,如果能加以谨慎对待,从中国调查的结果当中能够得出一些有用的结论。该调查是在2007年由中国最大也是最具信誉的调查公司——零点股份有限公司完成的,进行了7021例访谈。数据在贝勒的中国研究项目中可以获取,特别是对那些参与了贝勒中国博士后奖学金项目的中国学者开放。

调查发现,3.1%的中国人承认自己是基督徒(其中有2.9%的新教徒和0.2%的天主教徒)。这表明,中国有3500万名基督徒。不过,这应当被认为是最低的可信数据,因为有充足的理由假定这些调查严重地低估了中国基督徒的数量。许多中国人拒绝参与调查研究,而可以假设基督徒尤其倾向于这么做(对于中国人而言,被界定为基督徒仍然有一定的风险)。此外,许多同意接受访问的基督徒也倾向于认为在被陌生人询问的时候承认自己是基督徒是不明智的。为了对中国基督徒的数量作出一个准确的估计,需要为所有这些干扰项设定一个校正因子。

为了处理这些问题,我和我在贝勒的同事一起,在北京大学(我是那里的社会学荣誉教授)同事的协助下进行了一项补充研究。以与中国基督徒社群之间的联系为基础,我们得以从初始调查样本选择的同样区域

---

① Francesco Sisci, "China's Catholic Moment", *First Things* (June – July) No. 194: 27 – 30, 2009.

中获得了一些中国家庭教会的成员作为研究样本。研究的调查员对这些人进行访谈，所有被访者都是活跃的基督徒（但调查员并不知道）。在所有这些已知的基督徒当中，有62%的人拒绝参加访谈，而初始调查中平均拒访率是38%。根据回答率差异所作出的调整与这一估计相符，十六岁及以上的基督徒数量为5890万。

此外，在所有同意接受访问的已知的基督徒当中，有9%在被问到的时候没有承认自己是基督徒。在校正了干扰因子以后，中国十六岁及以上的基督徒人数达到了6480万。当然，这是2007年的数据，现在这一数字显然会更高。估计2011年中国有大约7000万名基督徒似乎是完全可信的。

不仅如此，基督徒的增长并不限于中国人口的一小部分。根据对零点公司所做的调查的分析，① 年龄在这里并没有明显的影响。城乡差异也并不存在。基督徒甚至覆盖了所有的教育水平。而有些人为了安全，隐藏了自己的基督徒身份，中高收入的中国人明显地比那些低收入者更加易于成为基督徒。当然，如同对全世界所有宗教都成立的那样，② 中国女性（3.8%）比男性（1.6%）更容易成为基督徒。即使如此，在中国似乎也没有任何人口统计学上的障碍能够阻碍基督教的进一步扩张。

有如此之多的西方学术观察者如此严重地高估中国基督徒的数量的一个原因是在一流大学校园里有这样一种明显的基督教氛围——甚至远比某些教团设立的美国大学校园里更为浓厚。此外，即使是非基督徒的中国知识分子也普遍持有这样一种信念，基督教在西方文明的兴起过程中扮演了关键性角色，因此它在中国的经济与科学发展中可能也是重要的。因此，中国人对于基督教史表现出了浓厚兴趣，以至于在中国有大量有关这一主题的书籍已经获得翻译和出版，其中包括我自己的三本书，还有更多即将出版（可能也包括这一本）。

---

① Rodney Stark and Eric Y. Liu, "The Religious Awakening in China", *Review of Religious Research* 52, 2001, pp. 282 – 289.

② Rodney Stark, *Exploring the Religious Life*, Baltimore: The Johns Hopkins Univ. Press, 2004. 第四章。

基督教发展的原因

《马可福音》16:15引用了升天的耶稣的话:"他又对他们说:'你们往普天下去,传福音给万民听。'"这就是基督教发展的"秘密":基督教能够激发它如此之多的信徒为了他们的信仰而劝说他人入教,经由归信的方式,它在历史上的非基督教区域如今也取得了迅速发展。

这向我们提出了一个基础问题:为什么基督教有这样的号召力?能够确定的有四个主要方面:信息、经文、多元主义和与现代性之间的联系。

信　息

正如奥古斯丁在其《忏悔录》中所指出的,基督教的基础信息是如此简单,以至于连孩子也能轻易地掌握它,而它的神学衍生成果则足以应对知识分子的最为强硬的挑战。这在基督教对于神的概念当中体现得非常充分。像犹太教和伊斯兰教一样,基督教将上帝设想为至高、全能且仁慈的"存在",某种程度上祂也是神秘、遥远和令人生畏的。但与犹太教和伊斯兰教不同的是,基督教也信奉人子,一个非常人性化且真实可触的人物。因此,当上帝主导了基督教世界观的时候,人子主导了爱的维度——成年人说耶稣已经进入了他们的生命里,孩子们歌唱"耶稣爱我",而基督和他的十字架主导了基督教艺术。当基督徒试图劝说他人皈依基督的时候,他们通常会强调耶稣,由于福音书是关于耶稣的故事,这样做十分方便。

福音书所传达的基础信息是,基督为我们的罪而死,因此所有承认耶稣为他们救主的人都将在死后享有永生的生命。正是这一教义构成了基督教吸引力的核心,也给了人类生活以意义、目标和持久性。一个人并不需要为了获得这些赐福而追求痛苦的禁欲的生活方式。好的基督徒可以自由地追求被开明的道德所扩大了的丰富的生活。换句话说,基督教不仅提供了永恒生命的巨大奖赏,还提供了许多此时此地的深刻福祉——正如第六章当中所阐明过的那样。

然而,将典型的基督徒描述为不断进行存在主义演算以衡量信仰收益的说法是误导性的,这忽视了基督教体验当中潜在但普遍的神秘主义和情绪化的方面。千百年来，已经有无数基督徒报告过他们当面遇到过耶稣、马利亚和其他的神圣存在。① 这是对于信仰的许多经验性的确认中的一种形式，大量存在于基督教当中，范围从一种与上帝相互接近的感觉一直到瞬间的狂喜和呓语。② 其他的世界性宗教似乎无法在一般大众当中产生这些神秘的体验，或者是只在与世隔绝的小部分人群当中有所体现。这并不是要弱化基督教的智识方面。每年都有数以千计的有关基督教史和基督教神学的严肃书籍被出版、阅读并得到讨论。

经　　文

然而，与大多数和其他世界性宗教相关联的"文本"不同，无论是新约还是旧约都不是隐含的意义、神秘现象和谜团的集锦——其中没有任何关于一只手拍出的声响的内容。圣经中的大部分篇幅由关于人和事的清晰描述构成。尽管也有许多篇目提出了神学上的挑战（比如说，在保罗的书信中），也有一些非常神秘的部分，大部分故事仍然适合所有年龄段和所有文化背景的人群，特别是它们还很有意思！可以试想一下圣诞故事或者摩西和法老的对峙。

不幸的是，许多个世纪以来广受欢迎的基督教仅仅存在于口口相传之中。这不仅是因为大众普遍缺乏读写能力，也是因为唯一的一部成书的经文是由拉丁文或希腊文写就，因此只能供少数精英阅读。教会激烈反对将圣经译成"庸俗的"语言，这部分地是因为它希望避免因更多人能够接触到圣经而导致的对于圣经的理解上的争议。在圣经已经被译成了接近两千种语言的现在，这种不情愿看上去似乎有些古怪。但是，当然地，某种程度上越来越多的接触到圣经的方式的确导致了冲突和后来独立的基督教团体几乎没有止境的分裂，正是在这个过程中教会的勉强态度暴露无遗。另一方面，这种分裂如此有力地激发了信徒的虔诚，以至于它在基督教的传播过程中担任了一个主要角色——布道是充满竞争的。

---

① Eyelyn Underhill, *Mysticism*, London: Methuen, 1911.
② Rodney Stark, "A Taxonomy of Religious Experience", *Journal for the Scientific Study of Religion* 5: 97–116, 1965b; Rodney Stark, *What Americans Really Believe*, Waco: Baylor Univ. Press, 2008.

多元主义

第十七章检视了中世纪怠惰的垄断教会在使北欧皈依时是多么缓慢又是怎样忽视了农村地区的大众。而第二十章揭示了与多元主义共存的宗教生机勃勃的情形——当宗教团体为了成员和支持而彼此竞争的时候。该章节也阐述了不再相信他们掌握了特殊真理的教团是如何快速出局的。

同样的原则也适用于布道工作。因此，19世纪末，在结束了他前往亚洲和非洲布道所进行的环球访问之后，杰出的美国浸礼派教徒威廉·福维尔·班布里奇（William Folwell Bainbridge）① 指出，在某个布道所的专属领地之内不会表现出他在那些有两到三个基督教布道机构相互竞争的地区所观察到的活动和效率水平。② 他提出，有如此之多的不同的布道努力是一种神的赐福，并强烈反对为了避免重复劳动而分割布道范围。

在当时，有大量的美国传教士在海外被今天我们定义中的"自由"教团所训练和资助：公理会（现在的联合基督教会）、长老会、卫理公会和美国圣公会。但在20世纪初，这些教团的领导者开始遭遇信念的丧失：试图使非基督徒皈依的做法有任何神学或者道德基础吗？1930年1月，一群顶尖的自由主义神学家聚集到一起"重新思考"布道活动，在1932年他们所发布的报告中，这些自由神学家们指责说，对于基督徒而言认为他们自己的信仰更高"是一个令人感到耻辱的错误"，因为在基督教中任何事"在其性质上都真正属于无论什么地方的人类心灵"。因此，"类似于'向世界传播福音'这样的词句……完全［是］令人尴尬的"。③ 所以，这些领导者提出，如果传道士们要被派出，也不应当是为了传福音，而应当是为了进行社会服务——去教授公共卫生，而不是救世。

当然，没有几个人会为在陌生的土地上开始自我牺牲的生活找到足够的理由。因此，自由主义教团不再在当时已经规模庞大的传教工作中发挥多少重要作用。但是，如果在仍然只有一个基督教组织的地区，可能从一

---

① 他是我的同事以及我有些著作的合著者 William Sims Bainbridge 的祖父。
② William F. Bainbridge, *Around the World Tour of Christian Missions: A Universal Survey*, New York: C. R. Blackall, 1882, pp. 270-272.
③ William R. Hutchison, *Errand to the World: American Protestant Thought and Foreign Missions*. Chicago: Univ. of Chicago Press, 1987, p. 147.

开始就不会开展来自国外的传道工作，而显然地它们也将会在20世纪30年代销声匿迹。恰恰相反，只有自由主义清教的布道工作终结了，而许多保守派和福音派清教教团仍在继续派出大量的传教士。面对着这些来自清教的挑战，罗马天主教会至今也仍然保持着非常庞大且高效的传教力量，尤其是在非洲。

当然，在世界的许多地区，外国传教士已经变得多余，因为本土基督徒已经接过了宣扬信仰的工作。在这里多元主义也一样扮演着重要角色，因为基督教仍然保持着创新和适应环境的传统。因此，本地人不仅接手了传教工作；他们通常会形成新的、更适合他们的具体环境和文化的教团——比如说，在非洲有数以千计的基督教团体。新的基督教组织的形成确保了当地的多元主义环境，当然还有它们之间相互激发的竞争。最后，基督教得以发展壮大，部分地是由于有如此之多的基督徒如此努力地为了让它发展壮大而工作。

现代性

传教士要将他们自己投入到教授诸如公共卫生之类问题的工作中去的自由主义提案触到了基督教的传播当中最后一个非常重要的方面。不可避免地，作为西方的宗教，基督教与西方现代性紧密相连。因此，对于较不发达世界的许多地区来讲，将他们对于基督教的接纳和他们对于一般意义上的现代文化的承认相区分开来几乎是不可能的。在医药和科技这些东西里蕴藏的可论证的西方智慧似乎也证明了西方智慧中对于上帝的关注。事实上，许多人得出结论，西方对于上帝的认知形成了它在其他方面的进步的基础。正如一位中国的主流经济学家所说："在过去的二十年里，我们已经意识到你们文化的核心是你们的宗教：基督教。这就是为什么西方如此强大。社会生活和文化生活当中基督教的道德基础使得资本主义的出现成为可能，而后也使得向民主政治的成功转型成为可能。我们对此没有任何疑问。"① 我也一样。②

---

① 引自 David Aikman, *Jesus in Beijing: How Christianity is Transforming China and Changing the Global Balance of Power*, Washington, DC: Regnery, 2003, p. 5。

② Rodney Stark, *The Victory of Reason: How Christianity Led to Freedom, Capitalism, and Western Success*, New York: Random House, 2005.

结　　论

或许促进了基督教的全球化的最关键因素是它令人惊异的文化适应性。无论它走到哪里，信仰都能够适应当地文化——因它的普遍信息而成为可能。因此，世界范围内的基督教是一项巨大的帐篷，其中数以千计的不同教团保持着对于基督的共同信仰。

结　　论

距离耶稣受难两千周年还有不到二十年。在这两千年里，基督教已经经历过了许多决定性时刻，其中既有悲剧也有胜局。从名单上排除基督故事以后，有三件事远比这一信仰所走过的历史轨迹中其余事件都要重要——其中的两件大有裨益，而另一件则是一场巨大的不幸。当然，三件事中的每一件都已经在此前的章节当中得到过充分的讨论，但为了给我对于基督教史的重新检视画上句号，仍然应当对为什么这三件事具有如此重要的影响力进行进一步的思考。

耶路撒冷会议

迄今为止，基督教发展的完整历史当中最为重要的事件是 50 年左右在耶路撒冷召开的会议，当时保罗获得了使外邦人归信而无须将他们转变成恪守法典的犹太人的许可。这一集会在保罗致加拉太人的书信 2：1—10（《加拉太书》）和《使徒行传》15 中都有提及。

在他忠诚的助手巴拿巴和提多的陪同下回到耶路撒冷以后，保罗指出，外邦人归信者的例子是由于"我们得救乃是因主耶稣的恩，和他们一样，这是我们所信的"（《使徒行传》15：11）。保罗的观点引发了激烈争论，这并不令人惊奇，因为在耶路撒冷没有几个犹太基督徒会与外邦人有所联络，但许多人与罗马官员和士兵有交情，所以，他们对于外邦人的不满不会因相互的熟悉而得到缓解。真正令人惊奇的是，耶稣的兄弟、教会的领导者雅各并没有站在保罗的反对者一边。雅各被称为"义人"，部分地是因为他倡导一种绝对禁欲的生活，而他被期望要求所有的归信者都完全遵守律法。恰好相反，他祝福了保罗的提议，并要求外邦归信者只需要遵守十诫，以及不要吃被勒死的动物的肉（《使徒行传》15：20）。

直到作出这个决定之前，基督教都只不过是犹太教的另一个教派。尽管犹太教已经有了大量归信者，任何一个与某一民族别无选择地相互联系着的宗教似乎都不可能会变成一种世界性宗教——甚至没有加上附属的基督教因素。在巴勒斯坦以外的地区为传播信仰而工作的保罗对于种族壁垒一清二楚——他已经遇到过许多外邦"敬畏上帝者"，他们参与甚至帮助资助犹太会堂的活动，但他们仍然处于边缘地位，因为他们不肯完全遵守律法的约束。他也已经意识到，如果能够提供某种形式的犹太教而把人从对律法的全面约束当中解放出来，将有多少边缘化的犹太人皈依基督。事实上，正如第四章当中已经指出过的，一旦能够在不要求遵守律法的情况下接纳归信者，保罗就将他的绝大多数精力投入到了这两个群体当中——或许是意识到了它们是"悬挂在低处的果子"。但耶路撒冷会议的裁定的真正意义并非它对保罗的影响力，而是它对普通基督徒的影响力，他们现在可以向着他们的外邦朋友、亲人和邻居更有力地伸出双手——这一过程最终召集起了全世界最大的宗教。

君士坦丁的归信

君士坦丁对于基督教教义争论的干预为一个没有包容精神的垄断教会奠定了基础，后者导致了几个世纪以来的无视政策被继之以针对异端的数百年残酷搜捕和血腥冲突。

的确，君士坦丁从未将基督教定为帝国的官方宗教，也对异教持有令人惊异的宽容态度。但他未能在基督教内部允许多样性的存在，并且相当愿意使用国家权力来镇压对于通行正统的任何挑战。这为未来的皇帝们赋予教会以官方地位开创了先例，也为教皇要求国家在所有重要的异见者面前捍卫它们的垄断地位提供了根据。

宗教异见者是不可避免的，因为没有任何一个单一的宗教组织能够满足人们宗教偏好的全部光谱。在任何社会当中，都有一部分人偏爱宽松放任的宗教（或者根本没有宗教）；另一些人则想要在某种程度上更加活跃的宗教；还有一些人寻求的则是一种认真严格的宗教生活。所以，在任何一个保有宗教自由的地方，都会存在多种不同的宗教组织，这是由这些不同的宗教需求的"市场因素"决定的。但在没有表达异议的自由的地方——某个垄断性宗教会试图主导所有需求——冲突就是不可避免的。此外，由于垄断性宗教往往倾向于放任，挑战往往来自那些有最为激烈的宗教偏好的人——正是这些人最乐于为了他们的信仰而承担风险并作出牺牲。因此，中世纪对于异端的搜捕以及宗教战争可以直接追溯到君士坦丁，那时的欧洲大陆上怠惰的垄断教会长期以来对人民采取如此的漠视态度，以至于这片大陆上的重要教堂中只聚集着一些小的信徒团体。

如果君士坦丁不曾将自己作为基督教正统的仲裁者和执行者，而是在国家中立立场面前实现自我约束，所有这一切可能都不会发生，而欧洲可能就会在高效且真诚的宗教竞争当中实现繁荣——正如一千多年以后在美国所发生的那样。

宗教改革

基督教历史轨迹的第三次重大转折是对于16世纪宗教改革作出的回应。从长远来看，这些宗教改革抵消了君士坦丁对基督教的许多伤害。从短期来看，宗教改革只不过是用许多同样怠惰且不容异己的新教垄断教会代替了怠惰且不容异己的天主教垄断教会。因此，新教徒亨利八世将罗拉德派和路德派教徒处以火刑，而他的继任者则到处搜捕天主教神父。路德迫害再浸礼派和天主教徒，而加尔文几乎驱逐了所有人。与此同时，西欧国家就应当推行哪种宗教陷入了长期的残酷战争，而最终保留下来的是得到勉强容忍的多样性。然而，无论是作为不受欢迎的少数群体还是垄断性的国家教会，持有异议的新教徒得以幸存这件事本身鼓励了其他的异见者，而其中的一部分在增加已有的多样性上获得了成功。

或许宗教改革最经常被忽视的有利影响是天主教会由此转变成了一个接受过高等教育也对宗教十分投入的修道士和神职人员的活跃团体，这些人的努力已经在欧洲和海外增强了宗教的力量。因此，宗教改革的最终结果是重新激活了基督教，使其再一次地快速发展：这一宗教如今在非洲、拉丁美洲和中国都十分繁荣，这是因为有如此之多的独立的基督教团在为了"传福音给万民听"而辛勤工作。

总 结

最后，我已经试图重现基督教所行经的旅程当中的一些关键时刻，并揭露一些传统的说法当中的歪曲和错误。现在，我希望读者能够思考并记得下面这些重点。

· 耶稣运动的第一代人是由生活在巴勒斯坦的一个人数极少且心怀恐惧的少数群体构成的，当地盛产甚至会因为对方不够正统和虔诚而愿意去刺杀大祭司的狂热分子——更不用说愿意容忍那些宣称弥赛亚已经降临的犹太人。

· 对于犹太人的传教工作可能是相当成功的：巴勒斯坦以外离散社区当中的大量犹太人可能都已经归信了基督教。

· 基督教不是一个建立在奴隶和最低阶级的罗马人基础上的宗教，而对于特权阶级具有特别的吸引力。耶稣自己可能就来自一个相当富裕的家庭。

· 基督教的仁慈在世俗意义上造成了如此深刻的后果，基督徒甚至要比他们的异教徒邻居拥有更长的寿命。

· 在罗马人的世界里女性是相当稀缺的，而在早期基督徒当中女性数量远多于男性。这部分地是因为基督徒没有"抛弃"女婴而基督徒女性也没有因为在一个没有抗生素甚至没有对于细菌的知识的环境中施行堕胎而导致的高死亡率。这也是因为女性通常比男性更易于归信基督。

· 异教并没有因不容异己的基督教的胜利而迅速消失，而是非常缓慢地消亡，并且至今仍在许多新纪元和秘密的小圈子里徘徊不去。

· 许多个世纪以来，生活在中东和北非的基督徒数量可能超过了欧洲。基督教最终在这些地区被伊斯兰教的迫害和镇压所摧毁。

· 十字军并不是贪婪的殖民者，而是甘冒巨大风险且承担着高昂花销为了宗教目的而东征的。已知有许多人因此而破产，并且没有几个人活着返回故土。

· 通常所说的黑暗时代不仅并不黑暗，而且是西方历史上最具创造力的时期之一。

· 尽管中世纪欧洲有许多大教堂，那个时代的大多数欧洲人充其量能够勉强算作基督徒。没有几个人去教堂。

· 科学只在西方发展起来是因为发现并公式化自然律的努力只在一个人信仰一位理性的造物主的时候才有意义。

· 西班牙宗教裁判所是一个相当克制的组织，只造成了非常少的人的死亡，并且因为反对席卷欧洲其他地区的巫师猎捕行动而拯救了许多人的生命。

·宗教竞争提高了一个社会中宗教的流行水平。就长期而言，它也导致了宗教礼仪的形成。

·当世界更为现代化之后宗教必将在短时间内消失的说法仅仅是一些学院派无神论者的一厢情愿。

·尽管欧洲的教堂活动参与度很低，但宗教在全世界范围内获得了很可能是空前程度的繁荣；除中国以外，包括欧洲在内的76%的地球人口声称宗教在他们的日常生活中具有重要地位。

·今天，地球上超过40%的人口是基督徒，而这一数字的增长速度比任何其他主流宗教都要更快。

2011年棕枝全日
于新墨西哥州科拉莱斯

参考书目

Abbott, Frank Frost. 1911. *The Common People of Ancient Rome*. New York: Chautauqua.

Abun-Nasr, Jamil, 1971. *A History of the Magbrib*. Cambridge: Cambridge Univ. Press.

Africa, Thomas W. 1969. *The Ancient World*. Boston: Houghton Mifflin.

———. 1971. "Urban Violence in Imperial Rome." *Journal of Interdisciplinary History* 2: 3–21.

Aikman, David. 2003. *Jesus in Beijing: How Christianity Is Transforming China and Changing the Global Balance of Power*. Washington, D. C.: Regnery.

Albright, William Foxwell. 1957. *From the Stone Age to Christianity: Monotheism and the Historical Process*. New York: Doubleday Anchor Books.

———. 1961. *Samuel and the Beginnings of the Prophetic Movement*. Cincinnati: Hebrew Union College Press.

Alföldi, Andrew. 1948. *The Conversion of Constantine and Pagan Rome*. Oxford: Clarendon.

Allen, Charlotte. 1998. *The Human Christ: The Search for the Historical Jesus*. New York: Free Press.

———. 1996. "The Search for the No-Frills Jesus: Q." *Atlantic Monthly* (December): 51–68.

Alter, Robert. 2004. *The Five Books of Moses*. New York: W. W. Norton.

Alvarez, Lizette. 2003. "Tarbaek Journal: Fury, God and the Pastor's Disbelief." *New York Times*, World section. July 8.

Andrea, A. J. 2003. "The Crusades in Perspective: The Crusades in Modern Islamic Perspective." *History Compass* 1: 1–4.

Armitage, Angus. 1951. *The World of Copernicus*. New York: Mentor Books.

Armstrong, Karen. [1991] 2001. *Holy War: The Crusades and Their Impact on Today's World*. 2nd ed. New York: RandomHouse.

——. 1992. *Muhammad: A Biography of the Prophet*. New York: HarperCollins.

Asberg, Christer. 1990. "The Swedish Bible Commission and Project NT 81." In *Bible Reading in Sweden*, edited by GunnarHanson, 15 – 22. Uppsala: Univ. of Uppsala.

Athanassiadi, Polymnia. 1993. "Persecution and Response in Late Paganism: The Evidence of Damascius." *Journal of Hellenic Studies* 113: 1 – 29.

Atiya, Aziz S. 1968. *History of Eastern Christianity*. Notre Dame: Univ. of Notre Dame Press.

Audisio, Gabriel. 1990. "How to Detect a Clandestine Minority: The Example of the Waldenses." *Sixteenth Century Journal* 21: 205 – 216.

Ayer, Joseph Cullen, Jr. [1913] 1941. *A Source Book for Ancient Church History*. New York: Scribner.

Ayerst, David, and A. S. T. Fisher. 1971. *Records of Christianity*. Vol. 1. Oxford: Basil Blackwell.

Bagnall, Roger S. 1982. "Religious Conversion and Onomastic Change in Early Byzantine Egypt." *Bulletin of the American Society of Papyrologists* 19: 105 – 124.

——. 1987. "Conversion and Onomastics: A Reply." *Zeitschrift für Papyrologies und Epigraphik* 69: 243 – 250.

——. 1993. *Egypt in Late Antiquity*. Princeton: Univ. of Princeton Press.

Bailey, Cyril. 1932. *Phases in the Religion of Ancient Rome*. Berkeley: Univ. of California Press.

Baillie, John. 1951. *The Belief in Progress*. New York: Scribner.

Bainbridge, William F. 1882. *Around the World Tour of Christian Missions: A Universal Survey*. New York: C. R. Blackall.

Bainbridge, William Sims. 1997. *The Sociology of Religious Movements*. New York: Routledge.

Bainton, Roland. [1952] 1985. *The Reformation of the Sixteenth Century*. Boston: Beacon.

——. 1995. *Here I Stand: A Life of Martin Luther*. New York: Penguin.

Baird, Robert. 1844. *Religion in America*. New York: Harper & Bros.

Baldet, Jacques. 2003. *Jesus the Rabbi Prophet*. Rochester, VT: Inner Traditions.

Balsdon, J. P. V. D. 1963. *Roman Women: Their History and Habits*. New York: John Day.

Baly, Denis. 1957. *The Geography of the Bible*. New York: Harper & Bros.

Bamberger, Bernard J. 1939. *Proselytism in the Talmudic Period*. New York: Hebrew Union College Press.

Bammel, Ernst. 1995. "Jewish Activity Against Christians in Palestine According to Acts." In *The Book of Acts in Its Palestinian Setting*, edited by Richard Bauckham, 357–364. Grand Rapids: Eerdmans.

Barber, Malcom. 2000. *The Cathars of Languedoc*. New York: Addison Wesley Longman.

Barclay, Brig, Cycil Nelson, and Brian Betham Schofield. 1981. "Gunnery." In *Encyclopaedia Britannica*. Chicago: Univ. of Chicago Press.

Barnes, Timothy D. 1968. "Legislation Against the Christians." *Journal of Roman Studies* 58: 32–50.

——. 1981. *Constantine and Eusebius*. Cambridge: Harvard Univ. Press.

——. 1995. "Statistics and the Conversion of the Roman Aristocracy." *Journal of Roman Studies* 85: 135–147.

Barnett, Paul. 2005. *The Birth of Christianity: The First Twenty Years*. Grand Rapids: Eerdmans.

——. 2008. *Paul: Missionary of Jesus*. Grand Rapids: Eerdmans.

Baron, Salo Wittmayer. 1952. *A Social and Religious History of the Jews*. Vols. 1 and 2. New York: Columbia Univ. Press.

Barrett, David B. 1982. *World Christian Encyclopedia*. Oxford: Oxford Univ. Press.

Barrett, David B., George T. Kurian, and Todd M. Johnson. 2001. *World Christian Encyclopedia*. 2nd ed. Oxford: Oxford Univ. Press.

Barrow, Logie. 1980. "Socialism in Eternity." *History Workshop* 9: 37–69.

Batey, Richard A. 1991. *Jesus and the Forgotten City*. Grand Rapids: Baker Book House.

Bauckham, Richard. 1990. *Jude and the Relatives of Jesus in the Early Church*. Edinburgh: T&T Clark.

——. 2002. *Gospel Women: Studies of the Named Women in the Gospels*. Grand Rapids: Eerdmans.

——. 2006. *Jesus and the Eyewitnesses: The Gospels as Eyewitness Testimony*. Grand Rapids: Eerdmans.

——. 2007a. *The Testimony of the Beloved Disciple*. Grand Rapids: Baker Academic.

——. 2007b. "James and the Jerusalem Community." In *Jewish Believers in Jesus: The Early Centuries*, edited by Oskar Skarsaune and Reidar Hvalik, 55–95. Peabody, MA: Hendrickson.

Baumgarten, Albert I. 1997. *The Flourishing of Jewish Sects in the Maccabean Era*. Leiden: Brill.

Beach, Harlan P. 1903. *A Geography and Atlas of Protestant Missions*, vol. 2. Statistics and Atlas. New York: Student Volunteer Movement for Foreign Missions.

Beard, Mary. 1990. "Priesthood in the Roman Republic." In *Pagan Priests*, edited by Mary Beard and John North, 19–48. London: Duckworth.

Beard, Mary, and John North. 1990. "Introduction." In *Pagan Priests*, edited by Mary Beard and John North, 1–14. London: Duckworth.

Beard, Mary, John North, and Simon Price. 1998. *Religions of Rome*. 2 vols. Cambridge: Cambridge Univ. Press.

Becker, Carl Heinrich. 1926. "The Expansion of the Saracens—Africa and Europe." In *The Cambridge Medieval History*, ed. J. B. Bury, H. M. Gwatkin, and J. P. Whitney, 2: 366–390. Cambridge: Cambridge Univ. Press.

Becker, George. 2000. "Educational 'Preference' of German Protestants and Catholics: The Politics Behind Educational Specialization." *Review of Religious Research* 41: 311–327.

Beckford, James A. 1985. *Cult Controversies: The Societal Response to New Religions*. London: Tavistock.

Bede. [730] 1955. *Ecclesiastical History of the English People.* London: Penguin Classics.

Bell, Susan Groag. 1973. *Women: From the Greeks to the French Revolution.* Palo Alto, CA: Stanford Univ. Press.

Benin, Stephen D. 1993. *The Footprints of God: Divine Accommodation in Jewish and Christian Thought.* Albany: State Univ. of New York Press.

Benko, Stephen. 1984. *Pagan Rome and the Early Christians.* Bloomington: Univ. of Indiana Press.

Berger, Peter L. 1968. "A Bleak Outlook Is Seen for Religion." *NewYork Times*, April 25, 3.

——. 1969. *The Sacred Canopy.* New York: Doubleday Anchor Books.

——. 1979. *The Heretical Imperative: Contemporary Possibilities of Religious Affiliation.* New York: Doubleday.

——. 1997. "Epistemological Modesty: An Interview with Peter Berger." *Christian Century* 114 (October 29): 972–975, 978.

Berger, Peter, Grace Davie, and Effie Fokas. 2008. *Religious America, Secular Europe?* Burlington, VT: Ashgate.

Beskow, Per. 1983. *Strange Tales About Jesus.* Philadelphia: Fortress.

Betz, Hans Dieter. 1992. "Paul." In *The Anchor Bible Dictionary*, edited by David Noel Freedman. New York: Doubleday.

Beugnot, Arthur Auguste. 1835. *Histoire de la destruction du paganisme en Occident.* 2 vols. Paris: Firmin Didot Freres.

Biagent, Michael. 2006. *The Jesus Papers.* San Francisco: Harper San Francisco.

Biagent, Michael, Richard Leigh, and Henry Lincoln. 1983. *Holy Blood, Holy Grail.* New York: Dell.

Bickerman, Elias. 1979. *The God of the Maccabees.* Leiden: Brill.

Bloch, Herbert. 1963. "The Pagan Revival in the West at the End of the Fourth Century." In *The Conflict Between Paganismand Christianity in the Fourth Century*, edited by Arnaldo Momigliano, 193–218. Oxford: Clarendon.

Bloch, Marc. [1940] 1961. *Feudal Society.* 2 vols. Chicago: Univ. of Chicago

Press.

———. 1975. *Slavery and Serfdom in the Middle Ages*. Berkeley: Univ. of California Press.

Bloomberg, Craig. 1987. *The Historical Reliability of the Gospels*. Downers Grove, IL: IVP Academic.

Boak, Arthur E. R. 1955. *Manpower Shortage and the Fall of the Roman Empire in the West*. Ann Arbor: Univ. of Michigan Press.

Boak, Arthur E. R., and William G. Sinnigen. 1965. *A History of Rome to A. D. 565*. 5th ed. New York: Macmillan.

Bock, Darrell L. 2006. *The Missing Gospels: Unearthing the Truth Behind Alternative Christianities*. Nashville: Thomas Nelson.

Boff, Leonardo. 1986. *Ecclesiogenesis*. Maryknoll, New York: Orbis Books.

Bolce, Louis, and Gerald De Maio. 1999. "Religious Outlook, Culture War Politics, and Antipathy Roward Christian Fundamentalists." *Public Opinion Quarterly* 63: 29 – 61.

Bolton, Brenda. 1983. *The Medieval Reformation*. London: Edward Arnold.

Bonnassie, Pierre. 1991. *From Slavery to Feudalism in South-Western Europe*. Cambridge: Cambridge Univ. Press.

Boorstin, Daniel J. 1983. *The Discoverers*. New York: Random House.

Bossy, John. 1970. "The Counter-Reformation and the People of Catholic Europe." *Past and Present* 47: 51 – 70.

———. 1985. *Christianity in the West 1400 – 1700*. Oxford: Oxford Univ. Press.

Bostom, Andrew G. 2005. "Jihad Conquests and the Imposition of Dhimmitude—A Survey." In *The Legacy of Jihad*, edited by Andrew G. Bostom, 24 – 124. Amherst, NY: Prometheus Books.

Botticini, Maristella, and Zvi Eckstein. 2006. "From Farmers to Merchants, Voluntary Conversions and the Diaspora: A Human Capital Interpretation of Jewish History." *Carlo Alberto Notebooks* 2: 1 – 36.

Bouwsma, William J. 1979. "The Renaissance and the Drama of Western History." *American Historical Review* 84: 1 – 15.

Bowersock, Glen W. 1978. *Julian the Apostate*. Cambridge: Harvard Univ. Press.

——. 1990. *Hellenism in Late Antiquity*. Ann Arbor: Univ. of Michigan Press.

Bradbury, Scott. 1994. "Constantine and the Problem of Anti-Pagan Legislation in the Fourth Century." *Classical Philology* 89: 120 – 139.

Bradley, Walter L. 2001. "The 'Just So' Universe: The Fine-Tuning of Constants and Conditions in the Cosmos." In *Signs of Intelligence: Understanding Intelligent Design*, edited by William A. Dembski and James M. Kushiner, 157 – 170. Grand Rapids: Brazos Press.

Brady, Thomas A., Jr. 1978. *Ruling Class, Regime and Reformation at Strasbourg, 1520 – 1555*. Leiden: Brill.

——. 1985. *Turning Swiss: Cities and Empire, 1450 – 1550*. Cambridge: Cambridge Univ. Press.

Brandon, S. G. F. 1951. *The Fall of Jerusalem and the Christian Church*. London: SPCK.

Braudel, Fernand. 1977. *After thoughts on Material Civilization and Capitalism*. Baltimore: Johns Hopkins Univ. Press.

Brent, Michael, and Elizabeth Fentress. 1996. *The Berbers*. Oxford: Blackwells.

Bridbury, A. R. 1969. "The Dark Ages." *The Economic History Review*. 22: 526 – 537.

Briggs, C. W. 1913. "The Apostle Paul in Arabia." *Biblical World* 41: 255 – 259.

Briggs, Robin. 1989. *Communities of Belief: Cultural and Social Tensions in Early Modern France*. Oxford: Clarendon.

——. 1998. *Witches and Neighbors: The Social and Cultural Context of European Witchcraft*. New York: Penguin Books.

Brolis, Maria Teresa. 2002. "A Thousand and One Women: The Register for the Confraternity of Misericordia Maggiore in Bergamo." *Catholic Historical Review* 88: 230 – 246.

Brøndsted, Johannes. 1965. *The Vikings*. Baltimore: Penguin Books.

Brooke, Christopher. 1971. *Medieval Church and Society*. London: Sidgwick & Jackson.

Brooke, John, and Geoffrey Cantor. 1998. *Reconstructing Nature*. Oxford: Oxford Univ. Press.

Brooke, Rosalind, and Christopher Brooke. 1984. *Popular Religion in the Middle Ages*. London: Thames and Hudson.

Brooten, Bernadette. 1982. *Women Leaders in the Ancient Synagogue*. Chico, CA: Scholars.

Broshi, Magen. 2001. *Bread, Wine, Walls and Scrolls*. Sheffield, UK: Sheffield Academic Press.

Brown, Peter. 1978. *The Making of Late Antiquity*. Cambridge: Harvard Univ. Press.

——. 1981. *The Cult of the Saints*. Chicago: Univ. of Chicago Press.

——. 1988. *The Body and Society*. New York: Columbia Univ. Press.

——. 1992. *Power and Persuasion in Late Antiquity: Towards a Christian Empire*. Madison, WI: Univ. of Wisconsin Press.

——. 1995. *Authority and the Sacred: Aspects of the Christianization of the Roman World*. Cambridge: Cambridge Univ. Press.

——. 1998. "Christianization and Religious Conflict." *Cambridge Ancient History* 13: 632–664.

——. 2002. *Poverty and Leadership in the Later Roman Empire*. Hanover, NH: Univ. Press of New England.

Browne, Laurence E. [1933] 1967. *The Eclipse of Christianity in Asia*. New York: Howard Fertig.

Bruce, Frederick Fyvie. 1981. *The New Testament Documents: Are They Reliable?* 6th ed. Grand Rapids: Eerdmans.

——. 1982. *The Epistle of Paul to the Romans*. Grand Rapids: Eerdmans.

Bruce, Steve. 1992. *Religion and Modernization*. Oxford: Clarendon Press.

Brunt, P. A. 1971. *Italian Manpower, 225 B.C. – A.D. 14*. Oxford: Oxford Univ. Press.

Buchanan, George Wesley. 1964. "Jesus and the Upper Class." *Novum Testamentum* 7: 195–209.

Bulliet, Richard W. 1979a. *Conversion to Islam in the Medieval Period: An Essay in Quantitative History*. Cambridge: Harvard Univ. Press.

——. 1979b. "Conversion to Islam and the Emergence of Muslim Society in Iran." In *Nehemia Levtzion*, ed. Conversion to Islam, 30–51. New York:

Holmes & Meier.

Bundy, David. 2007. "Early Asian and East African Christianities." Vol. 2 of *The Cambridge History of Christianity*, edited by Augustine Casiday and Frederick W. Norris, 118–148. Cambridge: Cambridge Univ. Press.

Burckhardt, Jacob. [1880] 1949. *The Age of Constantine the Great*. New York: Pantheon Books.

——. [1885] 1990. *The Civilization of the Renaissance in Italy*. New York: Penguin Books.

Burdick, John. 1993. *Looking for God in Brazil*. Berkeley: Univ. of California Press.

Burkert, Walter. 1985. *Greek Religion*. Cambridge: Harvard Univ. Press.

——. 1987. *Ancient Mystery Cults*. Cambridge: Harvard Univ. Press.

——. 2004. *Babylon, Memphis, Persepolis: Eastern Contexts of Greek Culture*. Cambridge: Harvard Univ. Press.

Burn, A. R. 1953. "Hic breve vivitur." *Past and Present* 4: 2–31.

Burr, George Lincoln. 1897. *Translations and Reprints from the Original Sources of European History*. Philadelphia: Univ. of Pennsylvania Press.

Burridge, Richard A., and Graham Stanton. 2004. *What Are the Gospels? A Comparison with Graeco-Roman Biography*. 2nd ed. Grand Rapids: Eerdmans.

Bush, M. L. 1967. *Renaissance, Reformation, and the Outer World, 1450–1660*. London: Blandford.

Bütz, Jeffrey J. 2005. *The Brother of Jesus and the Lost Teachings of Christianity*. Rochester, VT: Inner Traditions.

Cadbury, Henry J. 1955. *The Book of Acts in History*. London: Adam & Charles Black.

Cahill, Jane, Karl Reinhard, David Tarler, and Peter Warnock. 1991. "Scientists Examine Remains of Ancient Bathroom." *Biblical Archaeology Review* 17 (May–June): 64–69.

Calvin, John. [ca. 1555] 1980. *Sermons on the Ten Commandments*. Grand Rapids: Baker Book House.

Carcopino, Jerome. 1940. *Daily Life in Ancient Rome*. New Haven: Yale Univ.

Press.

Carlson, Stephen C. 2005. *The Gospel Hoax: Morton Smith's Invention of Secret Mark*. Waco: Baylor Univ. Press.

Carmignac, Jean. 1987. *The Birth of the Synoptics*. Chicago: Franciscan Herald.

Carroll, James. 2001. *Constantine's Sword: The Church and the Jews*. Boston: Houghton Mifflin.

Cartwright, Frederick F. 1972. *Disease and History*. New York: Dorset.

Case, Shirley Jackson. 1911. "Is Jesus a Historical Character? Evidence for an Affirmative Opinion." *American Journal of Theology* 15: 205 – 227.

——. 1912. *The Historicity of Jesus*. Chicago: Univ. of Chicago Press.

——. 1932. *Jesus Through the Centuries*. Chicago: Univ. of Chicago Press.

Casey, Maurice. 1991. *From Jewish Prophet to Gentile God: The Origins and Development of New Testament Christology*. Louisville: Westminster John Knox.

Chadwick, Henry. 1966. *Early Christian Thought in the Classical Tradition*. Oxford: Oxford Univ. Press.

——. 1967. *The Early Church*. Harmondsworth, Middlesex: Penguin Books.

Chadwick, Henry, and G. R. Evans. 1987. *Atlas of the Christian Church*. New York: Facts on File.

Chadwick, Owen. 1972. *The Reformation*. Rev. ed. London: Penguin.

Chandler, Tertius. 1987. *Four Thousand Years of Urban Growth: An Historical Census*. Lewiston, NY: Edward Mellon.

Cheetham, Nicholas. 1983. *Keeper of the Keys: A History of Popes from St. Peter to John Paul II*. New York: Scribner.

Chejne, Anwar G. 1983. *Islam and the West: The Moriscos*. Albany: State Univ. of New York Press.

Chesnut, R. Andrew. 1997. *Born Again in Brazil*. New Brunswick, NJ: Rutgers Univ. Press.

——. 2003a. *Competitive Spirits: Latin America's NewReligious Economy*. Oxford: Oxford Univ. Press.

——. 2003b. "A Preferential Option for the Spirit: The Catholic Charismatic Renewal in Latin America's New Religious Economy." *Latin American Politics and Society* 45: 55 – 85.

Christian, William A., Jr. 1981. *Apparitions in Late Medieval and Renaissance Spain*. Princeton: Princeton Univ. Press.

Chuvin, Pierre. 1990. *A Chronicle of the Last Pagans*. Cambridge: Harvard Univ. Press.

Clark, Gillian. 1981. "Roman Women." *Greece & Rome*, second series, 28: 193–212.

Clark, Gordon H. 1989. *Thales to Dewey*. Jefferson, MD: Trinity Foundation.

Clarke, G. W. 1973. "Double-Trials in the Persecution of Decius." *Historia* 22: 650–663.

Clauss, Manfred. 2000. *The Roman Cult of Mithras*. New York: Routledge.

Cloke, Gillian. 2000. "Women, Worship and Mission." In Philip F. Esler, *The Early Christian World*, 1: 422–451. London: Routledge.

Cobbett, William. 1818. *Journal of a Year's Residence in the United States of America* (as excerpted in Powell, 1967: 43–48).

Cochrane, Charles Norris. [1940] 1957. *Christianity and Classical Culture*. Oxford: Oxford Univ. Press.

Cohen, Abraham. 1975. *Everyman's Talmud*. New York: Schocken.

Cohen, I. Bernard. 1985. *Revolution in Science*. Cambridge: Belknap.

Cohen, Jere. 1980. "Rational Capitalism in Renaissance Italy." *American Journal of Sociology* 85: 1340–1455.

——. 1987. *From the Maccabees to the Mishna*. Philadelphia: Westminster.

Cohen, Shaye J. D. 1992. "Was Judaism in Antiquity a Missionary Religion?" In *Jewish Assimilation, Acculturation and Accommodation*, edited by Menachem Mor, 14–23. Lanham, MD: Univ. Press of America.

Cohn, Norman. 1975. *Europe's Inner Demons*. New York: Basic Books.

Cole, Richard G. 1984. "Reformation Printers: Unsung Heroes." *Sixteenth Century Journal* 15: 327–339.

Coleman, Richard J. 1975. "Biblical Inerrancy: Are We Going Anywhere?" *Theology Today* 31: 295–303.

Colish, Marica L. 1997. *Medieval Foundations of the Western Intellectual Tradition, 400–1400*. New Haven: Yale Univ. Press.

Collingwood, R. G. and J. A. L. Myres. 1937. *Roman Britain and the English*

Settlements. 2nd ed. London: Macmillan.

Collins, John J. 2007. "Pre-Christian Jewish Messianism: An Overview." In *The Messiah in Early Judaism and Christianity*, edited by Magnus Zetterholm, 1 – 20. Minneapolis: Fortress.

Collins, Randall. 1986. *Weberian Sociological Theory*. Cambridge: Cambridge Univ. Press.

Contreras, Jaime, and Gustave Henningsen. 1986. "Forty-four Thousand Cases of the Spanish Inquisition (1540 – 1700): Analysis of a Historical Data Bank." In Gustav Henningsen and John Tedeschi, *The Inquisition in Early Modern Europe: Studies on Sources and Methods*, 100 – 129. Dekalb: Northern Illinois Univ. Press.

Conzelmann, Hans. 1987. *Acts of the Apostles: A Commentary on the Acts of the Apostles*. Minneapolis: Augsburg Fortress.

Cooper, D. Jason. 1996. *Mithras: Mysteries and Initiation Rediscovered*. York Beach, ME: Weiser Books.

Corrigan, John A., Carlos M. N. Eire, Frederick M. Denny, and Martin S. Jaffee. 1998. *Readings in Judaism, Christianity, andIslam*. Upper Saddle, NJ: Prentice-Hall.

Costen, Michael. 1997. *The Cathars and the Albigensian Crusade*. Manchester, UK: Manchester Univ. Press.

Coulton, C. G. [1923 – 1950] 1979. *Five Centuries of Religion*. 4 vols. Cambridge: Cambridge Univ. Press.

——. 1925. *The Medieval Village*. Cambridge: Cambridge Univ. Press.

——. 1938. *Medieval Panorama*. New York: Macmillan.

——. [1938] 1959. *Inquisition and Liberty*. Boston: Beacon Hill.

Countryman, L. William. 1980. *The Rich Christian in the Church of the Early Empire: Contradictions and Accommodations*. New York: Edwin Mellen.

Cox, Harvey. 1995. *Fire from Heaven: The Rise of Pentecostal Spirituality and the Reshaping of Religion in the Twenty First Century*. Cambridge, MA: Da Capo Press.

Craffert, Pieter F., and Pieter J. J. Botha. 2005. "Why Jesus Could Walk on the Sea but He Could Not Read and Write." *Neotestamentica* 39: 5 – 35.

Croft, Pauline. 1972. "Englishmen and the Spanish Inquisition 1558 – 1625." *English Historical Review* 87: 249 – 268.

Crosby, Alfred W. 1997. *The Measure of Reality.* Cambridge: Cambridge Univ. Press.

Crossan, John Dominic. 1991. *The Historical Jesus: The Life of a Mediterranean Jewish Peasant.* San Francisco: Harper Collins.

———. 1994. *Jesus: A Revolutionary Biography.* San Francisco: Harper San Francisco.

———. 1998. *The Birth of Christianity: Discovering What Happened in the Years Immediately After the Execution of Jesus.* San Francisco: Harper San Francisco.

Cumont, Franz. [1906] 1956. *Oriental Religions in Roman Paganism.* New York: Dover.

Curry, Andrew. 2002. "The Crusades, the First Holy War." *U. S. News & World Report* (April 8): 36.

Daly, Mary. 1978. *Gyn/Ecology: The Metaethics of Feminism.* Boston: Beacon.

Daniel, Ralph Thomas. 1981. "Music, Western." In *Encyclopaedia Britannica*, 12: 704 – 715. Chicago: Univ. of Chicago Press.

Daniel-Rops, Henri. 1962. *Daily Life in Palestine at the Time of Christ.* London: Phoenix.

Danielson, Dennis Richard. 2000. *The Book of the Cosmos.* Cambridge, MA: Perseus Publishing.

Danzger, M. Herbert. 1989. *Returning to Tradition: The Contemporary Revival of Orthodox Judaism.* New Haven: Yale Univ. Press.

Darwin, Francis, and A. C. Sewards, eds. 1903. *More Letters of Charles Darwin.* 2 vols. New York: Appleton and Company.

Davidman, Lynn. 1991. *Tradition in a Rootless World: Women Turn to Orthodox Judaism.* Berkeley: Univ. of California Press.

Davie, Grace. 1994. *Religion in Britain Since 1945: Believing Without Belonging.* Oxford: Blackwell.

Davies, Norman. 1996. *Europe: A History.* Oxford: Oxford Univ. Press.

DeConick, April D. 2002. "The Original 'Gospel of Thomas.'" *Vigiliae*

Christianae 56: 167 – 199.

——. 2005. *Recovering the Original Gospel of Thomas.* New York: Continuum.

——. 2007. *The Thirteenth Apostle: What the Gospel of Judas Really Says.* New York: Continuum.

Decter, Jonathan P. 2007. *Iberian Jewish Literature: Between al-Andalus and Christian Europe.* Bloomington: Univ. of Indiana Press.

de Flaix, M. Fournier, and Alice R. Jackson. 1892. "Development of Statistics of Religion." *Publications of the American Statistical Association* 3 (17): 18 – 37.

Deismann, Adolf. 1927. *Light from the Ancient East.* London: Hodder and Stoughton.

De la Croix, Horst, and Richard G. Tansey. 1975. *Gardiner's Art Through the Ages.* 6th ed. New York: Harcourt Brace Jovanovich.

Delacroix, Jaques, and Ranccois Nielson. 2001. "The Beloved Myth: Protestantism and the Rise of Industrial Capitalism in Nineteenth-Century Europe." *Social Forces* 80: 509 – 553.

Delumeau, Jean. 1977. *Catholicism Between Luther and Voltaire.* London: Burns & Oats.

Dennett, Daniel C. 2006. *Breaking the Spell: Religion as as Natural Phenomenon.* New York: Viking.

de Roover, Raymond. 1958. "The Concept of the Just Price: Theory and Economic Policy." *The Journal of Economic History* 18: 418 – 434.

de Ste. Croix, G. E. M. 1954. "Aspects of the 'Great' Persecutions." *Harvard Theological Review* 47: 75 – 113.

——. 1963a. "Why Were the Early Christians Persecuted?" *Past and Present* 26: 6 – 38.

——. 1963b. "Why Were the Early Christians Persecuted? A Rejoinder." *Past and Present* 27: 28 – 33.

de Tocqueville, Alexis. [1835 – 1939] 1956. *Democracy in America.* 2 vols. New York: Vintage Books.

Devine, A. M. 1985. "The Low Birth-Rate of Ancient Rome: A Possible Contributing Factor." *Rheinisches Museum* 128: 3 – 4, 313 – 317.

Dibelius, Martin. 1934. *From Tradition to Gospel.* London: Nicholson and Watson.

Dickens, A. G. 1974. *The German Nation and Martin Luther.* New York: Harper & Row.

——. 1991. *The English Reformation.* 2nd ed. University Park: Pennsylvania State Univ. Press.

Dodd, C. H. 1970. *The Founder of Christianity.* New York: Macmillan.

Dodds, E. R. 1965. *Pagan and Christian in an Age of Anxiety.* New York: W. W. Norton.

Dolan, Jay P. 1975. *The Immigrant Church: New York's Irish and German Catholics, 1815–1865.* Baltimore: Johns Hopkins Univ. Press.

——. 1978. *Catholic Revivalism: The American Experience, 1830–1900.* Notre Dame: Univ. of Notre Dame Press.

Donalson, Malcolm Drew. 2003. *The Cult of Isis in the Roman Empire.* Lewiston, ME: Edwin Mellen.

Dowling, John. [1845] 2002. *The History of Romanism.* Lincolnshire, IL: Vance.

Drake, H. A. 1996. "Lambs into Lions: Explaining Early Christian Intolerance." *Past and Present* 153: 3–36.

——. 2000. *Constantine and the Bishops: The Politics of Intolerance.* Baltimore: Johns Hopkins.

Drake, Stillman, and C. D. O'Malley. 1960. *The Controversy of the Comets of 1618.* Philadelphia: Univ. of Pennsylvania Press.

Drogus, Carol Ann. 1995. "Review: The Rise and Decline of Liberation Theology: Churches, Faith, and Political Change in Latin America." *Comparative Politics* 27: 465–477.

Duby, Georges. 1994. *The Knight, the Lady, and the Priest.* Chicago: Univ. of Chicago Press.

Duffy, Eamon. 1987. "The Late Middle Ages: Vitality or Decline?" In *Atlas of the Christian Church*, edited by Henry Chadwickand G. R. Evans, 86–95. New York: Facts on File.

——. 1992. *Stripping the Altars.* New Haven: Yale Univ. Press.

——. 1997. *Saints and Sinners: A History of Popes.* New Haven: Yale Univ. Press.

Duke, Sean. 1998. "Irish Bridge Sheds Light on Dark Ages." *Science* 279: 480.

Dunn, J. D. G. 1985. *The Evidence for Jesus.* Philadelphia: Westminster.

Durant, Will. 1950. *The Age of Faith.* Vol. 4 of The Story of Civilization. New York: Simon and Schuster.

——. 1957. *The Reformation.* New York: Simon and Schuster.

Dworkin, Andrea. 1974. *Woman Hating: A Radical Look at Sexuality.* New York: Dutton.

Ebaugh, Helen Rose. 1993. *Women in the Vanishing Cloister: Organizational Decline of Catholic Religious Orders.* New Brunswick, NJ: Rutgers Univ. Press.

Edbury, Peter. 1999. "Warfare in the Latin East." In *Medieval Warfare: A History*, edited by Maurice Keen, 89 – 112. Oxford: Oxford Univ. Press.

Edwards, James R. 2005. *Is Jesus the Only Savior?* Grand Rapids: Eerdmans.

Edwards, Lyford P. 1919. *The Transformation of Early Christianity from an Eschatological to a Social Movement.* Menasha, WI: George Banta.

Edwards, Mark U. 1994. *Printing, Propaganda, and Martin Luther.* Berkeley: Univ. of California Press.

Ehrman, Bart D. 2003. *Lost Christianities: The Battles for Scripture and the Faiths We Never Knew.* Oxford: Oxford Univ. Press.

——. 2005. *Misquoting Jesus: The Story Behind Who Changed the Bible and Why.* San Francisco: Harper San Francisco.

——. 2006. *The Lost Gospel of Judas Iscariot: A New Look at Betrayer and Betrayed.* Oxford: Oxford Univ. Press.

Einstein, Albert. 1987. *Letters to Solovine.* New York: Philosphical Library.

Eisenstein, Elizabeth L. 1979. *The Printing Press as an Agent of Change.* Cambridge: Cambridge Univ. Press.

Ekelund, Robert B., Robert F. Hèbert, Robert Tollison, Gary M. Anderson, and Audrey B. Davidson. 1996. *Sacred Trust: The Medieval Church as an Economic Firm.* New York: Oxford Univ. Press.

Eliade, Mircea. [1958] 1974. *Patterns in Comparative Religion*. New York: New American Library.

Ellerbe, Helen. 1995. *The Dark Side of Christian History*. Windermere, FL: Morningstar and Lark.

Elliott, T. G. 1996. *The Christianity of Constantine the Great*. Scranton: Univ. of Scranton Press.

Engels, Friedrich. [1873] 1964. "Dialectics of Nature." Reprinted in Karl Marx and Friedrich Engels, *On Religion*, 152–193. Atlanta: Scholars Press.

——. [1894] 1964. "On the History of Early Christianity." Reprinted in Karl Marx and Friedrich Engels, *On Religion*, 316–359. Atlanta: Scholars Press.

Erdmann, Carl. 1977. *The Origin of the Idea of Crusade*. Princeton: Princeton Univ. Press.

Erdoes, Richard. 1988. *AD 1000: Living on the Brink of the Apocalypse*. New York: Harper & Row.

Eusebius [ca. 325] 1927. *The Ecclesiastical History and the Martyrs of Palestine*. London: Society for Promoting Christian Knowledge.

Evans, Craig A. 2001. "Context, Family and Formation." In *The Cambridge Companion to Jesus*, edited by Markus Bockmuel, 11–24. Cambridge: Cambridge Univ. Press.

——. 2002a. "Introduction: Finding a Context for Jesus." In *The Missing Jesus: Rabbinic Judaism and the New Testament*, edited by Bruce Chilton, Craig A. Evans, and Jacob Neusner, 1–9. Leiden: Brill.

——. 2002b. "The Misplaced Jesus: Interpreting Jesus in a Judaic Context." In *The Missing Jesus: Rabbinic Judaism and the New Testament*, edited by Bruce Chilton, Craig A. Evans, and Jacob Neusner, 11–39. Leiden: Brill.

——. 2006. *Fabricating Jesus: How Modern Scholars Distort the Gospels*. Downers Grove, IL: InterVarsity.

Ewen, C. L'Estrange. 1929. *Witch Hunting and Witch Trials*. London: Kegan, Paul, Trench, Trübner.

Farmer, David L. 1991. "Marketing the Produce of the Countryside, 1200–

1500." In *The Agrarian History of England and Wales*, vol. 3, 1348 – 1500, edited by Edward Miller, 324 – 358. Cambridge: Cambridge Univ. Press.

Fears, J. Rufus. 1987. "Sol Invictus." In *The Encyclopedia of Religion*, edited by Mircea Eliade. New York: Macmillan.

Feldman, Louis H. 1981. "Judaism, History of, Ⅲ, Hellenic Judaism." In *Encyclopaedia Britannica*. Chicago: Univ. of Chicago Press.

——. 1992. "Was Judaism a Missionary Religion in Ancient Times?" In *Jewish Assimilation, Acculturation and Accommodation*, edited by Menachem Mor, 23 – 37. Lanham, MD: Univ. Press of America.

——. 1993. *Jew and Gentile in the Ancient World*. Princeton: Princeton Univ. Press.

Ferguson, Everette. 1990. "Deaconess." In *The Encyclopedia of Early Christianity*, edited by Everette Ferguson, New York: Garland.

Ferguson, John. 1970. *The Religions of the Roman Empire*. Ithaca, NY: Cornell Univ. Press.

Ferguson, Wallace K. 1939. "Humanist Views of the Renaissance." *American Historical Review* 45: 1 – 28.

Fernandez, André. 1997. "The Repression of Sexual Behavior by the Aragonese Inquisition between 1560 and 1700." *Journal of the History of Sexuality* 7: 469 – 501.

Ferngren, Gary B. 2009. *Medicine and Health Care in Early Christianity*. Baltimore: Johns Hopkins Univ. Press.

Ferrill, Arthur. 1986. *The Fall of the Roman Empire: The Military Explanation*. London: Thames and Hudson.

Filotas, Bernadette. 2005. *Pagan Survivals, Superstitions and Popular Cultures in Early Medieval Pastoral Literature*. Toronto: Pontifical Institute of Medieval Studies.

Findlen, Paul. 1993. "Humanism, Politics and Pornography in Renaissance Italy." In *The Invention of Pornography*, edited by Lynn Hunt, 49 – 108. Cambridge, MA: M. I. T. Press.

Finegan, Jack. 1992. *The Archeology of the New Testament*. Rev. ed. Princeton: Princeton Univ. Press.

Finke, Roger, and Rodney Stark. 1992. *The Churching of America, 1776 – 1990: Winners and Losers in Our Religious Economy.* New Brunswick, NJ: Rutgers Univ. Press.

——. 2005. *The Churching of America, 1776 – 1990: Winners and Losers in Our Religious Economy*, 2nd ed. New Brunswick, NJ: Rutgers Univ. Press.

Finley, M. I. 1973. *The Ancient Economy.* Berkeley: Univ. of California Press.

——. 1977. *Atlas of Classical Archaeology.* New York: McGraw-Hill.

Finocchiaro, Maurice A. 2009. "Myth 8: That Galileo Was Imprisoned and Tortured for Advocating Copernicanism." In *Galileo Goes to Jail: And Other Myths About Science and Religion*, edited by Ronald L. Numbers, 68 – 78. Cambridge: Harvard Univ. Press.

Fischoff, Ephraim. 1968. "The Protestant Ethic and the Spirit of Capitalism: The History of a Controversy." In *The Protestant Ethic and Modernization: A Comparative View*, edited by S. H. Eisenstadt, 67 – 86. New York: Basic Books.

Fletcher, Richard. 1997. *The Barbarian Conversion: From Paganism to Christianity.* New York: Henry Holt.

Flint, Valerie I. J. 1991. *The Rise of Magic in Early Medieval Europe.* Princeton: Princeton Univ. Press

Fogel, Robert William. 2000. *The Fourth Great Awakening and the Future of Egalitarianism.* Chicago: Univ. of Chicago Press.

Foltz, Richard. 2000. *Religions of the Silk Road.* New York: St. Martin's.

Fox, Robin Lane. 1987. *Pagans and Christians.* New York: Knopf.

France, John. 1997. *Victory in the East.* Cambridge: Cambridge Univ. Press.

Franits, Wayne E. 2004. *Dutch Seventeenth Century Genre Painting.* New Haven: Yale Univ. Press.

Freeman, Charles. 1999. *The Greek Achievement: The Foundation of the Western World.* New York: Penguin Books.

Fremantle, Anne. 1954. *The Age of Belief.* New York: Mentor.

Frend, W. H. C. 1959. "The Failure of the Persecutions in the Roman Empire." *Past and Present* 16: 10 – 30.

——. 1965. *Martyrdom and Persecution in the Early Church.* Oxford: Basil

Blackwell.

———. 1984. *The Rise of Christianity*. Philadelphia: Fortress.

Frier, Bruce W. 1994. "Natural Fertility and Family Limitation in Roman Marriage." *Classical Philology* 89: 318–333.

Fuller, Russell. 2003. "The Rabbis and the Claims of the Openness Advocates." In *Beyond the Bounds*, edited by John Piper, Justine Taylor, and Paul Kjoss Helseth, 23–41. Wheaton, IL: Crossway Books.

Funk, Robert. 1996. *Honest to Jesus*. San Francisco: Harper San Francisco.

Funk, Robert W., Roy W. Hoover, and the Jesus Seminar. 1993. *The Five Gospels: The Search for the Authentic Words of Jesus*. New York: Macmillan.

Furseth, Inger, and Pal Repstad. 2006. *An Introduction to the Sociology of Religion*. Aldershot, UK: Ashgate.

Gager, John G. 1975. *Kingdom and Community: The Social World of Early Christianity*. Englewood Cliffs, NJ: Prentice-Hall.

———. 1983. *The Origins of Anti-Semitism: Attitudes Towards Judaism in Pagan and Christian Antiquity*. New York: Oxford Univ. Press.

Galvao-Sobrinho, Carlos R. 1995. "Funerary Epigraphy and the Spread of Christianity in the West." *Athenaeum* 83: 431–466.

Gambero, Luigi. 1991. *Mary and the Fathers of the Church*. San Francisco: Ignatius.

Gamble, Harry Y. 1995. *Books and Readers in the Early Church: A History of Early Christian Texts*. New Haven: Yale Univ. Press.

Gardner, Helen, and Sumner McK. Crosby. 1959. *Helen Gardner's Art Through the Ages*. New York: Harcourt, Brace, & World.

Gasque, W. Ward. 2000. *A History of the Interpretation of the Acts of the Apostles*. Eugene, OR: Wipf and Stock.

Gatrell, V. A. C. 1994. *The Hanging Tree: Execution and the English People, 1770–1868*. Oxford: Oxford University Press.

Gaustad, Edwin S. 1987. *Faith of Our Fathers*. San Francisco: Harper & Row.

Gawthrop, Richard, and Gerald Strauss. 1984. "Protestantism and Literacy in Early Modern Germany." *Past and Present* 104: 31–55.

Gay, Peter. 1966. *The Enlightenment: An Interpretation*. New York: Norton.

Geffcken, Johannes. [1920] 1978. *The Last Days of Greco-Roman Paganism*. Amsterdam: North-Holland.

Geisler, Norman, and William Nix. 1986. *A General Introduction to the Bible*. Chicago: Moody Publishers.

Geller, M. J. 1994. "Early Christianity and the Dead Sea Scrolls." *Bulletin of the School of Oriental and African Studies*, University of London 57: 82–86.

Georgi, Dieter. 1995. "The Early Church: Internal Migration of New Religion." *Harvard Theological Review* 88: 35–68.

Gerber, Jane S. 1994. *The Jews of Spain*. New York: The Free Press.

Gerhardsson, Birger. 2001. *The Reliability of the Gospel Tradition*. Peabody. MA: Hendrickson.

Gershevitch, Ilya. 1964. "Zoroaster's Own Contribution." *Journal of Near Eastern Studies* 23: 12–28.

Getty-Sullivan, Mary Ann. 2001. *Women in the New Testament*. Collegeville, MN: Liturgical Press.

Gibbon, Edward. [1776–1788] 1994. *The History of the Decline and Fall of the Roman Empire*. 3 vols. London: Allen Lane: Penguin.

Gierke, Otto. [1873] 1977. *Associations and Law: The Classical and Early Christian Stages*. Toronto: Univ. of Toronto Press.

Gies, Frances and Joseph Gies. 1994. *Cathedral, Forge, and Waterwheel: Technology and Invention in the Middle Ages*. New York: HarperCollins.

Gil, Moshe. 1992. *A History of Palestine, 634–1099*. Cambridge: Cambridge Unive. Press.

Gilchrist, John. 1969. *The Church and Economic Activity in the Middle Ages*. New York: St. Martin's Press.

Gill, Anthony. 1998. *Rendering Unto Caesar: The Catholic Church and the State in Latin America*. Chicago: Univ. of Chicago Press.

——. 2005. "The Political Origins of Religious Liberty." *Interdisciplinary Journal of Research on Religion* 1 (1): 1–35.

Gilliam, J. F. 1961. "The Plague Under Marcus Aurelius." *American Journal of Philology* 82: 225–251.

Gillingham, John. 1999. "An Age of Expansion: c. 1020 – 1204." In *Medieval Warfare: A History*, edited by Maurice Keen, 59 – 88. Oxford: Oxford Univ. Press.

Gilmont, Jean-Francois. 1998. *The Reformation and the Book*. Aldershot, UK: Ashgate.

Gimpel, Jean. 1961. *The Cathedral Builders*. New York: Grove.

———. 1976. *The Medieval Machine: The Industrial Revolution of the Middle Ages*. New York: Penguin Books.

Gingerich, Owen. 1975. "'Crisis' Versus Aesthetic in the Copernican Revolution." *Vistas in Astronomy* 17: 85 – 93.

Given, James B. 1997. *Inquisition and Medieval Society: Power, Discipline, and Resistance in Languedoc*. Ithaca, NY: Cornell Univ. Press.

Glock, Charles Y. 1964. "The Role of Deprivation in the Origin and Evolution of Religious Groups." In *Religion and Social Conflict*, edited by Robert Lee and Martin E. Marty, 24 – 26. New York: Oxford Univ. Press.

Glubb, Lieutenant-General Sir John Bagot. [1963] 1995. *The Great Arab Conquests*. New York: Barnes and Noble.

Gnoli, Gherardo. 1987. "Magi." In *The Encyclopedia of Religion*, edited by Mircea Eliade. New York: Macmillan.

———. 2000. *Zoroaster in History*. New York: Bibliotheca Persica.

Goldstein, Jonathan A. 1987. "How the Authors of 1 and 2 Maccabees Treated the 'Messianic' Promises." In *Judaisms and Their Messiahs at the Turn of the Christian Era*, edited by Jacob Neusner, William Scott Green, and Ernest S. Fredrichs, 139 – 168. Cambridge: Cambridge Univ. Press.

Goodenough, Erwin R. [1931] 1970. *The Church in the Roman Empire*. New York: Cooper Square.

———. 1962. *An Introduction to Philo Judaeus*. 2nd ed. Oxford: Blackwell.

Goodish, Michael. 1976. "Sodomy in Medieval Secular Law." *Journal of Homosexuality* 1: 295 – 302.

Goodman, Martin. 1994. *Mission and Conversion: Proselytizing in the Religious History of the Roman Empire*. Oxford: Clarendon.

Goodspeed, Edgar. 1931. *Strange New Gospels*. Chicago: Univ. of Chicago

Press.

Gorman, Michael J. 1982. *Abortion and the Early Church*. Downers Grove, IL: InterVarsity.

Grant, Edward. 1971. *Physical Science in the Middle Ages*. New York: Wiley.

——. 1994. *Planets, Stars, and Orbs: The Medieval Cosmos, 1200 – 1687*. Cambridge: Cambridge Univ. Press.

——. 1996. *The Foundations of Modern Science in the Middle Ages: Their Religious, Institutional, and Intellectual Contexts*. Cambridge: Cambridge Univ. Press.

Grant, Michael. 1978. *The History of Rome*. New York: Faber and Faber.

Grant, Robert M. [1970] 1990. *Augustus to Constantine: The Rise and Triumph of Christianity in the Roman World*. San Francisco: Harper San Francisco.

——. 1973. *The Jews in the Roman World*. New York: Scribner.

——. 1977. *Early Christianity and Society: Seven Studies*. London: Collins.

——. 1986. *Gods and the One God*. Philadelphia: Westminster.

Greeley, Andrew J. 1970. "Religious Intermarriage in a Denominational Society." *American Sociological Review* 75: 949 – 952.

Greely, Andrew M. 1995. *Religion as Poetry*. New Brunswick, NJ: Transaction Publishers.

Green, Joel B. 1997. *The Gospel of Luke*. Grand Rapids: Eerdmans.

Grendler, Paul F. 2004. "The Universities of the Renaissance and Reformation." *Renaissance Quarterly* 57: 1 – 42.

Grim, Brian J., and Roger Finke. 2010. *The Price of Freedom Denied*. New York: Cambridge Univ. Press.

Grimm, Harold J. 1962. "Social Forces in the German Reformation." *Church History* 31: 3 – 13.

——. 1969. "The Reformation and the Urban Social Classes in Germany." In *Luther, Erasmus and the Reformation*, editedby John C. Olin, James D. Smart, and Robert E. McNally, SJ, 75 – 86. New York: Fordham Univ. Press.

Gryson, Roger. 1976. *The Ministry of Women in the Early Church*. Collegeville,

MN: The Liturgical Press.

Haas, Christopher J. 1983. "Imperial Policy and Valarian's Persecution of the Church, A. D. 257 – 260." *Church History* 52: 133 – 144

Hagner, Donald A. 2007. "Paul as a Jewish Believer—According to His Letters." In *Jewish Believers in Jesus: The Early Centuries*, edited by Oskar Skarsaune and Reidar Hvalik, 96 – 120. Peabody, MA: Hendrickson.

Hale, J. R. 1977. *Florence and the Medici*. London: Thames & Hudson.

Haliczer, Stephen. 1990. *Inquisition and Society in the Kingdom of Valencia, 1487 – 1834*. Berkeley: Univ. of California Press.

Halsberghe, Gaston H. 1972. *The Cult of Sol Invictus*. Leiden: Brill.

Hamilton, Bernard. 2000. *The Leper King and His Heirs: Baldwin IV and the Crusader Kingdom of Jerusalem*. Cambridge: Cambridge Univ. Press.

Hamilton, Richard F. 1996. *The Social Misconstruction of Reality: Validity and Verification in the Scholarly Community*. New Haven: Yale Univ. Press.

Handlin, Oscar. ed. 1949. *This Was America*. Cambridge: Harvard Univ. Press.

Hannemann, Manfred. 1975. *The Diffusion of the Reformation in Southwestern Germany, 1518 – 1534*. Chicago: Univ. of Chicago Department of Geography, Research Paper No. 167.

Hanson, R. P. C. 1968. *The Acts*. Oxford: Clarendon.

Hare, Douglas. 1967. *The Theme of Jewish Persecution of Christians in the Gospel According to Matthew*. Cambridge: Cambridge Univ. Press.

Harl, K. W. 1990. "Sacrifice and Pagan Belief in Fifth- and Sixth-Century Byzantium." *Past and Present* 128: 7 – 27.

Harnack, Adolf von. 1904. *The Expansion of Christianity in the First Three Centuries*. Vol. 1. New York: Putnam's Sons.

——. 1905. *The Expansion of Christianity in the First Three Centuries*. Vol. 2. New York: Putnam's Sons, 1905.

——. [1924] 1990. *Marcion: The Gospel of the Alien God*. Durham, NC: Labyrinth.

Harris, Marvin. [1977] 1991. *Cannibals and Kings*. New York: Vantage.

Harris, William V. 1982. "The Theoretical Possibility of Extensive Infanticide in the Graeco-Roman World." *Classical Quarterly*, new series, 32:

114 – 116.

———. 1989. *Ancient Literacy*. Cambridge: Harvard Univ. Press.

———. 1994. "Child Exposure in the Roman Empire." *Journal of Roman Studies* 84: 1 – 22.

Hay, Denys. 1977. *The Church in Italy in the Fifteenth Century*. Cambridge: Cambridge Univ. Press.

Hayes, Carlton, J. H. 1917. *Political and Social History of Modern Europe*. 2 vols. New York: Macmillan.

Heaton, Tim B. 1990. "Religious Group Characteristics, Endogamy, and Interfaith Marriages." *Sociological Analysis* 51: 363 – 376.

Heine, Susanne. 1988. *Women and Early Christianity*. Minneapolis: Augsburg.

Hemer, Colin J. 1990. *The Book of Acts in the Setting of Hellenistic History*. Winona Lake, IN: Eisenbrauns.

Hengel, Martin. 1974. *Judaism and Hellenism: Studies in their Encounter in Palestine During the Early Hellenistic Period*. 2 vols. Philadelphia: Fortress.

———. 1989. *The "Hellenization" of Judea in the First Century After Christ*. London: SCM.

Henningsen, Gustav. 1980. *The Witches Advocate: Basque Witchcraft and the Spanish Inquisition (1609 – 1614)*. Reno: Univ. of Nevada Press.

Henningsen, Gustav, and John Tedeschi. 1986. *The Inquisition in Early Modern Europe: Studies on Sources and Methods*. Dekalb: Northern Illinois Univ. Press.

Heyob, Sharon Kelly. 1975. *The Cult of Isis among Women in the Greco-Roman World*. Leiden: Brill.

Hibbert, Christopher. [1974] 2003. *The House of Medici: Its Rise and Fall*. New York: HarperCollins.

Hill, Christopher. 1967. *Reformation to the Industrial Revolution, 1530 – 1780*. London: Penguin Books.

Hill, Craig C. 2007. "The Jerusalem Church." In *Jewish Christianity Reconsidered*, edited by Matt Jackson-McCabe, 39 – 56. Minneapolis: Fortress.

Hillenbrand, Carole. 1999. *The Crusades: Islamic Perspectives*. Edinburgh: Edinburgh Univ. Press.

Hirschfeld, Nicolle. 1990. "The Ship of Saint Paul: Historical Background." *Biblical Archaeologist* 53 (March): 25–30.

Hobbes, Thomas. [1651] 1956. *Leviathan*. Vol. 1. Chicago: Henrey Regnery.

Hodgson, Marshall G. S. 1974. *The Venture of Islam: Conscience and History in a World Civilization*. 3 vols. Chicago: Univ. of Chicago Press.

Holborn, Louise W. 1942. "Printing and the Growth of a Protestant Movement in Germany from 1517 to 1524." *Church History* 11: 123–137.

Holinshed, Raphael. [1587] 1965. *Holinshed's Chronicles*. New York: AMS.

Hollister, C. Warren. 1992. "The Phases of European History and the Nonexistence of the Middle Ages." *Pacific Historical Review* 61: 1–22.

Hookham, Hilda. 1981. "Timur." In *Encyclopaedia Britannica*. Chicago: Univ. of Chicago Press.

Hopkins, Keith. 1965. "The Age of Roman Girls at Marriage." *Population Studies* 18: 309–327.

——. 1966. "On the Probable Age Structure of the Roman Population." *Population Studies* 20: 245–264.

——. 1998. "Christian Number and its Implications." *Journal of Early Christian Studies* 6: 185–226.

——. 2004. "Controlling Religion: Rome." In *Religions of the Ancient World: A Guide*, edited by Sarah Iles Johnston, 572–575. Cambridge: Belknap.

Horsley, Richard A., and John S. Hanson. 1985. *Bandits, Prophets, and Messiahs: Popular Movements in the Time of Jesus*. Minneapolis: Winston.

Hout, Michael, and Claude Fischer. 2002. "Americans with 'No Religion': Why Their Numbers Are Growing." *American Sociological Review* 67: 165–90.

Hughes, Pennethorne. 1952. *Witchcraft*. London: Longmans, Green.

Hultgren, Arland J. 1976. "Paul's Pre-Christian Persecutions of the Church: Their Purpose, Locale, and Nature." *Journal of Biblical Literature* 95: 97–111.

Hume, David. 1754. *The History of England*. 6 vols. London: A. Millar.

Hunt, Dave. 1994. *A Woman Rides the Beast: The Roman Catholic Church and the Last Days*. Eugene, OR: Harvest House.

Hunt, Edwin S., and James M. Murray. 1999. *A History of Business in Medieval Europe, 1200 – 1550*. Cambridge: Cambridge Univ. Press.

Hurtado, Larry W. 1999. "Pre – 70 Jewish Opposition to Christ-Devotion." *Journal of Theological Studies* 50: 35 – 58.

———. 2003. *Lord Jesus Christ: Devotion to Jesus in Earliest Christianity*. Grand Rapids: Eerdmans.

———. 2006. *The Earliest Christian Artifacts: Manuscripts and Christian Origins*. Grand Rapids: Eerdmans.

Hutchison, William R. 1987. *Errand to the World: American Protestant Thought and Foreign Missions*. Chicago: Univ. of Chicago Press.

Hvalvik, Reidar. 2007. "Jewish Believers and Jewish Influence in the Roman Church Until the Early Second Century." In *Jewish Believers in Jesus: The Early Centuries*, edited by Oskar Skarsaune and Reidar Hvalik, 179 – 216. Peabody, MA: Hendrickson.

Hyde, H. Montgomery. 1964. *A History of Pornography*. New York: Dell.

Hyslop, Theo B. 1925. *The Great Abnormals*. New York: Doran.

Iannaccone, Laurence R. 1982. "Let the Women Be Silent." *Sunstone* 7 (May-June): 38 – 45.

Introvigne, Massimo. 2005. "Niches in the Islamic Religious Market and Fundamentalism: Examples from Turkey and Other Countries." *Interdisciplinary Journal of Research on Religion* 1: 第三篇文章可查询 www. religjour nal. com。

Introvigne, Massimo, and Rodney Stark. 2005. "Religious Competition and Revival in Italy: Exploring European Exceptionalism." *Interdisciplinary Journal of Research on Religion* 1: 第五篇文章可查询 www. religjournal. com。

Irwin, Robert. 1986. *The Middle East in the Middle Ages: The Early Mamluk Sultanate 1250 – 1382*. Carnondale, IL: Southern Illinois Univ. Press.

———. 2006. *Dangerous Knowledge: Orientalism and Its Discontents*. Woodstock and New York: The Overlook Press.

Isaac, Jules. 1964. *The Teaching of Contempt: Christian Roots of Anti-Semitism*. New York: Holt, Rinehart, and Winston.

———. 1971. *Jesus and Israel*. New York: Holt, Rinehart, and Winston.

Issawi, Charles. 1957. "Crusades and Current Crisis in the Near East: A Historical Parallel." *International Affairs* 33: 269 – 279.

Jaki, Stanley L. 1986. *Science and Creation.* Edinburgh: Scottish Academic Press.

——. 2000. *The Savior of Science.* Grand Rapids: Eerdmans.

James, William. [1902] 1958. *The Varieties of Religious Experience.* New York: A Mentor Book.

Jamison, AlanG. 2006. *Faith and Sword: A Short History of Christian-Muslim Conflict.* London: Reaktion Books.

Jeffrey, Peter. 2007. *The Secret Gospel of Mark Unveiled.* New Haven: Yale Univ. Press.

Jenkins, Philip. 2001. *Hidden Gospels: Howthe Search for Jesus Lost Its Way.* Oxford: Oxford Univ. Press.

——. 2002. *The Next Christendom: The Coming of Global Christianity.* Oxford: Oxford Univ. Press.

——. 2003. *The New Anti-Catholicism: The Last Acceptable Prejudice.* Oxford: Oxford Univ. Press.

——. 2008. *The Lost History of Christianity.* San Francisco: HarperOne.

Johnson, Luke Timothy. 1996. *The Real Jesus: The Misguided Quest for the Historical Jesus and the Truth of theTraditional Gospels.* San Francisco: Harper San Francisco.

Johnson, Paul. 1976. *A History of Christianity.* New York: Atheneum.

——. 1987. *A History of the Jews.* New York: Harper & Row.

——. 2003. *Art: A New History.* New York: HarperCollins.

Jonas, Hans. 1967. "Delimitation of the Gnostic Phenomenon— Typological and Historical." In *Le Origini Dello Gnosticismo*, edited by U. Bianchi, 90 – 108. Leiden: Brill.

——. 2001. *The Gnostic Religion.* 3rd ed. Boston: Beacon.

Jones, A. H. M. 1948. *Constantine and the Conversion of Europe.* London: Hodder & Stoughton.

Jones, E. L. 1987. *The European Miracle.* 2nd ed. Cambridge: Cambridge Univ. Press.

Jones, Paul. 2006. "From Intra-Jewish Polemics to Persecution: The Christian Formation of the Jew as Religious Other." *Encounter* (Spring).

Jones, W. T. 1969. *The Medieval Mind*. New York: Harcourt, Brace and World.

Judge, E. A. 1960a. *The Social Pattern of Christian Groups in the First Century*. London: Tyndale.

——. 1960b. "The Early Christians as a Scholastic Community." *Journal of Religious History* 1: 125–141.

——. 1986. "The Quest for Mercy in Late Antiquity." In *God Who Is Rich in Mercy: Essays Presented to D. B. Knox*, edited by P. T. O'Brien and D. G. Peterson, 107–121. Sydney: Macquarie Univ. Press.

——. 2008. *Social Distinctives of the Christians of the First Century*. Peabody, MA: Hendrickson.

Justin Martyr. [ca. 150] 1948. "First Apology." *Writings of Saint Justin Martyr*. New York: Christian Heritage.

Kadushin, Max. 1965. *The Rabbinic Mind*. 2nd ed. New York: Blaisdell.

Kaelber, Lutz. 1997. "Weavers into Heretics? The Social Organization of Early-Thirteenth-Century Catharism in Comparative Perspective." *Social Science History* 21: 111–137.

Kamen, Henry. 1993. *The Phoenix and the Flame: Catalonia and the Counter Reformation*. New Haven: Yale Univ. Press.

——. 1997. *The Spanish Inquisition: An Historical Revision*. London: Weidenfeld & Nicholson.

Karsh, Efraim. 2007. *Islamic Imperialism: A History*. New Haven: Yale Univ. Press.

Katz, Steven T. 1994. *The Holocaust in Historical Context*. Vol. 1. New York: Oxford Univ. Press.

Kaufmann, Eric. 2010. *Shall the Religious Inherit the Earth?* London: Profile Books.

Kaufmann, Yehazkel. 1970. *The Babylonian Captivity and Deutero-Isaiah*. New York: Union of American Hebrew Congregations.

Kautsky, Karl. [1908] 1953. *Foundations of Christianity*. New York: Russell

& Russell.

Kedar, Benjamin Z. 1974. "The General Tax of 1183 in the Crusading Kingdom of Jerusalem: Innovation or Adaptation?" *English Historical Review* 89: 339 – 345.

——. 1984. *Crusade and Mission: European Approaches Toward the Muslims*. Princeton: Princeton Univ. Press.

——. [1990] 2002. "The Subjected Muslims of the Frankish Levant." In *The Crusades: The Essential Readings*, edited by Thomas F. Madden, 235 – 264. Oxford: Blackwell.

Kee, Howard Clark. 1970. *Jesus in History*. New York: Harcourt, Brace & World.

——. 1987. "Christology in Mark's Gospel." In *Judaisms and Their Messiahs at the Turn of the Christian Era*, edited by Jacob Neusner, William Scott Green, and Ernest S. Fredrichs, 187 – 208. Cambridge: Cambridge Univ. Press.

——. 1990. *What Can We Know About Jesus?* Cambridge: Cambridge Univ. Press.

Keen, Benjamin. 1969. "The Black Legend Revisited: Assumptions and Realities." *Hispanic American Historical Review* 49: 703 – 719.

Kent, Stephen A. 2001. *From Slogans to Mantras: Social Protest and Religious Conversion in the Late Viet Nam War Era*. Syracuse, NY: Syracuse Univ. Press.

Kenyon, Sir Frederic George. 1949. *The Bible and Archeology*. New York: Harper.

Keresztes, Paul. 1968. "Marcus Aurelius a Persecutor?" *Harvard Theological Review* 61: 321 – 341.

——. 1970a. "The Constitutio Antoniana and the Persecutions Under Caracalla." *American Journal of Philology* 91: 446 – 459.

——. 1970b. "The Emperor Septimius Severus: A Precursor of Decius." *Histoira* 19: 565 – 578.

——. 1973. "The Jews, the Christians, and Emperor Domitan." *Vigiliae Christianae* 27: 1 – 28.

——. 1983. "From the Great Persecution to the Peace of Galerius." *Vigiliae Christianae* 37: 379–399.

Khalidi, Tarif. 1981. "The Idea of Progress in Classical Islam." *Journal of Near Eastern Studies* 40: 277–289.

Kieckhefer, Richard. 1976. *European Witch Trials: Their Foundations in Popular and Learned Culture.* Berkeley: Univ. of California Press.

——. 1989. *Magic in the Middle Ages.* Cambridge: Cambridge Univ. Press.

Kim, Hyojoung, and Steven Pfaff. Forthcoming. "Structure and Dynamics of a Religious Insurgency: The Early Reformation in 16th Century Central Europe."

King, Karen L. 2003a. *What Is Gnosticism?* Cambridge: Belknap.

——. 2003b. *The Gospel of Mary of Magdala: Jesus and the First Woman Apostle.* Santa Rose, CA: Polebridge.

Kirsch, Jonathan. 2004. *God Against the Gods.* New York: Viking.

——. 2008. *The Grand Inquisitor's Manuel: A History of Terror in the Name of God.* San Francisco: HarperOne.

Kister, M. J. 1986. "The Massacre of the Banū Qurayza: A Re-examination of a Tradition." *Jerusalem Studies of Arabic and Islam* 8: 61–96.

Kitchen, K. A. 2003. *On the Reliability of the Old Testament.* Grand Rapids: Eerdmans.

Kittleson, James. 1986. *Luther the Reformer.* Minneapolis: Augsburg Fortress.

Klaiber, Jeffrey L. 1970. "Pentecostal Breakthrough." *America* 122 (4): 99–102.

Klauck, Hans-Joseph. 2003. *The Religious Context of Early Christianity.* Minneapolis: Fortress Press.

Klinghoffer, David. 2005. *Why the Jews Rejected Jesus.* New York: Doubleday.

Knight, Margaret. 1974. *Honest to Man: Christian Ethics Re-examined.* Buffalo, NY: Prometheus Books.

Knobler, Adam. 2006. "Holy Wars, Empires, and the Portability of the Past: The Modern Uses of the Medieval Crusade." *Comparative Studies in Society and History* 48: 293–325.

Knohl, Israel. 2000. *The Messiah Before Jesus.* Berkeley: Univ. of California

Press.

——. 2008. "The Messiah Son of Joseph." *Biblical Archaeology Review* 34 (September/October): 58 – 62, 78.

Koenig, Harold G. 1998. *Handbook of Religion and Mental Health*. New York: Academic Press.

Koester, Helmut. 1982a. *Introduction to the New Testament*, Vol. 1, *History, Culture, and Religion in the Hellenistic Age*. Philadelphia: Fortress.

——. 1982b. *Introduction to the New Testament*, Vol. 2, *History and Literature of Early Christianity*. Philadelphia: Fortress.

Komoszewski, J. Ed, M. James Sawyer, and Daniel B. Wallace. 2006. *Reinventing Jesus*. Grand Rapids: Kregel.

Kox, Willem, Wim Meeus, and Harm t'Hart. 1991. "Religious Conversion of Adolescents: Testing the Lofland and Stark Model of Religious Conversion." *Sociological Analysis* 52: 227 – 240.

Kraemer, Ross Sherpard. 1992. *Her Share of the Blessings: Women's Religions among Pagans, Jews, and Christians in the Greco-Roman World*. Oxford: Oxford Univ. Press.

Kripal, Jeffery J. 2007. *Esalen: America and the Religion of No Religion*. Chicago: Univ. of Chicago Press.

Ladurie, Emmanuel LeRoy. 1974. *The Peasants of Languedoc*. Urbana: Univ. of Illinois Press.

Lambert, Malcolm. 1992. *Medieval Heresy: Popular Movements from the Gregorian Reform to the Reformation*. 2nd ed. Oxford: Basil Blackwell.

——. 1998. *The Cathars*. Oxford: Blackwell.

LaMonte, John L. 1932. *Feudal Monarchy in the Latin Kingdom of Jerusalem, 1100 – 1291*. Cambridge: Harvard Univ. Press.

Landes, David S. 1998. *The Wealth and Poverty of Nations*. New York: W. W. Norton.

Lane, Frederic Chapin. [1934] 1992. *Venetian Ships and Shipbuilders of the Renaissance*. Baltimore: Johns Hopkins Univ. Press.

Lang, Bernard. 1983. *Monotheism and the Prophetic Majority*. Sheffield, UK: Almond.

Latourette, Kenneth Scott. 1937. *A History of the Expansion of Christianity.* Vol. 1. New York: Harper & Bros.

———. 1975. *A History of Christianity.* Vol. 2. Rev. ed. San Francisco: Harper San Francisco.

Layton, Bentley. 1987. *The Gnostic Scriptures.* Garden City, NY: Doubleday.

Lea, Henry C. 1902. "The Eve of the Reformation." In *The Cambridge Modern History*, 1: 653–692. Cambridge: Cambridge Univ. Press.

———. 1906–1907. *A History of the Inquisition in Spain.* 4 vols. New York: Macmillan.

Leadbetter, Bill. 2000. "Constantine." In *The Early Christian World*, Vol. 2, edited by Philip E. Esler, 1069–1087. London: Routledge.

Leatham, Miguel C. 1997. "Rethinking Religious Decision-Making in Peasant Millenarianism: The Case of Nueva Jerusalem." *Journal of Contemporary Religion* 12: 295–309.

Le Blant, Edmond. 1880. "La Richesse et la Christianisme à l'âge des Persécutions." *Revue Archéologique* 39: 220–230.

Lecky, W. E. H. [1865] 1903. *History of the Rise and Influence of the Spirit of Rationalism in Europe.* New York: D. Appleton.

Leff, Gordon. [1967] 1999. *Heresy in the Later Middle Ages.* Manchester: Manchester Univ. Press.

Lefkowitz, Mary R., and Maureen B. Fant. 2005. *Women's Life in Greece and Rome: A Source Book in Translation.* 3rd ed. Baltimore: Johns Hopkins Univ. Press.

Leloup, Jean-Yves. 2002. *The Gospel of Mary Magdalene.* Rochester, VT: Inner Traditions.

Leon, Harry J. [1960] 1995. *The Jews of Ancient Rome.* Peabody, MA: Hendrickson Publishers.

Lester, Robert C. 1993. "Buddhism: The Path to Nirvana." In *Religious Traditions of the World*, edited by H. Byron Earhart, 849–971. San Francisco: Harper San Francisco.

Levack, Brian P. 1995. *The Witch-Hunt in Early Modern Europe.* 2nd ed. London: Longman.

Levenson, David. B. 1990. "Julian." In *Encyclopedia of Early Christianity*, edited by Everett Ferguson, 510–511. New York: Garland.

Levine, Lee I. 1998. *Judaism and Hellenism in Antiquity*. Seattle: Univ. of Washington Press.

Levy-Rubin, Milka. 2000. "New Evidence Relating to the Process of Islamization in Palestine in the Early Muslim Period: The Case of Samaria." *Journal of the Economic and Social History of the Orient* 43: 257–276.

Lewis, Bernard. 2002. *What Went Wrong? Western Impact and Middle East Response*. Oxford: Oxford Univ. Press.

Lichter, S. Robert, Stanley Rothman, and Linda Lichter. 1986. *The Media Elite*. Bethesda, MD: Adler & Adler.

Lieberman, Saul. 1945. *Greek in Jewish Palestine*. New York: Jewish Theological Seminary of America.

——. 1962. *Hellenism in Jewish Palestine*. 2nd ed. New York: Jewish Theological Seminary of America.

Liebeschuetz, J. H. W. G. 1979. *Continuity and Change in Roman Religion*. Oxford: Clarendon.

Lindberg, David C. 1978. *Science in the Middle Ages*. Chicago: Univ. of Chicago Press.

——. 1986. "Science and the Early Church." In *God and Nature: Historical Essays on the Encounter Between Christianity and Science*, edited by David C. Lindberg and Ronald L. Numbers, 19–48. Berkeley: Univ. of California Press.

——. 1992. *The Beginnings of Western Science*. Chicago: Univ. of Chicago Press.

Lindberg, David C., and Ronald L. Numbers, eds. 1986. *God and Nature: Historical Essays on the Encounter Between Christianity and Science*. Berkeley: Univ. of California Press.

Lindsay, Jack. 1968. *The Ancient World: Manners and Morals*. New York: Putnam's Sons.

Lindsey, Robert L. 1989. *Jesus Rabbi and Lord: The Hebrew Story of Jesus Behind the Gospels*. Oak Creek, WI: Cornerstone.

Lintott, Andrew W. 1968. *Violence in Republican Rome*. Oxford: Oxford Univ.

Press.

Little, Donald P. 1976. "Coptic Conversion to Islam Under the Mahri Mamlūks, 692 – 755/1293 – 1354." *Bulletin of the School of Oriental and African Studies, University of London* 39: 552 – 569.

Little, Lester K. 1978. *Religious Poverty and the Profit Economy in Medieval Europe*. Ithaca, NY: Cornell Univ. Press.

Littman, R. J., and M. L. Littman. 1973. "Galen and the Antonine Plague." *American Journal of Philology* 94: 243 – 255.

Liu, Eric. Forthcoming. "Risk Preference and Religiosity in the Chinese Context."

Llorente, Juan Antonio. [1823] 1967. *A Critical History of the Inquisition of Spain*. Williamstown, MA: John Lilburne.

Lodberg, Peter. 1989. "The Churches in Denmark." In *Danish Christian Handbook*, edited by Peter Briierly, 6 – 9. London: MARC Europe.

Lofland, John, and Rodney Stark. 1965. "Becoming a World-Saver: A Theory of Conversion to a Deviant Perspective." *American Sociological Review* 30: 862 – 875.

Löhr, Winrich. 2007. "Western Christianities." In Augustine Casiday and Frederick W. Norris, *The Cambridge History of Christianity*, Vol. 2, 9 – 51. Cambridge: Cambridge Univ. Press.

Lopez, Robert S. 1967. *The Birth of Europe*. New York: M. Evans.

———. 1976. *The Commercial Revolution of the Middle Ages, 950 – 1350*. Cambridge: Cambridge Univ. Press.

———. 1977. "The Practical Transmission of Medieval Culture." In *By Things Seen: Reference and Recognition in Medieval Thought*, edited by David Lyle Jeffrey, 125 – 142. Ottawa: Univ. of Ottawa Press.

Luther, Martin. [1520] 1915. *Works*. Vol. 2. Philadelphia: Muhlenberg Press.

Luttwak, Edward N. 1976. *The Grand Strategy of the Roman Empire*. Baltimore: Johns Hopkins Univ. Press.

MacCulloch, Diarmaid. 2010. "Evil Is Just." *London Review of Books* 32 (May 13): 23 – 24.

Mack, Burton. 1988. *A Myth of Innocence: Mark and Christian Origins*. Philadelphia: Fortress.

——. 1993. *The Lost Gospel: The Book of Qand Christian Origins*. New York: HarperCollins

MacKenzie, Norman, and Jeanne MacKenzie. 1977. *The Fabians*. New York: Simon & Schuster.

MacMullen, Ramsay. 1963. *Soldier and Civilian in the Later Roman Empire*. Cambridge: Harvard Univ. Press.

——. 1981. *Paganism in the Roman Empire.* New Haven: Yale Univ. Press.

——. 1984. *Christianizing the Roman Empire.* New Haven: Yale Univ. Press.

——. 1997. *Christianity & Paganism in the Fourth to Eighth Centuries*. New Haven: Yale Univ. Press.

Macmurray, John. 1938. *The Clue to History.* London: Student Christian Movement.

Madden, Thomas F. 1999. *A Concise History of the Crusades.* Lanham, MD: Rowman & Littlefield.

——. 2002a. "The Real History of the Crusades." *Crisis Magazine* (网络版本), April 1。

——. 2002b. "The Crusades in the Checkout Aisle." *Crisis Magazine* e-letter, April 12.

——. 2003. "The Truth About the Spanish Inquisition." *Crisis Magazine* (October): 24 – 30.

Malherbe, Abraham J. 2003. *Social Aspects of Early Christianity*. 2nd ed. Eugene, OR: Wipf and Stock.

Maltby, William S. 1971. *The Black Legend in England: The Development of Anti-Spanish Sentiment, 1558 – 1660.* Durham, NC: Duke Univ. Press.

Manchester, William. 1993. *World Lit Only by Fire: The Medieval Mind and the Renaissance.* New York: Little, Brown.

Marozzi, Justin. 2004. *Tamerlane: Sword of Islam, Conqueror of the World*. Cambridge, MA: Da Capo Books.

Marshall, Paul, Lela Gilbert, Roberta Green Ahmanson, eds. 2010. *Blind Spot: When Journalists Don't Get Religion.* Oxford: Oxford Univ. Press.

Martin, David. 1969. *The Religious and the Secular.* New York: Schocken

Books.

———. 1990. *Tongues of Fire: The Explosion of Protestantism in Latin America.* Oxford: Basil Blackwell.

Marty, Martin. 2004. *Martin Luther.* New York: Viking Penguin.

Marx, Karl. [1844] 1964. "Contribution to the Critique of Hegel's Philosophy of Right." In Karl Marx and Friedrich Engels, *On Religion*, 41–58. New York: Schocken Books.

Maslow, Abraham. 1971. *The Farther Reaches of Human Nature.* New York: Penguin Compass.

Mason, Stephen E. 1962. *A History of the Sciences.* Rev. ed. New York: Macmillan.

Matter, E. Ann. 2008. "Orthodoxy and Deviance." In vol. 3 of *The Cambridge History of Christianity*, 510–530. Cambridge: Cambridge Univ. Press.

Mattingly, Harold. 1967. *Christianity in the Roman Empire.* New York: Norton.

Mayer, Hans Eberhard. 1972. *The Crusades.* Oxford: Oxford Univ. Press.

McAdam, Doug. 1988. *Freedom Summer.* New York: Oxford Univ. Press.

McBrien, Richard P. 2000. *Lives of the Popes.* San Francisco: Harper San Francisco.

McBroom, Patricia. 1966. "Martyrs May Not Feel Pain." *Science News* 89: 505–506.

McKechnie, Paul. 2001. *The First Christian Centuries: Perspectives on the Early Church.* Downers Grove, IL: InterVarsity.

———. 2009. "Christian City Councillors in the Roman Empire Before Constantine." *Interdisciplinary Journal of Research on Religion* 5: 第一篇文章可上网查询 www. religjournal. com。

———. Forthcoming. "Christian City Councillors in Third Century Phyrgia."

McLendon, Hiram J. 1959. "Plato Without God." *Journal of Religion* 39: 88–102.

McNally, Robert E., SJ. 1969. "The Reformation: A Catholic Reappraisal." In *Luther, Erasmus and the Reformation*, edited by John C. Olin, James D. Smart, and Robert E. McNally, SJ, 26–47. New York: Fordham Univ. Press.

McNamara, Jo Ann. 1976. "Sexual Equality and the Cult of Virginity in Early Christian Thought." *Feminist Studies* 3: 145 – 158.

McNeill, William H. 1976. *Plagues and Peoples*. Garden City, NY: Doubleday.

Meeks, Wayne. 1983. *The First Urban Christians*. New Haven: Yale Univ. Press.

Meeks, Wayne, and Robert L. Wilken. 1978. *Jews and Christians in Antioch in the First Four Centuries of the Common Era*. Missoula, MT: Scholars Press.

Meggitt, Justin J. 1998. *Paul, Poverty and Survival*. Edinburgh: T&T Clark.

Meier, John P. 1994. *A Marginal Jew: Rethinking the Historical Jesus*. 3 vols. Garden City, NY: Doubleday.

Merkelbach, R. 1992. "Mithra, Mithraism." In *The Anchor Bible Dictionary*, edited by David Noel Freedman. New York: Doubleday.

Merton, Robert K. 1938. "Science, Technology and Society in Seventeenth-Century England." *Osiris* 4 (pt. 2): 360 – 632.

Metzger, Bruce M., and Bart D. Ehrman. 2005. *The Text of the New Testament: Its Transmission, Corruption, and Restoration*. 4th ed. New York: Oxford Univ. Press.

Meyer, Ben F. 1992. "Jesus Christ." In *The Anchor Bible Dictionary*, edited by David Noel Freedman. New York: Doubleday.

Meyer, Marvin. 2005. *The Gnostic Discoveries: The Impact of the Nag Hammadi Library*. San Francisco: Harper San Francisco.

Meyers, Eric M. 1988. "Early Judaism and Christianity in the Light of Archaeology." *Biblical Arachaeologist* 51: 69 – 79.

Michaud, Joseph. 1999. *The History of the Crusades*. Vol. 3. Cambridge: Cambridge Univ. Press.

Midelfort, H. C. Eric. 1981. "Heartland of the Witchcraze: Central and Northern Europe." *History Today* 31: 27 – 31.

Millard, Alan. 2000. *Reading and Writing in the Time of Jesus*. New York: New York Univ. Press.

Miller, Alan S. 2000. "Going to Hell in Asia: The Relationship Between Risk and Religion in a Cross-cultural Setting." *Review of Religious Research* 42: 5 – 18.

Miller, Alan S., and Rodney Stark. 2002. "Gender and Religiousness: Can the Socialization Explanation Be Saved?" *American Journal of Sociology* 107: 1399–1423.

Moehring, Hannes. 1959. "The Persecution of the Jews and Adherents of the Isis Cult at Rome A. D. 19." *Novum Testamentum* 3: 293–304.

Moeller, Bernd. 1972. *Imperial Cities and the Reformation*. Philadelphia: Fortress.

Moffett, Samuel Hugh. 1992. *A History of Christianity in Asia: Beginnings to 1500*. San Francisco: Harper San Francisco.

Momigliano, Arnaldo, ed. 1963. *The Conflict Between Paganism and Christianity in the Fourth Century*. Oxford: Clarendon Press.

Mommsen, Theodore E. 1942. "Petrarch's Conception of the 'Dark Ages.'" *Speculum* 17: 226–242.

Monroe, Arthur Eli. 1975. *Early Economic Thought: Selections from Economic Literature Prior to Adam Smith*. New York: Gordon Press.

Monter, E. William. 1990. *Frontiers of Heresy: The Spanish Inquisition from the Basque Lands to Sicily*. Cambridge: Cambridge Univ. Press.

Monter, E. William, and John Tedeschi. 1986. "Towards a Statistical Profile of Italian Inquisitions, Sixteenth to Eighteenth Centuries." In Henningsen and Tedeschi, *The Inquisition in Early Modern Europe*, 130–157.

Montgomery, Field-Marshall Viscount (Bernard). 1968. *A History of Warfare*. New York: World.

Montgomery, Robert L. 2002. *The Lopsided Spread of Christianity*. Westport, CT: Praeger.

Montgomery, T. S. 1979. "Latin American Evangelicals: Oaxtepec and Beyond." In *Churches and Politics in Latin America*, edited by Daniel H. Levine, 87–107. Beverley Hills, CA: Sage.

Moore, George Foot. 1927. *Judaism in the First Centuries of the Christian Era*. Vol. 1. Cambridge: Harvard Univ. Press.

Moore, R. I. 1976. *The Birth of Popular Heresy*. New York: St. Martin's Press.

——. 1985. *The Origins of European Dissent*. Oxford: Basil Blackwell.

Morris, Colin M. 1991. *The Papal Monarchy*. Oxford: Oxford Univ. Press.

——. 1993. "Christian Civilization (1050 – 1400)." In *The Oxford History of Christianity*, edited by John McManners, 205 – 242. Oxford: Oxford Univ. Press.

Mullett, Michael A. 1999. *The Catholic Reformation.* London: Routledge.

Murray, Alexander. 1972. "Piety and Impiety in Thirteenth-Century Italy." *Studies in Church History* 8: 83 – 106.

Musurillo, Herbert. 1972. *The Acts of the Christian Martyrs.* Oxford: Oxford Univ. Press.

Nash, Ronald H. 1992. *The Gospel and the Greeks.* Richardson, TX: Probe Books.

Needham, Joseph. 1954 – 1984. *Science and Civilization in China.* 6 vols. Cambridge: Cambridge Univ. Press.

——. 1980. "The Guns of Khaifengfu." *Times Literary Supplement*, January 11.

Neitz, Mary Jo. 1987. *Charisma and Community: A Study of Religious Commitment Within the Charismatic Renewal.* New Brunswick, NJ: Transaction.

Nelson, Geoffrey K. 1969. *Spiritualism and Society.* New York: Schocken.

Netanyahu, B. 2001. *The Origins of the Inquisition in Fifteenth Century Spain.* 2nd ed. New York: New York Review Books.

Neusner, Jacob. 1975. *First Century Judaism in Crisis.* Nashville: Abingdon.

——. 1984. *Messiah in Context: Israel's History and Destiny in Formative Judaism.* Philadelphia: Fortress.

Nicolle, David. 2005. *Historical Atlas of the Islamic World.* London: Mercury Books.

Niebuhr, H. Richard. 1929. *The Social Sources of Denominationalism.* New York: Henry Holt.

Nisbet, Robert. 1980. *History of the Idea of Progress.* New York: Basic Books.

Noble, Thomas F. X. 2008. "The Christian Church as an Institution." In *The Cambridge History of Christianity*, Vol. 3, 249 – 274. Cambridge: Cambridge Univ. Press.

Nock, Arthur Darby. 1933a. *Conversion: The Old and New in Religion from Alexander to the Great Augustine of Hippo.* Oxford: Clarendon.

———. 1933b. "The Vocabulary of the New Testament." *Journal of Biblical Literature* 52: 131–139.

———. 1938. *St. Paul.* New York: Harper & Bros.

———. 1949. "The Problem of Zoroaster." *American Journal of Archaeology* 53: 272–285.

Nolan, Patrick, and Gerhard Lenski. 2006. *Human Societies.* 10th ed. Boulder: Paradigm.

Norris, Pippa, and Ronald Inglehart. 2004. *Sacred and Secular: Religion and Politics Worldwide.* Cambridge: Cambridge Univ. Press.

North, John. 1974. "Conservatism and Change in Roman Religion." *Papers of the British School in Rome* 44: 1–12.

———. 1979. "Religious Toleration in Republican Rome." *Proceedings of the Cambridge Philological Society* 25: 85–103.

———. 1980. "Novelty and Choice in Roman Religion." *Journal of Roman Studies* 70: 186–191.

———. 2004. "Rome." In *Religions of the Ancient World: A Guide*, edited by Sarah Iles Johnston, 225–232. Cambridge: Belknap.

Obelkevich, James. 1976. *Religion and Rural Society.* Oxford: Oxford Univ. Press.

Oberman, Heiko A. 1992. *Luther: Man Between God and the Devil.* New York: Doubleday.

Oborn, George Thomas. 1933. "Why Did Decius and Volarian Proscribe Christianity?" *Church History* 2: 67–77.

Odahl, Charles M. 2004. *Constantine and the Christian Empire.* London: Routledge.

O'Neil, Mary R. 1981. "Discerning Superstition: Trials of Clerics and Exorcists in Sixteenth Century Italy." Paper presented at the International Congress on Medieval Studies, Kalamazoo, Michigan.

———. 1987. "Magical Healing, Love Magic and the Inquisition in Late Sixteenth Century Modena." In *Inquisition and Society in Early Modern Europe*, edited by Stephen Haliczer, 88–114. London: Croom Helm.

Oost, Stewart Irvin. 1961. "The Alexandrian Seditions Under Philip and Gallienus." *Classical Philology* 56: 1 – 20.

Osiek, Carolyn, and David L. Balch. 1997. *Families in the New Testament World: Households and House Churches.* Louisville: Westminster John Knox.

Osiek, Carolyn, and Margaret Y. MacDonald. 2006. *A Woman's Place: House Churches in Earliest Christianity.* Minneapolis: Fortress.

Ozment, Steven. 1975. *The Reformation in the Cities.* New Haven: Yale Univ. Press.

——. 1980. *The Age of Reform 1250 – 1550.* New Haven: Yale Univ. Press.

Packer, James E. 1967. "Housing and Population in Imperial Ostia and Rome." *Journal of Roman Studies* 57: 80 – 95.

Pagels, Elaine. 1979. *The Gnostic Gospels.* New York: Random House.

——. 2003. *Beyond Belief: The Secret Gospel of Thomas.* New York: Random House.

Pagels, Elaine, and Karen L. King. 2007. *Reading Judas: The Gospel of Judas and the Shaping of Christianity.* New York: Viking.

Paris, Edmond. 1961. *Genocide in Satellite Croatia, 1941 – 1954.* Chicago: American Institute for Balkan Affairs.

Parker, Geoffrey. 1992. "Success and Failure During the First Century of the Reformation." *Past and Present* 136: 43 – 82.

Parkes, James. [1934] 1969. *The Conflict of the Church and the Synagogue.* New York: Atheneum.

Parkin, Tim G. 1992. *Demography and Roman Society.* Baltimore: Johns Hopkins Univ. Press.

Pastor, Ludwig. 1898. *The History of the Popes.* 14 vols. St. Louis: B. Herder.

Paullin, Charles O. 1932. *Atlas of the Geography of the United States.* Washington, D. C.: Carnegie Institution and New York Geographical Society.

Payne, Robert. [1959] 1995. *The History of Islam.* New York: Barnes & Noble.

——. 1984. *The Dream and the Tomb: A History of the Crusades.* New York: Stein & Day.

Peachey, Paul. 1970. "Marxist Historiography of the Radical Reformation: Causality or Covariation?" *Sixteenth Century Essays and Studies* 1: 1 – 16.

Pearson, Birger A. 2008a. "The Secret Gospel of Mark: A Twentieth Century Forgery." *Interdisciplinary Journal of Researchon Religion* 3 (www.religjournal.com).

———. 2008b. "Judas Iscariot Among the Gnostics: What the Gospel of Judas Really Says." *Biblical Archaeology Review* (May/June): 52–57.

Pelikan, Jaroslav. 2005. *Whose Bible Is It?* New York: Viking.

Perez, Joseph. 2005. *The Spanish Inquisition: A History.* New Haven: Yale Univ. Press.

Perkins, Pheme. 1980. *The Gnostic Dialogue.* New York: Paulist Press.

———. 1990. "Gnosticism." In *Encyclopedia of Early Christianity*, edited by Everett Ferhuson, 371–376. New York: Garland.

Perlmann, M. 1942. "Notes on Anti-Christian Propaganda in the Mamlūk Empire." *Bulletin of the School of Oriental and African Studies*, University of London 10: 843–861.

Pernoud, Régine. 2000. *Those Terrible Middle Ages: Debunking the Myths.* San Francisco: Ignatius.

Peters, Edward. 1989. *Inquisition.* Berkeley: Univ. of California Press.

———. 2004. "The Firanj are Coming—Again." *Orbis* (Winter): 3–17.

Peters, F. E. 1993. *The Distant Shrine: The Islamic Centuries in Jerusalem.* New York: AMS Press.

Pettazzoni, Raffaele. 1954. *Essays on the History of Religions.* Leiden: Brill.

Pettersson, Thorlief. 1990. "The Holy Bible in Secularized Sweden." In *Bible Reading in Sweden*, edited by Gunnar Hanson, 23–45. Uppsala: Univ. of Uppsala.

Phillips, Jonathan. 1995. "The Latin East 1098–1291." In Jonathan Riley-Smith, editor, *The Oxford Illustrated History of the Crusades*, 112–140. Oxford: Oxford Univ. Press.

Pliny. 1969. *The Letters of Pliny the Younger.* London: Penguin Classics.

Pohlsander, Hans A. 1996. *The Emperor Constantine.* 2nd ed. London: Routledge.

Pomeroy, Sarah B. 1975. *Goddesses, Whores, Wives, and Slaves: Women in Classical Antiquity.* New York: Schocken Books.

Porter, Roy. 1998. *The Greatest Benefit to Mankind.* New York: W. W. Norton.

Powell, Milton B., ed. 1967. *The Voluntary Church.* New York: Macmillan Co.

Prawer, Joshua. 1972. *The Crusaders' Kingdom: European Colonialism in the Middle Ages.* New York: Praeger.

Pritz, Ray A. 1988. *Nazarene Jewish Christianity.* Jerusalem: Magnes.

Puigblanch, D. Antonio. 1816. *The Inquisition Unmasked: Being an Historical and Philosophical Account of the Tremendous Tribunal.* 2 vols. London: Baldwin, Cradock, and Joy.

Purkiss, Diane. 1996. *The Witch in History.* London: Routledge.

Raftus, J. A. 1958. "The Concept of Just Price: Theory and Economic Policy: Discussion." *The Journal of Economic History* 18: 435–437.

Ramsay, W. M. 1893. *The Church in the Roman Empire Before A. D. 170.* New York: Putnam's Sons.

Rawlings, Helen. 2006. *The Spanish Inquisition.* Oxford: Blackwell.

Rawson, Beryl, ed. 1986. *The Family in Ancient Rome.* Ithaca, NY: Cornell Univ. Press.

Read, Piers Paul. 1999. *The Templars.* New York: St. Martin's Press.

Redman, Ben Ray. 1949. *The Portable Voltaire.* New York: Penguin Books.

Reynolds, Joyce, and Robert Tannenbaum. 1987. *Jews and God-Fearers at Aphrodisias.* Cambridge: Cambridge Univ. Press.

Richard, Jean. 1999. *The Crusades, c. 1071 – c. 1291.* Cambridge: Cambridge Univ. Press.

Riddle, Donald W. 1931. *The Martyrs: A Study in Social Control.* Chicago: Univ. of Chicago Press.

Riddle, John M. 1994. *Contraception and Abortion from the Ancient World to the Renaissance.* Cambridge: Harvard Univ. Press.

Riley, Gregory J. 1997. *One Jesus, Many Christs.* San Francisco: Harper San Francisco.

Riley-Smith, Jonathan. 1973. *The Feudal Nobility and the Kingdom of Jerusalem, 1174 – 1277.* New York: Macmillan.

——. 1978. "Peace Never Established: The Case of the Kingdom of Jerusalem." *Transactions of the Royal Historical Society*, 5th series, 28: 87–112.

——. 1983. "The Motives of the Earliest Crusaders and the Settlement of Latin Palestine, 1095 – 1100." *English Historical Review* 98: 721 – 736.

——. 1986. *The First Crusade and the Idea of Crusading*. Philadelphia: Univ. of Pennsylvania Press.

——, ed. 1991. *The Atlas of the Crusades*. New York: Facts on File.

——, ed. 1995. *The Oxford Illustrated History of the Crusades*. Oxford: Oxford Univ. Press.

——. 1997. *The First Crusaders, 1095 – 1131*. Cambridge: Cambridge Univ. Press.

——. 1999. *Hospitallers: The History of the Order of Saint John*. London: Hambledon.

——. 2002a. "Casualties and the Number of Knights on the First Crusade." *Crusades* 1: 13 – 28.

——. 2002b. "Early Crusaders to the East and the Costs of Crusading, 1095 – 1130." In *The Crusades: The Essential Readings*, edited by Thomas F. Madden, 156 – 171. Oxford: Blackwell.

——. 2003. "Islam and the Crusades in History and Imagination, 8 November 1898 – 11 September 2001." *Crusades* 2: 151 – 167.

——. 2005. *The Crusades: A History*. 2nd ed. London: Continuum.

Rives, J. B. 1995. *Religion and Authority in Roman Carthage from Augustus to Constantine*. New York: Oxford Univ. Press.

——. 1999. "The Decree of Decius and the Religion of Rome." *Journal of Roman Studies* 89: 135 – 154.

Rivkin, Ellis. 1987a. "Sadducees." In *The Encyclopedia of Religion*, edited by Mircea Eliade. New York: Macmillan.

——. 1987b. "Essenes." In *The Encyclopedia of Religion*, edited by Mircea Eliade. New York: Macmillan.

Robbins, Rossell Hope. 1959. *The Encyclopedia of Witchcraft and Demonology*. New York: Crown.

Roberts, Michael. 1968. *The Early Vasas: A History of Sweden, 1523 – 1611*. Cambridge: Cambridge Univ. Press.

Robertson, John M. 1902. *A Short History of Christianity*. London: Watts.

Robinson, Charles Henry. 1923. *History of Christian Missions*. New York: Charles Scribner's Sons.

Robinson, Dwight Nelson. 1913. "A Study of the Social Position of the Devotees of the Oriental Cults in the Western World, Based on the Inscriptions." *Transactions and Proceedings of the American Philological Association* 44: 151–161.

Robinson, John A. T. 1976. *Redating the New Testament*. Philadelphia: Westminster.

——. 1985. *The Priority of John*. Oak Park, IL: Meyer-Stone Books.

Rodinson, Maxime. 1980. *Muhammad*. New York: Random House.

Roetzel, Calvin J. 1985. *The World Shaped by the New Testament*. Atlanta: John Knox.

Roller, Lynn. 1999. *In Search of God the Mother: The Cult of Anatolian Cybele*. Berkeley: Univ. of California Press.

Rörig, Fritz. 1969. *The Medieval Town*. Berkeley: Univ. of California Press.

Rosen, Edward. 1971. *Three Copernican Treatises* (3rd edition). New York: Octagon Books.

Rostovtzeff, Michael. 1926. *The Social and Economic History of the Roman Empire*. Oxford: Clarendon Press.

Roth, Cecil. [1964] 1996. *The Spanish Inquisition*. New York: Norton.

Roth, Louise M., and Jeffrey C. Kroll. 2007. "Risky Business: Assessing Risk Preference Explanations for Gender Differencesin Religiosity." *American Sociological Review* 72: 205–220.

Roth, Norman. 2002. *Conversos, Inquisition, and the Expulsion of the Jews from Spain*. Madison: Univ. of Wisconsin Press.

Rudolph, Kurt. 1987. *Gnosis: The Nature and History of Gnosticism*. San Francisco: Harper San Francisco.

Ruether, Rosemary. 1974. *Faith and Fratricide: The Theological Roots of Anti-Semitism*. New York: Seabury.

Rummel, R. J. 2008. *Death by Government*. New Brunswick, NJ: Transaction.

Runciman, Sir Steven. 1951. *A History of the Crusades*. 3 vols. Cambridge: Cambridge Univ. Press.

Rupp, Ernest Gordon. 1981. "Luther, Martin." *Encyclopaedia Britannica.* 15th ed. Chicago: Univ. of Chicago Press.

Russell, Bertrand. 1959. *Wisdom of the West.* New York: Doubleday.

Russell, Jeffrey Burton. 1965. *Dissent and Reform in the Early Middle Ages.* Berkeley: Univ. of California Press.

——, ed. 1971. *Religious Dissent in the Middle Ages.* New York: John Wiley & Sons.

——. 1997. *Inventing the Flat Earth: Columbus and Modern Historians.* Westport, Conn: Praeger.

Russell, Josiah Cox. 1958. *Late Ancient and Medieval Population.* Philadelphia: American Philosophical Society.

——. 1972. *Medieval Regions and Their Cities.* Bloomington: Indiana Univ. Press.

Rutgers, Leonard Victor. 1992. "Archaeological Evidence for the Interaction of Jews and Non-Jews in Late Antiquity." *American Journal of Archaeology* 96: 101–118.

Rydenfelt, Sven. 1985. "Sweden and Its Bishops." *Wall Street Journal*, August 21, A25.

Saldarini, Anthony J. 1988. *Pharisees, Scribes, and Sadducees in Palestinian Society: A Sociological Approach.* Wilmington, DE: M. Glazier.

Salih, Abu, and B. T. A. Evetts. 1895. *The Churches and Monasteries of Egypt and Some Neighbouring Countries.* Oxford, Clarendon.

Salzman, Michele Renee. 1990. *On Roman Time: The Codex-Calendar of 354.* Berkeley: Univ. of California Press.

——. 2002. *The Making of a Christian Aristocracy: Social and Religious Change in the Western Roman Empire.* Cambridge: Harvard Univ. Press.

Samuelsson, Kurt. [1957] 1993. *Religion and Economic Action.* Toronto: Univ. of Toronto Press.

Sanders, E. P. 1995. *The Historical Figure of Jesus.* London: Penguin Books.

Sandison, A. T. 1967. "Sexual Behavior in Ancient Societies." In *Diseases in Antiquity*, edited by Don Brothwell and A. T. Sandison, 734–755. *Springfield*, IL: Charles C. Thomas.

Sawyer, P. H. 1982. *Kings and Vikings: Scandinavia and Europe, ad 700 –*

1100. London: Methuen.

Schachner, Nathan. 1938. *The Medieval Universities*. New York: Frederick A. Stokes.

Schäfer, Peter. 1997. *Judeophobia: Attitudes Towards the Jews in the Ancient World*. Cambridge: Harvard Univ. Press.

Schaff, Philip. [1855] 1961. *America: A Sketch of Its Political, Social, and Religious Character*. Cambridge: Harvard Univ., Belknap Press.

——. 1910. *History of the Christian Church*. Vol. 1. New York: Scribner.

Schiffman, Lawrence H. 1987. "Essenes." In *The Encyclopedia of Religion*, edited by Mircea Eliade. New York: Macmillan.

Schmied, Gerhard. 1996. "US-Televangelism on German TV." *Journal of Contemporary Religion* 11: 95–96.

Schnabel, Eckhard J. 2004. *Early Christian Mission*. 2 vols. Downers Grove, IL: InterVarsity.

Schoedel, William R. 1985. *Ignatius of Antioch*. Philadelphia: Fortress.

——. 1991. "Ignatius and the Reception of the Gospel of Matthew in Antioch." In *Social History of the Matthean Community: Cross Disciplinary Approaches*, edited by David L. Balch, 129–177. Minneapolis: Fortress.

Schonfield, Hugh J. 1965. *The Passover Plot: New Light on the History of Jesus*. New York: Bernard Geiss Associates.

Schwiebert, Ernest. 1950. *Luther and His Times*. St. Louis: Concordia.

——. 1996. *The Reformation, Vol. 2, The Reformation as a University Movement*. Minneapolis: Fortress.

Scribner, Bob. 1977. "Is There a Social History of the Reformation?" *Social History* 2: 483–505.

——. 1982. "Religion, Society and Culture: Reorientating [sic] the Reformation." *History Workshop* 14: 2–22.

Scroggs, Robin. 1972. "Paul and the Eschatological Woman." *Journal of the American Academy of Religion* 40: 283–303.

——. 1974. "Paul and the Eschatological Woman: Revisited." *Journal of the American Academy of Religion* 42: 532–537.

Seaver, James Everett. 1952. *Persecution of the Jews in the Roman Empire*

(*300 –428*). Lawrence: Univ. of Kansas Press.

Selthoffer, Steve. 1997. "The German Government Harasses Charismatic Christians." *Charisma*, June: 22 – 24.

Setzer, Claudia. 1994. *Jewish Responses to Early Christians: History and Polemics, 30 – 150 ce.* Minneapolis: Fortress.

Seznec, Jean. 1972. *The Survival of the Pagan Gods.* Princeton: Princeton Univ. Press.

Shaw, Brent D. 1991. "The Cultural Meaning of Death: Age and Gender in the Roman Family." In *The Family in Italy from Antiquity to the Present*, edited by D. I. Kertzer and R. P. Sallers, 66 – 90. New Haven: Yale Univ. Press.

———. 1996. "Seasons of Death: Aspects of Mortality in Imperial Rome." *Journal of Roman Studies* 86: 100 – 138.

Shea, William R. 1986. "Galileo and the Church." In *Lindberg and Numbers*, 1986: 114 – 135.

Shelton, Jo-Ann. 1988. *As the Romans Did.* Oxford: Oxford Univ. Press.

Sherkat, Darren E., and T. Jean Blocker. 1994. "The Political Development of Sixties Activists." *Social Forces* 72: 821 – 842.

Siberry, Elizabeth. 1995. "Images of the Crusades in the Nineteenth and Twentieth Centuries." In *The Oxford Illustrated History of the Crusades*, edited by Jonathan Riley-Smith, 365 – 385. Oxford: Oxford Univ. Press.

Sibly, W. A. and M. D. Sibly. 2003. *The Chronicle of William of Puylaurens: The Albigensian Crusade and Its Aftermath.* Woodbridge, UK: Boydell.

Siewert, John A., and Edna G. Valdez. 1997. *Mission Handbook: USA and Canadian Christian Ministries Overseas.* 17th ed. Grand Rapids, MI: Zondervan.

Sinnigen, William G. 1961. "The Roman Secret Service." *Classical Journal* 57: 65 – 72.

Sisci, Francesco. 2009. "China's Catholic Moment." *First Things* (June – July) No. 194: 27 – 30.

Sivan, Emmanuel. 1973. *Modern Arab Historiography of the Crusades.* Tel Aviv: Tel Aviv Univ., Shiloah Center for Middle Eastern and African Studies.

Smallwood, E. Mary. 1981. *The Jews Under Roman Rule: From Pompey to Diocletian.* Reprint with corrections. Leiden: Brill.

——. 1999. "The Diaspora in the Roman Period Before ce 70." In *The Cambridge History of Judaism*, Vol. 3, edited by William Horbury, W. D. Davies, and John Sturdy, 168 – 191. Cambridge: Cambridge Univ. Press.

Smilde, David. 2005. "A Qualitative Comparative Analysis of Conversion to Venezuelan Evangelicalism: How Networks Matter." *American Journal of Sociology* 111: 757 – 796.

Smith, Adam. [1759] 1982. *The Theory of Moral Sentiments*. Indianapolis: Liberty Classics.

——. [1776] 1981. *An Inquiry into the Nature and Causes of the Wealth of Nations*. 2 vols. Indianapolis: Liberty Fund.

Smith, Christian. 1998. *American Evangelicalism*. Chicago: Univ. of Chicago Press.

Smith, Daniel Scott. 1985. "The Dating of the American Sexual Revolution: Evidence and Interpretation." In John F. Crosbyed., *Reply to Myth: Perspectives on Intimacy*. New York: Wiley.

Smith, Morton. 1971. "Zealots and Sicarii: Their Origins and Relation." *Harvard Theological Review* 64: 1 – 19.

——. 1973. *The Secret Gospel: The Discovery and Interpretation of the Secret Gospel According to Mark*. New York: Harper & Row.

——. 1978. *Jesus the Magician*. San Francisco: Harper San Francisco.

——. 1987. *Palestinian Parties and Politics That Shaped the Old Testament*. 2nd ed. London: SCM.

Sordi, Marta. 1986. *The Christians and the Roman Empire*. Norman, OK: Univ. of Oklahoma Press.

Southern, R. W. 1970a. *Medieval Humanism and Other Studies*. New York: Harper Torchbooks.

——. 1970b. *Western Society and the Church in the Middle Ages*. London: Penguin Books.

Spielvogel, Jackson J. 2000. *Western Civilization*. 4th ed. Belmont, CA: Wadsworth.

Spong, John Shelby. 1994. *Born of a Woman: A Bishop Rethinks the Birth of Jesus*. San Francisco: HarperCollins.

Stambaugh, John E. 1988. *The Ancient Roman City*. Baltimore: Johns Hopkins Press.

Stanton, Graham N. 2004. *Jesus and the Gospel*. Cambridge: Cambridge Univ. Press.

Stark, Rodney. 1964. "Class, Radicalism, and Religious Involvement." *American Sociological Review* 29: 698–706.

——. 1965a. "Religion and Radical Politics: A Comparative Study." In Charles Y. Glock and Rodney Stark, *Religion and Society in Tension*, 201–226. Chicago: Rand McNally.

——. 1965b. "A Taxonomy of Religious Experience." *Journal for the Scientific Study of Religion* 5: 97–116.

——. 1981. "Must All Religions Be Supernatural?" In Bryan Wilson, ed., *The Social Impact of New Religious Movements*, 159–177. New York: Rose of Sharon Press.

——. 1987. "How New Religions Succeed: A Theoretical Model." In David Bromley and Phillip E. Hammond, eds., *The Future of New Religious Movements*, 11–29. Macon: Mercer Univ. Press.

——. 1996a. "So Far, So Good: A Brief Assessment of Mormon Membership Projections." *Review of Religious Research* 38: 175–178.

——. 1996b. "Why Religious Movements Succeed or Fail: A Revised General Model." *Journal of Contemporary Religion*, 11: 133–146.

——. 1999. "Secularization, R.I.P." *Sociology of Religion* 60: 249–273.

——. 2001. *One True God: Historical Consequences of Monotheism*. Princeton: Princeton Univ. Press.

——. 2002. "Physiology and Faith: Addressing the 'Universal' Gender Difference in Religiousness." *Journal for the Scientific Study of Religion* 41: 495–507.

——. 2003. *For the Glory of God: How Monotheism Led to Reformations, Science, Witch-Hunts, and the End of Slavery*. Princeton: Princeton Univ. Press.

——. 2004. *Exploring the Religious Life*. Baltimore: The Johns Hopkins Univ. Press.

——. 2005. *The Victory of Reason: How Christianity Led to Freedom, Capital-

ism, and Western Success. New York: Random House.

——. 2006. *Cities of God.* San Francisco: Harper San Francisco.

——. 2007a. *Discovering God: A New Look at the Origins of the Great Religions.* San Francisco: HarperOne.

——. 2007b. *Sociology.* 10th ed. Belmont, CA: Wadsworth.

——. 2008. *What Americans Really Believe.* Waco: Baylor Univ. Press.

——. 2009. *God's Battalions: The Case for the Crusades.* San Francisco: HarperOne.

Stark, Rodney, and William Sims Bainbridge. 1985. *The Future of Religion.* Berkeley: Univ. of California Press.

——. 1987. *A Theory of Religion.* Bern: Peter Lang.

——. 1996. *Religion, Deviance, and Social Control.* New York: Routledge.

Stark, Rodney, and Roger Finke. 2000. *Acts of Faith: Explaining the Human Side of Religion.* Berkeley: Univ. of California Press.

Stark, Rodney, Eva Hamberg, and Alan S. Miller. 2005. "Exploring Spirituality and Unchurched Religions in America, Sweden, and Japan." *Journal of Contemporary Religion* 20: 1–21.

Stark, Rodney, and Laurence R. Iannaccone. 1994. "A Supply-Side Reinterpretation of the 'Secularization' of Europe." *Journal for the Scientific Study of Religion* 33: 230–252.

——. 1997. "Why the Jehovah's Witnesses Grow So Rapidly: A Theoretical Application." *Journal of Contemporary Religion* 12: 133–157.

Stark, Rodney, and Eric Y. Liu. 2011. "The Religious Awakening in China." *Review of Religious Research* 52: 282–289.

Stegemann, Ekkhard W., and Wolfgang Stegemann. 1999. *The Jesus Movement.* Minneapolis: Fortress.

Stern, Menahem. 1976. "The Period of the Second Temple." In *A History of the Jewish People*, edited by Haim Hillel BenSasson, 185–303. Cambridge: Harvard Univ. Press.

Stevens, Marty E. 2006. *Temples, Tithes, and Taxes: The Temple and Economic Life of Ancient Israel.* Peabody, MA: Hendrickson.

Stoll, David. 1990. *Is Latin America Turning Protestant?* Berkeley: Univ. of California Press.

Stow, Kenneth R. 1992. *Alienated Minority: The Jews of Medieval Latin Europe*. Cambridge: Harvard Univ. Press.

Strauss, Gerald. 1975. "Success and Failure in the German Reformation." *Past and Present* 67: 30–63.

———. 1978. *Luther's House of Learning: Indoctrination of the Young in the German Reformation*. Baltimore: Johns Hopkins Press.

———. 1988. "The Reformation and Its Public in an Age of Orthodoxy." In *The German People and the Reformation*, edited by R. Po-Chia Hsia, 194–214. Ithaca, NY: Cornell Univ. Press.

Strobel, Lee. 2007. *The Case for the Real Jesus*. Grand Rapids: Zondervan.

Sullins, Paul D. 2006. "Gender and Religion: Deconstructing Universality, Constructing Complexity." *American Journal of Sociology* 112: 838–880.

Sun, Anna Xiao Dong. 2005. "The Fate of Confucianism as a Religion in Socialist China: Controversies and Paradoxes." In *State, Market, and Religions in Chinese Societies*, edited by Fengang Yang and Joseph B. Tamney, 229–253. Leiden: Brill.

Swanson, Guy E. 1967. *Religion and Regime: A Sociological Account of the Reformation*. Ann Arbor: Univ. of Michigan Press.

Swanson, R. N. 1995. *Religion and Devotion in Europe, c. 1215–c. 1515*. Cambridge: Cambridge Univ. Press.

Tadmor, Hayim. 1976. "The Period of the First Temple." In *A History of the Jewish People*, edited by Haim Hillel Ben-Sasson, 91–182. Cambridge: Harvard Univ. Press.

Tcherikover, Victor. 1958. "The Ideology of the Letter of Aristeas." *Harvard Theological Review* 51: 59–85.

———. [1959] 1999. *Hellenistic Civilization and the Jews*. Peabody, MA: Hendrickson.

Theissen. Gerd. 1978. *Sociology of Early Palestinian Christianity*. Philadelphia: Fortress.

———. 1982. *The Social Setting of Pauline Christianity*. Philadelphia: Fortress.

———. 1987. *The Shadow of the Galilean: The Quest for the Historical Jesus in*

Narrative Form. Philadelphia: Fortress.

——. 1991. *The Gospels in Context.* Minneapolis: Fortress.

Theissen, Gerd, and Annette Merz. 1998. *The Historical Jesus: A Comprehensive Guide.* Minneapolis: Fortress.

Thiering, Barbara. 1992. *Jesus and the Riddle of the Dead Sea Scrolls.* San Francisco: HarperCollins.

Thomas, Keith. 1971. *Religion and the Decline of Magic.* New York: Scribner.

Thorley, John. 1981. "When Was Jesus Born?" *Greece & Rome*, second series, 28: 81–89.

Thumma, Scott, and Dave Travis. 2007. *Beyond Megachurch Myths.* San Francisco: Jossey-Bass.

Thurston, Bonnie Bowman. 1989. *The Widows: A Women's Ministry in the Early Church.* Minneapolis: Fortress.

Tobin, Gary A., and Aryeh K. Weinberg. 2007. *Profiles of the American University*, Vol. 2, *Religious Beliefs and Behavior of College Faculty.* San Francisco: Institute for Jewish and Community Studies.

Tracy, James D. 1999. *Europe's Reformations, 1450–1650.* Lanham, MD: Rowman & Littlefield.

Trebilco, Paul. 2004. *The Early Christians in Ephesus from Paul to Ignatius.* Grand Rapids: Eerdmans.

Tresmontant, Claude. 1989. *The Hebrew Christ: Language in the Age of the Gospels.* Chicago: Franciscan Herald.

Trethowan, W. H. 1963. "The Demonopathology of Impotence." *British Journal of Psychiatry* 109: 341–347.

Trevor-Roper, H. R. [1969] 2001. *The Crisis of the Seventeenth Century: Religion, the Reformation, and Social Change.* Indianapolis: Liberty Fund.

Troeltsch, Ernst. [1912] 1931. *The Social Teachings of the Christian Churches.* 2 vols. New York: Macmillan.

Trombley, Frank R. 1985. "Paganism in the Greek World at the End of Antiquity: The Case of Rural Anatolia and Greece." *Harvard Theological Review* 78: 327–352.

Turcan, Robert. 1996. *The Cults of the Roman Empire.* Oxford: Blackwell.

Turner, Ralph H., and Lewis M. Killian, 1987. *Collective Behavior.* 3rd. ed. Englewood Cliffs, NJ: Prentice-Hall.

Tyerman, Christopher. 1998. The Invention of the Crusades. Toronto: Univ. of Toronto Press. ———. 2006. *God's War: A New History of the Crusades.* Cambridge: Belknap.

Underhill, Evelyn. 1911. *Mysticism.* London: Methuen.

Urbach, Efraim. 1975. *The Sages: Their Concepts and Beliefs.* Jerusalem: Magnes.

Vermes, Geza. 1981. *Jesus the Jew: A Historian's Reading of the Gospel.* Philadelphia: Fortress.

———. 1983. *Jesus the Jew: A Historian's Reading of the Gospel.* 2nd ed. New York: Macmillan.

———. 1984. *Jesus and the World of Judaism.* Philadelphia: Fortress.

Veyne, Paul. 1990. *Bread and Circuses: Historical Sociology and Political Pluralism.* New York: Viking.

Vogt, Joseph. 1974. *Ancient Slavery and the Ideal of Man.* Oxford: Oxford Univ. Press.

Walker, P. C. Gordon. 1937. "Capitalism and the Reformation." *Economic History Review* 8: 1–19.

Wallace, Anthony F. C. 1966. *Religion: An Anthropological View.* New York: Random House.

Wallis, Roy. 1986. "The Caplow-de Tocqueville Account of Contrasts in European and American Religion: Confounding Considerations." *Sociological Analysis* 47: 50–52.

Walsh, John Evangelist. 1982. *The Bones of Saint Peter.* London: Victor Gollancz.

Walsh, Michael. 1986. *The Triumph of the Meek: Why Early Christianity Succeeded.* San Francisco: Harper and Row.

Walzer, Michael. 1965. *The Revolution of the Saints.* Cambridge: Harvard Univ. Press.

Warrior, Valerie M. 2002. *Roman Religion: A Sourcebook.* Newburyport, MA: Focus Publishing.

Watson, Andrew. 1974. "The Arab Agricultural Revolution and Its Diffusion." *Journal of Economic History* 34: 8–35.

Weber, Max. [1904–1905] 1958. *The Protestant Ethic and the Spirit of Capitalism.* New York: Scribner.

———. [1922] 1993. *The Sociology of Religion.* Boston: Beacon.

Weiner, Eugene, and Anita Weiner. 1990. *The Martyr's Conviction: A Sociological Analysis.* Atlanta: Scholars' Press.

Weiss, Johannes. [1937] 1959. *Earliest Christianity: A History of the Period A. D. 30–150.* 2 vols. New York: Harper Torchbooks.

Welliver, Dotsey, and Minnette Northcut. 2005. *Mission Handbook, 2005–2006.* Wheaton, IL: EMIS.

Wells, Peter S. 2008. *Barbarians to Angels: The Dark Ages Reconsidered.* New York: Norton.

West, Martin. 1988. "Early Greek Philosophy." In *The Oxford History of Greece and the Hellenistic World*, edited by John Boardman, Jasper Griggin, and Oswyn Murray, 126–141. Oxford: Oxford Univ. Press.

White, Andrew Dickson. 1986. *A History of the Warfare of Science with Theology in Christendom.* New York: D. Appleton.

White, Jefferson. 2001. *Evidence and Paul's Journeys.* Hilliard, OH: Parsagard.

White, K. D. 1984. *Greek and Roman Technology.* London: Thames and Hudson.

White, L. Michael. 1990. "Mithraism." In *Encyclopedia of Early Christianity*, edited by Everett Ferguson, 609–610. New York: Garland.

White, Lynn, Jr. 1940. "Technology and Invention in the Middle Ages." *Speculum* 15: 141–156.

———. 1962. *Medieval Technology and Social Change.* Oxford: Oxford Univ. Press.

White, Michael. 1997. *Isaac Newton: The Last Sorcerer.* Reading, MA: Addison-Wesley.

Whitechapel, Simon. 2002. *Flesh Inferno: Atrocities of Torquemada and the Spanish Inquisition.* New York: Creation Books.

Whitefield, George. [1756] 1969. *George Whitefield's Journals.* Gainesville,

FL.: Scholars' Facsimiles and Reprints.

Whitehead, Alfred North. [1925] 1967. *Science and the Modern World*. New York: Free Press.

Wild, John. 1949. "Plato and Christianity: A Philosophical Comparison." *Journal of Bible and Religion* 17: 3–16.

Wilken, Robert L. 1984. *The Christians as the Romans Saw Them*. New Haven: Yale Univ. Press.

Williams, Arthur L. 1935. *Adversus Judaeos*. Cambridge: Cambridge Univ. Press.

Williams, Michael Allen. 1996. *Rethinking "Gnosticism": An Argument for Dismantling a Dubious Category*. Princeton: Princeton Univ. Press.

Williams, Stephen. 1985. *Diocletian and the Roman Recovery*. New York: Methuen.

Wilson, Bryan. 1966. *Religion in Secular Society*. London: C. A. Watts.

——. 1982. *Religion in Sociological Perspective*. Oxford: Oxford Univ. Press.

Witherington, Ben, III. 1997. *The Jesus Quest: The Third Search for the Jew of Nazareth*. Downers Grove, IL: InterVarsity.

——. 1998. *The Paul Quest: The Renewed Search for the Jew of Tarsus*. Downers Grove, IL: InterVarsity.

——. 2006. *What Have They Done With Jesus?* San Francisco: Harper San Francisco.

Witt, R. E. 1997. *Isis in the Ancient World*. Baltimore: Johns Hopkins Univ. Press.

Wolfson, Harry Austryn. 1947. "The Knowability and Describability of God in Plato and Aristotle." *Harvard Studies in Classical Philology* 56: 233–249.

Wood, Ian N. 2008. "The Northern Frontier: Christianity Face to Face With Paganism." *The Cambridge History of Christianity*, Vol. 3, 230–246. Cambridge: Cambridge Univ. Press.

Woolston, Thomas. 1735. *Works of Thomas Woolston*. London: J. Roberts.

Wright, N. T. 1992. *Christian Origins and the Question of God*, Vol. 1, *The New Testament and the People of God*. London: SPCK.

——. 2003. *The Resurrection of the Son of God*. Minneapolis: Fortress.

——. 2006. *Judas and the Gospel of Jesus*. Grand Rapids: Baker Books.

Wrigley, E. A. 1969. *Population and History*. New York: McGraw-Hill.

Wuthnow, Robert. 1988. *The Restructuring of American Religion: Society and Faith Since World War II*. Princeton, NJ: Princeton Univ. Press.

——. 1989. *Communities of Discourse*. Cambridge: Harvard Univ. Press.

——. 2009. *Boundless Faith: The Global Outreach of American Churches*. Berkeley: Univ. of California Press.

Yardini, Ada. 2008. "A New Dead Sea Scroll in Stone." *Biblical Archaeology Review* 34 (January/February): 60–61.

Ye'or, Bat. 1996. *The Decline of Eastern Christianity Under Islam*. Rutherford, NJ: Fairleigh Dickinson Univ. Press.

Zeitlin, Solomon. 1964. "The Dates of the Birth and the Crucifixion of Jesus." *Jewish Quarterly Review* 55: 1–22.

Zeman, J. K. 1976. "Restitution and Dissent in the Late Medieval Renewal Movements: The Waldensians, the Hussites and the Bohemian Brethren." *Journal of the American Academy of Religion* 44: 7–27.

Zetterholm, Magnus. 2003. "The Covenant for Gentiles? Covenantal Nomism and the Incident at Antioch." In *The Ancient Synagogue from Its Origins until 200 ce*, edited by Birger Olsson and Magnus Zetterholm, 168–188. Stockholm: Amlqvist & Wiksell.

Zinsser, Hans. [1934] 1960. *Rats, Lice and History*. New York: Bantam.

注　释

完整信息请在参考书目部分查询作品的作者名及年份。

第一章

1. Albright 1957, 265.
2. Baly 1957；Eliade［1958］1974.
3. 进一步的讨论请见：Stark 2007a。
4. Gnoli 2000.
5. Gershevitch 1964, 14.
6. Gershevitch 1964.
7. Nock 1949
8. Gnoli 1987.
9. Liebeschuetz 1979, 1.
10. Liebeschuetz 1979, 3.
11. Liebeschuetz 1979, 8.
12. MacMullen 1981, 109.
13. Beard 1990, 27.
14. Stark 2007a, 98.
15. Beard, North, and Price 1998, 1：87.
16. Stark 2007a.
17. Ferguson 1970, 27.
18. Bailey 1932, 258.
19. Beard, North, and Price 1998, 1：280.
20. Clauss 2000, 26 – 27.

21. Cumont [1906] 1956, 20 – 45.

22. Burkert 1985, 109.

23. Cumont [1906] 1956, 30.

24. Pettazzoni 1954, 208.

25. Liebeschuetz 1979, 40.

26. Cumont, [1906] 1956, 39.

27. Pettazzoni 1954, 62.

28. Beard, North, and Price 1998, 1: 284.

29. Cumont [1906] 1956, 44.

30. Beard, North, and Price 1998, 1: 286.

31. Cumont [1906] 1956, 43 – 44.

32. Beard, North, and Price 1998, 1: 297.

33. Beard, North, and Price 1998, 1: 42.

34. Beard, North, and Price 1998, 1: 287.

35. North 1979.

36. North 2004, 231.

37. Stark and Finke 2000, chap. 6.

38. Beard, North, and Price 1998, 2: 275.

39. Gierke 1977.

40. Pliny, 1969, 271 – 272.

41. Beard, North, and Price 1998, 1: 92.

42. Beard, North, and Price 1998, Vol. 1; Klauck 2003.

43. 相关拓展内容请见 Beard, North, and Price 1998, 2: 288 – 290; Warrior 2002, 99 – 105。

44. Hopkins 2004, 573; also Warrior 2002.

45. Beard, North, and Price 1998, 2: 290 – 291.

46. North 1979, 87.

47. North 1979; Beard, North, and Price 1998, 1: 92 – 96; Burkert 2004.

48. North 1979, 86.

49. Burkert 2004, chap. 4.

50. Burkert 2004, 77.

51. Burkert 2004, 80.
52. North 1979.
53. Beard, North, and Price 1998, 1: 95.
54. Bailey 1932, 186.
55. Grant 1986, 34.
56. Bailey 1932, 186.
57. Josephus, *Jewish Antiquities* 3.18.
58. Bailey 1932, 186.
59. Cumont [1906] 1956, 81.
60. Cumont [1906] 1956, 82.
61. Turcan 1996, 86–87.
62. Cumont [1906] 1956, 52.
63. Cumont [1906] 1956, 53.
64. Beard, North, and Price 1998, 1: 97.
65. 引自 Augustine, *City of God* 6.11。
66. Tacitus, *The Histories* 5.1–13 (The Jews).
67. Moehring 1959, 296.
68. Smallwood 1981, 129.
69. Tacitus, *Annals* 2.85.
70. Suetonius, *Tiberius* 36.
71. Cassisu Dio, *Historia Romana* 67.14.
72. Leon [1960] 1995, 23–27.
73. Bailey 1932, 258.
74. Grant 1986, 103.
75. Witt 1997, 129.
76. Bailey 1932, 271.
77. Stark 2006.

第二章

1. 如果我们接受希律王的统治一直延续到耶稣出生时的说法，这将不晚于公元前 4 年。关于耶稣出生年份的翔实讨论参见 Thorley 1981 和

Zeitlin 1964。

2. Grant 1973, 64.

3. Grant 1973, 69.

4. Grant 1973, 80 – 81.

5. Evans 2002b, 2.

6. Batey 1991

7. Feldman 1981, 310.

8. Stern 1976, 204.

9. Feldman 1981, 310.

10. Feldman 1981, 310.

11. Stark 2007b.

12. Stark and Bainbridge 1985, chap. 7.

13. 关于此理论的一份最近的阐述参见 Stark and Finke 2000。

14. Stevens 2006, 93 – 96.

15. Stern 1976, 194.

16. Feldman 1981, 310.

17. Stern 1976, 192.

18. Stern 1976, 194.

19. Cohen 1987; Georgi 1995.

20. Baumgarten 1997.

21. Josephus, *Jewish Antiquities*.

22. Baumgarten 1997, 42 – 43.

23. Baumgarten 1997, 47 – 48.

24. Rivkin 1987a, 563.

25. Rivkin 1987a, 564.

26. Rivkin 1987a, 563.

27. Rivkin 1987b, 269.

28. *Antiquities of the Jews* 13.10.7.

29. 均引自 Rivkin 1987b, 271。

30. Cohen 1987, 210.

31. Josephus, *Jewish War* 2.8.2 – 5.

32. Rivkin 1987b, 163.

33. Schiffman 1987, 164.

34. Baumgarten 1997.

35. Baumgarten 1997; Smith 1971.

36. Josephus, *Jewish Antiquities* 17.10.10.

37. Horsley and Hanson 1985, 205.

38. 引自 Horsley and Hanson 1985, 200。

39. Horsley and Hanson 1985, 202.

40. Bauckham 2007b, 62.

41. *The Life of Falvius Josephus* 2.

42. Daniel-Rops 1962, 397.

43. Daniel-Rops 1962, 424.

44. Daniel-Rops 1962, 425.

45. Neusner 1984, ix.

46. Kee 1987, 190.

47. Daniel-Rops 1962, 425.

48. Goldstein 1987, 69.

49. Collins 2007, 12.

50. Daniel-Rops 1962, 427–428.

51. 引自 Collins 2007, 19。

52. 一份杰出的当代总结参见 Klinghoffer 2005。

53. Knohl 2000; 2008.

54. Yardini 2008. 这是以第一人称写成的,其中的第 77 行写道:"我,加百列。"

55. Yardini 2008.

第三章

1. Josephus, *Jewish Antiquities* 20.9.1.

2. Josephus, *Jewish Antiquities* 18.3.3.

3. Tacitus, *Annals* 15.44.3

4. Evans 2006.

5. Craffert and Botha 2005; Crossan 1994; Funk 1996.

6. Gamble 1995.

7. 结论方面的极端差异可见 Vermes 1983；1984；Casey 1991。

8. Burridge and Stanton 2004.

9. Witherington 1997，92.

10. Edwards 2005，29.

11. Nock 1938，21.

12. Vermes 1981，21.

13. 对此的总结参见 Baldet 2003。

14. Bütz 2005，53－54；Crossan 1994，135.

15. Evans 2001，19.

16. Evans 2001，19.

17. Tresmontant 1989.

18. Witherington 1997，26－27.

19. Batey 1991.

20. Evans 2002b，23.

21. Crossan 1991.

22. Sanders 1995，12.

23. Frend 1984，57.

24. Sanders 1995，102.

25. Witherington 1997，90－91.

26. Sanders 1995，98.

27. Sanders 1995，98.

28. Hill 2007，45.

29. Conzelmann 1987.

30. Gasque 2000，249；Hanson 1968.

31. Hanson 1968；Hirschfeld 1990；White 2001.

32. White 2001.

33. Baly 1957.

34. Baly 1957；Bruce 1981.

35. Bruce 1981，82.

36. Cadbury 1955，41.

37. Edwards 2005，40－43.

38. Bruce 1982; Cadbury 1955; Hemer 1990; White 2001.

39. Meggitt 1998.

40. Edwards 2005, 42.

41. Cadbury 1955, 3.

42. Eusebius, *Ecclesiastical History* 8.2 – 4.

43. Lieberman 1962, 203.

44. Barnett 2005, 114.

45. Tresmontant 1989, 4.

46. Hurtado 2003.

47. Stegemann and Stegemann 1999.

48. Acts 9:31.

49. Barnett 2005, 31.

50. Crossan 1998, ix.

51. Crossan 1998, 470.

52. Nock 1938, 90.

53. Hvalvik 2007, 182 – 183.

54. Hvalvik 2007, 191.

55. Stark 2004.

56. Bauckham 2002.

57. Bauckham 2006, 130.

58. 参见 Bauckham 1990 的出色总结。

59. 引自 Eusebius, The Ecclesiastical History 2.1。

60. Bauckham 2007b, 68.

61. Tertullian, *Against Marcion* 4.19.

62. Origen, *Commentary on Matthew* 10.18.

63. Gambero 1991.

64. Bauckham 2007b, 58.

65. Schaff 1910, 247.

66. Bauckham 2007b, 61.

67. Bauckham 2007b, 65.

68. Hurtado 1999.

69. Parkes [1934] 1969; Seaver 1952; Williams 1935.

70. Seaver 1952, 7.

71. Jones 2006; Musurillo 1972.

72. Jones 2006; Setzer 1994.

73. Hultgren 1976.

74. Bammel 1995; McKechnie 2001, 49.

75. Josephus, *Jewish Antiquities* 20.9.1.

76. Eusebius, *The Ecclesiastical History* 3.5.2.

77. Eusebius, *The Ecclesiastical History* 3.5.3.

78. Brandon's (1951) 宣称撤退到佩拉属于神迹的说法是不可信的,见 Pritz 1988。

79. Bauckham 2007b, 79.

80. Atiya 1968; Jenkins 2008; Moffett 1992.

81. 路加称他为"提阿非罗大人",这强烈地暗示了他是一位罗马的高级官员。有些人相信这一献词表明在路加写作期间他给予了支持。

82. Malherbe 2003, 47. 也见 Judge 1960a; 1960b。

83. Judge 1960a; 1960b, 134; Malherbe 2003, 47.

84. MacMullen 1997, 5.

85. Koester 1982b, 110.

86. Koester 1982b, 110.

87. Lofland and Stark 1965.

88. Kox, Meeus, and t'Hart 1991; Smilde 2005; Stark and Finke 2000.

89. Meeks 1983, 75.

第四章

1. Kaufmann 1970, 7.

2. Kaufmann 1970, 9.

3. Tadmor 1976, 163–164.

4. Kaufmann 1970, 14.

5. 这个由当地犹太共同体构成的群体最终留下了著名的巴比伦犹太法典。

6. Tadmor 1976, 168.

7. Tcherikover［1959］1999, 353.

8. Finegan 1992, 325 – 326.

9. Tcherikover［1959］1999, 346.

10. Roetzel 1985, 52.

11. Grant 1986, 45, 104.

12. Corrigan et al. 1998, 88.

13. Frend 1984, 35.

14. Tcherikover 1958, 81.

15. Stark 2001, chap. 4.

16. Tcherikover 1958, 81.

17. Stark 1987; 1996a; Stark and Finke 2000.

18. Leatham 1997; Stark 1996b; Stark and Finke 2000.

19. 参见 Hagner 2007 的出色讨论。

20. 2 Cor. 11：24 – 25.

21. Nock 1938, 121.

22. Frend 1984, 100.

23. Meeks and Wilken 1978, 31.

24. Leadbetter 2000, 1077.

25. Rutgers 1992, 115.

26. Baron 1952; Stow 1992.

27. Botticini and Eckstein 2006.

28. Meyers 1988, 73 – 74.

29. Meyers 1988, 76.

30. Weiss［1937］1959, 2：670.

31. Rutgers 1992, 118.

32. Harnack 1904, 1：10 – 11.

33. Josephus, *Jewish War* 7.44

34. Reynolds and Tannenbaum 1987; Zetterholm 2003.

35. Stark 2006, table 4.7.

36. Stark 2006, chap. 5.

37. 关于这些事件的更多记述参见 Stark 2001。

38. Riley 1997, 39.

39. Riley 1997.
40. Tertullian, *Apology* 21. 15.
41. 见 Benin 1993, 52。
42. Bailey 1932, 270 – 271.
43. Pelikan 2005.
44. Stark 2006, table 5. 8.

第五章

1. Engels [1894] 1964.
2. Kautsky [1908] 1953.
3. Goodenough [1931] 1970, 37.
4. Troeltsch [1912] 1931, 1：331.
5. Niebuhr 1929, 19.
6. Glock 1964; Stark and Bainbridge 1987.
7. Stark 2007a.
8. Stark 2008.
9. Judge 1960a; 1960b.
10. Harnack 1905, 227.
11. Ramsay 1893, 57.
12. 参见 Buchanan 1964 的总结。
13. Frend 1984, 57.
14. Bütz 2005, 53.
15. Buchanan 1964, 203.
16. Theissen and Merz 1998, 166.
17. Buchanan 1964, 205.
18. Trebilco 2004, 406.
19. Buchanan 1964, 209.
20. Meggitt 1998, 75 – 97.
21. Nock 1938, 21.
22. Nock 1938, 21.
23. 引自 Nock 1938, 21 – 22。

24. Frend 1984, 93.

25. Cloke 2000, 427.

26. Judge 1960b, 8

27. Malherbe 2003; Judge 1960a; 1960b.

28. Judge 1960a, 130.

29. Meeks 1983, 57.

30. Green 1997, 44.

31. Judge 2008, 142–143.

32. Harnack 1905, 195–197.

33. Theissen 1982.

34. St. Ignatius, *To the Romans*.

35. Sordi 1986, 28.

36. *The Letters of the Younger Pliny* 10.96.

37. Tertullian, *Apology* 37.4.

38. Tertullian, *To Scapula* 4.1–4; 5.1–3.

39. Le Blant 1880.

40. Harnack 1905, 180.

41. Salzman 2002, table 4.3.

42. McKechnie, forthcoming.

43. Deismann 1927, 466.

44. Deismann 1927, 62.

45. Deismann 1927, 247.

46. Dibelius 1934, 1, 9.

47. 例如, 可参见 Latourette 1937, 75。

48. Nock 1933b, 138.

49. Gamble 1995, 33.

50. Gamble 1995, 34.

51. Malherbe 2003.

52. Harris 1989.

53. Bauckham 2006; Gamble 1995; Gerhardsson 2001; Millard 2000; Stanton 2004.

54. Gamble 1995, 23.

55. Gamble 1995, 25.
56. Gamble 1995, 27.
57. Millard 2000, 223–224.
58. Stanton 2004, 189.
59. Bauckham 2006, 288.
60. Evans 2001.
61. Evans 2001.
62. Gager 1975; Meeks 1983; Theissen 1978; 1982.
63. Lester 1993, 867
64. 引自 Burkert 1985, 297。
65. Costen 1997; Lambert 1992; 1998; Russell 1965; Stark 2003.
66. Costen 1997, 70.
67. Lambert 1992.
68. Tracy 1999.
69. Ladurie 1974.
70. Stark 2004.
71. Niebuhr 1929.
72. Lang 1983.
73. Baumgarten 1997.
74. Kripal 2007.
75. Maslow 1971.
76. Fogel 2000, 2.
77. McAdam 1988; Sherkat and Blocker 1994.
78. Kent 2001.
79. Barrow 1980; MacKenzie and MacKenzie 1977; Nelson 1969.
80. Stark and Bainbridge 1996, chap. 9.
81. Stark 2003; 2004, chap. 3; Stark and Finke 2000.
82. Dickens 1991, 128.
83. Stark 2007a; 2003.
84. Marx [1844] 1964, 42.

第六章

1. 这个句子是世界产业工人的瑞典裔美籍组织者 Joe Hill（Joel Hägglund）在他 1911 年创作的歌曲《祈祷者与奴隶》中造出来的。

2. Burn 1953.

3. Meeks 1983.

4. Harnack 1905；Stark 2006.

5. 太少人意识到，我们因重建历史上的人口数据这一重要工作而亏欠 Tertius Chandler, Gerald Fox, and Josiah Cox Russell 许多对于他们工作的承认。

6. Stark 2009.

7. Josephus，*Jewish War* 3：2；Broshi 2001, 110；Schnabel 2004, 182.

8. Broshi 2001, 110.

9. Chandler 1987, 463.

10. See Africa 1971, 4n9.

11. Stambaugh 1988.

12. Stark 1996, 150.

13. Carcopino 1940, 45 – 46.

14. Finley 1977.

15. Carcopino 1940, 33.

16. Carcopino 1940, 31 – 32.

17. Africa 1971, 4.

18. Stambaugh 1988, 178.

19. Carcopino 1940, 23.

20. Carcopino 1940, 36.

21. Packer 1967, 87.

22. White 1984, 168.

23. 引自 White 1984, 168。

24. Stambaugh 1988.

25. Carcopino 1940, 42.

26. Stambaugh 1988.

27. Wrigley 1969.

28. Carcopino 1940, 47.

29. Africa 1971, 5.

30. Lintott 1968.

31. Cassisu Dio, *The Roman History* 67. 11.

32. Africa 1971.

33. Sinnigen 1961, 68.

34. Shaw 1996, 114.

35. Cahill et al. 1991, 69.

36. Stambaugh 1988, 137.

37. Bagnall 1993, 187.

38. Bagnall 1993, 185.

39. Judge 1986, 107.

40. 引自 Harnack 1904, 172 – 173。

41. Eusebius, *The History of the Church* 6：43.

42. Schoedel 1991, 148.

43. Johnson 1976, 75.

44. Tertullian, *Apology*, chap. 39.

45. Harnack 1904, 161.

46. Zinsser [1934] 1960.

47. Gilliam 1961; McNeill 1976; Russell 1958.

48. Zinsser [1934] 1960, 135.

49. Eusebius, *History of the Church* 7. 22.

50. Thucydides, *Peloponnesian War* 2. 47, 2. 51, 2. 52.

51. Cochrane [1940] 1957, 155.

52. Cyprian, *Mortality* 15 – 20.

53. Dionysius, *Festival Letters*, in Eusebius, *The History of the Church* 7. 22.

54. McNeill 1976, 108.

55. 引自 Ayer [1913] 1941, 332 – 333。

第七章

1. Harnack 1905, 220.

2. Frend 1984, 99.

3. Chadwick 1967, 56.

4. Harnack 1905, 227.

5. Salzman 2002. 这一发现促使作者提出了一份详细的有关女性并不比男性更倾向于接受基督教的论述,但颇不可信。

6. Stark 2004.

7. Liu, forthcoming; Miller 2000; Miller and Stark 2002; Roth and Kroll 2007; Stark 2002; 2004; Sullins 2006.

8. Lefkowitz and Fant 2005; Osiek and MacDonald 2006; Pomeroy 1975; Shelton 1988.

9. 引自 Scroggs 1972, 290。

10. Frend 1984, 67.

11. 引自 Bell 1973, 72。

12. Witherington 1990, 5.

13. Witherington 1990, 7.

14. Brooten 1982; Kraemer 1992.

15. Frend 1984, 67.

16. 参见 Heine 1988 的杰出总结。另可参见 McNamara 1976 中对比异教徒,在基督徒中实现了更大的性别平等的精彩的女权主义视角分析。

17. Shaw 1996, 107; 另见 Shaw 1991。

18. Shaw 1996, 110.

19. Scroggs 1972, 283.

20. Scroggs 1972; 1974.

21. Iannaccone 1982.

22. *The Letters of the Younger Pliny* 10.96.

23. Quoted in Gryson 1976, 134.

24. Ferguson 1990.

25. Brown 1988, 144 – 145.

26. Meeks 1983, 71.

27. Harris 1994, 1.

28. 引自 Lefkowitz and Fant 1992, 187。

29. Lindsay 1968, 168.

30. Lindsay 1968.

31. Gorman 1982.

32. *First Apology.*

33. 引自 Hopkins 1965, 314。

34. *The Roman History.*

35. Hopkins 1965.

36. Clark 1981, 200.

37. 引自 Hopkins 1965, 314。

38. Geller 1994, 83.

39. Geller 1994, 83.

40. 这通常是通过裁定婚姻无效因此不需要离婚来解决的。

41. Chadwick 1967, 59.

42. Brunt 1971, 137 – 138;另见 Harris 1982。

43. Clark 1981, 195.

44. Balsdon 1963, 173.

45. Clark 1981, 195.

46. Balsdon 1963, 173.

47. Russell 1958.

48. Brunt 1971;Boak 1955.

49. Pomeroy 1975.

50. Sandison 1967, 744.

51. Riddle 1994.

52. Harris 1994.

53. Gorman 1982;Riddle 1994.

54. Aulas Cornelius Celsus, *De medicina* 7. 29.

55. Plato, *Republic* 5. 9.

56. Aristotle, *Politics* 7. 14. 10.

57. Rawson 1986.

58. Boak 1955; Devine 1985; Parkin 1992.

59. Collingwood and Myres 1937.

60. Frier 1994.

61. Martin 1990.

62. Harnack 1905, 234.

63. Walsh 1986, 216.

64. Sordi 1986, 27.

65. Heaton 1990.

66. Greeley 1970.

第八章

1. Tacitus, *Annals* 15.44.

2. 根据 Clement of Alexandia, *Stromata* 7.11。

3. Mattingly 1967, 31–36.

4. Frend 1984, 109.

5. Sordi 1986, 31.

6. de Ste. Croix 1963a, 7.

7. *The Letters of the Younger Pliny* 10.96.

8. *The Letters of the Younger Pliny* 10.97 (Trajan to Pliny).

9. Mattingly 1967, 39.

10. de Ste. Croix 1963a.

11. 对此的注释见 Keresztes 1968。

12. Keresztes 1968.

13. Keresztes 1968.

14. Eusebius, *The Ecclesiastical History* 5.1.41–56.

15. Frend 1984, 318.

16. Oost 1961, 4.

17. Oborn 1933.

18. Ferrill 1986; Jones 1948; Luttwak 1976; MacMullen 1963.

19. Jones 1948, 23–24.

20. Rostovtzeff 1926.

21. Abbott 1911.
22. Rives 1999, 137.
23. Boak and Sinnigen 1965, 415.
24. Rives 1999, 142.
25. 引自 Frend 1965, 405。
26. Rives 1999, 141.
27. Eusebius, *The Ecclesiastical History* 6.41.7.
28. Eusebius, *The Ecclesiastical History* 7.12.
29. Mattingly 1967, 54: 当时铸造的钱币印证了这一点。
30. Eusebius, *The Ecclesiastical History* 8.1.
31. Mattingly 1967, 56.
32. Barnes 1981, 19; Mattingly 1967, 56.
33. Barnes 1981, 19.
34. Rostovtzeff 1926, 453 – 454.
35. Frend [1965] 1981, 491.
36. Mattingly 1967, 57.
37. Barnes 1981, 24.
38. Barnes 1981, 24.
39. Grant 1978, 308.
40. Barnes 1981, 31.
41. Frend 1965, 413.
42. Barnes 1981, 201.
43. de Ste. Croix 1963a; Frend 1984; Mattingly 1967.
44. Eusebius, *The Martyrs of Palestine* 1.
45. Mattingly 1967, 45.
46. de Ste. Croix 1963a, 22.
47. Edwards 1919, 21.
48. Riddle 1931, 64.
49. McBroom 1966.
50. Schoedel 1991, 135.
51. Ignatius, *Epistle to the Romans*.
52. Fremantle 1954, 191.

53. Weiner and Weiner 1990, 80 – 81.

54. 引自 Benko 1984, 141。

55. Eusebius [ca. 325] 1927.

第九章

1. Harnack 1905, 466n.

2. Josephus, *Jewish War* 6.9.3.

3. Josephus, *Jewish War* 7.9.1.

4. Grant 1977, 9.

5. Barrett 1982, 23.

6. Turner and Killian 1987.

7. Kee 1990, 6.

8. Grant 1977, 146.

9. Schnabel 2004, 815.

10. Fox 1987, 269.

11. Wilken 1984, 31.

12. Fox 1987, 317.

13. 按照 Goodenough [1931] 1970；Grant 1978；MacMullen 1984. Gibbon [1776 – 1788] 1994 的假设，当时基督徒数字只有三百万。(1：chap. 15)。

14. Stark and Iannaccone 1997；Stark 1996.

15. McKechnie 2001, 57.

16. (r = .86) Bagnall, 1982；1987.

17. 感谢 Galvao-Sobrinho 教授慷慨地向我提供了他的第一手数据。

18. Galvao-Sobrinho 1995.

19. Stark 2006 中提供了关于这些的细节。

20. Nolan and Lenski 2006, 155.

21. Stark 2006.

22. Countryman 1980, 169.

23. Grant 1977, 7.

24. Tertullian, *Apology* 37.8.

第十章

1. Burckhardt [1880] 1949, 281.
2. Burckhardt [1880] 1949, 292.
3. Drake 2000; Pohlsander 1996.
4. Elliott 1996.
5. Eusebius, *Life of Constantine*.
6. Pohlsander 1996, 19 – 20.
7. Pohlsander 1996, 21.
8. Pohlsander 1996.
9. Barnes 1981, 44.
10. Barnes 1981, 275.
11. Eusebius, *Life of Constantine* 4.60.
12. Odahl 2004.
13. Leadbetter 2000, 1077.
14. 尽管通常称为圣彼得大教堂，但技术上讲，它是一处普通的"宗座圣殿"，而不是真正意义上的"大教堂（主教座堂）"，因为它不是主教的驻地。
15. Walsh 1982.
16. Eusebius, *Life of Constantine* 3.26 – 28.
17. Grant [1970] 1990, 246.
18. Leadbetter 2000, 1078.
19. Duffy 1997, 18.
20. Frend 1984, 487.
21. Frend 1984, 487.
22. Fletcher 1997, 19.
23. Duffy 1997, 27.
24. Eusebius, *Life of Constantine* 1.44.1 – 3.
25. Grant [1970] 1990, 236.
26. Geffcken [1920] 1978, 120.
27. 均引自 Bradbury 1994, 123。

28. Drake 2000, 247.

29. Drake 1996, 29.

30. Brown 1995; Drake 2000.

31. Drake 2000, 244.

32. 引自 Drake 2000, 244 - 287。

33. Drake 2000, 247.

34. Moffett 1992, 140.

35. Montgomery 2002, 44.

36. Moffett 1992, 140.

37. Bundy 2007, 132.

38. Moffett 1992, 145.

第十一章

1. Kirsch 2004, 18.

2. Bowersock 1990, 6.

3. MacMullen 1997, 2.

4. Gibbon [1776 - 1788] 1994, 1: 15.447.

5. Gibbon [1776 - 1788] 1994, 1: 2.57.

6. 见 *Toleration and Other Essays*。

7. Gibbon [1776 - 1788] 1994 1: 16.539.

8. Gibbon [1776 - 1788] 1994, 1: 20.750.

9. Brown 1998, 633.

10. Brown 1998, 641.

11. 其中包括 Peter Brown, Jean Delumeau, H. A. Drake, and Ramsay MacMullen。

12. 引自 Brown 1998, 641。

13. Brown 1998; MacMullen 1997.

14. Harl 1990, 14.

15. MacMullen 1997, 28.

16. Trombley 1985.

17. Stark 2006, chap. 3.

18. 即使是认为君士坦丁迅速摧毁了罗马异教的传统观点中目前最为强势的一支也承认，没有异教徒反抗的证据："基督教的反对派（只）能被猜测，而没有被表明（存在）。"（Momigliano 1963，94）。

19. Winkelman，引自 Drake 2000，246。

20. Drake 2000，249.

21. Salzman 1990.

22. 均引用自 Brown 1995，12。

23. Brown 1995，15.

24. Brown 1995，18.

25. 对此的总结参见 Stark 2004，chap. 3。

26. Bowersock 1978，18.

27. Gibbon［1776 – 1788］1994，2：23.864

28. Levenson 1990，510.

29. Bowersock 1978，79 – 93.

30. Bowersock 1978，16.

31. Geffcken［1920］1978，139.

32. Levenson 1990，510.

33. Bowersock 1978，18.

34. Gibbon［1776 – 1788］1994，2：23.866 – 867.

35. Chuvin 1990.44.

36. Geffcken［1920］1978.144.

37. Athanassiadi 1993，13.

38. Drake 2000，434.

39. Drake 2000，435.

40. Drake 2000，434.

41. Drake 2000，436.

42. *Oratio xviii*，引自 Drake 1996，34。

43. Wilken 1984，128.

44. Bloch 1963，195.

45. Harl 1990，7.

46. Harl 1990.

47. Lactantius，*Divine Institutes* 5.23.

48. Harl 1990, 27.

49. Harl 1990, 14.

50. MacMullen 1997; Trombley 1985.

51. 引自 Bradbury 1994, 133。

52. Brown 1992, 23.

53. Bradbury 1994, 133.

54. 引自 Brown 1995, 42。

55. Brown 1995, 42.

56. Bradbury 1994, 135 – 136.

57. Brown 1998, 632.

58. Brown 1998, 642.

59. Gibbon [1776 – 1788] 1994, 3: 28. 71, 77.

60. Beugnot 1835; Bloch 1963.

61. Stark 1996.

62. Brown 1992, 136.

63. 对此的总结参见 Brown 1992。

64. MacMullen 1997, 159.

65. Fletcher 1997, 236.

66. Brøndsted 1965, 306.

67. *Ecclesiastical History* 1. 30.

68. Thomas 1971, 48.

69. MacMullen 1997, 123 – 124.

70. MacMullen 1997, 108.

71. 引自 MacMullen 1997, 115。

72. Thomas 1971, 48.

73. Wood 2008, 231.

74. Delumeau 1977, 176.

75. Seznec 1972, 3.

76. Wood 2008, 230.

77. 引自 Strauss 1975, 63。

78. Stark 2008; 2004.

79. 引自 Brown 1998, 634。

80. Dodds 1965, 132.

81. Brown 1998, 633.

第十二章

1. 保罗"将'东方'与'阿拉伯'用作可以互换的概念"（Briggs 1913, 257）。

2. Atiya 1968; Jenkins 2008; Moffett 1992; Stark 2009.

3. Löhr 2007, 40.

4. Jenkins 2002, 17.

5. 我的计算基于 Barrett 1982, 796 的研究。

6. Jenkins 2002, 17.

7. Jenkins 2008, 3.

8. Noble 2008, 251.

9. 我的计算基于 Barrett 1982, 796 的研究。

10. Nicolle 2004, 25.

11. Kister 1986; Rodinson 1980.

12. 引自 Karsh 2007, 4。

13. Glubb [1963] 1995, 284.

14. Abun-Nasr 1971.

15. Brent and Fentress 1996.

16. Brent and Fentress 1996.

17. Ye'or 1996, 48.

18. Becker 1926, 370.

19. Hodgson 1974, 1: 308.

20. Little 1976, 554.

21. Lofland and Stark 1965; Stark and Finke 2000.

22. Bulliet 1979a.

23. Hodgson 1974, Vol. 1.

24. Hodgson 1974, 1: 268.

25. Payne [1959] 1995, 105.

26. Hodgson 1974; Payne [1959] 1995.

27. 引自 Peters 1993, 90。

28. Gil 1992, 470.

29. 引自 Gil 1992, 470。

30. Little 1976.

31. Little 1976, 563.

32. Little 1976, 567.

33. 引自 Little 1976, 568。

34. Browne [1933] 1967, 163.

35. 引自 Foltz 2000, 129。

36. Browne [1933] 1967, 167.

37. Browne [1933] 1967, 169.

38. Browne [1933] 1967, 170.

39. Browne [1933] 1967, 171.

40. Jenkins 2008.

41. Marozzi 2004, 264.

42. Moffett 1992, 485.

43. Jenkins 2008, 138.

44. Jenkins 2008, 3.

第十三章

1. 对这一题目的完整阐述见 Stark 2009。

2. Prawer 1972。Prawer 在这本书中完全没有定义殖民主义，并且他甚至也承认，财富流动的方向是从欧洲去往耶路撒冷王国。

3. Ekelund et al. 1996.

4. 引自 Madden 2002a。

5. Curry 2002, 36.

6. *New York Times*, June 20, 1999, 4.15.

7. *Ontario Consultants on Religious Tolerance*, www.religioustolerance.org/chr_cru1.htm.

8. 引自 Richard 1999, 475。

9. 引自 Riley-Smith 2005, 298。

10. 引自 Richard 1999, 475。
11. Riley-Smith 2003, 154.
12. *The Decline and Fall*, 6.58.
13. France 1997; Mayer 1972.
14. Mayer 1972, 22 – 25.
15. Ekelund et al. 1996。这是我曾经遇到过的尝试通过类比来应用经济原则时最无能和最无知的努力之一。
16. 引自 Riley-Smith 2003, 159。
17. Spielvogel 2000, 259.
18. Armstrong [1991] 2001, xii.
19. 包括 Alfred J. Andrea, Peter Edbury, Benjamin Z. Kedar, Thomas F. Madden, Edward M. Peters, Jean Richard, Jonathan Riley-Smith, 和 Christopher Tyerman。
20. Runciman 1951, 1: 49.
21. Runciman 1951, 1: 47.
22. Runciman 1951, 1: 79.
23. Payne 1984, 18 – 19.
24. Payne 1984, 28 – 29.
25. 这次演讲流传下来五个主要版本，均不完整，其中的每一个版本又都有为数众多的英语译本。我从多个版本中选择了一些摘录。
26. Carroll 2001, 241.
27. Edbury 1999, 95.
28. Edbury 1999; Read 1999.
29. Edbury 1999, 95.
30. Gillingham 1999, 59.
31. Madden 1999, 12.
32. Riley-Smith 1997.
33. Riley-Smith 1997.
34. Riley-Smith 1997, 49.
35. Riley-Smith 1997, 29 – 30.
36. Riley-Smith 1997, 28.
37. Erdoes 1988, 26.

38. Riley-Smith 1997, 28.

39. 引自 Riley-Smith 1997, 72。

40. Hillenbrand 1999, 54.

41. Hamilton 2000; LaMonte 1932; Prawer 1972; Riley-Smith 1973; Runciman 1951; Tyerman 2006.

42. 引自 Hillenbrand 1999, 77。

43. Tyerman 2006, 178.

44. Madden 1999, 49.

45. Tyerman 2006, 179.

46. Riley-Smith 1997, 17.

47. Issawi 1957, 272.

48. Phillips 1995, 112.

49. Madden 2002a, 3.

50. Kedar 1984.

51. Kedar 1984.

52. Runciman 1951, 3: 480.

53. Madden 2002b; Tyerman 2006, xv.

54. Irwin 2006, 213.

55. Tyerman 2006, 351.

56. Siberry 1995, 368.

57. Siberry 1995, 115.

58. 引自 Madden 1999, 78。

59. Madden 1999, 181.

60. Madden 1999, 181.

61. Michaud 1999, 18.

62. Madden 1999, 181 – 82.

63. Armstrong [1991] 2001, 448.

64. 引自 Hillenbrand 1999, 230。

65. Armstrong [1991] 2001, xiv.

66. Riley-Smith 2003, 160 – 61.

67. Peters 2004, 6.

68. Hillenbrand 1999, 4 – 5.

69. 引自 Hillenbrand 1999, 45。

70. 阿拉伯语中没有"十字军东征"这个词。

71. Knobler 2006, 310.

72. Knobler 2006, 310.

73. Knobler 2006, 310.

74. Lewis 2002, 3.

75. Peters 2004; Riley-Smith 2003.

76. Andrea 2003, 2.

77. 引自 Sivan 1973, 12。

78. Knobler 2006, 320.

79. Riley-Smith 2003, 162 引用自多位穆斯林。

第十四章

1. Fremantle 1954, ix.

2. Mommsen 1942, 237.

3. *Works* 12.

4. 引自 Gay 1966。

5. Gibbon [1776–1788] 1994, Vol. 6, 71.

6. Russell 1959, 142.

7. Burckhardt [1860] 1990, 19; Stark 2005.

8. Russell 1959, 232.

9. Bouwsma 1979, 4.

10. Hollister 1992, 7.

11. *Wall Street Journal*, Dec. 28, 2009, A15.

12. Harris [1977] 1991, 235.

13. Jones 1987, xxiii–xxiv.

14. Bridbury 1969, 533.

15. Vogt 1974, 25。尽管他对"大众"十分关注,但恩格斯对此采取了同样立场;参见 Finley 1980, 12。

16. Jones 1987, 106.

17. Gimpel 1976, viii, 1.

18. White 1940, 151.

19. Stark 2006.

20. Chandler 1987.

21. Stark 2003; 2005.

22. Lopez 1976, 43.

23. Gimpel 1976, 16.

24. Gies and Gies 1994, 113.

25. Stark 2005, chap. 5.

26. Gies and Gies 1994, 117.

27. Duke 1998, 480.

28. Gimpel 1976, 25 – 27.

29. Stark 2005, chap. 5.

30. Landes 1998, 46.

31. Montgomery 1968; White 1962.

32. Lane [1934] 1992, 35 – 53.

33. Barclay, Nelson, and Schofield 1981, 488.

34. Needham 1980.

35. 见 *The Communist Manifesto*, 1848。

36. Collins 1986; Stark 2005.

37. Stark 2005.

38. 见其著作 *Commentary on the Sentences of Peter Lombard*, 引自 de Roover 1958, 422。

39. 我依赖于 Monroe 1975 所提供的对于阿奎那 *Summa Theologica* 的翻译。

40. Little 1978, 181.

41. Gilchrist 1969; Little 1978; Raftus 1958.

42. Gilchrist 1969, 67.

43. Hunt and Murray 1999, 73.

44. Little 1978, 181.

45. Southern 1970b, 40.

46. Stark 2003, chap. 4.

47. Stark 2003, chap. 4.

48. Bonnassie 1991, 30.

49. Bloch 1975, 14.

50. 见 Bonnassie 1991, 54。

51. Bloch 1975, 11.

52. Bloch 1975, 30.

53. Daniel 1981, 705.

54. Gardner and Crosby 1959, 236.

55. De la Croix and Tansey 1975, 353.

56. Johnson 2003, 190.

57. Lopez 1967, 198.

58. Colish 1997, 266.

59. Cohen 1985; Gingerich 1975; Jaki 2000; Rosen 1971.

60. Hollister 1992, 8.

61. Grant 1996, 23.

62. Pernoud 2000, 24.

63. Ferguson 1939, 8.

64. Stark 2003, chap. 2.

65. Stark 2007a, chap. 1.

66. Stark 2005.

第十五章

1. Durant 1950.

2. Freemantle 1954.

3. Murray 1972, 83.

4. Manchester 1993, 20.

5. Walzer 1965, 4.

6. Murray 1972, 92.

7. Murray 1972, 92.

8. Murray 1972, 93–94.

9. 引自 Coulton 1938, 193。

10. 引自 Coulton 1938, 188。

11. *Dives and Pauper* 1976, 189.
12. Coulton 1938, 194.
13. Strauss 1975, 49.
14. Strauss 1975, 49.
15. Strauss 1975, 49.
16. Strauss 1978, 278.
17. Strauss 1978, 278 – 279.
18. Strauss 1978, 283.
19. Thomas 1971, 161 – 162.
20. Strauss 1978, 284.
21. Strauss 1975, 56 – 57.
22. Strauss 1978, 284.
23. Strauss 1975, 59.
24. Strauss 1978, 273.
25. Coulton 1938, 189 – 190.
26. Farmer 1991, 336; Hay 1977, 64.
27. Morris 1993, 232.
28. Christian 1981, 154.
29. Strauss 1975, 50.
30. Strauss 1975, 51.
31. Strauss 1978, 270.
32. Strauss 1978, 278.
33. Strauss 1975, 58.
34. Strauss 1978, 291.
35. Strauss 1978, 270.
36. 引自 Thomas 1971, 165。
37. 引自 Thomas 1971, 164。
38. 引自 Thomas 1971, 164。
39. 引自 Strauss 1978, 298。
40. Franits 2004, 35.
41. Bede [730] 1955, 340.
42. Coulton 1938, 157.

43. 引自 Coulton 1938, 157。

44. Thomas 1971, 164.

45. Coulton 1938, 158.

46. Thomas 1971, 165.

47. Hay 1977, 56.

48. Duffy 1987, 88.

49. Delumeau 1977.

50. Strauss 1975, 52.

51. Strauss 1975, 55.

52. Duffy 1987, 88.

53. Duffy 1987, 88.

54. Duffy 1997, 146.

55. Lea 1902, 672.

56. Pastor 1898, 5：475.

57. Duffy 1987, 88.

58. 引自 Murray 1972, 93。

59. Swanson 1995。如果仅一个主教教区内就有非常多的牧师的话，在那个时代的某些城市里可能有十分之一人口都是牧师。（Ozment 1980, 211）。

60. *Epistle* 94.

61. Hay 1977, 63.

62. Coulton 1938, 174.

63. Duffy 1997.

64. Brooke and Brooke 1984, 116.

65. Fletcher 1997, 16.

66. Duffy 1987, 88.

67. Coulton 1938, 156.

68. Hay 1977, 56.

69. Ozment 1980, 219.

70. Ozment 1980, 219.

71. Bossy 1985, 37；Ozment 1980, 218 - 219.

72. Thomas 1971, 161.

73. Thomas 1971, 163.

74. 引自 Thomas 1971, 163。

75. 引自 Thomas 1971, 163。

76. Obelkevich 1976, 279.

77. Strauss 1988, 211.

78. Kieckhefer 1989, 10.

79. 引自 Flint 1991, 240。

80. Kieckhefer 1989, 62.

81. 引自 Kieckhefer 1989, 19。

82. Kieckhefer 1989, 82.

83. Flint 1991; Thomas 1971.

84. 引自 Kieckhefer 1989, 3。

85. 引自 Kieckhefer 1989, 4。

86. Flint 1991, 189.

87. Flint 1991, 189.

88. O'Neil 1981, 11.

89. Strauss 1978, 304.

90. Strauss 1978, 304.

91. Katz 1994, 417; Kieckhefer 1976, 79–80; Stark 2003, chap. 3.

92. Cohn 1975, 169.

93. Kieckhefer 1976, 79.

94. Katz 1994; Midelfort 1981.

95. Stark 2003, chap. 3.

96. 引自 Parker 1992, 45。

十六章

1. White 1896, 2: 108–109.

2. Grant 1971; 1994; Hamilton 1996; Russell 1997.

3. Russell 1997.

4. Bloch [1940] 1961, 83.

5. Darwin and Seward 1903, 1: 195.

6. *Essay concerning Human Understanding* 3.9.

7. 就此我在 Stark 2003 的第二章中给过较详细论述。

8. Danielson 2000, 98; Mason 1962, 120 – 121.

9. Crosby 1997, 104.

10. Cohen 1985, 107.

11. Jaki 2000; Rosen 1971.

12. Manchester 1993, 103 – 104.

13. Colish 1997, 266.

14. Schachner 1938, 3.

15. Porter 1998.

16. Armitage 1951.

17. Grant 1996, 205.

18. White 1896, 2: 50.

19. Grant 1996.

20. Whitehead [1925] 1967, 13.

21. Whitehead [1925] 1967, 12.

22. Descartes, *Oeuvres* 8.61.

23. 引自 Crosby 1997, 83。

24. Whitehead [1925] 1967, 13.

25. Needham 1954 – 1984, Vol. 1, 581.

26. Lindberg 1992, 54.

27. Jaki 1986, 105.

28. 我在 Stark 2003 的第二章中对此有过专门论述。

29. 引自 Bradley 2001, 160。

30. 引自 Merton 1938, 447。

31. Einstein, *Letters to Solovine*, 131.

32. Stark 2003, 160 – 163.

33. White 1997, 158 – 162.

34. 引自 Finocchiaro 2009, 68。

35. 引自 Finocchiaro 2009, 68。

36. Drake and O'Malley 1960.

37. Brooke and Cantor 1998, 20.

38. Brooke and Cantor 1998, 110.

39. *Dialogue Concerning the Two Chief World Systems*. Published by University of California Press.

40. Shea 1986, 132.

41. Geisler and Nix 1986, 5.

42. Coleman 1975, 296.

43. *Confessions* 12.

44. 有些人声称"Shaddai"的意思是山，但大多数学者认为这一词语的含义未知。

45. 这是妥拉的传统版本。也见 Alter 2004, 339。

46. Matt. 13：13；也见 Mark 4：11 - 12 and Luke 8：10。

47. 引自 Benin 1993, 11。

48. 引自 Benin 1993, 183。

49. Calvin [ca. 1555] 1980, 52 - 53.

50. 引自 Benin 1993, 173 - 174。

51. 引自 Benin 1993, 195。

52. 引自 Benin 1993, 195。

53. Stark 2003, 194.

第十七章

1. Fletcher 1997, 38.

2. Johnson 1976.

3. Cheetham 1983, 23.

4. Eusebius, *Life of Constantine* 4.54.2.

5. Duffy 1997, 87.

6. Cheetham 1983; Duffy 1997.

7. Cheetham 1983; Duffy 1997.

8. Duffy 1997, 87.

9. Duffy 1997, 87.

10. McBrien 2000, 157.

11. Cheetham 1983; McBrien 2000.

12. Cheetham 1983, 84.

13. Pastor 1898.

14. Smith [1759] 1982, 788-789.

15. Lambert 1992; Matter 2008; Moore 1976; 1985; Russell 1965; 1971.

16. Lambert 1992, 12.

17. Lambert 1992, 25.

18. 大部分宗教团体的入会费极为高昂,以至于只有富人能够负担得起——穷人只能在其中担当仆从角色。

19. Stark 2004, 56.

20. 第五个女儿在六岁时夭折。

21. Cheetham 1983, 90.

22. Cheetham 1983, 87.

23. Costen 1997; Duffy 1997; McBrien 2000; Morris 1991.

24. Moore 1994, 54.

25. Moore 1985, 85.

26. Lambert 1992, 50.

27. Brooke 1971; Cheetham 1983; Costen 1997; Lambert 1998; 1992; Moore 1985; 1976; Russell 1965.

28. Leff [1967] 1999, 47.

29. Lambert 1998, 21.

30. Barber 2000; Brooke 1971; Costen 1997; Lambert 1998; 1992; Moore 1985; Russell 1965.

31. Costen 1997, 65.

32. Lambert 1998, 21.

33. Lambert 1992.

34. Kaelber 1997, 113.

35. Costen 1997, 70.

36. 引自 Costen 1997, 70。

37. Johnson 1976, 252.

38. 引自 Sibly and Sibly 2003, 128。

39. Brooke 1971; Costen 1997; Lambert 1998; 1992; Moore 1985; Russell 1965.

40. Lambert 1992, 69.

41. 引自 Johnson 1976, 251。

42. Lambert 1992, 69.

第十八章

1. Moeller 1972.

2. Luther [1520] 1915, 141.

3. Stark 2003.

4. Bainton 1995; Kittleson 1986; Marty 2004; McNally 1969; Oberman 1992; Schweibert 1950.

5. Oberman 1992, 149.

6. Oberman 1992, 149.

7. Chadwick 1972, 42.

8. 引自 Oberman 1992, 188。

9. Schwiebert 1950, 314.

10. Eisenstein 1979.

11. Luther [1520] 1915, 84.

12. Luther [1520] 1915, 139.

13. Rupp 1981, 192.

14. 引自 Strauss 1975, 32。

15. Brady 1978; Durant 1957; Engels [1873] 1964; Grimm 1969; 1962; Ozment 1980; Swanson 1967; Tracy 1999; Weber [1904–1905] 1958; Wuthnow 1989.

16. Becker 2000; Braudel 1977; Cohen 1980; Delacroix and Nielson 2001; Fischoff 1968; Hamilton 1996; Samuelsson [1957] 1993.

17. 引自 Grimm 1962, 5。

18. Strauss 1975.

19. Dickens 1974; Ozment 1975; Moeller 1972.

20. Edwards 1994; Eisenstein 1979; Gilmont 1998.

21. Grendler 2004; Schwiebert 1996.

22. Grimm 1969; 1962; Ozment 1975; Moeller 1972.

23. Hanneman 1975.

24. Hale 1977; Hibbert [1974] 2003.

25. Bainton [1952] 1985, 18.

26. Durant 1957; Hayes 1917; Ozment 1975.

27. Holborn 1942, 129.

28. Holborn 1942, 130.

29. Holborn 1942, 131.

30. Cole 1984; Edwards 1994; Gilmont 1998; Holborn 1942.

31. Kim and Pfaff, forthcoming.

32. Holborn 1942, 134.

33. Grendler 2004, 18.

34. Schwiebert 1996, 471.

35. Grendler 2004, 19.

36. Brady 1985; Grimm 1962; Strauss 1988; 1978.

37. Ozment 1980, 201.

38. Moeller 1972.

39. Rörig 1969.

40. Stark 2003, 111.

41. Chadwick 1972, 26.

42. Bush 1967; Hill 1967; Latourette 1975.

43. Latourette 1975, 735.

44. Latourette 1975, 737.

45. Roberts 1968.

46. Johnson 1976, 267.

47. Mullett 1999.

48. Stark 2005.

第十九章

1. Maltby 1971, 35.

2. Peters 1989, 133–134.

3. "Inquisition." In *The Columbia Encyclopedia*, 6th ed. (New York:

Columbia Univ. Press, 2001).

4. Durant 1950, 784.

5. Kirsch 2008, 3.

6. Paris 1961, 4.

7. Roth [1964] 1996; Rummel 2008.

8. Whitechapel 2002.

9. Robertson 1902, 290.

10. Hunt 1994, 79.

11. Rawlings 2006, 1.

12. 引自 Keen 1969, 708。

13. Peters 1989, 134.

14. Puigblanch 1816, 131.

15. Jenkins 2003.

16. Especially Ellerbe 1995; Kirsch 2008.

17. Contreras and Henningsen 1986; Given 1997; Haliczer 1990; Henningsen 1980; Henningsen and Tedeschi 1986; Kamen 1993; 1997; Levack 1995; Monter 1990; Rawlings 2006.

18. See Henningsen and Tedeschi 1986.

19. Rawlings 2006, 37.

20. Monter 1990.

21. Contreras and Henningsen 1986.

22. Chadwick and Evans 1987, 113.

23. Holinshed [1587] 1965 声称亨利处决了七万两千人。

24. Dowling [1845] 2002, 16.

25. Kamen 1997, 190; Madden 2003, 30.

26. Rawlings 2006, 33.

27. Peters 1989, 93.

28. Madden 2003, 30.

29. Madden 2003, 29.

30. Daly 1978; Davies 1996, 567; Dworkin 1974; Hughes 1952.

31. Burr 1987, 1.

32. Trethowan 1963, 343.

33. Burckhardt [1885] 1990; Lecky [1865] 1903.
34. Hobbes [1651] 1956, 21.
35. Trevor-Roper [1969] 2001, 112.
36. Briggs 1998.
37. Hyslop 1925, 4
38. Ewen 1929; Levack 1995; Thomas 1971.
39. Briggs 1998; Katz 1994; Levack 1995.
40. Monter 1990.
41. See Stark 2003, 258.
42. Lea 1906–1907, 4：206.
43. Contreras and Henningsen 1986, 103.
44. O'Neil 1981, 11.
45. 对于这些问题的完整阐述可见 Stark 2003, chap. 3。
46. O'Neil 1987, 90.
47. Kamen 1993, 238.
48. Kamen 1993; 1997.
49. Kamen 1997, 274.
50. Kamen 1997, 274.
51. Robbins 1959, 45.
52. Roth 2002, xi.
53. Decter 2007.
54. Stark 2001, chap. 4.
55. Gerber 1994, 117.
56. 举例来说，"大多数上述提及的皈依行为都是出于强迫"（Netanyahu 2001, xvi），也见 Perez 2005。
57. Perez 2005, 10.
58. Roth 2002, 320.
59. 根据 Contreras and Henningsen 1986 和 Monter 1990 提供的数据，由作者计算。
60. Roth [1964] 1996, 132.
61. Netanyahu, 2001, xvi.
62. Chejne 1983.

63. Perez 2005, 45.

64. Bainton [1952] 1985, 131.

65. Peters 1989, 122.

66. Fernandez 1997, 483.

67. Kamen 1997, 268.

68. Kamen 1997, 268.

69. Fernandez 1997, 483.

70. Stark 2003, 258.

71. Goodish 1976.

72. Kamen 1997, 268.

73. Fernandez 1997, 494.

74. Kamen 1997, 134.

75. Monter and Tedeschi 1986.

76. Findlen 1993; Hyde 1964.

77. Ellerbe 1995; Kirsch 2008; MacCulloch 2010.

78. Kirsch 2008.

第二十章

1. Finke and Stark 1992.

2. Smith 1985.

3. Cobbett 1818, 229.

4. de Tocqueville [1835 – 1839] 1956, 2: 314.

5. Schaff [1855] 1961, 91.

6. Baird 1844, 188.

7. Gaustad 1987, 15.

8. Whitefield [1756] 1969, 387.

9. Finke and Stark 1992, 27.

10. Finke and Stark 1992; Stark 2008.

11. Grund in Powell 1967, 77, 80.

12. 引自 Handlin 1949, 261。

13. Bruce 1992, 170.

14. Berger 1969, 133 - 134.

15. Smith 1998, 106.

16. Neitz 1987, 257 - 258.

17. Davidman 1991, 204.

18. Berger 1969, 145.

19. Berger 1969, 146.

20. Wilson 1966, 166.

21. Burdick 1993, 8.

22. Finke and Stark 1992.

23. Pew Forum Survey 2007.

24. 引自 Thumma and Travis 2007, 21。

25. Stark 2008.

26. 参见 Ebaugh 1993。

27. Stark and Finke 2000.

28. Stark 2008.

29. Introvigne 2005.

30. Gill 2005, 5.

31. 这些数据来自 Baylor National Surveys of American Religion, 2005 and 2007。

32. See Stark 2008, 55.

33. Hobbes [1651] 1956, 168.

34. Hume 1754, 3: 30.

35. Smith [1776] 1981, 793 - 794.

36. Smith [1776] 1981, 5.1.3.3, 题为 "Of the Expense of the Institutions for the Instruction of People of all Ages." 据我所知，目前包含该章节的唯一一个版本是由 the Liberty Fund 出版的。参见参考书目。

第二十一章

1. Woolston 1735.

2. 引自 Redman 1949, 26。

3. Wallace 1966, 264 - 265.

4. Berger 1968, 3.

5. de Tocqueville [1835 – 1839] 1956, 319.

6. Wilson 1966, 126.

7. Wilson 1982, 152.

8. Martin 1969, 10.

9. Wallis 1986.

10. 2009 年 3 月 17 日。

11. 2009 年 4 月 13 日。

12. Hout and Fischer 2002; Stark 2004, 125; 2008, 141 – 146.

13. Stark 2008, 125 – 131.

14. Finke and Stark 1992; Stark 2008.

15. *Christian Century*, October 29, 1997, 972 – 978.

16. Stark 2007b, 390.

17. Stark 1981, 175.

18. 对于这一失败的生动记述参见 Paul Froese, *The Plot to Kill God* (Berkeley: Univ. of California Press, 2008)。

19. Stark and Liu, 2011.

20. Greeley 1995, 63.

21. Greeley 1995; Stark and Finke 2000.

22. Davies 1996; Barrett 1982; Brøndsted 1965; Jones 1968; Sawyer 1982.

23. Stark 1999.

24. Berger, Davie, and Fokas 2008, 16.

25. Schmied 1996.

26. Beckford 1985, 286.

27. Lodberg 1989.

28. Selthoffer 1997.

29. Grim and Finke 2010.

30. *Ude og Hjemme* 24 (2005).

31. Alvarez 2003.

32. Rydenfelt 1985.

33. 引自 Pettersson 1990, 23。

34. Asberg 1990, 18.

35. Davie 1994.

36. Stark, Hamberg, and Miller 2005.

37. Stark and Iannaccone 1994.

38. Stark, Hamberg, and Miller 2005.

39. Stark 1964.

40. Stark 1965a.

41. Norris and Inglehart 2004.

42. Dennett 2006, 21.

43. Kaufmann 2010.

44. Stark 2001; Wuthnow 2009.

45. Introvigne and Stark 2005.

第二十二章

1. de Flaix and Jackson 1982.

2. Beach 1903.

3. Welliver and Northcutt 2005.

4. Wuthnow 2009.

5. Barrett, Kurian, and Johnson 2001, 843.

6. 其中最好的是由 David Barrett 和他的同事收集的。

7. Sun 2005.

8. Jenkins 2002.

9. Robinson 1923.

10. Chesnut 2003b, 61; Gill 1998, 68; Martin 1990, 57–58.

11. Gill 1998, 86.

12. Chesnut 1997; 2003a; 2003b; Gill 1998; Martin 1990; Stoll 1990.

13. *Miami Herald*, October 16, 1992.

14. Klaiber 1970; Montgomery 1979.

15. Gill 1998, 82.

16. Stark and Finke 2000, 153, table 8.

17. Stark 2001.

18. Siewart and Valdez 1997.

19. Welliver and Northcutt 2004, 32.

20. Stoll 1990, 6.

21. Barrett, Kurian, and Johnson 2001.

22. Jenkins 2002, 64.

23. Cox 1995, 168.

24. Drogus 1995, 465.

25. Boff 1986.

26. Burdick 1993.

28. Gill 1998.

29. Chesnut 2003b, 55.

30. Chesnut 2003b, 61.

31. 私人交流，Salvatore Martinez，2009。

32. $r = .451$，这是有统计学意义的（prob. $= .034$，低于 P 值 $= 0.05$ 标准）。

33. Dolan 1975; 1978; Finke and Stark 1992.

34. Sisci 2009.

35. Stark and Liu 2011.

36. Stark 2004, chap. 4.

37. Underhill 1911.

38. Stark 1965b; 2008.

39. 我的同事、也是某些时候的合作者 William Sims Bainbridge 的曾祖父。

40. Bainbridge 1882, 270 – 272.

41. Hutchison 1987, 147.

42. 引自 Aikman 2003, 5。

43. Stark 2005.

索 引

苏丹阿卜杜哈米特二世,苏丹,233
堕胎,112;希腊-罗马的堕胎,123,131-132,417
使徒行传,28,55-56,58,60,63,64,69,70,77,91,92,155,413,414
非洲,4,5,176,199,384,411;基督教,393-396,394-395;基督教在非洲的毁灭,199-211
农业,253;中世纪,241-243,265
圣人大阿尔伯图斯,245,281
炼金术,268,284
教皇亚历山大二世,223,306
教皇亚历山大四世,309
教皇亚历山大六世,261
亚历山大大帝,16,33,37,83,231
亚历山大港,115,117,140,143,147,177,196,202-203,217,241
哈里发哈金,217-218
阿拉,84,209,218,286-287
圣安布罗斯,300-301
美国,5,74,102,135,233,353-367,387,404,410-411;殖民地,353-356,356,357;教派的增加和减少,361,359-363;神秘主义,364-365;多元主义与虔诚,353-367,370-373;革命,353,355;世俗化,370-373;成功的宗教"公司",359-364
再洗礼派,100,320,348,416
阿纳努斯,64-65
教皇阿纳斯塔修斯,300
安德烈,53,91
圣公会,263,354,355,356,377
圣安塞姆,248
安提阿,66,94,107,143,149,159,174,224,225,230-231;大屠杀,230-231;安条克公国,224,225,225,226
安提阿四世伊彼凡尼,37
使徒,91,172
托马斯·阿奎那,245,281,293
阿拉伯,199,200-207
阿卡狄乌斯,190,191,194
建筑,248;哥特式,249,250;罗马式,248-249
阿里乌斯派,177-178,179,190
亚里士多德,132,247,251,277,286;政治学,132
阿里乌斯,177-178
亚美尼亚,199,201,209,210
卡伦·阿姆斯特朗,216,231,232
艺术,248;中世纪,241,248-249,259-260;文艺复兴,251
基督升天,60,85

亚洲,4,5,65,285
亚述人,36
占星术,253,267,268,284,373
天文学,273-274,278-280,284,289-290,294
雅典人,69,106,115,159;雅典学园,185
圣奥古斯丁,153,177,187,197,199,245,292;忏悔录,408
奥古斯都,21-22,26,132
奥地利,328,377
信仰审判,333,337-338

巴比伦,11,33,36,39,41,71-72,128
酒神崇拜,15,19,21,22,23-25;镇压酒神崇拜,23-25
巴克斯,15,19,23-25
罗格·巴格诺尔,111,158
西里尔·贝利,30,83
布伦的鲍德温,224
银行业,244-246,331
洗礼,19,50,52,54,170,304
洗礼派,356,360,361,371,378,400
巴尔·科赫巴,65
巴尔·科赫巴起义,77
巴拿巴,67
巴洛克,239
基础社团,401
巴塞尔,325,326
圣巴蒂尔德,247
埃及苏丹拜巴尔,226,230-231
圣毕德尊者,196,260
比利时,242,378
教皇本尼迪克特九世,302
柏柏尔人,203,204
彼得·伯格,357-359,369-370,373,375,383
锡耶纳的圣伯纳迪诺,256,261
蒂龙的伯纳德,307
兽交,349-350
伯利恒,12,35,174
圣经,58,292,409-410;福音书的历史可靠性,54-57;路德宗,323-324. 也见具体各卷。
重婚,348-349
塔兰托的博西蒙德,225-226
焚书,350
博洛尼亚,250,260,278,281,283
资产阶级,320,321,326-327
罗伯特·波义耳,287,340
巴西,399,400,403
桥梁,242
彼得·布朗,126,184,187,198
罗格·布朗,191,195
史蒂芬·布鲁斯,357,358
乔治·韦斯利·布坎南,90,92
佛祖,100,102
佛教,88,100,375,387,390,391
雅各布·伯克哈特,169-170,184
拜占庭,173,201-203,217,219

尤利乌斯·凯撒,34,41,132
该撒利亚马里蒂玛,217
该亚法,56,63
开罗,209,217
历法,186-187
卡里古拉,26
约翰·加尔文,103,293,294,416
加尔文主义,101,331,338,347,348
剑桥,250,281,336
圣典学者,245

迦百农,53-54,79,90

资本主义,244,320,331;发明资本主义,244-246

杰罗姆·卡库皮诺,109,110

迦太基,143,144,161,176,203

迪奥·卡修斯,127,130

阉割,27

净化派,100,310-312

天主教神恩更新运动(CCR),402-404

天主教,4,101,169,207,377,387,388,389,341;天主教在非洲,394-396,394-395;美国,356,358,360,361,362-363;贪污与渎职,260-266,300-313,316-322;反改革,263,289,290,300,330-331,416;十字军东征,213-234;天主教的分裂与异端的挑战,299-313;包围,307-308;宗教裁判所,333-350;拉丁美洲,396-397,398,399,400-403,403,404;路德的宗教改革与天主教,315-322,416;中世纪,255-272,288,299-313,322,376;垄断,303-305,309,320,331;改革,305-313,316-332,416;王室的自身利益,328-329。也见罗马天主教会。

米格尔·塞万提斯,249

亨利·查德威克,121,129

慈善,112-114

查理曼大帝,247

杰弗里·乔叟,249

智利,399,403

中国,65,73,100,199,244,249,286,374,375,384,389-390;基督教徒在中国,405-407

基督教,3-5,49;非洲基督教,393-396,394-395;对增长的估计,153-159,156-157,158-163,159,163,164-165;基督教在中国,405-407;巩固基督教欧洲,167-234;君士坦丁与基督教,169-181,184-187,299,300,303,304,375-376,414-415;归信,65-70,71-85,344-348;十字军东征,213-234;北非和亚洲基督教的毁灭,199-211,217;基督教的分裂,297-350;基督教的早期传播,31,49-165,262,413-414,416-417;基督教在东方,161,169,176,199-211,217;基督教发展的地理分布,158-159,160,161-162;全球化与基督教,387-412;神圣家族,59-61;耶稣和耶稣运动,49-70;犹太教与基督教,50,52,57,98,366,413-414;基督教在拉丁美洲,396-404;读写能力与基督教,96-100;中世纪基督教,235-295;苦难与基督教,105-119;增长模式,156-159;新世界与基督教的增长,351-418;农民与基督教,255-272;多元主义和美国的虔诚,353-367,370-373;特权与基督教,87-104;基督教增长的原因,408-412;宗教改革,315-332,416;基督教的地区分布,392,392,393;科学的兴起与基督教,273-295;罗马帝国,31,49-165,171-172,184-185,192;世俗化与基督教,369-385;女性与基督教,121-136.也见具体宗教。

丹麦国王克里斯蒂安三世,329

约翰·克里索斯托,78

教会,173,217;君士坦丁堡建立的教会,172-175,217-218;腐败,261-263,300-313,316-332;"启蒙的"教会,

379 – 381;怠惰的教会,376 – 379;魔法,269 – 271,341 – 344;中世纪,255 – 272,299 – 313;多元主义和美国的虔诚,353 – 367,370 – 373;改革,305 – 313,316 – 332;王室的自我利益与教会,328 – 330;乡村地区的忽视,262 – 263;世俗化与教会,369 – 385. 也见具体教会与宗教。

英格兰教会,101,377

虔诚的教会,299,303,305 – 307,316,322,330

权力的教会,299 – 309

圣墓大教堂,174,217 – 218

西塞罗,130,132

割礼,37,80

城市,106 – 112;古代城市中的苦难,106 – 112;基督徒的增长,158 – 159,160,161 – 164;犯罪与混乱,110 – 111;疾病,111 – 112,114 – 118;肮脏,108 – 110;自由的帝国城市,327,329;房屋,108;港口,162;宗教改革与城市,326 – 327;规模与密度,106 – 107. 也见具体城市。

宗教礼仪,365 – 367

克劳狄,28,56,94,127

亚历山大港的克莱门特,60,126

教皇克莱门特三世,309

教士阶层,174;美国教士阶层,356 – 357,363 – 364;权力的教会,300 – 309;腐败与渎职,260 – 266,300 – 313,316 – 332;君士坦丁的拔擢,174 – 175,300,303,304;不合适的期待,263 – 266;中世纪,255,260 – 272,299 – 313,322,376;垄断与教士阶层,303 – 305;改革,305 – 313,316 – 332,416;性与教士阶层,261,264,302,306,319,348

克洛维斯二世,247

查士丁尼法典,185

科隆,281,310,311,325,326

殖民主义:欧洲,213,215 – 216,233 – 234,393;穆斯林,199 – 211,217

克里斯托弗·哥伦布,243,273 – 274,387

科莫德斯,96

共产主义,87 – 88,389,407

儒教,73,100,389

公理会,355,356,360,361,411

集会,15,20,159;对集会的恐惧,21 – 22;东方信仰,15,16,20 – 27

君士坦丁,3,21,26,165,169 – 181,183,193,194,198,299,355;基督教与君士坦丁,169 – 181,184 – 187,299,300,303,304,375 – 376,414 – 415;教堂建设工程,172 – 175,217 – 218;多纳图派争议与君士坦丁,176 – 177;异教与君士坦丁,178 – 180,191 – 192;迫害与君士坦丁,175 – 178,180 – 181

君士坦丁堡,173,174,218,219;君士坦丁堡的陷落,200

君士坦提乌斯,192,193,194

皈依,65 – 70,71 – 85,118,119,140,155,157,196,265,304,344 – 348,387 – 388,410 – 412;君士坦丁的皈依,169 – 181,375 – 376,414 – 415;十字军东征与皈依,213,228;文化延续性,74 – 75;早期皈依,65 – 70,71 – 85;皈依的失败,77 – 80;外邦人,71,76,79,80 – 85;全球化与皈依,410 – 412;宗教裁判所与皈依,344 – 348;皈依伊斯兰教,200,204 – 207,208;犹太人,65 – 70,71 – 85,344 – 347;保罗的努力,65 – 70,71,

75-77,84,158-159,161;次级皈依,133-135

皈依者,345-346

尼古拉·哥白尼,250,275,278-281,284,287;天体运行论,280

科普特基督徒,202,205,209

哥林多,28,55-56,66,77,93,94,106,125,159

哥林多前书,60,62,89-90,125,129,134,264

腐败,261;教士阶层腐败,261-266,300-313,316-322

特伦特会议,330

反向宗教改革,263,289,290,300,330-331,416

创造,285-288,292

可信性,151;殉道与可信性,151-152

犯罪与混乱,110-111

耶稣十字架受难,49,57,59,82,85,413

十字军东征,4,154,209,213-234,244,306,307,417;十字军东征的经济方面,215,216,221-222;十字军王国,224-225,225,226-228;十字军东征的动机,215-216,221-224;十字军东征的神话,216,233-234;重新发现十字军东征,232-234;"战争罪",228-232

秘密犹太人(crypto-Jews),344-347

圣徒崇拜,149

文化延续性,74-75;异教,82-84

弗兰兹·库曼特,18-20,26

西步莉,15,17,19,26-27,31,81,162

西步莉崇拜,15,19,21,22,26-27,31,81

居普良,113,116,143,144,199

居鲁士大帝,12,72

大马士革,58,68,84,161,217,229

但丁,249

黑暗时代,214,237-250,340,418;资本主义,244-246;高等文化,248-250;道德进步,247-248;"黑暗时代"的神话,237-253;

农民宗教,255-272

查尔斯·达尔文,276

莱昂纳多·达芬奇,249

理查德·道金斯,275,294

死海古卷,42

盖尤斯·梅修斯·德基乌斯,141-144,145;对基督徒的迫害,141-144,147

阿道夫·德耶斯曼,96-98

丹麦,329,379-380

剥夺理论,88

勒内·笛卡尔,285

申命记,123

顺民,208-209

离散犹太人,33,62,71-85,162,345,417;离散犹太人中的皈依,71-85;保罗与离散犹太人,75-77;女性,123-124

丹尼斯·狄德罗,215,252,382

戴克里先,144-146,164,188

迪奥尼修斯,115,117,143

狄奥尼索斯,15,24,82

疾病,105,106,111-112,114-118;瘟疫,114-118,139

神圣适应性,83,292-294

离婚,122-123,128-129,348

C.H.多兹,92,198

道明会,256,308

图密善,28,138,139

多纳图派,176-177,179,306

多纳图斯,176-177
尼克尔·奥里斯姆,279,285
H.A.德拉克,184,188,189
德鲁伊,16

东方基督教,161,169,176,199-211,217;东方基督教的毁灭,199-211,217;顺民,208-209.也见具体国家。
经济,244,320,383,384;资本主义的诞生,244-246,320,331
狂喜,18
伊德萨伯国,224,225
埃及,12,13,14,15-16,18,29,37,38,72,133,142,202-203,226,232;在埃及被迫害的基督徒,202-209,217
阿尔伯特·爱因斯坦,287,291
经验主义,283;经院,283-284
弗里德里希·恩格斯,87
英格兰,102,103,176,196,229,233,348,377,387;反天主教,336,337;殖民主义,233;左翼,382;中世纪,242,256,258,259,260,263,263,281,311;王室的自我利益,329;鸡奸,349;猎巫,340
启蒙运动,183,214,229,238,240,249,250,252-253,274,340;世俗神话,252-253
以弗所,66,94
圣公会,360,361,411
德西德里乌斯·伊拉斯谟,262,316
以拉都,55-56
艾塞尼派,40,42,57,101
欧几里得,251
欧洲,4,5,167-234,354,370;殖民主义,213,215-216,233-234,393;巩固基督教欧洲,167-234;十字军东征,213-234;"黑暗时代",237-250;"启蒙的"教会,379-381;生育率,384-385;宗教裁判所,333-350;怠惰的教会,376-379;左翼政治,382-383;宗教改革,315-332,416;世俗化与欧洲,375-385.也见具体国家。
尤西比乌,65,144,178,187,301;君士坦丁的生活,173-174,175;巴勒斯坦殉道者,146-147,152
邪恶,11,12
出埃及记,72,124,293
以西结,102-103

教皇费边,143
费边主义者,102
费迪南德与伊莎贝拉,328,333,346
生育,80,157,384-385;希腊-罗马人,129-133
封建主义之死,320
第一次十字军东征,154,213,217,222,226,306,307
鞭笞派,313
佛罗伦萨,238,252,281
约翰·福克斯,180,334
法国,103,154,217,219,322,328,348,349,374,377;加尔文主义,338;殖民主义,233;左翼,382-383;中世纪,242,261,281,311-312;法国大革命,382;皇室的自我利益,328;宗教战争,101
圣法兰西斯,307-308,312
圣方济各派,228,308
法王弗朗西斯一世,328
法兰克人,217,232,243,247
弗拉迪切里派,313
自由的帝国城市,327,329

W. H. C. 弗雷德,76-77,146,180
查特斯的富尔彻,154
安琼伯爵福尔克三世,223

加拉太书,76,199,413
盖伦,114,118,151
伽列里乌斯,145,146
加利利,34,36,37,50,52,53,58,106,155,158
伽利略·伽利雷,288-292;试金者,289;两大世界体系的对话,290-291
加列努斯,139,144,145
迦玛列,52,92
性别,20,124-125;性别比与繁殖力,129-133;早期基督教中的女性,121-136
创世纪,292-293,294
日内瓦公约,232
外邦人,64,413-414;外邦人的皈依,71,76,79,80-85
基督徒增长的地理分布,158-159,160,161-162
德国,229,377,378;神圣罗马帝国皇帝,301,327;路德宗,256-259,261,263,265,316-332;中世纪,256-259,261,265,281,301,310-312
爱德华·吉本,183-184,188,192,207,215,237-238,240,248,252,274;罗马帝国衰亡史,249
角斗,191-192
全球化,373-375,387-412,418;活跃的宗教群体,391,391,392;非洲基督徒,393-396,394-395;中国基督徒,405-407;全球信仰,388-393,390-392;基督教的增长与全球化,408-412;拉丁美洲基督徒,396-399,399,400-403,403,404;现代性与全球化,412;名义上的宗教群体,390,390,391;多元主义与全球化,410-412;基督徒的地区分布,392,392,393
诺斯替教派,78,175,179,310
布永的戈弗雷,214,216,226
福音书,50,53-57,62,91,165,408,409-410;早期读写能力与福音书,96-100;福音书的历史可靠性,54-57.也见具体各卷。
哥特式,239,249
哥特人,144,249
宝丽雅·格里希那,95,135
格拉提安,193
大迫害,144-147,164,171,176
大起义,42,43,65,70,77,199
希腊,12,14,15,16,24,25,37-38,53,72,97,100,185,203,249,251,271,277,278,286;城市,162,247;犹太人,36-38,72-74,75,76,80-81;女性,122-123
安德鲁·格里利,135,375
尼撒的圣格里高利,83
教皇格里高利七世,306
教皇格里高利九世,309
教皇大格里高利,196
危地马拉,398,399,403
公会,326
瑞典国王古斯塔夫一世,329

哈德良,173
海地,398-399,403
汉尼拔,27
阿道夫·冯·哈纳克,80,89,94,96,121,

134,153,161
重骑兵,243,320
希伯来,72,345
海伦娜,171,173
特洛伊的海伦,82
地狱,317
希腊精神,183;城市,162;犹太人,36-38,66,75-79,80-81;女性,122-123
神圣罗马帝国皇帝亨利三世,305
英王亨利八世,329,331,338,349,416
异端,228,304-313,316,333;宗教裁判所与异端,344-348,349;路德与异端,315-332
教皇赫尔米斯达,300
希律王,34-36,38,42,51
希律·亚基帕王,64
赫西俄德,82
宾根的圣希尔德加德,268
印度教,74-75,390,391
希波,187
托马斯·霍布斯,365;利维坦,340
马歇尔·霍奇森,204,208
神圣家族,51,59-61
神圣罗马帝国,301,327,328
同性恋,27,333,349
洪都拉斯,398,399,403
霍诺里厄斯,191,194
教皇霍诺里厄斯三世,308
胡格诺派,348
人体解剖,283
罗马的赫伯特,256,261
大卫·休谟,215,252,365,366
胡米利阿迪派,313
扬·胡斯,103,313,315
冰岛,196,218

以哥念,159
偶像崇拜,11,13
主教伊格内修斯,94-95,113,149
灵魂不灭,41
印度,199,201,374
个人主义,18-19
赎罪券的买卖,317-320,322
工业化,320
杀婴,123,126-127,130,131
教皇因诺森特三世,308,309,311
宗教裁判所,5,272,288,291,333-350,418;"黑色传说",335-336;焚书,350;死亡,337-338;对宗教裁判所的夸大,334-350;异端与宗教裁判所,344-348;犹太人与宗教裁判所,333,344-347;路德宗与宗教裁判所,333,344,345,347-348,350;穆斯林与宗教裁判所,333,344,345,347;性与宗教裁判所,348-350;酷刑,339;巫术,333,340-344
伊朗,11,201,206,207,210
伊拉克,201,206
依勒内,293
华盛顿·欧文,睡谷传奇,274
以赛亚,99
伊西斯崇拜,15-16,17,19,21,22,25-26,28,81
伊西斯,15-16,17,19,25-26,28,29-30,81,162,196
伊斯兰教,4,84,199-211,224,286-287,363-364,377,408,417;十字军与伊斯兰教,213-234;皈依伊斯兰教,200,204-207,208;东方和北非基督教的毁灭,199-211,217. 也见穆斯林。
以色列,3,11,36,199,224,23 古代以色

列,39-45,61,71-72;以色列建国,233

意大利,4,174,203,204,217,227,322,328,349,377,384;城邦,245,251;中世纪,245,256,260-262,281,283;文艺复兴,238,251,288-292

睚鲁,91

雅各,49,52,60,64-65,66,70,91,112,414

耶和华,84

耶和华见证人,135,157,361,362

菲利普·詹金斯,211,393

耶利米,102-103

圣耶利米,301

耶路撒冷,29,34,37,39-45,52,53,66,76,92,106,121,143,154,161,413-414;耶路撒冷会议,413-414;十字军征服耶路撒冷,214,224,226-230;耶路撒冷早期遭迫害的教会,61-65;大起义,42,43,65,70,77;耶稣运动,57-65;耶路撒冷王国,224,225,226,227;穆斯林控制耶路撒冷,217-219,230;耶路撒冷朝圣,218,222-224;神庙,28,34,35,36,38-45,51,61-62,65

耶稣,3,28,35,45,49-70,83-84,112,128,154-155,158,177,293,308,409;基督升天,60,85;49,57,59,82,85,413;历史上的耶稣,49-50,54-57,90;神圣家族与耶稣,59-61;犹太教与耶稣,50,52,57,98,366,413-414;耶稣的一生,50-54;读写能力与耶稣,96-100;特权与耶稣,88-100;福音书的可靠性与耶稣,54-57;复活,49,85,215;女性与耶稣,124-125

犹太人与犹太教,3,9,13,21,27-31,33-45,90,155,165,175,205,207,286,294,377,378,390,391,408,417;美国的犹太人和犹太教,356,358;古代的犹太人和犹太教,12-31,33-45;皈依,65-70,71-85,344-347;早期基督徒的读写能力与犹太人及犹太教,96-100;对早期基督徒的迫害,62-65;繁殖力,80;希腊化,36-38,66,75-79,80-81;希律王与犹太人及犹太教,34-36,38,42;宗教裁判所,333,344-347;耶稣与犹太人及犹太教,50,52,57,98,366,413-414;律法,75,76,80;秘密犹太人Marranos,344-347;弥赛亚派,44-45;穆斯林与犹太人,200,207-210;对犹太人及犹太教的迫害,27-29,34,37,42,61-63,140,200,207,333,344-347;多元主义,38-43,63;牧师,39-40,43;起义,37,42-43,65,70,77,199;罗马犹太人及犹太教,13,27-31,33,37,41-45,56,58,62-65,72,77,158-159;撒玛利亚人,36;教派,38-43;犹太会堂,41-42,62,72,78-80;神庙,38-45,51,61-62,65;女性,80,122-124,128;奋锐党人,42-45,154.也见"离散犹太人"

约翰,50,53,54,82,91

教皇约翰十世,301

教皇约翰十一世,302

教皇约翰十二世,302

教皇约翰十八世,302

教皇约翰·保罗二世,397

施洗者约翰,43,50,52,54,91

约瑟,51,59-61,90

亚利马太的约瑟,91

约瑟夫斯,40-45,49,56,65,80,106,154

约维安,190

犹大,60

加利利的犹大,42-43

犹太地,34-45,53,56,61,63

E.A.贾奇,89,93,112

叛教者尤里安,118,169,183,187-190,193,194,195;反基督教行动,185,187-190

朱庇特,14,17,18,29

殉教者犹斯定,127

查士丁尼,185,190

喀巴拉,268

约翰内斯·开普勒,280,284,287

霍永·金,324,325,327

乔纳森·基尔希,334;神与诸神之战,183;主审判官手册,335

骑士阶层,215;十字军,215-234,244

医院骑士团,227

圣殿骑士团,227,230,233

拉克坦提斯,190

老底嘉,159

拉丁,241,249,251,260,265,282,318

拉丁美洲,5,134,353,387,396-404;天主教,396-397,398,399,400-403,403,404;多元主义,396-399,399,400-403,403,404;清教,397-399,399,400

怠惰的教会,376-379

左翼政治,382-383

教皇里奥五世,301

教皇里奥六世,301

教皇里奥九世,305-306

教皇里奥十世,315,318,322,328

利未记,124

解放神学,401-402

读写能力,96-100,249,326

文学,249,251;宗教裁判所场景,334;中世纪,249

李维,23,24

约翰·洛克,265,277

罗拉德派,103,313,338,348

主祷文,260,263,265,270

爱情,18,113;魔法,268,270,341,342

依纳爵·罗耀拉,316

安提阿的卢西恩,177

教皇卢修斯三世,312

路德,36,50,52,53,54,55,60,66,76,77,90,91,99

路德派(Luteranos),347-348

马丁·路德,4-5,101,103,256,263,265,272,313,315-332,345,416;九十五条论纲,318;宗教改革,315-332,416;宗教改革论文,318;路德在沃尔姆斯,319-320

路德派,197,256-258,261,263,265,316-322,333,377,416;美国路德派,354,356,359-360,371;城市行政与路德派,326-327;宗教裁判所与路德派,333,344,345,347-348,350;垄断,320;印刷商与路德派,323-324,326;王室的自身利益与路德派,328-330;路德派的传播,316-332;大学与路德派,325-326

里昂,139-140

马加比起义,37

尼科洛·马基雅维利,249

拉姆齐·麦克穆勒,183,195,197

祭司,12,85

魔法,266,267-272,341-344;教会魔法,269-271,341-344;爱与性,268,

270,341,342；中世纪魔法,267,269,270,271,341；报复魔法,268,270；天气魔法,267－268,269,270,341

阿拉伯奴隶兵（或马穆鲁克军队,Mamelukearmy）,226,227

马穆鲁克,209－210

摩尼教,175,199

马西昂派,77－78,175,179,199

马可·奥勒留,114,139－140

马,50,51,53,54,57,59,60,61,91

玛洛奇亚,301－302

秘密犹太人,344－347

婚姻,122；重婚,348－349；希腊－罗马婚姻,122－123,127－135；混合婚姻,78,133－135；次级皈依,133－135

殉道,135,147－152,269；可信度与殉道,151－152；受虐狂与殉道,148－149；对殉道的奖赏,148－151；罗马对基督徒的迫害,147－152

卡尔·马克思,87,103,244

马克思主义,321,401

玛丽亚,51,59－61,82,90,258,409；永久童贞论,61

梅察达,43,154

马太,35,50,51,53,54,60,91－92,105,112,119,128

马克森提乌斯,170,171

麦加,200

医药魔法,267,269,270,271,341

美蒂奇家族,322

麦地那,200

仁慈,112－118

美索不达米亚,181,199,201,209,210

弥赛亚派,44－45

卫理公会,101,356,360,361,362,411

墨西哥,374,399,403

中世纪,4,79,186,219,235－295,299－313,418；资本主义,244－246；教会腐败,261－263,300－313,322；十字军东征,213－234；基督教的分裂和异端的挑战,299－313；高等文化,248－250；魔法,267－272；道德进步,247－248；"黑暗时代"的神话,237－253；农民宗教,255－272；科技,241－244

米兰,161,300

米尔维安大桥战役,26,170,176

奇迹,85

苦难,105－119；基督徒的仁慈与苦难,112－118；犯罪与混乱,110－111；疾病,111－112,114－118；房屋与肮脏,108－110；城市苦难,106－112

使命.参见"皈依"。

日神崇拜,16,19,21,22,188

密特拉,16,19,22

现代化,5,369,412；世俗化与现代化,369－370,374

蒙古人,209－211

宗教垄断,303－305,309,320,330,331,365,415,416

一神论,9,10,11－12,15,81；犹太教,11,29,31,33,45,74,80－81；异教,29－31,81；祆教,11－12

孟他努派,175,199

孟比努,175

雷金纳德·孟他努斯,关于西班牙宗教裁判所各种活动的发现和宣言,334,336

道德,247；中世纪的进步,247－248

秘密穆斯林（Moriscos）,347

摩门教,74－75,157,361

摩西,43,59,63,100,293－294,409

穆罕默德,60,200-204,217

音乐,18;中世纪音乐,241,248;异教音乐,197

穆斯林,4,84,153,185,199-211,243,246,286-287,306,363-364,384,389-393,417;内战,203;远征,200-204;皈依,200,204-207,208;十字军东征,213-234;东方和北非基督教的毁灭,199-211,217;顺民与穆斯林,208-209;宗教裁判所与穆斯林,333,344,345,347;犹太人与穆斯林,200,207-210;对基督徒的迫害,207-211,217,230-231

那不勒斯,174,281

拿撒勒人,61-62

拿撒勒,37,51,53,54,90

尼布甲尼撒二世,71-72

尼禄,64,127,188;对基督徒的迫害,137-139

聂斯脱利派,200-201,210

聂斯脱利,200

荷兰,242,259,328,348,349,382

新纪元运动,88,102,197,373,417

新约,55,56,58,77,93,104,125,155,174,262,313,323,409

伊萨克·牛顿,275,278,280,287

纽约,354,355;911袭击,213,214

尼西亚,177,199

尼西亚信经,178

库萨的尼古拉斯,279

教皇尼古拉斯二世,306

尼科墨迪亚,22,164,174

贵族,220,376;早期特权,87-104;中世纪贵族,220,222,305,307,311

Nock, ArthurDarby,59,76,92,97

北非,4,177,199;基督教在北非的毁灭,199-211,217

旧约,61,75,101,310,409

组织,20

东方信仰,13-31,81,82,96,150,162;酒神崇拜,15,19,21,22,23-25;集会/会众群体,15,16,20-27;西步莉崇拜,15,19,21,22,26-27,31,81,162;伊西斯崇拜,15-16,17,19,21,22,25-26,28,81,162;犹太教,27-31,33-45

奥利金,61,80,126,293

俄尔普斯学派,100

东正教会,169,174,388,389

奥斯曼帝国,233;奥斯曼帝国的覆灭,216,233

"海外"(指耶路撒冷王国,Outremer),226-227

奥维德,28

牛津,250,281,336

帕多瓦,278,279,281,283

异教,3,4,9-31,73,75,80-84,96,117-118,183-198,205,207,266,272,304,417;同化异教,195-197;共存,178-180,186-187,191-192;文化延续性,82-84;异教的覆灭,4,183-198;假期,196-197;婚姻,127-135;"一神论",29-31,81;东方信仰,13-31,81,150;对基督徒的迫害,137-152,183-192;罗马,12-14,16-21,83,122-131,134-135,140-147,151,158,172,183-198;牺牲,10,11,18,185,188-190;神庙,9-11,16,81,150,178-179,184,189-192,196;术语,262;女人,122-124,127,128,130-131,134-135

巴勒斯坦,33-34,36,37,53,58,62,65,

80,123,124,154,208,219,223,414

巴拿马,398,399,403

教皇制,219-221,301;腐败,261-263,300-313,316-332。也见具体教皇。

巴黎,103,241,242,250,279,281,338

逾越节,52,90

保罗,28,29,52,54,55,56,57,58-59,60,62,63,64,65,97,99,121,137,199,264,409,413-414;大离散与保罗,75-77;保罗的传道努力,65-70,71,75-77,84,158-159,161;特权与保罗,88-96;女性与保罗,125-126,129,134

农民,255-272,321;中世纪宗教,255-272

农民战争,320

五旬节派,134,378,397,398,402

理想派,310-312

迫害,3-4,137-152,309-310;委身与迫害,137-152;君士坦丁与迫害,175-178,180-181;十字军东征与迫害,228-232;德基乌斯和瓦莱里安所发动的迫害,141-144,147;早期迫害,61-65,137-152;耶路撒冷的早期教会,61-65;片段式的迫害,138-140;大迫害,144-147,164,171,176;对异端的迫害,309-313;帝国的迫害,140-141;宗教裁判所,333-350;对犹太人的迫害,27-29,34,37,42,61-63,140,200,207,333,344-347;犹太人对早期基督徒的迫害,62-65;殉道与迫害,147-152;穆斯林对基督徒的迫害,207-211,217,230-231;波斯大屠杀,180-181;抵抗与迫害,189-192;罗马对基督徒的迫害,137-

152,183-195

帕尔修斯,82

波斯,11,12,13,14,16,18,38,58,72,144,170,175,199,201,206,267;在波斯被迫害的基督徒,180-181

彼得,53,54,57,64,91,134,137,155

彼得前书,134

彼德拉克,237

Pfaff,Steven,324,325,327

法利赛派,35,40-42,51,52,63,65,92

腓立比人,93,94

亚历山大的斐洛,56,73,123

本丢·彼拉多,34,50,54,56

朝圣者与朝圣,216-221;十字军对圣地的暴行,218-221;耶路撒冷朝圣,218,222-224

比萨,227,281,290

瘟疫,114-118,139

柏拉图,12,30,100,132,247,251,284;理想国,132

老普林尼,267

小普林尼,19,22,95,108,126,138-139,150

多元主义,38,180,410-412,418;美国的虔诚与多元主义,353-367,370-373;殖民地,354-356,356,357;全球化与多元主义,410-412;犹太教多元主义,38-43,63;拉丁美洲的多元主义,396-399,399,400-403,403,404;被误解的多元主义,357-360;宗教礼仪与多元主义,365-367

普鲁塔克,30,127,128

波兰,278,374

主教波利卡普,149

多神教,29,39,81,84,183

索 引

庞贝城,16
庞培,34,37
葡萄牙,328
贫困,87-88,105-108;中世纪宗教与贫困,255-272
布拉格,281,313
长老会教徒,356,361,371,411
牧师,13-14,35,56;美国牧师,356-357,363-364;君士坦丁与牧师,174-175;腐败与渎职,260-266,300-313,316-332;异端,39-40;犹太牧师,39-40,43;中世纪牧师,255,260-272,299-313,322,376;异教牧师,9-11,12,27,29;
罗马人,13-14
印刷,323-324,326
特权,87-104;教士阶层与特权,300-303,311;特权的不足与机会,101-104;读写能力,96-100;中世纪特权阶层,300-312;保罗与特权者,88-96;宗教创新与特权,100-101
普洛柯比乌斯,190
财产所有权,246,322;教会,322-323,329-330
妓女,28,131,178;教士阶层与妓女,261-262,302,306
清教,214,215,244,288,331,377,378,379,381,387,388,389,411;清教在非洲,394-396,394-395;美国清教,355,356,360,361,363;宗教裁判所与清教,333,344,345,347-348,350;拉丁美洲的清教,397-399,399,400;中世纪清教,255,263,265;宗教改革,315-332,416;王室自身利益与清教,328-330
托勒密,280,290
托勒密一世,16,37
炼狱,317
清教主义,353,354-357
毕达哥拉斯学派,100
Q,99
贵格会,354,356,361,378
昆体良,127
库姆兰,42,44,98
古兰经,201,207,286
图卢兹伯爵雷蒙德四世,226
改革,305-307,322-323,416;不满与改革,322-323;中世纪改革,305-313;虔诚与改革,305-307;宗教改革,315-332,416
宗教改革,5,101,237,238,244,263,265,289,315-322,345,416;城市行政与宗教改革,326-327;解读宗教改革,320-321;小册子与印刷商,323-324;王室自我利益与宗教改革,328-330;大学与宗教改革,325-326
文艺复兴,237,238,239,241,249,251,252;文艺复兴的神话,251
耶稣复活,49,85,218
报复魔法,268,270
亚比萧的罗伯特,307
罗马天主教会,101,169,174,184,299,331,336,360,361,362,377,381,387,396,411;中世纪,299-313,322,376
罗马人,56,67,94,125
罗马元老院,23,24,25,26,95,132,141,142
罗马和罗马帝国,3,4,31,55,65,89,93,121,217,249,261,262,271,282,301,316,318-320,375,417;反犹主义,27-29,42,43,62-63;罗马帝国的基督教

化,31,49-165,171-172,184-185,192;教会,173,174;罗马帝国的覆灭,141,145,237-241,252;犹太人,13,27-31,33,37,41-45,56,58,62-65,72,77,158;婚姻、性与繁殖力,122-123,127-133;苦难与疾病,106-112,114-118;基督教徒增长的模式,156-159;东方信仰,13-31,81;异教徒,12-14,16-21,83,122-131,134-135,140-147,151,158,172,183-198;教皇腐败,300-302;对基督徒的迫害,137-152,183-192;特权,95-96;宗教,12-14,16-31;神庙,13,14,16-17,27,29;女性,121-136,417

让·雅克·卢梭,237

史蒂文·朗西曼爵士,218,228

伯特兰·罗素,238,275,285

俄罗斯,291,374-375,384

献祭,10,11,18,185,190;血祭 188-189,190

撒都该派,35,40-41,42,43

阿育布王萨拉丁,229-230

萨洛米,60

得救,19

撒玛利亚,36,63

撒玛利亚人,33,36,50-51

犹太公会,56,60,63,65

公共卫生,108-110

撒拉逊人,229

撒旦,11,271-272,339

斯堪的纳维亚,331,370,376,377,378-381;斯堪的纳维亚的世俗化,376-382

经院,250,251,277,278,281-284;经验主义,283-284

科学,250,273-295,418;哥白尼与科学,278-281;科学的定义,275-277;经验主义,283-284;启蒙运动,252,254;伽利略与科学,288-292;理性的上帝与科学,284-288;中世纪科学,241,250,273-295;现代科学,369;"革命",273-295,331;经院与科学,277-284;神学与科学,273-295

苏格兰,256

沃尔特·斯考特爵士,233

经文,19,20,409-410

加利利海,53,80

次级皈依,133-135

第二次起义,65

教派,38-39,100;犹太教派,38-43;教派的转变,39

世俗化,369-385;美国"例外论",370-373;虔信的不信者,381-382;"启蒙的"教会与世俗化,379-381;欧洲"例外论",375-385;怠惰的教会和世俗化,376-379;左翼政治,382-383;世俗化议题,369-385;世界性的虔诚与世俗化,373-375

塞琉古帝国,37

塞尔柱土耳其人,218-219

卢修斯·安泰俄斯·塞尼卡,27-28

赛弗里斯,37,53,106

911袭击,213,214

谢普提米乌斯·塞维鲁,140

七十士译本,72,93,97,98

教皇瑟吉厄斯三世,301,302

性,129-133,266;教士阶层与性,261,264,302,306,319,348;殖民地美洲,353;希腊-罗马的性,129-133;宗教裁判所与性,333,348-350;魔法,268,270;比率,129-133

沙普尔二世,180-181
航船,244,253
西卜林书,26-27
西卡里人,43
西西里,203,204,217
锡耶纳,256,261
教皇西尔维留斯,300
西蒙,53,60,91
买卖圣职罪,300-301,306,309
教皇西斯都,144
教皇西斯都四世,317
奴隶制,13,87,88,146;奴隶制的基督教化,247;中世纪奴隶制,241,247-248;奴隶贸易,247
亚当·斯密,303-304,355,366;国富论,367
士麦那,149
社会主义,87-88
鸡奸,349
诱惑,348
索尔·英维克图斯,17
索福克勒斯,251
玛尔塔·索尔蒂,95,135,138
西班牙,5,204,217,377,383,403;宗教裁判所,5,272,333-350,418;犹太人,344-347;中世纪,258,262,281;穆斯林,223-224,3-6,344,347;王室的自我利益,328
西班牙宗教裁判所。见"宗教裁判所"。
关于古代基督教的数据,153-158,156-157,159,161-163,163,164-165
司提反,63
教皇史蒂芬七世,301
教皇史蒂芬九世,306
杰拉德·施特劳斯,256-257,266

波莱纳斯·苏维托尼亚斯,28,59
苏美尔,14
超自然,267-272,369
瑞典,329,377,380-381,384
瑞士,268,313,377
犹太会堂,41-42,62,72,78-80
叙利亚,58,65,188,199,201,202,206,209,210,217
塔西佗,28,49,95,127,137
塔木德,40,124
铁木耳,210-211
道教,100,389
税,42,91,141,142,191,205,210,221,320,322,323,327,328,378
技术,241;中世纪技术,241-244
神庙,13,115;耶路撒冷,28,34,35,36,38-45,51,61-62,65;异教,9-11,16,81,150,178-179,184,189-192,196;罗马,13,14,16-17,27,29;撒玛利亚人,36
十诫,258,259,260,265,414
特土良,60-61,83,95,113,199
狄奥多西,190,192,193
帖撒罗尼迦,55,93,106
肯斯·托马斯,257,264
三自爱国运动(TSPM),405-406
修昔底德,115
提比里亚,37,53
提庇留,26,28,50
提摩太前书,94
提摩太后书,99
提图斯,45,65,106
阿历克斯·德·托克维尔,354,370
妥拉,72,73,124,293
托马斯·德·托尔克马达,333-335

贸易,227-228,241,320
图拉真,22,95,126,132,150;对基督徒的迫害,138-139
三位一体,270
的黎波里,226;的黎波里伯国,224,225,226
土耳其,204
土耳其人,232
哈里发乌玛尔,202
一位论派,360,361
大学,249-250,277;中国大学,407;中世纪大学,249-250,277,278,279,281-284;宗教改革与大学,316,318,325-326,331;经院大学,277-284
城市化,320,321
教皇厄本二世,219-221,232,306,307
教皇厄本八世,289
乌拉圭,399,400,403
瓦林斯,190,193
瓦伦提尼安,190,193
瓦伦庭派,175,179
瓦莱里安,144
委内瑞拉,399-400,403
安德烈亚斯·维萨里,283-284
维斯帕西安,28
维斯塔贞女,20
教皇维克多二世,306
维也纳,281,283
处女所诞,85
莫尔坦的维塔利斯,307
伏尔泰,183-184,207,214,237,240,248,249,252,274,288,369
瓦勒度派,101,103,312-313
宗教战争,101,327
水,108-110;水磨,242

武器,243-244
天气,266;魔法,267-269,270,341
马克斯·韦伯,244,369,370-371
安德鲁·迪克森·怀特,273-274,275,283
阿尔弗雷德·诺斯·怀特海,284-285
恺撒·威廉,229,230
奥卡姆的威廉,278
布莱恩·威尔森,359,371
风磨,242
巫术,271-272;宗教裁判所与巫术,333,340-344
威登堡,316-332
女性,20,83,121-136;早期基督教中的女性,121-136,140,417;健康问题,112;杀婴,123,126-127,130,131;犹太女性,80,122-124,128;婚姻与离异,122-123,127-135;东方宗教中的女性,20;异教女性,122-124,127,128,130-131,134-135;卖淫,28,131,178,261-262,302,306;在早期教会中的角色,125-126;次级皈依,133-135;性别比和繁殖力,112,129-133
托马斯·伍尔斯顿,369
第一次世界大战,230,233
第二次世界大战,233
圣伍尔夫斯坦,248
约翰·威克里夫,103
雅巍,72,73,84,293
撒该,91
奋锐党,42-45,154
宙斯,14,82,185
琐罗亚斯德,11-12,16,59,100
祆教,9,11-12,29,175,181,267,389
乌尔里奇·茨温利,103